KB072097

PHILOSOPHY OF BIOLOGY

생물철학

PHILOSOPHY OF BIOLOGY

생물철학

최종덕 지음

다양성의 변화와 관계성의 공생

씨
아이
알

서문

1. 생명의 현재와 역사

이 책 『생물철학』의 시작을 두 가지 생명 이야기에서 하려고 한다. 첫째는 물고기 이야기이다. 언젠가 아프리카 내륙에 위치한 호수를 다룬 다큐멘터리를 본 적이 있다. 몇 년의 혹독한 가뭄 끝에 저수지 물은 흔적도 없이 사라졌고, 그 물에 살던 물고기도 다 사라졌다. 그 후 4년이 지나 비가 처음 왔고, 호수는 다시 물로 가득 찼다. 신기한 것은 호수 바닥까지 갈라져 가뭄으로 사라져버린 그 옛날의 물고기들이 다시 생겨났다는 사실이다. 저수지 바닥 아주 깊이까지 바싹 말라 있었는데도 말이다. 두 번째 이야기는 집 근처 도로 공사장에서 본 한 컷이 잘려 나간 언덕의 절단면에 대한 감회이다. 산허리를 잘록 잘라낸 도로 공사장의 토사 경사면은 아무렇지도 않게 지나칠 수 있는 흔한 모습이지만, 거대한 굴착기계에 의해 절단되어 드러난 그 땅의 속살은 몇 억 년 혹은 몇 천만 년 만에 처음으로 이 세상에 드러난 것일지도 모른다. 고속도로 터널 공사 중에 5억 년 전 삼엽충 화석이 벗겨질 수 있고, 9천만 년 전 백악기 뿔공룡의 턱뼈 화석이 나타날 수 있고, 2천만 년 전 산으로 융기되기 이전 바다 밑 조개 화석이 절단면 위로 처음 드러날 수 있다. 바닷가 퇴적층에서 10억 년 전 남세균층 흔적이 발견될 수 있으며, 아주 최근 6만 년 전 토굴에 살던 구석기인의 유골과 돌도끼가 발굴될 수도 있다.

가물어진 호수의 물고기 이야기는 '생명의 현재성'을 암시한다. 이 세상 모든 생물의 씨는 생명을 틔우려는 속성과 거꾸로 생명을 일시적으로 잠재우려는 속성을 갖고 있다. 생물이 변화하려는 성질과 그와 반대로 변화에 저항하며 항상성을 유지하려는 성질을 동시에 갖고 있는 것과 같다. 도로 절단면 이야기는 '생명의 역사성'을 보여준다. 생명의 모든 역사가 오늘의 한 생물 안에 응축되어 포함되어 있다는 것이다. 예를 들어 오염된 강에서 자주 출현하는 남조류는 원핵생물의 하나로서 30억 년 이상의 역사를 지니고 있는데, 오늘 살고 있는 이 세상의 모든 생물은 남조류의 생명 흔적을 머금고 있다. 나에게 타자로서 남조류는 나와 전혀 다른 개체인 듯하지만, 실제로는 유전자를 공유하는 공통 조상 아래에 나와 남조류는 존재한다. 인간은 남조류를 타자화하여 자신의 특별한 지위를 뽐내고 싶어 한다. 남조류가 물질대사 과정에서 독성을 배출하고 부영양화의 주범이라며 남조류를 나쁘다고 말하기도 한다. 한편 남조류를 과학적으로 활용하여 인간의 플라스틱 쓰레기를 분해하도록 한다면 그 남조류를 좋은 것으로 말하기도 한다. 인간이 인간 자신을 위해 존재하듯이 남조류도 그들의 생존과 번식을 위해 존재할 뿐이다. 자연의 생물종 그 하나하나는 나쁜 것도 좋은 것도 아니다.

생물은 태어나서 먹고 자고 느끼고 반응하며 병들어 아프거나 늙어 죽는 개체발생에서부터 변이와 적응, 종분화와 멸종, 유전자 표류나 지질학적 격리 등 방향을 모른 채 진화하고 있다. 진화의 생명은 장구하고 끝없는 생명사의 항해를 하는 중이다. 『생물철학』에서 다루는 생물학의 주제들은 과학적 논증과 철학적 성찰이라는 학문적 엄격함을 방법론으로서 중시하지만 동시에 앞서 말한 말라버린 호수 물고기와 도로 공사장의 절개면의 역사라는 은유적인 내러티브의 자유로운 사유방식도 소중하게 다룬다. '생명의 현재성'과 관련하여 면역학과 유전학 그리고 신경과학을 논의할 것이며, '생물의 역사성'과 관련하여 진화생물학과 종분화의 문제 그리고 발생계 이론을 논의할 것이다. 『생물철학』은 이런 현대 생물학의 관련 분야들을 철학과 역사의 시선에서 쓰고 있다.

2. 생물학과 철학

2,500년 전 아리스토텔레스의 『동물지』에서부터 철학과 생물학은 이미 만나고 있었다. 이후 근대에 이르기까지 생물 탐구는 박물학 수준에서 자연지 연구의 일부였다. 근대 백과전서파 달랑베르(Jean-Baptiste Le Rond d'Alembert, 1717-1783)는 생물 지식 일부를 역사 항목 혹은 철학 항목에 배속했다. 현대 이전 전근대 생물 지식은 자연지의 분류 아래에 있었으며 자연철학의 일부였다. 당대 생물의 자연철학은 기억을 매체로 하는 역사와 이성을 매체로 하는 철학이 서로 혼재된 서술 체계였다. 여기서 말하는 서술 체계란 경험적 관찰에 기반하지만 법칙-연역구조가 결핍되어 있고 검증의 논리보다는 관찰자 중심의 주관적 서술방식으로 전개되는 지식체계를 의미한다.

생물학이라는 용어는 20세기 전후에 만들어졌다. 이전에는 식물학, 동물학, 곤충학이 있었을 뿐이다. 라마르크(Pierre Antoine Chevalier de Lamarck, 1744-1829)의 『동물철학』(1809), 돌로미외(Dieudonné Dolomieu, 1750-1801)

의 『광물철학』(1801), 린네(Carl von Linné, 1707-1778)의 『식물철학』(1751), 생틸레르(Étienne Geoffroy Saint-Hilaire, 1772-1844)의 『해부철학』(1818) 등 특수한 관찰 지식을 모아놓은 것이 그때의 서술적 생물자연학이었다. 뉴튼 시대에도 물리학이라는 말은 없었고, 그의 동력학은 그냥 자연철학이라는 이름으로 붙여졌다. 여기서 '철학'이라는 용어는 '진리의 지식을 찾아가는 학문'이라는 뜻이다. 철학에서 말하는 '철학'도 진리를 구하는 학문인 것은 마찬가지이다. 단지 식물철학, 동물철학, 자연철학에서 말하는 철학은 구체적이고 경험적인 자연물을 탐구 대상으로 한다는 점에서 형이상학의 철학과 다르다.

　『생물철학』은 생물에 대한 지식과 더불어 그 지식에 대한 반성적 사유를 중요하게 다룬다. 지식과 반성은 서로 상보적이다. 지식이 넓어지면서 반성의 계기도 커지며, 반성이 깊을수록 더 깊은 지식이 생산된다. 생물학과 철학은 그렇게 만난다. 생물학이나 철학은 존재와 인식 그리고 삶의 문제를 공통의 탐구 대상으로 삼고 있기 때문에 그 두 영역은 내재적으로 이미 연관되어 있다. 생물철학은 생물학과 철학이 만나는 지식의 현장을 탐구하며 넓게는 과학과 인문학의 소통을 시도한다. 나아가 인간의 삶과 생명의 세계를 이해하는 깊이와 폭을 제시하고자 한다.

3. 『생물철학』의 여러 주제들

『생물철학』은 현대 생물학의 존재론적 기반과 인식론적 전환을 비중 있게 다룬다. 궁극적으로 『생물철학』의 의미는 '살아있음'이 무엇인지를 묻는 철학적 질문에 있다. 현대 생물학의 구체적 주제들을 철학적으로 접근한 이 책은 생물종의 분류, 유기체 고유의 방법론, 진화론적 변화의 존재론과 그 존재를 설명하는 개념들, 후성유전학의 인식론적 전환, 진화론의 인과율, 신경과학의 가소성plasticity, 면역학적 자아 개념이나 공생과 공존의 자연철학에서부터 인간의 도덕심에 대한 생물학적 이해와 생물학 지식의 사회적 영향력 등을 다루고 있다.『생물철학』에서 다루는 주제와 내용을 조망하면 다음과 같다.

• **과학방법론 일반과 생물학 방법론의 고유성**: 생물학이나 물리학을 관통하는 일관된 과학방법론이 엄연히 존재한다. 한편 물리과학의 방법론 일반을 생물학 연구방법론에 그대로 적용하기 어려운 유기체 고유의 문제도 있다. 자연과학은 관찰한 자료를 일반화하여 법칙화된 이론으로 만들고자 한다. 자연 현상이 더 복잡하게 드러날수록 법칙화된 이론으로 만드는 일은 더 어려울 것이다. 그러나 아무리 복잡해도 그 안에는 모종의 주기성과 반복성 그리고 어떤 유형과 모형이 존재하며, 그것을 잘 추론하여 정량적인 그 무엇의 최소량으로 환원시킬 수 있다는 생각이 과학적 추론의 기초이다. 그런 과학방법론의 기초를 분석주의라고 하며 그 존재론적 기초를 환원주의라고 부른다. 이런 과학방법론과 존재론적 기초론이 생명계에도 적용될 수 있는지, 적용된다면 어디까지 적용되는지, 불가능하다면 그 이유가 어디에 있는지를 해명하고자 한다. 생물학은 다른 여느 개별과학처럼 현재 시점을 기준으로 한 분석방법론에 기초하는데, 동시에 생물학은 현재 시점으로 환원될 수 없는 장구하고 복잡한 시간성에 침적된 동력학적 알고리즘을 찾아내려는 생명사 방법론을 수용하고

이해해야 하는 추가의 역사주의 안목을 필요로 한다.

- **진화생물학의 탄생:** 진화존재론은 『생물철학』의 바탕이다. 1859년 『종의 기원』 출간으로 알려진 찰스 다윈의 진화론은 하나의 생물학 이론으로 그치는 것이 아니라 세계를 바라보는 인식의 전환이며 존재의 혁명이었다. 진화론은 전통의 목적론, 생기론, 실체론과 기계론 등 2,500년 과거 형이상학에서 벗어나는 사상적 전환이었다. 진화론을 통하지 않고 생물학을 이야기할 수 없다는 도브잔스키(Theodosius Grygorovych Dobzhansky, 1900-1975)의 유명한 말 그대로 변화와 시간의 존재를 다루는 진화생물학이 어떻게 탄생되었는지를 역사적으로 서술한다(Dobzhansky 1973; "Nothing in Biology Makes Sense Except in the Light of Evolution").

- **진화의 개념과 논점:** 수많은 다양한 생명체들은 장구한 시간에 걸쳐 선택된 적응 소산물이며, 이런 결과를 낳게 한 생물학적 기제는 자연선택이다. 여기서 선택이란 유전형질 혹은 개체형질들 사이의 변이와 환경 사이의 창발적인 상호작용으로서 그 결과는 생명개체마다 조금씩 다른 증식의 차이를 일으키게 된다. 적응은 개체군의 증가와 생물종의 다양성을 만들어 낸다. 적응은 고정된 기준이나 목적을 향한 경쟁과 전혀 다르다. 진화의 기초개념인 변이, 적응, 선택과 방향성에 대한 기초개념과 그에 관련된 논쟁들을 다룬다.

- **생물종에 대한 철학적 이해:** 생물종을 분류하기 위해서 종과 종 사이가 단절된 것인지 아니면 연속적으로 이어질 수 있는지를 먼저 따져야 한다. 종과 종 사이가 단절되고 불연속적이어서 종 자체는 고정된 실체이며 종의 본질은 종마다 고유하다는 입장이 전통적인 린네의

종 분류법이었다. 진화론이 등장하면서 이런 본질주의 종 분류법은 더 이상 유지될 수 없었다. 모든 생물종은 하나의 공통조상으로부터 분화된 것이며 지금도 분화 중이어서 종의 고유성이란 일종의 형이 상학적 선언에 지나지 않음을 다윈의 『종의 기원』이 분명히 보여주 었기 때문이다.

• **발생계 철학:** 발생학은 수정 이후 개체화되면서 성장하는 과정을 연구 하는 분야로서, 최근에는 분자 차원의 발생 과정에 주목하고 있다. 이 책은 기존 발생학적 사유를 발전시킨 발생계 이론을 중심으로 진화발생생물학을 철학적으로 설명한다. 후성유전학의 학문 분야가 확장되면서 동일한 유전자라도 그 유전자가 갖는 표현형이 발현되게 끔 스위치를 켜거나 혹은 발현을 억제하도록 스위치를 끄는 작용의 메커니즘을 어느 정도 알게 되었다. 유전자 발현에 영향을 주는 스위 치의 작용은 유전자 자체보다 환경적 요인에 의한 것이라는 후성유 전학을 인식론적으로 검토한다. 후성유전학은 철학사에서 오랜 논쟁 의 하나였던 본성과 양육 논쟁과 관련하여 경험적 근거와 철학적 성찰을 던져 주었다.

• **인과론 문제:** 물리 현상을 설명하는 인과법칙을 그대로 생명 현상에 적용할 수 있는지를 살펴본다. 생명 기능은 생물의 현재적 상태를 보여준다. 그러한 현재성은 진화의 장구한 역사를 거친 결과이기 때 문에, 생명 기능을 설명하기 위해서는 진화적 역사를 고려해야 한다. 20세기 최고의 진화생물학자 마이어(Ernst Walter Mayr, 1904-2005)는 현 재성의 인과적 원인을 근접원인이라고 했고, 진화의 계통을 추적하 는 역사적 원인을 궁극원인이라고 표현했다. 인과론 범주에 궁극원

인을 포함시키는 일은 진화론 연구의 핵심이다. 근접원인과 궁극원인의 이런 설명은 자연선택의 메커니즘이 작용하는 미시진화와 지질학적으로 우연적 환경이 지배하는 거시진화를 구분하는 데 주요한 개념도구이다. 나아가 미시진화와 거시진화를 관통하는 개념으로서 진화적 비가역성은 진화가 무목적성이면서도 어떻게 생명 다양성을 낳았는지 알게 해준다.

- **면역학의 철학**: 면역은 외부 이물질에 대하여 자신을 지키려는 능동적 반응체계이다. 그 반응은 계획적이지만 유동적이고, 주체적이지만 동시에 상관적이며, 자연적이면서도 획득적인 인식작용이다. 이 책에서는 면역학적 자아와 타자를 자기와 비자기로 부를 것인데, 자기와 비자기의 역동적 상호작용을 설명한다. 면역학적 자기의 정체성 문제는 면역학 임상연구에서 매우 중요한데, 철학적으로도 의미 있는 인식론적 과제이다.

- **공생과 공진화**: 두 생물종이 공생symbiosis한다는 것은 하나의 진화방식에 서로 얽혀 있다는 것이며, 공생의 현상은 상호 적응된 공통의 소산물이다. 숙주와 기생체의 경우 두 생물종은 공존하며, 공존은 숙주와 기생체 간 공진화coevolution의 소산물이다. 다른 두 생물종이 공진화했더라도 서로 다른 진화전략으로 진화되었을 수 있으며, 따라서 서로에게 독립적으로 적응된 소산물로 볼 수 있다. 바이러스와 암세포의 사례를 통해서 진화의 소산물로서 생물학적 공생이 관계의 철학적 존재론으로 어떻게 이어지는지를 추론한다.

- **신경과학의 철학**: 마음과 감정의 문제를 추상적 형이상학이 아니라 신경과학의 구체적 관점에서 다룬다. 데닛의 생물학적 지향성, 가자

니가의 마음이론, 다마지오의 스피노자 해석 등을 다루면서 마음의 행동성향을 분석한다. 계산주의나 물리주의로 설명할 수 없는 뇌세포 시냅스 가소성을 설명하면서, 시냅스의 인식론적 구조를 중성적 일원론으로 볼 수 있음을 해명한다. 몸과 마음 그리고 뇌를 하나로 연결하는 체화인지론까지 설명한다.

- 인간 본성과 도덕의 문제: 2,500년 철학사에서 인간성이 선천적이고 자연적인 본성의 표현인지 아니면 후천적이고 문화적으로 양육되는 것인지는 항상 논란거리였다. 20세기 들어서 도덕론과 진화생물학이 만나면서 진화윤리학이 생겨났다. 여기에서는 이기주의-이타주의 논쟁을 주로 다룬다. 생물학적 이타주의는 동기 중심의 도덕 형이상학의 이타주의와 다르며, 단지 나의 행위로 인해 나 이외의 타인과 집단의 개체 증식에 도움이 되는 경우를 말한다. 이와 관련하여 이타적 행위와 협동성 행위가 어떻게 인간 본성으로 자리 잡을 수 있는지에 대한 다양한 이론들을 소개한다.

- 생물학의 지식론과 존재론: 과학 지식이 가치중립적이라고 하는 말이 정말인지 혹은 어디까지 적용되는지의 문제를 비판적으로 검토한다. 『생물철학』은 생물학적 방법론과 철학적 관점을 공유한다. 즉 방법론 측면에서 환원주의나 분석주의와 같이 가치중립을 지향하는 실증주의 방법론을 인정하지만, 관점 측면에서는 가치로부터 지식을 분리할 수 없다는 점을 이 책은 강조한다. 지식의 양면성, 즉 관점과 방법을 혼돈하지 않는 것이 중요하다. 방법의 실증성과 관점의 역사성이 공존한다는 점이 바로 과학의 인식론적 기초이다. 현대사회에서 생물학이 사회에 미치는 영향력이 상당히 크기 때문에 과학 지식

의 가치의존성 담론은 더 없이 중요하다.

　마지막으로 오늘의 지식사회에서 과학과 인문학 사이의 소통이 왜 중요한지를 토론한다. 이 책 『생물철학』은 지식의 기초이며 완성은 곧 소통이라고 강조한다. 변화를 수용하려는 태도, 인간을 이해하려는 태도, 그리고 상대를 경청하려는 태도, 이러한 세 가지 소통의 조건은 결국 더 나은 삶의 세계를 지향하는 데 있다고 말한다. 나아가 다윈의 『종의 기원』이 출간된 영국 빅토리아시대의 사회상을 통해서 진보 개념의 원형을 추적한다. 진보와 보수의 차이가 무엇이며, 진보 개념이 왜 진화 개념과 다른지를 살핀다.

4. 진화존재론과 진화사적 인간학

틀에 박힌 윤리 교과서에서 성선설 이야기가 나오면 먼저 맹자가 거론되고, 그중에서도 측은지심을 설명하는 부분이 단골 사례로 등장한다. 측은지심이란 타인을 사랑하는 마음인데, 이는 남의 아픔과 절실함을 같이 느낄 수밖에 없는 마음이며, 바로 그 마음이 인간 본성에 해당한다고 한다. 그런 느낌과 행동은 숨길 수 없으며 체면이나 남의 칭찬을 받기 위한 것이 결코 아니라고 맹자는 힘주어 말했다. 그런데 사람들은 이런 이야기를 좋은 덕담이나 그럴듯한 윤리이론 정도로 알 뿐, 정말 자신의 본성에 결부시켜 자신을 둘러보는 일에는 무관심하다. 만약 맹자의 이런 옛날 이야기를 오늘의 과학자가 현대 생명과학의 입장에서 과학적 근거를 들어 다시 주장한다면 어떻게 될까?

　『생물철학』은 생명 존재론의 대주제를 통해서 이런 질문에 응답하려고 한다. 이 책에서 생명 존재론이란 변화와 발생을 하면서도 항상성을 유지하는 진화존재론을 말한다. 37억 년 전 유기체가 탄생하면서 원시 원핵세포에서 오늘의 인간으로 진화하기까지 모든 생명 정보는 오늘날 존재하는 생물종 모두에게 공유되어 있다. 멸종된 종의 생명 정보도 오늘의 생명 안에 보전되어 있다는 뜻이다. 과거와 현재 그리고 미래를 연속적으로 이어가는 것, 이것이 생명의 중요한 의미이다. 하나의 개체는 오늘을 살고 있는 것에 그치지 않고 바로 오늘 속에서 과거 역사를 호흡하며 살고 있다. 오늘의 한 생명체는 그만의 공간적 영역을 차지하고 있을 뿐만 아니라 37억 년이라는 진화론적 시간을 그 안에 머금고 있는 연장된 시간 속의 존재이다(Weizsaecker 1970, Vol.2). 시간 속의 생물 존재를 이 책에서는 진화 존재 혹은 생명사의 존재라고 표현했다.

데카르트는 "내가 생각하므로 존재한다."라고 말했다. 차갑고 뜨거운 것을 느끼며 먹이를 구하고 강한 햇빛을 피하고 욕심을 내거나 기뻐하고 좋아하고 슬퍼하거나 미워하고 사랑하며 따지며 어림잡거나 계산하고, 나아가 동정심을 갖기 때문에 나의 존재가 더 이상 의심될 수 없다는 것이다. 모든 것을 방법론적으로 그리고 비판적으로 의심해야 하며, 그런 회의의 끝에 더 이상 회의할 수 없는 마지막 존재의 안착점이 드러나는데, 데카르트는 그것이 바로 생각하는 나의 존재라고 했다. 데카르트 명제는 주어가 '나'라는 점에서 관념적이다. 데카르트의 존재는 불변성, 영원성, 유일성, 완전성, 독립성이라는 플라톤의 존재를 이성적 관점으로만 바라본 결과이다. 그런 존재는 맨 끝에 도달한 지위라는 점에서 정적 존재론이다.

생물철학의 존재론은 불변이며 정적이며 완성형의 존재론과 다른 색깔을 낸다. 생물철학에서 말하는 존재는 완성적이지 않으며 과정적이다. 그리고 생물철학에서 말하는 나는 이성적 자아만이 아니라 생존과 번식을 하는 감정능력과 행동능력을 갖는 자아를 포함한다. 그런 생물학적 자아는 다른 타자와 연속적이며 공존하는 공진화의 존재이다. 생물철학은 나와 다른 존재, 다른 생명이 생태계라는 동일한 시공간에서 나와 함께 공생함을 강조한다. 인간종은 수많은 생물종의 하나이며, 지나온 장구한 시간 속에서 현재만을 차지하는 변화의 생물종이다. 그런 변화와 과정 속의 존재가 진화존재론이다. 진화존재론의 철학적 의미는 생명마다 존재론적으로 평등하면서도 인식론적으로 다양하다는 데 있다. 진화존재론 위에서 『생물철학』은 다양성과 관계성 그리고 공생과 변화라는 4가지 기초개념을 축조한다.

진화생물학에서 인간학은 두 가지로 연구된다. 하나는 좁은 의미의 생물학적 인간학이다. 그 안에는 유전자를 분석하여 인간의 형질과 행동을 파악할 수 있다는 환원적 인간관과 진화심리학에서 말하는 행동주의 인간관이 있다. 다른 하나는 넓은 의미의 진화사적 인간학이다. 진화사적 인간학이란 앞서 말한 평등함과 다양함의 진화존재론에 기초한 인간관을 말한다. 이 책은 진화존재론에 기반한 인간학을 해명하려고 여러 가지 현대생물학의 성과들을 제시한다.

진화사적 인간학은 먼저 인간의 본성을 형이상학이나 초월적 규범주의로 설명하지 않는다. 인간은 장구한 생명의 진화사, 즉 진화 존재의 산물이고, 인간의 지위는 모든 생물종과 동등하고 생명 위계질서의 꼭지점에 있지 않으며, 인간은 저절로 변화하고 스스로 변화시킬 수 있다는 점에서 그 특수한 고유성을 지니고 있다고 본다. 인간의 고유성

은 형이상학적이거나 초월적 권위에 의해 만들어진 것이 아니라 자연
사에 의해 누적된 경험의 산물이다. 진화사적 인간학의 시선에서 그동
안 우리를 괴롭혀 왔던 이분법적 본성론의 함정으로부터 벗어날 수 있다.
본성과 양육, 유전과 환경, 진화와 발생, 면역학적 관용과 기억, 뇌세포
노화와 시냅스 가소성, 마음과 신체, 이기성과 이타성이라는 생물학의 관
계들, 나아가 과학과 역사, 연속과 단속, 부분과 전체, 상관성과 인과성,
방법과 내용, 진보와 진화라는 철학의 관계들이 이분법으로 구획된
것이 아니라 상보적 개념이라고 이 책 『생물철학』은 말한다.

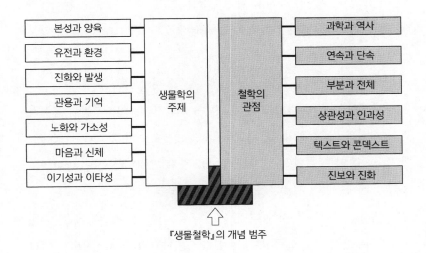

『생물철학』의 개념 범주

감사의 글 2023

『생물철학』 초판 이후 많은 내용이 변하고 바뀌었다. 새로운 주제가 보완되고 철학적 관점이 확장되면서 책의 주제가 9개 장에서 12개 장으로 늘었다. 그동안 관련 생물학 논문이 상당히 생산된 만큼 『생물철학』에 조명된 철학적 해석도 다양해졌고, 그에 따라 새로운 텍스트가 합생되었다. 특히 문헌인용과 내용참조의 정확성을 보강하면서 많은 참고문헌이 추가되었다.

　『생물철학』은 처음부터 끝까지 생물학 소재의 날줄을 철학적 사유의 씨줄 위에서 짰다. 세상의 많은 지식을 전개하는 인공지능이 등장하면서 개정판 『생물철학』은 지식을 소개하는 수준이 아니라 생명지능이 펼칠 수 있는 철학적 관점과 해석을 중요하게 다루었다. 영어권과 독일어권 생물철학 관련 책의 주제들을 대부분 담아냄으로써 일반 독자는 더 넓게, 전문 독자는 더 깊은 공부로 이어지도록 이 책을 썼다.

　공부는 혼자 하지만 공부를 이루는 일은 혼자 되지 않는다. 책이 새롭게 나오기까지 주변의 많은 분들과 책을 내주는 도서출판 씨아이알의 도움을 크게 받았다. 고마울 따름이다. 특히 나의 처 순덕에게 항상 감사의 마음을 빚고 있다.

2023년 7월, 저자 최종덕

감사의 글 2014

이 책이 나오기까지 나는 주변의 많은 사람들에게 학문적 빚을 졌다. 한국 과학철학계를 이끌어 오신 소흥렬 선생님과 송상용 선생님은 이 책을 시작하도록 힘을 주신 분이어서, 두 분에게는 항상 고마운 마음뿐이다. 경상대학교의 정병훈 선생님과 부산대학교의 강신익 선생님은 항상 깊은 우정으로 나를 독려해 주었다. 상지대학교 생명과학과 구혜영 선생님의 발생학 수업을 청강하며 많은 것을 배웠으니, 그분은 나의 스승이나 마찬가지이다. 김성우 선생님, 김시천 선생님, 심재관 선생님, 이상하 선생님, 그리고 동의과학연구소의 박석준 선생님은 오랫 동안 나와 함께 지식과 삶, 과학과 철학, 고전과 현대에 대한 이야기를 서로 나누었다. 그리고 한국철학사상연구회는 나에게 생명·세계·사회를 보는 비판과 성찰의 시선을 길러 주었다. 모두 고마운 분들이다.

한국과학철학회의 「과학철학」, 한국의철학회의 「의철학연구」, 한국철학사상연구회의 「시대와 철학」은 나의 학술논문을 엄밀하게 다지게 해준 학술지였다. 이 자리를 빌려 세 군데 학술지 담당자와 나의 논문을 심사해준 익명의 많은 심사자에게 고마움을 전한다. 그 논문들, 그리고 학회의 학문적 동료와 함께 읽고 토론한 내용들이 결국 이 책을 탄생시킨 것이다.

그리고 상지대학교 학생들에게 고마움을 표시한다. 강의실에서 학생들을 만나면서 연구와 교육이 별개가 아님을 깨닫게 되었다. 전공도 아닌 교양과목 강의실에서 생명, 문화, 인간, 역사를 떠들던 나의 목소리에 귀 기울여 주던 상지대학교 학생들의 존재가 바로 이 책의 저자로서 오늘의 나를 만들어 주었다. 나아가 나의 처 최순덕은 일반 독자의 입장에서 이 책의 원고를 처음부터 끝까지 자세히 읽고 교정해 주면서, 오만했던 나의 글쓰기에 일침을 주었다. 최순덕은 나에게 일자바지를 입게 하고 가죽팔찌를 차게 했는데, 그것은 관습과 타성에 빠지지 말자는 생명의 신호였다.

2014년 10월, 저자 최종덕

차 례

서문 | ⑤
감사의 글 | ⑱

제1장 **기계론과 생기론**

1. 근대과학의 세계관   3
   1.1 물리과학의 자연관   3
   1.2 생명과학의 세계관   9
2. 전근대 생물학의 원리, 생기론   13
   2.1 아리스토텔레스의 목적론   13
   2.2 생기론 – 신비주의와 자연주의 생기론   15
   2.3 목적론과 생기론   18
3. 물리주의와 기계론   21
   3.1 데카르트의 기계론적 생명관   21
   3.2 라메트리의 질적 기계론   24
   3.3 물리주의   26
   3.4 환원주의   28
   3.5 물리주의와 생기론의 병립   31
   3.6 물리주의의 난제   32
   3.7 벌거벗은 생명   36

제2장 **생물철학과 그 방법론**

  1. 생명계의 특징   43
    1.1 생명을 정의하는 방식   43
    1.2 생명의 소산구조와 자기조직성   45
    1.3 수렴하는 열린계와 개체 개념   49
    1.4 생명 정보의 특징   53
    1.5 생명 정의: 캉길렘과 트리포노프   57
  2. 생물학적 방법론으로서 유기체주의   63
    2.1 유기체주의   63
    2.2 생물학적 추론법   65
    2.3 유기체주의 방법론   69
  3. 생물학적 인식론   73
    3.1 근접원인과 궁극원인   73
    3.2 인과관계와 상관관계   82
    3.3 자연을 바라보는 인식론적 태도   85
    3.4 서술과학과 분석과학: 과학에서 사용된 메타포   87
  4. 자연주의 철학으로서 생물철학   94
    4.1 자연주의 인식론과 방법론   94
    4.2 인식의 연속성과 좁은 의미의 방법론   97
    4.3 생물철학을 정의하기   100
    4.4 생물철학 기초론으로서 진화존재론   103

제3장 **진화론의 역사와 『종의 기원』**

  1. 진화이론의 구조   109
    1.1 시간과학으로서 진화론   109
    1.2 진화론 개념의 배후   115
  2. 라마르크에서 찰스 다윈으로   118

2.1 찰스 다윈 이전 라마르크의 진화 개념   118

2.2 바이스만과 마이어에 의해 안정된 다윈 진화론   122

2.3 『종의 기원』 읽기   128

3. 20세기 진화생물학   133

3.1 현대 진화종합설 이후   133

3.2 진화론의 사회적 반향   134

제4장 **적응과 선택**

1. **진화의 기초 개념**   143

1.1 자연선택   143

1.2 성선택   152

1.3 변이와 적합도   154

2. **적응의 의미**   156

2.1 적응주의   156

2.2 적응 개념에 대한 오해 그리고 소버의 적응 개념   158

2.3 상동과 상사   161

2.4 굴절적응, 이차적응, 전적응   163

2.5 적응과 적합도의 차이, 적응적인 것과 적응된 것의 차이   165

2.6 적합도, 리처드슨의 적응주의   168

2.7 스팬드럴 논쟁과 적응주의   172

2.8 적응주의 보완과 해명 – 라카토스의 연구프로그램   176

2.9 조지 윌리엄스의 진화 유형과 적응 기준   180

3. **선택 수준**   182

3.1 선택 수준의 의미와 범주   182

3.2 다윈이 생각했던 집단의 사회성   185

3.3 집단선택론   187

3.4 윌리엄스의 『적응과 자연선택』 – 개체수준 선택   190

3.5 해밀턴의 포괄적합도 – 유전자수준   192

3.6 유전자선택론 논쟁   196

3.7 성비와 선택수준   199

3.8 다층수준 선택   201

4. 열린 논쟁, 열린 과학 – 생물막 사례로 본 선택수준   205

5. 진화의 방향과 목적론   208

5.1 목적론의 의미와 내용   208

5.2 외적 목적론과 실재론   211

5.3 내적 목적론   215

5.4 진화에는 목적이 없다   218

제5장 **생물종의 철학**

1. 본질주의 분류학   225

1.1 아리스토텔레스의 본질과 분류   225

1.2 린네의 종 분류   232

1.3 린네의 이명법   235

1.4 유명론 철학과 뷔퐁의 반본질주의   236

2. 현대적 의미의 종 개념   240

2.1 유형론에서 벗어난 개체로서의 종   240

2.2 마이어의 종 개념   242

2.3 종분화 방식, 향상진화와 분기진화   244

2.4 다양한 종 분류법   249

3 종을 해석하는 다원론   254

4. 모자이크, 니치, 클러스터 이론   260

4.1 생태적 모자이크 이론: 스티렐니   260

4.2 브흐바의 견해   264

4.3 엘드리지의 견해   267

4.4 항상성 클러스터 이론   269

제6장 **발생계 철학**

1. 발생학적 사유 275
 1.1 발생학의 역사 그리고 상동과 상사 275
 1.2 현대적 의미의 발생학적 사유 279
2. 발생진화의 주요 개념들 282
 2.1 항상성 283
 2.2 발생적 제약 286
 2.3 발생적 제약의 사례: 구조적 제약 289
 2.4 발생적 형태 292
3. 적응과 제약의 상보성 294
4. 유전자를 읽는 발생학적 사유 298
 4.1 계통발생학에서 발생유전학으로 298
 4.2 유전자 스위칭 300
 4.3 혹스 유전자 302
 4.4 형태유전자의 상동 304
 4.5 스위칭 개념 이전: 와딩턴의 유전적 동화 306
 4.6 후성유전학의 이해 309
 4.7 발생학적 사유로 본 유전체에 대한 철학적 질문 310
5. 발생계 이론 314
 5.1 오야마의 발생계 이론 314
 5.2 발생계의 생태주의 특성 318
 5.3 발생계의 구성주의 특성 322
 5.4 구성주의의 인식론적 관계 특성 325
 5.5 구성주의 방법론의 한계와 CES 모델 330
6. 발생계 이론의 철학적 의미 332
 6.1 후성주의 발생학적 인식론 332
 6.2 생명의 존재론적 동등성 335
 6.3 발생계 철학의 가능성 337

제7장 **진화생물학의 인과론**

  1. 유기체 형질의 기능 개념   341
    1.1 선택결과 기능과 인과역할 기능   342
    1.2 선택결과와 인과역할의 종합   347
    1.3 정크DNA와 선택결과 이론   350
  2. 진화의 우연성과 인과성   355
    2.1 물리과학의 법칙성과 시간 가역성   355
    2.2 우연, 운, 무작위   356
    2.3 진화생물학의 비가역성과 방법론적 고유성   358
  3. 미시진화의 인과관계   361
    3.1 미시진화와 거시진화의 차이   361
    3.2 미시진화의 인과성   366
  4. 거시진화의 역사적 우연성   368
    4.1 굴드의 비가역적 진화   368
    4.2 거시진화의 우연성   370
  5. 자연주의 인과론   375
    5.1 비티의 역사적 우연   375
    5.2 역사적 우연의 인식론적 문제와 엔트로피   379
  6. 철학적 재해석: 생–물리적 제약   382
  7. 생–물리적 제약의 사례: 북극흰여우의 유전자 표류   387

제8장 **면역학적 자아**

  1. 메치니코프 면역학의 철학적 존재론   395
    1.1 면역학적 사유의 전개   395
    1.2 메치니코프의 면역학   398
  2. 버넷의 클론선택설   405
    2.1 버넷의 생태학적 자아 개념과 정보이론   405

2.2 기존 주형모델과 교습이론　　　　　　　　410

2.3 예르네의 네트워크이론　　　　　　　　　411

2.4 버넷의 클론선택설　　　　　　　　　　　413

3. 면역기억과 면역관용: 면역학의 인식론　　417

3.1 진화론적 유사성　　　　　　　　　　　417

3.2 면역 작용의 특이성　　　　　　　　　　420

3.3 면역기억　　　　　　　　　　　　　　425

3.4 버넷의 면역관용　　　　　　　　　　　429

3.5 자기의 면역 능동성과 인식능력　　　　　432

3.6 진화론적 인식론으로서 면역학　　　　　435

4. 박멸과 길들이기　　　　　　　　　　　　437

4.1 메타포로 본 면역작용: 충돌, 회피, 공존　437

4.2 면역 과잉반응과 길들이기　　　　　　　438

4.3 백신으로 비자기 길들이기　　　　　　　440

4.4 회피, 제압, 중화의 대응　　　　　　　　442

4.5 코로나 바이러스 코로나19의 경우　　　　444

5. 철학적 자아　　　　　　　　　　　　　　448

5.1 실체론에서 관계론으로　　　　　　　　448

5.2 면역학의 철학　　　　　　　　　　　　452

제9장 공생과 공진화

1. 공생 개념의 역사　　　　　　　　　　　　459

2. 공생 개념과 그 의미　　　　　　　　　　　462

2.1 생물학자 마굴리스의 세포내 공생　　　　462

2.2 곤충학자 더글라스의 공생 개념　　　　　465

2.3 과학철학자 피콕의 공생과 진화　　　　　468

2.4 공생과 더불어 삶 - 일반적 정의　　　　　475

3. 암세포와 정상세포 사이의 관계　　　　　　478

    3.1 이익 - 비용 균형이 깨진 암세포   478

    3.2 진화사적 공존으로서 암세포   479

  4. 공존의 사례   483

    4.1 바이러스와의 공존   483

    4.2 서로 다른 사례들: 진화의 소산물   486

  5. 공진화   488

  6. 공존과 공생, 그 철학적 의미   492

제10장 **몸과 마음: 신경생물학의 철학**

  1. 마음과 뇌   497

    1.1 심신론에 대한 기존의 논의들   497

    1.2 방법론: 통시성 연구   501

    1.3 행동성향의 진화론적 시원: 방향성 표상   504

    1.4 행동성향, 방향성 형질의 비국소성   511

    1.5 데닛의 지향적 자세   513

    1.6 실재로서의 행동성향   517

    1.7 가자니가의 의향 개념과 경향 개념   519

    1.8 행동성향의 마음, 준비하는 마음   522

  2. 중성적 일원론의 다양한 유형   526

    2.1 다마지오의 심신 일원론   526

    2.2 진화 실재로서의 마음, 생태적 유전기제   533

    2.3 모자이크 진화와 연동 진화   537

    2.4 마음 - 뇌 - 몸의 통합적 삼각대: 중성 일원론   542

  3. 시냅스 철학의 존재론적 전환: 가소성   546

    3.1 신경세포의 안정화   546

    3.2 시냅스로 통하는 화학신호와 전기신호   552

    3.3 시냅스의 가소성   554

3.4 시냅스 존재론의 변화 557

3.5 사례: 시냅스 관련 질병 560

3.6 사례: 거울시상효과 562

3.7 사례: 중독과 소외 564

제11장 진화윤리학과 인간본성론

1. 전통 윤리학에서 진화윤리학으로 571

   1.1 20세기 현대 윤리학 이론들 572

   1.2 진화윤리학의 등장 580

   1.3 폴머의 자연화된 윤리학 584

   1.4 럼스덴과 윌슨의 후성규칙과 유전자 결정론 586

   1.5 루스의 진화윤리학 589

   1.6 키쳐의 생물학적 윤리학 591

2. 생물학적 이기주의와 이타주의 595

   2.1 인간의 행동유형 595

   2.2 집단선택론에서 유전자 선택론으로 602

   2.3 포괄적합도 이론: 해밀턴과 굴드 606

   2.4 죄수의 딜레마와 내쉬균형 612

   2.5 팃포탯과 게임이론 616

   2.6 트리버스의 호혜주의 620

   2.7 소버의 평균법 오류 623

3. 이타주의 627

   3.1 드발의 이타주의 627

   3.2 프랭크의 헌신성 이타주의 631

4. 사례: 자기기만의 진화론적 해석 635

   4.1 형태기만과 의식기만 635

   4.2 거울 뉴런과 마음이론 636

   4.3 자기기만의 확장 639

4.4 자기기만의 적응진화 해석 643

4.5 그린왈드의 이익편향성 645

4.6 사르트르의 진정성 647

5. 공동체의 가능성 648

5.1 희생과 상벌의 결합 648

5.2 이기적 본성과 협동성 행동성향 연구사례 652

제12장 생물철학과 사회생물학

1. 생물학과 사회 659

1.1 스펜서 사회다윈주의의 역사적 부작용 659

1.2 사회생물학의 범주 666

2. 형이상학적 진보: 목적지향적 진보 669

2.1 철학으로 본 보수와 진보 669

2.2 플라톤: 이데아를 향한 진보 671

2.3 아리스토텔레스의 궁극목적 지향의 진보 672

2.4 유토피아의 목적론적 세계관 676

2.5 형이상학적 진보의 목적성 677

3. 진화와 진보는 다르다 678

3.1 윌리엄스의 생물학적 진보 678

3.2 마이어와 도킨스의 진보 - 실용주의 진보 680

3.3 과학의 진보는 과학적 실재를 찾아가는 과정 682

3.4 빅토리아 시대의 자유와 진보 685

4. 과학과 인간의 소통 688

4.1 '과학적'이란 무엇인가 688

4.2 과학 지식이 가치중립적인가 693

4.3 관점과 방법, 지식의 양면 698

4.4 글쓰기로 구성하는 지식 700

4.5 메타포 사용하기 703

4.6 지식의 합의 · 707

4.7 소통의 조건 · 711

5. 진화존재론 · 716

참고문헌 | 721

주제색인 | 764

인명색인 | 775

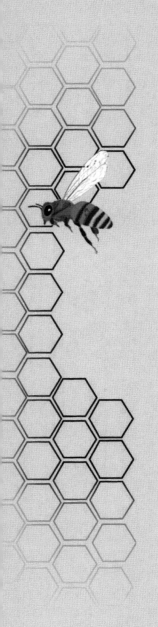

제1장

기계론과 생기론

제1장
기계론과 생기론

세포핵이 교체된 박테리아가 원래의 박테리아와 같은 것인가? 이런 질문은 엔진을 교체한 자동차가 원래의 자동차인지를 묻는 질문과 다르다. 현재까지도 그래 왔지만 앞으로도 과학은 놀라운 수준으로 발전할 것이 분명하고, 미래에는 자동차나 시계의 부품을 교체하듯이 생명세포에서부터 기관들까지 교체하려 할 것이다. 가장 간단한 유기체 박테리아에서부터 인간에 이르기까지 생명의 한 조각이 교체되더라도 교체된 이후의 생명 정체성이 무엇인지 끝까지 질문해야 한다. 이런 질문을 위해 생물학에 더불어 철학 공부가 요청된다. 과학은 답변을 찾아가는 탐구이며, 철학은 질문을 던지는 태도 그 자체이다. 공허하고 답습된 틀에서 벗어나 진실과 허구의 갈등을 무수히 거친 진정한 질문은 이미 정답의 반에 도달한 것이나 마찬가지다.

1. 근대과학의 세계관

1.1 물리과학의 자연관

생물학은 생명 현상의 상태와 운동을 다루는 과학이다. 유기체 생명의 범주와 정의를 기술하고, 생명의 기능과 조직을 설명하며, 생명체 사이 그리고 생명체와 환경 사이의 관계들을 연구한다. 전근대 생물학에서는 생명의 신비로운 힘을 믿는 생기론이 지배적이었지만, 현대 생물학에서는 자연과학 일반과 맥을 같이하는 과학주의가 중심이다. 과학주의는 존재론으로 원자론이며, 인식론으로는 객관주의, 그리고 방법론으로는 환원론 기반의 분석주의를 취한다. 그런데 현대 생물학은 다른 개별과학처럼 과학주의 측면 외에 유기체주의를 포섭하고 있다. 유기체주의를 접근하기 전에 먼저 과학주의의 형이상학적 의미를 알기 위해 17세기 이후 뉴튼 역학의 세계관을 검토하는 것이 중요하다.

17세기 뉴튼 역학이 정립되면서 서구 근대과학은 대상 세계로부터 관찰자의 주관성을 배제하는 객관주의, 물리적 환원주의의 방법론을 기반으로 하는 기계론이나 결정론의 세계관을 정착시켰다. 뉴튼 역학은 절대공간과 절대시간을 설정하고, 미분방정식으로 기술되는 기계적 결정론의 체계관의 실현물이다. 다시 말해 사물 운동의 초기 조건이 주어질 경우 미래 사건의 상태를 완전하게 결정할 수 있다는 것이 뉴튼 역학 체계의 특성이다. 이처럼 근대과학의 결정론 체계는 아래의 몇 가지 가정을 기반으로 성립되었다.

- **객관주의**: 관찰 대상은 관찰자와 독립되어 관찰자로부터 영향을 받지 않으며 영향을 받아서도 안 된다.
- **기계론**: 이 세계는 하나의 거대한 시계이고, 시계를 설계한 제작자가 이 시계를 기계적으로 작동시키고 있다. 기계적 결정론의 체계는 지배적인 전통 종교인 기독교의 신관神觀과 비슷한 구조이지만, 뉴튼 역학의 시계 제작자는 기독교의 신과 달리 인격을 갖지 않은

절대법칙 그 자체이다.

- **가역성**: 뉴튼 역학의 시간은 대칭적이다. 시간의 대칭이란 과거의 시간과 미래의 시간이 서로 등질적이라는 뜻이고, 그렇기 때문에 뉴튼 역학에서는 과거를 알 수 있듯이 미래를 수학적으로 예측할 수 있다. 시간의 흐름에 무관하게 물리법칙이 보편적으로 작동하며, 그런 이유로 사물들의 운동을 정확히 예측가능하게 해주는 결정론적 방정식의 답solution을 얻을 수 있다. 이를 시간의 가역성이라고 한다. 가역적 시간관은 기계론의 중요한 특성이기도 하다.

- **질점 역학**: 뉴튼 역학은 질점質點 역학이다. 지구의 질량은 지구 전체에 분포해 있다. 그런데 지구와 달 사이의 인력의 크기를 알려면 지구와 달 사이의 거리를 계산해야 하는데, 여기서 지구의 특정 지점과 달의 어느 특정 지점을 기준으로 거리를 측정해야 하는지에 대한 의문이 생긴다. 결과적으로 지구와 달의 중심점이 각각의 기준점이 되는데, 이것은 지구와 달의 질량 전체가 각각의 무게중심점에 몰려 있거나 또는 무게중심점이 전체 질량을 대표한다는 생각, 즉 질점 역학을 가정한다. 수학적으로 무게 중심에 있는 대상의 질량을 고전역학에서는 환산 질량reduced mass이라고 부른다.

- **환원주의**: 전체를 분해하면 부분이 되고 그런 부분들을 조립하면 다시 원래와 같은 전체가 된다. 나아가 세계의 모든 개별 존재자는 다른 존재자와 질적으로 동일하여 궁극적으로 물질의 기본단위인 세포 혹은 분자와 원자, 나아가 전자나 중성자 같은 미립자로 서로에게 교체되거나 교차될 수 있다.

- **원자론**: 물질세계의 특징은 물질의 부분과 물질의 전체가 질적인

점에서 같다는 데 있다. 즉 작은 것들이 모이면 큰 것과 같아지고, 큰 것이 나눠지면 작은 것들로 된다. 또는 부분이 모여 전체가 되고 전체가 분해되어 부분이 된다. 이런 생각은 고대 그리스의 데모크리토스에게서 그 뿌리를 찾을 수 있으며, 사물은 입자로 구성되어 있다는 근대 입자론에 이른다. 이런 존재론적 이해가 원자론atomism이다.

세계 구조가 하나의 시계와 같다는 생각은 원칙적으로 시계가 분해되어 최소 단위 부속품으로 나눠질 수 있다는 것이며 그런 부속품을 설계도에 따라 다시 원래의 시계로 조립할 수 있음을 의미한다. 이런 생각을 개념화한 것이 존재론적 환원주의이며, 이는 현대과학의 주요 방법론으로 발전했다. 이처럼 기계적 결정론의 존재론, 객관주의, 환원주의의 인식론을 바탕으로 한 이론 체계가 바로 근대 과학철학의 핵심이며, 우리가 '과학적'이라고 부르는 수식어의 주요 내용이다.

과학의 탐구 대상은 인간이 경험적으로 인식할 수 있는 사물에 국한된다. 그리고 경험적으로 인식한 대상을 언어로 기술하기 위해서는 그 대상이 항상 정지된 상태라고 가정해야 한다. 자연 현상의 운동 또는 사물의 운동 상태를 그대로 표현할 수 없기 때문에 운동하는 대상을 마치 정지된 대상처럼 간주해야 하는 것이다. 이러한 생각은 고대 그리스 철학의 존재론과 그 배경을 같이한다.

고대 그리스 철학의 존재론으로 볼 때 운동하는 대상은 진리의 세계와는 거리가 멀다. 진리는 항상 정지된 상태를 유지한다고 생각했기 때문이다. 운동은 변화이며, 정지는 불변이다. 진리가 있다면 당연히 불변한 존재에 귀속된다고 간주했다. 고대 그리스인이 생각했던 소위 과학적 사유도 마찬가지였다. 과학적 탐구는 운동 현상 가운데 정지성의 진리 법칙을 찾으려는 이성적 사유에서 시작한다. 기원전 5세기의 그리스 철학자 파르메니데스는 이런 불변의 존재를 일자oneness라고 했고, 뒤이어 플라톤은 이것을 이데아라고 했다. 일자는 운동하지 않으며, 일자의 정지성이 곧 존재의 진리를 말한다. 비존재는 없으며, 따라서 진리 세계에서는 운동도 없고 진공도 없다. 이러한 존재론은 파르메니데스에서 시작하여 플라톤에게서 확고한 철학적 지위를 가지게 되었다.

그러나 현실의 자연계는 모든 것이 운동하고, 일자가 아니라 다수이며, 불변이 아닌 변화하는 사물들의 집합이다. 현실의 자연계에서 진리의 존재 또는 진리의 법칙을 찾으려는 모든 행위가 곧 철학이며 과학이었다. 과학이란 운동 중에 있는 사물의 상태를 마치 정지된 상태처럼 전환하는 가상의 이론 체계이다. 움직이는 사물의 운동성을 그대로 표현할 수 없으므로 그 대안의 방법을 구했다. 움직이는 사물을 사진기로 찍어서 정지된 상태의 스틸 컷을 여러 개 만든 후 그렇게 만든 수많은 스틸 컷을 다시 모아 움직이는 사물의 상태를 대신 표현하는 대안적 방법을 찾아낸 것이다. 이와 같은 전환적 방법은 자연이 항상 운동하고 변화하는 것임을 알게 된 근대인의 인식론적 자각에서 촉발되었다.

근대과학은 잠정적일지라도 임의의 방식으로 그리고 인위적인 방식으로 운동 중의 관찰 대상을 정지 상태로 가상화시킨다. 이런 과정이 이상화idealization의 방법이다. 이상화는 운동 상태를 관찰하여 직접 표현하는 것이 불가능했기 때문에 그 대신 유사한 정지 상태의 모음으로 원래의 운동 상태를 대체하여 설명하려는 방법론이다. 자연계에는 소음physical noises이나 저항natural resistances이 항상 작용하는데, 이들의 크기는 상대적으로 작기 때문에 이상화의 추론에서는 이런 사소한 소음 값을 마치 없는 것처럼 가정한다.

예를 들어 지구와 달 사이의 인력을 계산할 때, 뉴튼 방정식의 만유인력 F는 지구의 질량 M과 달의 질량 m의 곱에 비례하고 달과 지구 사이의 거리 r의 제곱에는 반비례한다($F = G \cdot \dfrac{M \cdot m}{r^2}$). 이 방정식에서 M과 m, 두 물체의 질량만이 변수로 등장하지만, 실제로 지구와 달 외에 태양, 금성, 화성, 목성 등 수많은 외부 물체들, 즉 주변 우주에 질량을 가진 무수한 물체들이 지구-달 인력에 관여한다. 그러나 먼 거리에 있는 물체의 작용력은 너무 작아서 마치 없는 것처럼 수학적으로 가정할 수 있다. 이런 추론 절차를 이상화idealization라고 표현했다. 이상화는 무시해도 될 정도의 외부 작용력을 배제하여 수학적 이상상태ideal state로 전환하는 방법론을 가리킨다.

이상화의 추론을 사용하는 인식론적 전환은 근대과학 방법론의 기본으로 되었다. 과학에서 문제를 해결하려는 방정식은 자연의 운동을 인간이 인식할 수 있는 사유의 틀에 맞추어 기술한다. 인식 틀의 기반은 인간 이성에 대한 절대적인 믿음에 있다. 이성의 틀에서 벗어나 자연을 묘사하는 것은 과학자의 몫이 아니라 시인의 몫으로 여겨졌다. 이성의 인식 틀에 맞추는 추론절차의 첫 단계가 이상화이며, 이상화의 과정을 거쳐서 과학이 성립되었다. 정지된 스틸 컷을 모아 운동 상태를 설명하려는 이상화는 인간 이성이 고안해 낸 모든 것들 중에서도 가장 탁월한 과학 방법론이다.

[표 1-1] 기계적 결정론과 이상화 추론 방법론

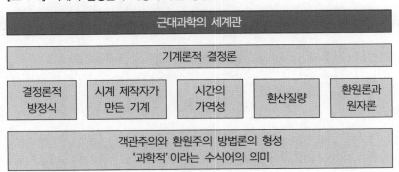

1.2 생명과학의 세계관

이상화의 과학탐구 방법론은 물리 세계를 다루는 자연계에는 잘 맞았으나 생명세계에 적용하기에는 어려움이 많았다. 물리학의 자연계와 달리 생명계에서 정지된 스틸 컷의 집합으로 생명 현상의 운동성을 설명하기 어려웠기 때문이다. 현실적으로 생명 현상을 정지된 스틸 컷으로 이상화시키는 현실적 과학기술은 여전히 미흡하다. 17세기 근대과학은 '혁명'이라는 수식어가 붙을 정도로 물리과학을 중심으로 한창 꽃피고 있었으나 생물과학은 여전히 신화시대에 머물러 있었다. 신화시대의 의미는 생물학이 생기론에서 벗어나지 못했음을 뜻한다.

이상화의 방법론이나 객관주의 또는 결정론적 방정식의 영향력은 당시 전근대 생물학까지 미치지 못했다. 근대 과학혁명 이후에도 동물학과 식물학에서 생기론이 영향력을 발휘하고 있었다.

19세기 중반까지도 자연은 신이 창조한 피조물이라는 생각이 지배적이었다. 신이 창조했다는 자연을 인간이 마음대로 탐구하는 것은 신의 권위에 도전하며 신의 권위를 위협하는 것으로 간주되었다. 낭만주의 시대에 들어와서 이러한 전통 사유가 하나씩 깨지기 시작했지만, 여전히 신의 그늘이 드리워져 있었다. 20세기 들어서면서 자연을 탐구하여 신의 비밀을 엿보려는 급진적인 과학탐구 태도가 인간의 인식론으로 비로소 안착되었다. 생명 현상을 다루는 탐구방식에서도 중요한 변화가 나타났다. 인간도 여타의 생명체와 다르지 않다는 생각이 확산되었다. 그리고 인간이 다른 생명체를 지배할 수 있다는 존재론적 지위의 우월성도 반성되었다. 근대과학의 존재론적 변화를 통해 인간의 지위는 자연 생명체의 하나로 되면서, 신이 인간에게 부여한 특별하고 우월적인 지위는 줄어들었다. 요약하자면 인간의 지위가 신의 권위로부터 조금씩 해방되면서 자연 구성물의 한 요소로 인식되기 시작했다는 점이다(Mayr 2004, Chap.2).

존재 평등성의 생각이 확산되면서 동식물계의 운동을 지배했던 기계적 원리가 인간에게도 적용될 수 있다는 물리주의 인식론의 남용과 부작용이 일어났다. 뉴튼 이전에는 별이나 행성 등 천상을 지배하는 하늘의 운동원리와 이 세상의 현실계 물체운동을 지배하는 땅의 운동원리가 다르다고 여겨졌다. 마찬가지로 동물을 통제하는 생명원리와 인간을 통제하는 생명원리 역시 서로 다른 것으로 인식되었다. 대표적인 것이 바로 데카르트의 이원적인 인식방식이었다.

한편 뉴튼은 천상의 운동원리와 땅의 운동원리를 하나로 통일시켰다. 우리는 이것을 과학혁명이라고 부른다. 뉴튼의 물리과학 외에 다른 영역, 즉 생물과학에서도 이러한 이론의 통일이 있었는데, 바로 동물의 생명원리와 인간의 생명원리를 통일시킨 19세기 진화론이었다. 뉴튼의 과학혁명 이후 기계론이 확산되었지만 생기론은 여전했었는데, 19세기 진화론이 등장하면서 생기론이 비로소 축소되기 시작했다.

20세기 들어오면서 기계론적 사유는 물리과학에서뿐만 아니라 생명과학에서도 확산되었고, 생물학도 물리학으로 환원될 수 있다는 믿음이 커져 갔다. 여기에서 환원이란 설명적 환원을 말하는데, 네이글(Ernest Nagel, 1901-1985)에 따르면 탄산가스나 석회처럼 서로 다르게 형성된 별개의 물질 영역들이 탄소 원자처럼 하나의 궁극적인 물질영역으로 존재론적으로 대체되거나 인식론적으로 설명될 수 있는 것을 의미한다(Nagel 1961).

환원론적 사고에 기반하여 많은 사람들이 생물학이 물리학적 사유구조 안으로 편입되어 모든 생명 현상이 물리적으로 밝혀질 것으로 기대하고 있다. 그러나 현실의 과학은 생명성의 일부만을 밝히고 있을 뿐이다. 고전적 기계론으로 생명 현상을 모두 설명할 수 있다는 이성의 자만이 조금씩 반성되기 시작했다.

양자역학의 기초를 세웠던 물리학자 닐즈 보어(Niels Bohr, 1885-1962)의 이야기를 빌려 보자. 생물학 관련 저서를 낼 정도로 생물학에 큰 관심을 갖고 있었던 보어는 생물학 탐구에서 인식론적 어려움을 실토했다. 예를 들어 어떤 실험생물학자가 살아 있는 생세포를 현미경으로 관찰한다고 하자. 이 관찰을 위해서는 먼저 피부에서 살아 있는 세포를 채취해야 한다. 세포를 채취해야 그 세포를 현미경으로 관찰할 수 있기 때문이다. 하지만 채취된 피부세포 슬라이드 그대로는 현미경 대물렌즈 아래 놓을 수 없는데, 그 이유는 현미경으로 식별할 수 있도록 먼저 세포를 적절히 염색해야 하기 때문이다. 채취작업과 염색작업을 한 후에 실험자는 비로소 세포를 관찰할 수 있게 된다.

그렇지만 그가 관찰한 것은 엄밀하게는 살아 있는 세포가 아니라 죽은 세포이다. 그나마도 염색으로 왜곡시킨 대상이다. 생세포를 관찰하기 위하여 세포를 죽여야만 하는 것은 과학적 관찰의 자기모순이라고 보어는 고민했다. 관찰자는 관찰대상인 자연의 대상과 분리될 수 없다는 점을 보어는 사실로 확인했기 때문이다. 관찰자와 관찰대상이 항상 분리되어야 한다는 기존 과학의 상식을 탈피해야만 자연에서 관찰가능한 자기모순들을 해명할 수 있다는 것이 닐즈 보어의 생각이었다.

관찰자와 관찰대상 사이 분리될 수 없는 수수께끼 같은 관계를 보어는 상보성complimentary이라는 개념으로 연관시켰다. 보어의 상보성 개념은 당대 대부분의 과학자들에게 수용되기 어려웠다. 생물계와 물리계를 연결하여 1969년 노벨 생리의학상을 받은 델브루익(Max Ludwig Henning Delbrück, 1906-1981)은 후일 닐즈 보어가 말한 관찰자와 대상 사이의 연결 양상을 '생명의 수수께끼Riddle of life'라고 표현했다(Delbrück 1970). 수수께끼 같은 보어의 생물철학은 오히려 보어 자신을 양자역학의 선구자로 만들어준 간접적 계기가 되었다. 보어의 이야기를 통해 우리는 생물학이 물리과학과 다른 특성을 가진다는 점을 유추할 수 있다(Roll-Hansen 2000).

생물과학이 물리과학과 결정적으로 다른 측면은 생물과학의 대상인 생명성은 시간 흐름에 따라 항상 변화한다는 데 있다. 물리과학 중심의 근대과학 사유의 철학은 운동의 시간 가역성과 물질의 환원론 그리고 결정론이다. 반면 생물과학의 대상인 생명은 자연사라는 시간의 소산물이며, 그 자체로 변이를 생성해가기 때문에 생명개체는 그 자체로 고유하며 그래서 다른 존재로 환원불가능하고 자기생성의 시간을 되돌릴 수 없는 비가역적 존재이다(Veit 2019).

2. 전근대 생물학의 원리, 생기론

2.1 아리스토텔레스의 목적론

고대 그리스 철학에서 기독교 신학에 이르기까지 형이상학적 초월자 또는 종교적 창조주의 의지는 이 세상의 모든 개별자를 존재하도록 하는 절대 원리였다. 이 세상의 무수한 경험적 존재는 절대 존재의 모방일 뿐이고, 이 세상의 모든 자연물 하나하나에는 이미 절대 존재의 형상이 담겨 있다고 했다. 존재의 본질과 가치는 이미 개별 존재의 목적이기 때문이다. 생명체이든 무생명체이든 관계없이 모든 개별 존재는 그 안에 목적을 품고 있으며, 그 목적에 따라 움직일 뿐이라는 관념이 현대 이전 서구사상사의 기초였다. 그래서 목적 없는 존재는 원래부터 존재할 수 없다는 것이며 생각조차 할 수 없었다.

개별자 하나하나의 존재 의미는 창조된 목적 자체이며, 이러한 존재론을 형이상학적 목적론이라고 한다. 목적론은 고대 그리스 철학자

아리스토텔레스 때부터 잘 정리된 사상사적 뿌리를 갖고 있다. 그것은 바로 아리스토텔레스의 생물발생학과 생물분류학 그리고 조직기능학이다. 아리스토텔레스의 생물학은 철저히 목적론에 기반해 있는데, 그의 생물학적 목적론은 형이상학적 목적론이기보다는 일종의 자연주의적 목적론이라고 표현할 수 있다. 아리스토텔레스 시기에는 히브리즘 성격의 초월적 존재 개념이 들어오기 500년 전이라서 형이상학적 목적론 개념도 없었다. 아리스토텔레스의 생물학적 목적론에서는 생명체의 운동과 현상 모두가 생명 존재의 목적을 실현하는 방향으로 맞추어져 있다. 생물체는 그의 목적이 배선되어 있는 시스템을 실현하는 하나의 현 실태이다. 아리스토텔레스의 목적론은 이렇게 생물계에 그대로 적용되었고, 그의 생물분류학은 18세기 린네 분류학이 나오기까지 유럽 지식인 사회에서 주류를 지켜왔다(Mirus 2004).

아리스토텔레스의 생명은 프쉬케(Psyche; Anima; 생명력)이다. 프쉬케는 생명작용의 원리인데, 다시 말해서 개체 생명의 운동과 존속 그리고 번식을 하게끔 하는 생리적 능력이며 심리적 활동의 주체이고 생명의 원천이다(De Anima). 이는 개별의 생명신체와 기관을 고유하게 기능하게 하는 목적으로서 생명이다. 아리스토텔레스의 중요한 생명론은 생명과 목적은 항상 붙어다니는 짝 개념이라는 데 있다. 그래서 아리스토텔레스에서 목적은 생명과 무생명을 나누는 기준이 된다. 생명 특히 개별 생명체에서 생물 기관이나 조직은 그 하나하나마다 목적을 가지며, 그 목적은 고유한 기능으로 수행된다. 그래서 각 생명으로서 "자연은 헛된 일을 하지 않는다nature does nothing in vain"(On the Generation of Animals).

아리스토텔레스 목적론은 중세로 오면서 신학이나 형이상학에서 재탄생하였고, 생물학에서도 다양한 방식으로 전개되었다. 후일 17세기 뉴튼 기반의 과학혁명의 핵심은 목적론이 배제된 기계론적 세계관에 있었음에도 불구하고 생물학에서는 목적론적 인식론이 여전히 지배적이었다. 마치 물리 세계에서는 기계론이, 생물 세계에서는 목적론이 따로따로 적용되는 것처럼 보이기도 했다.

물리학적 원리와 생물학적 원리의 차이는 무엇인가? 이 질문에 답하기 전에 먼저 둘 사이에 과연 차이가 존재하는지를 물어야 한다. 차이가 별로 없을 것이라고 생각하는 사람도 있고 결코 무시할 수 없는 결정적인 차이가 있다고 생각하는 사람도 있다. 둘 사이의 존재론적 차이가 없다고 생각하는 사람들은 물리 원리와 생물 원리는 기본적으로 동일하여 복잡한 생명 현상 역시 궁극에는 물리법칙으로 설명될 수 있을 것으로 추측한다. 이런 추론을 물리적 환원주의라고 하는데, 철학적 존재론의 관점에서 존재론적 일원론의 한 가지이다. 일원론에는 물리적 환원주의도 있지만 오로지 정신적인 그 무엇으로 물리적인 모든 것을 설명할 수 있다는 유심론의 정신적 환원주의도 있다. 유심론 중의 하나로 생명체 안에 생명을 이끌고 가는 신비한 기운이 생물학적 존재의 원동력이라고 보는 관점이 있다. 이것이 바로 생기론vitalism이다. 19세기 이전만 해도 생기론의 관점이 일반적이었다.

2.2 생기론 - 신비주의와 자연주의 생기론

생기론 개념을 하나의 범주로 구분할 수 없지만, 18세기부터 논쟁되고 설명되어 온 것을 립먼Timoty O. Lipman은 아래처럼 잘 정의했다. "생기론이란 물리화학계와 유기체를 구분해주며 무기체에서 찾아볼 수 없는 것으로 유기체만의 작동원리가 따로 존재한다는 믿음이다."(Lipman 1965, Coulter et al. 2019에서 재인용). 생명을 생명답게 하는 힘은 물리적인 사물에서 찾아볼 수 없는 생명 고유의 무엇이다. 생명이 있기 위해서 물리적인 요소를 부정하지 않는다. 그런데 물리적 요인 외에 정신적 요인도 있으며, 정신적인 요인은 물리적 요인으로 결코 환원되지 않고 또한 설명될 수 없다는 태도를 생기론이라고 한다.

고대 신화의 시대에는 생기론이 지배적이었을 것이다. 자연에 대한 경외심은 특정 자연물을 숭배하는 문화로 이어지게 마련이다. 고대인들은 모든 자연물에 생명이 있다고 생각하여 그 자연물을 의인화하고, 생명체와 무생명체 모두에게 있는 생명력이 이 세상을 움직인다고 보았다. 가령 일식이나 조수 간만의 차이도 절대자의 의지 발현으로 생각했다. 한국의 1980년대만 해도 시골에서는 서낭당 주위에 쌓아올린 돌무더기와 마을 한가운데 있는 큰 나무에 기도를 하고 이를 수호신으로 모시는 것을 볼 수 있었다. 이것은 그 나무나 돌에 큰 힘을 가진 생명력이 있다고 믿기 때문이다. 이러한 믿음은 애니미즘의 한 유형이다. 생기론은 애니미즘과 다르지만, 애니미즘의 인류학적 생성과 확산은 인류 발전 과정이며 인류문화사의 중요한 측면이기도 하다. 에니미즘 경향의 생기론은 현대과학에서 폐기되었지만, 오늘날에도 미신이나 주술적 종교 등의 신비주의 산업에 다양하게 그 흔적이 남아 있다. 신비주의 생기론은 주술과 샤머니즘의 원천이다. 현대에 많이 사라졌다고 해도 미신과 주술의 괴력은 여전히 우리 사회를 강하게 쥐고 흔들고 있다.

신비주의 생기론 외에 자연주의 생기론이라는 것도 있다. 예를 들어 쌓아놓은 짚더미나 퇴비 더미에 구더기가 있을 때, 근대 이전의 사람들은 썩고 발효하는 생화학적 과정을 몰랐기 때문에 알 수 없는 이유로 구더기가 새로 생겼다고 생각할 수 있었다. 이런 생각이 발전하여 생명의 발생이 자연물 사이의 물질적 변환에서 온 것이라는 자연주의 생기론으로 이어졌다. 자연주의 생기론은 일종의 발생학적 태도였으며, 단순한 신화적 생기론과는 달랐다. 19세기 유럽에서 생기론을 과학적인 힘으로 설명하려는 시도들이 나타나기도 한다. 예를 들어 19세기 과학사에서 생기론을 설명할 때 드는 대표적인 사례가 바로 드리슈(Hans Driesch, 1867-1941)의 엔텔레키entelechy이다. 엔텔레키는 완전함enteles; complete이라는 어원과 목적telos; end이라는 어원 그리고 속성echein; to have이라는 어원의 합성어이다(Posteraro 2023, 12). 드리슈의 엔텔레키는 신비하고 "비물질적인 힘immaterial force처럼 작용하여 전성설처럼 이미 있는 물질요소도 전혀 없는데도 불구하고 생명의 씨앗인 만능세포pluri-potent cells에서 성체를 발생시키는 힘이다"(Driesch 1929, 215). 그리핀은 이런 비물질의 힘으로 볼 때 이 힘은 생기론이지만 실제로는 자연의 물질적 힘으로 볼 수 있다고 주장했다. 그리핀은 이런 점에서 신비주의 생기론과 다르게 드리슈의 생기론을 자연주의 생기론으로 보았다 (Griffin 1981, 24).

[표 1-2] 생기론의 두 가지

생기론	
신비주의 생기론	자연주의 생기론
신화적 생기론 (주술 사회의 문화양식)	발생학적 생기론 (전근대 생물학의 기반)

2.3 목적론과 생기론

자연주의 생기론으로 아리스토텔레스 그리고 드리슈의 엔텔레키아 Entelecheia 생기론, 볼프(Caspar F. Wolff, 1735-1794)의 본질의 힘vis essentialis, 지노(Edmund W. Sinnott, 1888-1968)의 내재지향력inherent directiveness 등이 있다(Dobzhansky 1970, 1). 이 중에서 드리슈는 수정란은 성체로 발달하는 과정에서 이미 자신 안에서 성체가 되어야 할 발생학적 목적을 갖고 있다고 생각했다. 발생학적 목적은 외부의 형이상학적 힘도 아니지만 내부의 보편적 힘도 아니다. 이 목적은 생명체마다 고유하게 지정된 방향으로 발생을 제어하는 원리이다. 드리슈에게 이 제어원리controlling principle는 오직 그 생명체에서만 발견되는 생기적 힘vital force이었다. 그는 이 힘을 물리적 영역으로 환원되지 않는 정신적 영역이라고 보고, 이를 엔텔레키로 불렀다. 그런데 드리슈는 전통적인 생기론자들이 신비로운 힘을 상정한 것과 달리 엔텔레키를 신비로운 힘으로 간주하지 않았다. 그는 엔텔레키아는 모든 생명 체에 고유하게 작용하는 자연의 힘이며 배아 발생 과정에서 간접적으로 관찰할 수 있다고 했다(Williams 1992, 4). 드리슈 같은 현대 발생학자도 생기론의 영향력에서 완전히 벗어나지 못한 것이다(Posteraro 2023, 12).

생기론은 유심론의 범주와 다르지만, 유물론적 기계주의와 반대되는 역사를 갖기 때문에 물리적 환원주의에 반대되는 대척점으로 다뤄졌다. 모든 정신 현상과 생명 현상을 물리적 원리로 설명할 수 있다는 유물론적 일원론의 태도와 정반대되는 관점이 생기론이다. 전통 생기론자들은 정신적이고 초자연적인 어떤 힘이 생명계를 움직인다고 믿었다. 생기론에 따르면, 생명체 안에 스스로 생명을 유지할 수 있는 힘이 들어 있고, 그 힘은 생명 개체 모두에 골고루 나타나며, 그 생명의 힘은 개별 생명체보다 앞서 있고 더 원리적이다.

생물학적 목적론과 유기체의 생기론은 서로 다른 범주였지만, 그 둘 사이에는 내적 유사성이 있다. 생기론에서는 유기체만이 갖는 독특한 존재의 힘이 있다고 했다. 무기물과 죽은 사체에 없는 유기체만의 힘이 존재하는데, 그런 힘을 생기력으로 간주하는 것은 원시 인류로부터 내려온 자연스러운 생각의 활동이었다. 생기력은 살아 있는 것을 살아 있게끔 하는 원동력이라고 여기는 일은 인류가 활동하는 생각의 원형에 가깝다. 특히 자연주의 생기론에서는 생명의 기운이 다음과 같은 성질을 갖는다고 보았다. 첫째, 생기력, 즉 생명의 동력은 임의적이거나 무질서하지 않으며 질서를 존속시키려는 일정한 방향을 가진다. 둘째, 개체가 성체로 성장하는 과정은 지정된 목적을 따라가는 지향적 발달이다. 셋째, 개체 후손은 그 개체가 속한 생물종의 공통 목적에 따라 형성된다. 이렇게 볼 때 발생적 생기론은 목적론을 내포하고 있다.

인류학적 생기론의 하나인 애니미즘과 거의 비슷하지만 철학적으로 좀 더 세련된 힐로조이즘Hylozoism이라는 고대 그리스 자연관을 볼 필요가 있다. 힐로조이즘은 자연물에 정신의 영혼성을 부여한 것이고, 자연적인 것과 정신적인 것을 섞어 놓은 것이라고 이해하면 된다. 예를 들어 고대 그리스 자연철학자로 불리는 탈레스Thales는 자석의 힘을 '쇠를 당겨오는 영혼'이라고 표현했는데, 전형적인 힐로조이즘의 성격이며 한자 표현으로 물활론物活論이다. 이 세계를 물로 설명했던 탈레스 외에 소크라테스 이전 철학자로서 아낙시메네스는 공기로, 엠페도클레스는 흙, 물, 공기, 불이라는 4원소 그리고 사람의 힘으로 만물의 자연을 설명했다. 힐로조이즘은 애니미즘을 더 특화시켜서 애니미즘의 형이상학화라고 말할 수 있다. 힐로조이즘은 17세기 영국 근대경험론의 관점에서 만들어진 용어이지만 고대 그리스 자연철학자들이 세상의 만물을 정신과 물질의 미분화 상태로 본 미분화 자연관을 명명하는 데 아주 적절했다. 한편 파르메니데스는 만물을 수학으로 설명하려 했고, 데모크리토스는 원자(아톰)로 설명하려 했다. 소크라테스 이전 자연철학자나 데모크리토스 등 당대의 철학자들이 세계를 설명하는 방식은 일종의 일원론적 자연관에 해당한다. 일원론의 자연관은 플라톤 이데아의 일원론적 형이상학으로 변모함으로써 고대 그리스 철학의 정점을 이루었다.

19세기 중엽까지 지배적이었던 생기론 기반의 전근대 생물학은 고전 발생학과 밀접하다. 예를 들어 달걀에서 병아리가 부화되어 성체 닭이 되는 과정을 두 가지 관점에서 볼 수 있다. 첫째, 달걀 안에 이미 성체인 닭이 이미 축소판 형태로 존재했기 때문에 달걀에서 닭이 발생된다는 관점이다. 둘째, 달걀에서 부화한 병아리가 커가면서 원래 없던 닭의 형태가 나중에 새롭게 발생한다는 관점이다. 이 두 관점은 겉보기에도 대립적 관계이다. 앞의 관점을 전성설의 발생학이라고 하고, 뒤의 관점을 후성설의 발생학이라고 한다. 전성설과 후성설의 두 관점이 대립했던 것은 매우 단순하고 자연스러웠던 과거의 과학사였지만 오늘날 현대 발생생물학으로 오면서 또 다른 의미의 논점으로 전개 된다.

전근대적 전성설과 후성설 논쟁은 과학의 역사의 뒤안길로 사라졌다. 고전 발생학은 목적론에 기반하고 있었지만, 새로운 생물학은 이런 목적론적 사유를 철저히 깨부수는 데서 시작했기 때문에 생기론에 근

거한 전근대 생물학은 흔들릴 수밖에 없었다. 그럼에도 근대 과학혁명
과 함께 무너진 아리스토텔레스의 운동학과 달리, 아리스토텔레스의
생물학은 19세기 초반까지도 여전히 위력을 지니고 있었다. 19세기
중반 이후 목적론에 기반한 아리스토텔레스 생물학 그리고 고전 발생
학 모두 사라지게 되었다.

3. 물리주의와 기계론

3.1 데카르트의 기계론적 생명관

생기론과 목적론에 기반을 둔 자연주의적 일원론과 형이상학적 일원
론은 중세에 이르기까지 세계관의 중심을 차지했었다. 근대 합리론
철학이 등장하면서 이성은 정신으로부터 물질을 떼놓는 데 결정적 역
할을 했다. 그 대표적인 철학자는 데카르트이다. 데카르트는 신체를
정신에서 해방시켜 신체는 기계와 같은 물질이고, 정신은 영혼과 같이
살아 있는 것으로, 신체와 정신을 두 개의 서로 다른 실체substances로
보았다. 이를 철학사 교과서에서 보통 심신 이원론으로 부른다. 데카르
트의 심신 이원론은 기계론을 지지하는 대표적 담론으로, 정신과 신체
가 서로 무관하며 정신에는 정신의 고유한 실체가 있고 신체에는 신체
의 고유한 실체가 있다는 존재론적 이해방식이다. 정신적 실체의 본질
은 사유하는 것이며, 신체적 실체의 본질은 연장extension인데, 사유는
영혼의 활동이며, 연장은 영혼 없이 기계적인 작동에 그치는 공간성
이다.

데카르트는 동물의 경우 신체를 움직이게 하는 동물적 생명성은 넓은 의미에서 정신적 실체에 포함되는 것이 아니라 신체적 실체에 포함된다고 생각했다. 사유하는 정신은 인간 이상의 수준으로 독립적인 실체로서 의미를 갖지만, 동물 생명체를 유지하는 생명성은 기계와 같은 수준으로 인간 생명과 다른 별개의 하위 범주로 간주했다. 따라서 사유의 주체로서의 영혼은 정신적 실체이지만, 생명의 원동력으로서의 실체는 신체이다.

정신과 신체의 이분법 구획은 데카르트 인식론의 난점인데, 그 난점은 다음과 같이 요약될 수 있다.

첫째, 데카르트가 말하는 1인칭 대명사로서 '나'는 비물질적 실체를 가리키기도 하고 때로는 나의 신체를 가리키기도 하는 이중성을 은연중에 담고 있다.

둘째, 비물질적 실체와 물질적 신체 사이의 연결은 논리적으로 그리고 경험적으로 불가능하다. 그럼에도 불구하고 정신과 신체는 따로따로 작용하는 것이 아니라 하나로 묶인 채 동시에 작동된다. 내가 생각한 대로 몸이 따르며, 몸이 움직이면서 생각도 거기에 따른다는 아주 단순한 뜻이다. 후대 철학자들은 이런 데카르트의 정신과 신체의 서로 따르는 특성을 '상관성'이라고 불렀다. 심신 이원론을 주장하더라도 둘 사이의 상호작용이 있음을 인정해야 한다는 뜻이다. 정신과 신체를 별개의 실체라고 주장하면서도 어떻게 정신과 신체가 연결되는지의 문제는 풀기 어려운 난제였다.

셋째, 데카르트는 이 난제의 답으로 송과선 이론을 세웠다. 정신과 신체가 별개의 실체이면서도 서로 상관적으로 작용하는 근거는 해부학적으로 인체 경추 아래 부분에 위치한다는 송과선의 존재에 있다고 했다. 송과선에서 정신과 신체 두 실체를 연결하는 기능이 작동된다는 것이다. 물론 이런 해부학적 송과선 이론은 나중에 오류로 판명났다.

넷째, 정신적 실체가 지속적으로 동일성을 유지하여 존재한다는 증명은 어디에도 없다(베넷 2013, 640). 데카르트가 생명의 원동력으로서 영혼을 말할 때, 그 영혼은 생명을 유지하는 심장의 기계적 기능 원리에 해당한다(Descartes 1649).

데카르트 철학을 자연학적으로 해석하는 에이블런디(Fred Ablondi)에 따르면 생명은 심장 기능의 복잡성에서 유추할 수 있다. 그는 생명 기계가 기계적으로 작동하는 단순한 물체가 아니라, 복잡하지만 매우 정교하게 디자인된 자기내부 원리에 의해 움직인다고 했다. 생명은 신체의 양상이며, 따라서 복잡성의 차이는 있지만 시계나 방아기계의 작동 원리와 같은 수준으로 간주된다는 것이 에이블런디의 생각이다 (Ablondi 1998, 185).

데카르트에 따르면 사유 없는 생명체와 생명 없는 기계는 서로 같으며 단지 양태만 다를 뿐이다. 이렇게 데카르트는 사유 없는 동물은 기계에 지나지 않는다는 결론을 유도한다. 데카르트는 메르센느에게 보낸 편지에서 동물은 곧 기계라는 견해를 분명히 밝히고 있다. 그 이유는 기계가 작동되는 기능적 양태나 동물의 행동 양태가 같기 때문이라고 말한다. 동물의 자동기계론은 식물에도 적용된다. 데카르트는 숫자판으로 이루어진 시계가 시간을 알리는 기능이나 나무가 씨앗으로부터 열매를 맺는 기능이나 마찬가지라고 했다(Descartes 1649, Part Ⅰ:13).

데카르트에게 살아 있는 유기체와 죽은 유기체의 차이는 기능이 잘 작동하는 기계와 작동을 멈춘 고장난 기계 사이의 차이와 같다. 여기에서 기능이란 생명의 외현이다. 즉 영혼이라는 실체가 겉으로 드러나는 특징의 하나가 생명 기능이다. 아리스토텔레스는 신체를 작동시키는 기능을 영혼이라고 했다. 반면 데카르트에게는 그 영혼에 해당하는 것이 바로 기계적으로 작동하는 심장이다. 생명은 체온을 유지하고 열을 나게 하는 등의 기능을 수행하는 신체의 심장 속에 존재한다는 것이다. 그렇다면 심장이 없는 식물의 경우는 어떠한가? 식물에게는 생명이 없는 것인가? 데카르트는 식물에게 심장이 없지만 그 대신 식물의 입자운동을 일으키는 내적 동력이 있고, 그 내적 동력이 기능을 만들어 낸다고 했다.

데카르트는 생명의 내적 동력을 구체적으로 설명할 수 없었다. 그는 내적 동력이 기계의 작동원리와 같다고 하여 자신의 기계론적 자연관을 명시적으로 드러냈다. 하지만 사람과 원숭이 그리고 식물이 모두 같은 종류의 기계라고 하여도 분명히 기능의 차이가 있는데, 그 차이가 어디서 오는 것인지는 여전히 명확하지 않았다. 이에 대해 데카르트는 인간의 신체를 원숭이나 일반 기계와 달리 추가로 '신의 손the hands of god'이 부여된 특별한 지위의 신체성으로 보았다. 여기서 '신의 손'이란 사물마다 생명체마다 다른 신체에 복잡성을 부여하는 능력을 말한다. 그러나 '신의 손'이라는 의미는 여전히 추상적이고 수사적이다 (Ablondi 1998, 183-187).

3.2 라메트리의 질적 기계론

과학철학자 해킹은 라메트리(Julien Jean Offroy de La Mettrie, 1709-1751)를

기계론자mechanist이며 유물론자materialist이고 동시에 최고의 자연학자 natural historian로 평가한다(Hacking 2009, 184). 라메트리는 자신의 『인간 기계론』(1747)에서 자주 언급했듯이, 데카르트의 기계론은 기하학적 기계론이지만, 자신의 기계론은 생명구성체의 다양성을 인정하는 질적 기계론에 해당한다고 스스로 설명한다. 또한 데카르트가 제기한 실체론과 기계론을 비판하며 질적 기계론을 제시했다(라메트리 2020, 40). 라메트리가 말하는 질적 기계론의 의미는 데카르트가 말하는 톱니바퀴로 상징된 기계주의와 다르다. 신체는 물질로 구성되었지만 신체를 구성하는 방식은 미지의 생명 역동성에 의존한다고 했기 때문이다. 생명을 가진 몸의 기계성은 운동과 감각 작용의 다양성과 복잡성을 품고 있어서 데카르트의 설명방식으로는 해명이 되지 않고 오히려 스피노자의 일원론적 우주론에 해당한다고 라메트리는 말한다(라메트리 2020, 26). 라메트리는 데카르트의 이분법적 기계론에서 실체 관념을 배제하고 순수 물질로 기계론을 설명한 자연학적 일원론의 기계론을 보여주었다(Zammito 2008).

기계의 의미는 세 가지로 구분해 볼 수 있는데, (i) 인간이 만든 제조물로서 기계, (ii) 신의 소산물로서 기계, (iii) 자연의 현상으로서 기계이다. 데카르트의 기계는 신의 소산물로서 실체의 존재론적 위상을 갖는 기계이다. 반면 라메트리의 기계는 자연의 소산물로서 기계이다. 그런 기계는 실체의 위상이 아니라 자체 현상이다. 다시 말해서 라메트리 기계론의 존재론적 특징은 기계를 작동시키는 동력을 외부에서 찾지 않고 내부에서 찾는다는 점이다. 실은 이런 기계의 특징은 뉴튼에서도 마찬가지였다. 라메트리의 기계론은 이렇게 운동의 원인을 초월적 존재에 두는 기존의 실체론이나 형이상학적 접근을 거부한다. 그래서 우리의 몸도 자신을 활성화시키는 운동력을 몸 밖이 아니라 몸 안에 갖고 있다고 라메트리는 강조한다(라메트리 2020, 27). 인간의 몸은 스스로 태엽을 감아 영구 운동을 하는 살아있는 기계라는 점에서 라메트리의 기계론은 데카르트의 기계론과 다르게 생기론적 기계론vital materialism이라고도 하는데, 실제로는 라메트리만이 아니라 동시대 프랑스 자연학자였던 모퍼티Pierre Maupertuis, 뷔퐁, 디드로도 같이 살아있는 기계의 사유방식을 취했다(Zammito 2008). 앞의 절에서 말했듯이 내부가 아닌 외부에 존재하는 절대자 신이 기계를 움직이게 하는 태엽을 감아주기 때문에 기계가 작동할 수 있다는 사유방식이 바로 데카르트 기계론이다(라메트리 2020, 144). 이런 점에서 데카르트와 라메트리 기계론 사이에 결정적인 차이가 있다(최종덕 2020b).

3.3 물리주의

데카르트 이후 근대 과학혁명을 거치면서 현대 문명은 과학의 발전을 최고의 가치로 여기게 되었다. 자연의 모든 것이 물리적인 것으로 환원 가능하다는 물리주의physicalism 이념은 과학 인식론의 주축이 되었고, 심신일원론의 대표적 양식이 되었다. 존재론 차원의 물리 기반 일원론은 인식론 차원의 환원주의를 수반한다. 물리주의는 물질적 일원론이라는 환원주의의 하나라는 뜻이며, 유물론materialism의 한 양태이다. 형이상학적 존재론의 배경이었던 데모크리토스의 전통 유물론과 다르게, 물리 기반 유물론은 현대 실증주의 이론과 연결되었다. 좁은 의미의 물리주의는 20세기 초 오스트리아 비엔나를 중심으로 일어난 통일과학운동unity of science에서 시작되었는데, 1920년대 말 통일과학 운동을 주도한 비엔나 학파의 과학철학자 노이라트(Otto Neurath, 1882-1945)와 카르납(Rudolf Carnap, 1891-1970)이 물리주의의 개념을 새롭게 탄생시켰다. 비엔나 학파의 통일과학 운동 주도자들은 주로 화학, 생물학에서 심리학, 나아가 사회과학 일반에 이르기까지 모든 명제들이 궁극적으로 물리적 기초명제protocol sentence로 환원된다고 주장했다. 통일과학 운동의 바탕에서 기존 전통 실증주의 방법론과 새로운 철학 사조였던 언어 분석철학이 연결되어 논리실증주의 철학이 태어났다.

논리실증주의 방법론으로 생물학을 본다면 생물적인 것이 물리적인 것으로 환원된다는 생물학적 물리주의 주장이 도출된다. 이런 물리주의는 명제 차원의 물리주의와 존재 차원의 물리주의로 구분해 볼 수 있다. 생물학의 명제들을 물리학의 명제로 환원하여 설명할 수 있다는 언어 차원의 물리주의는 이론이나 원리를 설명하기 위한 수단으로 사용된다. 또 다른 방식의 물리주의는 생물학의 기초가 독립적인 그 무엇이 아니라 물리학의 기초와 동일하다는 물질 동일론이다. 이것은 유기체에 대하여 생기론적 명제를 제거하고, 그 대신 기계론적 물리주의로 설명하려는 태도라고 할 수 있다. 데카르트 생존 200년 이후 실증주의 철학자로 잘 알려진 콩트(Auguste François Xavier Comte, 1798-1857)는 유기체 개념을 설명하면서, 유기체를 유기체이게끔 하는 구조와 기능 그리고 환경이라는 세 가지 조건이 서로가 서로에게 영향력을 미치며 상관적인 관계에 놓인다면 그런 것을 유기체라고 정의했다. 콩트는 이런 설명에서 더 나아가 "유기체의 기관은 고유한 기능을 갖고 있으며, 따라서 그 역으로 기능을 알면 유기체의 기관을 알 수 있다."는 입장을 통해 유기체를 물리주의로 설명하려는 강한 입장을 보였다 (Comte 1893, 237).

[표 1-3] 물리주의의 두 가지 의미

물리 주의	• (인식론 차원의) 물리주의: 생물학을 포함한 일반 자연과학 및 심리학 나아가 사회과학의 명제가 물리과학의 명제로 환원된다는 입장으로 설명력 차원의 환원을 강조한다. 예를 들어 아미노산이나 거대분자인 DNA의 생물학적 집합을 공유결합이나 수소결합 혹은 이온결합 등 화학-물리적 힘으로 설명하는 사례이다.
	• (존재론 차원의) 물리주의: 심리학, 사회과학, 자연과학의 탐구대상 일반 및 자연체 일반은 궁극적으로 물리적 존재physical entity의 차원으로 예외 없이 환원된다는 입장이다. 예를 들어 뇌의 구조와 작용을 뇌의 국소적 영역들의 종합으로 혹은 전기화학적 신경세포들의 연결 조직으로 구성되어 있다는 방식으로 이해하는 태도이다.

3.4 환원주의

20세기에는 실험과학의 비약적 발달로 생명계에서도 환원론적 설명이 가능하다는 믿음이 확산되었다. 핵산의 분자구조를 밝혀내어 1962년 노벨상을 수상한 크릭(Francis Crick, 1916-2004)은 "현대 생물학의 궁극적 목표는 모든 생물학의 사실들을 물리학과 화학의 언어로 다시 설명하는 것이다."라고 말했다. 이와 관련하여 크릭은 아래 인용문에서 보듯 분자 차원의 환원적 방법을 이용하는 설명이 필요하다고 강조했다 (Crick 1995, 7).

복잡한 체계는 그 부분들의 운동과 부분 상호 간의 작용으로 설명될 수 있다. 수많은 수준의 활동이 일어나는 체계에서 이러한 운동과 상호 작용의 과정은 계속해서 반복된다. 다시 말해 특정한 부분의 움직임은 부분의 속성과 부분 간의 상호작용을 통해 설명될 수밖에 없을 것이다. 예를 들어 뇌를 이해하기 위해 우리는 신경세포들 상호 간의 수많은 작용을 알 필요가 있다. 더욱이 각 신경세포의 움직임은 신경세포를 이루는 이온들과 분자로 설명할 필요가 있다.

크릭의 영향으로 유전학 등의 현대 생물학에서 분자 차원으로 설명 해야 한다는 '분자 패러다임'의 생물학이 정착했다. 분자 패러다임의 사유 구조는 존재론 측면에서 물리주의를 따르며, 방법론 측면에서 실증주의를 따르고, 인식론 측면에서 환원주의를 따른다. 환원주의는 한 대상과 그 상태를 다른 대상이나 상태로 대체하여 더 나은 설명과 해석을 하려는 태도이다. 환원은 환원하려는 대상을 그보다 더 하위의 부분들로 대체하는 개념이다.

생물철학자 마이어는 기존의 과학철학자 네이글의 해석을 따라 (Nagel, 1961) 환원을 구성 환원주의constitutive reductionism, 설명 환원주의 explanatory reductionism, 이론 환원주의theory reductionism로 나누어 설명했 다(Mayr 1982, 59-63). 이 책에서는 마이어의 환원주의 구분을 따르되,

[표 1-4] 환원주의의 3가지 통로

환원		
언어적 환원 설명 차원의 환원	**존재론적 환원** 하위 존재로 대체	**기술적 환원** 분석장비를 통한 인식론적 환원

좀 더 쉽게 표현하기 위하여 언어적 환원성, 존재론적 환원성, 기술적 환원성이라는 세 가지 통로로 환원주의를 나누었다.

언어적 환원성이란 분석적 설명 능력을 가리킨다. 예를 들어 진화론에서 말하는 '자연선택'의 개념을 '유전자 빈도'라는 개념으로 대체하여 설명하는 경우를 보자. 이는 기존 찰스 다윈이 말한 '자연선택'이라는 개념이 현대 진화종합론에서 말하는 '유전자 빈도'라는 하위 언어로 환원되어 설명가능하다는 것을 의미한다. 언어적 환원성은 다른 방식, 다른 차원에서 다의적으로 설명될 수도 있다는 약점이 있다. 예를 들어 '자연선택'은 '유전자 빈도'로 설명되기도 하지만, 누군가는 '개체 다양성'으로 설명되어야 한다고 주장할 수 있다. 이렇게 서로 다른 주장들 사이에서 경합이 일어나고, 그 가운데 스스로 폐기되기도 하며, 어떤 경우는 하나의 큰 이론으로 포섭 또는 통합되기도 한다.

환원주의는 보통 인식론적 방법론으로 사용되지만 철학적으로 볼 때 존재론적으로도 사용될 수 있다. 존재론적 환원성은 한 대상을 다른 하위 요소로 분해할 수 있으며, 그 다른 하위 요소들을 다시 합하면 원래의 대상으로 되는 관계를 말한다. 마치 분해와 조립의 양방향 가역적 관계와 같다. 예를 들어 원자는 원자핵과 전자로 나눌 수 있고, 원자핵은 양성자와 중성자로 나눌 수 있으며, 그런 하위 부분들을 다시 재조립하면 원래의 원자로 될 수 있다는 생각과 같다.

기술적 환원성이란 관찰 장비나 측정 장비를 이용하여 대상을 인식하는 기술적 전환을 의미한다. 이전에는 존재론적 환원이나 언어적 환원을 가능하게 해주는 도구로서 그 의미를 낮게 평가했다. 그러나 최근에는 장비의 발달이 과학적 발견의 결정적 계기로 될 수 있다는 점에서 기술적 환원성의 중요성이 재인식되고 있다. 예를 들어 유전공학의 실질적 성과를 만들어 준 단백질 질량분석기는 분자를 이온화하는 첨단기술을 사용하는 장비이면서 동시에 분자가 이온으로 변화하는 과학적 이론을 전제하고 있다. 단백질학Proteomics과 같은 분자생물학의 많은 영역이 이런 장비에 의존하는데, 이 장비는 단순히 도구적 수단이 아니라 과학방법론의 한 영역으로 볼 수 있다.

3.5 물리주의와 생기론의 병립

20세기 들어 물리주의는 물리법칙을 그대로 생물세계에도 적용할 수 있다는 신념으로 확장되었다. 1953년 왓슨(James Dewey Watson)과 크릭이 DNA를 발견하면서 분자생물학이라는 범주가 생겼다(Watson 2001). 처음에는 분자생물학이 아니라 '신생물학new biology' 이름으로 시작되어 향후 'DNA 중심 생물학이 대세로 될 것DNA bandwagon effect'이라고 하면서 나중에 분자생물학이라는 이름으로 정착되었다(Beatty 1990, 199). 이후 분자생물학 기반으로 생물학적 물리주의에 대한 확신이 급속히 퍼져나갔다. 지금은 생명계 탐구에 물리주의를 당연하게 받아들이지만, 19세기 말까지는 물리주의와 전혀 다른 개념인 생기론이 중시되었다. 생기론의 핵심은 물리적인 무엇으로 환원될 수 없는 생명 본연의 특성이 생명체 안에 내재되어 있다는 것이다. 물리주의가 이성을 바탕으로 한 유물론적 분해 능력을 강조하는 데 반해, 생기론은 생물학적 대상을 아무리 분해해도 찾을 수 없는 생명력의 존재를 전제하고 전일적holistic 인 탐구 방법을 강조했다. 물리주의는 생명을 해부학적 부분으로 보는 미시 현미경으로, 생기론은 생명 원리를 보는 거시 망원경으로 비유되기도 했다. 하지만 생기론은 생명 조직의 분자 구조까지 밝혀내는 현대 과학기술의 등장으로 사라졌다.

생물학과 물리학 사이에는 여전히 무엇인가 차이가 있음을 인정하지 않을 수 없었다. 생물학과 물리학은 그 대상 자체가 다르다. 생물학적 대상을 연구하려면 살아 있는 그대로를 탐구 대상으로 다루어야 한다. 앞서 닐즈 보어의 언급에서처럼 살아 있는 것을 죽은 것으로 대체하는 '이상화'의 절차가 필요하다. 이 점은 생물학을 물리주의로 접근할 때 필연적으로 생기는 자기 모순적 태도이다. 생명과 그것을 표현하는 과학 언어 사이에 놓여 있는 난제들은 생물학 연구에서 풀어가야 할 과제이다.

세포도 분자로 구성되어 있지만, 개별 분자를 조립하여 세포의 특성을 파악하기는 쉽지 않다. 세포가 분자들의 단순 총합 이상의 복잡성을 가지고 있기 때문이다. 그렇다고 해서 생명을 신비로운 생기론적 대상으로 파악한다면 더 심각한 오류가 생긴다. 마찬가지로 생기론에 대한 반작용으로 물리주의가 지나칠 경우 자칫 생명과 기계를 동일시하는 논리적 범주 오류에 빠질 수 있다. 유전공학이 급속히 발달하면서 생명과 기계의 정체성 차이를 분명하게 인식하는 것은 인류가 당면한 가장 큰 과제로 되었다.

3.6 물리주의의 난제

환원주의 인식론이 물리계에서처럼 생명계에서도 잘 적용되는지에 대한 문제는 쉽게 풀리지 않고 단정해서 답을 내리기도 어렵다. 물리적 실재론자로 알려진 물리학자 슈뢰딩거(Erwin Schrödinger, 1887-1961)는 자신의 작품『생명이란 무엇인가Was ist Leben?』에서 새로운 방식으로 생명을 보자고 제안했다. 생명은 원리적으로 물리적 환원이 가능하더라도 그 구조가 너무 복잡하여 실질적으로는 환원되기 어려운 특성을 갖는다는 것이다(Schrödinger 1987). 이런 관점에서 과학철학자 프리마(Hans Primas)는 생명을 엔트로피의 무질서도와 분자 복잡성 및 질서와 정보 개념으로 새롭게 조명해야 한다고 했다. 생명 현상과 생명 존재가 분자 차원으로 환원된다고 하더라도, 분자는 다른 분자와 아주 복잡한 상관성으로 서로에게 의존적이라는 것이다. 이것은 생명 분자가 고정된 정보를 유지하는 닫힌 상태가 아니라, 항상 외부 환경과 정보를 교환하여 유동적 항상성을 유지하는 열린 상태에 있음을 강조하는 표현이다. 이처럼 열린계이지만 경계가 있으며 개체성을 계속 유지하는 것이 생명의 특징이다. 일반적으로 열린계에서는 엔트로피 증가의 법칙이 적용되지 않는다. 그러나 경계가 있는 개체라는 점에서는 엔트로피 증가의 법칙이 적용될 수 있다. 프리마는 생명체가 외부 개체와 분리된 경계와 형태를 가졌음에도 불구하고 엔트로피가 증가하지 않는다는 사실이 생명체의 특징이라고 주장한다. 그리고 바로 이 점 때문에 생명계를 물리주의로 설명하는 데 있어서 난제가 생긴다는 것이다(Primas 1990).

생물학의 모든 영역이 원리적으로 분자 패러다임 안으로 귀속된다는 생물학적 물리주의의 특성은 분자 패러다임 위에서 기초되어 있다는 점이다. 현실적으로 생물학을 물리주의로 전부 설명할 수 없다는 점은 분명한 사실이다. 그 이유는 물리주의의 한계에 있는 것이 아니라 생물이 지닌 생물학적 자기정체성 때문이다. 예를 들어 물리주의를 적용하는 대표적인 분야인 유전학에서조차도 단언적으로 모든 것을 물리적으로 설명할 수 있다는 확신을 얻지 못하고 있다. 그 이유는 미래 물리주의의 한계가 아니라 유전학에 연결된 후성유전학의 환경 의존성 때문이다. 물론 현대 생명과학은 생화학적 물리주의를 지향하고 있다. 생물학 역시 많은 비판과 난제에도 불구하고 물리주의와 환원주의를 과학 탐구의 방법론적 기초로 갖고 있기 때문이다.

시계 제작자는 시계를 만들기 전에 작동 원리와 기능을 담은 설계도에 따라 시계를 만들 것이다. 설계도 그대로 따라 하기만 하면 시계를 제작할 수 있다는 당연한 전제가 깔려 있는데, 이런 전제를 생명 유기체에 적용하기도 한다. 생명체를 시계로 보는 생각은 원래 종교적인 입장으로서, 시계에는 시계 제작자가 있는 것처럼 생명체에도 그 생명을 창조한 창조주가 있다는 신학적 교리에 뿌리를 두고 있다.

데카르트와 뉴튼 시대에 들어오면서 자연의 존재를 설명하기 위하여 종교적 도그마 대신에 기계론이 자리 잡게 되었다. 기계론의 형이상학은 창조주가 위치한 자리에 설계도가 대신했다는 의미를 가지고 있다. 기계의 설계도는 시간과 무관하게 영원히 자동적으로 작동되도록 고안된 기계 제작도이다. 기계를 제작한 제작자가 존재하는지 존재한다면 누구인지에 관하여 알지 못해도 자연의 운행방식을 설명할 수 있다는 것이 기계론의 장점이었다. 기계론적 입장에서 시계의 예를 들어볼 때 시계의 어느 부품이 고장 나면 고장 난 부품을 대체하거나 수리함으로써 원래의 기능을 하는 시계로 되돌릴 수 있다. 시계는 부품들을 조립한 것이어서 분해를 하면 부품 하나하나의 단위요소로 되지만, 다시 그 부품을 조립하면 원래의 완성품으로 되돌아 온다는 점은 기계론의 사유가 물리주의로 연결되는 이유이다. 근대 과학혁명기 이후 물리주의로 생명체를 설명하고 싶어하는 시대적 경향이 확산되면서 기계론의 형이상학은 기계론의 과학으로 확장되었다.

기계론으로 시계를 설명하듯이 생명체를 설명하는 것에는 분명한 한계가 있다. 생명체는 그 생명체를 구성하는 부품들로 분해되고 다시 조립되는 기계가 아니기 때문이다. 박테리아의 사례를 생각해 보자. 박테리아는 특정 유전 정보를 구비한 세포 생명체로 세포핵과 미토콘드리아 등의 세포질로 구성되어 있으며, 핵에는 유전자 정보가 들어 있다. 분해한 부품들을 조립하여 다시 원래 시계를 만드는 것처럼 박테리아를 조각으로 분해한 후 그 조각들을 조립하여 원래의 박테리아를 만들 수는 없다. 왜냐하면 해체하고 조립하는 과정에서 박테리아의 생명 정체성이 사라지기 때문이다. 더 간단하게 말해서 녹말과 셀룰로오스는 똑같은 포도당으로 구성되어 있지만 상이한 성질을 갖는다는 사례를 들 수 있다. 녹말은 양분이 되지만 셀룰로오스는 소화가 안 된다. 동일한 부속품인 포도당 단위들이라도 그 배열의 차이는 성질의 차이를 만든다. 물질 조성으로 생명의 성질을 설명하기 어렵다는 뜻이다. 최근의 합성생물학은 인공생명 전단계인 DNA 합성에까지 부분적으로 성공한 것을 충분히 인정하더라도, 생명정체성은 왜곡되고 변형될 수밖에 없다. 앞서 말했듯이 그 이유는 합성생물학의 과학기술 수준의 문제가 아니라 유일성이라는 생명개체의 특성 때문이다.

시계를 분해하고 조립하는 방식의 환원을 존재론적 환원이라고 하는데, 환원주의 가운데 가장 강한 의미의 환원이다. 과학이 이런 강한 의미의 환원주의를 고수하고 있지는 않지만, 그럼에도 불구하고 존재론적 환원에 대해서 철학적 반성과 성찰이 필요하다. 앞의 예를 다시 생각해 보자. 박테리아에 환원주의를 적용하여 핵과 세포질로 분해하고, 그 원래의 핵은 다른 핵으로 교체하여 생명을 유지하거나 대체할수 있다고 가정하자. 실제로 현대과학의 수준에서 핵의 교체는 가능하다. 세포핵이 교체된 박테리아가 원래의 박테리아와 같은 것인가? 이런질문은 엔진을 교체한 자동차가 원래의 자동차인지를 묻는 질문과 질적으로 다르다. 현재까지도 그래 왔지만 앞으로도 과학은 놀라운 수준으로 발전할 것이 분명하고, 미래에는 자동차나 시계의 부품을 교체하듯이 세포에서부터 기관들까지 교체하려 할 것이다. 가장 간단한 유기체인 박테리아에서부터 인간에 이르기까지 생명의 한 조각이 교체되더라도 교체된 이후의 생명 정체성이 무엇인지 끝까지 질문해야 한다. 질문이 관행적이거나 형식적이라면 그 대답도 규범적인 수준에 멈추고 만다. 새로운 시선으로 던지는 질문만이 창의적인 대답을 기대할수 있다. 세계의 의미와 삶의 절실함에서 우러나는 질문으로부터 비로소 그 대답도 진실성에 가까워진다. 이런 질문과 답변을 찾아가기 위해생물학과 철학의 공부가 같이 가야 한다.

3.7 벌거벗은 생명

20세기 생기론은 다른 각도에서 조명되었다. 그중에서 캉길렘(Georges Canguilhem, 1904-1995)의 생명철학은 생기론을 합리적 시선으로 수용한다. 인간의 생명 안에서 생기론은 신체활동의 물질법칙을 인정하면서도 물리화학적 요소로 설명될 수 없는 힘의 존재를 중시한다. 이런힘을 캉길렘은 생명성으로 설명했다. 캉길렘에서 생명의 생기론적 힘을 생기력이라고 부를 수 있다면, 이러한 생기력은 죽음에 저항하는 수동적인 힘이며 동시에 현재 생명의 환경적 조건을 더 이롭게 만드는 능동적 힘, 이 두 힘의 "역동적 양극성polarité dynamique"으로 드러난다 (황수영 2013).

생기론, 역동적 양극성에 대해 캉길렘은 인간의 가치론에서 탈피하여 두 힘을 설명하고자 한다. 그리고 이 두 힘은 기계적 과정으로 설명될 수 없으며 생명 고유의 가치를 통해 설명될 뿐이다. 예를 들어 캉길렘에서 인간의 생리적 생태를 표현하는 요소들, 혈압이나 체온 혹은 맥박 등의 수치는 역동적 생기력이 개인마다 다른 신체환경에서 드러난 결과이다. 물리주의 입장에서 그런 신체상태의 수치는 평균값으로 신체의 정상을 규정하고자 한다. 그러나 캉길렘은 그런 평균값이 개인의 역동성 생기력을 그대로 대신할 수 없다고 한다. "규범은 평균으로부터 도출되는 것이 아니라 평균 속에서 표현되는 것이다."라는 문장은 캉길렘의 합리적 생기론을 잘 보여주는 문구로 판단된다(황수영 2013에서 재인용). 이렇게 생기력을 합리적으로 해석하는 캉길렘의 생리학적 추론은 정상과 비정상의 기계화된 이분법적 구획을 반성하게 하는 그의 유명한 논증을 이끌어내었다(캉길렘 2018).

20세기 생기론의 또 다른 문제는 생명정치와 연관된다. 푸코의 생명정치를 넘어서 이탈리아 철학자 조르조 아감벤(Giorgio Agamben, 1942-)의 생명정치론은 생기론의 사회가 사람들을 무지몽매한 "벌거벗은 생명"으로 배제시킬 수 있는 사회적 위험을 경고한다. 아감벤은 고대 그리스 사회에서 정치생명을 얻은 사람들의 공간인 폴리스와 그로부터 배제된 단순생명을 영위하는 사람들의 공간인 오이코스의 차이를 주목한다. 정치생명을 비오스Bios라고 하며 개인 생명권을 보장받은 삶의 형태이다. 반면 폴리스로부터 배제되어 살아있기는 하지만 그냥 단순한 삶만 영위하는 생명을 조에Zoe라고 한다. 조에는 비오스로서 자신의 정치적 생명을 얻지 못한 상태를 말하며, 이를 아렌트는 "단순한 생명 sheer life"라고 했는데 아감벤은 이를 벌거벗은 생명이라고 표현했다. 이런 삶이 곧 호모사케르(Homo Sacer)이다. 고대 그리스 사회에서 호모 사케르는 폴리스에 소속되지 못한 채 숨쉬고 살았기는 하지만 인간으로서 일체의 권리가 배제된 삶을 말한다. 아리스토텔레스에서 자연상태의 인간은 로고스를 통해 폴리스 일원으로 가능해진다. 폴리스 일원이라는 뜻은 정치적 생명을 얻는다는 뜻이다. 호모사케르의 생명을 조에라고 하면 폴리스의 일원이 된 삶을 비오스의 생명이라고 한다(아감벤 2008, 2부 1절).

조에는 항상 비오스로의 삶을 추구하는데, 사회는 그런 조에의 희망을 탈취하여 그들이 조작하는 오류의 비오스를 제시하게 된다. 이것이 바로 현대 사회의 이중적 특징이라는 것이 아감벤 철학의 요점이다. 여기서 생기론은 마치 나치의 전체주의의 유령처럼 사람들에게 정치 생명을 빼앗아 헐벗고 "벌거벗은 생명"으로 탈락시키는 생사여탈권에 일조를 한다. 아감벤은 이러한 벌거벗은 생명으로의 퇴조 혹은 정치생명으로부터 배제되는 위험성은 고대 그리스 사회나 나치 전범의 사례에서 그치는 것이 아니라 멀쩡해보이는 현대 민주주의 미래사회에서도 드러날 수 있다는 것이다(이순웅 2014).

한국의 생명사상이나 캉길렘의 생명철학처럼 합리적 생기론을 포용의 생기론이라고 한다면, 타인의 비오스를 탈락시켜 살아있지만 죽어있는 것과 같은 미신의 생기론을 배제의 생기론이라고 부를 수 있다.

생물철학

배제의 생기론은 인간의 존엄성이 무시된 생명복제기술에서도 드러날 수 있고, 미신정치에서도 드러날 수 있으며, 초인공지능 시대에서조차 정보 소외로 드러날 수 있다.

물리주의에 기반한 기계론이 득세하면 할수록 생기론은 없어지는 것이 아니라 오히려 사회 저변으로 확산된다. 그래서 사회적으로 생기론과 물리주의의가 병립하는 기이한 이상 현상이 생긴다. 실제로 지난 19세기에 이성과 주술이 병립했고, 이는 21세기에도 마찬가지이다. 기계론과 생기론의 논쟁이 20세기 초반까지 진행되었다는 점은 놀랄 만한 일이라고 마이어는 한탄했지만(Mayr 1982, 106), 현실 사회에서는 신비주의를 쫓아가는 생기론이 없어지지 않고 여러 방면에서 드러나고 있다. 이 문제는 12장에서 다시 논의한다.

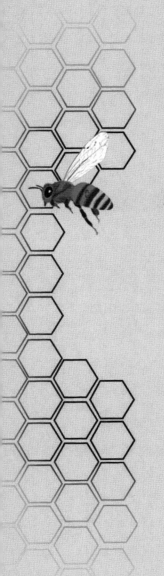

제2장

생물철학과 그 방법론

제2장
생물철학과 그 방법론

진정성 있는 문제의식에 집중하기 위해서는 섬세한 판별력과 통찰하는 종합력이 중요하다. 문제를 앞에 두고 인식론적 판별력과 존재론적 종합력을 추구하는 사람이라면 누구나 철학하는 사람이라고 할 수 있다. 판별력과 종합력, 다른 말로 비판과 반성의 시각을 잃지 않는 사람은 그가 생물학자이거나 일반 독자이거나 모두 철학자이다. 그리고 철학의 지식이 충만한 철학이론가라도 비판과 반성의 마음을 갖추지 못했다면 더 이상 철학자라고 할 수 없다.

1. 생명계의 특징

1.1 생명을 정의하는 방식

에른스트 마이어(Ernst Walter Mayr, 1904-2005)가 제시한 생명계의 특징은 다음과 같다. 첫째, 생명의 존재론은 본질주의를 기반으로 하는 실체론의 형이상학 전통에서 벗어나 있다. 본질보다는 변화가 생명 현상의 중심에 있다. 둘째, 기계적 결정론의 형이상학에서 벗어나 있다. 우연과 개연성이 일체 존재할 수 없는 완전한 필연의 세계를 상징하는 라플라스의 성곽Laplace's boast이 결정론 과학을 지켰던 성역이었다면, 현대 생물학은 이런 성역을 부정하면서 새로이 태어났다. 셋째, 생명계는 환원주의의 제한으로부터 자유롭다. 넷째, 생물학은 물리학에서처럼 보편적 자연법universal natural laws이 있다는 설정에서 벗어나 있다(Mayr 2004, 26-28).

생명을 정의하는 방법은 다양하지만 생명에는 공통적인 특징이 있다. 생물학 교과서에서 흔히 보듯 생명은 다음과 같은 공통적인 기능을 갖는 것으로 설명된다. 첫째, 외부에서 영양을 섭취한다. 둘째, 대사작용을 한다. 셋째, 생명을 구성하는 세포는 안과 밖이 세포막으로 구분되고, 각각의 생명 개체는 대체로 다른 개체와 구분된다. 넷째, 개체 차원에서 유전되며 증식하고, 세포 차원에서 탄생과 죽음을 반복한다. 다섯째, 운동하며 외부환경에 대해 적응 반응을 한다.

생명의 특징을 기능 측면이 아니라 진화의 관점에서 본 생물철학자 데닛Daniel Dennett의 설명은 다음과 같다. 첫째, 생명체는 유전자 집단으로 구성된다. 둘째, 모든 생명은 공통된 세포 특성을 가진다. 셋째, 모든 생명은 공통의 계통성 유전자를 공유한다. 넷째, 빛을 찾아가는 주광성走光性, phototaxis과 어미를 찾아가는 주모성走母性, mamataxis이 있다. 그는 주광성 개념을 설명하기 위해 모터 2개 달린 항체가 서로 가변적인 모터 속도를 조정하여 햇빛을 찾아가는 물리적 주광 모델을 말하고 있는데, 이는 주광성이 물리적 지향성임을 말하기 위해서다. 그리고 주모성이란 새끼가 어미의 냄새 등 시·청·후각을 이용하여 어미를 따라가는 선천의 행동성향을 말한다(데닛 2006, 176). 다섯째, 유성생식하는 개체 후손의 변이는 그 어느 것도 서로 같지 않다. 여섯째,

생명 개체는 항상 환경과 상호작용한다(Dennett 1996, 99-103).

1.2 생명의 소산구조와 자기조직성

자연상태에서 질서는 무질서로 변하지만, 거꾸로 무질서적인 것이 질
서적인 것으로 되돌아 가지 않는다. 이런 일방향성을 무질서도의 비가
역성이라고 말한다. 자연상태에서 엔트로피는 증가만 할 뿐 감소하지
않는다.

열량은 따뜻한 것에서 차가운 것으로 이동된다는 카르노(Sadi Carnot,
1796-1832)의 열역학 시스템을 발전시켜 클라우시우스(Rudolf Clausius,
1822-1888)는 엔트로피라는 무질서의 정도를 표현하는개념을 제시했다.
외부와 내부 에너지 교환이 절연된 고립계에서 내부의 물질과 에너지
상태는 시간이 지남에 따라 전체적으로 무질서도의 증가로 변화되며
그 역은 불가능하다는 것이 열역학 제2 법칙이며, 이를 엔트로피 증가
의 법칙이라고 말한다. 쉽게 말해서 한번 깨진 항아리는 저절로 그리고
스스로 원래 항아리 모습으로 돌아갈 수 없는 것과 같다. 깨진 항아리
조각이 원래 항아리 상태보다 안정적이며, 그 안정적 상태의 최고점을
평형상태equilibrium state라고 한다. 항아리의 사례만이 아니라 자연의
모든 것은 시간의 흐름에 따라 평형상태로 향하고, 거꾸로 평형상태가
그 스스로 비평형상태로 거슬러 갈 수 없다. 이런 자연계 현상을 열역학
제2 법칙으로 표현했다. 무질서도 엔트로피가 최대화된 가상상태를
열죽음heat death이라고 한다. 열죽음 상태는 열역학적 종말이지만 이론
적으로는 일종의 평형상태이다. 평형상태에서 질서를 갖춘 모든 형태
는 깨져서 무질서로 된다. 거꾸로 말해서 우리가 살고 있는 이 세계에서

세계 구조의 질서를 유지하고 있는 현재의 상태는 비평형상태non-equili-
brium이다.

비평형상태의 대표적인 것이 생명이다. 비평형상태를 유지한다는
것은 일정한 질서도를 유지한다는 뜻이다. 생명계에서 질서도를 유지
한다는 것은 엔트로피를 증가시키지 않고 오히려 일시적으로 감소되
는 상태를 일정 기간이라도 존속시킨다는 뜻이다. 생명은 항상 외부에
서 에너지를 받아들여 자기 자신의 역동적인 동일성을 존속하고 증식
시키는 복잡성의 시스템을 보전한다. 생명시스템에서 외부 에너지를
받아들여 자기 시스템을 작동시키는 작용을 물질대사metabolism 혹은
신진대사라고 부른다. 생명계는 복잡성chaos 구조라는 점과 함께 비평
형상태를 유지하려는 시스템이다.

슈뢰딩거(Erwin Schrödinger, 1887-1961)는 영자역학의 물리학자로 유명
하지만, 생물학에 대한 관심도 많았다. 슈뢰딩거의 생물학에 대한 관심
은 처음에 생물 현상을 물리적으로 설명가능한지를 묻는 질문에서 시
작되었다. 슈뢰딩거는 생물학적 대상과 물리학적 대상을 동일한 조건
으로 설명할 수 있는지를 질문했다. 그 결과 그는 생물학적 대상의
물리적 특성을 찾아냈다. 슈뢰딩거가 생각해낸 생명의 특성이 바로
열역학적 비평형상태이다. 비평형상태는 임의의 질서 구조를 계속 유
지하려는 상태를 말한다(Schrödinger 1946, Chap.5).

역설적으로 슈뢰딩거가 포착한 생명의 열역학적 비평형상태는 물
리세계의 가역적 시간관과 정면으로 대비되는 모순이었다. 근대물리
학의 정언명법은 사물 운동의 법칙이 가역성을 갖는다는 데 있다. 즉
시간에 무관하게 낙하하는 사물은 낙하법칙에 따를 것이고, 시간이

흘러가는 방향과 무관하게 결정론적 방정식은 모든 사물에 보편적으로 적용된다는 뜻이다. 그러나 생명계는 물리계와 다르다. 생명계의 상태는 시간 흐름을 거스를 수 없다. 이를 시간의 비가역성irreversibility 이라고 표현한다.

생명의 비가역적 시간은 거시적이거나 미시적인 두 양상으로 드러난다. 진화사적으로 생명은 자연선택의 기제를 통해 선조에서 후손으로 진화하는데, 한번 선택된 기제가 동일하게 반복되지 않는다. 동일한 진화가 두 번 다시 일어나지 않는다는 뜻이다. 이러한 생명의 비가역성은 진화의 자연선택 기제의 가장 중요한 특징이다. 그리고 미시 차원에서 시간 비가역성이 드러난다. 세포 수준에서는 비가역 상태이지만, 동시에 엔트로피 증가가 멈추거나 감소하면서 안정적 평형상태로 될 수 있다. 열역학 제2 법칙, 즉 엔트로피 법칙을 위반하지 않으면서 미시 분자 세포 차원에서 물질과 에너지를 교환하며 복잡하지만 안정적인 시스템 구조가 가능한데, 프리고진은 이를 소산구조dissipative structures 라고 이름 붙였다(프리고진/스텐저스 2011, 6장).

여기서 소산消散은 특정한 자신의 화학적 공간에서 엔트로피 증가가 정지되거나 오히려 감소될 수 있다는 뜻을 함의한다. 정확히 말하면 엔트로피 증가가 완전히 없어지는 것이 아니라 외부 시스템으로 자신의 시스템에서 증가된 엔트로피, 즉 무질서량을 외부(근접) 시스템으로 넘겨준다는 뜻을 담고 있다. 이러한 소산구조는 자기 자체를 스스로 조직하는 자기조직성의 시스템을 낳게 한다는 점에서 생명 현상을 설명하는 중요한 이론적 도구로 평가된다(Tiezzi 2008).

프리고진의 생물학적 자기조직성의 비평형이론을 천체물리학에 적용한 얀츠(Eric Jantsch, 1929-1980)는 생명의 소산구조를 더 쉽게 설명했다. 평형상태는 그 구조의 질서가 깨진 상태에서 시작되고 거꾸로 말해서 구조의 질서를 유지할 수 있는 것은 비평형상태임을 의미한다. 비평형상태이면서도 그 상태는 외부의 다른 상태 혹은 외부 환경과 끊임없이 에너지와 물질을 교환하는 과정을 통해 자기 상태의 엔트로피 증가분을 외부에 방출(소산)시킨다. 질서를 붕괴시키는 엔트로피 증가분을 방출시킨다는 뜻은 외부 물질을 유입하여 자기 상태를 유지할 수 있는 대사작용의 에너지로 사용함으로써 구조의 항상성을 유지한다는 뜻이다. 구조의 항상성이 있어서 비평형의 질서상태가 유지되며 또한 구조가 갖는 고유한 (생물학적) 기능이 작용될 수 있다. 이러한 구조와 기능 사이의 상관성은 인공적인 기계의 산물이 아니라 장구한 진화의 산물이라고 한다. 구조가 바로 그런 상태이므로 그에 적절한 기능이 작동될 수 있는 것이며, 거꾸로 기능이 그렇게 작동되기에 최적화된 산물이 그 구조라고 얀츠는 해석했다. 얀츠는 그런 구조와 기능의 진화론적 관계를 "상보성complemetarity of structure and function"이라고 표현했다.

자기조직성이란 특수한 계에서 앞서 말한 엔트로피가 감소되는 상태, 즉 무질서에서 질서로 전환되는 상태를 동반한다. 자기조직성의 상태를 유지하는 특수한 시스템에서는 상태의 일정한 패턴과 반복되는 현상이 나타난다. 해당 시스템은 항상 외부 환경 시스템에 영향을 주고받는 관계 아래에서만 그런 특수한 상태가 발생하거나 유지된다. 고립계에서는 자기조직성이 발생할 수 없다. 이 점 때문에 자기조직성에 대한 보편적 정의가 합의되고 있지 않다(Haken and Portugali 2017). 복잡계의 특성을 갖는 물리계나 화학계 혹은 생명계에서 나타나는 자기조직성은 환경 시스템으로부터 물질과 에너지를 교환하는 개방적 시스템, 즉 열린계에서 그리고 해당 시스템의 엔트로피 정도가 "평형상태로부터 먼far-from-equilibrium"(평형에서 먼) 조건을 만족할 때 발생할 수 있다. 프리고진이 처음 사용한 "평형에서 멀다"는 뜻은 일정한 패턴을 가지면서 제일적uniform, 齊一的 질서를 창발emergence하는 비평형상태로서 시스템의 균형balances을 유지하는 데 있다(Nicolis and Prigogine 1981). 이와 관련하여 물리계나 화학계가 아닌 생물계에서 평형상태로부터 멀리 떨어진 수렴하는 열린계에 대한 추론을 통해서 생명을 이해하려 한다.

1.3 수렴하는 열린계와 개체 개념

생명시스템의 기본 특성은 비평형상태이면서도 항상 시스템의 일정 질서 혹은 질서의 균형을 유지하려는 자기조직성에 있다. 자기조직적이며 일정 질서의 시스템을 유지하기 위하여 외부로부터 물질과 에너지를 받고 내주어야 하는 상호교환을 해야 한다. 외부 물질과 에너지를 교환한다는 점에서 생명계는 열린계이며, 역동적 질서를 개체라는 단위에서 유지한다는 점에서 수렴계이다. 이런 생명시스템을 수렴하는 열린계로 부르려 한다. 열린계의 의미는 생명개체와 외부환경 사이에서 자체 변화와 자기 갱신을 통해 서로에게 끊임없이 상호관계가 이루어진다는 데 있다.

상호관계라는 표현은 생명계가 열린계라는 의미를 포함한다. 개별 유기체는 닫힌 체계가 아니며, 자기 스스로 변화와 생성을 찾아가는 열린 체계이다. 열린 체계라고 해서 개체와 외부 사이에 경계가 없다는 것을 의미하지 않는다. 경계는 분명히 존재하지만 개방된 체계를 우리는 '수렴하는 열린계'로 부른다. 수렴하는 열린계로서 생명 유기체는 진화의 산물이다. 수렴하는 열린계에서 수렴성은 발산성의 반대 개념으로 개체 간 경계를 구분하면서 개체의 형체를 유지하는 형태를 말한다. 무정형의 단순 유기체에서 복잡 유기체로 정형화를 이루는 과정은 그 자체가 적응의 산물이다. 정확히 말해서 생명체는 형태 적응의 소산물이다.

개체 세포와 다른 개체 세포 사이의 구분, 개체 유기체와 다른 개체 유기체 사이의 구분, 종과 다른 종 사이의 구분 등은 일종의 형태학적 장벽에 해당한다. 세포는 세포막에 의해 세포 형태가 고정되고, 유기체는 개체와 종을 관통하는 고유의 형태를 공통분모로 가지고 있다. 형태는 생물학적 장벽이 곧 생명 개체의 기원을 이루는 수렴성이다(Williams 1992, 8).

생명 수렴성은 구체적으로 생명개체를 의미한다. 개체가 개체로 되려면 고유성과 정체성 그리고 개체성의 조건을 갖춰야 한다. 고유성 uniqueness이란 다른 개체와 차이 나는 요소가 무엇인지에 관한 개념이다. 정체성identity은 다른 단위 개체와 별개로 묘사되는 요소들은 무엇인지에 관한 기준이다. 여기서 말하는 좁은 의미의 개체성individuality은 다른 단위 개체와의 경계를 어떻게 결정하느냐의 문제이다(Pradeu 2012, 2).

수렴하는 열린계로서의 유기체는 고도로 복잡하면서도 그 자체로 안정된 질서구조를 가진다. 유기체는 구조적 복잡성과 기능적 복잡성이 결합되어 형성된다. 유기체에서 구조적 복잡성과 기능적 복잡성이 서로에게 반드시 호환되지는 않는다. 구조적 복잡성을 해명한다고 해서 기능적 복잡성이 설명되는 충분조건으로 될 수 없다는 뜻이다. 즉

[표 2-1] 수렴하는 열린계

〈열린계〉	〈수렴계〉
– 환경 외부계에 대해 에너지와 물질을 서로 교환하는 시스템 – 내부의 정체성을 외부와 공유 – 유전요인을 승계시키려는 시스템	– 다른 계와 경계가 구분되어 있으며 자기 내부만의 일정 에너지를 항상 보존하는 시스템 – 개체의 형체를 보전하는 시스템(유기체의 정형화) – 유전적 오류를 스스로 수정하려는 시스템

〈수렴의 열린계〉
• 다른 계와 경계가 구분되지만 에너지와 물질을 상호교환
• 자신의 시스템에서 일정 에너지를 항상 유지하는 균형 시스템
• 평형에서 먼 시스템
• 자기조직성의 비선형 복잡계
• 엔트로피의 국소적 감소가 가능한 소산구조
• 패턴과 반복의 창발

기능은 구조로 환원되어 설명될 수 없다. 평형에서 멀리 떨어진 안정 질서구조를 유지하기 위하여 이 구조는 항상 외부 환경과 에너지 교환이 이루어져야만 한다. 안정구조를 위하여 항상적인 비평형상태를 유지해야 한다. 생명은 에너지 관점에서만이 아니라 물질교환이라는 점에서 고도의 비평형상태를 유지한다는 뜻이다. 활성/비활성을 스위칭하는 발생학적 프로그램이나 촉진하고 억제하는 생리학적 프로그램, 강화하고 감축하는 자기촉매 작용 등의 생명계 제어방식을 통해 에너지가 개체의 안과 밖을 오가면서 전체 시스템 안에서 비평형상태가 유지된다(Jantsch 2020, 95).

생화학자와 철학자를 오가는 프리마(Hans Primas, 1928-2014)는 이에

대하여 흥미로운 제안을 한다. 세포의 기능적 복잡성은 세포 그 자체의 작용력 외에 다른 세포 또는 상위 세포와의 상호작용으로 드러난다는 것이다. 프리마는 유기체의 기능 질서를 분자끼리 결합하여 초분자구조(hypermolekularen Struktur; supramolecular structure)를 형성하는 위상적 상호작용을 언급했다. 위상적 상호작용은 구조가 기능을 낳지만 기능이 같다고 해서 구조가 같은 것이 아니라는 추론을 함의한다. 원자들 사이의 공유결합을 통한 분자는 강한 결합이지만 분자들 사이에서 결합하는 힘은 공유결합만큼 강하지 않다. 그러면서도 분자 간 거대 구조를 만들 수 있는데, 그 이유는 두 가지이다. 첫째, 서로 결합될 만한 상대방을 알아볼 수 있는 상호 내부 정보를 갖고 있기 때문이다. 이를 분자인식(molecular recognition)이라고 한다. 둘째, 자기가 자기와 동일한 구조를 조립할 수 있는 자기 내부 정보를 갖고 있기 때문인데, 이를 자기조립(self-assembly)이라고 한다. 그리고 이런 내부 정보를 내포한 거대 분자구조를 초분자구조라고 표현한다. 대표적인 사례가 핵산이다. 핵산은 모든 생명에 공통적인 유전 정보를 가지고 있다는 점에서 수렴하는 형태를 가지고 있다. 핵산의 기능은 그 형태 안에 고정된 자리를 차지하는 공간에 대응된 것이 아니라 형태의 구조적 특성으로 인해 기능이 발현될 뿐이다. 즉 형태가 동일해도 기능이 다를 수 있다는 점이다. 이런 초분자구조 역시 열린 시스템의 하나이다(Primas 1990).

수렴하는 열린계를 동력학적으로 유지하는 지속적 상태를 항상성 homeostasis이라고 표현하는데, 항상성을 유지하기 위해 물질의 보존도 필요하지만 정보의 보전도 필요하다. 항상성 유지를 위해 비평형상태의 물질구조와 정보상태가 열린계 안에 기억되어야 한다. 앞서 초분자

구조의 사례처럼 세포 구조 자체의 물질상태만이 아니라 외부 세포 간 관계정보가 결합되어야 한다. 생물학적 표현으로 물질대사를 가시적인 형체 유지에 필요한 조건이라고 한다면, 정보는 비가시적인 관계 유지에 필요한 조건이라고 말할 수 있다. 세포 내 배열구조와 세포 간 관계구조에 대한 정보가 필요한 이유가 여기에 있다(Haken and Wunderlin, 149). 이를 통칭하여 생명정보라고 한다.

1.4 생명 정보의 특징

고분자 유기물 핵산은 긴 사슬구조인 뉴클레오타이드라는 기본 물질로 되어 있다. 뉴클레오타이드는 인산, 염기 그리고 인산과 염기를 연결하는 5탄당으로 구성되는데, 염기는 아데닌adenine A, 구아닌guanine G, 타이민thymine T(혹은 우라실uracil U), 시토신cytosine C 4가지이다. 4염기의 첫자를 딴 A, G, C, T로 구성된 뉴클레오타이드의 이중나선 구조를 DNA라고 한다. 4염기로 구성된 DNA가 유전 정보의 특성을 발현한다. DNA 유전자 특성은 다음과 같다. 아래의 둘째와 셋째 특징은 메이나드 스미스(John Maynard Smith, 1920-2004)가 설명한 내용을 참조하여 덧붙였다.

첫째, 유전자 정보는 구성체인 뉴클레오타이드로 그대로 환원되지 않는다. 뉴클레오타이드의 구성체를 유전 정보의 모든 것으로 볼 수 없다. 뉴클레오타이드와 유전 정보는 구문론적 측면 외에 의미론적 측면에서도 연결되어 있다. 의미론에 대한 구체적인 설명은 6장에서 논의할 DNA의 메틸화 현상이나 히스톤 변형과 같은 후성유전학에서 다시 다룬다. 유전자 DNA로 DNA를 전부 설명할 수 없으며 유전자 아닌 핵산이 형질 발현에 영향을 끼친다는 점이다. 즉 DNA의 의미론적 정보는 DNA 구문론적 구조로 모두 설명되고 있지 않다는 뜻이다. 이런 난점에도 불구하고 현대 유전학은 유전자의 구문론은 물론이거니와 의미론까지 모두 해명할 수 있다는 신념을 가지고 있다. 유전자 정보는 도브잔스키가 1951년 처음 사용한 '유전자풀' 개념과 연결된다. 도브잔스키가 처음 유전자풀이라는 용어를 사용했을 때 그 의미는 생물집단 속에 포함되는 유전정보의 총량이라는 뜻이었다.

둘째, 메이나드 스미스가 말한 유전자 정보의 비가역성이다. 유전자의 염기서열은 특정 단백질의 구조를 결정하고 생성한다. 염기서열이 단백질을 형성하지만 거꾸로 단백질에서 염기서열이 재구조화되지는 않는 것을 가리켜 유전자 정보의 비가역성이라고 말한다. 이것은 다윈(Charles Darwin, 1809-1882)의 진화론이 라마르크(Jean Baptiste Lamarck, 1744-1829)의 진화론과 다르다는 사실을 분자 수준에서 다시 말한 것과 같다. 획득형질로서 단백질이 후천적으로 형성되었다고 해도 그 단백질이 유전자의 염기서열을 변하게 할 수 없다는 뜻을 메이나드 스미스의 언어로 바꾸어 말한 것과 같다(Maynard Smith 1999, 183). 메이나드 스미스가 말한 유전자 정보의 비가역성은 후일 생명의 "중심도그마Central Dogma"로 일컬어졌다. 즉 유전정보의 방향은 DNA에서 RNA를 거쳐 단백질을 만드는 방향으로 가며 그 역방향, 즉 단백질에서 DNA로 가는 방향은 불가능하다는 것이다. 물론 레트로바이러스처럼 예외의 경우도 있지만 말이다.

지금은 라마르크의 용불용설이 진화론과 무관하다는 것이 잘 알려져 있다. 유전자에 변이가 생기면 변이된 유전자는 다음 세대에 최소한 유전형질의 변화를 주거나, 나아가 신체변화 같은 표현형질의 변화를 줄 것이다. 거꾸로 개체가 노력하여 신체상의 변화를 일으키거나 생식세포가 아닌 체세포 수준의 어떤 변형이 생겼다고 하여도 그런 변형이 다음 세대 생식세포 내 유전자의 변화를 가져오지 않는다. 라마르크는 개체의 후천적 외형 변화가 다음 세대에 생식세포의 변화를 일으킬 수 있다고 오해한 것이다. 마찬가지로 염기서열의 구조와 작용이 단백질을 변형 또는 생성하는 것이지 단백질의 변화가 염기서열을 변화시키지는 못한다. 이러한 유전자의 비가역성이 생명계에서 유지될 수 없었다면 아마도 이 세상의 생명 유기체는 존속할 수 없었을지도 모른다.

셋째, 메이나드 스미스가 말한 유전자는 암호번역계의 특징을 갖는다. 암호번역계는 유전 암호를 번역하는 장치가 필요하다는 것을 의미한다. 예를 들어 녹음기용 녹음 테이프는 아무리 좋아도 녹음기가 있어야만 쓸 수 있는 것처럼 유전자도 세포 내 번역 장치가 있어야만 단백질을 생성할 수 있다. 그 번역 장치는 단백질과 RNA 분자로 구성된다. DNA가 복사된다는 것은 복사를 대신해 주는 RNA가 번역의 안전 장치로 작용한다고 생각하면 된다. 2개의 막으로 조성된 핵의 DNA 원본을 사용하기보다는 DNA 복제물인 RNA를 사용한다. 알다시피 단백질 조성정보를 가진 DNA가 직접 단백질 조성에 관여하는 것이 아니다. 두 가닥으로 된 DNA가 풀어지면서 한 가닥으로 된 그 가닥의 짝을 상보적으로 복제한다. 여기서 상보적이라는 뜻은 DNA 염기 A는 염기 T에 붙고 염기 G는 염기 C에 붙는 결합을 말한다. 이런 결합이 일어나는 전체 과정을 전사transcription라고 한다. 단백질 조성에 관한 정보를 갖고 있는 DNA 암호를 RNA(메신저 RNA)로 복사하는 과정이 전사이다. 한 가닥의 RNA는 세포 밖 리보솜에서 아미노산 서열 정보를 해독하여

translation 특정 단백질을 만든다. 리보솜에서 적절한 단백질 재료인 아미노산과 RNA가 만나 단백질을 새롭게 구성한다는 뜻이다.

RNA가 있기에 유전자 암호가 후손에 계속 전달될 수 있다는 점에서 메이나드 스미스는 매우 흥미로운 질문을 제시했다. 만약 DNA 스스로 번역(해독)하는 유전계와 DNA로부터 복제된 RNA의 도움을 받는 유전계가 있다고 치자. 그러면 어느 것이 자연환경에 더 잘 적응할 수 있었을까? 메이나드 스미스는 당연히 의미를 번역하는 데 있어서 오류를 수정할 수 있는 기회가 훨씬 더 많은 RNA 유전계가 자연선택되었을 것이라고 추론했다(Maynard Smith 1999, Chap.1). RNA의 전달과 전사 그리고 해독과정이 있기 때문에 DNA 원본 유전자에게 생길 수 있는 오류를 방지할 수 있어서 후손들에게 안전하게 유전자 복제가 지속될 수 있었던 것이다. 이렇게 이해한다면 조지 윌리엄스(George C. Williams, 1926-2010)가 "상당히 높은 빈도로 분리되고 재조합되는 실체"라고 유전자를 정의한 것을 받아들일 수 있다(윌리엄스 2013, 48). 여기에서 실체는 형이상학적 실체가 아니라, 오류를 최소화하면서 지난 몇 십억 년 생명의 역사를 지속적으로 유지해 왔다는 점에서 경험론적 실체이다.

유기체의 생물학적 정보는 DNA와 같은 엄청난 숫자의 생물학적 분자로 구성된다. 분자 차원의 내부 정보는 구성체들의 배열을 통해 (i) 물리적으로 합성된 구문론적 의미, (ii) 합성된 조합이 진화하면서 생기는 창발적emergent 의미, (iii) 세포 간 혹은 환경과의 상호성을 통해 생성되는 후성적epigenetic 의미를 내포한다. 현대 생명공학의 주요 주제인 유전자 정보는 작성자, 매개자, 수용자, 해독자 등 물리적 경계조건만으로 구성된 기존 정보의 범주를 벗어나 있다. 메이나드 스미스는 이런 기본적인 사실을 인지하는 일이 실험 유전학자의 기본 시각이라고 말한다(Maynard Smith 2000, 188). 개체의 생물학적 정보는 물리적 경계조건으로 나눠진 부분 정보들의 총합으로 전부 설명되지 않는다. 생명정보는 유전자 정보만이 아니라 생태정보와 행태문화 정보를 포함한다. 생명계 생명정보의 특성은 그 생명계 전체 정보가 그 전체를 구성하는 부분 정보들의 합과 동일하지 않다는 데 있으며, 이를 강조한 것이 메이나드 스미스의 입장이다(Maynard Smith 1999, 179).

[표 2-2] 유전자 정보의 특징

유전자 정보의 특징	DNA 구조인 핵산분자인 뉴클레오티드만으로 설명되지 않는다. 즉 동일한 핵산분자의 구성이라도 구조에 따라 다른 정보로 될 수 있다.
	유전자 정보는 비가역적이다.
	오류를 최소화하면서 유전자를 계승하는 독특한 암호번역계를 가진다.
	결정된 운명이 아니라 환경에 의해 후천적으로 변할 수 있다.
	유전자 정보 부분들의 전체 합이 유기체 개체의 정보와 동일하지 않다.

1.5 생명 정의: 캉길렘과 트리포노프

생물학적 방법론과 인과론 분야에서 중요한 의미를 제공한 프랑스 생물철학자 가용(Jean Gayon, 1949-2018)은 생명을 정의하는 데 분석적 정의와 더불어 직관적 정의방식도 중요하다고 말한다. 예를 들어 강 상류로 올라가는 연어 떼를 볼 때, 봄날 갑자기 개나리꽃이 한꺼번에 피는 광경을 보면서 우리는 생명에 대한 분석적 정의를 몰라도 그런 현상이 생명의 진실임을 누구나 안다. 직관적 생명 인식은 예술작품의 감성적 도구로만 사용되는 것은 아니다. 진화의 관점에서 그런 생명의 직관인식은 포식자로부터 피하거나 번식을 위해 필요한 일차적인 생명능력이라는 점을 가용은 강조한다(Gayon 2010).

그러나 바로 그런 점이 오늘날에도 생명을 정의하기에 복잡해지는 이유이다. 물리학의 에너지나 중력처럼 혹은 생물학의 유전자 DNA 개념을 설명하듯이 '생명'을 설명하기 어렵다. 그만큼 '생명'이 복잡하고 다양하며 다층적임을 말해준다. 연어 떼가 몰려가고 봄이 오면 꽃이 피는 현상을 보면서 '생명'을 직관하지만 직관 뒤에 놓여진 '생명성'은 단박에 보이는 것이 아니기 때문이다.

17세기 라틴어 "biologia"가 생명을 의미했다고 하는데, 1766년 독일 철학자 볼프(Christian Wolff)에 의해 "Biologie"라는 단어가 과학적으로 처음 사용되었다고 한다. 생명의 형태와 현상을 설명하려고 비올로기라는 범주를 시도했는데, 실제로는 19세기까지만 해도 '생물학'이 아니라 '동물학'이나 '식물학'이 있었을 뿐이다. 당시 생물 혹은 생명의 개념은 생기론의 생명과 과학적 생명이 혼재된 상태였다. 철학의 관점에서 생명은 생기론으로만 취급된 것은 아니다. 합리론 철학의 대표자인 데카르트는 생명을 기계로 간주했다. 데카르트에서 생명은 동물의 생명이고 사람의 생명은 생명이라고 말하지 않고 정신이라는 별도의 실체로 간주되었다. 19세기까지만 해도 이분화된 생명 개념이 혼재되어 있거나 알기 어려운 불가지 영역으로 이해되었다고 생물철학자 가용은 설명한다(Gayon et al. 2010).

이렇게 생명을 이해하기 어렵게 된 이유에 대하여 20세기 생명철학자 조르주 캉길렘(Georges Canguilhem, 1904-1995)은 생명이 언급되는 범주를 구분하지 않았기 때문이라고 말한다. 생명을 이해하려면 생명이 쓰이는 범주의 차이를 나눠 보아야 한다고 했다. 캉길렘은 생명을 애니미즘의 생명, 기계론의 생명 그리고 유기체의 생명이라는 세 가지 범주로 나누어 설명했다. 애니미즘의 생명 범주에서 생명은 아리스토텔레스의 내재된 기능으로서 생명, 생기론의 생명, 직관적 이해방식인 생명, 풍속인류학에서 말하는 생명, 혹은 한국과 일본의 생명사상에서 말하는 생명 등을 포함한다. 기계론의 생명 범주는 데카르트가 정의하는 그대로 생명체의 생리작용과 운동기능 모두를 기계적인 것으로 환원하는 인식론적 범주이다. 생명체를 로봇과 마찬가지로 생각하는 태도이다. 캉길렘은 이런 두 가지 범주 외에 생명의 주요한 범주를 강조했는데, 그것을 유기체 생명 범주라고 한다(Canguilhem 1968).

유기체로서 생명 개념은 18세기 라틴어 어원으로 볼 때 애니미즘의 생명과 기계론의 생명 개념을 합친 것과 같다. 오르간 악기의 예를 들어서, 기계 혼자 알아서 맞춰진 계획대로 작동하여 음악을 연주하는 당시의 악기를 오르간organ이라고 이름 붙였다. '유기체organic being'라는 관념이 그 당시의 오르간 악기 이름에 담겨져 있다는 뜻이다. 오르간 악기는 기계이지만 스스로 작동하는 점에서 유기체주의는 에니미즘과 가까워서, 당시 유기체 개념은 기계론과 생기론을 합쳐놓은 것과 비슷하게 느껴졌다.

유기체 개념이 철학으로 재탄생한 것은 당시 칸트(Immanuel Kant, 1724-1804) 철학이었다. 칸트는 『판단력 비판』(1790)에서 당대 유기체 개념을 자연 합목적성으로 해석했다. 생명은 기계처럼 운동하는 힘be-wegende Kraft에 그치지 않고 자기 안에 자기를 형성하는 힘bildende Kraft을 스스로 갖는다는 점이다. 칸트는 이를 유기체라고 했으며, 이는 외부동력 없이 그 자체로 자기 안의 목적을 스스로 수행하는 존재를 의미했다.

20세기 유기체 철학을 정립한 캉길렘의 유기체 생명론과 칸트의 유기체 개념은 다르다. 캉길렘이 말하는 유기체주의는 합목적성과 무관하기 때문이다. 생명의 유기체의 개체동일성은 기존의 존재론과 달리 개체가 환경(milieu)에 포섭되거나 환경을 포섭한 관계동일성이다. 캉길렘의 유기체는 환경과 대화(débat)하고 상호작용하는 관계의 존재라는 뜻이다. 캉길렘이 질병과 건강을 비정상과 정상의 이분법으로 간주하는 기존 기계적 병리주의 입장을 부정했다는 점은 잘 알려져 있다. 캉길렘의 유기체 철학은 비정상과 절연된 완벽한 정상의 생명 범주를 부정한 데서 시작되었다. 정제되지 않은 기존 과학주의는 캉길

[표 2-3] 캉길렘의 생명 범주

생 명		
애니미즘의 생명	기계론의 생명	캉길렘의 유기체주의 생명
• 생명 자체, 무매개적 직접 개념 • 아리스토텔레스의 목적론적 생명 • 생기론 • 풍속인류학의 생명	• 매개적 수단으로 전락된 생명 • 데카르트의 신체 혹은 동물의 생명 • 물질 일원론의 생명	• 환경milieu과 분리될 수 없으며 대화débat하고 상호작용하는 생명 • 비정상과 절연된 완벽한 정상의 생명은 없다. • 과학을 존중하지만 결정론을 탈피하는 생명

생물철학

렘의 유기체주의를 마치 생기론으로 오해할 수 있다. 그러나 캉길렘 생명철학의 핵심은 과학을 존중하면서도 기계론적 결정론을 탈피하는 데 있다(캉길렘 2020, 3부).

20세기 후반 생명에 대하여 철학적 해석보다 과학적이고 분석적 정의를 요청하는 분위기가 커졌다. 생명과학에서도 전통 철학에서처럼 생명을 정의하는 방식은 천차만별로 다양하고 수도 없이 많았다. 2011년 생물물리학자 트리포노프(Edward N. Trifonov)는 생명을 과학방법론으로 정의definition한 기존 연구자료 상당수를 수집하여 그중 대표적인 123개를 분석하였다. 생명을 정의한 자료들 사이에 서로 충돌되는 것도 있지만 가장 많이 언급된 용어들 중에서 공통되고 합의된 개념들을 정리했다. 트리포노프와 이런 유사한 연구논문들이 기존에 있었는데, 이탈리아 생물학자 바르비에리(Marcello Barbieri)의『유기체 코드, 의미론적 생물학』(2003)에서 다룬 60여 가지 생명 정의와 생명고고학자 포파(Radu Popa,1933-1993)의『생명의 기원과 정의』에서 다룬 90여 가지 생명 정의 용어들이었다.

포파(Radu Popa)는 자신의 저서에서 살아있는 존재로서being alive 생명은 자기 스스로를 보존하는 시스템이며, 개체나 개체군 차원에서 적응 진화의 존재이며, 생명은 이러한 특성들을 실제로 수행할 수 있는 존재라고 했다. 다양한 생명 정의 중에는 다윈의 진화를 거치면서 자기-존속할 수 있는 화학적 시스템a self-sustained chemical system으로 생명을 정의하는 방식도 있는데, 포파가 정리한 생명 정의는 진화생물학과 분자생물학, 생화학과 생물정보론에 이르기까지 매우 폭넓은 스펙트럼을 보여준다.

트리포노프는 이런 다양하고 다채로운 생명 정의 방식을 다시 수합하여 재정리했다. 트리포노프에 따르면 생명을 정의하는 데 사용된 대부분의 용어들은 진화evolution 범주와 생식reproduction 범주로 나뉠 수 있다. 용어들 중에서 주어나 주어부로 사용된 용어를 빼고 서술된 내용 중심으로 가장 많이 언급된 다음의 9개 개념을 추려냈다. 시스템, 물질대사, 복잡성, 정보, 자기-재생산, 진화와 변화, 환경, 에너지, 운동능력이다. 트리포노프는 생명의 정의하는 최소의 설명양식을 중시했는데, 이 점에서 생명을 단순하게 정의하면 다음과 같다고 했다. 첫째, "생명은 변이(진화)를 거치는 자기 재생산이다Life is self-reproduction with variations." 둘째, "(돌연)변이를 통해 복제를 수행하는 모든 시스템은 살아 있는 것이다Any system capable of replication and mutation is alive." 이런 공통 개념들과 단순화시킨 정의를 재배열하여 트리포노프는 "생명을 다시 정의했다(Trifonov 2011).

[표 2-4] 트리포노프의 생명 정의

생명을 정의하는 기존 용어들 중에서 선택된 9가지 기초(빈도수 기준)

⬇

시스템, 물질대사, 복잡성, 정보, 자기-재생산, 진화와 변화, 환경, 에너지, 운동능력

⬇

(트리포노프가 정리하여 정의한 생명) "생명은 변이진화를 거치면서 자기-재생산하는 물질대사 정보시스템이다."

생물철학

2. 생물학적 방법론으로서 유기체주의

2.1 유기체주의

데카르트 이후에는 목적론인 생기론적 생물학과 기계론적 생물학이 병존했었다. 생기론과 기계론의 병존은 1859년 찰스 다윈의 『종의 기원』 등장으로 크게 변화했다. 진화론은 목적론을 배제했기 때문에 생기론의 전근대 생물학에서 탈피하는 계기로 되었다. 17세기 근대 과학 혁명을 이뤄낸 뉴튼 물리학과 함께 19세기 다윈 진화론은 근대과학에서 두 가지 핵심 축으로 자리 잡았다. 뉴튼의 물리학이나 다윈의 진화론 모두 목적론을 배제한다. 그러나 그 둘 사이의 목적론 배제의 인식론적 배경은 서로 다르다. 뉴튼 역학에서 목적론이 배제된 근거는 뉴튼 역학의 기계론 특성 때문이다. 그러나 진화론에서 목적론이 배제된 근거는 변이와 선택 그리고 분화라는 변화의 시간성 때문이다. 진화생물학은 기존 플라톤 중심의 형이상학 대신에 모든 존재는 변화한다는 변화의 존재론을 기반으로 한다. 『종의 기원』의 사상적 근간은 바로 '변화의 철학'이었다.

물리주의 과학에서는 이런 변화의 철학을 수용할 수 없었다. 기존 과학 탐구는 변화하는 자연의 사물이나 양태를 마치 정지된 것처럼 간주하는 정지의 형이상학을 기반으로 했다. 반면 진화생물학의 명제들은 장구한 진화의 역사를 내포하고 있기 때문에 실험실에서 진화의 과정을 되돌려 재현할 수 없다. 변화의 존재를 정지의 물리적 존재처럼 재현하여 시간과 무관하게 검증하기란 불가능하다. 생물학의 명제는 측정과 검증의 방법론 자체가 다를 수밖에 없다. 생물학적 대상은 자연사의 소산물이며, 그 변이는 역사의 지속 속에서 생성된다. 뉴튼 역학에서 중력이 작용되는 물체는 그 물체가 지닌 질량 하나만으로 그 측정의 정체성이 확정된다. 반면 진화의 힘이 작용되는 생물 유기체는 자신의 다양성으로 말미암아 동일하고 획일적으로 측정되지 않으며 자연사에 따라 변화된다(Montévil 2019).

예를 들어 설명해보자. 생물학에서 초파리가 왜 실험 대상으로 자주 사용되는지의 설명이다. 생명체의 발생이나 유전의 문제를 다루는 실험에서는 실험대상 생물의 세대 주기가 짧아야 기댓값 혹은 결괏값을 비로소 접근할 수 있다. 세대가 긴 대형 포유류에서 실험실 연구자는 먼 세대에 걸친 진화적 변화를 짧은 시간 안에 접근할 수 없기 때문에 세대 주기가 짧은 생물종을 실험 대상으로 선택하게 된다. 초파리보다 세대주기가 훨씬 빠른 꼬마선충이 실험 대상으로 적용되는 이유이기도 하다. 이 경우 세대 주기가 매우 짧아서 인공적으로 조작한 유전자

[표 2-5] 유기체주의 방법론

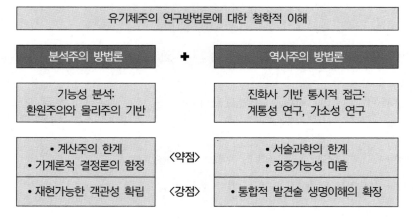

생물철학

변형을 후속 세대에서 확인할 수 있기 때문이다. 유전 변형을 다루는 생물학 분야는 유전적 계통수 자료를 확인하는 통시적 연구방법이라서 현재 시점을 다루는 일반적 과학방법론과 다를 수밖에 없다. 이 문제는 진화론만의 문제가 아니라 생물학 전반의 문제이기도 하다 (Montévil 2019).

2.2 생물학적 추론법

실험과정과 자료구성을 위한 전통의 귀납적 방법론에는 다음과 같은 것들이 있다. 허셜(John Herschel, 1792-1871)이 『자연철학 서론Preliminary Discourse on Natural Philosophy』에서 보여준 가설 설정을 통한 발견법, 휴월 (William Whewell, 1794-1866)의 지류-강의 유추법과 귀납의 동화consilience of inductions 그리고 밀(John Stuart Mill, 1806-1873)이 제시한 일치법, 차이법, 공변법, 잉여법의 4가지 귀납법 등이다(로지 1999, 9-10장). 이러한 귀납법을 기초로 하여 현대 생물학 연구에 더 적합한 추론법을 [표 2-6]처럼 설명할 수 있다.

6천만 년에서 7천만 년 전 팔레오세Paleocene기에 살았던 초기 포유류 플레시아다피스Plesiadapis 화석 조각으로 전체 몸통을 어떻게 재현하는지를 귀납적 추론법을 통해 설명해 보자. 첫째, 조각들이 동일한 분류인지를 확실하게 확인해야 한다. 조각 화석들이 동일 개체의 부속이려면 다음의 조건이 충족되어야 할 것이다. 먼저 조각들이 발견된 한 장소에 모여 있어야 하고, 다른 지층, 다른 시기에 걸쳐 있지 않다는 분명한 증거가 있어야 한다. 둘째, 기존의 골격 혹은 유사한 조각들로 이미 재구성된 전체 골격의 구조에 유비시킬 수 있어야 한다. 셋째,

[표 2-6] 현대 생물학 연구에 적합한 미시방법론: 추론의 유형

발견의 맥락을 위한 경험 추론의 유형들	분류법 taxanomy	비슷한 자료들을 서로 모아놓고 그들 사이의 공통분모를 찾는다.
	유비법 analogy	새로운 자료를 이미 분류가 완성된 기존의 자료와 비교하여 소속이나 상태를 찾아 귀속시킨다.
	추적법 process tracing	화석이나 배설물 등의 시공간적 흔적과 같은 간접자료를 이용하여 그 원형을 추론한다.
	분지법 clade	원래 동일 계통이었다가 어느 시점에서 다른 계통으로 갈라졌는지를 확인한다. 같은 분지군이라면 동일 조상을 갖는다는 원칙을 통해 계통을 추적하는 방법이다.
	수렴법 convergent	비슷한 기능이나 형태를 찾아내어 그들 사이의 생물학적 관계를 파악하는 방법이다. 서로의 계통을 추적하여 상동관계를 파악하고, 서로의 기능을 추론하여 상사관계를 탐지할 수 있다.
	차이법과 일치법 method of difference and agreement	기존의 행태나 상태와 다르거나(차이법), 합치된(일치법) 관찰자료들 중에서 유의미하다고 여겨지는 특성들을 찾아내는 방법으로 둔스 스코투스의 일치법과 오캄의 차이법이 있다.
	귀추법 abduction	이미 알고 있는 사실을 기반으로 해서 모르는 상황을 잠정 추측하여 결론을 추적한다.

발견된 일부 뼛조각의 기능을 추적한다. 예를 들어 나뭇가지를 꽉 잡을
수 있는 발가락인지 아니면 사냥에 유리한 발가락인지 아니면 달리기
에 적응적인 발가락 화석인지를 추적한다. 넷째, 플레시아다피스는 견
과류를 먹을 수 있는 턱을 가졌는데, 턱 구조가 동시대 공룡류와 언제
분지되어 갈라지고 어디서 차이가 나는지를 확인할 수 있다면 더 정확

한 전체 모형을 재구성할 수 있을 것이다.

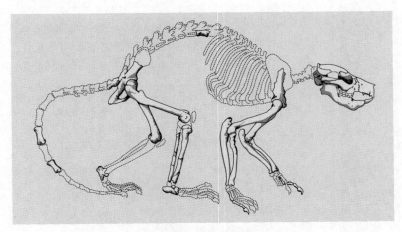

[그림 2-1] 화석 조각을 재구성하는 추론

위의 그림에서 진한 부분은 발견된 화석 조각이고, 나머지 점선은 모두 유비와 추적을 통해 재구성한 것이다. 발견된 일부 화석 조각으로 미루어 이 동물은 견과류를 먹을 것이며, 나무를 타기에 유리한 발과 팔을 가졌을 것이라는 추론을 할 수 있다. 이런 추론을 바탕으로 부분의 조각들로부터 전체 골격을 확장하여 그림처럼 추적할 수 있다.

생물학 방법론이 과학 일반의 방법론과 전적으로 다르지는 않다. 과학일반의 방법론은 가설-연역주의 패러다임에 기초한 객관주의와 실증주의 그리고 귀납주의를 들 수 있다. 생물학 방법론은 이것 외에 생물학 고유의 방법론을 필요로 한다. 진화의 역사와 계통의 분지를 설명할 수 있는 유기체 고유의 방법론을 말한다. 물론 생물학의 고유한 방법론을 인정하지 않으면서 생물학 방법론 일체를 물리학 같은 과학

[표 2-7] 추론 방식으로 본 생물학적 방법론

추론 방식으로 본 생물학적 방법론	과학 일반의 공통 방법론	실증성	현재 시점에서 검증가능해야 한다.
		객관성	시간과 공간에 관계없이 그리고 어떤 관찰자에 관계없이 동일 상태에서 동일 결과가 나오는 장치와 조건을 취해야 한다.
		귀납성	보편적 이론을 찾아내기 위하여 많은 경험사례들이 관찰자료로 사용되어야 한다. 많다는 기준의 절대성은 없으나 많을수록 귀납추론의 신뢰도가 높아진다.
	생물학 고유방법론 (유기체주의)	통시성	계통수나 세대 간 연구처럼 시간적 추론을 필요로 한다.

일반의 방법론으로 환원할 수 있다는 강한 환원주의의 주장도 있다. 이런 일방적 주장은 자칫 '환원주의의 독단'으로 빠질 수 있다. 한편 과학 일반의 보편적 방법론을 무시한 채 생명 신비주의에 기반한 신화적 관점도 있다. 생명 혹은 생물계를 보는 신화적 관점이란 새로운 형태의 생기론으로서 애니미즘과 정령론 그리고 범신론 등을 포함한다. 생물학만의 고유한 방법론이 중요하지만 과학일반의 방법론을 무시한 신화적 관점은 생기론 같은 '신비주의의 공허'에서 벗어나기 어렵게 된다. 철학적 의미에서 볼 때 '환원주의의 독단'과 '신비주의의 공허'라는 양단의 벼랑에 빠지지 않는 그런 생물학적 방법론을 유지하는 것은 매우 중요하다. 그런 생물학적 방법론을 유기체주의라고 말한다.

2.3 유기체주의 방법론

생물학 연구방법론에는 세 가지 분석방법이 있다. 첫째는 기능성 분석으로, 기존의 물리주의에 해당한다. 둘째는 계통 분석으로, 화석이나 세대 간 변화를 관찰하는 통시적 연구이다. 기능성 분석과 계통성 분석이라는 일반적인 진화생물학의 연구방법론 외에 최근에는 종 간 유전자가 어느 시점에서 갈라졌는지를 확인하는 분자생물학의 유전자 분지학이 정립되었다. 이것은 일종의 계통정보학으로서 기능성 분석의 물리주의 방법론과 기존의 계통 분석이 통합된 것이다. 기능성 분석이나 유전자 연구는 분자 패러다임의 분석주의에 기반한다. 한편 통시적 계통성 연구의 방법론은 진화의 역사에 기반한 역사주의 방법론의 하나로 볼 수 있다. 여기서 말하는 역사주의는 역사학 연구방법론의 역사주의가 아니라 과거의 역사는 결코 재현될 수 없다는 의미로서 진화생물학자 굴드(Stephen Jay Gould, 1941-2002)가 사용한 역사주의historicity이다 (Gould 1989, 48). 유기체주의는 이러한 역사주의와 기능주의 두 가지 통로를 서로 보완적으로 결합한 연구방법론이다. 현대 생물철학을 정립한 조지 윌리엄스는 이런 유기체주의가 성공적인 생물학 연구가 되기 위한 방법론적 기초조건이라고 말했다(Williams 1992, 3).

방법론으로서 유기체주의의 접근태도는 다음과 같다.

(i) 유기체주의 방법론으로서 기능-유연성 태도이다. 세포 에너지 생성의 AMP 사례를 들어보자. ATP는 세포 내 미토콘드리아에서 에너지를 생산하는 물질단위이다. 인산이 3개 붙은 아데노이신 (A-P-P-P)이다. ATP에서 인이 빠지면서 ADP로 바뀌는데, 이때

에너지가 산출된다. 이 에너지로 세포 기반의 생명이 유지된다. 여기서 ADP에서 P가 마저 빠지면 AMP(mono)가 되며 모노 아데노이신은 원환 구조를 이루기 때문에 사이클-AMP라고 부른다. AMP는 인체에서 호르몬 2차 매신저 기능을 한다. 사람의 경우 AMP는 2차 매신저 기능을 하지만 점균류에서는 AMP는 페로몬 분비역할을 하여 점균을 모이게 하는 기능을 한다. 일종의 집합을 부르는 신호이다. 또한 대장균에서는 AMP가 먹이가 없음을 표지한다. 대장균에서 AMP가 나오면 새로운 물질을 먹이로 삼기 위해 대사 방식을 스스로 전환한다. 결국 AMP는 결정론적으로 고유한 기능을 갖는 것이 아니라는 점이다. 유기체의 기능은 인공적인 기계의 기능과 다르게 처음부터 주어진 설계도에 따라 고정되지 않고 환경에 적응하는 진화의 과정적 기능을 뜻한다. 유기체의 특징은 고유하고 고정된 기능주의가 전부 적용되지 않는다는 데 있다(기요히코 2009, 145-6).

(ii) 유기체주의는 일대일 대응 방법론이 전부 적용되지 않는 복잡 인과론의 태도를 필요로 한다. 예를 들어 다유전자성 유전질환 polygenic heredity의 사례를 보자. 단일 유전자가 특정 질병 원인이 아니라 십여 개 이상의 변이들이 유전질병 병인론의 요소가 된다. 일반 질병에도 그렇지만 특히 유전 질병 발현은 관련 요소들의 단순결합이 아니라 복잡성의 관계로서 나타난다. 복잡성의 관계에서 특정 요소가 특정 질병에 대한 민감도가 높을 때 마치 일대일 대응론이 적용되는 것으로 보일 수 있지만 실제로는 다유전자성 유전의 경우 질병에 대응되는 병인론을 찾기 어렵다.

(iii) 유기체주의 방법론에서 중요한 것은 생명개체 혹은 생명종의 역사가 현재에 국한되지 않고 조상종의 기원과 역사를 공통으로 한다는 역사주의 태도를 갖는다. 예를 들어 내집단의 생명종은 비교하려는 외집단과 진화사적 공통조상을 갖기 때문에 가능한 아웃그룹 비교법outgroup comparison은 생물학적 계통학 연구의 기초이다. 어떤 생명종의 어떤 형질이 그 생명종이 속해왔던 내집단의 원형에 가까운 형질이었는지 아니면 다른 외집단 생명종에 속했던 형질로부터 진화사적으로 파생된 것인지를 찾는 시간 비가역적 방법을 말한다. 물리주의 방법론에서는 해당 물체와 다른 물체의 역사적 연관성이 없으며, 도그마를 기초로 한 형이상학에서도 해당 관념이나 이념은 그와 다른 관념이나 이념들과 역사적 연관성을 직접 드러내지 않는다. a종과 그와 비교되는 외집단의 b종 사이에 종분화speciation의 과정이 점진적인지 아니면 지리적 격리에 의한 결과인지 질문하는 일은 진화생물학에서 매우 유의미하다. 최근에는 화석이 아닌 분자 차원에서 계통분화를 확인할 수 있으므로 종 분화에 기여하는 질적 요소들, 즉 변이들이 후대의 유전적 변화를 일으켰는지positive selection 아니면 사라지고 말았는지purifying selection를 확인하는 역사-분석주의 태도가 중요해졌다.

박쥐는 조류가 아니고 고래는 어류가 아님을 우리는 이미 충분히 알고 있다. 익룡의 분기는 2.25억 년 전이고 조류의 분기 출현은 1.5억 년 전인데, 하늘을 날 수 있다는 외형적인 상사相似 Homoplasy 기능의 기준으로만 조류를 익룡의 분화로 판단한다면 큰 오류에 빠질 것이다. 실제로 조류는 익룡으로부터 분화된 것이 아니라 깃털 달린 공룡에서 진화했다. 새와 익룡 그리고 박쥐 모두 날개를 갖고 있지만 그 진화사적 기원은 다르다. 조류는 공룡의 팔이 날개로, 익룡은 공룡의 손가락이 날개로, 박쥐는 포유류의 손이 날개로 진화했을 뿐이다(캐럴 2007, 246). 4장과 6장에서 상동과 상사의 차이를 논의할 것인데, 종분화를 판단하는 태도는 외형에 매몰되어서는 안 된다는 교훈을 준다. 이렇게 종분화가 점진적인지 아니면 격리분기인지를 이론적으로 추론하고 실증적으로 검증하는 진화사적 태도는 중요한 연구방법론의 하나이다.

(iv) 생명현상은 '요소'를 넘어선 '구조'를 이해하는 데 있다. 물리적 대상은 요소부품과 그 부품을 조립한 대상 사이의 환원적 대응 관계로 이해될 수 있다. 한편 생물적 대상은 요소들의 조립을 넘어서 그 요소들이 어떻게 구조화되는지가 더 중요하다. 동일한 요소들의 집합물이지만 다른 구조를 형성하면 다른 단백질이 되는 것과 같은 추론이다. 앞 절에서 언급했듯이 녹말과 셀룰로오즈는 똑같은 포도당으로 조립되어 있지만 상이한 성질을 갖는다. 녹말은 인간의 양분이 되지만 셀룰로오즈는 소화가 안 되는 이유는 그 구조의 차이 때문이다. 요소들의 2차원에서 3차원 배열의 차이가 곧 성질의 차이를 낳으며 다른 생물학적 대상이 된다. 단백질의 경우 그 구조배열의 다양성은 거의 무한에 가깝다. 그만큼 생명의 기본단위로서 단백질 구조를 이해하는 것이 어렵다. 또한 생명을 이해하는 것이 그렇게 어렵기 때문에 역설

생물철학

적으로 구조접근적 태도는 더욱 중요하다.

　여기에서 말하는 유기체주의는 통상의 과학방법론과 상충되지 않으며 동시에 생물학적 현상과 상태를 표현하는 데 최적화된 방법론을 의미한다. 이제 유기체주의 과학방법론이 기존의 환원론적 과학방법론과 어떻게 조화할 수 있는지를 설명하기 위해 근접원인proximate cause과 궁극원인ultimate cause의 차이를 살펴본다.

[표 2-8] 유기체주의 접근태도

유기체주의 방법론을 접근하는 4가지 태도			
기능-유연성의 태도	복잡 인과론의 태도	역사적 (진화사적) 태도	구조적 태도
생물학적 기능은 고정되어 있지 않고 진화환경에 따라 유동적이다.	물리적 일대일 인과관계가 아닌 복잡성 관계가 생성된다.	진화사적 변이로부터 새로운 생명종의 변화를 추적한다.	공간적 구조와 배열의 차이가 존재의 다양성 차이를 낳는다.

3. 생물학적 인식론

3.1 근접원인과 궁극원인

인과론에서 원인에 해당하는 조건은 두 가지 경로로 나뉜다. 첫째, 현재 시점의 상태를 야기한 직전 과거의 상태조건들로서, 과거 상태와 현재 상태를 연결하는 경로가 직접적이고 가시적이며 실증적이어야 한다는 조건을 만족하는 원인이다. 이렇게 가까운 인과관계에 해당하는 원인을 근접원인proximate causes이라고 한다. 둘째, 현재 시점의 상태를 일으킨 누적된 역사적 과거를 추적하여, 누적된 과거 상태와 현재 상태를 연결하는 경로가 간접적이고 다중적이며 복합적이어서 그 경로를 설명하는 충분한 이유를 찾아내야 함에도 불구하고 그런 이유를 간단하게 찾을 수 없는 원인이다. 이렇게 먼 인과관계에 해당하는 원인을 궁극원인ultimate causes이라고 한다. 생물학에서 근접원인과 궁극원인을 구분한 것은 20세기 최고의 진화생물학자로 평가받는 에른스트 마이어였다. 마이어에서 근접원인은 물리화학적 조건으로 원인을 추적할 수 있지만, 궁극원인은 진화의 역사적 추론historical inferences을 통해 추적할 수 있다(Mayr 1997a, 67).

근접원인과 궁극원인을 이해하기 위하여 다음과 같은 가상의 이야기를 만들어 보자. 한 청년이 경찰서에 편의점 강도상해 피의자로 잡혀와 조사를 받고 있다. 그의 이름은 누현이며 나이는 17세이다. 경찰은 청년이 다니던 학교 담임 선생님에게 연락을 해봤지만, 학생이 3개월 전에 이미 학교를 그만둔 터라 잘 모른다는 답변만을 들었다. 누현의 친척들조차 경찰서에 잡혀간 그 청년을 외면했다. 매스컴과 경찰은 마치 처음부터 범죄자 유전자를 가지고 태어난 것처럼 누현을 대한다. 친구랑 같이 놀 돈이 당장 궁해서 강도를 했는지 혹은 편의점 주인에게 앙갚음을 하려고 했는지 등등, 경찰은 그에게 강도짓을 하게 된 직접적인 원인을 캐물을 뿐이다. 사람들은 17세 누현이 어떤 불우한 환경에서 성장했는지에 대해서는 관심이 없다는 뜻이다. 이런 상황을 과연 청소년 한 개인의 책임으로만 돌릴 수 있을까? 우리가 그를 진정으로 이해

생물철학

하고자 한다면 문제가 된 강도 행위 이전에 오늘의 누현의 성격을 형성하게 된 여러 가지 숨겨진 요인들, 즉 부모와의 심각했던 갈등, 학교에서 왕따를 당해왔던 과거의 심리적 상처, 유아기의 불충분했던 건강상태 등 전반적인 그의 삶의 역사를 되짚어 봐야 한다. 현재 시점에서 그의 성격과 과잉 행동양식을 이해하려면 그가 자라온 인생의 역사를 추적하여 그런 시간 속에서 궁극적인 원인을 찾아야 할 것이다. 전자의 직접적이고 현시적인 원인을 근접원인이라 한다면 후자의 통시적이고 중층적인 원인을 궁극원인이라고 표현할 수 있다(최종덕 2008).

생물학 일반에서 근접원인을 밝히는 일은 과학 탐구의 기본 조건이지만, 진화생물학에서는 궁극원인까지 고려해야 하는 과제가 더 부과된다. 궁극원인이 진화생물학에서 어떤 역할을 하는지 동물행동학자 틴베르헌(Nikolaas Tinbergen, 1907-1988)의 사례를 통해 알아보자. 철새가 이동하는 원인을 찾는 연구는 두 가지로 나뉠 수 있다. 하나는 근접원인을 찾는 연구이다. 계절 변화에 따라 낮의 길이가 달라지고 이것이 철새의 생체 호르몬 변화를 유도하며, 결국 해의 방향에 따라 이동하게끔 하는 생체동력을 제공한다. 그래서 철새는 계절에 따라 먼 지역을 이동한다고 해석한다면 이것은 근접원인에 따른 설명이다. 반면 계절의 변화에 따라 이동한 결과 먹이를 확보할 수 있었던 개체들과 계절이 변해도 이동하지 않고 서식지를 유지하는 개체들이 있었을 때, 이동하는 개체들이 더 많은 번식을 하게 되고 그 후속 세대들이 적응과 존속에 더 많이 성공한 결과 오늘날의 철새 행태가 형성되었다고 해석한다면 이것은 궁극원인을 쫓는 설명방식이다(Tinbergen 1963, 411).

궁극원인을 밝히는 것은 현대 생명공학의 성과를 현실화시키기 위해서도 필요하다. 한때 배아줄기세포 복제가 큰 사회적 관심을 불러일으켰다. 그리고 지금도 대학과 기업연구소를 중심으로 생명공학, 유전공학 논문과 관련 특허가 계속 쏟아져 나오고 있다. 매스컴 역시 첨단 의료기술의 혜택을 염원하는 많은 환자와 그 주변 사람들의 희망을 반영하듯이 대중의 호기심을 자극하는 방식으로 이 연구 결과들을 보도하는 경우가 많다. 그러나 이런 연구 결과들이 실제로 의료복지 기술에 직접 적용되는 경우는 매우 드물다. 왜 그럴까?

그 이유로는 대략 다음의 두 가지를 들 수 있다. 하나는 생명공학의 연구 대상인 생명 기능의 단위들 사이의 공간적 상관성을 밝혀내지 못했기 때문이다. 해당 인체 부위 혹은 기능, 생체 분자의 개별 기능만을 밝혔을 뿐, 그 사이의 상관적 작용을 아직 모르기 때문이다. 다른 하나는 생물종의 분지 과정을 거치면서 종들 사이의 시간적 상관성이다. 즉 문제가 되고 있는 현재의 해당 형질이나 기능이 과거의 해당 형질이나 기능으로부터 어떠한 변이와 적응 과정을 거쳤는지에 대한 엄밀한 인과관계와 그 작용을 잘 모르기 때문이다. 바로 이런 이유들 때문에 연구 성과라고 발표된 꿈만 같은 생명공학기술들을 재활을 희망하는 현실의 환자들에게 직접 적용하기가 쉽지 않은 것이다. 궁극원인을 무시하고 근접원인만을 통해 문제를 해결하려고 한다면 아마 이론과 임상 현실 사이의 간극은 더 커져만 갈 것이다. 실험실에서는 근접원인을 밝히는 작업이 이루어진다. 그러나 중요한 것은 근접원인 탐구의 효율성을 높이기 위해 궁극원인이 반드시 고려되어야 한다는 점이다.

[표 2-9] 근접원인과 궁극원인

근접 원인	• 원인과 결과 사이에 일대일 방식의 인과율이 적용된다. • 결정론적 방정식으로 환원가능한 인과관계의 원인 요소이다.
궁극 원인	• 원인과 결과 사이에 복잡하고 우회적이고 거리가 멀고 혹은 역사적 통시성의 관계에 놓여진 원인 요소이다. • 원인과 결과 사이에 일대일 대응이 아닌 다층적 연관관계로 대응된다.

구체적 사례를 들어 보자. 2012년 미국 피츠버그대학교 연구팀은 TlR4Toll-like receptor 4라는 유전자의 변이가 태반의 염증 유발 또는 미숙아 출산과 매우 밀접한 연관성이 있다고 발표했다. 해당 유전자는 백혈구의 면역작용 발현의 원인이 된다고 한다. 통상적으로 질병의 유전적 요인을 찾는 일은 근접원인 탐구의 전형이다. 한편 TlR4 유전자의 기능적 역할만이 아니라 그 유전자 면역기능이 다른 조직과 어떻게 상관성을 갖는지 혹은 산모와 태아 사이의 면역관계가 진화론적으로 유의미한지를 탐구하는 일은 궁극원인 탐구의 전형이다. 궁극원인은 직접적으로 추론되거나 증명되지 않지만 그런 탐구를 통해서 실효성 높은 근접원인을 찾을 수 있을 것이다. TlR4는 외부 이물질을 감지하여 신호를 발생시키는 수용체 단백질이다. 그 역할은 외부 박테리아IPs를 감지하여 염증 형성, 즉 선천적 면역반응을 일으키는 데 있다. 그런데 TlR4는 외부 이물질을 직접 감지하는 것이 아니라 CD14라는 단백질에 결합된 IPs를 감지할 뿐이다(Brandie et al. 2012).

어느 범죄를 맡은 수사관(TlR4)이 범인(IPs)을 찾고 있다고 치자. 수사관은 범인의 인상착의를 전혀 모른다. 수사관이 다만 범행에 사용되었을 것으로 추정되는 총기(CD14)를 지닌 사람을 범인으로 추측하여 그런 사람을 추적하는 것과 비슷한 상황이다. 대식세포의 외부 물질 포착 작용은 선천 면역의 진화 과정에서 형성되었다. 면역의 진화는 자기self 가 비자기non-self를 감지하여 비자기를 무용하게 만드는 작용에서 시작 한다. 이런 진화론적 작용에서 볼 경우, IPs라는 비자기의 정체성은 고 정되어 있지 않고 CD14 단백질의 결합여부에 따라 바뀔 수 있을 정도 로 유동적이다. 그래서 TIR4 단백질 유전자가 태아 염증을 일으킬 수 있는 기제를 근접원인의 관점에서 연구하는 일선 연구자도 이미 진화 론적 궁극원인의 추론방식을 은연중에 사용하고 있다. 즉 면역계의 진화-계통발생학적 이해가 유전자 수준의 근접원인 탐구의 유효성을 더 높여 줄 수 있다.

2007년 「네이처」 유전학지 발표에 따르면 암으로 인한 남성의 사망 원인 중 두 번째로 많은 전립선암 발생에 관여하는 유전자 10개 이상을 추가로 확인했다고 한다(Nature genetics 39). 이 발견과 관련해서도 관련 유전자들이 전립선암을 일으키는 근접원인의 충분조건은 아니지만 필 수조건인지, 혹은 인과관계처럼 보이지만 실제로는 상관관계에 지나 지 않는지를 분석하는 것이 우선이다. 필요조건과 충분조건의 차이와 인과관계와 상관관계의 차이는 기초 교과서에 나오는 개념들이지만, 여러 번 반복하여 설명해도 괜찮을 정도로 중요한 개념들이어서 다음 표로 정리하여 설명해본다.

특정 유전자군의 변이는 전립선암을 유발하는 데 관여하지만 직접 적이고 유일한 원인이라고 말할 수는 없다. 미국인 2,000명을 대상으로 한 연구에 따르면 8번 염색체의 특정 마커가 전립선암 유발에 관여한 다. 그런데 백인계 미국인보다 아프리카계 미국인에게서 이 단백질

[표 2-10] 필요조건과 충분조건

필요조건의 예시	충분조건의 예시
전립선암 관련 10개 이상의 유전자들 가운데 생식세포 돌연변이된 특정 유전자 요인은 전립선암의 필요조건이라서 그 조건으로만 의존된 전립선암 치료제가 있다면 그 성공률은 낮을 수밖에 없다. 예를 들어 관련 유전자 BRCA1.2 표적항암제나 ZNF5.7 유전자 치료제 혹은 특정 남성호르몬 차단약제는 전립선암 진단과 치료의 한 가지 부분적인 필요조건일뿐 충분조건이 아니다.	넓은 의미의 과학방법론은 생물학 연구의 충분조건이다. - 현대생물학의 주제라면 이미 충분히 과학 일반의 주제이다(생물학의 모든 분야는 과학이지만 그 역은 성립하지 않는다). 그러나 좁은 의미의 과학방법론, 즉 결정론적 방정식에 의존된 좁은 과학방법론은 생물학 연구방법론의 충분조건이 될 수 없다.

마커가 무려 4배 이상 발현되는 것으로 밝혀졌다(Nature Genetics 2006년 6월) 이 연구에서 보듯 (i) 특정 염색체상의 단백질 마커, (ii) 전립선암 진행에 관여하는 Tgf-β$^{Transforming growth factor β}$ 신호전달, 혹은 (iii) 전립선 암에 관여하는 10개 정도의 관련 유전자에 관한 다양한 연구는 근접원인 탐구방식으로 간주될 수 있다. 한편 유럽계 미국인과 아프리카계 미국인 사이의 발현 빈도 차이에 대한 연구도 매우 유의미하다. 이는 유전자의 기능적 관점만이 아니라 계통발생학적 관점도 필요하다는 것을 의미한다. 즉 근접원인 탐구와 더불어 진화론적 궁극원인에 대한 탐구를 병행함으로써 전립선암 진단과 치료 관련하여 실질적 이해를 상승시킬 수 있다.

인간 유전체(게놈) 프로젝트에 참여했던 벤터(Craig Venter)는 2010년 미코플라스마 제니탈리움$^{Mycoplasma genitalium}$, 즉 최소 유전체$^{minimal ge-nome}$의 기능을 갖는 인공 박테리아$^{Synthetic Bacterial Cell}$를 만들었다고

발표했다. 인간이 원하는 기능을 수행하는 인공 박테리아를 만들기 위해서는 유전체에 필수적으로 있어야 하는 단백질 암호 유전자essential protein-coding genes의 계통진화를 고려해야 한다. 단백질 암호는 생명의 기능을 담당하는 정보이기도 하지만, 그 안에 진화의 시간이 농축되어 있어서 어떤 형질이 발현될지 알 수 없는 생명의 블랙박스로 볼수 있다. 단어를 이해하려면 문장을 파악해야 하고, 문장을 파악하려면 문단의 문맥을 이해해야 하듯이, 생명 기능 정보를 이해하려면 생명의 발생과 환경의 조건들을 고려해야 한다. 인공 박테리아를 만드는 연구에서 이러한 생명사적 연관성 또는 진화의 궁극원인을 고려하지 않으면 연구 결과에 의문점이 생길 수밖에 없다.

근접원인과 더불어 궁극원인을 강조한 굴드는 기능 탐구에 치우친 유전자 근접원인론을 다음처럼 평가했다. 무릎 슬개골이나 손톱의 형태학적 신체 구조에 해당하는 유전자는 존재하지 않는다. 신체는 개별 유전자로 구성된 신체 부분들로 원자화될 수 없다. 어떤 신체 부분이든지 보통은 몇 백 개 이상의 유전자가 조합되어 축조되며, 이 유전자들의 축조 방식은 선천성과 후천성의 조합 및 내재성과 외재성의 조합을 만들어 주는 환경의 영향을 받아 마치 만화경의 그림 통로처럼 채널화되어 있다(Gould 1980, 91).

생물철학자 소버(Elliott Sober)는 근접원인에 기반한 연구가 통상적인 과학방법론이기 때문에 그 필요성을 충분히 인정했다. 그러나 소버는 생물학 연구에서 근접원인을 사용하는 방법은 필요조건이지만 충분조건이 될 수 없으며, 근접원인에만 기반한 성과는 자칫 우연적 발견에 의한 결과일 수도 있음을 시사했다. 그는 궁극원인을 무시한 유전자

원자론을 '콩주머니 유전학Beanbag genetics'이라고 불렀다. 콩주머니 유전학이란 멘델(Gregor Mendel, 1822-1884)의 유전법칙처럼 유전자와 형질 사이에 수학적 관련성이 있다는 뜻으로, 에른스트 마이어에 의해 처음 사용되었지만 이후 유전자 결정론을 비유하는 데 사용되었다(Sober 1993, 186). 근접원인론은 콩주머니 유전학을 설명하는 데 유효하지만 실제로 원인은 다양하게 존재하며 그런 원인조차도 장구한 시간 추적을 필요로 하는 것이기 때문에 직접 그 원인을 밝히기는 쉽지 않다. 특정의 유전자가 특정의 표현형질의 원인이라는 식의 설명은 아직 이루어지고 있지 않다. 진화론적 궁극원인을 고려하지 않는다면 근접원인론으로 밝혀진 인과관계는 충분하고 성공적인 설명력을 갖추기 어렵다. 혹시 겉보기에 충분하고 성공적인 설명으로 보이더라도, 그 결과는 의도하지 않은 부산물을 얻게 된다.

감기의 간단한 사례를 들어 보자. 우리는 콧물이 나고 목이 아픈 증상을 유발하는 감기 리노바이러스의 간단한 유전체 메커니즘조차 모르고 있다. 아무리 미소한 바이러스의 경우라도 실제로는 간단하지 않다. 유전체는 비교적 단순하지만 그 유전체의 메커니즘은 매우 복잡한 것이다. 리노바이러스에 대항하는 사람과 동물의 어떤 면역 유전체에 따라 전혀 다르게 발현할 수 있다. 나아가 바이러스는 고정된 존재가 아니라 시간에 따라 돌연변이 진화방식으로 지속적으로 변화하는 존재다. 바로 그런 이유 때문에 우리는 아직 이 단순한 감기 바이러스조차 그 작용 메커니즘의 근접원인을 파악하지 못하고 있는 실정이다. 단순한 바이러스도 기나긴 생명의 역사를 가지고 있기 때문이다. 생물학에서 말하는 생명의 역사는 과거의 역사만이 아니라 미래의 역사를 내포한다. 생명의 미래 역사란 과거에 적용되었던 진화가 미래에도 적용될 것이라는 첫째 의미와 무작위 돌연변이 발생으로 미래에 가서도 새로운 적응변화를 하게 될 것이라는 둘째 의미를 같이 포함한다.

20세기 초 스페인 독감 이후 최고의 팬데믹인 코로나19의 경우 돌연변이를 통해서 항상 자신을 변화시켜나가는 바이러스의 존재가 얼마나 위협적인지를 인류 모두에게 각인시켜 주었다. 생물계에서 궁극원인의 패러다임을 무시할 수 없다는 교훈을 코로나19를 통해서 충분히 배웠다. 바이러스가 생명 유기체인지의 논란을 떠나서 바이러스 변이체의 역사는 바이러스가 환경에 적응하는 과정을 의미하며, 끊임없는 변이로부터 새로운 선택을 취하는 진화론적 생존의 역사이다. 이러한 생존의 역사를 추적하려는 인식론적 시도가 궁극원인의 탐구사례이다. 궁극원인의 탐구는 명확한 결과를 제시해 주지 못하더라도 분자생물학에서 진화생물학에 이르는 생명 단위의 블랙박스를 여는 시작점이다. 생물학의 존재론적 기초는 고정된 정체성의 존재가 아니라 생명의 장구한 역사를 거치면서 변화의 존재들로 된 세계 위에 지어졌다.

3.2 인과관계와 상관관계

앞 절에서 궁극원인과 근연원인에 대하여 논의했다. 궁극원인은 원인과 결과 사이의 관계가 매우 복잡하고 우회적이며 그래서 간접적인 관계로 나타나 보인다. 그런데 궁극원인에 의한 둘 사이의 관계가 상관관계처럼 보이는 경우가 많다. 당뇨 질환을 사례로 그 차이를 다시 검토해보자. 당뇨의 근연원인은 인슐린 조절 상실에 있다. 일상사에서 당뇨의 원인을 유전, 바이러스 비만, 식습관 스트레스, 노화라고도 말하는데, 이때 원인이라는 말은 궁극원인에 해당한다. 당뇨의 궁극원인은 외형적으로 상관관계로 보여진다. 선천성 요인이 강한 당뇨 1형의 원인은 인슐린을 분비하는 췌장의 유전적 손상으로 인해 인슐린 결핍이다. 이 경우 대체로 직접적인 근연원인과 간접적인 궁극원인 사이 거리가 가깝다. 반면 당뇨 2형은 후천적 식습관이나 운동부족 혹은 과도 스트레스로 인하여 인슐린 홀몬이 혈당을 세포 안 포도당 에너지로 전환시키지 못한 장애의 결과이다. 이런 장애를 인슐린 저항성insulin resistance이라고 한다. 당뇨 2형의 근연원인이 인슐린 저항성이라고 한다면 당뇨 2형의 궁극원인은 앞서 말한 후천적 생활습관이다. 생활습관 속에서 맺어지는 관계란 대체로 모호하며 복잡하며 우회적이다. 그래서 당뇨 2형의 직접적인 근연 원인과 간접적인 궁극원인 사이의 거리는 아주 멀다. 이 경우 궁극원인은 인과관계라기보다 상관관계로 여겨진다.

낙태합법화와 범죄율 사이의 상관성과 인과성을 혼돈하는 오류에 대한 사례를 더 들어보자. 레빗 교수와 도나유 교수(Steven Levitt and John Donohue)의 2001년 "낙태합법화가 범죄에 미친 영향"이라는 유명한 논문은 미국에서 낙태 합법화가 범죄율 감소의 원인이라는 내용을 담고 있다. 레빗 교수가 가정한 범죄율 고도 연령인 18-24세 남성을 기준으로 1973년 낙태 합법화 이후 18년에서 24년이 지난 시점에서 범죄율이 낮아졌다는 가설이다(Donohue and Levitt 2001). 이 이야기는 국내에서도 번역된 『괴짜경제학』에 실려서 크게 회자되었다. 나중에 이 논문의 가설은 미국 내에서도 오류로 지적되고 비판되었다. 인과성과 상관성의 혼돈에서 나온 오류였다는 지적이다.

그 오류는 다음의 사항에서 나왔다. 첫째, 레빗 연구는 범죄자 체포율 통계에서 잘못된 표본을 취했다는 점이다. 둘째, 영국과 유럽 7개국에서 이 주제 관련 연구들이 다수 수행되었는데, 낙태율과 범죄율 사이에 관계가 없는 것으로 분명히 나타났다. 레빗 연구결과에 대한 반증사례들이 많다는 점이다. 셋째, 1990년 이후 미국에서 낙태율 상승과 범죄율 하락의 관계가 외형적으로 나타났었다. 그러나 이 관계는 인과관계가 아니라 상관관계만 있는 것으로 판정되었다.

이와 비슷한 상관관계의 사례로서, 같은 또래 어린이들의 납 혈중도 수치가 낮아지면서 이 어린이들이 성장하여 18-24세가 되었을 때 전체 범죄율이 낮아졌다는 통계가 있다. 여기서 아이들의 납 혈중도 수치 하락이 성인 범죄율 하락을 가져왔다는 직접 논리로 연결된다면 그런 연결논리는 지나친 상상력의 산물이다. 또래 아이들의 유아 시기 납중독 수치 통계와 이들이 18세 청소년으로 자랐을 때 성인 범죄율 하락의 통계, 두 가지의 통계를 가지고 전자가 후자의 원인이라고 하면서 두 사항 사이의 관계를 인과관계로 결론짓는다면 상식적으로 우리는 그런 관계분석을 신뢰할 수 없고 수긍할 수도 없을 것이다. 이 두 현상의 관계는 인과관계가 아니라 단지 상관관계일 뿐이기 때문이다. 생물학적 사실과 사회적 현실을 표면적인 통계만으로 인과관계로 연결시키는 일은 매우 위험하며, 이런 편향으로 자연현상이나 사회현상을 분석한다면 오류의 결과만을 낳게 된다.

이런 논리와 동일하게 비만이 치매 발생의 한 요인으로 될 수 있지만 인과관계라고 말하기 어렵다. 인슐린 저항성 때문에 어느 편에서는 치매 발병이 높아지고 또 다른 편에서는 비만이 늘어날 수 있다. 그래서 인슐린 저항성과 치매 그리고 인슐린 저항성과 비만 사이에는 인과관계가 적용될 수 있지만, 비만과 치매 발병 사이의 관계는 인과관계가 아니다. 단지 상관관계로 볼 수 있다. 인과관계에서는 물론이고 상관관계에서도 위험요인risk factors이라는 용어를 사용할 수 있다. 그 차이를 그림으로 그리면 좀 더 분명해진다.

이 사례를 정리하여 다시 말하면 치매 발병에 대하여 인슐린 저항성은 다중 원인들 가운데 하나가 될 수 있으며, 이런 관계를 다중적 인과관계라고 했다. 그것조차도 충분조건의 인과가 아니라 필요조건의 인과관계에 한정될 뿐이다. 한편 치매에 대하여 우울증과 비만은 분명한 위험요인이지만 그 관계는 인과관계가 아니라 상관관계이다.

[표 2-11] 인과관계와 상관관계

인과 관계	상관 관계
유리잔을 손에서 놓친 것이 유리잔을 깨트린 것의 원인이다. (인과적이면 상관적이다)	유리잔이 깨진 것과 바람이 불었던 현상은 상관적일 수 있다. (그러나 인과적이라고 말하기 어렵다)
인과관계는 상관관계를 포함하지만, 그 역은 아니다. 즉 상관적이라고 해서 인과관계가 있다는 것은 아니다.	

3.3 자연을 바라보는 인식론적 태도

진화의 장구한 역사를 무시한 근접원인 방법론으로 통시적 인과관계에 접근하기 어렵다(Mayr 1982, Chap.6). 장구한 생명사의 계통발생과 진화 과정을 밝히기 위해 궁극원인을 통한 인과성을 설명할 필요가 있다.

하지만 이 과정은 실험실 안에서 이루어질 수 없다는 결정적인 어려움을 본래적으로 안고 있다. 이 때문에 궁극원인론에 기반한 생물학 연구방법론은 자칫 우연성과 개연성의 과학으로 오해받을 수 있다. 자연현상이 아주 복잡하고 우회적이어서 직접적 근연 인과율 대신 개연성과 확률의 이론적 도구를 사용할 뿐이지 인과성 자체를 포기한 것은 아니다.

이런 입장과 유사한 것으로 '과학적 불가지론'이 있다. 과학적 불가지론은 생명 현상이 과학적 인과론에 의존하고 있지만 현재의 과학 수준으로 그 인과율의 총체를 밝히기는 역부족이라고 변론한다. 불가지론은 과학 법칙의 실재를 인정하지만, 그 실재를 인간의 이성으로 인식하는 데에 한계가 있다는 입장이다. 과학주의는 인간 이성이 무한히 발전한다는 것을 전제로 한다. 반면 과학적 불가지론은 인간 이성의 한계를 인정한다. 과학적 불가지론에서 말하는 한계란 근접원인 인과론으로 실재를 밝히고자 하지만 결코 그 실재는 드러나지 않는다는 뜻에서 한계이다. 어느 입장이든 모두 생물학적 현상에 어떤 원인이 숨겨져 있어서 우리가 찾지는 못하더라도 원인 자체의 존재 사실을 부정하지 않는다. 이런 점에서 방법론으로서 근접원인론과 인식론적 태도로서 궁극원인론은 서로 대립되는 배중적인 관계가 아니라 서로를 보완하는 상보 관계라고 할 수 있다.

생명체의 진화는 저절로 그렇게 되는 것이며(자연선택) 스스로 그렇게 되는 것이어서(무목적성) 현존하는 생물종의 표현형질은 기능적으로 완전하지는 않더라도 나름대로의 궁극원인을 가지고 있다(Stearns 1999, Chap.3). 이러한 자연의 사실은 때때로 무시되면서 자연이 아닌 인간만의 기준으로 자연을 가공하고 조립한다. 예를 들어 전립선암 유발인자인 유전자 X를 어느 생명과학자가 완전히 밝혀내었다고 가상해보자. 암 유발인자로서 유전자 X가 발견되는 순간 그 유전자는 '나쁜' 유전자로 이름 붙여진다. 그러나 자연에는 인간의 조건에 맞춰진 그런 선악의 실체는 없다. 인간에게 '나쁜' 것도 자연에서는 다 그럴 만한 존재 이유가 있다는 뜻이다. 이러한 자연의 역사를 이해한다면, 나쁜 유전자 X를 제거하는 것이 곧 해당 질병을 낫게 하는 것이 아닐 수도 있음을 간접적으로 추정할 수 있다. 유전자 X 역시 지금까지의 존재의 역사와 복잡한 네트워크를 잠재적으로 갖고 있기 때문에 질병을 일으키는 근접원인 X를 제거하는 방식보다 오히려 X가 발생하고 진화한 자연의 과정을 알려고 하는 궁극적 접근 태도가 질병을 치료하는 근본적인 대안일 수 있다.

3.4 서술과학과 분석과학: 과학에서 사용된 메타포

과학 이론은 참과 거짓의 판단이 가능한 명제들로 구성된다. 어떤 이론이 전설이나 민담처럼 상징과 수사로 구성된 이야기 양태라면 우리는 이 이론을 과학이라고 부르지 않는다. 진위 판단과 무관한 감탄형과 의문형의 대화식 문장 또는 느낌의 언어로 된 문장들은 겉보기에 명제로 보이지만 실제로 유사 명제에 지나지 않기 때문에 과학 명제의 기준에서 배제된다. 이런 언급이 바로 19세기 초 유행했던 논리실증주의logical positivism의 대표 주장이다. 유사명제는 다음과 같은 것이 있다.

– 감탄형 유사 명제: "와! 이 세포에는 정말 많은 미토콘드리아가 있구나!"

– 의문형 유사 명제: "양자 현상을 기술하는 파동방정식이 과연 파동의 진짜 모습을 보여주는 것일까? 아니면 단순한 수학식일까?"
– 이야기식 유사 명제: "인생에 우여곡절이 있듯이 곤충의 탈바꿈 살이도 그런 거야."

아리스토텔레스는 서구 과학의 효시로 볼 수 있지만 아리스토텔레스 전통의 과학은 단순 경험에 의존한 감각추론의 서술과학이다. 전근대 서술과학 역시 자연에 대한 깊은 통찰에서 비롯되었으나 직관적인 명제들로 구성되어 있다. 반면 근대과학의 물꼬를 튼 갈릴레이(Galileo Galilei, 1564-1642)는 이런 아리스토텔레스의 서술과학 전통에서 벗어나 경험대상을 운동하게 하며 자연에 내재된 이성적 법칙을 찾아가는 과학을 시도했다(하이젠베르크 1995). 서술 과학과 대비하여 갈릴레이가 추구한 과학은 법칙과학이라고 표현할 수 있다. 서술과학과 달리 갈릴

[표 2-12] 근대과학의 유형

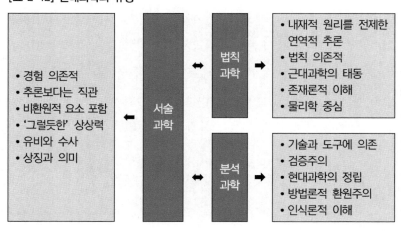

생물철학

레이와 뉴튼의 시대에는 엄밀한 법칙추론을 통해 세계를 설명하려는 태도가 형성되었다. 법칙과학은 방법론적으로 분석주의를 채택하므로 분석과학으로 구분되기도 한다.

서술과학은 서술 내용에 대해 지식인집단 전체의 합의를 만들어 내기 어렵다. 서술 언어가 주관적인 비유와 상징으로 구성되기 때문이다. 분석과학은 주관적 비유와 상징을 객관적 측정언어로 환원하려는 시도에서 출현된다. 생기론 전통의 서술과학을 극복하면서 탄생한 현대 생물학에서조차 다른 물리과학에 비교하여 여전히 상대적 수사법과 상징적 비유법의 개념을 안고 있다. 물리학에서도 '중력'이나 '원궤도' 등의 개념은 초기에 상징이며 비유였다. 비유와 상징은 뉴튼의 중력법칙의 발견으로 분석과학의 기본 개념으로 전환되었다. 생물학에서도 '발생'이나 '면역', '진화'나 '유전' 등의 주요 개념들은 수사와 비유에서 탄생했다. 현대 분자생물학 영역에서도 비유법은 중요한 역할을 하고 있다. 유전 정보 복사transcription, 번역translation, 암호(정보의미)code, 잉여염기서열redundancy, 코돈, 동의성synonymous, 전달자messenger, 편집 editing, 교정자proofreading, 유전자 서고library 등의 생물학 용어들은 처음에는 과학적으로 정의되지 않은 비유와 상징 개념에서 시작했다(Maynard Smith 2000, 189).

현대 생물학의 의미론은 크게 두 가지로 볼 수 있다.

첫째 특징은 비유와 상징의 개념을 분석과학의 방법론으로 설명하려는 의도이며 둘째 특징은 존재론보다는 인식론 중심이라는 점이다. 과학계 또는 과학자집단 사이에서 유비와 수사는 당연히 합의되기 어려운 개념일 것이다. 생명과학은 일반 다른 과학보다 유비법과 수사법의 도움을 더 많이 받았다는 점을 부정할 수 없다. 이 점은 생명과학 방법론의 매우 중요한 특징으로, 어떻게 보면 단점이지만 또 달리 보면 다양성과 창의성을 확대할 수 있는 장점이기도 하다.

현대생물학의 둘째 특징은 존재론적 질문을 포기한 데 있다. 전근대 서술과학의 존재론적 성격은 사물이 운동하는 이유(목적)와 원인을 추구하는 데 있었다. '왜why'를 질문해 왔던 서술과학의 태도에서 탈피하며, 존재 그 자체보다 존재를 인식하는 방법을 추구한 것이 근대과학의 인식론적 태도이며 중요한 특징이다. '왜'라는 형이상학적 질문 대신 '어떻게how'라는 방법론적이고 인식론적인 질문을 던지면서 대상을 분석하기 시작했다는 뜻이다. 마이어는 이런 전환적 특징이 바로 근대과학을 낳은 시대정신이라고 말했다(Mayr 2004, 12).

과학적 판단에 이르는 두 가지 통로가 있다. 하나는 정당화의 맥락 context of justification이며 다른 하나는 발견의 맥락context of discovery이다. 이 개념을 처음 유형화한 사람은 밀(John Stuart Mill, 1806-1873)이고 이후 휴월(William Whewell, 1794-1866)이 현대적 개념으로 정리했다. 유추에 의한 서막과 귀납적 귀결을 거친 발견의 결과는 그것의 진위 여부가 엄밀한 논리적 추론 과정을 통해 확증되어야 하는데, 이러한 절차를 정당화의 맥락이라고 한다. 물리주의의 인식론은 정당화의 맥락에 놓여 있다. 휴월에서 과학적 발견의 결과는 서막, 귀납적 단계 그리고 귀결이라는 논리적 단계로 반드시 검증되어야 한다. 발견의 논리는 경험주의 귀납법을 수반하며 정당화의 논리는 법칙주의 연역법을 반드시 수반해야 한다. 그래서 발견의 논리와 정당화의 논리를 충족하는 것이 그 유명한 휴월의 가설연역추론hypothetico-deductive reasoning이다(로지 1999, 159;

Whewell 1840).

발견의 맥락의 한 사례로서 휴리스틱heuristics을 설명할 수 있다. 발견의 맥락을 휴리스틱으로 연결시킨 사람은 헝가리 수학자인 폴리아 (G. Polya, 1887-1985)였다. 그는 유명한 책『어떻게 문제를 풀 것인가How to Solve It』에서 수학적 문제나 비수학적 문제에 무관하게 문제풀이problem solving의 휴리스틱을 네 단계의 원리로 설명했다. 첫째, 문제를 이해하는 단계로, 자신의 언어와 생각으로 문제를 포괄할 수 있는지의 단계이다. 둘째, 이해된 문제를 풀기 위한 방법으로 자신이 시도했었던 기존 추론에 맞춰 계획을 짜본다. 셋째, 그런 계획을 반복적으로 그리고 다양하게 수행한다. 넷째, 자신이 행해온 방법과 계획을 다시 반성하고 되돌아보는 시도를 한다(Polya 1945).

첫째 과정인 문제를 이해하는 단계에서는 창조적 가설을 세우기도 하고 수사법을 사용하기도 한다. 엄밀한 논리적 알고리즘algorithm은 아니라도 차이를 확인하고 유사성을 찾을 수 있는 기존의 이야기와 그 자체로 상징성을 내포한 비환원적 용어들을 사용할 수 있다. 이것이 휴리스틱의 장점이다. 물론 이렇게 구축된 가설적 명제들은 반드시 정당화의 맥락을 거쳐야 한다. 예를 들어 멀어지거나 가까워지는 데 따라 변하는 주파수 변동을 설명하는 도플러 법칙을 흔히 기차소리에 비유하여 설명한다. 나를 중심으로 멀어져가는 기차소리는 갑자기 소리가 작아지며 나에게 다가오는 기차소리는 갑자기 소리가 커지는 현상으로 대신 설명한다는 뜻이다. 이 경우 '기차소리'는 처음에 메타포였으나 나중에는 파장에 작용하는 '도플러 법칙'이라는 일반 물리법칙의 설명사례로 확장될 수 있었다.

과학적 휴리스틱에서 메타포의 기능은 중요하다. 물리학에서 힘, 무게, 만유인력 등의 개념들도 처음에 등장할 때는 일종의 메타포였다. 그런 메타포가 수학적으로 정형화되면서 환원적 물리주의 개념으로 자리 잡았다. 앞서 말했듯이 전근대 물리학의 역사에서 과학은 대부분 서술과학이었다. 행성 궤도운동을 수학식으로 표현한 케플러 후기 그리고 중력의 힘을 수학식으로 표현한 뉴튼 물리학이 되어서야 비로소 과학은 서술과학의 개연성에서 벗어나게 되었다.

블랙(Max Black, 1909-1988)은 메타포의 의미를 '대체 관점substitution view'과 '비교 관점comparision view' 그리고 '상관 관점interaction view'의 세 가지로 나누어 설명했다. 전근대 과학에서 메타포는 '대체 관점'을 수행했다. 대체 관점은 생기론 시대 초기의 사유 방법이었다. 자연 현상이나 대상을 직접 과학 개념으로 오용한 것이다. 이후 과학적 사유가 성장하면서 메타포는 '비교 관점'으로 발전했다. 비교 관점의 메타포란 자연적 대상이나 관념을 비유법과 유사법의 추론을 통해 과학적 개념으로 사용하려는 시도이다. 블랙이 강조했던 현대과학의 메타포 기능은 '상관 관점'을 적용하는 데 있다. 상관 관점이란 은유의 역할이 누구나 이해할 수 있는 기존의 관념을 통하여 창의적 '연관된 의미associated implications'를 증대시키는 데 있다는 뜻이다. 현대과학에서 논의하는 메타포 개념은 블랙의 제안대로 상관 관점의 메타포로 제한된다(Black 1962).

현대 미시 물리학은 분석주의에 기반한 정당화의 맥락에 치중해 있다. 그러나 우주를 다루는 거시 천체물리학의 경우 생명과학 못지않게 풍부한 메타포들이 사용된다. 대체로 물리학에서보다 생물학에서

생물철학

서술 형식의 메타포 개념이 더 빈번하게 사용되고 있다. 초기 진화생물학에서 상관 관점의 메타포 사용빈도가 높았다. 예를 들어 '진화', '선택', '적응' 등의 용어와 면역학의 자기self와 비자기non-self, 그리고 세포의 자기 죽음에 이르게 되는 자살메커니즘을 표현하는 세포 '자살' 등의 용어는 메타포에서 시작되었다. 생물학에서 탐구대상 자체가 가지는 유기체적 특성 때문에 서술성이 강한 휴리스틱의 힘을 더 많이 빌리고 있다.

생명과학은 휴리스틱의 맥락에서부터 환원적 분석과학의 논리인 검증 절차까지 발견과 정당화의 두 맥락을 중첩적으로 포괄할 수 있어야 한다. 현대 생물학은 분자생물학이라고 말할 정도로 이미 분석과학 패러다임으로 정착되고 있지만 그럼에도 불구하고 물리학에 비하여 여전히 서술과학적 성격을 더 많이 가지고 있으며 메타포를 더 많이 사용하고 있다.

생명과학은 연역추론과 귀납추론 등 과학적 추론에 충실해야 하며 동시에 분석대상의 비환원적 요소들을 발견법의 대상으로 포용할 수 있어야 한다. 서술과학과 다른 방법론을 사용하는 분석과학은 첨단기술 측정장비의 소산물로도 볼 수 있다. 20세기 과학일반의 성과는 측정장비기술의 폭발적인 발전성과에 의존되었다는 뜻이다. 관찰도구는 파괴적 속도로 성장했지만, 자연을 관찰하는 안목과 자연을 성찰하는 동기부여는 여전히 인간의 몫이다. 그래서 실험실에서는 관찰자의 직관과 경험이 요청되는 과학적 발견법의 동력이 중요하다.

지금까지의 내용을 정리하면 다음과 같다. 현대과학은 생물학이든 물리학이든 관계없이 분석주의와 물리주의의 특성을 갖는다. 생물학은 서술적 메타포를 사용하는 빈도가 물리학보다 상대적으로 많다. 생명과학이나 우주물리학, 혹은 아원자 상태를 다루는 미시물리학처럼 인간 이성으로 밝히기 어려운 부분이 많은 분야일수록 메타포를 통한 휴리스틱은 여전히 소중하다.

4. 자연주의 철학으로서 생물철학

4.1 자연주의 인식론과 방법론

"자연주의란 개인적 판단이나 사회적 상호작용 등이 자연적 과정을 통하여 설명될 수 있다는 입장이다."(Hull 1988, 144) 생물학 분야에서 자연주의 인식론은 선험적으로 인식 규범을 구성하는 정당화 작업 대신에 생물학을 중심으로 한 자연과학의 성과들, 특히 진화론의 성과를 바탕으로 인식의 기원과 그 타당성의 조건을 해명하려는 인식론적 태도이다. 자연주의 인식론이 응용되고 있는 분야는 인지과학의 인식론, 자연철학 인식론, 심리주의 인식론, 나아가 부분적으로 신화 인식론 mythology based epistemology 그리고 (물리학적 세계관 중심의) 현대자연과학 인식론 등이다. 이를 확립한 사람으로는 캠벨(Norman Robert Campbell, 1880-1949), 포퍼(Karl R. Popper, 1902-1994), 로렌츠(Konrad Z. Lorenz, 1903-1989), 폴머(Gerhard Vollmer) 등이다. 캠벨과 포퍼는 인식의 진화론적 과정에 대하여 말하는 메타 인식론에 치중했으며, 로렌츠와 폴머는 인지능력의 진화를 더 많이 다루었다.

　자연주의 인식론은 첫째, 모든 유기체의 인식장치 속에 유전적으로

서로 연결되어진 정보가 있음을 전제한다. 둘째, 진화론의 관점으로 개체발생적으로는 선천적이지만 후성적 인식능력이 발달한다는 사실을 인정한다. 셋째, 인식을 가능하게 하는 인식 주관의 구조는 선험적 구조가 아님을 강조한다. 인간의 인식 구조는 변이와 선택을 통해서 장구한 시간에 걸쳐 자연환경에 적응되어진 진화의 소산물이라는 것이다. 넷째, 자연선택 기제에 의해 형성된 인식 구조는 실재 세계를 반영한다. 그리고 이 세계는 경험적으로 실재한다. 폴머는 세계의 자연주의적 실재성을 '가설적 실재론'이라고 표현했다.

폴머에서 생물학적 자연주의 인식론이란 진화생물학의 성과를 바탕으로 인식의 기원과 그 타당성의 조건을 해명하려고 하는 시도이다. 그중에서 가설적 실재의 의미는 중요한데, 우리의 인식장치는 실재계에 해당하는 인식 대상계에 적합적이었음을 폴머는 강조한다. 앞서도 말했지만 인간의 인식장치 역시 진화 과정에서 실재 세계에 적응하면서 형성된 소산물이기 때문이다. 우리의 인식이 자연계에 적합해진 이유는 "그렇게 적합해진 결과가 호모사피언스의 생존과 번성을 가능케 했기 때문이다"(Vollmer 1985/1, 48).

자연주의 인식론은 진화생물학, 심리학, 신경생리학이나 인지과학 등과 같이 자연과학의 성과를 이용하며, 인식구조의 형이상학적 선험주의를 부정한다. 이런 점에서 듀크대학교 생물철학자 로젠버그(Alexander Rosenberg)는 이와 연관하여 현대 자연주의를 "마법이 풀린 자연주의disenchanted naturalism"라고 표현한다. 생기론까지 마구잡이로 자연주의 안으로 포괄하려는 옛날의 자연주의가 아니라 구체적인 개별 현대과학의 성과를 적극적으로 수용하여 인식 발달의 과학성과를 수용하여 문제에 접근하려는 태도가 바로 마법에서 풀려났다는 메타포의 의미이다(바쇼와 뮐러 2021, 2장). 그러나 자연주의는 과학주의scientism와 다르다. 과학주의는 환원론과 결정론 그리고 원자론을 기반으로 하지만, 자연주의 인식론은 과학을 기초로 하지만 환원주의와 원자론의 틀에 구속되지 않는다(바쇼와 뮐러 2021, 82).

자연주의 인식론을 토대로 하여 그 위에서 자연주의는 존재론으로 본 자연주의와 방법론으로 본 자연주의가 구축될 수 있다. 존재론의 자연주의ontological naturalism는 물리주의 논쟁이나 초자연주의를 반증하는 환원주의 논쟁 혹은 유물론적 제거주의 논쟁 등을 다루는 문제들이다. 그리고 방법론의 자연주의methodological naturalism는 철학의 의미를 과학 개념으로 설명하려는 시도이거나 철학과 과학 사이의 구획이나 연속성의 관계를 다루는 문제들을 포함한다(Smith D. 2017, 7-8).

특히 방법론적 자연주의 철학의 내용을 좀 더 구분하여 설명하면 다음과 같다.

- 언어의 구조분석 등에 관한 언어철학이나 형식과학의 기초명제인 분석명제가 아니라 경험적 검증이 요구되는 종합명제를 다루는 철학이다.
- 관념의 형이상학적 개념보다 경험의 과학적 개념을 중시하는 철학이다.
- 필연성의 명제가 아니라 반증가능성이 있는 확률명제들이 철학의 숙고 대상이다.
- 선험적 명제가 아닌 후험적 판단으로 구성된 철학이다.

- 초자연적 설명이나 해석을 피하며 자연의 상식을 존중하는 철학이다.
- 교조적이고 절대적 명제를 거부하고 인간의 이성으로 접근할 수 있는 반성력과 해석을 시도하는 철학이다.
- 인간도 자연의 생물학적 존재로서, 일반 생명과 인간을 동일한 범주 혹은 연속적인 관계로 생각하는 철학이다.

[표 2-13] 자연주의 인식론

인식론		
선험주의 인식론 ① 형이상학의 기초 ② 논리적 정당화	경험주의 인식론	
	생물학적 자연주의 인식론 생물학을 중심으로 한 자연과학의 성과들, 특히 진화론의 성과를 바탕으로 인식의 기원과 그 타당성의 조건을 해명하려고 하는 인식론적 시도	
	① 진화인식론: 개체발생적으로는 선천적이지만 후성학적 인식능력이 발달된다는 사실을 인정 ② 인식주관의 구조는 선험적 구조가 아니라는 점을 강조 ③ 인식발달의 진화론적 추적	

4.2 인식의 연속성과 좁은 의미의 방법론

진화사적 과거, 예를 들어 5.5억 년 전 선캄브리아기 자연에 적용된 진화의 생명법칙은 마찬가지로 현재에 적용된다는 것이 생물학적 연속성의 기본이다. 이러한 연속성 테제는 당연하면서도 가장 중요하며 자연주의 인식론을 시작하는 사유이다. 자연주의 인식론은 자연을 기술하는 목적에 맞게 상대적으로 적합도가 높고 타당성이 가장 높으며 plausible 환경과 인식주체의 상관성을 가장 높게 평가한 인식론적 태도이다. 자연주의 인식론은 인식주체의 존재론적 차이를 인정하지 않으며 인식하는 능력의 연속성을 강조한다. 여기에서 연속성이란 인식의 일관성을 가리키는데, 그 의미는 다음과 같다.

(i) 공간적 연속성: 공간에 따라 자연 현상을 설명하는 서술방식이 달라져서는 안 된다.

예1: "아프리카에서는 폭포가 중력 때문에 아래로 떨어지고 아메리카에서는 폭포가 중력과 무관하게 위아래로 뒤섞여 떨어진다."와 같은 경우는 없다.

예2: "콜럼버스가 처음으로 도착한 땅은 그들이 생각했던 인도와 같다." 콜럼버스의 생각은 비록 틀렸지만 공간에 대한 추론의 연속성을 유지했었다. 그리고 그런 추론의 연속성으로 인해 신대륙을 발견했다.

예3: 남아메리카 동부 해안 생태계와 아프리카 서부 해안 생태계가 유사하다는 것을 관찰하면서, 이 두 대륙은 과거 하나의 대륙이었을 것으로 추론할 수 있었다. 20세기 초중반에 와서야 비로소 이런 추론은 2억 7,000만 년 전에 존재했던 판게아 초대륙이라는 혁명적인 지질학으로 우여곡절 끝에 인정받게 되었다.

생물철학

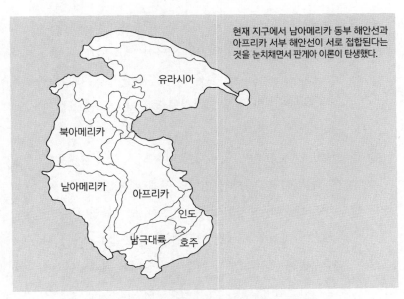

현재 지구에서 남아메리카 동부 해안선과
아프리카 서부 해안선이 서로 접합된다는
것을 눈치채면서 판게아 이론이 탄생했다.

유라시아

북아메리카

남아메리카

아프리카

인도

남극대륙 호주

[그림 2-2] 2억 7,000만 년 전 판게아 초대륙

(ii) 시간적 연속성: 시간에 따라 자연현상을 설명하는 서술방식이
개선될 수는 있지만 자연 자체가 바뀌는 것은 아니다.

예1: "동위원소 반감기를 이용한 연대 측정법은 2,500년 전 그리
스 유물에는 적용되지만 6,000년 전 노아의 방주(라고 억측되
는) 유물에는 적용될 수 없다."라는 서술은 자연적이지 않다.
다만 종교의 영역을 유지하기 위한 인위적인 서술 양식이다.

예2: "아주 오래전에는 지구의 땅이 평평했는데 케플러 이후 땅
이 둥글게 되었다."라는 사유방식과 사례는 없다.

(iii) 인식론적 연속성: 자연의 존재는 연속적이지만 자연의 존재 양
상은 불연속으로 보일 수 있다. 즉 자연은 연속적이지만, 자연의

상태는 불연속적인 현상/상태로 나타날 수 있다.

예: 물의 온도가 영하로 내려가면 얼음이 되고 100℃ 이상 올라가면 수증기로 된다. 물, 얼음 그리고 수증기는 각각 불연속적 존재 양상이지만 원래 연속적인 물질이 다르게 표현된 것일 뿐이다.

(iv) 존재론적 연속성: 인간 중심적인 서술 양식으로 자연을 설명할 수 없다. 현재 나의 상태, 우리만의 상태를 기준으로 과거와 미래를 재구성하는 일은 자연적이지 않으며 인위적인 서술이 된다.

예1: "최근에 발생한 대지진 때문에 받는 현재의 고통은 나(우리)의 수많은 과거 업보들이 쌓여서 일어난 결과이다."라는 서술은 자연적이지 않으며 주관적 가치가 개입된 인위적 서술이다.

예2: "600만 년 전 침팬지에서 갈라진 인류의 조상 호미니드에서 호모에렉투스와 오스트랄로피테쿠스를 거쳐 호모하빌리스 그리고 네안데르탈렌시스로 진화하는 과정 자체가 현생 인류 형성이라는 목적을 위해 정해진 방향으로 진화된 것이다."라고 말하는 것은 전형적인 인간중심주의 해석이다. 존재론적 동일성이란 존재의 목적성을 부정한다.

4.3 생물철학을 정의하기

이 책에서 말하는 생물철학은 과학철학의 한 부문이지만 자연철학의 영역이기도 하다. 생물철학을 말하기 위해 먼저 과학철학과 자연철학의 일반적인 차이를 살펴본다. 과학철학은 좁은 의미에서 과학의 작업과 그 성과를 철학적 개념으로 이해하려는 지식체계이며, 넓은 의미에서 과학철학의 방법론을 생물학에 적용하면서 생물학 개념에 대한 존재론적 분석을 하는 지식체계로 볼 수 있다. 한편 자연철학은 자연세계를 바라보는 렌즈로서 우주를 이해하고 인간을 접근하려는 태도로, 특히 현대 자연철학은 자연과학의 성과를 기반으로 철학의 전통 주제들을 풀어보려는 지식체계이다(Godfrey-Smith 2014, 4).

생물철학은 생물철학자 데이비드 스미스의 구분에 따라 생물철학Phiosophy of Biology과 생철학Biophilosophy이라는 개념적 분류로 나눠볼 수 있다. 여기서 생물철학은 자연주의 철학natural Philosophy을 포함하여 기존의 전통 철학 개념을 설명하기 위해 생물학의 성과를 활용하는 지식범주이다. 그리고 생철학은 현대 자연철학Philosophy of Nature을 포함하여 생물학 개념을 철학적으로 해석하는 지식범주이다(리빙스턴-스미스 2020, 27).

한편 그리피스(Paul Griffiths)가 해석한 생물철학은 3가지로 분류될 수 있다. 첫째, 기존 과학철학의 방법론과 논제를 생물학에 적용하는 지식범주이다. 예를 들어 생물학적 법칙이 존재하는지에 대한 의문들 혹은 생물학적 설명의 특징과 의미가 무엇인지를 묻는 질문과 같은 것을 말한다. 둘째, 생물학적 개념에 대한 존재론적 분석을 시도하는 지식범주이다. 예를 들어 종species 개념의 존재가 개체로서 존재하는지, 아니면 자연류kind처럼 독립적 실체로서 존재하는지의 논쟁이나 혹은 종species이 실제로in fact 실재real하는지의 논쟁을 다루는 개념화의 문제들이다. 셋째, 전통 철학의 주제들을 생물학의 도움으로 재해석하는 시도를 하는 지식범주이다. 그리피스는 첫째와 둘째 분류를 데이비드 스미스가 구분한 생물철학에 비교했고, 셋째 분류를 생철학에 비교했다(리빙스턴-스미스 2020; Griffiths 2014).

[표 2-14] 그리피스가 해석한 〈생물철학〉 3분류

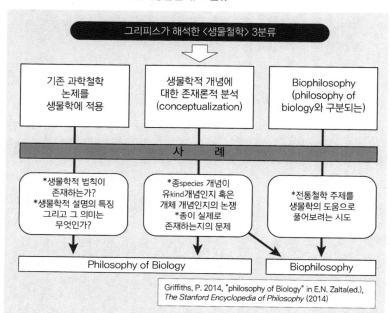

이 책에서 말하는 생물철학은 앞서 정의한 과학철학의 방법론과 자연철학의 철학적 주제를 종합하여 생명과학의 성과를 통해 전통의 철학 개념을 해석하거나 거꾸로 기존의 생물학 개념을 철학적으로 분석하는 학문영역으로 전개할 것이다.

4.4 생물철학 기초론으로서 진화존재론

생물철학에서 그 존재와 인식의 기초론은 다음과 같다. 첫째, 생물학적 존재는 정적이고 불변인 대상이 아니라 운동하고 변화하는 대상이다. 둘째, 그 자체의 논리로 변화와 운동을 관찰해야 하는 자기 내포적 특성을 갖는다. 즉 관찰대상은 운동 중의 유기체이며 동시에 관찰자도 운동 중인 유기체이다. 기존의 존재론은 관찰대상을 정지된 존재로 바꾸는 작업을 통해서 획득되는데, 이 점에서 생물철학의 존재론은 정지의 존재론에서 변화의 존재론으로 그 철학적 질문을 옮겨간다. 정지된 존재가 아니라 변화하는 존재를 탐구할 경우 기존의 형이상학적 존재론의 범주에서 설명할 수 없던 난제들이 해소될 수 있다. 기존 존재론의 중심은 플라톤 철학에 있었고, 플라톤의 존재론은 전통 형이상학을 말하며, 전통 형이상학의 핵심은 정지의 존재론이다. 서구의 철학과 과학 그리고 종교는 정지의 존재론에 그 기반을 가지고 있다. 『과정과 실재』(1929)의 저자인 화이트헤드(Alfred North Whitehead 1861-1947)가 서구 사상사 전반은 플라톤 철학의 주석 혹은 재해석이라고 말할 정도로 정지의 존재론은 서양 철학사에서 절대적인 지위를 갖고 있었다.

생물철학 기초론인 변화의 존재론에서 다루는 현실 존재는 진화의 장구한 시간을 이미 함축하고 있다. 현재 시점의 존재는 정지된 것처럼 보일 수 있지만 실제로는 변화하는 과정의 한 단편적 존재일 뿐이다. 한시도 정지됨 없이 변화하는 생물학적 존재를 이 책에서는 '진화 존재'라고 표현한다. 서구과학은 생물학을 과학 영역에서 다루면서 변화의 진화론적 존재를 잠정적으로 정지의 플라톤적 존재로 바꾸었을 뿐, 생물학적 탐구 대상 자체가 바뀐 것은 아니다. 동영상 녹화촬영을 하려면 운동 상태의 실재를 마치 정지된 이미지 컷들의 가상 집합으로 만들 듯이 말이다.

진화존재론은 주관의 자아와 객관의 자아, 혹은 객관과 주관 사이의 경계가 무엇인지를 묻는 철학적 질문을 제기한다. 주관과 객관 사이의 경계가 모호하다는 점 때문에 오히려 진화존재론의 생물학은 철학과의 만남을 필요로 한다. 생물학은 생물학적 인간을 다루고 철학은 사유하는 인간을 다루지만, 이 두 주체는 궁극적으로 다른 주체일 수 없고 다른 주체이지도 않다. 왜냐하면 사유함의 정체성을 선험적 형이상학에서 찾는 것이 아니라 생물학적 경계조건에서 찾기 때문이다.

생물철학의 존재론은 다음의 문제를 질문하고 그에 답하고자 한다.

(i) 변화의 존재론은 정지의 형이상학을 부정한다. 정지의 존재론에 대한 부정이 아닌 방식, 즉 능동적이고 직접적인 방식으로 변화의 존재론이 무엇인지 답변할 수 있는가?

(ii) 생물학적 변화의 존재를 물리적 대상처럼 이상화idealization시키기 어렵다면, 우리는 변화하는 존재에 대한 인식을 타인과 공유할 수 있는가? 공유할 수 있다면 어떻게 공유 가능한가?

(iii) 변화의 존재론을 설명하는 적합하고 고유한 생물철학의 방법론이 따로 있을 수 있는가?

(iv) 변화의 존재는 장구한 진화론적 시간을 포함하는 통시적 존재라고 했는데, 우리가 마주하는 대상은 현시적 대상일 뿐이다. 현상적인 현시적 대상을 통해서 장구한 시간을 관통하는 통시적 존재를 접근하고 파악할 수 있는가?

생물철학

(v) 질문의 주체인 자아가 질문의 탐구 대상이 되어야 하는 것이 생물철학 난제 중의 하나다. 형식논리 관점에서 이 문제는 자가 당착self contradiction 아니면 동어반복tautology처럼 보일 수 있다. 이 난제에 접근하는 생물학적 논리가 따로 있는가? 아니면 관찰하는 자아와 관찰되는 자아를 분리시켜 생물적 존재를 물리적 존재로 귀속(설명적 환원)시켜야 하는가?

형이상학 기반의 존재론으로 볼 때 철학 일반은 앞에 제기한 질문에 대하여 답변하기가 쉽지 않다는 한계를 갖는다. 생물철학은 이런 철학 일반의 한계를 뛰어넘는 해답을 주는 것solving이 아니라 질문 자체를 바꾸어서 문제의 한계를 전환시킴으로써 문제를 해소dissolving하고자 할 뿐이다. 생물철학에서 말하는 철학이 할 수 있는 일은 다음과 같다. (i) 문제와 문제가 아닌 것을 구분하는 판별력을 세워서 (ii) 정답이 아니라 질문을 중시하는 태도, 즉 질문 자체가 답의 반 이상에 접근한 것이라는 생각의 종합력을 키우는 데 있다.

진정성 있는 문제의식에 집중하기 위해서는 이러한 판별력과 종합력이 중요하다. 문제를 앞에 두고 판별력과 종합력을 추구하는 사람이라면 누구나 철학하는 사람이라고 할 수 있다. 판별력과 종합력, 다른 말로 비판과 반성의 시각을 잃지 않는 사람은 그가 생물학자이든 일반 독자이든 모두 철학자이다. 철학의 지식이 충만한 전문가라도 실제의 비판과 반성의 마음을 상실했다면 더 이상 철학자라고 할 수 없다.

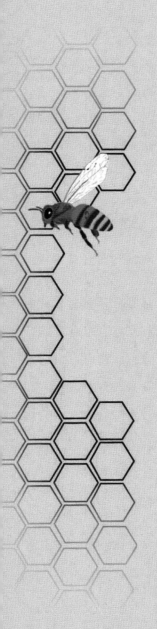

진화론의 역사와
『종의 기원』

제3장

진화론의 역사와 『종의 기원』

우리 인간은 언제부터 옷을 입었을까? 오래된 옷은 화석으로 남을 리도 없으니 어떻게 알 수 있을까? 우리 몸에 붙어 사는 기생충인 이를 통해서 알 수 있다. 인간의 머릿니와 몸니는 다른 종이다. 온몸에 털이 없어지고 머리에만 털이 남게 되면서 인간은 두 가지 변화를 맞게 된다. 하나는 털 없는 몸의 체온을 보전하기 위해 옷을 입기 시작했다는 점이다. 다른 하나는 몸니가 머릿니와 분기되어 서로 다른 종이 되었다는 점이다. 현대 분자생물학의 도움으로 머릿니와 몸니의 유전자 염기서열에서 분기 시점이 107,000년 전이라는 분석결과가 보고된 적이 있다. 우리 의복의 역사도 같은 십만 년으로 추측할 수 있다.

1. 진화이론의 구조

1.1 시간과학으로서 진화론

찰스 다윈 이전 생명을 이해하려는 다양한 자연관이 있었는데, 그중에서 지배적인 흐름은 생기론이었다. 생기론은 생명체가 생명을 유지하는 원천과 방식을 모종의 생명적 힘에 의한 것으로 보았다. 모종의 생명적 힘이란 인간의 언어로 합리적으로 설명될 수 없었다. 아리스토 텔레스는 생명력을 생명 개체 안에 내재한 형상form이 그 형상마다의 고유한 목적에 따라 현실화되는 힘으로 보았다(Peck 1979). 아리스토텔레스에서 생명 형상은 플라톤의 이데아에 버금가는 존재론적 지위를 갖지만, 개체 생명 밖에 존재하는 플라톤의 이데아와 달리 개체 생명 안에 내재되어 있다. 아리스토텔레스의 형상의 존재론은 생명 기원에 답하기 어렵다. 단지 형상의 결과물인 생명 현상이 어떻게 작용하고 기능하는지에 대해서만 대답할 수 있을 뿐이다. 이러한 사유구조가 이후 2,000년에 걸쳐 생명을 이해하고 해석하는 주류의 사조였다.

근대 들어 과학 탐구의 대상과 주체가 분리되면서 물리과학이 발달 했으나 생명에 대한 이해는 여전히 전근대 수준에서 벗어나지 못하고 있었다. 1장에서 다루었듯이 데카르트는 인간 외의 동물 생명을 정신 (영혼)이 부재한 기계 수준으로 간주했다. 신체와 정신을 분리하여, 영혼 없는 신체는 기계와 같은 것으로 생각했다. 동물의 생명이나 사람의 신체를 물리적으로 대상화한 데카르트의 이분법적 심신론은 당대 해부학이나 혈액순환론 발전에 힘입어 생명을 해석하는 과학방법론의 씨앗을 발아하기 시작했다. 생명을 대하는 생기론의 흐름이 당대의 주류였지만 그 속에서 만들어진 데카르트의 기계론은 자연관의 변화 를 예고했다.

생기론과 같은 전근대 자연철학은 1859년 『종의 기원』이 출간되면 서부터 과학의 범주에서 조금씩 사라지게 되었다. 『종의 기원』 출간 당시 다윈의 진화론은 뉴튼 역학 같은 법칙과학의 위상과 달랐다. 진화 생물학은 분명한 과학 범주이기는 했지만 물리과학에 적용되는 가설연역적 방법hypothetico-deductive method을 그대로 사용하기 어려웠기 때문이다. 찰스 다윈은 1831년에서 1836년까지 대서양에서 남미 대륙을 거쳐 태평양과 인도양으로 돌아오는 비글호 탐사를 통해 상당한 분량의 생명의 관찰 자료를 축적했다. 탐사를 마치고 영국에 돌아와 1859년 『종의 기원』을 발표하기 전까지 지인과의 우편통신을 통하여 전 세계의 박물지 자료를 추가로 입수했다. 찰스 다윈이 수집한 방대한 자료를 통하여 진화론 과학을 위한 충분한 증거를 준비했다. 그러나 생명의 경험과학은 가설연역적 물리과학과 달리 원천적으로 검증될 수 없는 몇몇 난제를 안고 있었다. 진화생물학의 이론들은 장구한 생명 역사에 대한 지식이기 때문에 시간을 거슬러 올라가 생명의 장구한 과거사를 검증할 수 없다는 난제였다.

물리학 이론은 연역적 가설을 세우고 현시적 경험 증거, 즉 현재 시간 기준으로 대상의 정적 상태로 측정가능한 경험 증거를 통해 일반 법칙을 귀납 추론하는 이론구조를 가진다. 그러나 진화생물학 이론은 연역적 가설을 정립할 수 없으며, 진화사가 내포된 동적 상태의 관찰자료를 귀납추론으로 일반화해야 하는 경험주의적 난제를 안고 있다. 이런 이유로 초기 진화론은 원천적으로 검증될 수 없는 가설로 간주되기도 했다. 5.5억 년 전 캄브리아기 직전 다양하고 다수의 생명종이 폭발적으로 생성되고 확산되었다는 고생물학적 사실과 600만 년 전 침팬지 종과 오스트랄로피테쿠스 종이 분기되었다는 사실은 화석을 통해서 추론될 수 있었다. 진화생물학은 이러한 화석이라는 역사적 증거에 의존해야 하는 약점을 갖는다. 물론 그 증거 자체의 신뢰도가 보장된다. 오늘날에는 방사선 동위원소 측정장비나 단백질 질량분석장비 혹은 생명정보 분석알고리즘 등 현대화된 첨단 측정 수단을 통해서 진화생물학의 많은 증거들이 실증적으로 확인되고 있다.

　과학은 법칙과학nomothetic science과 역사과학historical science으로 구분된다. 법칙과학에서는 시간 흐름에 관계없이 현재 시점에서 관찰대상의 운동과 구조 상태를 분석하고 그 분석 결과 안에서 일반법칙을 찾아낸다. 특히 수학적 결정론으로 표현가능한 법칙과학은 시간과 무관한 비역사적ahistorical 과학이다. 동역학이나 화학, 기계공학이나 수학 등 대부분의 일반 과학이 여기에 포함된다. 반면 역사과학에서는 과학 탐구의 대상이 되는 귀납적 자료들이 통시적으로, 즉 시간의 흐름에 따라 변화하는 특성을 지닌다. 예를 들어 천문학이나 고생물학, 지질학 등은 법칙과학의 특성과 함께 역사과학의 특성도 가지고 있다. 지구, 태양계, 특정 성운이 탄생한 원인을 밝히려면 과거 우주 탄생 시점의 조건과 상태까지를 추적해야 한다. 실험천문학은 대기 중의 특정 원소나 우주에서 날아오는 특정 파장의 빛을 통해 146억 년 전이라는 과거 시간을 거슬러 추론한다. 이와 비슷하게 진화생물학은 37억 년 전 생명체의 탄생과 또는 5.5억 년 전 선캄브리아기의 발생과정 등을 추론한다. 시간 추적의 역사과학은 그 자체로 시간적 과거를 검증할 수 없다는 원천적인 한계를 가지고 있으므로 연역가설적 법칙주의의 정도가 상대적으로 낮다. 역사과학 혹은 시간성 역사과학은 2장에서 언급한 역사주의 방법론을 취용한다(O'grady and Brooks 1988).

　시간성 역사과학에는 두 가지 양상이 있다. 하나는 천체물리학이나 지구과학처럼 우주적 물리의 시간을 다루는 역사과학이 있다. 다른 하나는 진화생물학처럼 생명의 진화사를 다루는 역사과학이다. 역사

생물철학

[표 3-1] 시간성 역사과학

시간성 역사과학
통시적 자연변화를 관찰하고, 그 안에서 구조 혹은 질서를 찾아 일반화한다.

천체물리학	진화생물학
우주적 시간	생명기원의 시간

약점: (1) 지나간 시간을 다루기 때문에 검증하기에 어렵다. (2) 가설연역적 법칙을 적용하기 어렵다. (3) 경험자료가 부족하다.

과학은 시간 안에서만 존재하는 것이 아니라 무시간적 이론과 만날수 있다. 예를 들어 역사과학으로서 실험천문학은 법칙과학으로서 수학과 만나고, 역사과학으로서 진화생물학은 법칙과학으로서 분자생물학과 만난다. 현대 역사과학은 법칙과학과 통합되고 있다.

찰스 다윈의 진화론은 탐구 대상인 생물과 탐구 주체인 인간을 하나로 묶어서 인간과 동물을 동일한 하나의 생명 체계로 간주했다. 다윈은기존 동물학에서 새로운 생물학으로 다리를 건너는 혁명의 학문을 만든 셈이다. 그 이론 중심에는 공통조상 이론이 있다. 인간과 동물의사이는 공통조상으로 연결되어 있으며, 장구한 시간이 흐르면서 단일한 공통조상으로부터 인간과 동물을 포함한 세상의 모든 생명이 분화되었다는 뜻이다.

다윈의 존재론은 시간 독립적인 형이상학이 아니라 시간 의존적인생명 존재론이다. 생명 존재를 다루는 과학은 물리적 존재를 다루는 과학과 다르다. 자연의 모든 대상은 자연법칙에 따라 운동하고 있기 때문에 그 운동법칙을 찾아내는 일이 물리적 존재를 다루는 물리과학의 과제이다. 운동하는 물체는 자기 질량에 따라 그리고 시간에 따라 변화하지만, 운동법칙 자체는 시간에 독립적이고 영원하며 불변한다는 생각이 바로 서구 과학의 형이상학적 기반이다. 그러한 철학 전통의 초석은 플라톤이 마련했다. 물리과학은 인식론적으로 경험과학이지만 존재론적으로 법칙과학이다. 자연의 보편 질서에 따르는 법칙 존재를 기반하고 있으므로 물리과학을 가설연역적 법칙과학이라고 부른다. 그래서 케플러의 낙하법칙이나 뉴튼의 중력법칙처럼 자연의 운동법칙을 수학으로 표시한 함수에 초기조건 값을 줄 경우 그 결과값을 원리적으로 예측할 수 있어야 한다. 법칙과학에서 말하는 수학 함수는 결국 결정론적 방정식인 셈이다.

그러나 진화론은 결정론적 함수로 표현되지 않는다. 생명 진화의

[표 3-2] 물리과학과 진화생물학

물리과학	진화생물학
시간독립적 일반화의 존재론	시간의존적 생명의 존재론
인식론적으로 경험과학	인식론적으로 경험과학
단일한 인과관계를 찾는 과학	우연성과 복잡성의 인과관계를 찾는 과학
가설연역적 법칙과학	시간과학의 성격
기계론적/결정론적 방정식에 의존	기계론적 설명력의 한계, 그러나 생기론이 아닌 인과론적 과학
탐구객체와 탐구주체의 분리	객체와 주체의 연결(공통조상 이론)

생물철학

세계에서 만약 진화의 전후를 비교하는 함수가 존재한다고 해도, 그 함수에 현재 값을 대입해서 그 결과값을 예측할 수 없다. 시간 독립적 법칙과학과 달리 진화론은 시간 의존적인 생명존재론의 과학이므로 가설연역적 법칙과학이 될 수 없다는 뜻이다. 장구한 생명 진화의 시간을 다룬다는 점에서 현재 시점의 원인 현상과 결과 현상 사이의 관계를 다루는 법칙과학과 다르다.

1.2 진화론 개념의 배후

자연학자이며 분류학자인 뷔퐁(Georges-Louis Leclerc, Comte de Buffon, 1707-1788)이 생각한 자연의 생명종은 그 자체로 완전할 수 없다고 보았다. 완전하다는 뜻은 종이 귀속될 만한 분류의 형태가 이미 존속한다는 의미이다. 거꾸로 불완전하다는 뜻은 어떤 종을 귀속시킬 만한 분류 형태가 완성형이 아니라는 의미이다. 이 점에서 뷔퐁과 린네의 분류에 대한 기준이 다르다. 린네에게 분류는 기존의 완성형 분류표에 모종의 종을 귀속시키는 일이지만, 뷔퐁에게 분류는 항상 새로운 분류표를 만들어가는 과정이 된다(베커 2020, 55). 뷔퐁은 본질주의 분류학자인 린네 분류를 거부하고 분류의 절대적 기준을 부정했다. 종의 기준은 항상 변하고 있다고 하는 뷔퐁 분류법의 사유방식은 나중에 다윈에 영향을 주었다. 이런 사유방식은 본질주의에 대비시켜 유명론nominal-ism; 唯名論의 철학이라고 할 수 있다(라이트 A 2010, 230).

다윈의 공통조상론에서도 뷔퐁은 유의미한 영향을 주었다. 진화론에서 중요한 전제는 지구상의 모든 유기체가 공통의 선조를 갖는다는 점이다. 공통조상 이론은 다윈에 앞서 프랑스 자연철학자인 뷔퐁에게서 찾을 수 있다. 뷔퐁은 말과 당나귀의 조상이 같다는 점에 착안하여 생명계 전반에도 이러한 아이디어가 적용된다고 보았다. 매우 소박한 생각이었지만 이를 생명계 전체에 적용한 것은 자연선택이론을 구체화할 수 있게 한 전환적인 생각이었다. 모든 조상이 하나로 연결된다는 그의 생각은 자연계가 하나의 거대한 연속체라는 주장으로 이어지면서 생물종을 불연속적인 위계질서로 보았던 린네 분류방식을 부정했다. 다윈은 당연히 린네가 아니라 뷔퐁의 생각을 따랐다. 다윈은 다음과 같이 쓰고 있다. "우리가 볼 수 있는 모든 동식물들은 생명체가 처음 숨을 쉬기 시작하면서 어떤 한 종류의 형태로부터 파생되어 나온 것이다."(Darwin 1859, 484) 현재 생물종의 다양성은 단일한 계통수 뿌리로부터 무수히 가지치기 되고 뻗어져 나온 결과물이다. 역사적 진화의 결과는 우연적이지만 그 진화의 작동은 인과적이라는 것이 주요 특징이다.

공통조상론은 다윈 진화론의 가장 중요한 핵심어인데, 공통조상론과 생명기원론의 의미는 다르다. 오늘날 과학적 생명기원론abiogenesis, origin of life은 1952년 밀러(Stanley Miller)의 실험에서 보듯 무기물에서 단순 유기 화합물이 발생되는 자연적 과정natural process을 다룬다. 그 유명한 밀러 실험은 플라스크 안에 메테인, 수소, 암모니아를 채워 넣어 가상의 원시대기를 만들어서 수증기와 번개를 모방한 방전을 가해서 아미노산 등의 유기 분자를 만들어 낸 것이다. 찰스 다윈 역시 최초의 생명체가 탄생한 곳은 암모니아와 인산염 등을 함유한 습지라고 추측했다(조지프 후커에게 보낸 편지 1871). 이런 점에서 이 둘 사이의 사유과정은 매우 유사해 보이지만 실제로 둘 사이의 인과관계는 전혀 없다. 다윈 당시 생명기원론은 오히려 기독교 창조론과 연관되어 있다. 찰스 다윈은 생명의 기원에 대해서 말하는 것이 완전히 무의미하다고 그의 친구 식물학자 조지프 후커(Joseph Dalton Hooker)에게 편지로 보냈다 (Autrum 1984, 113). 이 편지 내용은 생명의 기원을 창조론과 관련하여 나온 뜻이다. 다윈은 공통조상론을 적극적으로 표명했지만 당대 교회의 반감을 사는 생명기원론에 대해서 언급하기를 꺼려했다.

다윈 진화론의 점진주의가 형성되는 배경에는 당대 지질학자인 라이엘이 있다. 라이엘(Charles Lyell, 1797-1875)의 『지질학의 원리』에서 말하는 지질균일설uniformitarianism이 지질학에서뿐만 아니라 생물계에도 적용된다고 생각했다. 라이엘의 실험연구 태도와 방법론 자체가 지구 지질의 변화가 전적으로 점진적 인과성에 의존한다는 사실을 찾는 데 있었다(마이어 1998, 67).

다윈의 점진주의와 라이엘의 지질균일설 사이의 관계를 말하기 위해 먼저 대진화와 소진화의 차이를 구분할 필요가 있다. 대진화는 종 수준 또는 그보다 상위 수준의 분류군에서의 진화이다. 지질학적 대격변 상황에서 가능한 진화이다. 반면 유전학자와 종분화 연구자가 다루는 개체군 현상에서의 진화를 소진화라고 한다. 대진화는 상위 수준 분류군에서 신종 화석기록이 갑자기 나타나는 등 불연속성처럼 보이는 반면에, 소진화는 다윈의 점진론에 근거하여 연속성을 가정하기 때문에 대진화와 구분된다. 찰스 다윈은 라이엘의 지질학으로부터 영향받았지만 다윈의 진화론이 지질학적 대격변의 불연속적 진화를 말한 것은 아니다. 라이엘 지질균일설의 점진론에 영향을 받았기 때문에 다윈의 진화론은 주로 소진화에 관한 내용만을 담고 있다(헐 2008, 426).

2. 라마르크에서 찰스 다윈으로

2.1. 찰스 다윈 이전 라마르크의 진화 개념

진화에서 자연화된 계통수 이론은 오늘날에는 너무나 당연하게 받아들여지고 있지만, 다윈 이전에는 수용 불가능한 생각이었다.『종의 기원』이전 전통 세계관에서 모든 생명체는 창조주의 의도된 설계에 따라 위계적인 질서로 만들어진 '존재의 대사슬Great chain of Being' 혹은 '자연의 사다리Scala Natura'를 위한 부속품으로 다뤄졌다(Ruse 2012). 자연의 사다

[그림 3-1] 존재의 대사슬

리 개념은 아리스토텔레스의『동물사History of Animals』에서 시작되었다. 이 용어는 원래 생명계통수라는 뜻인데 라틴어로 번역되면서 '자연의 사다리'가 되었고 중세에서 16세기에 이르면서 '존재의 대사슬' 개념이 자리 잡았다. 그리고 생명을 위계질서로 상정한 자연의 사다리 개념은 18세기 생물종을 위계질서 개념으로 분류한 린네(Carl von Linné 1707-1778)의『자연의 체계Systema Naturae』(1735) 토대가 되었다(콰멘 2020, 50).

1859년『종의 기원』이 나오기 전에도 라마르크(Jean-Baptiste Lamarck 1744-1829)와 조프르와 생틸레르(Geoffroy Saint-Hilaire, 1772-1844)의 '진화' 개념을 볼 수 있는데, 라마르크나 생틸레르 역시 모든 유기체들이 하나의 단일한 존재사슬a single chain of being 안에서 발생했다는 "단일계통체

unity of composition" 개념을 지지했다(Appel 1987). 그러나 전통적인 '존재의 대사슬' 개념과 라마르크의 '단일한 존재사슬' 개념 사이에는 차이가 있다. '사슬'이라는 점에서 라마르크는 존재의 위계질서 패러다임 계승자이지만 '단일 사슬'이라는 점에서 세계 창조 패러다임과 결별한 것이다. 특히 라마르크 진화사상의 기초는 지구상의 모든 생물체가 초자연적 창조가 아니라 자연적 방법에 의해 발생되었다는 사유구조 위에 있다(최종덕 2020, 254).

생틸레르와 라마르크의 진화사상은 프랑스 혁명의 분위기를 탔었던 19세기 초 프랑스 지식인에게 큰 영향을 주었다(Desmond 1989). 독일에서도 예나대학교 헤켈(Ernst Haeckel, 1834-1919)과 하이델베르크대학교 게겐바우어(Karl Gegenbaur, 1826-1903)는 진화론을 자신들의 동물학과 해부학 수업에 적극적으로 소개하고 도입하려 했다(Nyhart 1995). 비엔나동물연구소Vienna Institute of Zootomy의 브륄(Carl-Bernhard Brühl, 1820-1899)도 교양교육과 과학교육 과정에 진화론 과목을 추가로 개설했다(Buklijas 2012). 물론 브륄이 자신의 의과대학 교육커리큘럼에 진화론을 도입하게 된 배경은 찰스 다윈의 업적과 무관했다. 브륄은 괴테의 <자연(Die Natur)>에 감명받아 진화론을 수용했는데, 브륄의 사례로 미루어 당시 진화론은 과학교육으로 정착되지 못한 것으로 여겨진다(Bishop 2008).

1870년대 영국 캠브리지대학교 밸포어(Francis Maitland Balfour, 1851-1882)는 동물발생학 수업에서 헤켈의 생물유전법칙(biogenetic law)을 도입하여 진화론을 간접적으로 소개했다고 한다. 헤켈의 생물유전법칙이란 개체발생이 계통발생을 반복한다는 반복설을 말하는데, 고등생물종의 태아는 같은 계통에 속하는 하등 동물종의 성체 단계를 거쳐 발생된다는 가설이다. 밸포어는 다윈의 충실한 계승자였지만 동물발생학 교육에서는 다윈의 진화론 대신에 헤켈의 발생학을 도입했다(Blackman 2006). 벨포어의 스승인 포스터 교수는 1872년 자신의 학생이었던 젊은 밸포어와 생리학 교과서 공동작업을 했는데(Rolleston 1932, 87), 포스터는 이 교과서 작업에서 찰스 다윈의 진화론을 매우 긍정적으로 평가했다(Blackman 2007).

이처럼 다양한 관련학자들로부터 진화론 사상이 조금씩 확산되기는 했지만, 그들 모두 라마르크처럼 본격적인 진화론자로 보기 어려웠다. 라마르크만이 다윈에 버금가는 진화학자로서 생명의 역사를 고유한 학문으로 발전시킨 사람으로 평가되고 있다. 이와 관련하여 과학사가 보울러(Peter J. Bowler, 1944-)는 생명의 탄생과 진화를 설명하는 라마르크 생명의 역사를 두 가지 흐름으로 설명했다. 첫째, 생명개체는 후대로 이어지면서 단순성에서 복잡성으로 가는inherently progressive trend 진보 방향의 흐름이다. 『동물철학Philosophie Zoologique』(1809)에서 썼듯이 자연은 모든 종의 동물을 연속적으로 생산하고 가장 덜 완벽하거나 가장 단순한 것부터 시작하여 가장 완벽한 것으로 작업을 끝내면서 점차 그 구조를 복잡하게 만든다고 한다. 라마르크는 진화의 방향을 발전적 점진으로 보았기 때문에 종의 '멸종'이란 실제로 다른 종으로 발전하는 진화라고 한다(이정희 2003).

이렇게 라마르크의 진화론transformisme은 전통적인 목적론 위에서 설정되었다. 처음에 식물학자였던 라마르크는 식물을 분류할 때부터 '불완전' 식물에서 '완전한' 식물로 그리고 최종 계층에 '최고의' 식물로 분류할 정도였다. 이런 변화의 과정이 점진적으로 가능하다고 라마르크는 생각했다(쾀멘 2020, 51). 둘째, 생명은 장구한 시간에 걸친 지구환경 변화에 적응하려는 의지를 생명 개체 스스로 채우려는 노력으로 생명이 진화해 왔다는 것이다. 이 점에서 라마르크의 진화론은 개체의 의지가 진화 압력으로 작용한다고 생각했다. 자연환경에 대응하는 적응과 선택의 진화를 말한 다윈과 이 점에서 차이난다. 다윈 진화론은 적응방식 혹은 생존방식이 피동적이고 수동적인 데 반하여, 라마르크 진화사상에서 생존방식은 상당 부분 생명개체의 적극적인 생존 의지와 개체 자신의 생존 노력에 의존된다(Bowler 2015, 205).

라마르크에서 스스로 생존하려는 노력의 의미는 두 가지이다. 하나는 획득형질 이론이며, 다른 하나는 개체가 노력하면 개선된 형질로 발달하고 노력하지 않으면 거꾸로 도태된다는 용불용설이다. 라마르크 진화사상의 핵심은 모든 생명 개체가 스스로 변화환경에 대하여 획득형질의 유전을 통하여 더 나은in a positive manner 목적지향의 적응을 수행한다는 점에 있다(Bowler 2015, 206). 라마르크 진화론은 환경을 능동적으로 대응하여 새로운 형질을 획득할 수 있다는 획득형질론을 강조한다. 획득형질론은 생명개체의 한 세대에서 획득하여 새롭게 변형된 형질이 다음 세대로 계승되며, 사용하거나 사용하지 않는 빈도수의 차이가 변형형질에 영향을 준다는 점을 말한다.

1809년 라마르크는 자신의 책 『동물철학』을 통해 에라스무스 다윈의 학설을 이어받아 "동물들은 일생동안 자신의 필요에 의해 특정 형질을 발달시키며 이를 자손에게 물려준다"고 했다. 그 사례로서 사육동물의 늘어진 귀를 들었다. 가축의 귀는 대체로 아래로 처져 있는데, 이는 가축들이 포식당할 위험 상황에 노출되지 않아 귀의 근육을 세워 경계

할 필요가 없어서 그렇게 되었다고 한다. 이런 성향이 형질로 남아 후대까지 처진 귀의 형질로 남게 되었다는 것이다. 집오리는 물오리보다 날개 뼈는 가볍고 다리 뼈는 무겁다는 예를 들어 역시 라마르크 특유의 용불용설 설명방식을 서술했다. 현상 수준에서 관찰한 자료에 의존한 라마르크의 의지 이론은 두 가지 근거에서 찰스 다윈에 의해 부정된다. 의지가 없는 식물을 설명할 수 없다는 첫째 근거와 진보로 향하는 '절대적 경향'이라는 것은 자연의 사실과 무관하다는 둘째 근거이다(Darwin 1987, 259; 576; 612). 이후 다윈은 라마르크를 넘어서 전 지구적으로 방대한 관찰자료를 통한 실증분석에 힘입어 과학적 진화론을 형성하였다(한선희 2019).

2.2 바이스만과 마이어에 의해 안정된 다윈 진화론

진화생물학자 크론펠트너는 라마르크의 획득형질 유전이론을 변형진화Transformational Evolution로 키워드를 달았고, 찰스 다윈의 변이와 적응 이론을 변이진화Variational Evolutionsystem로 표현했다(Kronfeldner 2007). 라마르크의 변형진화는 목적론을 유지하는 반면 다윈의 변이진화는 생물학에서 목적론을 퇴출시켰다는 점에서 둘 사이 중요한 차이가 드러난다. "어떤 목적을 위해 특별히 창조된 것처럼 보이는 새로운 유기체가 갑작스럽게 출현한다는 것은 있을 수 없다."(Darwin 1859, 430) 이것은 다윈의 유명한 말이다. 이 점과 관련하여 라마르크와 다윈의 진화론을 종종 혼동하는 경우들이 생겼다. 앞서 말했듯이 다윈 진화론과 다른 라마르크 진화 개념의 핵심은 용불용설로 알려져 있다. 그러나 라마르크의 용불용설과 찰스 다윈의 자연선택설의 개념 차이는 그렇게 중요하지 않다. 실제로 찰스 다윈의 『종의 기원』 제6판에서는 획득형질을 암시하는 내용을 언급하기도 한다.

다윈과 라마르크의 핵심적인 차이는 오히려 철학적 존재론에 있다. 찰스 다윈은 생명의 모든 계통수의 뿌리로 내려갈수록 단일한 계통으로 모아진다고 보았으며, 이를 기반으로 공통조상 이론을 제시했다. 라마르크도 모든 계통수의 시간을 거슬러 올라가면 하나의 공통 조상으로 연결될 수 있다고 생각했으나, 현재 시점에서 각각의 계통수는 서로 독립적이라고 생각했다. 앞서 논의했듯이 아펠은 라마르크의 이런 생각을 "단일계통체unity of composition" 개념으로 설명했다(Appel 1987). 예를 들어 인간의 종에 이르는 계통은 개구리 종의 진화론적 계통과 아예 다르다는 것이며 섞일 수도 없다는 것이 라마르크의 생각이었다. 이런 점 때문에 다윈은 라마르크의 진화설을 수용할 수 없었다. 또한 라마르크는 다윈과 달리 생명 존재의 위계질서를 인정했는데, 이것은 당대에 풍미했던 목적론적 존재론을 라마르크가 인정하고 있었음을 보여준다. 다윈과 라마르크의 결정적인 차이는 목적론을 인정하느냐 아니면 부정하느냐의 차이이다. 라마르크의 진화설은 더 복잡한 질서의 최종형 진화모델을 설정하고 있었다. 다시 말해서 라마르크의 진화설은 '마지막'의 완전한 질서를 추구하는 목적론을 지향한다. 물론 라마르크도 그런 완전 질서에 도달하는 것이 불가능하다는 것을 인정했지만 말이다.

다윈 진화론이 라마르크 이론과 다르다는 사실을 명확히 밝힌 사람은 독일의 진화생물학자 바이스만(Friedrich Leopold August Weismann, 1834-1914)이었다. 바이스만은 기존의 정향진화론이나 라마르크주의를 실험적으로 배격함으로써 다윈의 자연선택론을 확고히 했다. 진화의 경향은 유기체 자체가 갖고 있는 내부 방향성에 따른다는 것이 정향진화론인데, 이는 일종의 목적원인론으로 선형적 발전론으로 해석된다. 정향진화론은 원래 대부분 자연선택론을 대신하려는 의도에서 거론되었다. 바이스만의 진화론은 라마르크의 획득형질 유전의 오류를 결정적으로 보여주었다. 유성생식은 유전적 변이의 원천이며, 자연선택의 대상은 개체라고 본 점은 진화론의 큰 발전이었다. 바이스만은 자신의 독특한 이론으로 모자이크 진화를 거론했다. 생활사에서 서로 다른 단계가 진화 속도를 다르게 한다는 것이며, 표현형의 다른 기관들이 그들 사이의 진화 속도가 다르다는 것이 바이스만 모자이크 진화론의 요점이다. 예를 들어 유충은 성충과는 다른 계열이며 더 빨리 진화한다고 바이스만은 관찰했다. 물론 모자이크 진화에도 불구하고 기관 사이의 상호성이 있기 때문에 무한한 독립적 모자이크를 거부했다. 바이스만은 라마르크 진화론의 오류를 밝혀내는 데 그치지 않고 찰스 다윈 진화론의 허점과 약점을 지적했다. 예를 들어 나중에 다윈도 스스로 인정했듯이 오류로 밝혀진 다윈의 혼합 유전설을 부정하고 입자 유전설을 확고히 했다는 점이다. 바이스만은 자연선택이 아무 제한 없이 이뤄질 것이라는 추론을 넘어서서, 자연선택에도 내부적인 자연적 장애가 존재한다고 밝혔다(Churchill 1985, 107-124; 마이어 1991, 166-169에서 재인용). 오늘날 현대 발생생물학에서 말하는 발생학적 제약constraints이 바로 그것이다. 제약 개념은 6장 발생계 철학에서 논의된다.

바이스만 이후 찰스 다윈의 진화론을 가장 안정적 이론으로 정착시킨 사람은 당연히 마이어(Ernst Walter Mayr, 1904-2005)다. 진화론이라는 과학에 자연사의 시간이라는 역사적 방법론을 도입하여 설명한 것으로 유명하다. 마이어는 다윈의 생각을 분석하고 재종합하였다. 마이어의 진화론을 이해하는 철학적 태도는 다음과 같다. 첫째, 모든 생물은 시간에 따라 변하는데, 그 변화가 진화 그 자체이다. 둘째, 모든 생물은 하나의 공통조상을 갖는다. 셋째, 종의 증가는 종 다양성의 증가이며, 지리적 격리 혹은 돌연변이를 통해 새로운 생명종이 생성된다. 넷째, 지리적 격변 요소 외에 진화적 변화는 점진적이며, 급작스런 변이로 새로운 종이 만들어지지 않는다. 다섯째, 유전적 변이가 먼저 만들어지고 그중에서 적합도 높은 것이 다음 세대로 이어진다는 자연선택론이 중심이다. 여섯째, 진화의 방향은 진보와 다르다. 진보의 방향은 목적적이지만 진화의 방향은 무목적이기 때문이다(마이어 2002, 9장).

진화의 무목적성은 진보의 방향과 다르며 동시에 진화의 '완전성'을 부정한다는 점을 마이어는 강조한다. 다윈의 『종의 기원』에서 이러한 완전함의 표현이 자주 사용된다. "perfect"은 77번, "perfected"는 19번, "perfection"은 27번 사용되었다. 그러나 여기서 말하는 완전하다는 단어는 선택과정이 완전하다는 뜻으로 사용된 것에 지나지 않는다. 『종의 기원』 6장 소제목은 "극단적으로 완벽하고 복잡한 기관"인데, 마이어는 『종의 기원』에 등장하는 완전하다는 단어의 뜻을 진화의 방향이나 경향성으로 인식하는 것과 전혀 다르다고 강조한다. 완전한 목적을 지향하는 진화이론이 혹시 있다면 그런 생각은 라마르크의 오도된 진화론에 지나지 않는다고 한다(마이어 1991, 83).

마이어는 우선 진화론이 마치 점진적으로 보이는 이유를 설명했다. 진화에 이르는 과정에는 두 단계가 있는데, 변이와 선택이다. 변이가 먼저 일어나고 선택과정이 일어난다. 매 세대마다의 변이는 우연적이고 변이 중에서 형질이 선택되는 과정은 원리적으로 인과적이다. 진화의 과정은 점진적이지만 불연속으로 보이는 이유는 진화가 개체군population 수준에서 후손 증식의 크기(빈도)로만 확인될 수 있기 때문이다. 개체군을 이루는 개체 구성원들 사이에서 일어나는 유성생식에 의존하기 때문이다. 진화는 꼭 발전하는 방향이 아니라 순간순간의 기회주의적 반응이며 그래서 예측불가능하다고 마이어는 말한다(마이어 1998, 66).

목적론에 기반한 라마르크의 단일계통체 개념은 기본적으로 진화사라는 시간 흐름에 따른 점진적 목적을 반영하는 적응 변화이다. 반면 찰스 다윈 진화론의 중심은 공간 분리(지역적 격리)에 따른 종 다양성 증가를 기술한다고 마이어는 지적한다. 마이어는 이 차이에 주목하여 시간 흐름을 중시하는 라마르크의 진화사상을 수직적 진화주의, 공간 분리를 중시하는 다윈의 진화론을 수평적 진화주의라고 표현했다. 라마르크의 진화사상은 획득형질론을 강조했으며, 다윈의 진화론은 종 분화에 주된 관심을 두었다는 점이 주요한 차이라고 마이어는 해석했다. 수평진화를 통해 종분화를 설명하는 마이어는 다윈의 분지 개념branching concept을 정교하게 확장했다. 마이어가 만든 개념 중에서 "창시자 원리"는 유명하다. 창시자는 종분화된 분기점 이후 오랜 격리에 따라서 완전히 다른 생물종의 탄생과 그렇게 탄생된 새로운 종의 번성이 시작되는 진화사적 시간을 말한다. 창시자 원리는 종 다양성을 설명하는 데 유리하다는 것이 마이어의 입장이다(Mayr 1942). 종 분화의 내용은 종이 증가하는 이유와 종간 불연속성의 이유 그리고 종 개념이 변화 가능한 분류의 산물일 수밖에 없는 이유를 해명해 준다(마이어 1998, 35).

공통조상론에 근거한 다윈의 자연선택 이론에서 자연선택이란 변

생물철학

이variations의 다양성을 전제로 한다. 다양한 변이들 중에서 어느 것이 더 살아남고 더 번식할 수 있는지가 중요하며, 이것을 변이들 사이의 적합도fitness라고 한다. 적합도가 크면 적응가능성adaptability이 높을 수 있지만 반드시 그렇지는 않다. 즉 적합도는 적응가능성의 필요조건이 지 충분조건은 아니라는 뜻이다. 적응이 곧 번식 확대 결과로 반드시 이어지는 것도 아니다. 적응된 형질들은 반드시 후대에 유전적으로 재현되어야 한다. 정확히 말해서 후대에 지속적으로 재현되는 형질의 변화를 적응이라고 한다. 선택된 형질들이 후대에 지속적으로 발현될 수 있도록 반드시 후손으로 유전되어야 한다는 뜻이다. 여기서 마이어 는 선택 개념의 차이를 지적한다. 외형적 대상에 대한 선택slection of과 후손증식에 맞춰진 선택selection for을 구분했다. 외형에 대한 선택에서 선택 대상은 개체 수준일 뿐이며 보이지 않는 유전자는 아니다. 한편 "~을 위한 선택"의 뜻은 후손증식에 맞춰진 유전자 차원의 선택이다 (마이어 1991, 118).

진화론은 생물학의 핵심이다. 도브잔스키(Theodosius Dobzhansky, 1900-1975)는 생물학에서 진화론의 의미를 다음과 같이 강조했다. "생물학에 서 진화를 말하지 않고는 그 어느 것도 의미가 없다."(Dobzhansky 1973, 125) 진화론의 핵심 개념은 '공통조상common ancestor'과 '자연선택natural selection'이다. 이 기본개념으로부터 고생물학이나 동식물학, 발생학이 나 면역학 나아가 유전학이나 단백질학과 같은 분자생물학에 이르는 현대 생물학 전반에 걸친 연구가 가능해진다. 진화론을 세상에 내놓은 찰스 다윈에서 모든 생명체는 동일한 기원을 가지며 그 최초의 생명체 로부터 오늘에 이르는 모든 유기체들이 분화되었다고 했다. 다윈은 현재의 모든 종이 과거의 종들과 생물학적 계통으로 연결되어 있음을 보여줌으로써 역사적 흔적을 통해 과거의 생명 기원과 현재의 종 다양성을 보여 주었다(Lewontin 1970).

[표 3-3] 진화론의 핵심개념

진화 이론	(공통조상 이론) 생명의 기원은 공통의 동일 조상에 있으며, 동일 조상으로부터 나무가 가지치기하듯 갈라져 모든 생물종이 형성되었다.
	(자연선택 이론) 자연선택의 진화란 환경에 의해 주어진 변이 가운데 상대적 적합도의 차이에 따라 적응된 형질들의 유전을 말한다.

찰스 다윈은 위계와 계층을 상징하는 대사슬이나 사다리라는 형이상학적 상징을 버리고 '가지치기하며 뻗어가는 나무'로서 생명의 흐름을 표현했다(랠런드 2014, 66). 찰스 다윈이 제시한 진화론은 그때까지 유럽 사회에 팽배했던 신학적 배경과 전혀 달랐고, 생명철학을 지배해 왔던 기존의 생기론 전통과도 결별한 새로운 과학이었다. 데카르트의 기계론적 생명관이나 뉴튼의 동역학적 기계론과도 전혀 달랐다. 심지어 당대 일부 신진 과학자들에 의해 형성된 라마르크 방식의 진화론적 사유와도 달랐다. 찰스 다윈의 진화론은 당시 자연학적 믿음과 완전히 다른 혁신의 철학적 존재론을 내포하고 있었다. 이런 혁신의 생물학은 찰스 다윈의 『종의 기원』(1859)을 통해 세상에 알려졌다. 바이스만과 마이어 이전 현대 진화생물학 기원인 『종의 기원』으로 거슬러 들어가 보자.

2.3 『종의 기원』 읽기

찰스 다윈의 『종의 기원』은 뉴튼의 『프린키피아』(1687)와 함께 근대과학 최고의 고전이며, 지금까지도 현대 생물학에 실질적인 영향력을 미치고 있다. 『종의 기원』에는 현대 분자유전학을 제외한 대부분의 생물학 아이디어들이 이미 포함되어 있다고 해도 과언이 아니다. 진화론의 진정한 의미는 생물종이 불변이라는 기존의 본질주의 종 개념을 무너뜨렸다는 데 있다. 다윈은 비슷한 시기의 휴얼과 린네를 잘 알고 있었다. 린네는 이미 잘 알려진 본질주의 생물분류학자다. 이 두 사람을 포함하여 당시 사람들은 모든 생물종이 창조주에 의해 탄생했고 시간과 무관하게 변화하지 않는 본질을 갖고 있다고 믿었다. 다윈 자신도 1831년 지구 한 바퀴를 탐사한 비글호를 탈 때까지 종의 불변성을 굳게 믿고 있었으니 말이다. 당대 최고의 천체 물리학자이며 자연철학자인 휴얼 역시 생물종이 불변의 창조물이라고 주장했다. 휴얼은 노년에 이르러서도 생물종이 변한다는 다윈의 입장을 부정하면서, 생물종은 자연종natural class이며, 종의 특정한 속성properties과 구조structures들의 연합체에 지나지 않는다고 했다(Wilkins 2009, 101).

다윈은 전통으로부터 탈피하여 시대적 관념에 도전한 용기 있는 지식인이었다. 그는 5년간의 비글호 탐험과 세계 각지의 지인들과의 서신 교환을 통해 방대한 자연사 자료를 수집했다. 다윈의 편지는 알려진 것만 해도 14,000여 통이 넘을 정도라고 한다. 다윈의 공통조상 이론과 종 분화 이론은 그의 풍부한 경험 자료와 자료에 대한 엄밀한 분석과 추론을 바탕으로 탄생될 수 있었다. 결국 찰스 다윈은 생물종이 불변의 본질이 아니라 변화가능하며 종과 종 사이는 고정된 장벽이 아니라 유동적이라고 결론 내렸다. 2천 년 이상을 지배해온 생물학의 교조, 즉 영원히 변화하지 않는다는 본질론적 생물종 개념이 무너지게 되었다. 『종의 기원』개정 5판 헉슬리의 서문에서 보듯이 『종의 기원』의 가장 중요한 철학적 의미는 '변화'의 존재론이다. 그때까지 실체와 본질의 키워드를 다루던 서구철학의 존재론에서 최초로 벗어난 혁명적 사유체계였다.

『종의 기원』은 다음과 같은 내용과 논리로 구성되어 있다.

① 성체가 되지 못한 개체들을 포함하여 개체마다 생존 여부를 나누는 적자생존의 자연적 이유가 있다.

② 생존하여 후손을 증식시킬 수 있는 요인에는 자연환경에 의한 우연적 요소도 있을 수 있지만, 다양한 변이를 가지는 개별 유기체들 중 누가 환경에 더 적합한가(적합도)에 주로 의존한다. 여러 변이들 중에서 어느 것이 선택되는지에 관한 자연의 인과메커니즘이 있지만 복잡해서 쉽게 알 수 없다.

③ 선택된 변이 형질을 가지고 있는 개체가 다른 개체보다 더 많은 후손을 증식할 수 있다는 선택의 의미는 변이 형질이 유전적으로 계승된다는 것이다. 마찬가지로 개체군이 소멸되거나 더 크게 번식할 수 있다.

④ 모든 생물종은 이전의 다른 종에서부터 변형되거나 갈라져 나온 후손이다. 즉 진화의 시간을 거꾸로 추적하면 모든 생물종은 하나의 조상을 갖는다.

⑤ 모든 생물은 끊임없이 번식하지만, 번식을 억제하는 환경도 항상 있다.

생물철학

『종의 기원』에서 사용된 논증 방법은 다음과 같다(Darwin 1859, 71).
① 당시 종 개량을 시도하는 육종가들이 많았는데, 그들의 인공선택 방법론을 자연 유기체 변화에 적용시켰다.
② 자연선택은 인위선택과 달리 의도된 방향으로 생명개체를 변화시키지 못한다.
③ 자연환경에 적응하는 방식은 매우 다층적이며 복잡한 관계이다. 개체들 사이에서도 그렇지만, 생물종들은 서로 다른 생물종에 상호관계되어 작용하고 번식한다.

다윈은 현대과학의 유전자 개념을 알지 못했기 때문에 두 가지 이론적 오류를 범했다. 첫째 오류는 제뮬gemmule 이론이다. 생명 세포 안에 제뮬이라는 작은 입자가 존재하여 후손에게 제뮬이 전달됨으로써 형질 유전을 설명했다. 제뮬 이론은 오늘날의 유전자 개념에 비슷하게 근접한 것이었으나, 체세포와 생식세포를 구분하지 못함에 따른 잘못된 오류였다. 둘째 오류는 유전자에 해당하는 제뮬이 잉크 물감이 섞이듯 서로 섞인 것을 혼합 제뮬이라고 하며, 이런 혼합 제뮬이 후대로 유전된다는 생각이었다. 다윈이 멘델을 알았다면 아마 이런 오류를 범하지 않았을 것이다. 피셔(Ronald Aylmer Fisher, 1890-1962)는 제뮬처럼 연속적으로 섞이는 유전방식을 혼합유전blending inheritance이라고 불렀으며, 멘델의 유전방식, 즉 유전정보를 담은 서로 섞이지 않는 독립된 입자들이 그들의 비율에 따라 유전되는 방식을 입자유전particulate inheritance이라고 불렀다(Fisher 1930, Chap.1).

멘델은 입자유전이라는 획기적인 아이디어를 완두콩 교배 실험으

로 구현했지만, 진화의 동력을 선택이 아닌 돌연변이라고 주장하여
진화론의 핵심 명제에서 벗어나 있었다. 다시 말하지만, 다윈의 선택이
론에서는 작은 변이들이 먼저 생긴 이후 그 작은 변이들 가운데 선택
여지가 있는 상태에서 그중에 선택된 것이 유전적으로 계승된다. 반면
돌연변이 이론에서는 작은 변이와 큰 변이를 구분하지 못한 상태에서
새로운 종의 출현을 단순 변이체의 출현으로 본다. 이 점에서 멘델의
변이이론과 다윈 진화론은 차이가 있다. 점진적이고 연속적인 진화에
몰입한 다윈은 (당시의 의미로서) 유전자도 연속적인 존재여야 한다고
생각했고, 그런 존재를 가정하여 결국 제뮬이라는 상상물을 낳았다.
불연속적 유전 단위의 수학적 조합으로 후손의 형질을 확인한 멘델은
자연스럽게 유전자가 입자 성격을 지닐 것이라고 판단할 수 있었다.
그런 불연속적인 입자에 대한 멘델의 생각은 불연속적 돌연변이를 진
화의 동력으로 생각하게 된 오류를 낳았다.

[표 3-4] 다윈과 멘델의 유전이론 차이

다윈 연속성의 사유		멘델 불연속성의 사유	
연속적 혼합유전	진화의 점진적 연속성	불연속적 입자유전	불연속적 진화
제뮬 이론	선택이론	멘델의 유전법칙	돌연변이 이론
↓	↓	↓	↓
오류	획기적인 아이디어	획기적인 아이디어	오류

생물철학

3. 20세기 진화생물학

3.1 현대 진화종합설 이후

찰스 다윈 진화론은 연속 진화만이 아니라 불연속 진화도 중시했다. 그러나 다윈이 말하는 불연속 진화는 멘델의 불연속성과 다르다. 다윈의 불연속성은 지리적 격리 때문에 생길 수 있는 생물종의 분기를 말한다. 장구한 시간에 걸쳐 지리적 격리에 의한 생물종 분화는 기존의 생물종과 연속적이면서도 동시에 불연속성으로 간주될 수 있다. 한편 멘델의 불연속성은 유전입자의 돌연적 생성을 의미한다. 찰스 다윈의 이러한 모호한 점은 1930년대 이후 소위 진화의 현대적 종합설이 등장하면서 해소되었다. 현대적 종합 혹은 현대 진화종합설이라는 용어는 소렐 헉슬리(Julian Sorell Huxley, 1887-1975)의 1942년 작품 『진화: 현대적 종합Evolution: the Modern Synthesis』에서 유래했는데, 진화론과 집단유전학을 연결하려는 그 이전의 기존 연구들도 현대적 종합이라고 통상 부른다.

피셔는 다윈의 진화론을 현대 진화종합설로 발전시키는 데 큰 기여를 했다. 현대 진화종합설modern synthesis은 다윈의 진화론과 멘델의 유전법칙을 종합하는 데에서 시작하여 집단유전학과 분자유전학의 종합을 시도하는 이론으로 발전했다. 피셔의 업적은 다윈의 연속성의 사유와 멘델의 불연속성의 사유를 통합한 데 있다. 피셔는 멘델의 이론이 자연선택이론과 수학적으로 일치한다는 것을 입증함으로써 다윈과 현대 유전이론을 연결시켰다. 제뮬 이론의 오류가 제거되고 동시에 불연속성의 사유인 돌연변이 이론의 오류가 제거된 20세기 현대 진화종합설의 성취는 피셔로부터 이루어진 셈이다. 예를 들어 유전자 간 혼합유전Blending Inheritance과 입자유전Particulate Inheritance을 구분했다. 입자유전의 대표자로 멘델을 사례로 들어서 입자유전은 돌연변이로서 진화의 동인임을 밝혔다. 피셔는 이런 멘델의 입자유전이론은 자연선택이론과 수학적으로 합치한다는 점을 입증했다. 그래서 피셔 입장은 다윈주의와 유전이론을 합치한 것으로 유명하고, 이로부터 진화종합설은 발전한다(Fisher 1930, Chap.3-4).

현대 진화종합설의 또 다른 기여자는 홀데인(John Burdon Sanderson Haldane 1892-1964)과 라이트(Sewall Green Wright, 1889-1988)이다. 라이트는 이동균형이론shifting-balance theory으로 개체군 일부에서 유전자 무작위표류random drift로 인한 소집단의 분지 현상이 자주 일어난다는 것을 수학적으로 밝혔는데, 그럼에도 불구하고 종의 분화가 일어나지 않는 유전자군 특징을 말했다. 라이트의 유전학 기반의 새로운 진화론 해석이 찰스 다윈의 전통 진화론과 다르다는 입장과 그 확장이라는 입장, 양쪽의 논쟁으로 이어갔다. 어쨌든 현대 진화종합설의 중요한 의미는 기존 진화론에 유전학적 해석을 시도했다는 점이다. 이후 진화론은 분자생물학의 주요 연구방법론으로 재해석되었다(Crow 1990).

3.2 진화론의 사회적 반향

'불변'과 '본질'이라는 키워드가 지배하던 형이상학적 존재론의 시대 풍토에서 '변화'를 인정하는 다윈의 진화론은 사회적으로도 많은 오해와 격론에 부딪쳤다. 그 사회적 반향은 다음과 같이 요약된다.

① 진화론이 군비경쟁과 같은 자유경쟁 논리를 부추겼다는 오해
② 진화론이 약한 의미로는 사회생물학 또는 강한 의미로는 우생학 등의 생물학적 결정론을 유발한 원천이라는 오해
③ 라마르크의 용불용설을 진화론의 자연선택으로 오해(대표적인 사례로 기린의 목이 긴 이유는 높은 나무에 달린 열매를 따 먹기 위하여 노력하다보니 자연스럽게 목이 길어졌다는 오해)
④ 문명적 진보관이 강한 빅토리아 시대의 목적론적 사유 풍토와 진화론을 혼동하여 진화를 곧 진보로 해석한 오해
⑤ 진화론의 공통조상론을 잘못 이해하여 마치 원숭이가 인간의 직계 조상이라고 말하는 당대 교회의 오해(Smith and Sullivan 2007)

1970년대 이후에도 미국을 중심으로 진화론과 창조과학의 논쟁이 끊이지 않았다. 최근에는 지적설계론intelligent design theory이라는 이름으로 과학처럼 보이는 창조론 이념으로 진화론을 비난하고 있다. 종교적 신념이 과학적 사실을 통제하려 한다는 점은 오늘날에도 여전하다. 이제는 더 이상 그런 소모적인 논쟁이 불필요하다. 창조론과 진화론은 상호 모순적일 필요조차 없기 때문이다. 예를 들어 과학자로서 곤충계통학을 연구하는 학문적 작업과 동시에 기독교인으로서 창조론을 믿는 종교적 신앙 사이에 모순된 충돌이 있을 필요가 없다는 점이다. 과학으로서 진화론을 부정하려면 지금의 첨단 유전공학들도 모조리 부정해야 한다. 진화론을 과학으로, 창조론을 종교로, 각자의 자리로 되돌려 보낸다면 이런 무의미한 논쟁은 자동적으로 없어진다.

19세기 말에서 20세기 초 당시 자본가들은 다윈의 생존경쟁의 논리

를 약육강식의 논리로 해석했다. 특히 스펜서(Herbert Spencer, 1820-1903)에 의해 진화론이 미국에 소개되면서 자본의 논리를 옹호하는 이념으로 오용되기도 했다. 미국의 철강산업 기업가로 잘 알려진 카네기(Andrew Carnegie, 1835-1919)는 스펜서의 지지를 받아 다음과 같이 말한 적이 있다.

"우리는 커다란 불평등을 받아들이고 환영하지 않으면 안 된다. 다시 말해 소수가 장악하는 사업, 산업과 상업의 집중, 그리고 이들 간의 경쟁규칙들이 미래의 인류 발전에 도움이 될 뿐만 아니라 필수적임을 받아들여야 한다. 그 이유는 오직 자본주의만이 적자생존을 보장하기 때문이다."(레이첼즈 2007, 399)

사회주의 진영에서도 다윈을 칭송했던 점도 흥미롭다. 펜실베이니아 대학교 식물학 교수였던 저클(Conway Zirkle, 1895-1972)은 마르크스(Karl Marx, 1818-1883)가 다윈에 대해 다음과 같이 말했다고 쓰고 있다. "다윈의 저서는 매우 중요하며, 자연 선택 개념은 계급투쟁의 역사를 매우 훌륭하게 설명해 준다."(Zirkle 1959, 86) 마르크스가 다윈에게 자본론을 헌정하려고 했다고 알려지기도 했으나, 이것은 사실이 아니라고 밝혀졌다. 실제로는 마르크스의 처남 에이블링이 다윈에게 마르크스 몰래 헌정 의사를 타진했으나, 다윈이 이를 거절했다고 한다. 그렇지만 마르크스가 다윈의 진화론을 중요하게 생각했다는 점은 분명한 사실이다. 마르크스 묘지에서 행한 연설에서 엥겔스(Friedrich Engels, 1820-1895)는 다윈을 마르크스에 비견할 만한 인물로 칭송했다. 엥겔스는 다윈이 발견한 자연의 유기적 발전법칙이 마르크스의 사회 발전법칙에 비견된다고 했다(싱어 2007, 41). 그러나 엥겔스는 다윈의 진화론을 라마르크 방식으로 잘못 이해했었다.

다윈 이후 사회주의 진영은 진화론을 공존의 논리를 옹호하는 이념으로 해석하기도 했다. 크로포트킨(Pyotr A, Kropotkin, 1842-1921)은 진화론을 무정부주의에 연결시켰다. 크로포트킨에 따르면 정부 없이도 성공적으로 상호부조할 수 있는 사회구성체가 가능하다고 하는데, 상호부조는 인간의 진화론적 본성이기 때문이라고 했다(Kropotkin 1902). 그래서인지 크로포트킨은 스펜서의 전문용어인 "생존투쟁" 대신에 "불리한 상황을 극복하려는 투쟁a struggle against adverse circumstances"으로 바꾸어 표현했다(Hodgson 2004, 433).

이 밖에도 진화론에 대한 다양한 오해가 있었다. 개체의 의지가 형질의 유전적 변화를 가져올 수 있다는 이상한 해석도 있었으며, 자연선택을 더 발전적인 방향으로 나아가는 목적지향의 개념으로 해석하는 경우도 많다. 진화는 목적론과 전적으로 무관하다. 생명은 그 이전 생명보다 더 개선된 것일 수 있으나, 어떤 목적을 향해 진화한 것은 아니다. 이러한 내용들은 진화론 철학에서 중요한 부분들이기 때문에 12장에서 더 상세히 다룰 것이다.

『종의 기원』이 커다란 학술적 가치를 가지는 중요한 이유는 출간 이후 진화론을 비판하던 논점들이 『종의 기원』 안에서 이미 빠짐없이 다루어졌기 때문이다. 마치 다윈이 후대의 그런 오해와 비판을 예견하고 쓴 것처럼 보일 정도이다. 『종의 기원』 중 「자연선택 이론의 난제 Difficulties of the Theory」라는 제목의 6장과 「자연선택 이론에 대한 여러

반론들Miscellaneous Objections to the Theory of Natural Selection」이라는 제목의
7장은 창조론자들이 주장하는 것이 원천적으로 오류라는 사실을 미리
설명해 놓은 것 같다. 1980년대 이후 창조론을 보다 정교하게 다듬은
지적설계론은 완벽에 가까운 생명체를 자연이 스스로 만들었다고 볼
수 없으며, 이를 자연선택이 설명할 수 없다고 진화론을 부정했다. 지적
설계론은 종 간 과도기 형태의 화석을 찾을 수 없는 것을 진화론을 부정
하는 증거로 제시하지만, 이런 비난들조차 다윈이 『종의 기원』 6장과
7장에서 제시한 논의 구조를 그대로 따라서 한 것에 지나지 않는다.
군비경쟁 논리나 우생학, 자기 입맛에 맞게 진화론을 해석한 논점들에
대해서도 역시 7장에 그 답이 서술되어 있다. 또한 3장에서는 현대 생태
학의 기본 체계를 다루었으며, 1장, 2장과 14장에서는 형태학과 발생학
을 다루어 현대적인 의미의 진화발생생물학Evolutionary Developmental
Biology의 아이디어를 제시하고 있다.

다윈은 이렇게 예상되는 비판과 해석 그리고 선도적인 이론들을
『종의 기원』에 서술했다. 『종의 기원』은 미래의 지식으로 이어지는
시대적 교량 역할까지 했다. 다윈은 『종의 기원』이 완결된 작품으로
인정받기를 거부했다. 『종의 기원』 서문에서 진화론의 핵심인 자연선
택이 생명 변화의 유일한 설명은 아니라고 말했을 정도이다. 다윈은
자신의 진화론을 항상 열려 있는 이론체계로 보았다는 뜻이다. 과학철
학자 칼 포퍼는 과학과 비과학을 구획하는 기준으로 "반증가능성"을
들었는데, 반증될 가능성을 부정하는 지식체계는 과학이 될 수 없다는
점이다. 예를 들어 한 이론이나 가설이 틀릴 수 없이 완전하다고 주장하
거나 신에 의해 보장되어 절대적이라고 주장한다면 이미 그 이론은

과학이 아닌 비과학이다. 이런 점에서 다윈의 진화론은 그 내부 이론체계에서 과학 체계의 범례이다.

다윈 진화론의 철학적 사유를 요약하면 다음과 같다. 첫째, 생물종의 변화는 잠재적으로나 현실적으로 그리고 언제 어디에서나 가능하다. 진화의 철학은 선험적 형이상학과 본질주의 존재론을 필요로 하지 않는다. 둘째, 진화는 종의 분화를 설명하는 이론으로서, 종의 생성과 멸종은 절대자로부터 주어진 것이 아니라 자연 스스로 그리고 저절로 이루어진다.

진화론에 대한 여러 비판의 중심에는 과거의 생명 현상을 검증하기 어렵다는 데 있다. 예를 들어 종분화 이론을 화석을 통해 모두 입증하기 어렵다. 종의 분화가 일어났던 과거로 되돌아갈 수도 없다. 그러나 자연의 생명체에는 여전히 과거의 모습대로 남아 있는 표현형들이 존재한다. 계통수 분기에 따른 새로운 종의 탄생과 절멸에 관한 고생물학적 연구와 첨단 분자생물학적 연구가 종합됨으로써 많은 문제들이 해결되었다. 과거의 존재는 현재의 존재 속에 흔적을 남겼다. 생물종을 이해하기 위해서 그 흔적을 수집하고 그것을 논리적으로 추론하는 철학적 사유는 매우 중요하다.

이런 철학적 사유를 기반으로 다윈은 『종의 기원』을 서술하면서 다음과 같은 구체적 추론방법을 취했다. 먼저 '자연선택' 개념은 당시 유행했던 품종개량의 육종법의 논리에서 아이디어를 얻었다. 그런 육종논리를 인공선택이라고 한다면 그런 인공선택을 추론하여 자연 속의 자연선택의 논리에 도달할 수 있었다. 자연선택이론은 인공선택의 유비 추론의 도움을 받았지만, 자연선택은 인공선택과 달리 의도된 생물종을 만들어낼 수 없다는 점을 찰스 다윈은 항상 강조했다. 나아가 자연에 적응하는 환경은 다층적이며 복잡한 관계를 내재한다. 그래서 환경이 개체에 작용하는 방식도 상관적이며 복잡하다(Darwin 1859, 71).

이상을 정리하여 마이어는 다윈의 진화론을 다음과 같이 요약했다 (마이어 1998, 57).

① 시간적 존재: 모든 생물은 시간에 따라 변화하는 시간적 존재이다.
② 공통조상 이론: 모든 생물은 하나의 공통 조상 생명체에서 유래 했다.
③ 변이와 다양성: 지리적 격리 또는 변이의 누적을 통해 종이 다양 하게 생성되면서 증가한다.
④ 자연선택: 표현형 차원의 변이가 먼저 생성되고, 이 변이체들 중에서 후손증식에 상대적으로 적합도 높은 개체의 유전자가 선택되어 다음 세대로 이어진다.
⑤ 단계적 점진주의: 진화적 변화는 점진적이며 급작스런 변이로 새로운 종이 만들어지지 않는다. 진화의 자연선택 결과는 우연적 이지만 선택과정의 미시 메커니즘은 인과적이며 점진적이다.

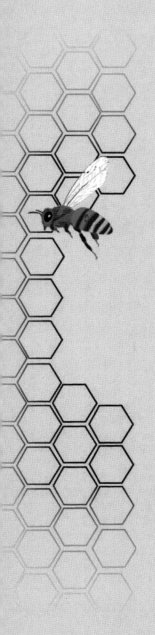

제4장

적응과 선택

제4장
적응과 선택

과학철학자 칼 포퍼가 잘 설명했듯이, 과학과 비과학을 가르는 구획은 자기 이론의 반증가능성을 인정하는지에 달렸다. 경험적 검증가능성을 과학의 기준으로 삼던 기존의 실증주의와 다르게 반증가능성의 조건은 자기 이론이 혹시 나중에라도 반증될 수 있음을 스스로 인정할 때에만 비로소 과학의 지위를 가질 수 있다는 뜻이다. 어느 이론을 모순없고 완전하다는 절대 주장을 고집하는 태도는 실제로 과학적이지도 못할뿐더러, 그런 이론은 과학으로서 위상을 가질 수 없고 도그마에 지나지 않게 된다. 과학은 닫힌 교리나 규범화된 이념이 아니라 자신의 오류가능성을 인정할 수 있는 열린 논쟁의 소통이기 때문이다.

1. 진화의 기초 개념

1.1 자연선택

생물철학자 대니얼 데닛은 자연선택의 진화론을 다음처럼 흥미롭게 표현했다. 찰스 다윈의 자연선택의 진화개념은 만능용매universal acid 같아서 전통 개념들을 깡그리 녹여버리고 그 대신 혁명적 세계관을 남겨 놓았다(Dennett 1995, 63). 전통 관념이었던 변이, 번식, 대물림 등의 일상적인 현상들을 찰스 다윈은 '자연선택'이라는 혁명의 원리로 설명할 수 있었다. 다윈의 『종의 기원』에서 자연선택을 설명하는 많은 내용들 중 가장 짧게 압축된 문장을 원문 그대로 따왔다(다윈 1859/장대익 번역본 2019, 118).

"어떤 개체에 변이가 일어난 경우, 그것이 얼마나 사소하든 그리고 어떻게 생겨난 것이든 간에, 생존투쟁에 힘입어 그 개체가 그 종의 다른 개체들이나 외부 자연과 복잡한 관계를 맺는 데 조금이라도 더 유리하게 되었다고 해보자. 이때 변이가 일어난 그 개체는 보존되는 경향이 있을 터이고, 일반적으로 그 변이는 자손에게 대물림될 것이다. 따라서 그 자손 또한 생존의 기회를 더 많이 가질 것이다. 왜냐하면 한 종 내에서 주기적으로 태어나는 많은 개체들 가운데 오직 소수만이 살아남을 수 있기 때문이다. 각각의 사소한 변이가 유용한 경우에 보존되는 원리, 나는 이것을 인간의 선택능력과 대비해 자연선택이라고 부르기로 했다."

찰스 다윈이 종의 기원에서 자연선택의 진화 개념을 내놓기까지 진행된 추론과정을 진화생물학자 에른스트 마이어는 다음과 같이 재정리했다(Mayr 1982). 충분한 관찰자료를 수집했으며 그 자료들이 서로 간에 만족할 만한 연관성이 있는지 검토한 후에 중간 귀납추론을 추출한다. 마지막으로 결론을 유도한다. 마이어는 다윈의 관찰자료로서 집단 개체수의 증가폭이 크다는 점, 개체수가 증가하다가 어느 시점에서 비교적 안정상태를 유지할 것이며 집단이 처한 환경의 자원은 한정되어 있다는 생태적 조건, 그리고 집단의 개체 하나하나는 서로 같지 않으며

그러한 다양한 형질들이 후손에게 잠재적으로 유전된다는 후손유전의
조건을 고려했다. 이런 조건을 바탕으로 생물 개체와 집단의 보전 상태
를 설명하려 했다. 자원이 한정되어 있다는 조건에서 모든 후손의 생존
성공도와 번식 성공도의 차이가 생긴다. 개체마다 다른 변이의 차이로
인해 그 생존율과 번식도가 다르다는 뜻이다. 관찰자료에 근거한 추론
으로 자연선택 개념을 도출하면서, 형질마다 후손에 유전되는 정도나
개체군 안에서 다음 세대로 계승되는 비율이 다르며, 개체마다 다른
생존과 번식의 차이가 있음을 보여주었다.

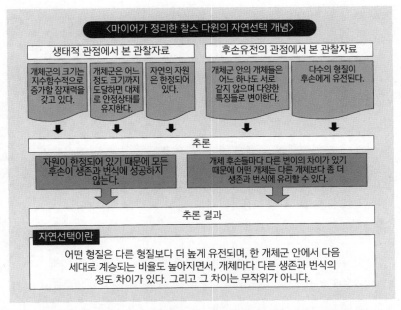

[그림 4-1] 마이어가 정리한 찰스 다윈의 자연선택 개념(Gregory 2009 표 참조)

수많은 다양한 생명체들은 장구한 시간에 걸친 변이들 가운데 환경에 적응한 소산물이며, 이런 결과를 낳게 한 생물학적 기제는 자연선택이다. 자연선택은 다양하게 정의되는데, 브랜든(Robert N. Brandon)은 다음과 같이 정의했다. "동일한 환경임에도 불구하고 생명 개체들은 그 환경에 적응하는 정도가 서로 다르며, 그 적응 정도에 따라 후손 증식의 차이가 생기는데. 그 차이를 수용한 개체들이 진화에 유리해지는 과정을 자연선택이라고 한다." 이 정의에서 진화 과정은 개별 개체수준에서 볼 때 인과적이다. 높은 적응능력이 원인이고 더 성공적인 증식은 결과이다. 그리고 복잡하지만 그런 인과관계가 생명진화에 존재한다(Brandon 1988, 54). 특히 선택은 선택 개체의 독립적인 작용이 아니라 개체와 환경 사이의 상호작용의 결과라는 사실이 중요하다. 브흐바(Elisabeth S. Vrba)에 의하면 여기서 "선택이란 유전형질 혹은 개체형질들 사이의 변이와 환경 사이의 창발적인 상호작용으로서, 그 결과는 생명개체마다 조금씩 다른 출생률이나 사망률에 차이를 일으키게 된다"(Vrba 1984, 319).

　여기서 자연선택의 의미를 재분석할 필요가 있다. 자연선택의 의미를 자손증식의 성공여부에 국한하고 있다는 점, 자연선택이 어느 수준에서 일어나는지, 그리고 진화의 인과성이 물리적 인과성과 같은 것인지를 고려해야 한다. 또한 적응력이 성공도 높은 번식력의 충분조건인지 아니면 필요조건인지 검토해야 한다. 오로지 적응만이 자연선택의 기제인가라는 질문도 필요하다는 뜻이다. 예를 들어 인간의 턱이 커진 것은 큰 턱이 선택된 것이 아니라 치아구조를 유지한 채 안면골격이 작아지면서 생긴 물리적 결과에 지나지 않을 수 있다(Gould and Vrba 1982). 소버의 비유대로, 장난감 대리석 조각을 크기 기준으로 2종류로 분류했는데, 우연히도 큰 조각들은 붉은 색 조각으로 모이고 작은 조각들은 파란 색 조각으로 모여졌다고 가상해보자. 크기 기준으로 분류된 것을 사람들이 보고 색깔 기준으로 분류한 것처럼 잘못 오해할 수 있다. 원래 분류는 크거나 작은 것 사이의 분류였지만 우연히도 그 분류가 붉은색이거나 파란색 분류처럼 된 우연의 결과로 보일 수 있다. 이 비유는 크기의 차이로 선택된 결과이지만 그러한 진화적 결과는 마치 색깔의 차이로 선택된 결과를 부수적으로 얻었다는 점을 보여준다. 겉으로 보이는 형질의 모습이 모두 원래의 적응선택의 결과가 아닐 수 있음을 소버가 말한 것이다(Sober 1984).

자연선택의 기준은 후손 증식에 어떤 개체가 혹은 어떤 형질이 더 유익한지에 달려 있다. 여기에서 레이첼즈(James Rachels)는 유익하다는 것의 기준을 먹이경쟁에서 상대적으로 우위를 차지하고, 포식자를 피하는 데 도움이 되며, 기후나 지형 등의 환경을 더 적극적으로 활용하는 것으로 보았다(레이첼즈 2007, 84-88). 환경의 의미와 범위가 무엇인지, 그리고 자연선택 과정에서 환경과 생명 개체가 어떻게 상호작용하는지가 중요한데, 진화에서는 그 상호작용을 적응이라고 부른다. 적응은 표현형질로부터 시작되지만 선택은 유전형질의 변화를 필요로 한다. 표현형질을 통해 적응이 이루어지고, 적응의 결과는 유전형으로 후손에 계승될 수 있어야 한다. 후손에 계승된 유전형질이 후손 증식에 더 유리한 표현형질을 낳는다. 이와 관련하여 엘리엇 소버는 자연선택이 표현형질에 적용된다는 점을 강조한다. 그는 "자연선택이 '대부분'의 생물종에서 발견된 대부분의 표현형질을 일으킨 제일 중요한 원인이었다."라고 했다(Sober 1998, 72).

소버는 '대부분'이라는 형용사를 사용함으로써 표현형질의 변화와 자연선택 사이의 정확한 인과관계를 회피했다. 그 이유는 생명의 장구한 역사 때문에 진화사적 과거를 추적하는 경험자료들이 확실하지 않고, 실험실과 달리 자연 상태에서는 인과관계의 원인들을 다 밝힐 수 없기 때문이다. 선택 과정의 인과성을 해명하기 쉽지 않다. 진화의 인과가 숨겨진 변수hidden variables라는 뜻만이 아니라 진화적 시간이 너무 길기 때문에 정량적으로 인과관계를 찾을 수 없으며 적응 변수가 너무 많기 때문이다. 현대 진화생물학에서 말하는 진화압력evolutionary pressure은 분자 수준에서 환경 수준에 이르는 확장된 적응 변수들에 의해 작동된다. 진화압력의 적응 변수는 유전자의 분자적 성질, 개체의 형태적 성질, 계통의 발생적 성질, 환경과의 생태학적 성질, 개체 사이의 동물행동학적 성질 등을 포괄한다. 이런 광범위한 요소들이 진화 메커니즘에 관여하고 그것들 사이의 중층적 인과관계가 진화의 소산물로 드러난다(장되치 2010, 264).

만약 경험적 자료들이 확실하고 자연선택만으로도 진화의 결과를 예측할 수 있는 순수하고 이상적인 자연상태를 가정한다면, 그 자연선택의 메커니즘을 인과적으로 설명할 수 있을 것이다. 이런 이상상태를 가정한 인과적 자연선택의 법칙을 상정할 수 있는데, 그중의 하나는 하디-바인베르크 법칙Hardy-Weinberg Law이다. 이 법칙이 가능하려면 다음의 이상상태가 원리적으로 충족되어야 한다(성기창 외 1994, 115-116).

① 집단은 무한한 유성생식 개체들로 구성되어야 한다.
② 교배는 무작위random로, 그리고 한 성性의 개체는 반대 성의 개체

생물철학

와 수정할 균등한 기회를 가져야 한다.

③ 두 대립인자는 선택적으로 중립이어야 한다. 즉 어떤 대립인자이
든 간에 확률적 선택이 작용해서는 안 되며, 모든 유전자형은
동일한 생존 빈도와 그 빈도에 비례하여 자손을 남긴다.

④ 집단은 폐쇄적 집단으로 국한한다. 즉 집단에서 이주하거나 집단
으로 이주해 들어오는 것이 허용되지 않아야 한다.

⑤ 한 대립인자가 또 다른 대립인자로 변하는 무작위 돌연변이 유발
이 없어야 한다.

⑥ 세대의 중복이 있어서는 안 된다.

⑦ 집단의 모든 구성원들은 비슷한 생식 연령을 갖는다.

⑧ 감수분열이 정상적으로 진행되어, 그 결과 기능적인 배우자를
만들어야 하며, 대립인자의 분리가 일어나야 한다.

⑨ 유전자 빈도는 집단 내의 암수에게서 동일해야 한다.

⑩ 어버이들은 유전자를 자손에게 동일하게 전달해야 한다.

위의 조건이 충족되면 유전 결과를 예측할 수 있는 유전적 평형genet-
ic equilibrium 상태가 된다. 하디-바인베르크 법칙은 진화의 결과를 예측
할 수 있는 이상적이고 원리적인 조건을 제시했다. 이런 조건에서라면
자연선택의 기제는 전적으로 인과적이며 임의적일 수 없다. 선택 과정
은 물리적 환경의 조건들에 의존한다. 선택은 무작위 변화가 아니며,
선택된 결과값이 등가의 확률일 경우를 의미한다. 엄밀히 말해서 무작
위란 수학적 지형에서 발생한다. 예를 들어 주사위 숫자 1이 나올 확률
은 언제나 6분의 1이다. 그리고 다른 특정 숫자가 나올 확률도 등가이

다. 반면 자연선택에서는 그 결과값이 등가가 아니라 적합도 차이에 따라 변하는 조건의존적으로 결정된다. 이것은 적응 형질의 빈도수가 더 높은 것이 선택된다는 것을 뜻한다. 이것은 일종의 선택 규칙으로, 빈도수가 큰 적응형질은 유전적 계승의 성공률이 높고, 반면 빈도수가 작은 적응형질은 유전적 계승의 성공률이 낮다는 것을 보여준다. 선택 과정은 원리적으로 볼 때 주어진 조건에서 그에 기대되는 결과가 산출된다는 좁은 의미에서 인과적이다.

현실 자연환경에서 하디-바인베르크 법칙이 그대로 적용되지 않는다. 생물종 개체 수준에서 선택과 적응은 우연적 과정으로 나타난다. 변이들이 선택되는 과정에는 관찰불가능한 모종의 원인이 있지만 겉으로는 우연으로 보일 수 있다. 이런 우연은 필연에 대비되는 형이상학적 우연과 다르다. 다윈은 이런 자신의 생각을 『종의 기원』 이후 『동식물의 변이』(1868)에서 드러냈다. 예를 들어 유전형 차원에서 선택 과정이 인과적이라도 표현형 차원에서 이 선택은 우연으로 보일 수 있다. 마이어는 이와 관련하여 선택의 대상을 '~의 선택selection of'과 '~을 위한 선택selection for'으로 구분했다. '~의 선택'은 드러난 표현형이 자연선택의 대상

[표 4-1] 우연적으로 보이는 자연선택의 메커니즘

자연선택이 우연적이라는 오해
• 진화과정은 필연적이지 않다. 그러나 진화의 우연성은 자연선택이 마구잡이로 된다는 뜻과 다르다. • 변이 개체의 형성은 우연적이지만 선택은 인과적으로 작용한다. • 무작위성이란 모든 변이가 수학적으로 동등하게 가능한 것이다. • 진화는 특정한 방향으로 향하지 않으며, 이런 진화의 성격은 진화의 우연성 개념과 무관하다.

생물철학

이라는 의미이다. 반면 '~을 위한 선택'은 선택되는 표현형에 필요한 유전자 구성 요소를 따진다. 즉 유전자 수준에서 혹은 유전자 단위에서 자연선택이 가능하다는 점을 말한다(Mayr 1997a; Mayr 1991/98, 118).

다윈은 『종의 기원』 2판에서 "자연선택이 가장 중요하지만 변형(진화)이 이루어지기 위한 유일한 수단은 아니다"라고 말하면서, 자연선택만이 유일한 진화의 동력은 아니라고 했다(Darwin 1860/2판, 14). 다윈의 진화론은 자연선택을 가장 중요한 핵심 개념으로 두지만 그럼에도 불구하고 자연선택 이외의 다른 기제들의 가능성을 막아놓지 않았다. 다윈은 자연선택과 다른 4가지 유형의 생물 변형 통로를 은유적으로만 기술했는데, 레이첼즈가 이 4가지 통로를 다음과 같이 재정리했다(레이첼즈 2007, 88-94).

(i) 상관변이correlated variation의 원칙: 예를 들어 다리뼈 굵기와 관절의 관계이다. 하나의 형질이 변하면 주변의 다른 형질도 변할 수 있다. 거꾸로 말하면 주변의 다른 형질들이 변하지 않기 때문에 그 중심에 있는 특정 형질이 진화하지 않을 수 있다(Darwin 1859, 11).

(ii) 이미 적응된 기관의 다른 기능으로의 활용: 새의 깃털이 그 예이다. 새 깃털은 체온 유지에 적응된 형질이지만 나중에 공중을 날기에 적응된 형질로 굴절되었다.

(iii) 성선택: "이러한 유형의 성선택은 다른 개체나 외부 환경과의 생존경쟁이 아니라 동성(대개 수컷들) 개체 사이에서 이성을 점유하려는 경쟁이다."(Darwin 1859, 69).

(iv) 범생설pangenesis: 생물의 개별 세포는 모세포의 특성을 일종의 생식 입자인 제뮬로 퍼뜨린다. 앞서 논의했듯이 제뮬이론처럼 다윈의 범생설도 생식세포와 체세포를 구분하지 못했고 획득형질을 암시했다는 점에서 다윈의 큰 약점이면서 오류였다.

1.2 성선택

성선택은 자연선택과 다른 범주로서 진화의 또 다른 동력이다. 성선택은 찰스 다윈의 다른 작품 『인간의 유래와 성선택』(1871)에서 설명된 개념이다. 『종의 기원』의 자연선택으로 설명되지 않거나 오히려 자연선택에 역행하는 동물행동을 설명할 수 있는 필수 개념으로 제시되었다. 암수 짝짓기에 관련된 종마다 특이한 행동유형들을 관찰한 다윈은 수컷들 사이에서 암컷을 차지하기 위한 능동적 경쟁유형과 암컷들 사이에서 최상의 수컷을 택하기 위한 수동적 경쟁유형을 발견하였다. 진화생물학자 고어티(Patricia Adair Gowaty)는 수컷끼리의 경쟁과 암컷의 수동적 선택이라는 두 가지 측면으로 성선택을 설명했다. 수컷이 암컷을 지배하고 제어하려는 시도에 대해 암컷이 수용accept하는 경우와 거부resistance하는 경우가 있을 것이다. 암컷의 거부에도 불구하고 생존자원으로 암컷을 제어하려는 수컷의 시도는 계속된다. 이에 대해 암컷은 특정 수컷만의 시도 대신에 다수의 수컷들이 짝짓기 시도를 하도록 유도하며, 따라서 수컷들 사이에서 자신의 향후 자원능력(양육능력을 포함)의 차이를 표현할 수 있게 한다. 수컷은 암컷을 차지하기 위한 과시 경쟁을 벌이고 암컷은 경쟁력 우위의 수컷을 선택한다는 것이 성선택의 내용이다. 이렇게 수컷 사이의 과시와 암컷의 선택의 양방 관계를 고어티는 성적 변증법sexual dialectics이라고 표현했다(Gowaty 1997, 370).

고어티가 성적 변증법이라고 표현한 이유는 다음과 같다. 성선택론을 인간사회에 잘못 적용하면 남성성 사이의 경쟁과 전쟁을 합리화하는 오류를 낳게 한다. 이런 오류는 성선택을 양육하는 암컷과 경쟁하는 수컷이라는 성 이분법으로 간주했기 때문에 생겼다. 성 이분법은 암컷의 후손 증식 투자, 즉 후손 산출과 양육 본성은 이미 최대화된 상태라서 더 이상 증가될 수 없어서 암컷에게 변이는 없으며, 선택은 (거의 혹은 오로지) 수컷에만 작용한다는 오도된 결론을 유도할 수 있다. 성선택을 수컷 중심의 사유구조로 오해하는 오류를 없애기 위해 고어티는 성적 변증법이라는 표현을 사용했다. 자연계에서 실제로 성선택은 수컷만의 행동양식이기보다 암컷의 행동양식인 경우가 많으며 정확히는 암수 양쪽의 상관적 관계로 성선택이 일어난다는 것을 고어티는 강조했다(Gowaty 1997, 370-71).

진화생물학자 트리버스는 성선택론과 동성 간 경쟁이론을 결합하여 그만의 양육 투자이론을 만들었다. 동성 간 경쟁이론이란 양육에 더 많이 투자할 것으로 예측되는 이성(상대성)을 짝짓기 상대로 원하며 또한 그렇지 못한 개체보다 더 많이 선택받을 수 있다는 것이다. 양육 투자 가능성이 더 높은 이성을 차지하기 위해 암수 불문하고 동성끼리 경쟁한다는 주장이다. 트리버스가 든 사례로서 실고기 해마는 수컷이 암컷으로부터 받은 알을 자기주머니에 담아 키운다. 그래서 암컷들은 알주머니 상태가 좋아서 알을 잘 키울 수 있을 것 같은 수컷을 차지하기 위해 서로 경쟁한다(Trivers 1985). 트리버스의 양육 투자이론도 수컷 중심으로 오해되는 성선택론을 새롭게 해석한 이론으로 평가받는다.

1.3 변이와 적합도

르원틴(Richard Lewontin, 1929-2021)에 따르면 자연선택 진화의 필요 충분 조건은 (i) 변이variation가 있어야 하고 (ii) 그 변이들 가운데 일부가 후손에 계승heritability되어야 하며 (iii) 변이를 계승하는 후손들마다의 적합도의 차이differential fitness가 있다는 데 있다(Lewontin 1980). 개체들 사이에는 형질 차이가 있는데, 이를 변이라고 한다. 선택이 이루어지는 과정에서 변이 개체들의 수가 충분히 많아야 한다. 포식당할 위험이 높거나 번식에 불리한 거친 환경에 처한 생물종일수록 자손의 수를 증가시켜야 개체군을 유지할 수 있는 가능성이 높아진다. 예를 들어 개구리가 5,000개 내외의 많은 알을 낳는 것도 그런 이유이다. 1,000만 개 이상 알을 낳는 어류의 종류는 생각보다 많다. 가장 많은 알을 낳는 것으로 알려진 복어과 개복치는 약 3억 개의 알을 방류 수준으로 낳는다. 이 경우 대부분이 주변 포식자에 의해 먹히더라도, 성체로 살아남을 확률도 높아진다.

자손들은 그 어느 하나도 동일한 유전자 염색체 서열을 가지는 것이 없다. 동일한 유전자를 공유하는 자손은 있지만, 동일한 염색체 서열을 갖는 자손은 없다. 염색체 서열에서 유전자를 포괄적으로 유전형이라고 하며, 유전형에 의해 겉으로 드러난 형태를 표현형이라고 한다. 선택은 표현형 단계에서 촉발되고 유전형 단계에서 마감된다. 선택이 이루어지려면 다양한 표현형의 개체들이 먼저 있어야 한다. 그런 개체들의 차이가 변이인 것이다. 다윈은 이를 다른 말로 개체 차이성individual differences이라고 했다(Darwin 1859, Chap.2). 개체 차이성은 동일종 내 모든 개체들에게 적용된다. 예를 들어 쌍둥이 형제들의 유전형도

전적으로 동일하지 않다. 그리고 개복치가 낳는 3억 개의 알들이 전부 성체가 된다고 가정하여도, 그 3억 개 성체들 각각의 염기서열 혹은 성체 형태로 성장하는 발생학적 결과는 그 어느 것도 같지 않다. 유전자가 형질로 안정화되는 과정에서 발생학적 차이가 유발되며, 따라서 발현 결과가 동일하지 않다는 뜻이다. 바로 이러한 사실로 인해 적응의 성공과 실패가 갈라지며 선택의 차이가 생긴다.

성체 이전의 알 자체의 유전자는 동일하다고 하여도, 다른 환경에서 다르게 발현될 수 있다. 이것은 후성유전학의 특징으로서 6장에서 자세히 다룬다. 염색체 내 유전자 DNA 배열의 차이는 개체가 속한 환경과 무관하게 대립유전자의 교환으로 생성되지만, 그 유전자가 동일한 경우에도 발현의 결과가 환경에 따라 다를 수 있다. 다윈은 환경에 의한 변이를 분명히 인지했지만, 그 시대에서 유전자 변이에 대해 알지 못했던 것은 당연하다. 그럼에도 불구하고 다윈은 한 배에서 나온 새끼들이 그 수에 관계없이(둘이거나 2억 개이거나 관계없이) 다양한 변이체들이라는 점을 분명히 알고 있었다. 정리하여 다시 말한다면, 변이는 선택의 필요조건이다. 변이의 다양성은 개체 차원에서 생식적으로 과잉된 개체들이 있었기 때문에 가능하다. 과잉 개체들은 개체마다 유전자 염기서열에서 차이가 있으며 생식과 번식 능력의 상대적 우위에 있는 개체들이 자연선택된다. 그러나 흔히 말하듯 생식 경쟁력 있는 개체들이 선택된다는 말과 다르다. 20세기 진화생물학을 대표했던 사람 중의 한 사람인 조지 윌리엄스의 표현 그대로, 오히려 "개체 간 경쟁적 상호작용이 약할 때 자연선택의 압력이 가장 강력하다"는 말을 새겨들을 필요가 있다(윌리엄스 1966, 56).

적응을 통한 선택이 이루어지기 위해서 양적으로 다양한 형질 변이들이 전제되어야 한다. 형질 변이들 가운데 적합도 비교를 통해 선택되고, 선택은 적합도 비교를 전제한다. 생식적으로 다른 개체보다 적합도가 더 높은 개체들이 선택된다. 여기에서 적합도 개념이 중요한데, 표현형 차원에서 환경에 어디까지 적응하는지의 상대적 정도를 가리킨다. 그리고 표현형 차원의 변화는 반드시 유전되어서 유전형 차원의 변화로 정착되어야 한다. 앞서 논의했듯이 적합도의 기준은 개체의 번식 성공도에 의존한다. 개체 차원에서 적합도의 차이는 반드시 생기는데, 개체마다 다른 유전적 변이가 존재하기 때문이다(Williams 1966, Chap.6).

2. 적응의 의미

2.1 적응주의

적응은 유기체의 서식 환경에서 개체의 생존과 종의 존속을 유리하게 하는 진화 과정이다(Williams 1966, 5). 여기에서 환경이란 자연선택이 이루어지는 환경을 말한다. 윌리엄스에 따르면 환경은 외재적external 환경, 생태적ecological 환경, 선택적selective 환경의 세 가지로 구분된다. 적응주의 논의에 있어서는 선택적 환경 개념이 중요하고, 고생물학적 입장에서는 선택적 환경과 더불어 생태적 환경 개념도 중요하다. 생태적 환경은 현재 시간에 국한된 공간적 환경이 아니라 통시적 환경을 고려한 개념이다. 외재적 환경은 일반적인 물리적 환경을 말한다.

환경에 적응한 생물학적 형태를 적응형질이라고 부른다. 적응형질로 되려면 그 형질이 종 내에서 유전적으로 정착되어야 한다. 적응형질은 진화의 산물로, 적응의 정도가 상대적으로 더 높은 것이 최종적으로 적응형질이라는 표현형으로 나타난다(Dobzhansky 1968). 적합도의 차이로 자연선택 과정을 모두 설명할 수 있다는 관점을 적응주의라고 한다. 그리고 선택과정에서 정확성precision과 경제성economy 그리고 효율성efficiency의 기준을 충족하는 것이 적응주의라고 조지 윌리엄스는 말한다 (Williams 1966, 1장).

적응주의의 설명력을 유전형과 표현형의 관계를 통해 살펴보자. 유전형과 표현형 사이에서 일대일 대응관계를 찾기는 쉽지 않다. 표현형질 A의 특정 유전적 원인 a를 찾았다는 주장을 전적으로 인정한다고 하더라도, 표현형질 A가 왜 그렇게 적응되었으며 어떻게 그것에 해당하는 유전형으로 정착되었는지 검증하기는 쉽지 않다. 예를 들어 동물이 두 개의 눈을 갖게끔 적응된 이유는 원근감 기능의 눈을 가진 개체가 그렇지 못한 개체보다 생존과 증식에 유리하기 때문이라고 말할 수 있다. 이 경우조차 눈으로 볼 수 없는 맹점이 있다는 진화적 결과를 적응 기준으로 설명할 수 없다. 그래서 좀 더 설명력이 큰 다른 적응 기제를 찾아볼 필요가 있다. 예를 들어 눈이 하나일 경우에는 한쪽 눈이 다치면 이후 대체할 시각 기관이 없고, 눈이 세 개일 경우에는 에너지 측면에서 비효율적이기 때문에 할 수 없이(다른 대안의 불충분성 때문에) 결국 두 개의 눈으로 적응이 이루어졌다는 상상의 기이한 주장이 있다고 가정해 보자. 이렇게 상상된 주장들은 앞의 설명보다 그럴듯하지도 않고 설명의 힘도 떨어진다는 것을 쉽게 알 수 있다. 윌리엄스의 말대로라면 이런 점에서 적응주의는 생각보다 훨씬 증명 가능성이 높다(Williams 1997, 18-20).

2.2 적응 개념에 대한 오해 그리고 소버의 적응 개념

적응 기준은 개체의 번식 잠재력에 적용된다. 다양한 변이들 사이에는 다양한 적응 능력의 차이가 있다. 이 차이는 번식 능력의 차이로 확인되는데, 결국 실제로 더 많은 번식결과로 집단에 이익을 준 유전형질이 그 개체군 안에 생존한 개체들의 표현형질로 나타난다. 이런 과정이 곧 '적응'이다. 적응은 개체군의 증가와 생물종의 다양성을 만들어 낸다. 적응은 고정된 기준이나 목표를 향한 경쟁과 전혀 다르다. 경쟁은 '무엇을 위한' 과정이지만, 적응은 무엇을 위한 과정과 무관하다. 스미스(Cameron Smith)는 이런 점에서 적응의 적자생존과 경쟁이론이 다르다고 강조했다. 적응의 적자생존을 생존경쟁으로 해석할 경우, 진화론은 진보를 향한 사다리가 될 뿐이며 나아가 목적론으로 오해될 수 있다(스미스·설리번 2011, 3장).

이와 관련하여 조지 윌리엄스는 아주 중요한 지적을 하는데, 암수의 성은 개체군의 증가와 다양성이라는 결과를 자아내기는 하지만 그런 것들을 목표로 하지는 않는다는 것이다(Williams 1966, 132). 적응 차이에서 오는 적자생존은 생명 개체들 사이의 차이로 인한 효율적 생존전략의 결과이다. 조지 윌리엄스는 개체 간 적응의 차이가 없는 안장점saddle point, 즉 상호 간 이익/손해가 같아져서 평형을 이루는 상태는 없다고 보았다(Williams 1966, Chap.3). 적응은 경쟁을 향한 지향이 아니라, 그냥 차이에 대한 단순한 반응일 뿐이라는 뜻이다. 이 점에서 적응은 반드시 필요한 경우에만 사용되어야 하는 특별하고 조심스러운 개념이라고 윌리엄스는 강조한다(윌리엄스 1966, Chap.1, 주4).

적응은 독립적이고 완성된 형질을 의미하지 않는다. 적응을 설명하기 위하여 본능과의 차이를 설명한 진화심리학자 버스(David Michael Buss)의 사례는 흥미롭다. 그의 메타포로서, 우리 몸에 굳은살이 형성되는 것은 생리적 변화의 하나이지만 외부의 거친 접촉환경에 자주 노출되었을 때 비로소 굳은살이 형성된다. 피부층 접촉이 없거나 부드럽다면 굳은살이 형성되지 않을 것이다. 소나무 가지를 변형시키려는 목적으로 나뭇가지를 철사로 휘감아 싸는 철사걸이를 하는 것도 유사하다. 가지에 조여진 철사로 인해 껍질에 상처가 나고 이 상처를 치료하는 세포 재생활동으로 형성된 결과가 유상조직이다. 굳은살 등의 유상조직은 적응 형질의 사례이지만 항상 표현되는 것은 아니다. 적응의 표현은 고정적이지 않으며 환경에 따라 활성화 정도가 다르게 나타난다 (Buss 2005, 88).

적응 개념의 폭을 확장한 생물철학자 엘리엇 소버의 입장을 살펴볼 필요가 있다. 소버는 적응을 두 가지로 해석한다. 하나는 기존 적응주의에서 말하는 강한 적응주의이다. 적응주의는 개체와 환경 사이의 인과적 제일성causal uniformity을 강조한다. 다른 해석으로서 모든 적응주의는 자연선택론을 설명하는 충분조건이지만 필요조건까지는 아니어서, 자연선택론이 적응주의만으로 제한된 것은 아니라는 관점이다. 즉 자연선택에 이르는 과정에서 적응주의가 아닌 다른 메커니즘도 가능하다는 입장이다.

소버는 '~의 선택'과 '~을 위한 선택'의 관점으로 선택 개념을 구분해야 한다는 마이어의 아이디어를 계승했다. 이것을 설명하기 위해 소버가 예로 든 이야기를 살펴보자. 대리석 조각 맞추기 장난감이 있고, 이 조각들을 크기로 분류했다. 분류하고 나서보니 큰 조각들은 붉은색 조각들이고, 작은 조각들은 파란색이었다. 분류한 사람은 크기라는 기준으로 분류한 것이지만, 이를 모르는 사람들은 분류된 조각들을 보고 색깔에 따라 분류했다고 오해할 수 있다. 이에 대해 소버는 붉은색과 파란색의 분류는 적응과 선택의 결과가 아니라 큰 조각과 작은 조각이라는 기준으로 한 선택에 따른 부수적인 결과에 지나지 않는다는 점을 강조했다. 그래서 현존하는 표현형의 모듈들 하나하나 모든 것을 특정 환경에 따른 특정 적응의 소산물로 보는 것은 강한 적응주의의 과잉 해석일 수 있다(Sober 1984).

철학자로서 소버는 생물학자로서 도킨스(Clinton Richard Dawkins, 1941-)에 비해 적응의 인과성을 축소하여 본다. 도킨스의 경우 적응의 인과관계를 강하게 인정하면서, 이를 뒷받침하기 위해 유전자 차원에서의 적응선택 과정을 중시한다. 유전자 차원으로 좁혀 갈수록 환경에 의존하는 관계변수가 줄어들기 때문에 인과적 관계가 상대적으로 분명히 드러난다. 이와 달리 소버는 환경에 대한 개체의 수동적 적응과 능동적 적응의 두 가능성을 모두 열어 놓고 있다. 소버는 자연선택의 과정이 적응 기제만으로 충분하게 설명될 수 없다고 보았다.

소버는 적응의 의미를 더 넓은 의미로 사용해야 한다고 생각했고, 넓은 의미에서 적응에 대한 다양한 입장들을 아래와 같이 정리했다(Sober 1998, 74-84).

① 적응주의는 최적합 이론이 아니라, '이것'이 '다른 것'보다 상대적

으로 더 적합하다는 상대적 결과론에 가깝다.

② 적응주의는 현존 형질을 적응의 결과로 본다. 이와 달리 어떤 형질은 적응과 무관하게 형성되었거나, 아니면 적응에서 나타나는 부산물일 뿐이라는 비적응주의의 견해도 있다. 적응형질은 적응의 결과로 각각의 고유한 기능을 갖는다. 반대로 이 고유 기능을 상실하면 적응의 의미는 없어진다. 이러한 기능 상실, 혹은 기능 변화의 증거들이 화석으로 종종 나타나고 있다. 이것은 적응주의만이 자연선택의 유일한 기제가 아닐 수 있음을 함의한다. 이 경우 적응만으로 자연선택을 설명하는 것보다 적응 기제를 포함한 복합적 선택모델이 더 큰 설명력을 가질 수 있다.

③ 예를 들어 동물의 긴 다리는 빠르게 달리는 데 잘 적응했지만, 약한 무릎구조 수반함으로써 전반적인 기능에 오히려 해가 될 수도 있다. 선택은 단일형질에 대하여 무조건 적응 지향적이지 않으며 반-적응적인 요소도 있을 수 있다. 적응적 요소와 반-적응적 요소는 환경에 대해 좀 더 적합한 선택을 찾아가는 서로 간의 연관조건이다.

2.3 상동과 상사

진화에서 상동相同, homology이란 다른 종들 사이에서 표현형이 그 기능과 구조에서 서로 다르게 보이더라도 표현형을 낳은 유전형이 동일한 조상에서 비롯된 그런 형질을 의미한다. 서로 다른 생물종에서, 형태적으로나 기능적으로 전혀 다른 기관처럼 보이더라도 발생 기원이 같을 경우 그런 두 기관 혹은 두 표현형을 상동이라고 한다. 진화생물학자

헐(David Lee Hull, 1935-2010)은 다음과 같은 사례를 들어 진화적 상동을 설명했다. 포유류의 유스타키오관과 상어의 숨구멍은 초기 유악 척추동물의 아가미 틈에서 서로 다른 기능으로 발달한 것이다. 대부분의 현존 포유류의 경우, 유스타키오관이 인두에서 중이中耳까지 연결되어 있어서 고막 안과 밖의 공기 압력을 같게 유지해 주는 기능을 한다. 반면 대부분의 현존 상어류의 숨구멍은 바깥에서 아가미로 물을 나르는 통로 기능을 한다. 포유류의 유스타키오관과 상어의 숨구멍은 구조나 기능이 다르지만 같은 조상 그룹 내의 같은 구조에서 비롯된 것이 분명하며, 그래서 이를 진화적 상동이라고 한다. 만약 현재 두 기관의 기능이 다른 것이 유전자 교차에 의해 서로 다른 계통수로 분화되고 다른 선택의 기제로 형성되었기 때문이라고 보면 두 기관 사이의 상동 관계를 이해할 수 없다(헐 1994, 172).

진화적 상동은 인과론적 기능의 관점에서만 보면 관찰될 수 없다. 상동 관계는 계통수에서 조상이 같다는 진화사적 결과의 하나이다. 스티렐니(Kim Sterelny)는 이 점을 자신의 책 『Sex and Death』에서 새 날개의 진화 사례로 잘 정리해 놓았다. 보통 새 날개는 날기 위해 적응 선택된 결과로 생각하기 쉽다. 하지만 날기 위하여 날개가 적응되었다는 표현은 진화론을 오해한 것이다. 이 표현 자체가 '~을 위하여'라는 목적론적 의미를 포함하고 있다. 날개의 기능을 적절히 설명하고자 할 때 현재 시점에서 날개의 기능을 설명하는 것으로는 부족하다. (Sterelny and Griffiths 1999). 하늘을 날 수 있는 동물들의 날개를 진화론적으로 이해하기 위해서는 현재 기능과 상태만이 아니라 날개의 형성 과정과 그 초기 상태를 고려해야 한다. 만약 현재의 기능에만 주목한다면, 벌새의 날개와 벌의 날개는 그 기능이 동일하므로 그 둘의 기원도 같을 것이라는 잘못된 추론으로 빠질 수 있다. 현 시점에서 그 기능이 같다고 하더라도, 벌의 날개와 벌새의 날개는 전혀 다른 계통수에서 전혀 다른 선택 과정을 거쳐 진화한 별도의 소산물이다. 벌과 벌새의 날개는 기능이 비슷할지언정 계통적으로 전혀 다른 뿌리를 갖는데, 이와 같은 경우를 상사相似, analogy 관계라고 표현한다. 한편 새의 날개와 포유류의 앞다리는 전혀 다르게 보이지만, 진화의 역사에서 서로 동일한 계통이며 동일한 기원을 갖기 때문에 상동 구조에 해당한다.

2.4 굴절적응, 이차적응, 전적응

새 날개 깃털은 원래 체온 조절 기능을 하도록 적응된 형태학적 형질이다. 그런데 오랜 진화적 시간이 흐른 후에 하늘을 나는 기능을 하도록 바뀌었다. 다음과 같은 가상의 이야기를 생각해보자. 깃털을 가진 새가 하늘을 나는 행위를 우연히 시도했고, 그런 시도가 반복되면서 더 자연스럽게 날 수 있게 되자 그런 새들이 포식자로부터 살아남을 수 있는 기회가 다른 새들보다 늘어났다. 그런 기회의 누적은 생존에 유리하게 작용했을 것이다. 처음에는 새의 깃털이 체온 조절 기능을 하도록 '적응'되었지만, 나중에는 공중을 날 수 있는 날개 기능으로 변화한 것이다. 여러 차례 강조했듯이 적응되었다는 것은 후손 증식에 더 많이 성공했다는 것을 의미한다. 그렇게 증식하여 생존한 개체들이 유전되어 오늘의 날개 달린 새의 생물종으로 정착했다(Sterelny and Griffiths 1999, 218).

초기의 기능과 달리 깃털은 효율적 비행에 기여하는 적응 요인으로 바뀌었다. 깃털 주위의 근육기관의 적응 변화가 일어났고, 물에 쉽게 젖지 않는 방수 역할을 하는 기름 방출 기능이 형성되었을 것이다. 초기의 선택에 의한 형질 기능과 나중에 선택된 변화된 형질 기능은 다르게 되었다. 이렇게 기능형질이 다르게 변화된 선택적응을 브흐바 와 굴드는 '굴절적응exaptation'이라고 표현했다(Gould and Vrba 1982). 포유 류의 귀 뼈 역시 턱 뼈에서 변화된 것이지만 나중에 소리를 듣는 기능으 로 굴절적응된 또 하나의 사례이다.

굴드 이전 1950년대까지는 굴절적응을 전前적응preadaptation으로 받 아들였다. 그러나 '전적응'이라는 용어 자체가 마치 진화 과정에서 진 화의 미래를 예측할 수 있는 것으로 오해를 불러일으킬 수 있기 때문에 적절하지 않았다. 전적응이라는 용어 자체가 후적응을 위한 전 단계로 서 최종 적응을 향해 (방향을 갖고) 임시적으로 거쳐가는 것이라는 의미 를 함축하고 있기 때문이다. 다시 말해서 깃털은 비행이라는 최종적인 기능을 형성하기 위하여 그 전 단계로서 보온 기능을 하도록 진화했다 는 설명은 오류일 수밖에 없었다. 전적응 개념은 진화가 목적 지향적이 라는 오해를 낳는다. 그리고 전적응 개념은 화석으로 얻은 증거도 없는 오도된 개념이었다(Sterelny and Griffiths 1999, 219).

최초 형태학적 기능에 이차적인 기능이 부가되는 경우도 있다. 다윈 은 『종의 기원』 이후 동물행동과 인간 행동 사이의 연관성 문제를 다룬 『인간과 동물의 감정 표현』에서 독특한 관찰 결과를 보고했다(Darwin 1872/1965). 그것은 사람의 얼굴 표정에 대한 어떤 선택 결과가 원래의 기능과 다르게 변화한 감정 진화의 사례였다. 다윈에 따르면 영장류가 어금니를 악물고 이를 드러내는 것은 원래 싸우고자 하거나 또는 싸울 수 있다는 의사전달 기능으로 적응된 진화 소산물이다. 이러한 얼굴 표정이 나중에는 '단순히 화가 났음'을 드러내는 것으로 확장되었다는 것이다. 이같은 진화 확장을 '이차 적응secondary adaptation'이라고 한다. 오늘날에도 사람들은 이빨을 드러내면서 싸우려는 태세를 행동으로 드러낸다. 이런 모습은 대체로 타인에게 위협감을 주는 선에서 그치기는 하지만 말이다. 싸우려는 자세가 이빨을 드러내는 행동양식의 일차 적응이라면 위협적 표정은 이차 적응의 양식으로 볼 수 있다(Sterelny and Griffiths 1999, 220).

적응adaptedness이 생식reproduction에 기여한다는 것은 매우 복잡하고 다중적인 의미를 갖는다. 적응과 생식 사이의 메커니즘은 인과적이지만 법칙적으로 설명하기 쉽지 않다. 만약 적응 관계 또는 선택 수준이 집단 차원인지 아니면 종 차원이라면 인과법칙은 유효하지 않다. 도킨스가 주장하는 것처럼 유전자 수준에서 선택이 이루어질 때 유전자 간 적응의 인과성은 상대적으로 더 잘 설명될 것으로 추측된다. 유전자나 도킨스의 복제자, 또는 혈의 상호작용자처럼 적응 관계와 선택 단위가 좁으면 좁을수록 환경적 변수가 줄어들어 인과관계의 유효성이 더 커질 수 있기 때문이다. 적응관계, 선택 단위(수준)가 유전자에서 개체로, 개체에서 집단 또는 개체군 차원으로 커질수록 인과관계는 불확실해질 것이다. 만약 선택 단위(수준)가 유전자에서 분자 단위까지 내려간다면 그 진화의 인과관계는 원리적으로 물리적 인과관계에 근접해질 수 있을지도 모른다.

2.5 적응과 적합도의 차이, 적응적인 것과 적응된 것의 차이

가장 혼돈하기 쉬운 적응adaptation과 적합도fitness 차이를 살펴볼 필요가 있다. 용어 피트니스fitness를 우리말로 번역하는 것에서부터 오는 혼돈이다. 이 책에서 피트니스를 적응도나 상응도 등으로 번역하려 했으나 기존 적응 개념과 혼란을 피하기 위해 "적합도"라는 용어를 선택했다. 물론 "적응" 개념과 "적합도" 개념은 서로 다르다. 우리말로 쓴 생물학이나 생물철학 책에서는 더 특별하게 두 용어의 차이점이 강조될 필요가 있다. 진화생물학의 철학을 잘 정리해준 듀크대학교의 생물철학자 브랜드는 적응adaptedness과 적합도fitness의 차이를 다음의 예를 들어 설명했다. 보르네오에 사는 식물과 그와 동일 종인 아이티에 사는 식물은 당연히 유전적으로 동일하지만 그들이 사는 환경은 다르다. 장구한 시간 동안 진화된 하나의 종이 공통환경common environment이 아닌 서로 다른 환경에서 서식하는 동안 적응adaptation 측면에서는 여전히 같은 수준의 상태이지만 적합도fitness 측면에서는 다른 수준의 상태일 수 있다. 하나는 번성하고 다른 것은 멸절된다고 해도 그것은 그들 사이의 상대적 적합도 차이 때문이지 자연선택의 적응의 차이는 아니라는 뜻이다(Brandon 1990, 46-7; Brandon 1996, 166).

앞에서 말한 굴절적응 및 이차적응이 가지는 중요한 의미는 적응된 형질이 고정되어 불변이 아니라는 데 있다. 표현형은 적응의 결과이지만 그 기능은 바뀔 수 있다는 사실이 적응의 유연성이다. 최초의 선택압selection pressure이 형질을 고정시키는 것은 아니다. 적응의 유연성은 '적응적being adaptive'인 것과 '적응된 것being adaptation' 사이의 차이에서도 알 수 있다. 이미 적응된 것도 또 다른 선택압에서 또 다른 적응적인 조건에 따라갈 수 있다. 그래서 '적응성adaptiveness'과 '적응adaptation'이라는 용어를 구분하여야 한다는 것이 소버의 주장이다. 예를 들어 박쥐의 날개는 적응의 결과이지만, 거의 퇴화된 박쥐의 눈은 현재 적응적 adaptive이지 않은 것이다. 또 다른 예를 들자면, 남자의 요도는 소변의 통로로서 적응된 것이지만, 나중에 가서 정액의 통로로 적응적으로 진화했다(Sober 1993, 84).

되풀이 설명해도 부족함이 없는데, 적합도fitness와 관련하여 생물철학자 소버와 진화생물학자 스티렐니(Kim Sterelny)는 "적응적인 것adaptiveness"과 "적응된 것adaptation"을 구분한다. 어떤 형질은 상대적 적합도를 높여주기 때문에 자연선택에 유리한데, 이런 형질을 "적응적인 것"이라고 하고, 한편 존재하는 형질은 그것이 이미 자연선택된 것이서 그런 형질을 "적응된 것"이라고 스티렐니는 구분하여 표현한다. 눈을 깜박거리는 형질은 눈을 보호한다는 점에서 적합도를 높여주는 형질이며 동시에 눈을 보호하여 생존과 자손증식에 유리하도록 진화한 적응의 소산물이다(Sterelny and Griffiths 1999, 217). 소버도 적응적이라고 해서 꼭 적응된 형질로 선택되는 데 필요조건도 아니고 충분조건도 아니라는 점을 강조한다(Sober 1993, 84).

예를 들어 인간의 맹장은 "적응된" 장부기관이지만 "적응적"이지는 않다. 인간은 장내에서 공생하는 박테리아 공존에 도움이 되는 셀룰로오스를 소화할 필요가 없어서 셀룰로오스 소화에 관련하는 맹장은 더 이상 적합도 있다고 할 수 없다. 이처럼 아주 먼 조상계통에서 적응된 형질이라도 현재는 적응적이지 않을 수 있다. 즉 적합도 없는 적응형질이 있을 수 있다는 뜻이다. 거꾸로, 적응된 것은 아닌데도 적응적인 것이 있는데, 인간의 독서능력이 그 사례이다. 불과 몇 천 년 전에 와서야 겨우 생겨난 인간의 독서능력은 적응된 진화형질로 볼 수 없지만 그런 독서능력을 가진 인간이 더 높은 적합도에 기여한다고 볼 수 있다. 독서능력은 적응형질이 아니지만 적응적으로 볼 수 있다고 스티렐니는 말한다(Sterelny and Griffiths 1999, 218).

적응된 형질과 그 기능은 고정된 것이 아니며 변화가능하지만, 그 변화를 예측할 수 없다. 굴드와 브흐바는 적응이 진화의 모든 것을 설명하고 가능하게 하는 유일한 힘은 아니라고 강조했다. 이들은 유기체의 현재 형질이 그 유기체가 가질 수 있는 최적의 형질이라는 적응주의의 주장은 검증되기 어렵다고 비판했다. 강한 적응주의 주장은 적응된 것과 적응적인 것을 혼동한다는 것이 그 비판의 핵심이다. 예를 들어 유인원 이후 호미니드의 얼굴 턱이 커진 이유는 큰 턱으로 선택되었기 때문이 아니라 뇌의 구조 변화와 해부학적 적응의 부수적 결과이다. 적응주의가 형태와 기능을 설명하는 만능의 설명도구가 아니라는 점이다(Gould and Vrba 1982, 9).

2.6 적합도, 리처드슨의 적응주의

스티렐니는 '실현된 적합도realized fitness'와 '기대된 적합도expected fitness'의 차이를 강조했다(Sterelny 2003, 258). '기대된 적합도'란 적응진화의 이상적 상태에서 인과관계를 예측할 수 있는 적합도이고, '실현된 적합도'란 말 그대로 실제로 실현된 적합도를 가리킨다. 이상적 상황에서는 보다 정확하게 선택의 결과를 예측할 수 있다. 예를 들어 지리적 격리나 계통의 표현형을 계속 유지하려는 힘(항상성)이 전혀 없다면, '기대된 적합도'는 '실현된 적합도'와 일치할 수 있다. '기대된 적합도'가 예외 없이 '실현된 적합도'와 일치할 경우, 이러한 미시진화는 적응주의의 가장 이상적인 모델로 될 수 있다. 신시내티대학교 생물철학자 리처드슨(Robert C. Richardson, 1934-)의 정의에 따르면 적응주의adaptationism란 모종의 형질 T가 있을 때 자연선택이론으로 환경과 유전 사이에서 T를 충분히 설명할 수 있다는 입장을 말한다. 리처드슨은 넓은 의미에서 적응주의는 다음의 3가지 개념으로 나뉠 수 있다고 했다(Richardson 2003, 697).

(i) 자연선택은 형질 T의 진화에서 어떤 역할을 한다.

(ii) 자연선택은 형질 T의 진화에 '중요한 원인'이다.

(iii) 자연선택은 형질 T의 진화의 '충분한 설명'이며, T는 최적합 형질이다.

갓프리-스미스(Peter Godfrey-Smith)는 리처드슨의 분류 중 (iii)의 적응주의를 옹호했으며, 그것을 경험적 적응주의라고 불렀다. "경험적 적응주의란 자연선택의 힘이 강력하고 어느 곳에나 있기ubiquitous 때문에 자연 안에서 제약이 거의 없는 진화이다. 폭넓게 말해서 적응주의란 진화 과정의 산물을 자연선택으로 설명할 수 있으며 예측할 수 있다는 것을 의미한다."(Godfrey-Smith 2001, 336) 경험적 적응주의는 진화의 연속성을 인정한다. 그리고 이상적인 진화 환경일 경우 진화의 인과성을 보장한다. 이 경우 가장 강한 의미의 인과관계가 진화에 적용된다. 그리고 경험적 적응주의만이 통상의 적응주의로 인정되고 있다. 최적합성을 결과하지 않는 (i)과 (ii)는 결국 적응주의 설명으로 부적합하기 때문이라는 것이다(Richardson 2003, 697).

반적응주의의 대표자로 알려진 굴드는 오히려 적응주의 (iii) 대신에 (i)을 선호한다. 굴드는 적응주의 (iii)의 전제인 '기대된 적합도'는 모두 예외 없이 '실현된 적합도'로 된다는 것이 사실과 부합하지 않다는 이유로 적응주의 (iii)에 반대했다. 굴드의 주장은 적응주의에서 말하는 최적합성을 유발한 선택 조건이 확실하지 않다는 것이었다. 굴드는 적응선택만이 진화를 규정한다는 강한 적응주의를 비판한 것이지 자연선택의 기제를 부정한 것은 아니었다(Beatty 2006, part ii). 정리해 보면 굴드는 적응주의 (i)을 수용하며, 적응주의 (ii)를 부분적으로 수용하는 것으로 볼 수 있다(West-Eberhard 1992, 16-17). 마흐너(Martin Mahner)와 붕에(Mario Bunge)의 구분을 참조한다면, (iii)을 전형적인 적응주의, (i)과 (ii)를 적응적 경향adaptive inclination이라고 부를 수 있다(Mahner and Bunge 1997, 160).

적응주의에서 최적합성에 맞춰지는 조건이 무엇인지는 확실하지 않다. 그런 조건은 존재하지만 적응의 최적합성이란 절대적 기준이 아니라 상대적 적합도가 가장 높은 것을 의미한다. 버지니아대학교 진화생물학자 앤타노빅스(Janis Antonovics)는 이런 조건들을 아주 조심스럽게 '선택 제약selective constraints'이라고 이름 붙였다(Antonovics and van Tienderen 1991, 167). 선택 제약이란 제약의 작용력을 감안한 선택의 힘을 의미한다. 앤타노빅스가 말한 선택 제약이 기존의 발생 제약에 속하는 것은 아니다(Amundson 1998, 94). 그러나 그가 말하는 선택의 적응력에는 이미 제약의 힘이 포함되어 있다.

자연선택에 의한 변화는 일종의 기대된 적합도일 수 있지만, 기대된 적합도가 모두 실현된 적합도로 되는 것은 아니다. 기대된 적합도에는 연속적 인과가 적용될 수 있지만, 실현된 적합도는 연속적 인과가 무너지고 불연속적 진화가 개입된 결과로 남는다(Gould 2002, 735-738).

기대된 적합도와 실현된 적합도의 차이는 선택의 인과성이 제약con-
straints 작용으로 인해서 감소되기 때문에 생긴 것이다. 제약은 표현형
진화를 제약하는 계통학적 관성이다phylogenetic inertia(Cheverud et al. 1985).
선택의 힘만 작용하고 제약의 관성이 전혀 없는 장구한 진화사를 가상
한다면 기대된 적합도와 실현된 적합도는 같아질 수 있다. 선택은 미시
진화의 힘이고 제약은 거시진화의 힘이다. 토론토대학교의 생태진화
학자 브룩스(Daniel R. Brooks)는 선택과 제약의 두 힘이 작용하는 생물학
적 상태를 표현형의 평형상태라고 하고, 이를 생물학적 질서의 하나로
생각했다(Grady & Brooks. 1988, 191). 이런 평형상태는 인과적으로 설명되
는 선택의 범주와 우연성으로만 설명되는 제약의 범주도 포함한다.

제약의 힘이 작용한다는 것은 기대된 적합도의 인과성이 감소되거
나 아예 소거된다는 것을 의미한다. 결국 제약의 힘은 거시진화의 우연
성을 낳은 요소로 볼 수 있다. 굴드는 이런 우연성을 '역사적 우연histor-
ical contingency'이라고 불렀다(Gould 1989). 이제 진화의 힘은 선택에 있다
는 미시진화의 인과성과 함께 제약의 작용력을 중시한 거시진화의 비
인과성을 분석할 필요가 있다.

노스캐롤라이나대학교 철학과 샌섬(Roger Sansom)은 적응의 인과성
과 제약의 설명력을 단일한 스펙트럼으로 보려고 했다. 그는 '설명서술'
과 '설명정보' 간의 차이를 구분하면 불필요한 논란을 줄일 수 있다고
말한다. 적응은 유기체와 환경 사이의 인과적 관계를 일반화한 자연선
택에 유효한 설명방식이다. 한편 발생 과정의 일반화로서 제약의 결과
로 형질을 설명하려는 설명방식이 있다. 설명정보로서의 후자는 현시

적 정보를 추구하는 대신에 역사적 배경을 놓칠 수 있다. 반면 설명서술로서의 전자는 역사적 관심을 잘 설명해 주고 있으나 인과관계에 대한 분석력에서 매우 미흡하다. 샌섬은 인과적 설명방식으로서 적응주의가 제약을 설명하는 발생학에 간접적으로 의존하고 있다고 말한다. 형질의 적합도와 변이로부터의 선택, 이 두 인과 메커니즘을 설명하기 위하여 종의 생성 과정에 대한 발생학적 이해가 선결되어야 한다는 것이다. 결론적으로 말해서 이 두 가지 설명 방식에서 하나만으로는 부족하며, 두 방식이 결합될 때 좀 더 완전한 설명력을 보여준다(Sansom 2003, 505-506).

2.7 스팬드럴 논쟁과 적응주의

"스팬드럴"이라는 이름으로 알려진 굴드와 르원틴의 적응주의 비판 논문(1979)의 요지는 모든 표현형질을 적응 결과로 보려는 적응만능주의를 비판하는 데 있다. 이탈리아 베니스 산 마르코 성당 기둥의 스팬드럴의 비유를 통해서 적응만능주의를 꼬집었다. 스팬드럴은 성당 건물 기둥과 천장이 맞닿은 접합부분으로 천장 힘을 분산하여 받기 위해 붙은 삼각꼴 모양의 지지대 부분을 말한다. 성당 건물에는 삼각꼴의 스팬드럴마다 화려한 조각상이 새겨져 있다. 사람들은 스팬드럴을 보고 조각작품의 기능으로 오해하지만 원래 스팬드럴의 기능은 단지 기둥 지지대의 강도를 높이는 데 있을 뿐이다. 스팬드럴은 기둥 지지대의 부산물인데 마치 조각품으로 적응된 결과로 오해한다는 것이다. 스팬드럴이 적응의 직접적인 소산물이 아니라 적응 과정에서 생긴 부산물 by-products이라는 점을 들어 표현형질 모두를 적응의 소산물로 보는 강한 적응주의를 반성해야 한다고 강조했다(Gould and Lewontin 1979).

굴드와 르원틴의 소위 "스팬드럴" 논문 이후 적응주의 프로그램에 대한 논쟁은 "후기 스팬드럴post-spandrel" 적응주의 프로그램으로 이어졌다(Rose and Lauder 1996). 그 핵심은 적응주의만이 아닌 비적응적 요소도 진화의 선택압력으로 작용한다는 점이다. 진화생물학자 갓프리-스미스도 적응만능주의pan-adaptationist를 경계한다. "아직까지 적응주의 프로그램은 단지 하나의 과학적 입장일 뿐이다. 적응주의 프로그램은 생물학에 접근하는 과학적 접근법과 철학적 접근법 교차점에 위치한다"고 갓프리-스미스는 말한다(Godfrey-Smith 2001).

굴드는 강한 적응주의의 설명을 '그럴듯한 이야기just so stories' 만들기라고 비판했다. 『정글북』의 저자이기도 한 소설가 키플링(Joseph Rudyard Kipling, 1865-1936)이 딸 조세핀을 위해 쓴 동물우화가 『그럴듯한 이야기』(1902)이다. 그의 딸은 1899년 감기로 죽었는데, 딸을 정말 사랑하는 마음으로 고래, 낙타, 캥거루, 표범 등의 동물이 오늘날 어떻게 그렇게 생겼는지를 진화론의 생각으로 만든 동화이다. 예를 들어 고래의 목이 작아진 이유는 사람이 탄 뗏목을 고래가 자주 삼켜서 그렇게 되었다고 아주 그럴듯하게 이야기를 만들어냈고, 다른 동물에 대해서도 이런 식으로 이야기를 꾸몄다(장회익 2010, 264).

볼테르(Voltaire; François-Marie Arouet, 1694-1778)의 작품 「캉디드Candide」에 등장하는 철학자 팡글로스는 무엇이든지 다 그렇게 될 만한 과거의 이유가 있다고 항변하는 낙관주의자이다. 팡글로스에게서 모든 생물은 가장 좋은 생물학적 세상의 결과다. 진화론으로 말하면 현생 형질은 이 세상 최적의 적응결과라는 것이다. 키플링의 동물과 팡글로스는 지금까지 진화적 적응에 대한 가설들이 많은데 직접적인 실험의 결과라기보다 직감에 근간을 둔 결과라서 적응 소산물을 말하는 결과는 "그럴듯한 이야기Just so stories"에 지나지 않는다고 비판한 논문도 있을 정도다(Young et al. 2004).

1979년 굴드와 르원틴은 기존의 적응 만능주의를 팡글로스 패러다임이라고 불렀다. 모든 형질은 당장의 필요성에 맞게 반드시 그렇게 적응된 것만은 아니다. 구조적인 제한constraints 때문에 그 구조를 적응의 산물로 오해할 수 있다고 한다. 굴드는 앞서 설명했듯이 이런 오해를 베니스 산 마르코 대성당 스팬드럴에 비유하여 설명한 것이다. 이와 비슷하게 레빈스(Richard Levins, 1930-2016)와 르원틴은 적응적 설명이 임의적인 말 만들기이거나 이야기일 수 있다고 비판했다(Levins and Lewontin 1985, 73). 이들은 적응주의를 거부하는 것이 아니라 적응만이 자연선택 기제의 전부가 아니라는 뜻을 말하려는 데 있다. 적응주의를 강하게 비판한 것으로 알려진 굴드도 적응주의 인과성을 부정하지 않는다. 굴드는 적응관계에서 인과적 제일성causal uniformity의 중요성과 함께 진화적 불연속성의 중요성을 강조했다. 그에 따르면 적응을 기본 메커니즘으로 하는 미시진화는 인과적 제일성으로 해석할 수 있지만, 그런 해석은 거시 진화의 우연성을 배제한 상태에서 가능한 결과라는 것이다. 굴드는 적응선택의 인과성으로 설명되는 진화 기제 이상으로 우연에 의한 생존 결과를 기준으로 오늘의 생물종을 설명하는 우연성의 기제를 중시한다.

굴드는 미시진화 과정에서 적응의 기여도를 부정하지 않았다. 다만 그는 진화 과정에는 적응선택 외에 고생물학적 조건들과 지질학적 조건들이 개입될 수밖에 없다고 했다. 적응의 연속적인 인과관계와 더불어 적응과 무관한 불연속적이거나 지질학적 급변의 조건들이 있을 수 있다는 것이다. 이런 급변의 조건은 지질학적 시간을 통해 드러난다. 1972년 굴드는 르원틴과 함께 이런 생각을 단속평형론斷續平衡論, punctuated equilibrium으로 정리하여 세상에 내놓았다(Eldredge and Gould 1972). 개체의 적응선택이나 유전자 차원의 미시진화에서는 적응의 인과성이 중요한 요소이다. 그러나 지질학적 시간을 관통하는 고생물학적 진화 또는 거시진화에서는 미시적응의 인과성 기여도는 매우 작다는 것이다. 오히려 생물종의 형태는 변화를 억제하는 안정성을 오랜 기간 유지하다가 어느 시점에 다다르면서 급속한 분화를 통해 변화한다고 하는 주장이 단속평형론의 기초이다. 단속평형론은 적응주의 기반의 미시진화가 아니라 거시진화의 한 단면이다.

단속평형론의 등장 이후 이전까지 표준이론이었던 적응주의와의 논쟁이 가끔씩 일어났다. 기존 표준이론과 단속평형론 사이에 벌어진 논쟁의 요점이 겉보기에 (i) 적응주의 인정 여부 혹은 나중에 논의하게 될 (ii) 선택 수준 문제로 보였다. 실제로는 표준이론으로서 현대종합설이었던 계통적 점진이론으로서 미시진화와 소행성 충돌이나 화산 대폭발 혹은 대륙이동 등의 지리적 격변에 의한 격리이론 사이의 차이이다. 기존의 표준이론에 해당하는 현대 진화종합설과 굴드의 단속평형론을 하나의 기준으로 경합시키려는 논쟁은 일종의 범주오류에 해당한다. 두 이론은 모순관계가 아니라 상보적complementary이다.

르원틴은 적응주의의 한계를 다음처럼 설명했다. 선택의 영역을 생태학적 범위로 약간만 넓혀도 적응의 인과작용이 복잡해지기 때문에 적응주의를 적용하는 데 어려움이 있다. 르원틴은 개체군 적합도pop-ulation fitness는 생태적 융통성ecological versatility으로 측정될 수 있다고 했다. a 개체군이 한 곳의 생태환경에서만 생존해 온 반면 b 개체군은 다른 두 곳의 생태환경에서도 생존해 왔다면, b 개체군이 a 개체군보다 '더 잘 적응한 것으로as better adapted' 판단할 수 있다고 했다(Lewontin 1958, 397; MacNally 1995). 여기서 르원틴이 말하는 환경은 생태공간이며, 생태공간의 확장 여부에 따라 적응의 결과도 달라진다. 같은 적응 개념을 사용하지만 그 개념이 사용되는 차원에서 다르다는 뜻이다. 강한 적응주의에서 말하는 적응 개념과 르원틴이 말하는 생태적 적응 개념을 구분하지 않고 하나의 기준으로 적응 개념에 대한 논쟁을 한다면 소모적 언쟁에 그칠 수 있다. 개념의 획일적이고 무차별적 설명방식에서 벗어나 개념이 사용되는 배경과 범주 그리고 어떤 수준에서 개념이 사용되고 있는지를 따지는 사유와 추론은 철학의 제일 과제이다.

2.8 적응주의 보완과 해명 - 라카토스의 연구프로그램

갓프리-스미스는 적응을 경험 적응주의와 설명 적응주의, 방법 적응주의로 구분했다(Godfrey-Smith 2001, 337). 경험 적응주의는 자연선택이 적응이라는 기제에 의해서만 이루어지는 것이 아닐지라도 진화의 역사에서 가장 강력한 요인이라는 생각이다. 설명 적응주의는 적응만이 자연선택을 만족할 만하게 설명할 수 있다는 입장이다. 실제로 적응 과정으로 자연선택 모두를 설명할 수는 없어도, 현재로서는 가장 포괄적인 설명력을 지니고 있다는 점에 논란의 여지가 없다. 도킨스는 설명 적응주의자이면서 경험 적응주의를 반성적으로 다룬다. 한편 굴드는 경험 적응주의자이면서 설명 적응주의를 비판한다. 방법 적응주의란 생물학적 시스템을 연구하는 최상의 방식은 가장 그럴듯한 생물학적 디자인을 찾는 길이라는 점을 강조한다. 진화의 역사 속에서 그럴듯하게 조직된 디자인으로 적응을 설명한다. 이 설명은 구체적 자연계의 현실과 다를 수 있다고 스티렐니는 본다(Sterelny 1999, 220-226).

적응주의자인 스티렐니조차도 적응주의가 지나치게 포괄적인 설명을 시도한다고 지적했다. 적응주의 이론을 강화할 경우, 각각의 형질들은 다른 적응 기제를 따라 독립적으로 적응하고 이러한 형질들이 모여 단위 유기체의 특성을 형성하게 된다. 단위 유기체는 개별 형질들이 모자이크 방식으로 짜깁기된 것과 같은 상태를 갖는다. 이것을 모자이크 형질론이라고 한다. 이 경우 관련 형질들이 상관적으로 적응하는 단위가 되는데, 이를 적응 모자이크라고 한다. 여기에서는 모자이크 하나하나가 독립적으로 적응하는 단위이며, 모자이크 형질이 적응하여 전체 유기체를 형성한다. 그래서 유기체를 이루는 형질들의 합이 아니라 모자이크들의 합으로 적응의 전체 상관성을 설명할 수 있다(Sterelny 1999, 225).

굴드는 적응 만능주의를 비판했지만 적응주의 자체를 부정하지 않았다. 굴드는 다음과 같이 쓰고 있다. "적응의 존재와 의미, 자연선택에 의한 진화의 소산물, 그 어느 것도 부정할 수 없다. 내가 접한 그 어떤 과학매커니즘 중에서도 자연선택을 빼놓고는 어느 것 하나 유기체의 놀랄만한 운동성을 설명할 수 있는 매커니즘은 없다." 적응은 진화의 중요한 기제이지만, 진화의 소산물은 (i) 적응의 소산물products도 있지만 (ii) 적응의 부산물by-products도 있으며 (iii) 무작위 유전자 표류random drift의 소산물도 있음을 보여준다. 굴드는 단지 적응주의만이 진화 과정을 설명할 수 있다는 적응 만능주의를 경계하고 비판했다(Gould 1997, 53-56).

윌리엄 해밀턴(William Donald Hamilton, 1936-2000)의 개체선택론을 다루는 절에서 자세히 설명하겠지만, 해밀턴에서 적응은 포괄적 적합도를 증진시키는 정도에 따라 선택되고 진화하는 과정이다. 그 과정은 개체들이 자손을 생산하는 직접효과와 친족을 통해 유전자 복제물을 전달하는 간접효과의 총합으로 정의된다고 해밀턴은 말한다(Hamilton 1964.II). 적응의 범위가 개체만이 아니라 개체의 친족을 포함한다는 포괄적합도의 뜻이다. 선택수준을 다루는 절과 11장에서 다시 다루겠지만, 포괄적합도는 적응주의의 강화된 단계이며 적응 범주의 복잡성을 보여준다.

해밀턴의 계승자이지만 진화심리학으로 발전한 투비와 코스미데스는 배꼽을 예로 들어, 배꼽은 그 자체로 적응의 소산물이 아니라 탯줄이라는 적응의 부산물이라는 점을 인정하지만, 부산물 해석이 가능하려면 그에 대응하는 적응통로를 함께 증명해야 한다고 말한다. 오히려 적응의 산물이 생성되기까지 적응에 기여(간섭, 투자)하는 선택압력selection pressure의 통계적 합statistical composite이 유의미하다고 한다. 물론 선택압력의 통계적 총합은 계산하기 어렵다. 투비와 코스미데스는 적응 소산물에 기여한 환경 요인을 진화적응환경(EEA; Environment of Evolutionary Adaptation)이라고 표현했는데, 적응환경의 요인을 다 알 수 없기 때문에 선택압력의 총합을 추정하는 것은 쉽지 않다. 예를 들어 양립보행 형질로 적응된 진화적응환경 EEA 직립 전후 440만 년 동안

선택압의 총합이라고 한다. 그래서 그 총합을 간단히 추측하기 어렵다. 그렇지만 형질마다의 적응 소산물은 각각 고유한 EEA를 가지고 있다는 점은 분명한 사실이라고 적응주의를 강조하였다(Tooby and Cosmides 1992).

스티렐니는 적응주의의 몇몇 문제점에도 불구하고 굴드나 르윈틴처럼 적응주의를 비판하기보다는 보완하려는 입장을 취했다. 스티렐니는 적응주의를 유지하면서 문제점을 점진적으로 수정하려고 했다는 뜻이다. 스티렐니는 보조이론을 동원하여 핵심이론을 보완하는 방식으로 기존 이론을 유지해 나가는 과학방법론을 고수했다. 현대 과학철학에서 스티렐니와 같은 방식의 과학방법론을 제시한 사람은 과학철학자 라카토스(Imre Lakatos, 1922-1974)였다. 라카토스는 과학철학자 칼 포퍼의 반증주의falsificationism를 확장하여 소위 '연구프로그램research program'을 세웠다. 라카토스가 말하는 연구프로그램이란 과학이론을 구축하기 위하여 부정적 발견법negative heuristic과 긍정적 발견법positive heuristic을 적절하게 사용하는 방법론적 틀이다. 반증주의에서 볼 때 기존 과학이론에서 반증사례가 나올 때 그 과학이론은 폐기되어야 한다는 것인데, 여기서 부정적 발견법이란 한두 번의 반증사례가 나오더라도 기존 이론의 핵심을 무너지지 않은 채 추가로 개선된 보조가설을 보완함으로써 원래 연구프로그램을 폐기시키지 않고 진행시킬 수 있다는 라카토스 특유의 방법론을 말한다(Lakatos 2002, 68; 156-159). 다시 원래 주제로 돌아와서 스티렐니의 기본전략은 적응주의 연구프로그램을 유지하는 데 있다. 적응주의를 이론의 핵으로 유지한 채 적응 개념을 보완하고 적응의 적용범위를 조정함으로써 기존 적응주의 선택이론을 확장할 수 있다는 것이다.

2.9 조지 윌리엄스의 진화 유형과 적응 기준

1966년 조지 윌리엄스의 『적응과 자연선택Adaptation and Natural Selection』
이 나오면서 기존의 집단선택론은 사라지고 해밀턴의 포괄적합도 이
론이 정착되었으며, 적응주의에 대한 기존의 모호성을 줄이면서 (i) 효
율성, (ii) 신뢰성, (iii) 정확성이라는 기준을 세웠다. 이제 개체선택론으
로 적응선택을 다 설명할 수 있기 때문에 집단선택론을 도입하는 것은
경제성 원리parsimony를 벗어난다고 했다.

윌리엄스는 진화의 유형을 두 가지로 나누었다. 하나는 생명환경
진화biotic evolution이며, 다른 하나는 생명개체 진화organic evolution이다.
적응주의도 앞의 유형에 따라 생명환경 적응과 생명개체 적응으로 구
분할 수 있다. 이런 구분을 통해 기존의 몇몇 논쟁점을 해결할 수 있다
고 했다. 예를 들어 1950년대까지 주류 이론이었던 집단선택론의 오해
는 이런 구분을 인식하지 못했기 때문이라는 것이다. 적응은 진화의
범위를 어떻게 설정하느냐에 따라 다른 양상을 갖는다. 일반적으로
적응은 미시진화의 생명개체 적응을 의미하며, 생명환경 적응은 새로
운 종의 탄생과 멸종을 설명하는 범주이다.

자연선택 과정에서 '적응'과 '적응적'이란 다음의 기준을 만족해야 한다.
적응은 미시진화의 기초를 이루는 인과적 작용으로 준법칙적 성격
을 가진다. 적응의 기준은 정확성precision, 경제성economy, 효율성effi-
ciency이다(Williams 1966, Chap.1). 정확성이란 변이들 가운데 선택하는 절
차의 인과성이 예외 없이 분명하다는 뜻이다. 환경에 반응하여 선택되
거나 선택되지 않는 그런 원칙은 모든 변이체에 동일하게 적용된다.
경제성이란 개체에 유리하거나 불리하게 작용하는 것을 무시하고 오

[표 4-2] 윌리엄스의 진화 유형(Williams 1966, Chap.4)

윌리엄스의 진화 유형	
생명환경 진화Biotic Evolution	생명개체 진화Organic Evolution
• 거시진화macro-evolution와 생명계 전체 변화에 관심 • 생존의 문제는 지구 대격변과 같은 역사적 우연에 영향을 받음 • 지구 생명사에는 유일한 역사적 사건들이 있음. • 집단선택은 생명계 적응의 한 유형으로 집단 생존group survival이라고 표현	• 미시진화micro-evolution • 개체의 유전적 변이의 문제 • 보통 '적응' 개념이 적용되는 진화 a type of adaptive organization • 유전적 생존genetic survival
〈생명계통의 수준〉 • 종의 멸종/존속에 관련된 문제 • 생명계 전체의 존속성공도를 높이는 메커니즘	〈생명 개체의 수준〉 • 개체, 유전자 선택에 관련된 문제 • 개체 후속 세대에 유전자를 남기는 성공도를 높이는 메커니즘 • 개체의 포괄적합도inclusive fitness를 높이는 방향

로지 자손 증가율이 성공적인지 아닌지에만 관심을 둔다는 것이다. 효율성이란 필연적으로 그렇게 되어야만 해서가 아니라, 그렇지 않았던 임의의 잠재적 가상 상태보다 상대적으로 더 유리했기 때문에 적응의 결과가 그렇게 나왔다는 결과론적 기준이다.

반면에 '적응적'이란 거시진화의 기초를 이루는 역사성을 중시하며, 적응기제에 무관하게 형태학적으로 계승되어 변화가 쉽게 일어나지 않는 진화과정까지를 포괄한다. 앞서 말했듯이 우리가 보통 말하는 진화는 미시진화이며, 미시진화의 핵심어는 '적응'이다. 그런데 윌리엄스도 이런 적응 개념과 함께 넓은 의미의 적합도 가능함을 시사했다

(Williams 1992, 72-76). 그가 바로 '역사성historicity'이라고 부르는 것이다. 고생물학이나 지질학의 연구 영역에서 다루는 진화론은 거시진화이며, 거시진화의 핵심어는 역사성이다. 앞 절에서 논의했듯이 적응주의를 완성시킨 조지 윌리엄스도 스티렐니처럼 거시진화의 '적응성'의 범주를 미시진화의 적응개념과 충돌되는 것으로 간주하지 않았다. 윌리엄스는 오히려 미시진화의 적응 개념을 핵심이론으로 유지한 채 보완된 적응성의 개념을 보완함으로써 적응주의를 더 높이 완성시켰다.

[표 4-3] 진화의 양상과 기준

진화의 양상과 기준					
미시진화 - 적응			거시진화 - 항상성		
정확성	경제성	효율성	상동성	제한	종분화

6장과 7장에서 상동성, 제한, 종의 생성멸종에 대한 설명과 함께 역사성의 의미를 논의하면서 거시진화의 의미를 다시 다룬다.

3. 선택 수준

3.1 선택 수준의 의미와 범주

자연선택의 기제가 집단 차원에서 이루어지는지 아니면 개체 차원에서만 가능한지에 대한 논쟁은 진화론의 핵심 쟁점의 하나이다. 이를

'선택 수준' 혹은 '선택 단위unit of selection' 논쟁이라고 한다. 선택 수준 논의는 이타주의 논쟁의 배경이기도 하고, 적응주의 논쟁과 연계된 중요한 주제이다. 또한 진화론적 인과론이 어디까지 성립하느냐 하는 문제와도 관련되어 있다.

선택 수준이란 어떤 개별형질 혹은 모듈형질에 진화적 변화를 주는 선택 동력이 유전자에 있는지, 개체에 있는지, 집단에 있는지를 따지는 문제이다. 즉 선택압이 작용하는 수준이 분자 단위인지, 유전자 단위인지, 세포 단위인지, 유기체 개체 단위인지 나아가 집단이나 개체군 단위인지를 묻는 질문이다. 생물종은 선택 수준의 단위로 될 수 없다. 생물종은 미시진화의 선택압 대상이 아니기 때문이다. 생물종은 고정되고 불변의 단위가 아니기 때문이기도 하다. 거시진화 차원인 종 수준을 미시진화 차원의 선택압 개념으로 설명할 수 없지만, 굴드는 거시진화를 설명하면서 새로운 종의 탄생과 멸종을 선택이라는 개념을 사용하여 설명한 바 있다. 하지만 이것은 굴드가 선택이 종 차원에서 이루어진다고 주장했다기보다는 은유적으로 표현한 설명수단일 뿐이다 (Gould and Eldredge 1986, 146).

간단히 말해서 개체선택은 자연선택의 힘이 개체에 작용한다는 것이며, 집단선택은 집단에 작용한다는 뜻이다. 자연선택 과정에서 어느 수준에서 선택압이 작용하는지의 문제는 복합적 양상을 보인다. 미시 인과 차원에서 개체수준의 개체선택론이 확정적이지만, 소멸된 집단 선택론이 생태 환경 차원에서 다른 모습으로 부활하고 있는데, 1960년대 시작된 선택 수준 논쟁이 지금까지 이어질 정도로 복잡하다. 미시진화와 관련되어 있는 집단, 개체, 유전자 수준의 선택 단위 논의는 그만큼 중요하다. 선택 수준 문제는 11장에서 다루게 될 인간의 이기성과 협동성 사이를 오가는 인간본성론 논쟁으로 가는 첫째 관문이기 때문이다.

1930년대부터 자연선택의 주류 이론이었던 집단선택론은 1960년대 동물행동학자 윈에드워즈(Vero C. Wynne-Edwards, 1906-1997)에 의해 완성되는 듯 보였다. 그러나 유전자 수준에서 볼 때 집단선택으로 보이는 현상 대부분이 친족(혈연)선택kin slection임을 보여준 메이나드 스미스와 친족선택의 구조를 수학적으로 해명한 윌리엄 해밀턴, 적응주의를 선명하게 밝힌 조지 윌리엄스 등에 의해 기존 집단선택론은 거의 폐기되었다. 1976년 출간된 『이기적 유전자』로 유명해진 도킨스는 복제자와 운반자 개념을 소개하면서 유전자 수준과 개체 수준의 선택론을 연결시킴으로써 개체선택론과 유전자 수준의 선택론을 주류 이론으로 올려놓았다. 한편 1980년대 초부터 슬론 윌슨(David Sloan Wilson), 마이클 웨이드(Michael Wade) 그리고 생물철학자 엘리엇 소버 등에 의해 새로운 형태의 집단선택설에 해당하는 다층수준 선택(multi-level selection)론이 재등장하였다.

선택 수준 논쟁은 이기주의와 이타주의 논제와 본성과 양육 논제에 연결되어 있기 때문에 단순한 선택 수준의 문제를 떠나서 그 논쟁의 폭과 내용이 크게 확장되었다. 집단 수준의 집단선택론은 거의 폐기된 상태이지만 역사적으로 개체선택으로 전환하는 교량역할을 했고 나아가 의미있는 생태주의 아이디어를 포함하고 있기 때문에 개체선택론에 앞서 먼저 설명하기로 한다. 그동안 선택 수준의 논의를 거쳐 온 역사적 순서에 맞춰 소개한다는 뜻이다. 그리고 이기주의 논쟁은 진화

생물철학

윤리학을 다루는 11장에서 다시 다룬다.

3.2 다윈이 생각했던 집단의 사회성

집단에 대한 다윈의 관심은 인간의 도덕심이 정말 가능한지, 가능하다면 어떻게 가능한지를 알고자 한 생각에서부터 시작되었다. 왜냐하면 이타주의는 집단을 위해 개인이 희생하는 경우에 가능하기 때문이다. 현대 생물학적 인간본성론에서는 도덕적 이타주의와 생물학적 이타주의를 구분하는데, 도덕적 이타주의는 행위의 동기를 중시하지만 생물학적 이타주의는 개인의 이타적 행위가 결과적으로 개인이 속한 집단의 번성을 가져올 때 그런 행동과 결과 사이의 관계를 중시한다. 예를 들어 도전적이고 용기 있는 사람은 위험에 더 많이 노출되기 때문에 안전한 길만 가는 사람보다 개인적 적합도는 낮을 수 있다. 그러나 도전적이고 용기 있는 개인이 많은 사회 집단은 겁쟁이들이 많은 사회 집단보다 지속가능성이 더 높다고 판단할 수도 있다. 다윈은 이와 같이 집단 차원에서 적응을 관찰할 수 있다고 생각했다. 하지만 다윈이 집단 차원의 행동양식에 주목한 것은 오늘날의 논쟁점인 선택 수준을 논의하기 위해서가 아니라 인간의 도덕심이 어떻게 가능한지를 보여주기 위해서였을 뿐이다.

다윈은 인간사회에서 집단 안에서 개인의 행동양식이 인간의 도덕성을 이해하는 데 도움이 된다고 생각했다. 『인간의 유래The Descent of Man』에서 다윈이 이 문제를 어떻게 분석했는지 다음의 인용 문장을 통해 엿볼 수 있다(Darwin 1871, 166).

"고급의 도덕 기준이 동일한 부족집단 내 다른 개인에게 약간의 이익이거나 아니면 이익이 전혀 없어도 계몽된 개인들이 늘어나서 결국 도덕 기준이 전체적으로 향상된다면, 분명히 그 부족 집단은 그렇지 못한 다른 부족 집단보다 크게 번성할 것이다. 애국심, 충성심, 용기, 동정심 등의 고급 정신을 지닌 사람들이 많으면 많을수록 그 부족 집단은 언제나 타인을 도와줄 수 있으며 집단의 공동선을 위해 스스로를 희생할 준비가 되어 있어서, 그렇지 못한 다른 집단보다 우위에 있게 될 것임이 분명하다. 시간이 지나면서 고급 문화의 부족 집단은 다른 집단을 대신할 것이며, 그때 도덕은 그 우위를 차지하게 하는 중요한 요인이 된다. 교육을 받아 도덕 기준을 갖춘 개인들이 많아지면 결국 어느 집단이나 흥기하고 증대될 것이다."

이 책『인간의 유래』에서 다윈은 남아메리카 원주민 부족의 자기희생적 이타주의 행동 사례에 주목했다. 다윈은 두 가지 추론을 끌어냈다. 첫째, 부족 집단의 사람들이 자신에게 불리함을 알면서도 집단의 이익과 공동선common good을 위해 기꺼이 자신을 희생하는 행동을 한다는 점이다. 그리고 그들이 사는 집단 안에서 그런 이타주의 행동들이 많으면 많을수록, 바로 그런 집단이 그렇지 못한 다른 부족보다 풍요롭다는 점이다. 둘째, 이러한 이타적 행동도 진화의 산물이라는 점을 보여주려는 것이 다윈의『인간의 유래』에 담긴 또 다른 의미이다.

1859년『종의 기원』에서 말하는 자연선택의 단위는 논란의 여지없이 개체 수준이다. 그런데 1871년『인간의 유래』에서 집단의 의미가 자주 거론된다. 이는 다윈 자신의 논리적 모순이 아니라『종의 기원』에서 말하는 생물학적 기준과『인간의 유래』에서 말하는 도덕사회적 기준 사이의 차이일 뿐이며, 그 차이는 모순이 아니라 병립가능하다. 예를 들어 한 부족 안에서 이기적 개인이 이타적 개인보다 눈에 보이는 이익을 더 많이 가져갈 수 있어도 동시에 이타적 구성원이 많은 부족이 이기적 구성원이 많은 부족보다 집단번성에서 유리하다는 점이다. 개인의 차원에서 관계와 부족의 차원에서 관계는 병립할 수 있다는 뜻이다. 다만 다윈은 그 차이와 그런 차이의 병립가능성을 후기 작품에서도 증명해 낼 수 없었다.

3.3 집단선택론

1930~40년대에는 집단유전학 연구가 활발했던 시카고대학교를 중심으로 집단선택론이 위세를 떨치고 있었다. 1937년 도브잔스키는 『유전학과 종의 기원Genetics and the Origin of Species』에서 모든 종은 새로운 환경에 적응하면서 유전적 다양성을 집단 차원에서 보존한다고 말했다. 이 주장은 당시 집단선택으로 진화론을 해석하는 이론적 기초가 되었다(Dobzhansky 1937). 다수의 집단유전학 연구자들은 『종의 기원』에서 말하는 자연선택을 약육강식이라는 아전인수 격으로 해석하는 것에 반발했다. 그 대신에 그들은 집단선택 이론을 통해서 이타주의의 근거를 찾으려 시도했다. 이에 맞춰 초기 진화론자들은 개인들이 모두 자기가 속해 있는 집단의 번성을 위해 자신을 희생하도록 진화한다는 생각을 발전시켰다. '집단의 이익을 위하여for the good of group' 개체의 희생이 가능하다는 논리는 집단 안에서 스스로 번식을 자제한다는 개체수 조절이론으로 설명된다고 생각했다.

집단선택은 크고 작은 개체군의 번성과 멸절의 차이에 따라 유전적 변화가 유발되는 과정으로 정의된다(Wade 1976). 쉽게 말해서 적응 과정에 이르는 자연선택압이 개체군 수준 혹은 개체들의 집단 수준에 작용된다는 뜻이다. 이런 의미의 집단선택론을 자연의 객관적 관찰연구를 통해 주창하려 했던 대표적인 연구자는 윈에드워즈였다. 1962년 윈에드워즈는 『동물의 사회적 행동에 관한 분산Animal Dispersion in Relation to Social Behavior』(1962)에서 동일 개체군의 개체수를 자기 조절하는 진화된 능력을 장기간에 걸쳐 관찰했다. 윈에드워즈의 관찰실험은 다음과 같다. 바다칼새swift는 둥지 하나에 2개에서 3개의 알을 낳으며 알 4개를 낳지 않는다. 4개의 알을 낳으면 그들 집단의 개체수가 너무 많이 늘어나서 오히려 집단 개체군 전체 생존에 위협으로 될 수 있기 때문이다. 둥지당 알의 수는 집단 전체 생존을 위해 자동조절되는 진화를 거쳐 왔다는 것이다. 윈에드워즈는 자신의 치밀한 관찰연구가 집단선택론의 경험적 증거라고 확신했다(Wynne-Edwards 1962).

윈에드워즈가 말하려는 핵심은 생태환경이 허락하는 제한된 수용능력 범위 아래로 개체군 크기가 조절되는 자연의 메커니즘에 있다. 그리고 그 메커니즘이 집단선택론의 근거라고 했다. 개체군 수가 지나치게 증가하면 개체에게 돌아오는 먹잇감이 부족해지므로 집단 스스로 개체군 크기를 늘어나지 않도록 자기 조절을 한다는 것이다. 이런 개체군 조절 메커니즘population regulating mechanism의 일반구조 안에서 동물 사회행동의 다양한 형태들이 설명된다는 것을 조류 행동연구를 통해 보여주었다(Craig 1980). 윈에드워즈는 자손 증식의 기준으로 볼 때 개체에 불리해도 집단에게는 이익이 될 수 있는 행위는 개인 입장에서 이타 행위이며, 이런 생물학적 이타 행위는 집단선택론을 수용할 때 가능하다고 생각했다.

윈에드워즈의 동료인 조류행동학자 페린스는 바다칼새의 둥지 알 개수 관찰을 통해 3개의 알을 품을 때 부화되는 새끼들의 수가 가장 많아진다는 것을 관찰했다. 이 관찰결과는 집단선택이 아니라 개체선택 하나의 이론만으로도 4개보다는 정확히 3개의 알을 품을 때 개체 이익에 충분히 유리함을 보여준 것이라서 윈에드워즈의 집단선택 가설은 틀렸다고 페린스는 주장했다(Perrins 1964). 그러나 윈에드워즈는 페린스 주장을 반박했다. 실제로는 3개 알 둥지만이 아니라 1-2개의 알을 품는 둥지도 많은데, 그 이유를 설명하려면 페린스의 해석이 아니라 집단선택 가설이 더 유용하다고 반박했다(Craig 1980).

윈에드워즈는 자신의 책에서 집단선택을 강조하는 문장을 표현했는데, 이 문장은 가장 의미있는 부분이라서 해당 문장 전체를 아래에 인용했다(Wynne-Edwards 1962, 20).

"종 내부에서 일어나는 과정으로서 진화는 동역학적 개체군 모든 것에 관여하는 집단선택 수준에 귀속될 수 있다. 그래서 집단선택이 개체 수준의 선택보다 '훨씬 중요'하다much more important. 개체선택은 개체 의 소질과 생리에 관여하며, 집단선택은 집단 전체 혹은 혈통 전체의 생존가능성에 관여한다. 단기 이익에 맞춰진 개체선택the short-term advantage of the individual과 집단의 미래 안정성에 맞춰진 집단선택이 서로 충돌될 때 집단선택이 우세하게 된다. 왜냐하면 개체의 단기이익 행동유형은 집단 차원에서 난국을 맞게 되고, 해당 집단의 쇠퇴로 이어 질 것이며 결국 개체의 반사회적 자기이익이 더 강하게 통제되는 다른 집단으로 대체될 것이기 때문이다."

3.4 윌리엄스의 『적응과 자연선택』 - 개체수준 선택

집단선택설에 대한 직접적인 포문을 연 사람은 조지 윌리엄스였다. 당시 영국 옥스퍼드대학교에서 박사후 연수과정을 밟고 있던 그는 1966년 『적응과 자연선택』을 출간하여 집단선택설의 오류를 지적하면서 논란의 여지가 없을 정도로 집단선택론의 폐기를 주장했다. 윌리엄스가 보기에 여전히 집단선택론이 존속하는 이유는 과학적 증거보다 사회의 희망사항이 과학이론에 반영되었기 때문이다. 윌리엄스는 『적응과 자연선택』에서 집단선택 이론을 거짓일 뿐 아니라 아예 논의조차 할 수 없는 억지 이론이라고 논증했다(Williams 1966). 집단선택론을 부정하는 윌리엄스의 반론은 분명한 과학적 근거와 논리를 갖추고 있었기 때문에 더 이상 논쟁의 여지가 없어 보였다. 이후 선택수준 논쟁은 개체선택론으로 재편되었다. 집단선택론에서 말하는 집단은 그 형질의 실체가 없으며, 집단 수준의 표현형은 실제로 개체 표현형의 집합일 뿐임을 윌리엄스는 지적했다. 결정적으로 집단선택론은 집단이 선택한 형질이 개체의 유전자형의 변화를 가져다주었다는 구체적 증거를 제시할 수 없다는 점을 윌리엄스는 알렸다.

집단선택론을 반박하는 윌리엄스의 두 번째 논리는 앞서 논의했듯이 집단선택론이 생명개체 진화organic evolution와 생명환경 진화biotic evolution를 구분하지 못했다는 데 있다. 생명환경 진화란 종의 멸종과 존속에 관련된 진화를 말하는데, 대체로 지구 대격변 등의 지구사적 우연성에 의존되는 거시진화를 많이 다룬다. 지구는 유일한 역사적 현상이라는 점에서 의미있다. 생명개체 진화란 생명개체의 적응을 다루며 개체의 유전적 변이의 선택진화이다. 이를 소진화 혹은 미시진화로 부르기도 한다. 진화론에서 말하는 "적응" 개념은 바로 생명개체 진화에서 선택의 대상이 되는 유전자에 적용되는 진화를 말한다. 후손 세대에 유전자 계승에 유리한 방향, 즉 개체번식의 성공도를 높이는 방향으로 적응이 작동된다(Williams 1966, 121-124).

월리엄스는 이론에서 경제성의 원리가 중요하다고 했다. "적응은 그것이 꼭 필요할 경우에만 사용되어야 할 특수하고 과중한 개념이다. 적응을 설명하는 데 있어서 자연선택의 가장 단순형태가 타당한지 항상 고려해야 한다." 이렇게 경제성의 원리라는 점에서 집단선택은 타당하지 않다. 집단선택론에서 드는 사례로서 대표적인 것은 앞서 논의했던 윈에드워즈의 개체수 자기조절력이나 벌목곤충의 암컷 불임 현상이었다. 그러나 앞 절에서 충분히 설명했듯이 이런 사례들은 오히려 개체선택이나 유전자선택을 설명하는 증거로 뒤바뀔 수도 있다는 점을 월리엄스는 보여주었다(Williams 1966). 수컷 사향소의 집단방어 행위도 마찬가지로 해석될 수 있다. 사향소 성체는 포식자에 대항하기 위해 암컷과 새끼들을 안으로 모은 채 외곽에 둥글게 마차 형태의 띠를 만든다. 실제로 개체 수준에서 이런 행위는 가장 위험하며 결국 이타행위에 속한다. 그러나 이런 집단행위도 사향소 개체의 입장에서조차 포식자를 방어하는 가장 최적의 행위가 모여서 마치 마차잇기 형태로 보여질 뿐이라는 설명이 개체선택에서 본 반론이다.

포식동물의 경우 무딘 이보다 날카로운 이를 가져야 생존에 유리하고 살아남을 확률이 더 높을 것이다. 동일한 내용을 다음과 같이 다르게 표현할 수 있다. 날카로운 이를 소유한 개체가 그렇지 못한 개체보다 살아남을 확률이 높고, 그런 개체가 자손 증식의 기회가 많으며, 따라서 날카로운 이의 유전자가 유전된다. 이런 진화의 메커니즘은 기본적으로 개체의 생존과 증식에 관여한다. 이것은 개체의 형질 특성이 유전된다는 뜻이지 종이나 집단 차원의 형질이 변화하고 유전된다는 것을 의미하지는 않는다. 다윈 진화론의 요점은 임의의 형질을 갖는 개체가 다른 개체보다 더 많이 살아남았을 경우 그런 개체 형질의 누적과 확산이 곧 새로운 형질의 진화로 이어진다는 것이다. 다윈이 논파한 적응이란 일반적으로 개체 차원에서의 적응이다. 개체는 동일종의 다른 개체와 경쟁을 하면서 적응되고 그런 적응된 개체에서 선택이 생긴다. 이를 개체 수준의 선택이라고 부른다.

3.5 해밀턴의 포괄적합도 - 유전자수준

벌목과 곤충에서 보인 암컷들의 불임이나 자기희생적인 문지기 역할과 같은 이타주의적 행동유형이 어떻게 기본적으로 이기적인 개체들로 구성된 사회에서 진화할 수 있는가에 대한 논리적인 설명을 처음으로 제공한 사람은 영국의 생물학자 윌리엄 해밀턴이었다. 포괄적합도 이론inclusive fitness theory 또는 혈연선택론kin selection theory으로 알려진 해밀턴의 이론은 개체 수준에서 이타주의로 여겨지는 행동이 유전자 수준에서 분석해보면 사실상 이기적인 행동에 지나지 않음을 보여준다.

　해밀턴은 동물 행동에서 이타적 행동을 하는 쪽과 그런 행동에 의해 수혜를 받는 쪽 사이의 관계를 분석함으로써 집단 안에서 이타적 행위자가 수혜자에 대하여 이타행위를 하게 되는 대수 규칙이 있음을 알게 되었다. 대수 규칙이란 혈연관계가 있는 행위자의 비용cost과 수혜자가 얻는 이익benefit 사이의 유전적 관련성을 수학식으로 표현한 것이다.

rB > C라는 지극히 단순해 보이는 공식으로 알려진 해밀턴의 법칙 Hamilton's rule에 따르면 이타적인 행동으로 인해 얻을 수 있는 적응적 이득B, benefit에 유전적 근친도r, genetic relatedness를 곱한 값이 그런 행동을 하는 데 드는 비용C, cost보다 크기만 하면 그 행동형질은 진화한다는 것이다. 따라서 당연히 유전적으로 가까운 사이일수록 이타적인 행동 형질이 진화할 가능성이 높을 수밖에 없다

행위자 행동이 행위자 개별자에게는 비록 희생적일 수 있으나 형제자매나 사촌 등 그 행위자와 혈연관계에 있는 다른 개체에 이익을 가져다줄 수 있는 이타적 행위가 가능하다는 뜻이다. 왜냐하면 나의 행동이 비록 비용이 커지더라도 혈연관계에 있는 나의 형제자매들에게 돌아가는 이익이 커지므로, 그런 형제자매의 이익은 결국 나라는 개체의 유전적 이익이나 마찬가지이기 때문이다. 적합도의 범위를 나라는 개체에 한정하지 않고 나의 친족 관계자 모두와 공유하는 유전자의 크기라는 점을 밝힌 것이 해밀턴의 학문적 업적이다. 개별자만이 아닌 친족 유전자로 확장된 적합도의 범위를 해밀턴은 포괄적합도inclusive fitness라고 이름 붙였다. 원문 그대로 인용하자면 포괄적합도란 "표현형의 발현이 개체만의 번식에 유리하기 때문만이 아니라 개체를 포함한 개체 친족들 공동 번식에 유리하기 때문에 해당 유전형이 선택된다"는 의미이다(Hamilton 1964). 여기서 유전형과 표현형이라는 용어가 등장했는데, 유전형은 한 생물 개체의 잠재해 있는 모든 종류의 유전정보 집합이며, 표현형은 유전형이 외부조건(환경)에 의존적으로 발현되어 기능적 특성으로 보여지는 외형이다.

해밀턴의 성과는 이타적 행위가 가능한 정도를 수학으로 표시했다

는 데 있다. 해밀턴의 연구는 개미를 대상으로 한 실험이었지만, 해밀턴의 포괄적합도에 대한 이해를 돕기 위해 인간사회의 예를 들어보자. 나와 2촌 혈연관계에 있는 형제자매들과 4촌(혹은 8촌) 혈연관계에 있는 사촌동생들이 있다고 해보자. 8촌 동생들에 대해서보다 4촌 동생들에 대해서 나는 더 큰 봉사와 희생 행동을 할 수 있을지도 모른다. 마찬가지로 4촌 동생들보다 바로 더 가까운 2촌 혈연관계에 있는 형제자매에 대해 더 큰 희생 행동을 할 수도 있을 것이다. 즉 나와 혈연관계가 가까우면 가까울수록 그런 관계의 친족에 대해 나는 자신의 희생 행위에 드는 비용C, cost이 크더라도 그런 혈연친족이 얻을 수 있는 이익B, benefit을 위해 이타적 행동을 할 가능성의 정도는 더 높아질 수 있다. 그 정도의 차이를 대수화하여 이익과 비용 사이의 관계를 표현하는 관계계수co-efficient of relatedness로서 변수를 규칙화했으며, 그 관계계수는 실제로 유전적 근친도genetic relatedness임을 해밀턴이 수학적으로 해명했다 (Hamilton 1964a). 유전자 계승이라는 점에서 개체의 수준을 유전자를 공유하는 친척들까지 확장함으로써 집단 수준의 이타성 논쟁을 해소한 해밀턴의 포괄적합도 이론은 현대 진화종합설의 역사적 나침판으로 평가된다.

해밀턴 규칙은 사람이 아니라 벌목과Order Hymenoptera인 개미 집단에 대한 실험결과이다. 일개미는 여왕개미가 낳은 암컷 개미이지만 알을 낳지 못하거나 낳지 않는다. 벌목과 곤충의 가장 큰 특징은 수컷의 염색체가 짝배수인 배수체diploidy가 아닌 쪽배수인 반수체haploid로 되었다는 점이다. 쉽게 말해서 수컷은 모두 무정란(미수정란)이라는 뜻이다. 아무 일도 하지 못하고 오로지 여왕개미와의 짝짓기로 생애를 마치는 수컷 개미는 반수체인 염색체를 후손에게 물려주는데, 그렇게 물려주는 반수체는 수컷의 전체 염색체에 해당한다. 암컷 일개미는 어버이 유전자의 100%를 그대로 물려받는다는 의미이다. 동시에 보통 짝배수인 배수체 염색체를 가진 어머니로부터 받은 염색체는 감수분열된 상태로 물려받기 때문에 어머니 유전자의 50%를 물려받게 된다. 결국 일개미들은 자매끼리 75%의 유전자를 공유한 셈이다. 일반 감수분열하는 후손들은 그들 사이의 50% 유전자를 공유하는 것이 보통이지만 벌목과 곤충의 수컷이 갖는 유전적 특성 때문에 이런 근친도가 생긴다 (Hamilton 1964). 여기서 유전적 근친도는 현대 유전학의 기초를 만든 멘델의 고전적 유전법칙에 기인한다. 멘델법칙은 기본적으로 후손으로 계승되는 대립형질 염색체의 '1/2'이라는 감수분열의 결과들을 산출한 것이라서, 유전적 근친도 역시 산술적이고 분명한 대수적 결과이다.

유전자 공유도에 따라 유전적 근친도가 정해지는 해밀턴 규칙에 따라 'r'로 표시되는 일개미 자매끼리의 유전적 근친도는 0.5가 아니라 0.75이다. 이 대수적 규칙에 따르면 일개미는 암컷이지만 자신이 알을 낳아 새끼를 키우기보다 자신의 번식행위를 포기하고 그 대신 여왕개미를 잘 보살펴 더 많은 2촌 자매 간 일개미를 낳게 하는 것이 더 유리하다. 그래서 일개미 불임이라는 고비용 행위를 택하는데, 이는 자연선택의 기본조건인 후손번식의 자기이익을 포기한다는 점에서 생물학적 이타 행위로 보이지만 유전자 수준에서는 여전히 이기적 행동의 유형이다.

다시 말해서 일개미의 불임 선택은 마치 집단의 번성을 위한 집단선택의 행위로 보이지만, 실제로는 개체 일개미의 유전적 이익 공유를 선택하는 개체선택 혹은 유전자 수준의 선택이라는 것이 20세기 후반 최고의 진화생물학자로 알려진 해밀턴의 탁월한 업적이다. 자매들끼리의 75% 유전자 공유도를 계산하는 방식은 11장 생물학적 이타주의에서 상세히 설명될 것이다.

한편, 포괄적합도 이론은 친족이 아닌 개체들 사이의 이타행위를 설명하기 어렵다는 점에서 비판을 받기도 한다. 야생 생태계에서 친족관계가 아닌 집단에서도 개체끼리의 이타적 행위가 나타나는 사례가 드물게 나타나는데, 이 경우 유전자 공유의 기회가 없음에도 불구하고 일어나는 이타행위를 포괄적합도 이론이 설명하기 어렵다는 비판이다.

개체선택론자인 트리버스는 이에 대하여 응대하면서 호혜성 이타주의 혹은 상호이타성 이론을 정립했다. 상호이타성 이론은 친족이 아닌 집단에서 나타나는 이타행위를 설명하는 경험기반의 장치이다. 비친족 관계에서 이타행위는 해밀턴의 혈연 내 유전자 공유로 설명되지 않기 때문에 트리버스의 상호이타성 이론은 개체선택론을 유지하면서도 혈연성의 한계를 극복한 것으로 평가받는다. 물론 실제로 야생 생태계에서 비친족 관계로 구성된 집단이나 개체군은 거의 없기 때문에 포괄적합도 이론이 크게 위협받는 것은 아니다. 그러나 인간을 포함한 영장류 이상의 포유류에서는 트리버스의 이론이 강한 영향력을 미칠 수 있다. 이에 대한 자세한 논의는 진화윤리학 11장에서 전개된다.

3.6 유전자선택론 논쟁

윌리엄스의 『적응과 자연선택』이 나오고 10년 후, 도킨스의 『이기적 유전자』(1976)가 출간되면서 급속하게 유전자 패러다임이 대중화되었다. 윌리엄스의 이론은 이미 개체선택론에서 벗어나 유전자 수준의 선택을 논증했다. 모든 형질의 변화는 그것이 유전자에 유리하기 때문에 진화한다는 것이다. 또한 DNA의 이중나선 구조를 발견하여 1962년 노벨 생리의학상을 수상한 왓슨과 크릭의 분자생물학적 연구성과에 힘입어 선택 수준 이론은 급속히 유전자 차원으로 그 논의가 확장되었다. 그러나 개체 수준과 유전자 수준의 범주는 질적으로 동일하다. 개체 차원에서 선택이 이루어진다는 것은 표현형 수준의 선택을 의미하며, 표현형 수준의 선택은 이미 유전형 수준의 선택을 전제하기 때문이다.

헐은 유전형과 표현형의 구분을 일반화하여 선택 단위를 상호작용자interactor로 표현했다(Hull 2001, Chap.1). 그리고 도킨스는 잘 알려진 것처럼 선택 수준을 유전자 차원의 복제자replicator로 간주했다. 도킨스의 복제자 개념은 결정론적이라는 비판에도 불구하고 진화론과 유전학 모두에서 강한 설명력을 인정받았다. 기존의 진화론에서 함구했던 무성생식을 설명할 수 있었으며, 또한 문화적 선택 단위인 '밈meme'까지도 복제자 개념 안으로 포괄했다.

바그너(Gunter Wagner)는 선택의 수준을 원자론적으로 해석하려고 했다. 그는 '벽돌 부품building block'이라는 최소 선택 단위량으로 진화evolvability한다고 했다. 여기에서 벽돌 부품의 의미는 일종의 유전형들의 모자이크에 해당한다. 표현형 차원의 모자이크가 아니라 유전형 차원의 모자이크를 주장한 것은 분자 차원의 원자론을 강조한 것이었다. 그래서 바그너의 유전형 모자이크 이론은 현대 분자생물학의 강력한 지지를 받고 있다(Wagner and Altenberg 1996).

굴드, 르원틴과 소버는 도킨스의 유전자선택 이론이 환경 조건에 따른 표현형의 실제적 변화를 설명할 수 없다고 비판했다. 특히 소버가 지적한 이형 접합체의 표현형적 우세heterozygote superiority는 도킨스의 관점에서 설명할 수 없는 사례들이다. 아프리카 원주민에게서 나타나는 유명한 겸상 적혈구 유전성 빈혈증sickle cell anaemia 사례를 보자. 겸상 적혈구는 11번 염색체의 아미노산 서열이 바뀜에 따라 생긴 유전적 변이 형질이다. 해당 돌연변이 헤모글로빈 적혈구는 기역자로 휘어진 낫 모양으로 생겨서 한자 표현으로 겸상(낫 모양)이라는 이름이 붙여졌다. 염색체 양쪽 모두에homozygote 배속된 동형접합체로 돌연변이 겸상 적혈구의 유전인자를 갖고 있다면 치명적인 빈혈 증상이 나타난다. 그런데 염색체 한 쪽에만heterozygote 유전인자가 배속된 이형접합인 경우 빈혈 증상이 나타나지 않으면서도 말라리아에 대한 선천적 면역력을 갖게 된다. 겸상적혈구는 말라리아 원충에 대해 저항성을 가지고 있어, 겸상적혈구를 갖는 이형접합체 소유자는 말라리아에 잘 걸리지 않는 것이다. 동형접합체 (AA), (aa)와 달리 이형접합체 (Aa)는 말라리아로부터 대체로 자유롭다. 다시 말해서 치명적인 유전 빈혈 증세를 일으키는 변형 동형접합체와 달리 이형접합체 (Aa)는 위의 두 장애를 견디고 개인의 존속과 증식에 도움이 된다. 이 사례에서 돌연변이 헤모글로빈은 치명적 빈혈 증상에 대한 유전적 대응성을 보인다. 그러나 이형접합의 경우 빈혈증의 발현과 말라리아에 대한 저항력은 유전자로 설명되지 않고 염색체 결합방식에 달려 있음을 알 수 있다.

결국 유전자 수준의 선택이론으로는 이 사례를 설명할 수 없다. 그러나 스티렐니는 유전자 선택이론을 비판한 소버의 논증을 재비판했다. 이형접합의 현상은 선택 수준 논의와 무관하다는 것이다(Sterelny and Kitcher 1998, 156-157). 오히려 개체 수준이든 집단 수준이든 유전자 변화 없이 표현형의 변화를 생각할 수 없기 때문에 유전자선택은 형질 변화에서 필수적 과정이라고 한다. 그렇지만 유전자선택은 선택 수준의 한 가지 필요조건일 뿐이지 충분조건이 될 수 없다. 이 점은 유전자선택이나 개체선택 혹은 집단선택 하나만으로 하나의 형질 변화를 설명할 수는 있어도, 전체 형질 변화를 설명할 수 없다는 것을 의미한다.

3.7 성비와 선택수준

자연상태에서 암수 성비가 왜 일정하게 1:1을 유지하는지 혹은 어떤 경우 편향적으로 치우치는지에 대한 논의는 선택 수준 논쟁과 관련되어 있다. 1930년대의 집단유전학자로 유명한 피셔, 홀데인, 라이트는 기본적으로 집단선택을 부정적으로 보았다. 그 가운데 피셔는 자신의 책 『자연선택의 유전자 이론The Genetical Theory of Natural Selection』(1930)에서 성비가 왜 일정한 비율을 유지하는지에 대한 획기적인 연구성과를 내놓았다. 피셔의 논점은 자손대에 암컷이 수컷에 비해 지나치게 많으면 그 다음 3대에서는 수컷을 더 낳기 위한 생물학적 투자를 한다는 것이다. 이런 생물학적 투자의 결과로 후대로 내려가면서 암수 비율이 거의 1:1로 조절된다는 것이 그의 성비 균형론의 핵심이다.

　해밀턴은 「예외적 성비」(1967)라는 유명한 논문을 통해서 암컷 편향적 성비가 예외적이지만 일부 기생성 곤충에서 발견된다고 했다. 많은 해석가들은 해밀턴의 의도와 반대로 해밀턴의 성비 편향을 집단선택의 사례로 간주하기도 했다. 해밀턴 자신은 집단선택론을 부정적으로 본 사람이지만, 예외적인 편향적 성비는 새로운 집단을 만드는 암컷 창시자를 중심으로 그 집단을 유지하는 힘이 될 수 있다고 보았다.

즉 해밀턴의 고유한 '지역적 짝짓기 경쟁local mate competition' 논리를 통해 암컷 중심으로 성비가 편향된 집단이 성비가 균형을 이룬 일반 집단보다 집단의 개체수를 늘려가는 데 유리하다는 것이었다(Hamilton 1967, 480). 해밀턴은 파리의 번데기를 숙주로 기생하는 말벌의 암수 성비에 주목했다. 그는 유전자 차원에서 성비를 해석했고, 해밀턴의 관찰 결과는 집단선택이론에 의존하지 않으면서도 편향 성비를 설명할 수 있었다. 윌리엄스는 피셔의 성비 균형은 유전자 차원에서 설명될 때 가장 설득력 있는 해명이라고 보았다(Williams 1966, 148-149). 결국 성비는 균형이나 편향에 관계없이 유전자 차원에서 해명된다는 것이 윌리엄스의 생각이다.

성비를 연구한 학자들은 이렇게 동일한 현상에 대해서도 다른 해석들을 내놓았다. 윌리엄스는 피셔의 '성비 균형'이나 해밀턴의 '예외적 성비 편향' 모두 유전자 차원의 산물이라고 보았지만, 소버는 해밀턴의 이 논문이 집단선택을 옹호하는 것은 아니더라도 오히려 새로운 관점에서 재론할 수 있게 된 것으로 보았다(소버 2000, 4장). 집단선택을 선호하는 사람들은 암수의 편향 성비를 집단선택의 경험적 증거라고 보았다. 암컷 편향적 성비, 즉 집단이 암컷에 짝지어지는 수컷의 최소수를 가짐으로써 집단의 자손 생산성이 극대화된다는 점이다. 그러나 윌리엄스는 성비 편향성을 집단선택의 증거로 보는 관점은 자연의 사실보다 믿음을 더 중시한 오류에 지나지 않는다고 강하게 비판했다.

성비 논점은 오히려 선택의 단위가 형질 전체에 적용되기보다는 형질마다 다른 선택 수준이 적용될 수 있다는 생각으로 발전되었다. 이런 관점에서 소버는 왜 모든 진화에서 유일한 선택 수준만으로 형질 변화를 설명해야 하는가라는 의문을 제기했다. 그리고 형질에 따라 다른 선택의 수준이 작용될 수 있다는 생각을 발전시켰다(소버 2000, 177).

3.8 다층수준 선택

앞서 말했듯이 1966년 윌리엄스의 책 『적응과 자연선택』이 출간되면서 집단선택론은 거의 폐기되었다. 집단선택론의 대표격이었던 윈에드워즈도 자신의 집단선택론에 거센 비판을 받고 결국 그 비판에 대한 타당한 답변을 못하고 있음을 스스로 인정했다. "집단선택의 느린 행보가 개체 적합도에 기반한 이기적 유전자 이론의 빠른 확산을 앞지르는 그런 합의된 모델이 나올 수 없다고 본다. 그래서 나는 그들의 의견(개체선택론)을 받아들인다."(Wynne-Edwards 1978, 19) 이렇게 윈에드워즈는 결국 자신의 집단선택론을 접고 개체선택론을 어쩔 수 없이 수용하는 듯 보였다.

그러나 곧이어 윈에드워즈는 자신의 집단선택론의 매력을 포기하지 않았음을 알렸다. 개체선택론이 대세라는 것을 인정하기는 하지만 개체선택만을 적응의 유일한 작동체계로 보기 어렵다고 했다. 개체선택의 과정이 빠르게 보일지언정 집단이나 개체군 차원에서 작용되는 자연선택의 느린 과정slower process을 무시할 수 없다고 말하면서, 윈에드워즈는 집단선택론을 새로운 방식으로 재현하려는 태도를 보였다 (Wynne-Edwards 1991, 138). 에드워드 윌슨도 집단선택론을 재현하는 데 한몫을 했다. 에드워드 윌슨은 그의 노년작 『사회생물학의 이론적 기초Rethinking the Theoretical Foundation of Sociobiology』에서 집단 안에서는 개체선택이 집단 간에서는 집단선택이 작용된다는 주장을 다음처럼 강하게 표현했다. "집단 내에서는 이기주의가 이타주의를 이긴다. 집단 간에서는 이타적인 집단이 이기적인 집단을 이긴다. 다른 모든 것은 사변에 지나지 않는다."(Wilson and Wilson 2007)

매우 제한된 조건 아래에서 집단선택에 유효한 진화력effective evolutionary force이 가능할 수 있다는 입장도 늘어났다(Craig 1982). 1990년대 들어서 집단선택론은 새로운 논리와 논거를 통해 재정립되었다. 데이비드 슬론 윌슨과 생물철학자인 엘리엇 소버는 『타인에게로』(1998)를 출판하면서 이타행위의 집단선택이 진화론적으로 무시될 수 없음을 강조했다. 소버는 개체와 유전자 단위에서 개체선택론을 당연히 인정했다. 자연선택의 정의는 원래부터 "유전자 빈도의 변화"이기 때문에 유전자 수준의 선택은 당연한 이론이라고 소버는 말했다(소버/슬로안 윌슨 2013, 109). 그러면서도 개체 이상의 상위집단에서 집단선택이 작용될 수 있다고 주장했다. 소버는 이를 다층수준 선택론multilevel selection theory으로 이름 붙였다. 소버는 다양한 수준에서 다층적으로 작동되는 다수준 선택이 적응진화의 광범위한 설명력을 갖게 될 것으로 본다(DS Wilson et al. 2008).

예를 들어보자. 벌은 둥지에 침입한 외부 침입자를 방어하기 위해 자신의 꼬리침으로 상대를 쏘는데, 그 침과 함께 자신의 창자도 빠져나와 죽게 된다. 이것은 자신이 속한 집단을 보호하기 위한 행동이다. 또 새들이 땅에 앉아 먹이를 구하고 있는 동안 무리의 경계에서 보초를 서는 새가 있다. 이 새는 포식자에게 가장 손쉽게 노출되지만, 그런 위험을 감수하고 집단을 위해 보초를 선다. 수컷 사향소들은 포식자에 맞서 마차잇기 형태의 둥근 방어막을 만들어서 자신들의 암컷과 새끼들을 보호한다. 고전적 집단선택론을 붕괴시킨 윌리엄스의 『적응과 자연선택』의 핵심은 이런 사례들이 마치 집단선택을 옹호하는 증거로 오용된다는 것을 지적한 데 있었다. 그러나 역설적으로 말해서 이러한 윌리엄스의 지적조차 집단선택의 적용범위를 완전히 무시한 것으로 볼 수 없다고 소버는 말한다. 소버는 이런 점을 들어 개체 수준의 선택이 기본적인 선택압이지만, 일부에서는 집단 수준의 선택도 부분적으로 가능하다고 주장한다. 소버의 주장은 다층 차원에서의 자연선택 가능성을 언급한 것이며, 나아가 개체선택과 집단선택이 형질에 따라 다르게 작동하는 종합적 선택이론으로 볼 수 있다(Sober and Wilson 1998).

앞서 나열한 자기희생적인 이타성 행동유형이 친족선택이나 트리버스의 상호호혜 이론으로 어느 정도 설명되지만, 그렇다고 행동유형 전체가 다 설명되지 않는다는 사실을 소버는 주목했다. 이런 자기희생적 행동유형을 분석한다면 개체 수준의 설명력의 값과 함께 집단 수준의 설명력의 값이 벡터 형식으로 겹쳐 있음을 추정할 수 있다는 것이 소버의 입장이다(소버 2000, 4장). 최근 비르키의 연구에 따르면 친족선택과 집단 선택 사이는 '형식적 동등성formal equivalence'을 갖는다. 물론 그렇다고 해서 이 둘이 같다는 것은 아니지만, 개체군 내 개체들의 행동유형은 혈연성 행동과 집단성 행동의 차이를 선명하게 구분하기 어렵다고 한다. 이런 비르키의 주장은 개체군 중심 접근법Population-centered approach이라고 한다. 개체군(집단)의 구조적 특성 때문에 안정화된 집단일수록 그런 집단 안에서 친족선택과 집단선택은 모순관계가 아니라는 것이다(Birch 2020).

다층수준 선택론이란 개체 수준과 집단 수준 모두에서 선택이 작용될 수 있다는 논리를 전개한다. 다층수준 선택론자들은 선택 수준에서 겉으로 드러난 친족선택이나 유전자선택만이 아니라 집단선택의 힘도 숨겨져 있음을 말하려 한다. 선택된 결과만을 보는 것이 아니라 선택의 원인이 되는 조건을 엄밀하게 분석해보면 집단선택의 벡터값이 보인다는 것이다. 이 말은 다음의 두 가지 의미를 담고 있다. 첫째, 다층수준 선택론과 친족선택론은 서로 모순되는 모형이 아니라 공존가능한 설명방식의 다양성이라는 뜻이다. 예를 들어 사회성 동물의 선택 결과를 해밀턴처럼 친족 유전자를 공유한다는 유전자/개체 차원에서 설명될 수 있지만 동시에 '암컷편향적인 성비' 이론으로 설명될 수도 있다. 둘째, 설명방식의 다양성이라는 의미 외에 다중의 선택 수준이 섞여서 작동된다는 다중 선택론을 제시했다. 선택은 다층수준에서 다중적으로 일어나지만 선택의 결과는 하나의 양상으로 나타난다. 선택결과, 즉 적합도가 하나로 섞인 결과로 나타나기 때문에 선택은 개체 수준에서만 일어나는 것으로 여겨질 수 있다. 소버는 이에 대하여 적합도의 단순 평균이 아니라 개별 적합도의 벡터값을 구분해서 보아야 한다고 했다. 그렇게 구분해 놓으면 비로소 집단선택의 몫이 보인다는 것이다. 그런 단순평균의 오류를 소버는 '평균법의 오류'라고 표현했다. 개체선택의 힘과 집단선택의 힘이 섞인 선택결과를 산술평균을 내면 집단선택의 힘은 사라지게 된다. 그래서 합쳐진 힘을 구성하는 각 부분은 평균값으로 대표되어서는 안 되고 각각의 벡터 분해로 이해되어야 한다는 것이다. 벡터 분해의 시각으로 선택결과를 볼 때 비로소 집단선택의 값이 보인다는 것이다. 소버의 '평균법의 오류'는 11장에서 상세하게 설명한다.

4. 열린 논쟁, 열린 과학 – 생물막 사례로 본 선택수준

생물종 연구자로 알려진 이레세프스키에 따르면 생물학에서 말하는 "개체individual"라는 용어는 세 가지로 사용된다고 한다. 종이나 계통발생 분류군의 하나로서 계통적 개체genealogical individuals 개념이 있고, 자기구조를 유지하기 위해 환경으로부터 자원을 가져다 쓰는 신진대사 하는 단위로서 개체metabolic individuals 개념이 있으며, 진화적 개체로 알려진 자연선택의 대상이 되는 선택단위의 개체individuals in natural selection 개념이 있다(Ereshefsky and Pedroso 2015).

우리가 개체선택을 말할 때 그 '개체'는 진화적 개체이다. 동물 차원에서 볼 때 대부분의 개체는 진화적 개체이면서 동시에 계통적 개체이며 대사성 개체이다. 그러나 박테리아 수준으로 내려가면 계통적 개체 범주와 진화적 개체 혹은 대사성 개체 범주가 서로 다를 수 있다. 그 사례로서 다종 박테리아들이 공생하면서 하나의 생물적 컨소시엄을 형성한 생물막biofilms이라는 이름이 붙여진 박테리아 집합체가 있다. 진화론으로 볼 때 박테리아 집합체인 생물막이 다세포 유기체로 진화하지 않은 것도 특징적이다. 그 이유는 서로 다른 종들의 컨소시엄이 동일종의 집단보다 진화론적 이익이 더 크기 때문이다. 물과 흙, 지구 어디에도 퍼져 있는 박테리아 생물막은 개체 단위의 일반 박테리아와 달리 집단형질의 특성을 갖고 있다. 이런 점들로 미루어 생물막의 생활사는 선택수준 논의 대상으로 주목될 만하다.

외과 수술 후 상피조직 표면에 형성된 염증도 생물막인 경우인데, 염증 생물막의 사례를 통해 진화적 존재 이유를 살펴보자. 상피조직에 생기는 염증이 생물막의 일종이라면, 그 생물막의 작용(부수적 기능) 중의 하나로서 항균제에 대한 내성을 형성한다는 점이다(Gilbert et al. 2002). 생물막 안의 박테리아 세포 밀도가 높아질 경우 세포들끼리의 생태적 관계가 형성된다. 세포 사이에서 분업과 협동 등의 집단성 행동 유형이 관찰된다. 예를 들어 서로 다른 종이지만 컨소시엄을 공동으로 형성한 박테리아들은 그들을 감싸주는 고분자 물질의 성벽을 협동과 분업으로 생성하고 구축한다. 그런 고분자 물질의 외벽은 세포막과 달리 다량체 기질polymeric matrix로 형성된 것으로 보통 EPS 기질extracellular polymeric substances이라고 말한다. 생물막에서 기질은 그 안의 박테리아들이 (i) 어떻게 자원을 공동으로 획득하는지, (ii) 획득한 자원을 어떻게 공동 에너지로 사용하는지, (iii) 어떻게 (항생제 같은) 외부 공격을 상호방어하는지, (iv) 생물막 안의 죽은 박테리아 찌꺼기들을 어떻게 효율적으로 처리하는지, 그리고 (v) 어떻게 전체 증식을 유지하는지를 자동제어하는 생태학적 지표이다. 기질은 내부와 외부를 분리하는 벽으로서의 역할만이 아니라 다종 세포들의 기능과 생활사를 서로 조절하고 균형을 맞추는 역할을 한다는 뜻이다(Donlan 2002; Vidyasagar 2016).

생물막 안의 박테리아 세포들은 서로 신진대사 능력도 다르고 산소 농도 기울기나 생리학적 효소기울기도 다르다. 그럼에도 불구하고 각각 다른 이질적 존재들이 하나의 공동체처럼 작동되는데, 이런 특징을 사회-미생물학sociomicrobiology이라는 메타포로 표현하기도 한다(Flemming et al. 2016). 예를 들어 세포막 안의 1번 박테리아가 암모니아를 산화시켜 아질산염으로 만들면 2번 박테리아는 아질산염을 질산염으로 만들어서 협력성 대사작용을 수행한다. 시아노박테리아cyanobacteria

와 진균류 등으로 구성된 생물막은 한쪽에서 필수 이온을 제공해주고 대신 영양분을 공급받는다. 생물막이 인간에게 위협이 되는 것 중의 하나가 항생제 내성이다. 염증을 치료하기 위해 외부 항생제가 투입되면 생물막 안의 일부 박테리아들이 사멸되는 피해를 입는데, 생물막은 그 피해를 최소화하고 다시 복원하려는 협동과 희생작용을 한다. 생물막 안의 일부 박테리아는 스스로 자기성장을 멈추어 휴면상태를 택한다. 휴면상태는 개체 입장에서 손해이지만 그런 일부의 휴면상태는 외부 항생제 효과가 전체 집단에 수용되지 않도록 하는 공동체 이익을 낳게 해준다. 한편 항생제 공격에 약해진 세포나 원래부터 취약한 세포들은 스스로 자기죽음 메커니즘인 아포토시스apoptosis 작용을 선택함으로써 살아남은 공동체 집단을 회생시키거나 더 강화시킬 수 있다. 마찬가지로 그런 선택은 개체 입장에서 불리하며 손해이지만 공동체 관점에서 큰 이익을 만든다. 이런 결과가 바로 항생제 내성으로 나타나는 것인데 인간의 입장에서 불리하지만 박테리아 공동체 입장에서는 매우 중요한 생활사의 이익이다. 즉 개체들의 저항resistance이 공동협동으로 수행될 때 비로소 저항은 공동체의 내성tolerance을 강화하는 결과로 이어진다는 점이다(Flemming et al. 2016).

　이처럼 생물막 내의 박테리아 개체는 그 양태와 성질에서 생물막이 없는 일반 박테리아 개체와 다르다. 생물막 내 개체는 일반 개체와 달리 개체 행동양식보다는 집합체 행동양식에 의존된 것으로 알려져 있다. 이는 다종 박테리아들의 공동집합체가 선택 수준의 단위로 될 수 있다는 뜻을 의미한다. 그래서 생물막은 집단선택의 단위로 논의될 수 있다. 생물막의 이런 성질은 유전자가 전혀 다른 이질종 개체들 사이의 관계라서 개체선택론이나 유전자선택론뿐만이 아니라 친족선택론으로도 설명되지 않으며, 그들 간에는 호혜적 관계를 필요로 하지 않기 때문에 트리버스의 상호이타주의 이론으로도 설명되지 않는다. 그렇다고 집단선택론의 사촌격인 다수준 선택론을 단정하여 미생물 수준의 생물막 상태에 적용시키기에는 그 근거가 미흡하다. 다양한 선택수준 이론들 가운데 개체선택론이 여전히 정상과학의 지위를 갖고 있지만 다른 편의 이론을 완전히 거부하는 것도 자칫 완고한 과학으로 빠질 수 있다. 과학철학자 칼 포퍼가 잘 설명했듯이, 과학과 비과학을 가르는 구획은 이론의 반증가능성을 인정하는지의 여부이다. 자신이 이론이 절대적이고 완강하고 불변이라는 태도는 실제로 과학이 아니라 도그마일 뿐이다. 과학은 닫힌 교조가 아니라 열린 논쟁의 소통이기 때문이다.

5. 진화의 방향과 목적론

5.1 목적론의 의미와 내용

자연물의 운동이 특정한 방향으로 나아가게끔 정해졌다는 것이 "목적론teleology"이다. 목적론 개념을 처음 시작한 아리스토텔레스에서 존재는 그 존재마다 자체적인 자신의 목적을 내재하고 있으며, 가능태에서 현실태로 이행하는 운동성 자체가 목적이다. 그래서 아리스토텔레스는 모든 운동을 목적지향적으로 본다. 이 말을 형이상학적으로 다시 써서, 존재 안에 목적이 내재되어 있다고 표현한 것이다. 운동이 지향하는 목적은 현재 존재보다 우월하거나 절대적인 지위를 지니고 있다. 이 점에서 신학이나 기존 형이상학은 기본적으로 목적론적 존재론에 해당한다. 목적론 기반의 전통자연학에서도 자연의 변화 또는 세계의 운동이 특정 목적을 향해 움직인다고 보는 자연관 위에 서 있다. 목적론은 정신적이고 선험적인 절대자나 신의 존재를 목적으로 갖는다. 그래서 물질적인 현실은 정신적인 이상을 쫓아갈 뿐이다. 예를 들어 전통 형이상학이나 종교적 창조론에서 볼 때 물질적인 것은 정신적인 것에 의해 움직이고 스스로 운동의 방향을 정할 수 없어서 그 자체로 의지와 계획을 가질 수 없지만, 정신적인 것은 스스로 의지goal-directed와 계획 purpose-conceiving으로 운동을 실현할 수 있으므로 목적을 스스로 품고 있다는 목적론적 사유구조를 토대로 한다. 목적 없는 의지와 계획은 없기 때문이다. 정신적 활동의 특징은 목적지향적이며, 정신적 사유구조의 소산물이 목적론이다(Mayr 1988).

아리스토텔레스 관점에서 가능태에서 현실태로 운동하는 것이 목적이며, 이 목적이 특정 개체 안에서 구현되는 것은 기능function이다. 기능은 소유 주체가 무엇인지 또는 누구인지에 따라 다른 양태를 보인다. 예를 들어 바람을 일으키는 날개라고 해도 선풍기의 날개와 프로펠러 비행기의 날개는 전혀 다른 기능을 갖는다. 그것은 목적이 다르기 때문이다. 반면 꼬마선충이 앞으로 기어가는 것은 '앞으로 감'이라는 목적을 수행하려는 의지에서 나온 것이 아니라, 단순히 먹이를 취하거나 광합성 등의 생존 활동을 위해 외부 환경에 맞춰 최적의 운동을 실현하는 행위이다. 이러한 생명체의 운동을 목적으로 간주하려면 다수의 논란이 있을 수 있다. 세포를 짠물에 넣으면 세포 내부 수액이

밖으로 빠질 수 있다. 이런 현상은 단순히 물리적인 삼투압 현상일 뿐이며 목적 실현을 위한 행위라고 볼 수 없기 때문이다. 그러나 이런 설명은 근대과학 이후에 나온 근거이므로 아리스토텔레스 당시로서는 모든 운동에 목적을 부여할 수밖에 없었을지도 모른다. 꼬마선충의 운동이나 세포의 삼투압 현상조차도 어떤 상위의 존재자가 부여한 특정한 목적을 수행하는 것이라고 선험적으로 규정하면, 모든 생명 존재는 그렇게 부여받은 목적을 수행하는 수동적 존재로 된다. 모든 선험적 명제가 그렇듯이 목적론을 정의하는 명제들도 '그런 목적을 부여받은 존재이기 때문에 그 존재는 목적적 존재'라는 형식을 가지는 동어반복 tautology의 순환에 빠진다는 문제를 안고 있다.

생명체가 아닌 인공물은 상대적으로 목적적 존재로서 수긍될 수 있다. 앞서 말한 프로펠러 비행기는 선풍기와 마찬가지로 외부 존재(인간)에 의해 목적이 부여된 인공물이다. 이때 프로펠러 비행기를 설계한 사람의 위격位格은 그가 제작한 비행기의 위격보다 높을 수밖에 없다. 목적이 외부로부터 부여된 것이라면, 목적수행의 능동적 주체는 목적을 부여받은 수동적 존재보다 높은 위격을 지닌다는 뜻이다. 만들어진 수동적 존재는 제작자가 수행한 목적의 계획과 수준을 이해할 수 없을 것이라는 사유구조가 바로 목적론적 형이상학의 기초이다.

외부 제작자가 수행한 목적은 말 그대로 외적 목적이다. 반면 목적이 존재하지만 만들어진 존재들, 즉 자연물 안에 목적의 계획과 의지가 배어 있어서 외부 제작자의 존재를 설정하지 않아도 목적의 질서를 인식할 수 있다면, 그런 목적을 내적 목적이라고 한다. 그런 존재는 존재 자체에 자기조직적 목적을 안고 있다. 도미니카 수사 출신으로

생물철학

진화생물학자이며 생물학자인 아얄라(Francisco J. Ayala, 1934-2003)는 이렇게 내적internal 목적과 외적external 목적을 구분하여 현대적으로 정리했다(Ayala 1968, 207). 목적이 기능으로 실현될 때 그 범위가 제한된 경우와 그렇지 않은 경우로 나뉜다. 목적 실현 범위가 제한된 경우를 제한적 regional 목적이라고 한다면 실현 범위에 제한이 없는 경우를 우주적cosmic 목적이라고 할 수 있다. 마흐너와 붕에는 포괄적 의미의 목적 개념을 이렇게 내적 목적과 외적 목적 그리고 제한적 목적과 우주적 목적, 네 가지로 구분했다(Mahner and Bunge 1997, Chap.10).

5.2 외적 목적론과 실재론

외적 목적이란 대상 밖의 전능한 존재에 의해 대상의 목적과 기능이 부여되는 경우를 말한다. 플라톤의 형이상학은 세계를 경험 현상계와 형이상학 존재계로 구분한다. 형이상학 존재계는 현상을 지배하고 통제하는 선험적 이데아를 가리킨다. 이데아는 일의적이고 절대적이고 완전하고 모순이 없으며 영원불변하다. 현상계는 이데아의 그림자에 지나지 않는다. 이 점에서 이데아론은 대표적인 외적 목적론의 하나이다. 이데아 대신에 절대자, 신, 본질, 예정조화의 모나드, 절대정신 등의 개념을 대입한 서양철학의 역사는 플라톤의 각주일 뿐이라고 말할 정도이다(Whitehead 1985, 39). 이런 철학적 존재론 모두 전형적인 외적 목적론에 해당한다.

라이프니츠(Gottfried Wilhelm Leibniz, 1646-1716)에게 세계의 모든 운동과 그 현상은 절대적인 누군가에 의해 사전에 프로그램된 목록이 실현된 것에 다름 아니다. 여기에는 과거나 현재는 물론이고 미래 사건들의 프로그램된 목록을 사전에 완벽하게 작성해 놓은 절대 존재가 설정되어야 한다. 절대 존재는 예정조화의 주체이며, 이 주체의 의지와 목적에 따라 세계가 작동할 뿐이다. 이와 같은 라이프니츠의 형이상학적 세계관이 외적 목적론의 모습이다. 절대 존재의 의지는 세계 안의 모든 사물과 사람들, 모든 현상의 존재물에게 예외 없이 적용된다. 그래서 이를 우주적 외적 목적론cosmic external teleology이라고 부른다.

우주적 외적 목적론은 철학사로 볼 때 형이상학적 실재론realism과 연관있다. 목적론과 실재론이 같거나 비슷한 개념이 아님에도 불구하고 플라톤과 아리스토텔레스의 고대 그리스 철학으로 볼 때 연관된 개념으로 태어났다. 실재론에서 말하는 실재reality는 현상 밖에(현상 외적으로) 진리의 존재로서 실재한다는 뜻이며, 같은 말이지만 그런 외적 존재가 형이상학이거나 초월적임에도 불구하고 실재real한다는 뜻이다. 여기서 '실재'는 현실적이거나 가시적이거나 본질을 꿰뚫는 것이라는 등의 문학적 '실재'가 아니며 일상에서 사용되는 '현실적'이라는 의미도 아니다. 철학에서 말하는 '실재'는 가시적인 '현상'과 반대되는 개념이다. 현상은 경험적이지만 그 대신 가상적이고 변화하는 모습이며, 실재reality는 선험적이고 진리를 담지하고 있으며 그 자체로 독립적이고 유일하며 불변의 영원성을 지니고 있는 절대적 존재이다. 그래서 철학적 실재는 형이상학의 존재이다. 이런 점에서 플라톤의 실재론은 '실재의 형이상학'이라고 하면 좀 더 쉽게 이해될 수 있다. 현상은 가상이고 그림자일 뿐이고, 실재는 선험적이며 완전하고 절대적인데, 바로 그런 실재가 진짜 진리이다. 그래서 현상계를 존재한다고 말하지 않으며 존재는 오로지 실재계에만 있다. 실재계는 완전하기 때문에 현상계가 지향해야 할 목적으로서 역할을 한다. 이 점에서 실재론이 목적론과 연관된다.

한편 경험론 철학의 관점에서 플라톤의 실재는 형이상학적으로 실재하지만 경험적으로는 관념의 소산물이다. 우주적 외적 목적을 실현한다는 것은 그 주체가 실재하든 관념적이든 간에 인간 사유의 주관적 틀에서 벗어나기 어렵다. 다시 말해서 외적 목적론의 형이상학은 경험의 귀납적 방법론을 기초로 하는 근대과학적 세계관의 사유구조와는 거리가 멀다. 이런 점에서 현대과학에서 말하는 과학적 실재론은 전통의 형이상학적 실재론과 다른 뉘앙스를 지닌다. 그 둘은 물론 플라톤 이데아 실재론에 동일하게 뿌리를 두고 있지만, 과학적 실재론은 과학이 탐구대상으로 하는 자연법칙이 수학적으로 실재한다는 사유방식을 말한다. 자연법칙이 실재한다는 전제가 있어야만 과학탐구가 가능하기 때문이다. 물론 도구주의나 구성주의처럼 실재론을 전제하지 않는 과학법칙의 철학도 엄연히 존재하지만 대부분의 과학연구방법론은 과학적 실재론을 따르고 있다. 결론적으로 말해서 전통 형이상학적 실재론과 과학적 실재론은 같은 뿌리에서 출발했지만, 전자는 목적지향적 실재이고 후자에서 말하는 실재는 목적을 가지고 있지 않다. 과학적 실재론에서 말하는 실재는 완전하고 절대의 목적을 갖고 있지 않기 때문에 자연법칙을 표현하려는 과학의 수학적 표현식은 절대적이지 않으며 언제든지 수정될 수 있다. 그리고 바로 그런 점 때문에 과학은 과학일 수 있는 것이다.

외적 목적이 적용되는 대상이 목적적 의지의 수행자에 의해 제한되는 경우를 제한적 외적 목적론regional external teleology이라고 부를 수 있다. 설계논증을 제시한 페일리(William Paley, 1743-1805)의 설계론을 설명하는 '시계와 시계공' 사이의 관계가 바로 제한적 외적 목적론에 해당한다. 시계가 있다는 것은 그 시계를 제작한 시계공이 존재한다는 것을 암시하며, 시계공 즉 시계 제작자의 설계에 따라 시계가 만들어졌다는 것을 의미한다는 것이다. 현대 첨단기술의 집약체인 컴퓨터를 생각해 보자. 컴퓨터는 컴퓨터 제작자에 의해 만들어졌는데, 컴퓨터 제작자의 제작 의도와 기능을 수행할 수 있는 기계의 성능을 실제로 실현하게 하는 설계도에 따라서 만들어졌을 것이다. 제작자의 의지가 담긴 설계도에 따라 컴퓨터는 더 발전한 고급 사양으로 만들어질 수 있다. 여기서 우리가 모래사장에서 모르는 시계를 주웠다고 치자. 그러면 앞의 생각 그대로 내가 우연히 주웠던 시계는 아마도 그 시계를 만든 제작자가 존재했을 것이라고 추론으로 이어질 수 있다. 그 시계의 제작자가 누구인지 모르지만 말이다. 이 경우 컴퓨터 설계도에 컴퓨터 제작자의 목적이 담겨 있듯이 세상 사람들이 알지 못하는 시계 제작자의 설계도에 그 특정한 목적이 담겨 있을 것이다. 만약 인간인 내가 타인에 의해 설계되고 만들어졌다면 나의 생각과 행동의 목적은 나의 것이 아니라 나를 설계한 존재자의 목적 수행에 지나지 않는다. 이렇게 인공적인 컴퓨터나 시계를 만드는 방식을 그대로 자연적인 인간이나 동물에게 적용하는 것이 외적 목적론의 주요한 특징이다.

컴퓨터 제작자가 컴퓨터 밖에 존재하듯이, 인간이나 생명을 제작한 제작자가 우리 생명 밖 저 먼 절대 세계에 존재하는 절대 존재라는 비유법이 곧 페일리의 설계논증 논법이다. 절대 존재는 종교적으로 도그마를 계시하는 초월적 존재이거나 아니면 플라톤의 이데아 같은 형이상학적 존재로 상정된다. 그 층위관계에서 시계는 자기를 만들어 준 시계 제작자의 위계를 넘볼 수 없으며, 둘의 관계는 질적으로 완전히 다른 불연속 관계이다. 마찬가지로 생명의 존재와 생명체를 설계한 존재자가 전혀 다른 불연속적 위계관계임을 보여주려는 것이 페일리 시계 설계논증의 의도이다. 설계된 것과 설계자 사이의 계층화된 불연속성이 외적 목적론의 특징이라는 점이다.

5.3 내적 목적론

컴퓨터를 제작한 주체가 컴퓨터 아닌 외부 제작자라는 추론은 이해되기 쉽다. 반면 제작 주체가 컴퓨터 안에 내장된 무엇이라면 이런 제작주체를 이해하기 어렵다. 인공물로서 컴퓨터와 다르게 자연물로서 인간인 나 자신을 생각해 보자. 나는 나의 생각, 판단, 행동을 내가 알아서한다. 만약 생각과 판단 그리고 행동을 내 마음대로 하지 못하고 타자가 명령하는 대로 한다면 나의 주인은 내가 아니며 나는 타자의 노예이다. 내 인생의 목적을 내가 정하지 못하고 남이 정해 준다면 나는 실제로 노예이거나 누군가에 의해 만들어진 컴퓨터와 다를 바 없다. 내가 나임을 확인하는 가장 중요한 기준의 하나가 바로 목적이 내 안에 있느냐아니면 밖에 있느냐이다. 예를 들어 목적이 내 안에 있다면 우리는 그런 나를 내적 목적론의 자아라고 부를 수 있다.

목적을 수행하려는 의지를 지닌 주체가 세계 밖에서 형이상학적으로 혹은 선험적이거나 초월적 실체로서가 아니라 대상 그 자체에 내재되어 있다는 것이 바로 내적 목적론이다. 내적 목적은 사물이나 생명자체의 운동성과 의지가 결합하여 내재되어 있어서 외부의 초월자나 형이상학적 절대자를 따로 설정할 필요가 없다. 내적 목적론을 설명하기 위해 애니미즘(정령론)이나 토테미즘을 생각해 보자. 시골 마을 입구 당목에 신이 깃들어 있다고 해서 마을 사람들은 당목을 두고 정성껏 제사를 지낸다. 애니미즘은 자연물이나 특정 사물 안에 모종의 정령적인 힘이 들어와 있다고 믿으며, 토테미즘은 거북이나 태양 같은 자연물 안에 후손들을 수호하는 조상혼이나 신이 깃들어 있어서 그런 자연물을 숭배하는 것을 말한다(Nomishan 2021). 생명체만이 아니라 바위나 태양과 같은 무생명체에도 이런 생각이 적용될 수 있다. 무생명의 자연물에도 살아 있는 정령의 힘이 깃들어 있다는 토테미즘은 내적 목적론의 한 양태이다.

토테미즘은 특정 사물이나 자연물에 내적 목적을 부여한 것이지만, 그런 내적 목적이 일체의 모든 자연계에 적용된다면, 이를 우주적 내적 목적론cosmic internal teleology이라고 부른다. 아리스토텔레스 형이상학에서 말하는 자연적 엔텔레키아도 그런 내적 목적에 해당한다. 내적 목적을 외적 목적과 구분하기 위하여 생명과학자 자크 모노(Jacques Lucien Monod, 1910-1976)와 과학철학자 마리오 붕에(Mario Bunge, 1919-2020)는 내적 목적을 목적률teleonomy이라고 이름 붙였다(Mahner and Bunge 1997, 367; Lennox 1992).

목적률에는 이렇게 우주적 목적론도 있지만 제한적 목적론도 있다. 우주적 목적론을 범목적률panteleonomy이라고 부른다면, 제한적 목적론을 부분 목적률hemiteleonomy이라고 부를 수 있다. 제한적 내적 목적론, 즉 부분 목적률이란 내적 목적이 특정한 범주에만 적용되는 경우를 말한다. 예를 들어 느티나무 당목을 숭배하는 어떤 마을에서 주변에 느티나무가 무성하게 많아도 유독 마을입구에 서있는 400년 된 특정 느티나무만을 조상신으로 모신다면 그 느티나무 정령신의 의지는 제한적 내적 목적률이 된다.

　내적 목적률의 한 양상으로 전통적인 생기론이 나타나기도 했다. 1장에서 논의한 것처럼 다윈의 진화론은 생기론적 전통을 부정함으로써 현대 진화생물학의 기초를 세웠다. 이 점에서 다윈은 생물학에서 목적론을 부정하였다. 다른 관점에서 생기론을 강하게 부정하는 에른스트 마이어와 자크 모노는 개별 생명체의 생리기능을 내적 목적으로 볼 수 있다고 했다(Monod 1971, 9). 생리적 기능을 내적 목적으로 간주한 이들에게 우주적 내적 목적론은 일종의 과학적 목적률이며, 과학적 목적률은 범목적률이다. 이러한 생각은 1950년대 도브잔스키에게서 이미 흔적을 찾을 수 있었다(Dobzhansky 1983, 16-17). 여기에서 내적 목적이란 적응의 방향이 있으며, 그 방향이란 복잡성이 증가하는 방향을 향하고 있음을 의미한다. 이렇게 내적 목적을 취하는 과정을 적응 과정

[표 4-4] 내적 목적과 외적 목적

	내적 목적internal		외적 목적external
제한적 영역 regional	internal hemiteleonomy		external hemiteleology 인공물의 기능과 같음 사례: 컴퓨터
	전통적 생기론	과학적 목적률 (생물학적 기능)	
무제한적 영역 cosmic	internal panteleology 사례: animism, Aristoteles의 엔텔레키		cosmic external teleology external panteleology 사례: 플라톤 철학, 기독교 세계관, 라이프니츠 형이상학, 드샤르댕의 신학과 진화의 종합

으로 정의할 경우 그 적용된 진화 현상은 곧 복잡성의 증가로 나타난다. 내적 목적론은 기존 목적론과는 다른 차원의 개념이라서 모노가 이를 목적률이라고 이름 붙인 것이다(Monod 1971, 9).

내적이면서 제한적인 경우를 적용과 같이 목적률이라고 부른다면 그 사례로 진화생물철학자 마이클 루스(Michael Ruse)의 진화목적론을 들 수 있다. 진화생물학자 모두 진화 과정에는 분명한 패턴이나 방향이 없으며, 형이상학적 외적 목적이 없다는 데 전적으로 동의한다. 루스 역시 외적 목적론을 부정한다. 그러나 그는 한 유기체 안에서 내적 목적이 실현되고, 그 내적 목적은 복잡성 증가에 기여한다고 했다(최종덕 2004c, 100-102). 이 점에서 루스의 생물철학의 입장은 일선 진화생물학의 성과보다는 기존 철학적 주장에 치우친 것으로 비판받을 수 있다. 굴드는 진화가 진보와 다르고 그 방향이 무목적이라는 입장이었는데, 루스는 이런 굴드의 입장에 반대했다. 굴드와 반대로 루스의 진화 철학은 앞서도 말했듯이 초월적 목적론을 반대했음에도 불구하고 진화의 목적성과 생명의 진보성을 상대적으로 강조했다. 루스의 내적 목적론은 화석 연구나 분지학에서 휴리스틱의 발견력을 지닌다는 강점이 있다. 루스는 목적의 원인을 신과 절대 존재에 위임하는 선험적 형이상학의 절대 존재 대신에 구체적인 과학적 사실을 찾는 데서 시작해야 한다고 강조했다(루스 2004, 16-17).

5.4 진화에는 목적이 없다

진화에는 목적과 방향이 없으며 무작위적이다. 한편 진화, 특히 미시진화의 과정 자체는 인과적이다. 진화과정의 중요한 특징은 무작위성과 인과성이 결합되어 있다는 점이다. 예를 들어 변이는 우연적이지만 그 변이들 가운데 선택되는 과정은 인과적이다. 진화론이 가장 많이 오해되는 부분이 이 점에 있다. 거시적으로 보면 진화는 우연의 과정이지만 미시적으로는 인과적 선택과정이다. 이러한 해명은 이 명제 자체로만 본다면 모순적으로 보인다. 그러나 여기에서 우연이란 예측을 할 수 없다는 뜻이지 인과성 자체를 부정하는 것은 아니다. 마투라나(Humberto Matutana)는 이를 유전적 표류와 대비되는 개념으로 '역사적 표류historical drift'라고 표현했다(마투라나 1995, 70). 역사적 표류란 망망대해에 떠다니며 어디로 갈지 모르는 작은 조각배의 신세이지만 바다의 조류가 거대한 복잡계 안에서 인과적 흐름의 한 단면이므로 원리적으로 무작위성은 아님을 말한다. 궁극적으로 인과적이거나 아니거나, 표류라는 진화의 특성은 목적론을 전적으로 배제한다.

소버의 입장도 이와 비슷하다. 소버에 의하면 자연선택은 무의지 mindless이다. 그렇다고 해서 생명체가 무작위로 변화한다는 뜻은 아니다. 무작위란 결과치가 등가의 확률을 갖는 경우를 뜻한다. 만약 등가확률의 수학적 무작위로 진화가 진행된다면, 어떤 의미에서는 진화 방향이 목적으로 보일 수 있다. 예를 들어 동전 앞면이 나올 확률은 정확히 1/2이며 주사위 한 면이 나올 확률은 정확히 1/6이라는 수학적 비율이 전형적인 무작위 확률인데, 만약 이런 수학적 비율만 본다면 마치 고정된 값을 향하는 목적론처럼 보일 수 있다는 것이다. 그러나 자연의 생명계에서는 그런 수학적 무작위도 없기 때문에 진화 방향에 목적이 개입될 수 없다는 것이 소버의 설명이다(Sober 1994).

목적론을 부정한 굴드는 진화에는 목적에 따른 변화처럼 보이는 현상이 있을 수 있지만, 실제로 진화는 주어진 방향과 목적을 갖지 않으며 진화 과정에 진보의 사다리란 없다고 했다. 또한 진화는 복잡성의 증가를 향한 방향성 역시 일체 가지지 않는다고 한다. 예를 들어 굴드는 장내 기생충의 사례를 들어서 설명했는데, 기생충의 진화는 복잡성 방향이 아니라 오히려 단순화되어 가는 방향으로 진화했다는 증거를 제시했다. 굴드는 더 흥미로운 사례를 통해 진화의 무목적성을 설명했다. 예를 들어 동전을 던져서 말을 움직이는 놀이 장기판의 경우, 마치 방향이 있는 듯 보일 수 있다. 동전을 던질 때 말은 게임 시작점에서 앞으로만 갈 뿐이어서, 동전을 몇 번 던지다보면 말은 분명히 앞으로 가 있게 마련이다. 말은 "어쨌든 앞으로 가기는 간다." 굴드는 이러한 방식의 진행을 굳이 '목적'이라고 강요한다면 그 안에는 방향은 있으나 계획과 의지는 전무할 것이라고 했다. 겉보기에 진화의 특정 방향이 있는 것처럼 오해될 수 있어서 그런 오해로 인해 진화에 주어진 방향이 있다고 주장한다면 진화의 실제를 놓친 것이라고 한다(굴드 2002, 13장).

장구한 진화사에서 진화의 민감한 영향력을 미치는 환경조건들은 그 어느 동일조건도 재현되거나 반복되지 않는다. 이런 점에서 진화과정은 결정적일 수 없으며 오로지 우연적 사건의 연속으로 보인다. 다시 말해서 생물종이 진화 역사의 결과라면, 미시진화의 선택과정은 인과적이지만 진화결과가 역사를 거슬러 다시 재현될 수 없는 우연성의 소산물이다. 진화사를 통해서 선택과 적응이 일어나는 동일한 진화환경은 없기 때문이다. 이런 점에서 진화에는 목적성이 없다고 할 수 있다.

진화에 목적이 없다는 사실은 자연물의 생성과 운동을 전적이며

생물철학

완전하게 지배하는 창조신이나 설계자의 존재를 필요로 하지 않음을 의미한다. 절대 존재자를 설정하지 않으면서도 자연 자체의 자기-시스템으로 작동된다는 구조계획 개념을 진화생물학자이면서 철학자인 데이비드 헐과 그를 계승한 애먼슨(Ronald Amundson)은 말한다. 헐은 신 또는 특정 디자이너에 의한 형이상학적 목적론 대신 자연의 자동 시스템에 의한 운동 법칙을 자연의 목적시스템이라고 표현했다(헐 1994, 216). 자연의 목적시스템은 아리스토텔레스의 본질주의 목적론과 다르며 형이상학적 목적론과도 다르다. 진화의 방향은 신의 설계도면에 따르는 것이 아니라, 단지 계통적 시스템 자체의 역사적 자기조직성에 의존한다. 애먼슨은 이를 '구조 계획structural plans'이라고 표현했다(Amundson 1994, 559). 애먼슨은 구조 계획을 설명하기 위하여 적응 관점에서 중립적이라는 표현을 사용했다. 이 표현은 의도, 목적, 특정 존재의 의지 등을 배제하며, 생명계통의 발생학적 흐름만이 있다는 뜻을 담고 있다. 진화의 적응은 방향을 갖는 것이 아니라는 뜻이다. 이것은 곧 생물종이 고정된 것이 아니며, 생물종의 경계가 유연하다는 것을 암시한다.

목적론과 연관하여 진화와 진보의 문제는 12장에서, 그리고 애먼슨의 구조계획 문제는 6장에서 상세히 다룬다.

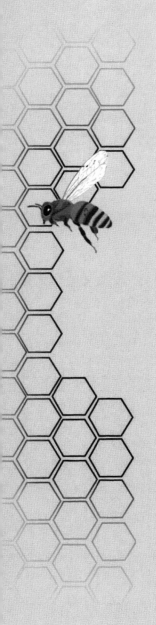

제5장

생물종의 철학

제5장
생물종의 철학

어느 가정의 둘째 아들은 아버지와 닮았지만 막내 딸과는 닮지 않았으며 그 대신 막내 딸과 첫째 아들은 어머니와 닮아서 전체로 보면 이 가족들만의 모종의 유사성 관계에 의해 가족이라는 집합으로 묶일 수 있다. 가족 구성원 전체를 고정되고 단일하게 묶어주는 기준은 없지만 구성원 개별자마다 사슬처럼 연결하는 네트워크 연결같은 가족유사성도 생물종을 보는 기준으로 될 수 있다. 가족유사성 개념은 철학자 비트겐슈타인이 언어의 성질을 말하기 위하여 생각해 냈지만, 클러스터 형태로 생물종 개념을 설명할 수 있다.

1. 본질주의 분류학

1.1 아리스토텔레스의 본질과 분류

아리스토텔레스의 본질 개념은 종 분류법의 존재론적 기초이기 때문에 생물종을 이해하기 위해 먼저 아리스토텔레스 철학의 본질주의를 접근한다. 본질주의essentialism란 전체의 정체성이 각 개체 안에 고유하게 그리고 내재적으로 분유分有되어 있다고 보는 사유방식으로, 아리스토텔레스 존재론의 특징이다. 분유되어 있다는 뜻은 다음처럼 설명된다. 앞의 장에서 설명한 플라톤의 실재론에서는 진리-존재가 현상계의 개체를 벗어나 이 세계를 지배하는 존재계에 선험적으로 실재한다고 했다. 한편 아리스토텔레스 본질주의 존재론은 진리에 해당하는 본질이 개별의 개체 사물이나 개체 생명체 내부 안으로 들어와서 내재한다는 뜻을 담고 있다. 플라톤 실재론에서 말하는 '개체 밖' 실재reality의 이데아가 아리스토텔레스에서는 각각 개별자마다의 '개체 안' 실체substance; ousia라는 본질로 들어와 있다는 것이 분유의 뜻이다.

개별자 안으로 들어온 존재가 바로 아리스토텔레스의 본질essence 개념이다. 플라톤에서 영혼은 형이상학적 대상이지만 아리스토텔레스에서 영혼은 개체 안에 들어온 분유이며, 개체 생명을 작동하게 하는 기능function이고, 개체를 개체이게끔 하는 본질이다. 존재론 차원의 본질은 경험적 차원에서 말하면 공통성질에 해당한다. 플라톤 실재론에서 현상계의 개별사물은 실재를 모방하는 방식으로 자신의 모습을 드러내는 데 반해, 아리스토텔레스의 본질론에서 현상의 개별사물은 사물 안에 이미 들어와 있는 본질을 목적으로 하여 그런 목적을 향해 끊임없이 운동하는 방식으로 자신의 모습을 드러낸다(최종덕 2020, 142-4).

아리스토텔레스에서 생물종은 종마다 본질로서의 자연종natural kinds으로서 보통 자연류로 번역되는데, 생명종 분류학을 다루는 이 책에서는 '자연종'으로 번역한다. 자연이 자연종natural kinds으로 세분되고, 거꾸로 자연종들이 모여 자연 전체가 된다고 아리스토텔레스는 생각했다. 개별마다의 자연종은 그것이 비록 개별자 안에 묶여 있더라도 영원하고 불변이며 서로 독립적이다. 그래서 종은 실체의 자격을 갖게 되는데, 아리스토텔레스는 이를 이차적 실체라고 했다(헐 2008, 208-212).

자연종은 종의 본질이 자연의 개체종 안에 고정으로 내재되어 있다는 뜻이다. 이런 의미에서 자연종 A는 시간과 공간에 관계없이 변화하지 않고 영원히 자연종 A일 뿐이다. 현대 언어철학자 크립키(Saul A. Kripke)는 자연종의 실례로서 물질 단위인 화학 원자량을 제시하고 이를 본질의 사례로 간주했다. 원자량은 변하지 않고 영원히 동일한 값을 유지하기 때문이다. 원소들은 고유한 원자량을 갖고 그 원자량의 차이에 따라 물질의 성질이 바뀌므로, 그는 원자량을 본질essence로 간주했다. 크립키는 고유명사name와 자연종 명사는 고정지시어rigid designator이기 때문에 고유명사, 즉 자연종의 이름에 나름대로 갖다 붙이는 여러 가지 의미와 다르게 자연종 자체는 본질적으로 변하지 않는 무엇이라고 했다.

크립키는 전통 형이상학적 본질주의와 다르게 과학적으로 증명된 화학원소 같은 물질에 이런 본질론적 자연종 개념을 대입하여 설명했다. 크립키의 논증은 현실 자연과학의 경험적 성과를 통하여 자연종이 본질적 존재임을 철학적으로 유추하려 했다. 원자량 불변의 법칙에서 알 수 있듯이 고유한 원자량을 갖는 기본 단위들은 정해진 고유의 본질을 갖는다는 생각이 바로 크립키 본질주의의 자연종 논증이다. 예를 들어 금은 원자번호 79라는 과학적 발견에 기반하여 단단한 본질성을 갖는다. 그래서 약간의 표면 변성이 일어나 푸르른 빛의 금이거나 거무튀튀한 색깔의 금이거나 시공간 변화에 따른 금의 의미변화가 있더라도 금은 여전히 원소번호 79라는 본질을 영원히 유지한다. 물론 이 본질성은 과학적 발견으로 금이 원소번호 79라는 사실이 확고하게 입증되어야 한다는 전제를 갖는다.

　과학 의존적 본질주의 특성을 크립키는 후험적 필연성necessary a pos-
teriori이라고 했다. 크립키는 과학이 자연종의 본질을 경험적으로 발견
하려는 작업이라고 보았다. 이 점에서 어떤 한 종이 본질을 갖는다는
것과 종 안의 한 개체가 본질을 갖는다는 것을 구분하는 것이 매우
중요하다. 크립키에게 자연종은 종 자체의 본질을 의미한다. 종 안의
한 개체의 본질은 종의 본질이 개체에 투영된 투사체이다. 크립케는
과학을 유사한 탐구대상군에서 동일하게 나타나는 공통분모의 본질을
찾는 탐구작업으로 생각했다(Kripke, 1980).

　본질주의자에서 자연종이란 자연 안에 실재하는 성질로서 자연법의
기초 단위이며 과학적 설명의 근거이다. 자연종은 그것을 인식하는 주
체의 관찰 가능성과 관계없이 객관적으로 엄연히 존재하는 실체로서
성질이다. 본질론은 자연종이 그 본질에 의해 개별화되는 것을 의미한
다(Ereshefsky 2007, 23). 자연종의 본질은 사물 안에 내재된 성질로부터 드
러난다. 어떤 실체가 자연종의 구성원이기 위해서는 그 내재적 성질이
인간의 인식과 의지와는 무관하게 독립적으로 존재해야 한다는 것이다.

　본질론과 자연종 개념은 첫째, 본질적인 공통의 성질을 공유한다는
공통성commonality 가정과 둘째, 인간의 인식 여부와 관계없이 실재한다
는 선험성priority 가정 그리고 셋째, 자연에 내재된 질서를 전제하는
내재 질서화ordering 가정으로부터 출발한다. 동일종 내에서 두 개체는
시공적으로 관련성을 맺지만, 존재하는 모든 종은 존재론적으로 서로
독립적이고, 모든 종은 다른 종의 존재에 무관하게 존재한다는 것이
본질주의의 철학적 태도이다(R. Wilson 2005, 55).

생물철학

아리스토텔레스 본질주의에 따르면 자연종으로서 생물종은 각각 고유하고 불변의 본질을 지니고 있다. 본질은 분류를 위한 기초조건이다. 아리스토텔레스에서 동물분류animal taxonomy는 형이상학을 위해서가 아니라 생물체나 자연물을 일정 기준에 따라 구분하려는 현실적 목적에서 탄생되었다. 분류 기준은 위계 분류와 수평 분류를 필요로 한다. 위계 분류가 특히 중요한데, 위계 분류를 위해 범주kategoia 개념이 도입된다. 범주 최상위 범주에서 하위 범주로 사다리처럼 나눠진다. 범주 분류는 이 세상의 존재하는 모든 것(무기체 포함)을 포괄하는 영역 나누기의 첫째 단계이다. 세계 전체를 대상으로 한 분류의 가장 큰 단위의 분류군은 범주로부터 시작된다(이태수 2014, 92-4).

실체 차원의 범주가 자연세계에서는 속성 차원의 범주로 설명될 수밖에 없다. 자연물의 성질을 설명하려면 속성 차원의 경험적 관찰을 통해 가능하다는 것이 아리스토텔레스 귀납이론의 핵심이다. 귀납적 관찰로부터 분류가 시작되기 때문이다. 관찰자료는 여전히 우연성의 속성들일 뿐이지만 그런 속성들에서 필연성의 범주를 찾아내는 것이 아리스토텔레스의 목적이기도 하다. 아리스토텔레스에서 자연의 필연성을 찾는 이유는 자연물의 종種과 류類를 질서화하는 데 있다.

아리스토텔레스에서 유기체를 포함하여 개개의 자연물은 현실성의 형상eidos과 잠재성의 질료hyle의 결합체이다. 자연물을 분류하려면 잠재성의 질료가 어디까지 현실성의 형상으로 되었는가를 밝히는 과정을 필요로 한다. 그런 과정에서 상위분류와 하위분류가 나눠진다. 그런 분류를 위해 범주 개념이 필요하다(로지 1999, 18). 형상은 개체들마다 유사성을 찾아 그런 유사성을 일반화시키는 과정을 거치며 형상은 일반화된 대범주 분류 아래에서 구체적인 차이를 다시 작은 분류로 소범주화하면 된다. 잠재성의 질료가 형상화되는 과정은 생물체가 자기에게 주어진 엔텔레키아의 목적에 해당하는 '영혼psyche'이 각 생명종마다 얼마나 실현되어졌는가라는 목적 완전성 정도에 따라 상위분류와 하위분류로 나뉜다. 여기서 영혼은 오늘날 말하는 정신적 실체가 아니라 생명을 생명에게 만드는 동물의

아리스토텔레스 『동물지』 라틴어 번역본

생리학적 기능과 운동학적 기능을 말한다. 섭취능력, 감각능력, 운동능력, 생리작용 등이 영혼의 의미이다. 하등 무척추동물보다 절지류가, 절지류보다 척추동물에서 포유류가 '영혼'의 목적을 더 완성도 높게 구현한 것이므로 더 상위층의 동물로 분류된다는 것이다. 이것이 바로 생명의 위계 질서라는 뜻이다. 그런 뜻이 구체적인 자연학으로 서술된 것이 바로 아리스토텔레스의 『동물지Historia Animalium』이다(조대호 2002).

이 세상의 모든 것을 범주화한다는 것은 이 세상의 모든 실체ousia의 본질을 일일이 현실화한다는 뜻이다. 쉽게 말해서 자연종의 이름이 실체의 본질이라면 그 본질을 현실화하는 것이 범주이다. 오소스라는 사람의 경우 그 사람의 이름이 실체의 본질에 해당한다면 오소스 키가 170cm이며 붉은 머리카락을 가진 레스보스 섬의 어부라는 술어부는 속성이며 질료의 현상이다. 이러한 실체/속성 차원에서 범주를 이해하

면 된다.

이와 마찬가지로 물리학의 대상인 물체도 속성을 갖고 있을 것이다. 물리적 대상인 사물에 따라오는 속성들은 '위치', '속도', '저항' 등의 술어부를 갖는다. 반면 생물체에 따라오는 속성들은 '발생', '성장', '태어남과 죽음' 등의 술어부를 가질 것이다. 생명체에 붙는 술어부의 특징은 변화한다는 사실을 그의 논리학으로 포용한 것, 그리고 같은 자연물이라도 서로 다른 물리적 사물과 생물체 사이의 차이를 개념화했다는 것은 아리스토텔레스 분류학에서 매우 중요하다. 술어부의 속성 중에서 어떤 것은 본질적 서술이며 또 다른 것은 우연적 서술임을 구분했다는 점이 의미있다. 아리스토텔레스 생물학에서 본질적 서술과 우연적 서술 사이의 차이가 분명하게 구분되지 않았으나, 본질은 상위 목적을 지니며 우연의 서술은 분류에서 맨 하위조건이라는 점은 그의 형이상학과 자연학을 연결시켜주는 고리였다(로지 1999, 25-29).

생물종마다 다른 고유한 본질이 세계의 목적에 따라 조직되어 있으며 이런 큰 세계의 조직이 아리스토텔레스에게서 생명존재의 대사슬이다(헐 2008, 208-212). 본질주의자는 과학 탐구를 통해 언젠가는 사물이나 생명 안에 숨겨진 불변의 본질이 밝혀질 것으로 확신한다. 본질주의는 서구 전통의 생물종 분류법에서 구체적인 사례로 나타났다. 예를 들어 18세기 근대 분류학자 린네의 생물종 분류는 아리스토텔레스의 본질주의 존재론 및 기독교의 창조적 세계관의 소산물이다. 아리스토텔레스의 분류학이 2,000년 후 린네에까지 계승되었다는 의미이기도 하다.

1.2 린네의 종 분류

린네의 분류방식은 본질주의와 자연종의 철학적 사유에 토대를 둔 종 개념으로부터 유래한다. 린네 분류학의 존재론적 기초란 분류된 생물종 하나하나가 모두 고유한 존재 기원을 갖는다는 뜻이다. 현존하는 생물종을 포함한 모든 종은 신으로부터 부여받은 절대적이고 고유한 존재론적 지위를 받아 생성된 것이라는 것이 린네의 실체론적 분류법의 기초이다. 생물종 각각은 신의 총체적인 계획에 따라 일관되게 창조된 피조물이라는 뜻이다. 생물종은 시간이 흘러가거나 지역이 달라져도 변할 수 없는 영원성을 갖고 있다. 그래서 종이 합쳐지거나 갈라지거나 (스스로) 멸종하거나 향후에도 새로 생겨날 수 없다. 각각의 종은 종마다 서로 다른 고유의 신의 의지가 부여되어 창조된 결과이다. 종마다 다른 생성기원이 있다고 해서 이런 종 생성론을 다수기원론polygenism이라고 말한다. 다수기원론에 의존한 린네의 종 분류는 생물종마다 고유한 본질을 지니고 있어서 종과 종 사이는 독립적이며, 그 본질은 절대적으로 불변이다(최종덕 2020, 144).

린네 본질주의의 핵심은 생물종이 인간의 정신과 무관한 본질 존재 mind independent essences라는 점에 있다. 마이어는 본질주의 종 개념을 다음과 같이 정의했다. 첫째, 종은 동일한 본질을 공유하는 비슷한 개체들로 구성된다. 둘째, 각각의 종은 불연속적 경계sharp discontinuity에 의해 다른 종과 분명하게 구분된다. 셋째, 각각의 종은 시공간에 걸쳐 항상성을 유지한다. 넷째, 같은 종 안에서 생길 수 있는 변이는 매우 제한적이다(Mayr 1997a, 128).

생물종에 대한 린네의 분류법과 학명은 18세기 후반에 정착되었다.

린네의 분류법은 기본적으로 생명 개체의 범주를 계층화하고 개체를 군집으로 분류하며, 생물종의 이름을 붙이는 규칙들로 구성되어 있다. 린네는 종과 속을 자연에 실재하는 생명체의 본질적 차이를 반영하는 실체적이고 위계적인 존재로 보았다. 이것은 신의 창조에 의한 필연적 귀결이며, 결코 인간의 판단에 따른 주관적 분류mind dependent devide가 아니라고 했다. 생물철학자 이레세프스키(Marc Ereshefsky) 해석에 따르면 린네는 종과 속의 상위 분류인 강과 목에 대해서는 어느 정도 실용적 필요에 의한 인위적 분류를 받아들였다고 한다(Ereshefsky 2007, Chap.6).

린네 이전 체계적 분류법을 내놓았던 체살피노(Andrea Cesalpino, 1519-1603)의 분류방식에 따르면, 식물은 열매와 씨앗을 통한 결실과정fructifi-cation으로 번식하기 때문에 그런 열매와 씨앗이 생물종을 분류하는 기준이어야 한다고 했다. 그 이전에는 민간의학적 용도에 따라서 혹은 형태에 따라 식물이 분류되었는데, 체살피노는 그런 풍속적 기준의 한계를 지적하여 좀 더 체계적인 분류를 시도했다. 예를 들어 결실과정으로 식물을 분류할 경우 강과 목은 정의되지 않는다고 했는데, 린네는 체살피노의 식물 분류 관점을 그대로 계승한다. 체살피노의 이론을 이어 받아 린네는 자신의 분류법에서 종과 속만이 오로지 종 특이적 결실구조generic-specific fructification structures를 가지며, 결실구조의 종 특이성이 곧 해당 종의 본질이 된다는 본질주의 생물종 이론을 정착시켰다(R. Wilson 1999, 173).

본질주의 분류법에 대한 연구는 최근까지 다양하게 전개되고 있다. 토론토대학교 진화생물학 과학사가인 윈저(Mary P. Winsor)는 다윈 이전의 생물 분류법에서 본질주의적 방법론이 지배적이었다는 기존 해석

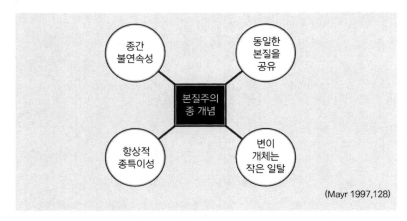

(Mayr 1997,128)

[그림 5-1] 본질주의 종 개념

에 반대한다(Winsor 2003). 윈저는 린네의 분류 방식이 본질주의에 근거
했다는 점은 인정하지만 당시의 지배적인 분류 방식이었다는 해석을
받아들이지 않았다. 케임브리지대학교 고생물철학자인 뮐러-윌레
(Staffan Müller-Wille)는 린네의 종 개념도 형이상학적 본질주의라기보다
귀납방법론에 의한 자연류natural genera에 가깝다고 말한다(Müller-Wille
2007, 541). 이같은 주장에 대하여 스테이머스(David N. Stamos)는 반박
논문을 통해 다윈 이전 시대에 목과 강의 수준에서 윈저의 주장이 옳을
수도 있으나 종의 수준에서는 여전히 본질주의 분류가 지배적이었다
고 지적했다(Stamos 2005). 종 수준에서 분류가 생물 분류방법론 및 존재
론의 핵심이었기 때문에 결국 크게 봐서 찰스 다윈 이전 시기에 린네의
분류 방식이 지배적이었다고 말할 수 있다. 본질주의에 대한 여러 비판
에도 불구하고 본질주의자는 과학 탐구를 통해 숨겨진 본질이 언젠가
는 밝혀질 것이라는 확신을 갖곤 한다. 예를 들어 앞으로 논의할 생물학

생물철학

적 종들 간의 경계가 모호하다고 해서 본질주의가 반박되는 것은 아니라고 항변한다. 본질적 성질로서의 중간 매체가 있다고 주장함으로써 현상에 가려진 본질을 탐구하는 것이 과학자의 궁극적 목표라고 말하기도 한다.

1.3 린네의 이명법

이명법binominal nomenclature은 생물종 이름을 통일하기 위하여 린네가 고안한 것이다. 학명이라고 하는 생물종 이름은 2개로 분절된 이름을 갖기 때문에 이명법이라고 부른다. 라틴어로 앞의 이름은 속을 나타내고 뒤의 이름은 종을 나타낸다. 예를 들어 호모사피엔스의 호모Homo는 속명이며 뒤의 사피엔스Sapiens는 종명이다. 수많은 이름을 서열에 맞고 일관되게 표기하는 것이 문제였는데, 린네는 처음에 분류 책 페이지에서 들여쓰기와 내어쓰기의 위치에 따라 종과 속의 서열을 정하는 방식을 사용했다. 마치 워드프로세서에서 들여쓰기/내어쓰기 칸맞추기와 비슷한데, 이를 위치서열 체계indentation system라고 하며, 책의 페이지 내에서 시작 칸 간격을 맞춤으로써 왼쪽에서 오른쪽으로 갈수록 작은 분류가 된다. 이런 표현 방식에서는 분류 책의 쪽수가 바뀌면 칸의 위치를 서로 비교하기 어렵다. 린네는 이러한 약점을 보완하기 위하여 칸의 위치 대신에 1.2, 1.2.1, 1.2.1.1 등의 순서로 나가는 표현 방식을 채택하고, 이를 숫자서열 체계numerical system라고 했다.

이후 새로운 종과 속이 계속 증가하면서 기존 숫자서열 체계로 그 많은 종을 표시할 수 없게 되었다. 예를 들어 린네 당시에는 312개였던 동물 속이 나중에 5만 개로 늘어났고, 6,000개였던 식물 종이 10만 개

이상으로 늘어나 어떤 서열체계 방식을 쓰든지 관계없이 린네의 분류 체계 표기법은 실용적이지 못했다. 이런 변화에도 불구하고 린네 분류법은 동일종을 다중적으로 표기했던 명명과 분류방식, 지역마다 다른 이름 등 민간분류법의 한계에서 벗어나 분류 체계화를 이뤄냈다는 점에서 중요한 과학적 전환이었다고 볼 수 있다.

1.4 유명론 철학과 뷔퐁의 반본질주의

린네 당시에도 본질주의 종 개념에 대한 비판이 싹트고 있었다. 린네와 함께 고전 생물학을 대표하는 뷔퐁은 동물학, 지질학, 광물학에 대한 44권의 방대한 저작을 출간했고, 자연을 총체적으로 보는 세계관을 종 개념에 적용했다. 뷔퐁은 뉴튼과 라이프니츠의 영향을 크게 받았다. 뷔퐁은 뉴튼으로부터 우주의 조직성을, 라이프니츠로부터 세계의 연속성이라는 철학적 개념을 수용했다. 뷔퐁은 자연을 총체적 연속체로 간주하고 생물종 역시 불연속적으로 구획하지 않고 연속적인 관계로 보았다. 이러한 관점에서 뷔퐁은 린네의 과, 유, 종 등을 추상적이고 자의적인 분류 결과로 생각했다. 뷔퐁은 자연세계를 분류하려는 성향은 인간의 지각이 본래 불완전하기 때문이라고 믿었다. 그는 본질주의 분류학자인 린네 분류를 거부하고 분류의 절대적 기준을 부정했다. 종의 기준은 항상 변하고 있다고 하는 뷔퐁의 분류법 사유는 나중에 다윈에 영향을 주었다.

뷔퐁에서 생물종은 이름만 있을 뿐이지, 종의 선험적 본질을 가지고 있지 않다. 그래서 존재의 고유성은 종 수준이 아니라 경험적으로 관찰할 수 있는 개체 수준에만 해당된다. 개체를 하나의 집단으로 만든 종은 단지 이름만 붙여진 추상적 단위에 지나지 않으며, 따라서 종의 절대적 본질이란 허상이라는 생각이 뷔퐁의 입장이다. 이런 뷔퐁의 생물종 개념을 이해하기 위해 먼저 유명론의 철학을 읽을 필요가 있다.

유명론의 철학은 다음처럼 설명된다. 중세 신학 논쟁 중의 하나인 삼위일체 논쟁은 이미 많이 알려져 있다. 삼위일체 논쟁이란 성부-성자-성신이라는 신의 위격이 삼위일체인가 혹은 삼위삼체인가의 문제였다. 성부-성자-성신의 세 가지 존재자가 실제로는 단일하고 유일한 존재일 뿐이고 단지 이름만 셋으로 구분하여 붙여졌다는 주장이 있다. 다른 한편에는 성부-성자-성신의 세 가지 존재자는 이름도 세 가지이며 동시에 그 실재성의 존재도 3가지라는 주장이 있다. 두 주장 사이의 논쟁은 철학사 교과서에서 유명론을 설명하는 대표적인 사례이다. 유명론 논쟁의 기원은 기존 아리스토텔레스 철학과 관련이 있다. 유명론으로 알려진 존재 이해의 방식은 플라톤의 초월적 실재의 존재방식과 많이 다르다. 플라톤이 말하는 것처럼 이데아idea의 실재reality는 유일하고 단일한 방식으로 실재real한다고 보는 철학적 존재론을 철학사에서는 실재론이라고 부르며, 다른 한편 개별 사물은 실재real하지 않으며 단지 사물마다 고유한 이름만 붙어 있을 뿐이라는 입장을 철학사에서는 유명론nominalism이라고 부른다(최종덕 2020, 159).

이런 유명론을 읽어냈다면 생물종이 이름뿐이며 종의 선험적 본질을 부정한 뷔퐁의 철학적 태도를 이해할 수 있다. 뷔퐁은 더 나아가 본질은 허상에 지나지 않다고 강조했다. 종은 경험적으로 관찰되지 않으며 경험적으로 관찰가능한 개체만을 지식의 대상으로 삼은 뷔퐁의 입장은 과학적 경험론의 전형이다. 유명론에서 볼 때 종-속-과-목으로 분류된 집합은 그 군집의 본질이나 고유한 공통성질의 실체를 갖고 있지 않다. 그렇다고 해서 뷔퐁은 그 집합에 이름 붙이기를 거부하지 않았다. 유명론 일반이 그러하듯이 종-속-과-목의 이름은 생물 개체를 더 잘 설명할 수 있기 때문에 실용적인 가치를 갖고 있어서 집합체의 이름이 채택된다는 입장이다. 이런 점에서 유명론에 기초한 뷔퐁의 생물종 이해는 경험론과 실용주의의 기초임을 알 수 있다(Farber 1972).

박물학자 뷔퐁은 생물종들의 형질들이 서로 연속적으로 연관되어 있음을 관찰했다. 예를 들어 뷔퐁은 동물 수명은 성장 발달기간의 6배라고 그의 생물 자연지에 기록했다. 인간으로 볼 때 성장기를 20세까지로 본다면 결국 20세의 6배인 120세를 인간의 최대수명으로 추정할 수 있다(Schulz-Aellen 1997, 10). 이런 뷔퐁의 추론은 인간과 동물 사이의 잠재적인 동질성을 가정해야만 가능하다. 사람 발생과정을 동물 발생과정에 비유한 뷔퐁의 관찰은 동물형질과 인간형질 사이의 연속적 유비 추론으로 이어졌다는 점이다. 뷔퐁은 이런 추론을 사변적 추리에서 벗어나 귀납적 사례를 통해 증명하려 했다. 뷔퐁은 포유류에서 양서류에 이르는 동물들 사이의 형질들을 연속성의 발생시스템으로 가정했고, 이런 가정을 바탕으로 동물과 인간, 나아가 모든 생물종 사이에도 연속의 변화가능성을 추론했다. 이런 추론은 동물의 발생학적 관찰로 증명될 수 있다고 뷔퐁은 생각했다. 그래서 자연의 모든 생물종은 변화의 존재로서 불변의 절대계획으로 창조된 선험적 존재라는 기존의 분류방식이 잘못되었다고 뷔퐁은 지적했다(Sloan 1976).

유명론과 경험주의에 기초한 뷔퐁의 인식론은 다음과 같이 정리될 수 있다(최종덕 2020, 149).

생물철학

① 린네의 다수기원론과 달리 모든 종은 동일한 공통조상을 갖는다는 단일기원론monogenesis을 취했다.

② 자연사를 전체 시스템으로 간주하지 않고 개별사태 개별사물들의 연속성으로 간주했다.

③ 종의 본질을 부정했다는 것은 종을 하나의 개체처럼 간주했다는 뜻과 같다. 즉 종을 유명론적 존재론으로 해석했다. 즉 개체가 종보다 우선이라는 뜻이다(Stamos, 192).

앞서 설명했듯이 린네의 종 분류는 기본적으로 종과 종 사이 또는 분류군taxa 사이의 선명한 경계가 설정되어 있다는 전제에서 이루어졌다. 이러한 선명한 분류법은 당시의 경험적 관찰결과들과 충돌되는 모순점들을 조금씩 드러냈다. 린네 분류법은 결국 뷔퐁의 철학과 찰스 다윈의 과학에 의해 처음으로 반박되었다. 뷔퐁과 찰스 다윈의 시대는 정확히 100년의 격차를 두고 있었지만, 그들 사이에서 사유체계의 연결점이 분명해 보인다.

찰스 다윈의 『종의 기원』(1859)은 뷔퐁의 존재론적 변화의 의미를 충분히 담고 있었다. 뷔퐁과 찰스 다윈의 공통점은 기성 분류학자 린네가 기초했던 불변의 존재론을 탈피했다는 데 있다. 『종의 기원』은 종과 종 사이의 절대적 경계를 수용하지 않았고 종마다의 고유한 본질을 과감히 부정했다는 점에서 뷔퐁의 존재론적 의미는 중요하다. 생물종은 이미 이루어지거나 누군가로부터 주어진 고정된 실체가 아니며, 시간의 흐름에 따라 변화가능한 진화의 산물이라는 것이다.

20세기 이후 린네 체계의 이론적 가설은 찰스 다윈의 진화론과 현대 진화종합설, 특히 분자생물학에 의해 완전히 대체되었다. 오늘날 대부분의 진화생물학자들은 분류군에 따른 분류가 진화를 거치면서 유사한 종 공유 개체conspecific organism 사이의 교잡 결과로서 형성된 것으로 간주한다. 이때 종은 교잡에 의한 유전 요소의 교환을 통하여 생긴 유기체의 개체군(군집)으로 정의된다. 종의 군집은 이 과정에서 새롭게 형성된 짝짓기 영역의 생물학적 단위이다.

[표 5-1] 생물종의 의미

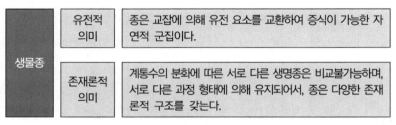

생물종	유전적 의미	종은 교잡에 의해 유전 요소를 교환하여 증식이 가능한 자연적 군집이다.
	존재론적 의미	계통수의 분화에 따른 서로 다른 생명종은 비교불가능하며, 서로 다른 과정 형태에 의해 유지되어서, 종은 다양한 존재론적 구조를 갖는다.

2. 현대적 의미의 종 개념

2.1 유형론에서 벗어난 개체로서의 종

본질주의 종 개념은 종의 자연종이나 유형을 전제로 한다. 본질주의 종 개념을 벗어난 현대 종 개념의 기초에는 종을 하나의 개체처럼 볼 수 있다는 생각이 깔려 있다. 대표적인 개체론자인 기셀린(Michael Ghiselin)과 헐 등의 진화론자들은 종을 일종의 개체처럼 보는 입장을 새로운 각도에서 분석했다. 동일 종 안에 엄연히 실재하는 형태적 이질성 혹은 표현형적 변이들을 설명하기 위해 종 개념을 장구한 진화 시간에서 형성된 역사적 개체individual로 볼 필요가 있었다. 종이 개체라는 의미는 종 자체가 하나의 개별자처럼 작용하여 기능 및 형태가 변화할 수 있다는 의미를 포함한다. 그래서 종을 개체로 보는 일은 종의 자연종 해석과 대비된다. 왜냐하면 종을 개체로 간주하게 되면 필연적으로 종의 본질을 부정해야 하기 때문이다.

고전 철학의 오래된 논쟁에서 형이상학적 본질과 실체 그리고 전통 박물지에 근거한 자연종은 고유한 보편성을 지닌다고 여겨졌다. 그러나 개체로서의 종 개념은 보편자 개념을 부정한다. 예를 들어 개체로서의 종 개념은 종 간 경계가 뚜렷하지 않은 연속성의 성향을 인정한다. 종간 연속성을 가정할 때 종과 종 사이를 선명하게 구획하는 일이 쉽지 않다. 종을 설명하는 가장 상식적인 정의는 상호 생식 불가능한 생식장벽 개념에 있는데, 그나마도 종의 정의로서 적용되기 어려운 상황들이 생기기 때문이다. 예를 들어 개체군 1과 개체군 2가 서로 생식가능하며 개체군 2와 개체군 3이 서로 생식가능하더라도 개체군 1과 개체군 3이 생식불가능한 경우가 있다. 이 경우 자연의 논리는 상호 생식가능성이 종의 구분 기준으로 반드시 적합하다고 할 수 없다는 것을 보여 준다. 유전적으로 다른 종이라도 생태적으로 유사한 종이 될 수 있는 경우도 있으며, 반대로 생태적으로 같은 종으로 보이는 것도 유전적으로 다른 경우가 있다. 그리고 동일 종이라도 개체수가 상당히 많은 경우 종내 개체들 간의 유전적 차이가 클 수 있다. 이런 경우 동일 종 내 개체들 간의 유전적 차이가 다른 종과의 유전적 차이보다 더 클 수도 있다. 물론 로스버그(Axel G. Rossberg)가 파악한 것처럼 종내 개체 간 유전자 차이가 종간 유전자 차이보다 더 큰 특수한 사례는 종 개념과 개체군 개념이 다르다는 것을 함의하며, 나아가 진화는 종에 적용되는 것이 아니라 개체에 적용된다고 볼 수 있다(Rossberg 외 2013).

종을 역사적 개체로 본다는 의미는 자연선택이 종 차원에서 가능하다는 주장과 다르다. 이 점을 명백히 구분해야 다음에 나올 종 개념 논쟁을 이해할 수 있다.

2.2 마이어의 종 개념

현대 생물학, 특히 생물분류학 분야에서 전통 의미의 본질주의 존재론은 진화론 등장과 함께 사라질 수밖에 없었다. 현대적 의미에서 종 개념을 새롭게 도입한 에른스트 마이어는 본질주의 자연종natural kinds (자연류) 개념을 부정하면서 생물종을 유전자의 연결체인 국소적 개체군의 집합으로 정의했다(Mayr 1988, 319). 마이어는 종 차이의 핵심을 생식 격리 메커니즘reproductive isolating mechanism으로 표현했다. 다른 개체군과의 번식이 불가능하면 그들은 동일종이 아니라는 것이다. 다시 말해서 종은 "실재로 또는 잠재적으로 상호교배 가능한 자연 상태의 개체군이다. 이러한 자연 개체군은 다른 집단과 생식가능성이라는 측면에서 격리되어 있다"(Mayr 1942, 120). 다른 말로 해서 종이란 "생식 공동체이며, 그렇지만 고립된 공동체가 아니라 같은 환경을 공유하는 다른 종들과 상호작용하는 생태적 단위이다"(Mayr 1969, 26).

마이어는 생식 격리reproductive isolating가 지리적 격리 또는 지리적 장벽에 의해 촉발된다고 했다. 이를 이소 종분화allopatric speciation라고 하는데, 다윈이 갈라파고스 섬에서 관찰한 핀치 새Galapagos finch의 종간 차이는 바로 이소 종분화의 좋은 사례이다. 갈라파고스 각 섬에 서식하

생물철학

는 핀치 새 경우 각 섬의 서식 조건 및 생태 조건에 따라 종분화가 일어났다. 다윈도 처음에는 이 핀치 새들을 동일종으로 알았다. 다른 섬들에 서식하는 새들이 동일 조상으로부터 분화되어서 서로 다른 13개의 종이라는 것을 다윈도 나중에 알게 되었다.

이소 종분화와 달리 지리적 격리 없이 동일 공간에서 자연적 변이에 따라 분화되는 것을 동소 종분화sympatric speciation라고 한다. 마이어는 동소 종분화에 의한 새로운 종의 생성을 부정했다. 그러나 비슷한 두 개체군 사이에서 우연한 교배가 성공할 경우, 두 개체군이 하나의 동일한 종으로 합쳐질 수 있다고 보았다. 생물종은 그 자체로 새로운 종으로 만들어지기도 하며, 종의 성격이 바뀌기도 하고 없어질 수도 있다. 영원히 고정된 생물종은 없다는 뜻이다. 마이어의 결론은 다음과 같다. 첫째, 형질의 질적 유사성 혹은 상사성homoplasy은 동일 종 개체의 필요조건도 충분조건도 아니다(무성생식의 경우 예외일 수 있다). 거꾸로 말하면 같은 종의 개체라도 다른 형질 변이를 생성할 수 있다. 둘째, 서로 다르지만 지리적으로 혹은 생태적으로 연관되어 있는 개체군 사이의 상관성이 새로운 종을 만들 수 있다. 본질주의자들이 본질적 자연종의 사례로 많이 드는 물질 단위의 화학원소가 있다. 본질주의는 이런 화학원소를 자연의 화학종으로 간주한다. 그러나 마이어는 생물종은 화학종과 근본적으로 다르다고 보았다. 마이어에게서 생물종은 본질주의로 해석될 수 없으며 오히려 종도 개체처럼 탄생하고 진화하며 소멸한다고 생각했다. 이런 생각은 마이어뿐만 아니라 오늘날 많은 분류학자들의 보편적인 입장이기도 하다.

기셀린에 따르면 "생물종은 개체와 같으며, 종의 이름은 고유명사와도 같다"(Ghiselin 1966, 208). 마이어는 생물종이 계층class이 아니라 개체 individuals라고 말할 때 조심해야 한다고 했다. 생물종이 개체라고 할 경우, 그 의미는 종이 변할 수 있다는 것을 함의할 뿐이지 그 이상으로 해석될 필요가 없다고 주의했다. 마이어, 기셀린, 헐처럼 종을 하나의 개체로 본다는 개체 해석의 의미는 본질주의 자연종을 부정한다는 뜻 일 뿐이다(Mayr 1988, 343). 종을 개체처럼 해석한다는 의미는 종도 개체 처럼 분화하고speciate; split into two, 합쳐지기도 하며hybridize; fuse, 소멸하 기도extinct 한다는 뜻이다. 즉 개체 해석은 종의 불변성을 부정하는 데 있을 뿐이지, 종을 진화의 단위로 볼 수 있다는 선택수준의 논의와는 전혀 다르다.

한편 종의 계층화를 주장하는 계층 해석의 입장은 공통형질의 경계 가 분명하며 불변하고 불멸하는 종의 정체성을 인정하는 데 있다. 마이 어는 개체 해석과 계층 해석이 서로 충돌하는 것이 아니라고 했다. 이 두 관점은 생물종이 갖는 서로 다른 측면이기 때문이다. 생태 차원에 서 개미집의 어떤 개미 개체군은 하나의 개체처럼 보일 수 있으며, 그리고 또 하나의 개체는 소기관들의 계층으로 간주될 수 있다. 마이어 에 따르면 개체와 계층은 층위적으로 조직화되어 있다. 층위적 조직화 hierarchical organization는 개체와 계층을 모순되지 않게 하는 개념이다 (Mayr 1988, 348).

2.3 종분화 방식, 향상진화와 분기진화

선택수준 논쟁에서 설명했듯이 1960년대 이전 종 개체주의는 종을 마 치 개체처럼 실제로 진화하거나 또는 진화의 단위로 보았다. 종의 진화를 이야기할 때 종과 종 사이가 연속적인지 아니면 불연속적인지가 항상 논쟁의 초점이었는데, 종 사이의 연속성을 말하려면 종간 유전자 흐름gene flow을 인정해야 한다. 유전자 흐름은 종의 연속성을 설명할 수 있는 기본 개념이다. 연속성을 은유하는 '흐름'이라는 용어는 그 자체로 불연속성을 의미하는 '단절'과 대비된다. 여기서 유전자 흐름은 단순한 은유가 아니다. 어떤 지역적 군집에서 발생한 새로운 형질이 다른 지역 군집의 형질과 교차되어 합쳐지거나 하나의 어떤 형질을 소실할 경우, 그 교차 결과는 반드시 유전자 흐름의 변화로 나타난다. 이러한 유전자 교차는 생물학적 종이 탄생하는 과정이며, 개체에 미치는 진화의 힘과 종 분화에 미치는 지리적 장벽이 합쳐져서 종의 탄생과정에 압박을 주는 진화적 압력이다.

종이 개체처럼 변화한다는 의미와 진화의 단위가 종이라는 의미는 전적으로 다르며 비교가능하지도 않다. 예를 들어 변화하고 진화하는 것은 자연의 실제 유기체이지, 범주나 유형meta의 차원이 아니다. 또한 종에 소속된 개체들 전체가 진화한다는 것도 아니다. 생물종이 변화가능하며 종간 유동적이라는 표현은 생물종이 종 차원에서 진화한다는 표현과 전적으로 다르다. 이 둘을 혼동해서는 안 된다.

종의 고유성과 정체성을 강조하려면 필연적으로 넘나들 수 없는 종간 불연속 간극을 전제해야 한다. 한편 다윈 이후 고정된 종의 정체성이라는 관념이 무너지고, 종의 연속성으로 인한 종간 유동성이 자연의 명백한 사실로 받아들여졌다. 종은 본질을 이미 갖추어 고정된 완성형이 아니라 장구한 역사와 변화하는 환경을 거치면서 형성되어 가는 진행형이다. 종의 형성과 분화speciation는 향상진화anagenesis와 분기진화cladogenesis라는 두 가지 메커니즘으로 이뤄진다. 이머슨의 해설을 따라서 두 가지 종분화 방식은 다음처럼 설명된다(Emerson 2018).

향상진화는 연속적 진화 메커니즘으로서 동일 계통에서 발생하는 미소한 형질 변화가 연속적으로 누적되면서 생기는 동일종의 변형을 말한다. 지질학적 격리나 지구 차원의 격변으로 인한 불연속 변화와 다르게, 향상진화는 지구사에서 지질 변화가 균등하게 이루어져 왔음을 가정한다. 다시 말해서 향상진화는 생식 격리 이후 형성된 종 혹은 단일 계통lineage에서 연속적이고 누적적으로 이루어지는 소진화 혹은 미시진화의 메커니즘을 포함한다. 동일 계통에서 종이 변화한다는 것은 유전형질의 대립유전자 총량인 어떤 유전자풀gene poool에서 다른 유전자풀로 변화된다는 것을 뜻한다. 쉽게 표현해서, 장구한 시간에 걸친 진화를 거치면서 원래 조상종은 사라지고 변화된 후손종만 남아 있다면 이런 진화적 변화를 향상진화라고 한다. 향상진화의 그리스어원 ana-는 영어의 'up'을 의미하기 때문에 '향상진화'로 번역되었다. 향상진화向上進化라는 번역은 일본어 번역을 그대로 수용한 것인데, 일본에서는 간혹 개선진화改善進化라는 번역어로 사용되기도 한다. 중요한 점은 향상진화라는 번역어가 '발전진화'나 '진보진화'의 뉘앙스로 오해되어서는 결코 안 된다는 데 있다.

대규모 지질학적 불연속 변동이나 그로 인한 생식격리가 생겼을 때 환경변화에 따라 기존 종의 새로운 형질 변이가 일어날 것이고, 결국 이전 종과 다른 새로운 종이 분기되어 탄생하게 된다. 이런 진화 과정이 분기진화이다. 환경에 적응해가는 분기진화의 미시적 진화 프로세스는 역시 연속성의 진화 메커니즘을 따르기는 하지만, 지질 격변이라는 거시 차원에서 볼 때 불연속성의 진화메커니즘으로 나타난다. 계통학으로 볼 때 종의 가지 갈라치기가 늘어나는 분지 과정을 통해 새로운 종이 탄생하는 계기이며 그 결과는 종의 다양성을 보여준다. 이를 향상진화에 대비시켜 분기진화라고 한다. 앞에서 논의했던 마이어의 서술은 주로 분기진화를 다루고 있다. 분기진화는 장구한 시간에 걸친 대륙 이동, 대지진에 의한 지질학적 급변, 소행성 충돌 등의 지질 급변이나 작게는 큰 홍수나 해양조류로 인한 섬 안의 고립이나 강줄기로 나눠진 서식지역의 상대적 격리 등에서 형성되는 종 분리를 포함한다(Sober 1993, 147). 예를 들어 하나의 대륙이 고생대 말부터 분리되면서 오늘의 아프리카 대륙과 남아메리카 대륙으로 나뉬었는데, 과거 한 대륙에 존재했던 하나의 종이 아프리카 서쪽 연안과 남아메리카 대륙 동쪽 연안에 분포된 다른 종으로 분기진화한 식물 종이 다수이다. 핀치새Galapagos finch가 갈라파고스 작은 섬들로 서식지역으로 격리되면서 14종의 서로 다른 종으로 분화한 것도 분기진화의 사례이다. 핀치처럼 각기 서식환경이 다른 격리된 섬에서 각자 적응하여 분기진화로 생성된 종의 다양성을 적응방사라고 부르기도 한다. 그리고 보노보*pan pan-iscus* 종의 생성은 소지역의 지리 격리가 어떻게 종분화를 가능하게 했는지를 보여주는 대표적인 사례이다. 현재 콩고민주공화국 지역에 분포된 보노보는 중앙아프리카 침팬지*pan troglodytes*로부터 콩고강을 경계로 격리되어 200만 년 전 전후로 분기진화된 종이다(Prüfer and Pääbo et al. 2012).

분리와 분지를 통해서 하나의 유전자풀이 다양한 유전자풀로 늘거나 줄면서 유전형의 변화과정은 가능하다. 조상종에서 후손종이 분기되어 생성되었고, 그래서 조상종과 후손종이 공존할 수 있다. 이런 진화과정이 순환되면서 생물종 다양성이 가능해진다. 13개 종 갈라파고스 핀치새가 공존하고, 보노보와 침팬지가 공존하듯이 말이다. 반면 향상진화의 사례로서 말의 진화를 들고 있다. 과거 말의 기원종인 50cm 크기의 5천만 년 전 에오이푸스eohippus에서 5백만 년 전 플리오히푸스pliohippus를 거쳐 오늘의 말equus로 진화한 것이 향상진화의 사례이다. 그런데 말의 진화는 향상진화만이 아니라 분기진화도 같이 일어났기 때문에 말의 향상진화 본보기는 불완전한 사례에 지나지 않는다. 그럼에도 불구하고 최소한 앞의 3종은 제한적인 향상진화로 볼 수 있다. 더욱 중요한 사실은 오늘에 존재하는 것은 오로지 에쿠우스 종뿐이라는 점이다. 그리고 에오이푸스eohippus 종과 플리오히푸스pliohippus 종 사이 혹은 그 이후 향상진화된 에쿠우스 종 사이의 종간격이 불분명하다는 점도 향상진화의 특징이다.

향상진화의 진화압력은 돌연변이나 유전자 표류genetic drift에서 가능하다. 유전자 표류는 국소적인 격리를 통한 분기 과정인데, 이런 국소적 분기가 새로운 종의 탄생을 유도할 수 있다. 이런 점에서 유전자 표류는 향상진화로 보기보다는 분기진화로 구분되어야 한다. 그러나 개체군 구성원 중에서 아주 소수의 개체들이 가진 대립형질의 소멸이나 증폭이라는 점에서 향상진화로 볼 수도 있다. 유전자 표류는 창시자 효과를 낳는다는 점에서 분기진화이지만 대립형질의 변화라는 점에서 향상진화로도 해석될 수 있다는 뜻이다.

거시적 관점에서 보면 향상진화의 과정은 연속성의 진화이며 분기진화는 불연속성의 진화이다. 분기진화는 환경 급변으로 온 분화과정에서 불연속성일 뿐 진화의 자연선택 자체의 과정은 여전히 연속성의 메커니즘을 따른다. 이 점에서 일부 연구들은 종이 새롭게 형성되는 진행과정이 '임의적arbitrary'이라는 점에서 향상진화와 분기진화가 질적으로는 다를 바 없다고 주장하기도 한다(Vaux, Trewick, and Morgan-Richards 2016). 그러나 여전히 향상진화와 분기진화의 개념적 차이와 경험적 차이는 유의미하며, 자연선택론의 설명양식들은 종 분화의 방식차이와 연결되기 때문에 그런 차이를 확인하고 구획하는 일은 여전히 중요하다고 앨먼은 강조한다(Allmon 2017). 동일 계통에서 종의 변형론이나 계통확장으로서 종의 창시론에 관계없이 본질주의 종 개념은 성립될 수 없음을 확인하는 일이 중요하다.

[표 5-2] 종분화의 두 가지 양식

종분화speciation의 두 가지 양식	
향상진화anagenesis	분기진화cladogenesis
• 동일계통 안에서 돌연변이를 통한 형질 변화의 연속적 누적으로 인하여 유전자 풀이 다른 유전자풀로 변환 • 원래 조상종은 사라지고 후손종만 존속 • 기존 종에서 새로운 종으로 넘어가는 창시자 종을 확인하기 어려움	• 격리, 격변 이후 적응형질 변화가 새로운 종을 생성 • 하나의 유전자풀이 다양한 유전자풀로 증가 • 조상종과 후손종이 공존 • 새로운 창시자 종으로부터 종 다양성이 확산됨

2.4 다양한 종 분류법

현대 진화종합설 이후, 마이어의 종에 대한 이해가 확산되면서 종 개념은 다양한 논의 대상으로 되었다. 종 개념 혹은 종 분류법으로 생물학적 개념과 진화론적 개념, 계통발생학적 개념과 수리분류학적 개념 등이 자연스럽게 형성되었다(Futuyma 2005, Chap.15). 진화분류학evolutionary systematics에서 본 종 개념은 분기 이후 다른 계통과 구분되는 독립적인 계통의 개체군이며, 비슷한 진화 경향을 공유하는 집단을 말한다. 이 개념은 분기진화와 향상진화에 의한 분류군 간의 차이를 모두 설명할 수 있는 장점이 있다. 그리고 스니드(Peter H. A. Sneath, 1923-2011)가 주창한 수리분류학Numerical Taxanomy이 있다. 스니드는 진화분류학에서 말하는 향상진화와 같은 분류 체계는 주관적이라고 비판하면서, 그에 대한 대안으로 분류 대상이 되는 형질들을 기준으로 개체 간 거리를 수량적으로 표시하는 방법인 다변량해석multivariate analysis을 통한 종 분류법을 제안했다(Sneath 1966). 이것은 철학적으로 볼 때는 통시적인 진화 역사에 의존하지 않고 현재 기준으로 본 현상적 방법론에 의존하는 것과 같다. 이러한 입장은 미지의 과거를 추정하는 데서 오는 상상력 오류의 위험에서 벗어날 수 있지만, 측정 형질의 현상적 기준과 형질 차이 간의 거리 기준이 상대적일 수밖에 없다는 취약점을 남긴다. 수리분류학은 오히려 분자생물학의 발전에 발맞추어 새로운 관점으로 각광받고 있다. 현재는 단백질 분자다형分子多型이나 DNA 염기배열 연구에서 분자다형 사이의 유사성 분류 또는 유전적 거리를 측정하는 것이 가능해져서 수리분류학 방법론이 응용되기도 한다. 진화론과 분류학을 같은 장르에서 논의하는 것조차 반대하는 헐의 입장도 이와 유사한 측면을 보인다.

다양한 종 분류법 가운데 생물학적 분류법과 계통학적 분류법이 가장 많이 사용되고 있으며 가장 많이 연구되고 있다. 그래서 여기에서는 생물학적 종 개념과 계통학적 종 개념을 주로 다룬다.

2.4.1 생물학적 종 개념

마이어의 '지리적 종분화geographic speciation' 또는 '이소 종분화' 개념을
보자. 지리적 종분화란 "시조 군집으로부터 지리적으로 고립되거나
격리된 어느 군집이 격리 기간 동안 고립된 환경에 적응하여 다른 방식
의 자손 증식이 유도되는 형질을 획득하면서 새로운 종으로 진화하는
것"을 말한다(Mayr 1942; Mayr 1970, 279). 마이어의 지역 특이성 모델(또는
지리적 격리 모델)에서 작은 군집이 고립되고 생존을 추구하는 새로운
선택압에 노출되었을 때 종의 분화가 시작된다.

　　여기에서 중요한 점은 종분화의 과정이 전체 종이 아니라 특정한 시조
군집에서 발생한다는 사실이다. 종분화가 시조 군집인 종의 일부분 혹은
일부 개체에서만 일어나기 때문에 종 전체가 생성되거나 절멸하는 것은
아니다. 마이어도 우연히 분화하는 과정에서 종이 진화하는 계기가 된다고
한 것이며, 종 자체는 진화 단위로 될 수 없다고 했다(Mayr 1970, Chap.16).
마이어의 격리 모델은 종의 일부가 완전히 격리된 이후 해당 군집 전체가
새로운 종으로 변화된다는 것을 말해 준다. 그러나 격리 이후 새롭게 탄생
한 종의 입장에서 볼 때 종 생성과 절멸의 단위가 된다는 주장과 모순되지
않는다. 마이어의 격리 모델은 종 분류의 기준이 다원적임을 강조하는 것이
다. 지리적 격리 이후 분리된 지역적 개체군은 새로운 종으로 진화할
수 있다. 지역적 개체군에서 진화하는 종의 변화를 생물학적 종의 진화
라고 부른다(Simpson 1961).

2.4.2 계통학적 종 개념

계통분류학phylogenetic systematics을 정초한 헤니히(Willi Hennig, 1913-1976)는 계통분류학적 방법이 생물학적 분류 방법이나 진화론적 분류 방법을 배제하는 것이 아니라 보완하는 것으로 생각했다. 그는 종분화에 의한 계통관계를 바탕으로 생물분류사를 조직화하려고 시도했다. 그에 따르면 향상진화의 경우 분화과정의 소산물인 분지 이후 최초 조상종을 인식하는 것이 현실적으로 불가능하기 때문에 조상종 이론은 가설의 위치에 있으며, 따라서 향상진화에 따른 종 분류는 그 타당성과 효율성에서 신뢰가 낮다(Hennig 1966; 우건석 외 1997).

한편 심프슨(George G. Simpson)은 마이어와 같은 맥락에서 종 개념에 접근했다. 심프슨에게 진화적 종이란 "그 자신 종만의 단일한 역할과 경향을 갖고 동시에 다른 종과는 별도로 진화하는 혈연적 계통이다"(Simpson 1961, 153). 심프슨 역시 지리적 장벽에 의해 국소적 개체군이 형성되며, 그 개체군이 고립되어 고유한 생식동일성을 갖게 된다고 주장했다. 지역적이고 국소적인 개체군이란 같은 개체군 내 암수 사이에서 증식된 개체들의 집합을 의미한다. 심프슨은 계통 진화를 기준으로 종을 설명한 것으로 유명하다. 이를 계통학적 의미의 종 개념이라고 부른다. 계통학적 종 개념은 다른 종과 분리되어 그 종만의 고유한 적응진화 방식과 경향을 유지하는 계통 내 종이라는 뜻이다. 계통성이란 첫째, 종은 공통 조상을 갖는 개체군들이 거쳐 온 진화사의 소산물이며, 둘째, 공통 조상으로부터 후손에 이르기까지 그런 성질을 잃지 않고 공유한다는 두 가지 의미를 포함한다.

계통학적 종과 생물학적 종은 실제로 겹치는 부분이 많지만 개념적으로는 서로 다르다. 생물학적 종은 진핵세포 이상의 유성생식하는 개체군들의 적응 메커니즘의 산물이지만, 계통학적 종은 유성생식이나 무성생식에 관계없이 조상과 후손 사이의 계통 내 공통 조상의 공통성을 유지하는 후손 개체들의 모임이다(헐 1994, 160-161). 생물학적 종은 형태적인 표현형질을 중심으로 구분할 수 있다. 그러나 계통학적 종은 형태적 분류를 고려하되, 그 표현형을 발생하게 한 진화 역사의 계통을 추적하여 그들 사이의 연관성에서 종을 구분하려고 한다(Price 1996, Chap.4).

계통수에서 가지 갈라치기(분지)를 중시하는 계통학적 종은 상위 분류군에서 다른 종과 정보를 서로 교환할 수 없음을 전제한다. 상위 분류군의 진화는 그 종 내에서 발생하는 진화에 대한 해석 문제이다. 기존의 본질주의를 비판하면서 분류학에 큰 기여를 한 이레세프스키도 종은 개체 차원에서 계통학적으로 실재하는 개념인 반면, 상위 분류군은 생명의 역사를 반영하는 비실재적인 개념에 가깝다고 보았다 (Ereshefsky 2007, 173). 나아가 이끼류 연구로 각광받고 있는 미슐러(Brent D. Mishler)는 계통학적 종 개념을 전적으로 옹호하지만, 계통학적 종의 중추 개념인 형태 구분이 명확히 나눠지는 것이 아니라고 보았다. 경험론 관점에서 형태 차이를 종의 구획으로 보는 방식은 중요하다. 그러나 미슐러는 종의 형태조차도 고정된 것으로 보기보다는 후성유전학적 변화를 겪게 된다고 말한다. 후성유전학적 변화는 종의 본질을 부정하는 주장을 입증하는 것이며, 종 간 혹은 종 내 생태적 다양성을 설명하는 근거일 수 있다고 했다. 6장에서 상세히 다루겠지만, 그런 후성유전학적 조건을 미슐러는 후성유전학적 제한epigenetic constraints이라고 불렀다(Mishler 1985, 207).

[표 5-3] 종 개념 비교

계통학적 종 개념 phylogenetic species concept	생물학적 종 개념 biological species concept
• 분지학cladists의 성과이며, 생명의 계통사 중시 • 조상에서 후손에 이르는 공통분모의 패턴이 존재(Cracraft 1989) • 인과적 정의된 집단이 아니라 공통조상을 공유하는 가장 작은 단일계통 집합 (not causally integrated entities; Donoghue 1990) • 무성생식 유기체도 종으로 간주(Mishker and Brandon 1987)	• 상호교배가 가능한 개체군(생식격리) • 잡종에서 새로운 종 출현가능: 종은 교잡과 고립기제에 의한 유전풀(마이어) • 종은 증식에 유리한 선택기제를 확보한 집단(기셀린) • 종은 증식에 유리한 생식 짝을 인식하는mate recognition 집단(패터슨) • 유성생식에만 적용: 유전체의 진화적 흐름을 중시하며, 무성생식의 유기체는 종으로 인정하지 않는 한계(Ghiselin 1987, Hull 1987) • 개체군변이, 지리적 변이, 동형이종을 포괄

3. 종을 해석하는 다원론

듀프레(John Dupre) 역시 고정되고 선험적인 종 개념을 부정하고, 진화의 입장에서 다양한 종 분류의 기준이 가능하다고 보았다. 그래서 유일하고 고정된 디자인으로 설계된 종의 기준 대신에 다원적인pluralism 분류 기준을 제시했다. 듀프레의 다원론은 선험적 가정을 거부함으로써 실재론보다 앞서 언급한 유명론nominalism에 가까운 경향을 보여준다 (Dupre 1993). 실재론은 진리의 실재성을 강조한다. 그리고 명제가 사실에 대응될 경우 진리라고 말하며, 결국 실재의 대응물은 오로지 하나밖에 없음을 간접적으로 시사한다. 반면에 다원론적 기준을 강조하면 전통적 실재론과 달리 종의 이름이 복수적으로 가능하다는 유명론에 가깝게 된다. 이레세프스키에 의하면 본질주의를 비판하거나 거부하는 종 해석가들은 대부분 다원론적 해석에 기댈 수밖에 없다고 한다. 기존의 본질주의는 생명의 변화를 설명할 수 없었고, 종의 지시체desig-nator와 이름proper name은 오로지 일대일 대응된다는 진리 기준을 가지며, 종을 정의하는 방법이 유일하고 고유한 하나의 특징에만 의존한다. 그러나 본질론적 해명은 진화론적 종 개념에는 물론이거니와 계통학적 종이나 생물학적 종을 설명하기에 부족하다. 본질론에 기반한 일원론의 설명력은 자기한계를 갖고 있다(Ereshefsky 2007, 413).

다원론자들은 종 범주로서 표현형질과 형태, 생식기준 그리고 계통기준 등을 다층적으로 참조한다. 그리고 서로 다른 종 개념을 통해서 종분화를 설명할 수 있다고 한다. 이레세프스키의 구분법에 의하면 종은 생식적 종interbreeding species, 생태적 종ecological species, 계통적 종으로 구분된다. 생식적 종은 생식장벽으로 경계지어진 마이어 방식의 종 개념이다. 종 간 생식장벽이 무너지는 것은 자연계에서 쉽지 않다. 종 간 장벽이 깨지는 잡종 형성의 경우, 잡종 후손을 낳아도 불임 상태의 후손이 생기거나 멸종될 가능성이 높기 때문이다. 물론 그런 장벽을 넘어선 적응으로 새로운 종의 출현이 가능하다. 생태적 종이란 환경에 대처하는 적응 능력의 차이에 따라 증식과 소멸이 진행되는 그런 개체군들의 집합이다. 생태적 종은 종 자체의 고유성보다 환경과의 상관성에서 그 정체성이 만들어진다. 그리고 계통발생학적 종은 공통 조상 아래 후손에 이르는 계통을 유지하는 종이다(Ereshefsky 2007, 414).

키쳐(Philip Kitcher)는 서로 중첩되는 성질들의 연합으로 종의 개념을 설명한다(Kitcher 1984). 그는 외형으로 표현된 종의 유형과 더불어 생식 장벽과 진화론적 분류를 도입하여 종합적으로 종을 이해하려고 했다. 키쳐는 듀프레와 이레세프스키의 종 분류법에 기본적으로 동의했지만, 개체군 안에서 개체들 사이의 형태 유사성을 중요한 종의 기준으로 생각하는 또 다른 시각을 제안했다. 키쳐는 종을 바라보는 관점에서 개체론을 벗어나 있었다. 즉 종을 유기체들의 집합set으로 보았다. 키쳐는 모든 생물종을 하나로 분류하는 기준은 없다고 했다. 오히려 어떤 종들은 개체로 해석할 수 있지만, 또 다른 어떤 종들은 집합체로 보아야 한다는 것이다(Kitcher 1984). 키쳐는 마이어의 근접원인과 궁극원인의 구분법에 따라 종을 해석할 수 있다고 했다. 예를 들어 근접인과proximate 관계로 밝힐 수 있는 유전자의 유사성이나 발생학적 유사성을 통해서 종을 분류할 수 있다는 것이다. 이런 기준으로 종을 분류한다면, 종은 집합의 개념으로 다뤄진다. 반면 궁극인과ultimate 관계로서만 이해될 수 있는 상동 기관이나 계통진화의 진화론적 상관성을 통해서 종을 분류할 수도 있는데, 이런 경우에는 종은 개체의 개념으로 다뤄지는 것이다. 키쳐에 의하면 이 두 가지 관점이 경우에 따라 다층적으로 적용된다(Kitcher 1984).

소버는 키쳐와 달리 개체군 중심의 사유population thinking를 통하여 종을 이해한다. 소버는 개체들의 집합체로서 메타 그룹이나 유형론적 집합보다는 개체들의 구체적 집단인 개체군을 존재론적으로 우선시한다. 쉽게 말해서 이름을 먼저 만들고 그 이름에 맞는 구성원들을 찾는 것이 아니라, 비슷한 구성원들을 모아놓고 그들의 비슷한 성질에 맞추어 이름을 만드는 것이라고 할 수 있다. 소버는 개체군의 존재에 주목하여 종 분류에 대한 더 많은 설명이 가능하다고 보았다. 이러한 개체군 중심의 사유는 내재적 성질로서의 본질을 부정하지만, 관계적 성질로서의 본질을 부정하지는 않는다.

브랜든과 미슐러는 계통발생학적 관점에서 종 개념을 설명했다. 즉 브랜든과 미슐러는 단일 계통monophyly의 진화계통수를 유지하는 개체군을 종으로 파악했다. 다양한 진화력이 개체군에 작용하면서, 어떤 계통발생학적 종은 교잡에 의해 유지되고, 또 어떤 종은 생태적 힘에 의해 유지되고, 또 다른 종은 발생학적 제한에 의해 유지된다는 것이다. (발생학적 제한 개념은 6장에서 설명될 것이다) 이들은 이렇게 다양한 관계에 의해 종이 설명되지만, 그만큼 종은 변할 수 있다는 사실을 강하게 함축한다고 말한다(Mishler and Brandon 1987, 401). 브랜든과 미슐러는 공통 조상에서 후손으로 이어지는 단일한 계통의 개체군을 종이라고 했다. 그러나 단일 계통이라는 것이 불변의 계통이라는 뜻은 아니다. 계통은 언제나 새로 형성될 수 있으며, 그런 새로운 계통을 낳은 분기점은 복합적인 원인들로부터 촉발될 것이다. 예를 들어 유사종 간의 교잡, 생태학적 관계, 발생학적 제한력 등이 작용할 수 있다. 단지 이들의 설명은 종분화에 대해 기존의 진화론적 사유방식 외에 추가로 계통의 항상성homeostasis을 강조한 것이다.

미슐러는 종을 구분하는 기존의 실체론적 기준에 대해 강력한 반론을 제기했다. 그는 종 분류에 대한 다양한 견해가 존재한다는 사실이 종 다양성 및 종에 대한 반실체론을 보여주는 단적인 사례라고 말한다. 또한 종을 구분하는 유일한 기준은 없다고 하며 강한 종 연속론을 주장했다(Mishler 2010, 119). 미슐러는 진화적 접근이나 생물학적 접근보다 계통수를 통해서 종을 분류하는 것이 더 실용적이라고 보았다. 교잡의 한계라는 명확한 기준을 갖고 있는 생물학적 종 개념이나 향상진화와 지리적 격리에 의한 분기진화의 기준을 갖고 있는 진화론적 종 개념과 달리, 계통학적 종 개념은 계통수로서 형태학적 집단 개념으로 종을 구분한다. 그런데 미슐러는 계통학적 종 개념을 따르면서도, 생태적 환경을 공유하는 집단을 종으로 추가할 수 있다고 했다. 미슐러의 계통학적 종 개념은 진화적 종 개념과 형태학적 종 개념, 그리고 생태적 종 개념을 포괄적으로 통합한 것으로, 시간 차원에서 진화론적 종 개념을 공유하며 공간 차원에서 생태적 종 개념을 공유한다고 할 수 있다 (Mishler 1985, 207-210).

시간 차원만이 아니라 공간 차원의 생태적 계통 관계를 중시한 미슐러는 생태적 상관관계의 중요성을 보여주며, 종 다양성biodiversity이 왜 중요한지를 설명할 수 있다고 주장한다. 앞에서 잠시 언급했듯이 미슐러는 생태적 다양성이 형성되는 원인을 후성유전학적 요인으로 보고, 후성유전학적 조건이 발현되는 공간이 생태 공간이며. 이것이 개체 표현형의 다양성과 종의 다양성을 낳는 이유라고 했다. 그래서 그는 후성유전학적 변화의 다양성을 공간 차원의 생태적 상관관계라고 말한 것이다(Mishler 1985). 이 점은 철학적으로 흥미롭다. 공통 조상에서 시작되어 무수한 갈래로 파생하는 생명의 진화는 연속적이며, 원리적으로 단일한 계통수를 갖는다는 미슐러의 생각은 시간적 다양성과 공간적 다양성을 같이 내포한다. 공간 차원에서 분기된 개개 종들의 개체군들 사이의 분기(분지) 거리를 추론할 수 있는데, 이는 분기론cladistics의 흥미로운 공간적 특징이다.

미슐러처럼 헐과 기셀린은 외형의 유사성이 종을 묶어 주는 중요한 기준으로 생각했다. 이들에게 종은 종류Kind나 유형Taxa이 아니라 범주 차원의 개체적 대상이다(Ghiselin 1974; Hull 1976). 개체는 종의 단순한 구성원이 아니라 종을 대표하는 범주이다. 표현형과 형태 유사성이 반드시 공통 조상을 전제하는 것은 아니지만, 형태 유사성은 종을 나누는 중요한 기준이라는 것이다. 종은 계통적이고 역사적으로 분화되는 것이므로 결코 자연종일 수 없다. 헐은 계통분류학이나 해부학적 상사相似 관계를 통해서 종을 구분한다. 종에 대한 기존 관점으로 볼 때 전혀 관계없는 듯 보이는 두 개의 개체도 생태적 역할을 공유할 수 있다는 것이 헐의 특이한 입장이다. 예를 들어 비둘기 날개와 파리 날개는 같은 기능을 한다는 점에서 상사관계이다. 또한 계통적으로 전혀 관계없는 DNA 염기서열이 똑같은 대사기능을 갖는 단백질을 만들어 낼 수 있다. 헐은 바로 이 상사관계에서 법칙을 찾는 것이 생물학이라고 주장한다. 즉 형태적 분류가 기능적 분류에 도움이 된다고 본다.

다음으로 이레세프스키의 교차분류론을 살펴보자. 그는 진화의 힘이 계통수로 설명되기 어렵다고 말한다. 이것은 진화론과 계통론 사이의 엄연한 차이를 인정해야 한다는 것을 의미한다. 이레세프스키가 기존의 실체론적 종 분류를 부정하는 것은 분명하다. 예를 들어 그는 종 사이에 서로 다른 형태types 차이가 있을 수 있어도, 그 형태 차이를 본질적 차이로 볼 수 없다고 했다. 종은 다양한 존재론적 측면과 구조를 지니고 있어서 교잡에 의한 방식이나 계통론 접근 방식을 통해 보완하여 설명cross-classify할 수 있다고 말한다. 이레세프스키는 종 범주가 생각만큼 그렇게 다양하지 않을 수도 있다는 견해를 갖고 있다. 종을 구분하는 기준이 무엇인지 명확하지 않고 종 범주를 분명하게 구획하는 일도 불가능하다는 것이다. 이것은 종 범주의 명확한 기준을 부정하는 것이지, 종이라고 하는 분류군의 의미를 부정하는 것은 아니다.

[표 5-4] 종을 해석하는 두 가지 관점

종을 개체처럼 보는 입장 species as individuality	종을 불변의 집합으로 보는 입장 species as set
• 종은 공통성 본질로 해석하는 보편성을 지닌 것이 아니라 그 스스로 변화할 수 있는 개체로 간주될 수 있다. • 종은 상대적이고 종간 경계도 절대적이지 않다.	• 종은 그 종만의 고유하고 불변의 인과관계로 묶인 유기체들의 집합 • 외형적 유사성을 중시하고 형태학이 계통학의 기준으로 될 수 있다.

4. 모자이크, 니치, 클러스터 이론

4.1 생태적 모자이크 이론: 스티렐니

진화를 거치면서 지구에 다양한 생물종이 출현했다. 변이와 선택이 가져온 진화의 다양성은 진화생물학이 설명하려는 목표이기도 하다. 다양성은 생물종 간의 차이를 전제로 한다. 차이를 인식할 수 없다면 다양하다고 말할 수 없기 때문이다. 차이를 인식하려면 개체군 사이의 불연속적인 구획이 전제되어야 한다. 스티렐니는 그런 불연속의 구획을 따라서 불연속성의 기준이 무엇이며, 그 기준이 과연 고정적인지를 질문한다. 이에 대하여 듀프레는 본질주의를 거부하고 강한 연속주의를 강조하지만, 스티렐니는 본질주의를 거부하면서도 불연속적인 종의 범주가 실재한다고 주장한다. 종 실재론의 한 형태이며, 종이 실재한다는 주장이다. 스티렐니의 종 실재론은 종 본질주의와 다르며 진화의 선택 수준이 된다는 뜻도 아니라고 역설한다. 단지 실재하는 종은 생태적 모자이크ecological mosaics의 양상을 갖는다고 한다(Sterelny 1999, 123).

스티렐니는 종에 존재론적 실체를 부여하지 않고 단지 과학적 설명을 위한 것으로서만 종 개념을 인정했다. 종 개념은 유기체들을 특정한 범주로 묶어낸 집단인데, 범주를 묶어내는 생물학적 방식은 너무 다양해서 종을 특정한 생물학적 자연종으로만 규정하기 어렵다. 그러나 종은 우리가 묶어내는 주관적 범주화와 무관하게 독립적으로 존재하는 객관적 특징을 지닌다고 한다. 물론 제한된 방식이지만 종이 최소한 생태학적이고 진화론적 과정의 단순한 부수현상 수준은 아니라고 스티렐니는 말한다.

본질주의를 부정하는 입장과 종을 정의하는 기준이 존재한다고 보는 입장, 그리고 진화론만이 종의 분화를 설명하는 것이 아니라는 입장들을 모두 연결하여 종합하려는 시도가 스티렐니 자신만의 독특한 모자이크 이론이다. 스티렐니는 호주 유칼립투스나무 산림지대에 서식하는 앵무새 무리들을 사례로 들어 모자이크 이론을 설명한다. 넓은 산림지대에서 붉은 안경 앵무새, 무지개 앵무새, 갈라토종 앵무새, 장미 앵무새, 유화 앵무새 등은 별개의 종들이며 아주 다른 생태공간에 퍼져서 서식한다. 서로 다른 생태공간에 서식하고 서로 다른 종이지만 이들 모두 유사한 형태와 행동으로 드러나는 "앵무새 특징parrotnes"의 패턴을 가지고 있다. 이런 이소종들의 개체군 연합을 매타개체군meta-populations이라고 한다. 스티렐니는 이와 같이 전혀 다른 생태공간에 널리 퍼져 있는 별개의 독립적 개체군들의 연합을 생태 모자이크라고 하며, 앞서 말한 특별한 상태의 종들은 생태 모자이크로 정의된다는 것이 스티렐니의 기본 입장이다(Sterelny 1999, 119-120).

스티렐니의 주장은 변형된 진화론적 사유의 하나라고도 할 수 있다. 물론 하나의 종이 반드시 하나의 집단으로 구성된 것은 아니다. 동일종이라도 분리된 다른 집단에 속할 수 있다. 분리된 개체군 집단은 각기 다른 생태 공간에 흩어져 있게 마련이다. 결국 종의 진화는 기존의 진화론적인 단위와 생태론적인 모종의 단위가 서로 상관적으로 엮여지는 복잡한 방식으로 진행된다는 것이며, 이를 생태적 모자이크 이론으로 설명한다. 하나의 종이 서로 다른 생태적 공동체에 흩어져 있으면 다른 환경에서 서로 다른 선택압을 받아, 서로 다른 표현형질의 변화가 가능해진다. 그래서 스티렐니는 서로 다른 표현형질들의 개체군이 모자이크 방식으로 모여 특수한 의미의 종을 형성하는데 그런 모자이크 종은 전체 표현형질의 집합이기도 하다. 정리하자면, 동떨어진 환경에서 서로 다른 선택압을 받아 그 결과로 진화한 서로 다른 표현형질을 가진 개체군들의 모자이크가 곧 종이다. 동떨어진 생태적 공동체에 흩어져 있는 상태에서도 동일종의 존재가 가능하다고 주장하는 것이다(Sterelny 1999, 123).

앞서 말했듯이 생태 모자이크 이론은 본질주의 종 분화 이론을 거부하지만, 진화론적 종 개념과도 다르다. 진화론적 종 분류는 오늘날 존재하는 종의 특성과 화석으로 발견된 과거 종의 특성을 비교하여 그들

생물철학

사이의 근친 관계를 살피는 예민한 관찰 작업에서 얻어진다. 이러한 관찰 작업에서 현재의 특성은 과거를 바라보는 관점에 매우 주관적인 영향을 끼칠 수 있다. 스티렐니는 종의 진화적 계보에 대한 우리의 인식은 잠정적인 관찰 시점에 의존한다고 말한다. 다시 스티렐니의 사례를 들어보자. 같은 종 왜가리라도 주변 백로 개체군과 같이 서식하는 왜가리 개체군은 흰색이고 다리가 길지만 지역에 따라 붉은 퇴적암 지형의 서식하는 또 다른 왜가리 개체군은 줄무늬 갈색에다 다리도 뭉툭하다. 환경에 따라 동일종이라도 서로 다른 지역적 고립 메카니즘 isolating mechanism이 적용될 수도 있다는 뜻이다. 만약 이와 같은 지역적 고립 메커니즘이 장구한 시간에 걸쳐 지속된다면 두 왜가리 개체군들은 다른 종으로 진화할 확률이 어느 정도 가능하다. 이 경우 훗날 한 종이 다른 종으로 되겠지만, 그 두 종은 하나의 생태 모자이크를 구성할 수 있다(Sterelny 1999, 121). 결국 현재 시점이 아니라 미래의 시점에서 진화 가능한 개체를 바라볼 수 있을 경우, 현재의 종 역시 진화과정의 한 단계에 지나지 않을 것이다. 그렇기 때문에 우리의 종 분류는 절대 기준이 아니다(Sterelny 1999, 120;135).

여기서 스티렐니의 생태 모자이크 개념과 다른 진화단위로서 모자이크 개념도 있음을 유념해야 한다. 생태 모자이크 개념과 다르게 개별 형질에 따라 진화속도가 다른 경우를 모자이크 진화라고 한다. 진화생물학자 바그너는 진화의 단위로서 진화벽돌building block 가설을 말했다. 진화일체론evolutionary holism은 개별 표현형은 서로 연결되어 하나의 전체 유기체 개체표현형을 형태화한다고 한다. 그래서 개별 표현형은 독자적으로 진화하기 어렵고 연결적으로 진화한다고 한다. 바그너는 이런 진화일체론을 비판하면서 진화의 기본단위로서 진화벽돌building block이 있다고 한다. 바그너의 진화벽돌 가설은 전형의 진화 모자이크 이론의 전제이다(Wagner 1995).

4.2 브흐바의 견해

종을 결정하는 것은 단순하지 않으며, 종은 유성생식의 결정요인인 성, 지질학적 격변이나 지역적 기후변화 등이 복합적으로 작용하는 생태적 지위를 지닌다는 주장이 브흐바의 입장이다. 브흐바는 종을 단지 개체들의 집합체가 아닌 집단 스스로 내적 구조를 지닌 복잡시스템으로 보아야 한다고 주장했다. 여기에서 복잡시스템이란 외부 요인인 기후변화에 섭동하는 종의 내적 구조이자 종 구성원들의 안정성을 설명하는 것으로 볼 수 있다.

브흐바는 복잡시스템의 중요한 변수를 기후변화라고 보았다. 기후변화가 종분화 혹은 종생성과 직결되어 있다는 것이다. 브흐바는 급격한 기후변화와 같은 생태학적 균열이 바로 종의 항상성을 붕괴하는 주요 요인이며, 새로운 종 생성의 계기로 될 수 있다고 본다. 생명체는 온도, 습도, 일조량 등의 환경변수에 매우 민감하다. 따라서 개별 종들이 각각 안정된 생활공간을 차지하고 있다고 해도 기후와 같은 물리적 변수에 의해 그 유전형이 변화될 수 있다. 즉 종의 분포는 다른 종과의 상호작용에 의한 것보다는 외부 환경에 따른 민감성에 의해서 더 많이 제어된다는 것이다(Vrba and Eldredge 2005). 브흐바는 외부환경 중에서도 기후변화의 영향력을 가장 의미있게 보았다. 기후 요인은 종의 유전형을 생각보다 빠르게 변화시킬 수 있지만, 다른 한편 기후 요인은 종의 변화를 저지하여 종의 유전형을 장구한 시간 동안 항상적으로 유지하도록 하는 발생학적 제한constrain을 줄 수도 있다(Wilson, Robert 1999, 128).

도브잔스키와 비슷하게 브흐바 역시 한 종의 생태적 지위를 산맥의 봉우리에 비유했다. 브흐바에 따르면 유사 종이란 같은 골짜기를 사이에 둔 건너편 산봉우리에 해당하고, 유사한 종들의 집합은 각각의 골짜기들과 그 봉우리들의 집합과 같다. 봉우리들은 각각 서로 다른 봉우리이지만, 골짜기로 연결된 하나의 산이라는 더 큰 관점에서 볼 때는 하나의 산 덩어리다. 치악산은 가장 높은 비로봉을 주봉으로 하는 여러 봉우리들의 산 덩어리이다. 동시에 비로봉은 건너편의 향로봉과 골짜기를 공유하면서 분리될 수 없는 하나의 군집적 봉우리이다. 우리는 그런 봉우리들의 군집을 통털어 하나의 치악산이라고 말한다.

한 종의 봉우리와 다른 종의 봉우리 사이의 구분은 상호 생태적 다양성과 깊이 연관되어 있다. 치악산과 소백산은 다른 산이지만 산맥으로 연결되어 있다. 소백산 비로봉, 국망봉, 연화봉은 소백산에 속해 있고 치악산 비로봉, 남대봉, 향로봉은 치악산에 속해 있다고 말한다. 여기서 치악산과 소백산은 종에 해당하며 각각의 봉우리들은 개체 또는 개체군에 해당한다. 치악산의 각 봉우리들의 차이보다 치악산과 소백산 사이의 차이가 생태적으로 더 클 수 있다. 이런 점에서 생태적 다양성의 차이에 따라 종을 구분할 수 있을 것이다. 다시 말하면 생명체의 복잡한 다양성은 생명체가 존재하는 환경과 생태적 다양성에 깊이 연관되어 있다. 유전자 차원에서도 마찬가지이다. 수학적으로 볼 때 무작위란 주사위 산술 확률이 1/6로 동등하고 동전의 한 면이 나올 확률이 1/2로 동등하듯이 선택적으로 동등함을 의미한다. 이런 점에서 생물종은 무작위적으로 유전형질이 결합된 독립적 집단이 아니라 공통적 유전자들의 재배열을 통해 산과 골짜기로 의미화된 조직들의 군집이다. 각각의 생물종은 자연 생태라는 무대 위에서 유전자 재배열이라는 유희를 하는 거대한 산맥들에 속한 봉우리들 중 하나일 뿐이다.

각각의 봉우리와 골짜기들은 동떨어져 있는 듯 보이지만 생태적으로 연결되어 있다. 어느 봉우리 주변은 이 봉우리와 비슷한 군집에 배속되어 있는데, 이는 독립적인 봉우리들이 좁은 골짜기를 사이에 두고 산맥으로 연결되어 있는 것에 비유된다. 동물 서식지 사례를 들어 보자. 사자가 서식하는 지역은 늑대, 코요테, 자칼이 서식하는 지역과 생태적으로 묶여 있다. 한편 호랑이의 서식 지역은 퓨마, 레오파드의 서식 환경과 생태적으로 연결되어 있다. 거시 환경에서 볼 때 사자와 호랑이는 서식지역이 완전히 다르지만, 사자의 생태적 니치niche는 호랑이의 생태적 니치와 질적으로 유사하다고 볼 수 있다. 더 넓게 보자면 고양이 과의 봉우리는 개 과의 봉우리와 다르게 형성되어 있으나, 고양이, 개, 곰, 족제비는 모두 육식목이라는 적응 범위를 함께 형성하고 있다. 이렇게 생명의 자연계는 생태적 니치라는 모자이크들의 연결체라고 볼 수 있다. 브흐바의 종의 내적 생태 조건에서 치악산과 소백산의 생태적 차이는 치악산과 한라산의 생태 차이보다 작다. 종은 지리적이며, 생명계를 구성하는 생태 모자이크에 해당한다.

골짜기와 봉우리들로 유비되는 생물종은 상호 활동범위라는 서식지역은 다르지만 삶의 공간이라는 측면에서 서로 연결되어 있다. 물론 예외는 있다. 어떤 생물종은 매우 특정한 주거환경을 차지하거나 아주 협소한 공간에만 분포한다. 호주 피그미 주머니쥐는 호주 대륙 고산지대의 몇 평방 km 안에만 분포해 있다. 브흐바는 이러한 예외에도 불구하고 종들이란 대부분 다양한 서식범위를 가로질러 존재한다고 보았다(Vrba and Eldredge 2005).

4.3 엘드리지의 견해

에른스트 마이어의 견해를 발전시킨 엘드리지(Niles Eldredge)에 따르면 종 분화는 격리에 의해 아주 작은 주변 집단에서부터 일어난다. 지역 격리라도 종이 새로운 환경에 적응하여 유전형질, 즉 유전자 변이가 일어나지 않았다면 새로운 종의 생성은 있을 수 없다. 실제로 격리 이후 많은 개체들이 멸종되고, 어떤 개체 혹은 작은 집단만이 우연한 계기로 그들의 변이 유전자를 존속시키게 된다. 이런 변화는 새로운 종의 탄생을 예고한다. 살아남을 확률이 커진다는 의미는 더 강력한 선택압 아래 놓였다는 것이고, 따라서 새로운 종의 조상 또는 조상종의 지위로 분화되고 다양성의 가능성이 있다(Eldredge 1998, Chap.2).

엘드리지는 마이어의 생각을 확장하여 굴드와 함께 항상성homeo-stasis에 대한 새로운 이해 지평을 열었다. 항상성에서 평형상태란 체계 내부에 아무 변화가 없다는 것이 아니라, 변화하지만 그 내부에서 변화에 대한 저항력을 상대적으로 증가시켜 체계 전체의 평형을 유지하게 된다는 뜻이다. 급격한 환경 변화가 있지 않다면 어려움 없이 평형을 유지할 수 있다. 기후 변화나 지질 변화와 같은 급격한 환경 변화로 인해 생태학적 균형이 붕괴된다면 진화의 속도평형도 깨질 것이다. 엘드리지는 종들의 생태학적인 균열로 인해 평형상태의 패턴이 어떻게 깨지는지를 설명하려 했다. 평형 붕괴는 일종의 진화론적 불연속성에 해당한다. 거꾸로 급격한 생태 변화가 없다면 진화론적 연속성은 계속 유지된다는 것을 의미하기도 한다.

엘드리지의 사유는 마이어의 지리적 격변에 의한 종분화 이론을 대륙이동설과 같은 거시 지질학의 차원에 적용한 것으로 볼 수 있다. 알다시피 에른스트 마이어는 평형의 깨짐을 자연선택이 아니라 격리에 의한 것으로 간주했다. 엘드리지가 말하는 종의 항상성이란 지구적 안정기에 종의 안정성을 계속 유지하는 상태를 말한다. 항상성 유지는 종의 점진적 진화 개념과 다르게 종과 환경 사이의 평형상태와 붕괴상태 사이의 불연속성 및 그런 불연속성으로 인한 불연속의 진화를 함의한다. 급변을 통한 항상성 붕괴의 기회와 계기의 확률은 매우 적지만, 항상성 역시 지구 차원의 대규모 지질학적 격변에 의해서 붕괴될 수 있다는 것이다. 엘드리지는 연속적 진화를 부정하지 않는다. 오히려 마이어보다 한 발 더 나아가 대규모 격변에 따르는 불연속적 종의 대변화와 더불어 연속적 미시변화도 중시했다. 엘드리지는 자연선택 기제가 작용하는 연속 변화의 진화 양상을 인정하면서도 항상성 패턴을 추가했으며, 나아가 급격한 지구 환경 변화에 따른 불연속 단속 패턴 Punctuated equilibria을 설정했다. 엘드리지는 불연속성의 단속평형론과 함께 연속성의 종분화 개념을 수용했으며, 이는 기존의 현대 진화종합설을 부정한 것이 아니라 보정한 이론으로 볼 수 있다. 예를 들어 단속평형과 같은 대진화에서 미시진화의 선택수준과 별다른 종 수준의 선택이 가능할 것이라는 추측은 오해라고 말한다. 엘드리지는 대진화 논의에서조차도 종 수준의 종선택을 논증할 수 없다고 한다(Lieberman and Eldredge 2014).

엘드리지는 계통 발달이나 진화적 발달에 관계없이 환경 요인을 중시한다. 이 점에서 엘드리지의 견해는 브흐바와 동일한데, 이들은 종분화와 종평형을 설명하는 데 있어서 지리적 변화나 기후 조건과 같은 비생물적 환경이 중요하다고 강조했다. 톰슨(John N. Thomson)은 이와 비슷한 견해를 발전시켜 공진화 개념을 착안했다. 톰슨은 자신의 관점을 지리적 모자이크 공진화 이론이라고 불렀다. 종들은 활동 범위가 일정한 동일 영역만을 차지하는 것이 아니라 서로가 서로의 영역에 겹쳐 있기 때문에 단일 종에 초점을 맞추어 진화를 볼 경우 설명력이 약해진다고 주장했다. 한 종의 진화는 다른 종의 진화와 긴밀히 연관되어서 종 간 진화의 상관성을 볼 수 있어야 한다는 것이다. 톰슨은 이런 진화 상관성을 공진화라고 하며, 여러 종들의 표현형이 합성된 것이 아니라 주변 종들이 그들의 환경을 함께 공유하는 데서 오는 공통 적응 기제로 이해해야 한다고 지적했다. 톰슨은 공진화가 종 특이적이고 지리적인 모자이크를 포함한다고 했다. 이런 전제에서 종 간 또는 종의 부분 개체들은 서로 호혜 작용을 하면서 겹쳐지지 않는 부분을 서로 덮어주는 헝겊patch처럼 공진화한다는 것이다(Eldredge 1989).

4.4 항상성 클러스터 이론

생물철학자 보이드(Richard Newell Boyd, 1942-2021)는 종을 새로운 의미의 자연종으로 보았다. 보이드가 생각한 자연종은 고전적 의미의 본질주의를 탈피하여 자신만의 고유한 개념으로 만들었다. 보이드의 고유한 자연종 개념은 '항상성 클러스터homeostatic property cluster, HPC로 설명된다. 항상성 클러스터에서 자연종은 안정적 유사성stable similarity을 공유하는 존재들의 집합이다. 항상성 클러스터는 다음과 같이 정리된다. (i) 항상성 클러스터는 전통적인 본질론에 의존하지 않고도 자연종으로 정의될 수 있다. (ii) 어떤 생물학적 성질도 그 종 구성원의 본질적인 성질일 필요가 없다. (iii) 자연종 내 구성원들의 유사성은 안정적이고, 그래서 동일 종 내 특정 구성원이 어떤 성질을 가지고 있을 것이라는 예측을 할 수 있다. 예를 들어 친구네 집 정원 한 모퉁이에 닭장이 있고, 그 안에 닭이 있다는 말을 들었다면 그 닭도 다른 닭처럼 벼슬을 가지고 있고 부리가 있을 것이라는 추측을 충분히 할 수 있다. (iv) 구성원들끼리의 유사성의 근거가 되는 종마다의 항상성 기제가 있다. 이런 항상성 기제는 생식을 통해서 종 안에서 유지된다. 즉 항상성 기제는 선험적으로 만들어진 조건이 아니라, 진화의 역사를 통해 조성된 경험적 조건이라는 뜻이다(Boyd 1999, 81). (v) 클러스터의 경계가 모호하며, 개념에 대한 분석적 정의를 내리기 어렵다. (vi) 인위적 종류와 달리 자연종은 인간이라는 의식적 주관과 무관하게 독립적으로 존재하는 자연적 존재이다. 이런 점에서 본질주의 자연종과 유사한 측면이 있지만, 그 존재는 선험적이거나 본질적이지 않다는 점에서 철저히 경험적 존재이다(Gould 1983, 194-197). (vii) 항상성 클러스터 자연종은 유사성이라는 안정적 클러스터를 공유한 존재들의 그룹으로 정의될 수 있다(Boyd 1999, 142-144).

항상성 클러스터 이론은 20세기 현대 철학자 비트겐슈타인(Ludwig Josef Johann Wittgenstein, 1889-1951) 후기 철학의 핵심이 되는 '가족 유사성 family resemblances'에 유비시켜 이해할 수 있다. 예를 들어 어느 가정의 둘째 아들은 아버지와 닮았지만 막내 딸과는 닮지 않았으며 그 대신 막내 딸과 첫째 아들은 어머니와 닮아서 전체로 보면 이 가족들만의 모종의 유사성 관계에 의해 가족이라는 집합으로 묶여질 수 있다. 가족 구성원 전체를 예외 없이 하나의 기준으로 묶어주는 보편기준은 없지만 상호 간 연결된 기준이 엄연히 존재한다는 것이다. 이러한 가족유사성 개념은 비트겐슈타인이 언어의 성질을 말하기 위하여 생각해냈지만, 종 분류법에서 항상성 클러스터 이론의 기준에 유비될 수 있다. 고정되고 유일한 기준인 공통본질 속성common essential property이 아니라 상호 간 유동적인 집합적 속성으로 항상성 기제를 설명하는 것과 비슷하다. 비트겐슈타인의 가족 유사성 개념은 언어에 공통된 본질이 있다는 것을 부정하며, 기존 논리실증주의에서 말하듯이 말에 명료하게 대응되는 일의적인 내용이 있다는 것을 부정한다. 말은 같은 말이라도 상황에 따라 다르게 사용될 수 있지만 구성원끼리 서로 소통가능한 유사성을 가질 수 있다.

앞서 논의한 보이드 이론은 그 장점에도 불구하고 항상성 기제를 적용할 수 없는 결정적 한계 때문에 크게 확산되지 못했다. 우선 종 내 변이, 즉 종 내 다형성polymorphism을 설명할 수 없다. 수컷과 암컷 사이에는 동일종이어도 아주 큰 표현형의 형태 차이, 즉 성적 이형성 sexual dimorphism이 있다. 특정 거미의 경우, 수컷과 암컷을 다른 종으로 볼 수 있을 정도로 유사성 공분모를 찾기 어렵다. 암수 간 형태 차이를 항상성 클러스터 이론으로 설명하기 어렵다. 곤충의 경우 생활사에 따라 여러 차례의 탈바꿈을 하는데, 예를 들어 애벌레 시기의 형태와 알의 시기, 그리고 나방인 때의 형태는 너무나 달라서 동일 종, 동일 개체에서도 가족 유사성의 기준조차 찾기 어렵다.

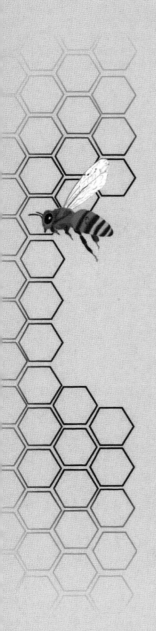

제6장

발생계 철학

제6장
발생계 철학

자크 모노는 "대장균에게 적용되는 것은 코끼리에도 적용된다."라는 유명한 말을 했다. 6개의 염색체와 1,000개도 안 되는 세포를 가진 꼬마선충의 염색체 내 어떤 단백질 구성체는 초파리와 코끼리에도 공통적으로 존재한다는 분자 차원의 생물학은 진화론의 핵심인 공통조상 이론을 결정적으로 입증하는 셈이다. 이처럼 진화론과 발생학 그리고 유전학의 결합을 통해서 발생학적 사유는 점점 더 확장되고 있다. 발생학을 유사성을 다루는 "같음"의 생물학이라면, 유전학은 차이를 다루는 "다름"의 생물학이다.

자크 모노, 『우연과 필연』에서

1. 발생학적 사유

1.1 발생학의 역사 그리고 상동과 상사

발생학의 과거 역사에서 대표적인 논쟁점은 전성설과 후성설 논쟁이다. 아리스토텔레스 이후 지속되어 왔던 전성설과 후성설 논쟁은 근대 과학 기준으로 볼 때 과학이라기보다는 박물학 수준의 주제였다. 전근대 자연학은 주관적 관찰과 현상적 경험에 의존하여 자연물의 운동과 변화를 설명하는 체계이다. 17세기까지 생물 발생을 설명하는 지배적 이론이었던 전성설preformation theory의 대부분은 생기론에 의존하였기 때문에 대표적인 전근대 자연학의 하나로 볼 수 있다. 초기 전성설이나 후성설은 정교하지 않은 서술주의 가설에 의존했지만 현대 생물학 분석주의의 토대로 발전하는 데 기여를 했다. 독일 발생학자이며 형태인류학자였던 블루멘바흐(Johann Friedrich Blumenbach, 1752-1840)에 의해 서술주의 방식으로 싹트고 있었다. 블루멘바흐는 생명을 보전하고 형성하는 힘이 생명체 안에 내재한다고 보고, 그 힘을 형성복원력Bildungstrieb(발생력development force)이라고 불렀다. 블루멘바흐가 말한 형성복원력이란 세포 간 상호작용으로서, 일종의 전능세포totipotency들이 후천적으로 모종의 선택적 결정을 하면서 각각 고유한 기능을 갖는 세포로 발달하게끔 하는 생기력이다. 후성설의 씨앗은 근대적 의미의 후성설을 분석주의 방식으로 증명한 드리슈의 업적으로 이어졌다.

블루멘바흐 이후 현대적 의미의 후성설epigenesis이 19세기 말 성게알이 환경에 따라 부화 상태가 달라진다는 실험을 한 드리슈에 의해 전개되었다. 드리슈 이후 주관적 관찰과 현상적 경험에 토대를 둔 자연학과 생기론적 이해의 폭을 넘어서 객관주의 생물학의 기초를 열었다(Rupke and Lauer 2018). 최근 진화생물학과 발생생물학이 결합된 현대 진화발생 생물학의 발전도 이러한 전성설과 후성설의 역사적 이해와 연관되어 있다.

발생학은 수정란이 만들어질 때부터 죽을 때까지의 개체 변화 과정을 다루며, 나아가 생명의 시초로부터 오늘의 생물종에까지 이르는 장구한 진화론적 시간을 대상으로 계통학적 추이를 연구한다. 다윈도 발생학적 사유가 어떤 의미를 갖는지에 대해『종의 기원』4장에서 집중적으로 다루었다. 당시만 해도 개체 발생이 계통 발생을 반복한다는 헤켈의 반복설theory of recapitulation이 발생학의 중요한 이론이었다. 헤켈은 방대한 관찰 자료를 근거로 그 나름대로 조직적인 발생학을 주장했다. 그러나 다윈이 보기에 자료의 방대함에도 불구하고 헤켈의 논증은 적절한 논거로 볼 수 없었다.

다윈은 '상동homology'과 '상사analogy' 개념의 기본을 제시함으로써 새로운 발생학 패러다임을 진화론과 연계시켰다. 전근대 서술발생학에서 현대 실험발생학으로의 전환 과정에 중요한 역할을 한 것이다. 다윈은 기존 개념에서 벗어나 형태학이라는 새로운 사유방식을 도입했다. 이후 상동과 상사 개념에 대한 새로운 해석들이 쏟아져 나왔다. 예를 들면 고래 지느러미와 박쥐 날개는 겉으로 보기에 전혀 다르게 보이지만 계통수를 거슬러 올라가면 동일한 조상으로부터 갈라진 형질로 해석할 수 있다. 이런 관계를 상동 관계라고 한다. 한편 벌의 날개와 벌새의 날개는 겉보기에 비슷하지만 계통수가 다른 조상에서 나온 생물종이라서 날개의 기능만 같을뿐 날개의 조상은 다른 경우가 있다. 이 둘의 관계는 상사 관계에 해당된다. 상동이란 원래 동일한 기관이었지만 분화하면서 다양한 형태와 기능을 가진 다른 형태의 기관처럼 보이는 경우를 뜻하며, 원상동orthology과 파생상동paralogy이 가능하다. 상사란 동일한 기능을 가지지만 원래 다른 다른 기관이나 형질이었으며 나중에 수렴진화하여 마치 동일한 기관처럼 보이는 경우를 뜻한다(르원 2002, 27).

상동과 상사의 개념 기준이 모호할 수도 있다. 예를 들어 사람의 눈과 초파리의 눈은 상동인지 아니면 상사인지를 묻는 질문을 통해서 그 개념을 더 정확히 알 수 있다. 발생계통학의 관점에서 볼 때 절지동물 초파리와 척추동물 인간은 모두 눈 없는 강장동물에서 분화되었다. 그래서 인간의 눈과 초파리의 눈은 계통적으로 무관하다. 인간의 눈과 초파리의 눈은 상동이 아니라 상사관계로 볼 수 있다(이케다 2009, 39). 유전학의 관점에서 본다면 이견이 가능해진다. 초파리의 눈과 사람의 눈은 모두 pax6 유전자를 동일하게 갖고 있기 때문에 상사보다는 상동이라는 주장이 더 유효하다. 계통적으로는 상사이지만 유전학적으로 상동일 경우, 이 결론은 상동에 가깝다는 추론이 더 타당할 수 있다.

종species은 불변이라는 기존의 실체론적 종 개념을 탈피하고 형질 자체도 항상 변화 과정에 있음을 다윈은 강조했다. 다윈 입장에서 볼 때 두더쥐의 눈은 퇴화되었지만 흔적을 통해 눈의 기관과 그 기능을 설명해 낼 수 있다. 전혀 다른 종이라도 두 종 모두에게 남아 있는 흔적기관vestigial organs을 통해 종의 발생학적 연계성을 추적할 수 있다. 찰스 다윈에 의하면 흔적기관은 단어 속에 철자로 남아있지만 발음이 안 되는 글자에 비유된다. 발음하는 데 불필요하지만 단어의 기원과 유래를 알아보는 데 도움이 된다(『종의 기원』(장대익 옮김), 607).

퇴화 과정을 통해서 새로운 종으로 진화하는 것 역시 당연한 자연의 질서이며, 이렇게 종이 변한다는 사실을 흔적기관을 통해 유추할 수 있고, 이를 통해 종의 정체성은 고정 불변이라는 해석이 붕괴되었다. 다윈은 발생학적 사유를 기반으로 불변의 존재를 변화의 존재로 바꾸는 새로운 존재론적 패러다임을 제시했다. 이후 발생학은 다른 어떤 과학 분야보다도 많은 철학적 함의를 가지고 있는 것으로 평가받게 되었다.

1.2 현대적 의미의 발생학적 사유

발생생물학developmental biology이란 유전자 정보가 성체 구조로 어떻게 전환되는지 그리고 그 정보가 어떻게 형성되는지의 문제를 다루는 연구분야라고 메이나드 스미스는 정의했다(Maynard Smith 2000, 181). 실험실 관점에서 발생학은 분화와 조절differentiation and control을 탐구하는 연구분야이다. 과학사적 관점에서 현대 발생학은 진화론과 만나 진화발생생물학을 낳았다. 진화발생생물학은 개체 발생을 다루는 발생학적 사유와 진화계통학적 사유를 결합시킨 분야다. 진화발생생물학은 또한 발생유전학과도 결합하여 발전했다. 현대생물학에서 진화와 발생 그리고 유전학은 하나의 새로운 생물학적 지식 네트워크를 형성하게 되었다. 현대 발생학이 분자 차원의 생화학과 만나서 생명의 비밀을 찾아가는 분석도구로 발전했다.

생명과학계에서 초파리 실험연구가 많은 이유는 초파리 자체가 궁금해서가 아니라 발생 주기가 짧은 초파리를 통해 생명 형성의 발생학적 비밀을 밝히는 길을 찾아볼 수 있기 때문이다. 수사적으로 표현하자면 작은 초파리 안에 큰 코끼리가 고스란히 담겨 있다는 뜻인데, 초파리는 분자 차원에서 코끼리를 계통적으로 투영하고 있음을 함의한다. 프랑스의 자크 모노는 자신의 책 『우연과 필연』에서 "대장균에게 적용되는 것은 코끼리에도 적용된다.What is true for E. coli is true for the elephant"라는 유명한 말을 했다(Monod 1971, 167). 6개의 염색체와 1,000개도 안되는 세포를 가진 꼬마선충의 염색체 내 어떤 단백질 구성체는 초파리와 코끼리에도 공통적으로 존재한다는 분자 차원의 생물학은 진화론의 핵심인 공통조상이론을 결정적으로 입증하는 셈이다. 이처럼 진화론과 발생학 그리고 유전학의 결합을 통해서 발생학적 사유는 점점 더 확장되고 있다. 발생학이 유사성을 다루는 "같음"의 생물학이라면, 유전학은 차이를 다루는 "다름"의 생물학이다.

모든 유기체들이 어떻게 한결같이 좌우대칭을 유지하는지, 더듬이나 상체에 이어 팔다리나 날개와 같은 부속지, 몸통이나 하체 등의 기본적인 형태와 순서를 어떻게 동일하고 공통적으로 유지하는지 등을 관찰하고 분석하는 일이 발생학의 과제이다. 발생학은 이런 과제를 앞서 말한 공통의 단백질 구성체를 통해 분석한다. 공통 단백질 구성체를 툴킷tool kit 단백질이라고 부르며, 앞의 자크 모노가 말했듯이 초파리에서 코끼리까지 공통으로 적용되는 개체 형태와 구조를 형성하는 데에 작용된다. 마스터 키에 비유되기도 하는 툴킷 단백질의 존재론적 의미는 꼬마선충에서 인간에 이르는 생명의 발현 현상들이 공통 유전자로 묶여 밀접히 연관되어 있다는 데 있다(Riddle et al. 1993, 1402).

스티렐니는 그의 논문 「발생, 진화 그리고 적응」에서 발생학적 사유 구조를 다음과 같이 요약했다(Sterelny 2000, 370-371).

(i) 발생 과정은 유전적 프로그램으로 예측 가능하지만, 그렇다고 해서 사전에 모든 것이 결정되어 있지는 않다.

(ii) 발생학은 진화론처럼 유전자와 같은 발생 배아의 내적 원인과 외부 환경이라는 두 가지의 구분된 인과 요인을 따르지 않는다. 즉 개체와 환경을 구분하는 경계가 고정 또는 경직되어 있지 않다는 것으로, 발생은 환경 조건과 발달 배아의 내적 조건이라는 2개의 별개 인과과정two separate causal streams으로 나눠지지 않는다.

생물철학

(iii) 세대 간 이동으로 나타나는 발생 사이클은 자연에서 반복적으로 재현되는 현상reoccurs regularly in nature이다.

(iv) 유전형과 표현형의 관계로 해석하는 기존 이론에 대한 대안 및 보완이 가능하다. 발생생물학 역시 공통조상 이론을 따른다는 점에서 진화론 사유와 궤를 같이한다. 즉 진화의 적응주의와 더불어 발생적 제한과 항상성을 중시한다.

발생학적 사유는 (i) 발생학과 진화론의 결합으로 개체의 발달과 계통을 바라보는 관점이며 (ii) 유전자의 원자론적 특징과 함께 가소성과 상관성을 종합하는 발생유전학적 기초 위에서 (iii) 실체론과 본질주의에서 벗어나 변화와 생명 가소성의 철학적 인식론을 포괄하는 이해방식이다. 발생학적 사유는 변화와 과정 그 자체를 생명의 핵심으로 본다. 예를 들어 뇌, 심장, 안구 등과 같은 각기 다른 조직이나 기관으로 분화하는 '발현' 과정은 그 자체가 변화 존재론의 한 양상이다. 어떤 생명이 발생이라는 작용을 하는 것이 아니라, 발생 자체가 생명 본연의 뜻이다. 예를 들어 형질 발생에 관한 발생유전학은 한 개체의 생존 기간에 걸친 유전자 발현의 조절을 연구하며, 그로부터 형태 발생을 이해한다. 계통분류학상 외부 형태가 유사한 동물일수록 그들의 염기서열 구조가 유사한 사실을 우리는 발생학과 유전학의 종합을 통해 비로소 이해하게 되었다. 다시 말해서 생물개체 발생을 궁극적으로 이해하려면 유전자 발현의 조절이 어떻게 형태와 생리적 현상을 발생시키는지에 대해 이해하는 것이 중요하다.

[표 6-1] 발생학의 철학적 사유

발생학적 사유구조

진화발생생물학 발생학과 진화론의 결합으로 개체의 발달과 계통을 바라보는 입장	발생유전학 유전자의 원자론적 성격과 관계론적 성격을 종합하는 입장

실체론과 본질주의에서 벗어나 변화와 생명 동등의 존재론을 포괄하는 **발생계 철학**

2. 발생진화의 주요 개념들

에른스트 마이어의 공헌은 발생학적 사유의 기초가 되는 발생생물학을 계통phylogeny과 상동 그리고 제약constraints의 세 가지 기본개념으로

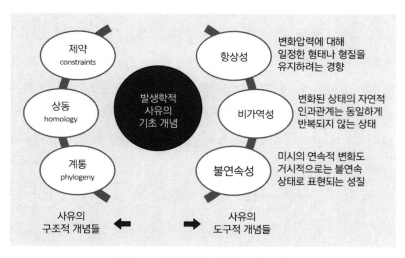

[그림 6-1] 발생학적 사유의 기초 개념

생물철학

재정리한 데 있다. 발생계 이론을 살펴보기 위해서는 먼저 항상성ho-meostasis 개념과 함께 계통, 상동, 제약 등의 기본 개념들을 이해해야한다. 비가역성, 항상성, 불연속성은 발생학적 사유의 구조적 개념이며, 제약, 계통, 상동은 발생학적 사유의 도구적 개념이다.

2.1 항상성

진화발생생물학은 발생학과 분자유전학의 종합적 연구분야로서 진화를 발생과 유전자 변화 관점에서 다룬다. 존재론적 측면에서 진화발생생물학은 진화의 과정과 원칙들을 다루면서 자연 안의 존재들이 거쳐온 생명의 역사를 추적하고 흔적을 분석한다. 진화발생생물학을 줄여서 이보디보Evo-Devo; Evolutionary Developmental Biology라고 하는데, 진화생물학과 중요한 차이는 진화장벽을 인정한다는 데 있다. 진화생물학은 진화의 추동력에 대한 학문이라면, 발생생물학은 진화력에 맞서서 기존의 형질이나 형태를 유지하려는 저항력에 대한 학문이다. 이런 저항력을 진화장벽이라고 표현한다. 진화장벽의 한 사례로서 유전형질의 미소 변화에도 불구하고 기존의 표현형질들의 모듈이나 유기체 전제 형태를 유지하고 지속하려는 항상성이 있으며, 항상성은 진화의 선택압에 저항한다.

유기체의 많은 특징들은 기능적으로 임의적이거나 아니며, 반적응maladaptive일 수 있다. 기린, 사람, 쥐를 포함하여 포유류의 경추뼈는 7개인데, 거꾸로 말해서 이 사실은 포유류의 적응성이 떨어지거나 반적응의 사례로 볼 수 있다. 이렇게 항상성의 표현을 적응의 정도로볼 수 있다는 것이 윌리엄스의 생각이다. 항상성을 적응주의에 대한 포괄적 이해로 보는 관점이다(Williams 1992, 7). 항상성의 사례로서 자주 등장하는 생명은 투구게이다. 투구게는 4억5천만 년 동안 자기 형태를 변화없이 유지해왔다(쾀멘 2022, 60).

생리작용으로서 항상성도 중요하다. 항상성은 생체 작용자만이 아니라 작용매개자에게도 적용되어 왔다. 시상하부, 뇌하수체, 갑상선, 부신, 난소, 정소, 이자(췌장) 등의 내분비계는 체내의 항상성을 유지해 주는 생체 호르몬이다. 영양, 대사, 분비활동, 수분과 염도 균형을 맞추고 성장과 생식을 항상적으로 조절하며 신체 에너지를 생산하고 이용하고 저장하는 데에도 항상적이다. 내분비계는 생체 항상성에 기여하면서 동시에 자신의 기능을 유지하려는 항상성도 있다.

진화발생생물학의 이론적 구조는 아래와 같다(Hall 2012).

- 발생진화는 진화론과 마찬가지로 변이 선택과 적응 메커니즘에 기초하지만, 적응진화 메커니즘 외에 계통의 항상성을 유지하려는 보존 메커니즘을 중요하게 조명한다. 항상성의 대상은 형태학이지만 분자발생학의 수준에서 개체 형태만이 아니라 분자구조에도 적용된다.
- 외부 환경에 의해 영향을 받는 선택의 수동성과 더불어 환경과 유기체를 결합하는 선택의 능동성을 같이 강조한다.
- 진화발생생물학은 발생분자생물학molecular biology, 분자유전학molecular genetics, 발달생물학developmental biology, 계통발생학phylogenetics, 고생물학paleontology, 분자고생물학molecular paleobiology들이 연계된 통합메커니즘Integrated Mechanisms이다.

생물철학

- 유전적으로 프로그램된 유전자의 틀 안에서 새롭고 다양한 표현형이 발현될 수 있는 후성적 가소성을 인정한다. 이런 측면은 후성유전학epigenetics의 핵심이다. 즉 진화발생생물학은 진화론과 유전학을 기반으로 하지만, 유전자 안에 형태변화의 모든 정보가 들어 있다는 기존의 유전학적 이해와 다르다.
- 연속성의 미시진화와 더불어 불연속성의 거시진화를 통합하며, 종 분화 개념과 형태학적 계통 관성을 하나의 시스템으로 이해하려는 이론체계이다.

생명의 계통학적 관성을 항상성이라고 한다. 항상성이란 변이를 일으킬 수 있을 정도의 선택압이 어느 정도 있음에도 불구하고 변이를 촉발하지 않도록 하는 형태학적 관성력이다. 기존의 해부학적 표현형질, 즉 형태를 관성적으로 계속 유지하려는 상태를 말한다. 현대 발생학에서 항상성은 형태만이 아니라 분자 차원에서도 확인되었다. 예를 들어 돌연변이를 최소화하는 DNA를 복제한 RNA의 전사 기능도 일종의 항상성의 표현이다.

헐은 이렇게 안정된 상태를 유지하는 것을 운하화canalizaton 또는 호메오레시스homeorhesis라고 표현했다(헐 1994, 215-216). 호메오레시스는 '경로 발현'으로 번역할 수 있는데, 해부학적 표현형이 일련의 순서를 따라서 경로를 유지하며 발현되는 발생학적 특성을 갖고 있기 때문이다. 경로 발현은 겉보기에 목적론적 순서와 특정의 방향을 가진 것처럼 보일 수 있다. 그러나 발생학적 경로 발현과 운하화의 의미는 미래에 일어날 사건이 특별한 인과론을 도입하지 않아도 설명가능하다는 데에 있다. 항상성은 일정한 자기조건을 보존하는 관성이며, 표현된 형태의 항상성은 유전형의 변화를 제약한다는 점에서 유의미하다(Oyama 1985, 96-97).

2.2 발생적 제약

표현형과 유전형 사이의 관계를 밝히는 것은 현대 발생학 연구의 출발점이며, 발생생물학과 진화생물학이 만나는 지점이기도 하다. 미시진화의 선택과 적응은 표현형 차원의 변이에서 시작한다. 표현형은 환경에 적응한 결과이지만 또한 유전형의 변이를 전제한다. 그러나 미시진화의 모든 선택압이 유전형에 영향을 주는 것은 아니다. 환경 변화와 서식 조건에 적응하려는 선택압에도 불구하고 계통의 표현형을 안정화시키려는 항상성은 두 가지 제한 혹은 한계를 전제로 한다(Amundson 1998). 자연의 조건으로부터 오는 제한이나 한계를 의미하는 컨스트레인constraints 용어를 이 책에서는 "제약"이라고 번역한다.

　제약에는 환경적 제약과 내부적 제약이 있다. 환경적 제약은 지구중력에 의한 물리적 제약, 일조량에 의한 생장조건 등의 기후적 제약이다. 적응의 가능성은 무한하지만 이런 물리적 차원에서 온 자연 자체의 제약을 넘어선 적응은 있을 수 없다. 내부적 제약은 유기체의 형태나 구조에 수반한 해부학적, 생리학적, 발생학적 제약 등을 가리킨다. 실제의 생물계에서 환경적 제약과 내부적 제약은 같이 작용하므로, 그 둘을 엄밀히 구분하기 어렵다. 이러한 모든 외현 형태, 즉 표현형질phenotypic trait에서 생물적, 물리적 제약을 '발생적 제약developmental constraints'으로 부른다. 다시 말해서 제약은 적응진화의 물리적 한계이며 항상성을 유지하는 발생학적 조건이다. 메이나드 스미스가 정의한 대로 "발생적 제약은 발생계의 역동성 혹은 그 구조와 특성이나 구성요인에 의해서 표현형의 변이에 제한이 지워지거나 변이표현형이 한 방향으로만 생성되는bias on the production of variant phenotypes or a limitation on phenotypic variablilty 현상을 말한다."(Maynard Smith et al., 1985; Depew 1995, 482) 여기 정의된 명제 안에 우리가 아직 설명하지 않은 '발생계devel-opmental system'라는 개념이 들어와 있다. 발생계 개념은 이어지는 뒷절에서 설명하게 된다.

유기체의 구조적 제약과 중력법칙이라는 물리적 제약이 결합된 쉬운 예로서 2.5톤 무게의 코뿔소가 결코 하늘을 날도록 진화할 수 없으리라는 것을 들 수 있다. 새는 뼈와 내장의 무게를 줄이고 체형이 작아지는 장구한 시간 동안의 진화적 변화를 거치면서 하늘을 날게 되었다. 그렇게 물리적 환경과 내부적 제약을 고려한 적응이 결국 유전적으로 더 잘 생존할 수 있게 했다. 물리적 조건을 무시한 2.5톤의 코뿔새의 존재는 생각조차 할 수 없다(Maynard Smith 1986, 97). 코끼리 6마리를 합친 것보다 컸던 대형 공룡 브라키오사우루스나 카마라사우루스가 하늘을 나는 새로 진화할 수 없었던 것은 자연의 보편적인 제약 조건 때문이다. 물리적 제약은 곧 보편적 제약이다. 다시 말해서 물리적 제약은 생물학적 진화가 자연의 물리법칙의 보편성을 따라야 한다는 사실을 보여준다(최종덕 2010, 111). 물리적 제약은 개체형태만이 아니라 세포 단위에도 적용된다. 예를 들어 세포는 분열, 성장, 변형, 이동, 세포죽음 및 기질 분비라는 세포 내/외 작용을 하는데, 그 작용들은 각각 물리적 매개변수에 의해 직접적으로 영향을 받는다. 세포의 생리학적 작용은 물리적 제약을 벗어날 수 없다는 뜻이다(Larsen 1992).

제약constraints은 겉보기에 적응과 상반되는 작용을 하는 것으로 드러난다. 적응은 선택에 이롭게 작용하지만, 제약은 선택에 도움이 되지 않거나 오히려 장애가 되는 것으로 작용할 수도 있기 때문이다. 포유류는 긴 다리로 더 빠르게 달릴 수 있지만 그만큼 관절의 부상 가능성도 크다. 다리가 길어서 관절이 약해지는 물리적 조건은 운동 속도를 제약하는 일종의 물리역학적mechanical 제약이다. 진화론으로 보면 역학적 제약은 자연선택이 이루어지는 과정에서 좀 더 나은 결과를 산출하기 위한 일종의 물리적 역변수이다. 발생진화에서 제약은 적응의 진화론적 한계, 자연적 장애요소, 그리고 기존의 형태를 유지하려는 형태학적 관성 등을 폭넓게 포괄한다.

앞서 말했듯이 제약은 변이들이 선택되기 위한 기회로 작용하기보다는 오히려 변이의 선택과 돌연변이의 유전을 잠재우는 요인으로 될 수 있다. 발생적 제약은 유전자 공간, 형태 공간morphological space, 행동 공간에서 적응적 변화보다는 형태상의 원형을 보전하는 방향으로 작용하는 힘이다. 미세변이에도 불구하고 형태적 항상성이 보전되는데, 이런 보전 방식은 일종의 체형계획body plan이다. 발생적 제약은 계통수로 전해오는 유기체의 체형계획에 따른 구조적 제약이기도 하다. 이를 계통적phylogenetic 제약이라고도 부르는데, 이것도 발생적 제약의 한 경우이다. 계통적 제약은 역사적 제약의 한 양상이다. 계통의 역사는 그 역사를 동일하게 반복할 수 없다는 점을 들어서 제약의 한 양상이라는 뜻이다(Gilbert 2000, Chap.14).

앞에서 드피유가 정의한 발생적 제약 개념은 사실 메이나드 스미스의 정의를 그대로 따라서 한 것이다. 메이나드 스미스도 표현형의 다양성이 제약받는 발생적 제약의 조건을 중시했고, 이런 조건은 진화의 조건과 별개로 보았다(Maynard Smith and Szathmary 1995; Sansom 2003, 494). 그동안 제약 조건들이 무시되어 온 이유는 단지 표현형질상으로 드러나는 선택의 결과에서 긍정적 효과 또는 드러나 보이는 적응만이 눈에 띌 뿐 부정적 작용 또는 항상적 기능을 하는 제약 조건들은 눈에 띄지 않았기 때문이다. 그러나 무한히 많은 변수가 존재하는 자연계에는 적응 조건뿐만 아니라 보이지 않는 제약 조건이 더 많을 수 있다. 적응 과정조차 자연의 물리법칙을 위배할 수 없다는 단순한 아이디어와 자연계의 유기체들 사이에 생태적으로 상관성이 존재한다는 관점이 서로 결합될 수 있다는 개념은 현대 발생학 사유에서 중요한 지위를 갖는다(Okasha 2005, 3-5).

2.3 발생적 제약의 사례: 구조적 제약

시조새는 파충류에서 조류로 진화한 전형적인 경우로 형질의 구조 변화를 가져온 제약constraints의 성격을 잘 보여준다. 시조새는 큰 공룡에서 작은 공룡으로, 그리고 깃털 형질이 나타난 소형 공룡 프로타르카이옵테릭스를 거쳐 진화했을 것으로 추정된다. 등골판의 기능의 변화, 깃털 기능이 체온 유지에서 비행 능력으로 변화한 것도 일종의 굴절적응exaptation의 한 양식이다. 4장에서 논의했던 새 날개 깃털의 굴절적응은 시조새로서의 형태적 안정성을 지키기 위해 특수하게 진화한 산물로 볼 수 있다. 우리는 굴절적응을 진화의 관점만이 아니라 제약의 관점에서도 볼 수 있다.

현존하는 절지동물의 사례를 살펴보면 구조적 제약을 보다 분명하게 인식할 수 있다. 절지동물문은 전체 동물종의 85퍼센트를 차지하고 있는데, 이들의 가장 중요한 외형적 특징은 탈피 과정을 겪는다는 점이다. 곤충처럼 성체가 되면 탈피를 멈추기도 하지만 갑각류처럼 생애 전체에 걸쳐 지속적으로 탈피를 하는 경우가 많다. 탈피를 통해서 비로소 자신의 체형을 점점 더 크게 성장시킬 수 있다. 발달 성장에 따라 커지는 몸통을 유지하기 위하여 탈피는 필수적이다. 외골격에 해당하여 형태를 유지하는 외피는 체형이 커지는 만큼 성장하지 않기 때문이다. 만약 외골격 탈피가 없다면 더 이상의 성장은 불가능할 것이다. 이 점은 외골격이 개체의 발달성장을 제한하는 구조적 제약에 해당됨을 보여준다. 절지동물의 외골격 구조는 물리적으로 구조적 제약을 수반한다.

제약과 적응은 두 가지 관점으로 해석될 수 있다. 제약은 적응에 저항하는 작용으로 볼 수 있으며, 거꾸로 적응은 제약된 환경조건에 조절된 소산물로 볼 수 있다. 절지동물의 외골격이라는 제약된 구조에 맞춰진 조건에서만 적응이 이루어진다는 뜻이거나 성장하지 않는 외골격으로 인해 적응된 소산물이 탈피라는 뜻이다. 이렇게 보면 적응 진화는 자연의 가장 단순한 물리적 제약 및 유기체의 형태적 제약과 상관적이다. 예를 들어 땅 위에 사는 코코넛 게는 무게가 무려 5킬로그램이나 된다. 지리적 격리의 적응 소산물인 코코넛 게는 포식자가 많지 않은 서식 공간 덕분에 지금까지 종의 안정적 생존을 이어왔지만, 자신의 무게와 절지기관, 즉 다리의 크기 때문에 많은 구조적 제약을 받는다. 이들은 다른 게나 소형 절지동물에 비해 덩치가 크기 때문에 탈피

과정이 매우 힘들고, 어떤 경우에는 한 번 탈피하는 데 한 달이 걸리기도 한다. 탈피과정의 난관과 오랜 소요시간 때문에 에너지 소모가 지나쳐서 탈피를 하는 도중에 죽거나 방어능력이 취약해져서 작은 곤충에게 포식되기도 한다. 다행히 대부분의 절지동물은 취약한 구조적 제약의 노출을 줄이는 방향으로 적응이 되면서 그 결과 절지동물의 대부분을 차지하는 곤충류처럼 크기가 작은 체형으로 진화되었다.

그 사례로서 개미는 에너지 소모율과 이동속도 측면에서 구조적 제약에 상관적인 환경에 적응진화한 경우이다. 개미의 6개의 다리는 빠른 이동과 자신보다 무거운 먹이감을 나르는 데 유리하다. 만약 개미 길이가 2배로 커진다면 산술적으로 몸의 부피는 길이의 3제곱인 8배가 된다. 체중도 대체로 부피에 비례하므로 8배로 늘어난다. 만약 이렇게 진화된 가상의 개미가 존재한다면 그런 개미는 체형의 길이와 폭이 겨우 2배 늘어난 다리로 8배 늘어난 체중을 지탱해야만 한다. 만약 개미의 길이가 3배가 되면 부피에 따른 체중은 27배가 되기 때문에 이동은커녕 그 자리에 폭삭 주저앉게 될 것이다. 절지동물의 형태가 일정 크기 이상으로 커질 수 없는 이유는 결국 중력과 그 질량에 따른 물리적 한계 때문이며, 이는 구조적 제약의 대표적인 양상이다. 그래서 외골격을 갖는 개미는 코끼리처럼 크게 진화할 수 없다. 진화의 방향이 무작위라고 하여도 진화는 물리적인 제약 안에서 작동한다. 공상과학 영화에는 지구 수호대가 산더미만 한 체형의 괴물 게와 전투를 벌이는 모습이 자주 등장한다. 이런 거대한 갑각류는 영화에서는 가능하지만 현실 생물계에서는 불가능하다. 크기가 커짐에 따라 증가한 무게를 지탱할 수 없으며 탈피도 불가능하기 때문이다.

체형 성장을 제약하는 외골격 대신에 내골격을 갖게 된 척추동물의 출현은 진화적 변이를 넘어선 계통발생의 혁명이다. 내골격을 갖게 되어 탈피를 하지 않아도 발달성장할 수 있게 된 이러한 형태 진화는 진화의 새로운 전환을 가져왔다는 뜻이다.

2.4 발생적 형태

전통적으로 유전학과 발생학은 서로 대비되는 생물학 분야로 간주되어 왔다. 유전학은 현재 관점에서 기능을 설명하지만, 발생학은 통시적 관점에서 변화를 설명한다. 진화발생생물학은 진화학과 발생학을 통합하고, 나아가 유전학까지를 하나로 묶는 통합 분야이다. 유전자의 진화계통학적 의미를 예로 살펴보자.

사람의 DNA 서열은 30억 개의 염기쌍으로 되어 있다. 그 중에서 98.8%는 침팬지 DNA 서열과 같다고 한다. 유전적 유사성은 계통학적 분기의 역사와 밀접히 연관되어 있다. 침팬지와 인간이 서로 갈라지는 시점을 대략 600~700만 년 전이라고 해도, 그 장구한 시간조차도 생명의 전체 역사 37억 년에 비하면 극히 최근에 지나지 않는 아주 짧은 시간이다. 소위 선캄브리아 대폭발이라는 다양한 유기체들의 등장 시기인 5.4억 년 전과 비교해도 700만 년은 아주 최근기에 해당한다. 인간과 침팬지 사이의 1.2%의 유전적 차이는 인간과 침팬지가 분지된 이후 600만 년 동안 만들어졌을 것으로 추측할 수 있으며, 거꾸로 98.8%의 공통 염색체를 형성하기까지는 37억 년이 걸린 것으로 볼 수 있다.

37억 년이라는 장구한 진화의 시간 동안 유기체의 형태를 형성하는 모종의 규칙들이 계통적으로 계승되어 온 것이다. 진화발생학은 그러

생물철학

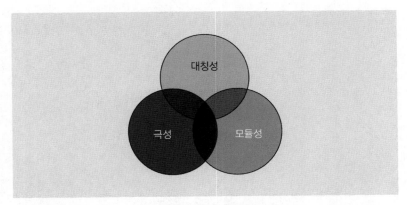

[그림 6-2] 형태 발생의 특징

한 규칙이 무엇이며, 어떠한지를 질문한다. 유기체 전체에 통용되는 형태 규칙들과 좀 더 작은 단위의 유기체군마다 조금씩 변모된 형태규칙의 생명 정보를 접근하는 연구가 발생학의 과제이다. 하나의 동일조상으로부터 어떻게 다양한 종들의 형태가 생겼는지 질문하는 것 역시 진화생물학의 분야이며 동시에 발생생물학의 분야이기도 하다. 특히 단순한 것에서부터 복잡한 것에 이르기까지 유기체의 형태 규칙을 파악하는 일이 진화발생학의 중요한 과제이다. 형태학 측면에서 유기체 특징으로 반복성, 대칭성 그리고 극성이 있다. 삼엽충에서 지네 같은 곤충류까지 체절이나 다리 같은 부속지 형태는 연속적으로 자신의 일부 형태를 반복하여 몸을 구성한다는 점에서 반복성이다. 그리고 좌우 체절은 물론 더듬이나 날개도 좌우 대칭을 이루고 있다는 점에서 대칭성이다. 맨 위 체절을 중심으로 또는 머리 부분을 중심으로 극성을 형성한다는 점에서 극성의 형태 특징은 중요하다. 사람의 손가락을 예로 들면, 엄지와 새끼손가락은 대칭이 아니지만 일정 꼭짓점을 두고 극성을 이루고 있다(캐럴 2007, 63-65).

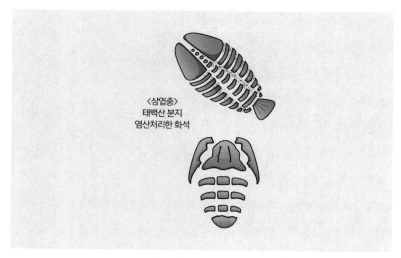

[그림 6-3] 구조 반복, 대칭, 극성을 전형적으로 보이는 삼엽충

3. 적응과 제약의 상보성

내가 옷을 한 벌 산다고 생각해 보자. 쓸 수 있는 돈은 10만 원이다. 가게에 걸려 있는 수많은 옷 중에서 10만 원보다 비싼 것은 살 수 없고 너무 싼 것은 마음에 들지 않아, 9만 원에서 10만 원 수준의 옷을 사기로 했다. 가격도 적당하고 옷감이나 스타일 모두 마음에 든 옷을 겨우 골랐는데 탈의실에서 입어 보았더니 체형에 맞지 않아서 아깝지만 그 옷을 선택할 수 없었다. 어쩔 수 없이 마음에 쏙 들지는 않아도 차선인 옷을 골라 사게 되었다. 내가 가진 돈과 가격, 나의 취향 그리고 체형

등의 내외적 변수들이 작용하여 한 벌의 옷을 선택한 셈이다. 이렇게 옷을 고르는 과정에서 내가 가진 돈과 옷의 스타일 등이 가능한 적응 조건이라면, 내 체형 때문에 처음 고른 옷을 포기하고 차선의 옷을 고른 최종 선택 안에는 제약 조건의 영향력이 들어 있었다. 내 체형의 옷이 구비되지 않은 그 옷가게의 환경도 역시 제약 조건에 해당된다. 결국 내가 옷을 최종적으로 선택한 복잡한 행위는 유리한 조건만이 아니라 불리한 조건들도 함께 관여하여 적절한 타협점이 이루어짐으로써 최적의 선택 결과로 볼 수 있다. 그래서 선택은 최상의 결과를 낳는 것이 아니다.

가상의 두 번째 상황을 생각해 보자. 돈이 3만 원만 더 있었더라면 더 좋고(외적 조건) 더 맘에 드는(내적 조건) 옷을 선택했거나 혹은 3만 원짜리 운동화를 하나 더 살 수도 있었을 것이다. 그런 가상 상황에서 아직 일어나지 않은 운동화의 선택은 이미 이루어진 옷의 선택과 밀접하게 연관된 것으로 추측할 수 있다. 이처럼 옷을 사는 일과 운동화를 사는 일이 밀접하게 연관되어 있다는 유비적 사유방식이 바로 진화발생생물학의 맥락 안에 있다.

이제 세 번째 상황을 고려해 보자. 내가 처음부터 13만 원을 가지고 있었고 옷을 먼저 사고 그 다음으로 운동화를 구입할 계획이었다고 하자. 그렇다면 운동화를 구입하려는 계획이 차선의 옷을 선택하도록 결과를 제약하는 조건이 된다. 첫 번째 상황과 달리 두 번째 상황은 완전한 가상 상황이며, 셋째 상황은 미래에 발생할 선택을 염두에 둔 상황이다. 두 번째와 세 번째 상황으로 옷을 선택하는 과정에서 가까운 미래에 구입할 수도 있는 운동화의 선택이 곧 제약 조건이다. 그러나 실제로 그런 제약 조건들이 전적으로 무시되는 이유는 단지 현실적으로 발생한 선택의 결과에서는 긍정적 효과를 보이는 적응만이 눈에 띨 뿐 부정적 역할을 하는 제약 조건들은 눈에 띄지 않기 때문이다. 무한히 많은 변수가 존재하는 우리 자연계에는 적응 조건뿐만 아니라 제약 조건이 더 많을 수 있다. 이 사실은 선택적 적응과 발생적 제약이 서로 상보적이라는 자연성을 내포한다. 이 지점에서 발생생물학과 진화생물학이 서로 만나게 된다.

다른 측면에서 제약조건들을 생각해볼 수 있다. 앞의 첫 번째 상황에서 내가 좋아하는 옷의 스타일이 첫째 적응 조건이라면, 타고난 나의 체형은 제약 조건이 된다. 만약 옷 사이즈를 먼저 염두에 두고 고를 경우 나의 스타일 선호도가 제약 조건으로 바뀔 수 있다.

이런 가상 추론은 형질 모듈 사이에서 가능한 생태진화의 사례에서 나타난다. 예를 들어 치타와 영양 사이의 공진화co-evolution를 살펴보자. 공진화는 공생symbiosis 개념과 다른데, 그 차이는 9장에 설명된다. 군집 안에서 또는 군집 간 거시적 공진화가 가능하다. 공진화는 생태진화의 한 양상이다. 치타는 영양을 사냥하기 위하여 빠른 속도를 낼 수 있는 다리를 가져야 한다. 그런 다리 덕분에 치타의 속도가 빠르다. 빠른 속도란 그만큼 다리 근육에 산소공급을 충분히 줄 수 있는 심장을 필요로 한다. 그런 빠른 다리에 강심장이 없는 치타의 존재를 우리는 상상할 수 없다. 그런 진화조차 완전하지 않기 때문에 지금도 영양을 잡기 위해 빠른 속도를 지나치게 유지하다가 심장 과부하로 죽는 치타의 경우가 생기기 때문이다. 영양도 마찬가지이다. 치타에게 잡히지 않기 위해서는 빨리 달려야 하고, 그렇게 적응선택된 긴 다리의 형태가 영양의 진화 소산물이다. 그러나 관절과 뼈의 상응하는 진화 없이 또는 발바닥 표면 등의 물리적 상태의 적절하고도 상응하는 진화를 거치지 않은채 그저 가늘고 길기만 한 다리를 가졌다면 이런 영양도 마찬가지로 오래 전에 이미 멸종되었을 것이다. 반면 산양과 같이 험준한 산악지대에서 빠른 속도보다 강건한 다리가 필요한 경우, 두툼한 정강이뼈는 적응 조건이지만 긴 다리는 제약 조건이 된다. 이렇게 적응과 제약은 단일 사례에서만 볼 경우 서로 모순적이지만, 선택 결과의 시각에서 볼 경우 최종적인 결과를 산출하기 위한 상보적 변수들이다. 이런 상반된 상관성은 진화의 트레이드오프trade-off에 해당한다. 개체 진화를 말하기 위해서 기관 진화의 상보적 진화를 거론해야 하며, 이 경우 제약의 발생진화 관점이 필요하다(최종덕 2002b, 126).

앞의 세 번째 가상 상황에서 옷의 선택과 운동화의 선택은 서로 다른 환경에서 이루어진 선택이지만 내부적으로 연관성을 지닌다. 발생적 제약의 연관성의 메커니즘이 밝혀진 것은 드물지만 현대 유전학이 발전하면서 유전형과 표현형 사이의 관계가 일의적이 아니라 중층적이라는 사실이 밝혀진 것은 발생적 제약의 의미가 진화론적으로도 중요함을 시사한다. 예를 하나 더 들어 보자. 동물의 생식 과정에서 정(자)세포가 난(자)세포까지 이동할 수 있는 액체 상태의 경로환경이 반드시 있어야 한다. 물에 사는 어류인 경우 물 자체가 액체이므로 암컷이 난세포를 물 환경에 뿌리면 근처 수컷이 정세포를 그 위에 뿌리고, 정자는 물이라는 액체 경로를 통해 난자와 수정할 수 있다. 그러나 육지 동물이나 하늘을 나는 새들은 수컷과 암컷 사이에 액체가 존재하지 않기 때문에 교미라고 하는 특수한 방식으로 진화했다. 정자는 액체 상태인 정액에 섞여서 그리고 외부의 물이 아닌 내부의 액체 상태 난관을 따라 난소를 향해 움직인다. 육상 동물의 경우 정자 운동의 조건이 더욱 까다롭게 변모했으며, 어류보다 수정란의 개체수가 현저하게 줄었다. 그 대신 정자의 운동 능력을 높이기 위하여 정자에서 불필요한 세포질이 없어지고, 오로지 유전자를 담고 있는 생식세포 핵의 밀집도가 상대적으로 높아졌다. 그래서 어류와 달리 포유류는 액체 상태를 유지해야만 정자의 운동이 가능하다는 발생학적 대전제가 자손 증식에 대한 제약 조건이다. 이러한 발달 제약 조건은 정자의 유전자 밀집도를 높이는 상보 기능을 수행함으로써 유전자의 정보집적도를 어류보다 훨씬 증가시켰다. 이는 포유류로 진화하는 유전자 표류 과정에 이로운 적응 조건이 되었다. 이렇게 적응과 제약은 독립적 인자가 아니라 서로 최적의 선택 결과를 찾아가는 상호변수이다. 나는 이를 '적응과 제약의 상보성'이라고 부른다(최종덕 2002b).

4. 유전자를 읽는 발생학적 사유

4.1 계통발생학에서 발생유전학으로

계통발생학은 비교형태학과 분자계통학으로 이루어진다. 전통 학문으로서 비교형태학은 형태와 구조 그리고 형질의 유사성과 차이점을 분석하여 종합하는 연구분야이다. 비교형태학은 수리분류학numerical tax-anomy으로 불리는 현상분류법phenetics을 사용하기도 하는데, 이 방법은 계통수의 분기점을 찾는 데에 취약하다. 1950년대 헤니히(Willi Hennig)

에 의해 시작된 분기론은 공통 형질을 찾아서 그로부터 파생된 가지를 찾아가는 분류 방법이다. 이 방법은 진화의 역사주의 방법론 구축에 기여했다. 이러한 전통의 분기론은 어떤 형질이 더 원시적인지 혹은 파생적인지를 결정하기에 미흡했다. 이 문제는 분자 차원의 분석방법론이 등장하면서 해소되었다. 분자계통학molecular phylogenetics은 종 간 유전정보를 비교하여 계통과 분기를 연구하는 분자 패러다임의 문을 열었다. 분자 패러다임은 기존의 현상학적 결과를 단백질 차원의 분석방법으로 검증함으로써, 진화의 역사를 실증의 실험실로 옮겨온 획기적인 전환이었다. 초기 분자 패러다임의 연구를 통해 발생학과 유전학이 만날 수 있었다.

분자패러다임으로 가는 전환이 어떠한 모습이었는지 킹(Mary-Claire King)과 윌슨(Allan C. Wilson)의 발생유전학 관련 논문을 사례로 들어 보자. 1975년 「사이언스」에 실린 킹과 윌슨의 유명한 논문은 기존 형태학적 방법론의 취약함을 해결하는 데 중요한 역할을 했다. 그들은 사람과 침팬지의 유전적 거리가 침팬지와 오랑우탄의 유전적 거리보다 가깝다는 것을 유전자 분석을 통해 보여 주었다. 그들은 첫째로 종 간 유전적 거리를 비교하여outgroup comparision 기존 방법을 대체하는 유전자 차원의 분기론을 정립했고, 둘째로 조절유전자regulary gene를 구체적인 계통발생학 연구에 적용했다. 당시 일반적으로 알려져 있던 유전자는 단백질 생산에 직접 관여하는 구조유전자structural gene가 전부였다. 그런데 구조유전자를 깨우거나(활성화) 혹은 거꾸로 잠재우는(비활성화) 스위칭 역할을 하는 조절유전자를 킹과 윌슨이 (비록 처음으로 발견한 것은 아니지만) 구체적으로 계통학 분야에서 의미있게 활용한 것이다(르원 2002, 32-45).

4.2 유전자 스위칭

자크 모노는 발생학과 유전학을 종합하고 이를 정착시킨 연구자였다. 그는 박테리아의 락토스 조절유전자 역할을 하는 유전자 스위치를 발견하여 1965년에 노벨상을 받았다. 유전자 스위치란 유전자의 발현을 켜거나 끄는 스위칭 조절 기능을 의미한다. 그 전에 유전자는 표현형질을 결정하는 유전 정보의 담지자로서만 알려져 있었다. 모노의 연구를 계기로 구조유전자와 더불어 조절유전자의 스위치 기능이 매우 중요하다는 것이 알려지게 되었다.

유전자는 유전 정보의 기본 단위로서 DNA 염기가 특정한 방식으로 배열된 묶음이다. 분자유전학 초기에는 유전자를 알면 생명의 모든 정보를 알 수 있을 것으로 사람들은 생각했다. 1990년대부터 시작된 인간 게놈 프로젝트는 바로 이러한 연구 일환이었다. 인간 게놈 프로젝트는 인간의 DNA를 구성하는 30억 쌍의 염기서열을 밝히려는 목적으로 시작되었고 2003년에 일단락되었다. 이 연구 결과에 따르면 DNA의 일부분만이 유전 정보를 가지고 있다. 즉 소수의 DNA 염기서열만이 생명 활동과 관련된 단백질을 조성하는 데 기여한다는 것이다. 생명 정보와 직접적으로 무관해 보이는 나머지 대다수의 DNA는 이른바 '정크 DNA'로 불리고 있으나, 그 존재가 정말 불필요한 것인지 그리고 그 의미가 무엇인지에 대해서는 연구가 진행 중이다.

많은 연구자들이 실험을 통해 DNA로부터 다른 유전자가 작동하도록 끄고 켜는 역할을 하는 스위치 400만 개 이상을 찾아냈지만, 그

숫자가 무의미할 정도로 더 많은 조절유전자 스위치가 가능하다는 것을 알게 되었다. 그리고 다양한 후속연구는 유전자 자체의 정보보다 그 유전자를 활성화 또는 비활성화시키는 스위칭 작용이 더 중요하다는 것을 보여주었다(ENCoDE 2012, 61). 이 사실은 유전자의 고정된 기능과 정보 외에, 해당 유전자가 미래에 어떻게 발현될지에 대한 발생적 가소성developmental plasticity의 가능성을 의미한다.

조절유전자 스위칭 개념을 거시차원의 환경발생학의 사례를 들어 설명해보자. 알프스 지역에 사는 알프스 영원Newt(도롱뇽 목)은 도롱뇽 비슷한 수생동물이다. 새끼 영원은 올챙이처럼 생겼다. 새끼 영원은 성장하면서 계속 올챙이로 머물 것인지 아가미가 닫힌 도롱뇽 같은 성체 영원으로 성장할 것인지는 수변 환경에 의존된다. 물이 많아서 호수 밑 섭생이 풍요로울 때 올챙이 발생이 많지만, 가뭄으로 물이 마를 때에는 도롱뇽 발생이 많아진다, 이런 발생의 차이는 유전자 프로그램에 의해 결정되지 않고 외부 환경에 의존된다. 다시 말해서 유전자 그 자체가 아니라 유전자를 조절하는 발생학적 스위칭으로 도롱뇽의 발달 여부가 결정된다는 뜻이다(Gluckman and Hanson 2007, 74).

스위치는 종마다 다르게 작동되며 다르게 작동되도록 진화했다. 자코브(Francois Jacob, 1920-2013)와 모노는 대장균 글루코스 실험으로 알아낸 효소 유도 현상이 복잡한 유기체의 특정 기능 효소를 계속 생산할지 혹은 멈추게 할지를 제어하는 단백질과 DNA 사이의 결합 여부에 달려 있음을 알게 되었다. 효소 유도에 관여하는 단백질과 DNA의 결합작용을 연구하는 과정에서 자코브는 호메오박스homeobox의 구조를 찾아냈다(Jacob 1998, Chap.2).

유전자 복제는 결국 DNA 복제인데, DNA의 특정 부위가 복제되려면 먼저 DNA가 단백질 단위로 분절되어야 한다. 그러나 그렇게 쉽게 DNA가 분절된다면 지구에 존재했던 생물종은 돌연변이의 압력으로 인해 이미 자신의 종의 정체성을 잃어버렸을 것이다. 왜냐하면 단백질 단위로 풀어서 복제하는 과정에서 아미노산 유실, 순서 바뀜 등의 복제 오류가 일어날 수 있기 때문이다. 복제오류는 곧 유전자 변형을 의미하기 때문에 복제 안정성을 유지하기 위하여 DNA 원본을 건드리지 않고, 그 대신 DNA와 똑같은 유전자 군을 우선으로 복제한다. 그것이 mRNA(messenger RNA)이다. mRNA를 풀어서 염기들을 복사하기 위해서 먼저 DNA가 mRNA의 전사 활동을 준비하고 있어야 한다. 언제 mRNA를 전사해야 하는지 아니면 하지 말아야 하는지 여부에 따라 유전자 활동이 조절된다. 조절 신호는 유전자 정보의 중요한 요소이다.

대장균 글루코스 실험에서 락토스 억제단백질이 DNA 서열에 결합해 있을 경우 유전자는 활동을 멈춰 마치 유전자 스위치가 꺼진 상태와 같다. 반면 결합되어 있지 않다면 효소 생산이 활성화된다. 이렇게 박테리아 차원에서 유전자 스위치 개념을 자코브와 모노가 찾아낸 것은 발생학의 획기적인 발전을 가져왔다. 이런 성과 위에서 그 유명한 초파리의 호메오박스를 찾을 수 있었다.

4.3 혹스 유전자

염색체 수가 4개인 초파리의 3번 염색체는 2개의 복합체로 구성되어 있다. 2개의 복합체는 초파리 몸 뒷부분의 형태를 조절하는 1번 바이소락스 복합체와 몸 앞부분의 형태를 조절하는 2번 안테나피디아 복합체로 되어 있는데, 1번 복합체는 3개 유전자로 2번 복합체는 5개의 유전자로 순서되어 있다. 8개의 호메오 유전자 안에 모종의 동일한 순서와 단백질을 갖는 180개의 염기쌍 서열이 존재한다고 밝혀졌다. 180개 염기쌍 서열의 구조가 마치 네모난 상자와 비슷하다고 해서 그 유전자군을 호메오박스homeobox 또는 줄여서 혹스Hox라고 부르게 되었다. 이것은 모든 종을 계통학적으로 관통하며 변하지 않는 어떤 단백질 군집 구조가 있다는 것을 간접적으로 시사한다. 예를 들어 파리와 코끼리는 전혀 다른 형태학적 계통이지만, 그 사이에 형태 구조를 지배하는 유전자의 기본 공통 구조를 공유한다.

공통 구조로서 혹스 유전자의 어느 부분이 어떤 발현을 하는지, 그리고 어떻게 발현을 촉발하는지에 대해서 연구가 진행 중이다. 혹스 구조에 따라 형태 발현의 순서가 정해진다는 실험적 사실은 발생학과 유전학을 연결시킨 결정적 계기로 되었다. 특히 호메오박스가 초파리뿐만이 아니라 동물계에 공통적으로 있다는 점과 다른 생물종 간에 호메오박스의 유전자 구조가 비슷하다는 점을 알게 되었다. 동물 기관의 위치가 대부분 동일한 배열로 발현된다는 실험 성과들을 통해서 발생학에서 말하는 유전자 모듈 차원의 항상성과 진화론에서 말하는 공통조상 이론이 서로 다른 범주의 주제이면서도 모순없이 서로에게 상보적이다. 예를 들어 노랑초파리 내장 부위 배열은 쥐의 내장 부위 배열과 같으며, 초파리의 앞뒤 날개는 코끼리의 앞뒤 다리 부위와 동일한 위치 배열 및 발현 순서를 갖는다. 이런 자연의 사실은 혹스 유전자의 항상성에 기인하면서도 초파리와 쥐 그리고 코끼리가 공통 조상 아래 분화된 것임을 간접적으로 보여준다.

4.4 형태유전자의 상동

형태유전자에는 혹스 유전자 외에 다른 것도 있다. 팩스Pax: Paired box 유전자가 그중 하나로, Pax1부터 Pax6까지 6개가 있다. Pax6는 Pax6 단백질을 지정하는 유전자로 눈의 형태를 결정한다. Pax6는 쥐의 눈이 작아지는 유전병이나 인간의 무홍채증 유전 질환에 관여한다. 이와 비슷한 것으로 초파리에서 드물게 발현되는 것으로 알려진 아이리스 eyeless 유전자가 있다. 아이리스 유전자는 일종의 유전자 스위치 기능을 하는데, 아이리스 유전자가 활성화되지 않은 보통의 상태에서 눈의 형태가 발생한다. 아이리스 유전자를 가진 초파리와 Pax6 유전자를 가진 인간이나 쥐는 전혀 다른 계통의 생물종이지만, 그 형태 발현의 구조와 순서는 비슷하다. 마치 새의 날개와 포유류의 앞다리가 형태적으로 상동인 것처럼, 인간의 눈과 초파리의 눈은 유전적으로 상동이라는 추측이 가능하다.

상동homology 개념은 원래 동일 기관이었지만 분화하면서 다양한 형태와 기능을 가진 다른 형태의 기관처럼 보이는 경우이다. 상동은 원상동orthology과 파생상동paralogy으로 가능하다. 반면 상사analogy 개념은 동일 기능을 가지지만 원래 다른 기관이나 부위였다가 수렴 진화하여 마치 동일 기관처럼 보이는 경우이다(르윈 2002, 27). 구조주의 진화이론을 주창하는 기요히코는 인간의 눈과 초파리의 눈이 유사한 관계는 상동이 아니라 상사라고 주장한다. 초파리는 절지동물이고 인간은 척추동물인데, 절지동물과 척추동물은 강장동물로부터 갈라져 나온 계통분화의 결과이다. 그런데 강장동물은 눈이 없기 때문에 인간의 눈과 초파리의 눈은 계통적으로 무관하며, 따라서 상동일 수 없다는 것이다

(기요히코 2009, 39).

Pax6 유전자는 초파리에서도 발견된다. 다만 초파리의 Pax6 유전자는 눈 형태 발현과 무관한 기능을 갖는다. 이것은 Pax6 유전자의 기능이 결정론적으로 주어진 것이 아니라 어떤 생물종에 부속되었는지에 따라서 기능이 다를 수 있고, 또는 전혀 다른 기능의 조절유전자일 수도 있음을 의미한다.

혹스 유전자는 다음의 존재론적 의미를 갖는다.

① 에른스트 마이어가 언급한 생물종 간 상동 관계는 형태 차원이었지만 그런 형태적 상동 혹은 해부학적 상동을 분자 차원에서 증명한 결과가 혹스 유전자이다. 혹스 유전자의 상호의존적 상동성은 결국 모든 생물종이 공통 조상을 갖는다는 찰스 다윈 『종의 기원』의 기본 구조를 실험적으로 검증하여 다시 보여준 것과 같다. 진화론이 화석에 의해서만이 아니라 유전자 차원에서 입증된 셈이다.

② 개체마다 동일한 구조 발생이 재현된다. 이것은 발현 계기의 연속성, 즉 발현의 시간적 순서가 동일해야 한다는 것을 의미한다. 이를 시간적 계기성으로 부를 수 있다.

③ 혹스 유전자군의 존재 자체가 모듈 구조의 존재를 함의한다. 모듈 구조는 단위 정보의 집합으로서 집합마다의 독립적 정체성을 지닌 정보군의 특성을 갖는다.

④ 유기체 형성이 시간적 계기성을 가진다는 사실은 유기체의 형태가 모듈 구조의 재현이라는 점을 함의한다.

⑤ 모듈은 다른 모듈과 독립적이지만, 그 모듈이 어디에 배속되었는지 혹은 어떤 유전적 환경에 놓여 있는지에 따라 스위치 작동이 달라질 수 있다. 혹스 유전자는 일종의 마스터 스위치에 해당한다.

⑥ 모듈의 존재는 발생학적 항상성이 유지될 수 있는 근거이다. 발현 스위치에 이상이 생길 경우, 발현 구조의 기능 장애가 생길 것이다. 그러나 구조 결손이나 기능 장애를 초래한 유전자군은 유전형질 자체를 바꾸지 못한다. 왜냐하면 이상 유전자군은 모듈 안에 있어서 타 모듈과 독립적이기 때문이다. 이런 현상은 종species 혹은 문phylum 차원에서 유전형의 항상성이 유지되는 이유이다. 이러한 항상성은 발생학적 사유구조의 중요한 특징 중의 하나다. 발생학 일반에서는 종 고유의 유전형 유전자군을 보전하고 외부 환경에 저항하는 항상성이 더 중요하게 여겨지기 때문이다.

4.5 스위칭 개념 이전: 와딩턴의 유전적 동화

와딩턴(Conrad Hal Waddington, 1905-1975)은 찰스 다윈 진화의 자연선택론 외에 유전적 동화genetic assimilation 이론이 형태 형성을 보완한다고 했다. 다시 말해서 자신의 유전적 동화이론이 다윈 진화론의 틈을 어느 정도 메워줄 수 있다고 생각했다(Waddington 1959, 18, 398). 마이어와 마찬가지로 와딩턴도 운하화canalizaton 개념을 사용했다. 와딩턴은 초파리를 에테르 증기 처리하여 유전적으로 변형된 이중흉부 초파리를 인위적으로 만들었다. 원래는 이중흉부 표현형bithorax-like phenotype에 대응하는 유전자가 발현되지 않도록 변이가 억제되는 것이 정상이다. 변이를 억제하고 원래의 표현형이 발현되도록 유지하는 것이 운하화의 개념이다. 그런데 와딩턴은 초파리에 에테르 처리하여 운하화를 무너뜨리고 변형된 표현형이 발현되도록 조작했다(Waddington 1959; Williams 1966, 3장에서 재인용).

마이어와 와딩턴 모두 운하화를 계곡에 비유하여 설명했다. 산꼭대기에서 어느 계곡으로 흘러내려온 물은 다른 계곡으로 흘러갈 수 없고 끝까지 그 계곡으로만 흘러내려간다. 계곡이 표현형이라면 그 계곡에 흐르는 물이 유전형일 것이다. 물은 그 골이 파여진 계곡을 따라 흐르면서 물길이 형성된다. 이렇게 정해진 물길이 형성되는 것을 운하화된다고 표현했다. 여기서 운하는 발생학적 통로가 된다. 와딩턴의 운하화는 유전적 동화를 설명하기 위한 전 단계 개념이다. 와딩턴은 운하화canal-izaton와 동화assimilation 두 개념을 연결시키고자 했다. 운하화에도 불구하고 유기체는 환경에 의해 운하의 발생학적 통로developmental pathway가 바뀌어 유기체의 유전적, 생태적, 형태적 주변 환경에 섭동될 수 있다는 것이다. 와딩턴은 이렇게 주변 환경에 섭동되는 상태를 동화라고 했는데, 이것은 유전적으로 계승되는 유전형적 변화를 전제한다. 그러나 와딩턴이 말한 동화는 보통의 자연선택의 진화에서 발생하지 않고 급격하게 혹독해진 자연환경 혹은 인공적인 특별한 환경에서 나타나는 경우이며, 오늘날의 유전자 개념으로 설명한 것이 아니다. 그럼에도 불구하고 그의 동화 개념은 현대 후성유전학적 의미를 충분히 담고 있었다.

다윈의 자연선택론에서는 먼저 변이들이 생기고 그 변이들 중에서 적응 선택이 이루어진다. 선택은 '존재하는 것들 가운데 선택한다'는 뜻에서 수동적이다. 그런데 유전적 동화이론에서는 환경에 능동적으로 대처하여 유전적 변이가 생길 수 있으며, 이 때문에 라마르크의 이론처럼 오해받기도 했다. 라마르크 이론은 '없는 형질이 새로 생긴다'는 점을 강조한 반면 유전적 동화이론은 '있던 유전자가 새로운 표현형질로 드러난다'라고 한 점에서 큰 차이가 있다. 와딩턴 당시에는 스위칭 개념이 없었지만, 유전자 동화이론은 이렇게 이미 존재하고 있던 이중 흉부 유전자가 스위칭을 통해 깨어난다는 점을 미리 예고한 셈이다.

월리엄스는 와딩턴의 유전적 동화이론을 자연선택론을 보완하는 새로운 이론으로 생각하지 않았고, 오히려 미시적 차원에서의 퇴화degenerative 또는 퇴행성 진화에 해당한다고 평가했다(Williams 1966, Chap.3). 조지 월리엄스는 와딩턴의 이론이 그럴듯하게 보이지만 실제로는 자연선택의 다른 양상에 지나지 않는다고 주장했다. 그에 따르면 와딩턴의 오해는 환경에 대한 적극적 반응response to environmental stimuli과 반응 능력이 부족한 수동적 취약성susceptibility to environmental interference을 구분하지 못한 데서 왔다고 월리엄스는 지적했다(Williams 1966, 76).

와딩턴은 수동적 취약성 또는 적응도의 취약함 때문에 생긴 퇴화를 마치 적극적 반응을 통해 얻은 능동적 변이로 오해했다는 것이 월리엄스의 비판이다. 1950년대 유전자 논의가 본격화되었지만 당시 와딩턴은 유전자에 대한 이해가 부족했던 것으로 여겨진다. 이런 점 때문에 와딩턴의 풍부했던 발생학적 상상력은 평가절하되었다. 월리엄스의 날카로운 비판에도 불구하고 와딩턴의 유전적 동화이론은 변이의 단위가 유전자임을 보여주는 현대 발생유전학의 토대를 제공했다.

유전형은 쉽게 변하거나 외부 충격에 약하다면 아마 생물계통이 존속되기 어려웠을 것이다. 다행히 유전형은 고유한 발생적 항상성을 갖는다. 특정 유전자형에서 환경조건이 달라져도 항상 동일한 표현형을 유지할 수 있는 것이 항상성의 기초개념이다. 개체군이 환경변화에 의해 혹은 새로운 유전자 유입으로 인해서 집단의 현재 상태를 유지하기 어려운 상황에도 불구하고 내적으로 일정 상태를 유지할 수 있다. 이렇게 적응된 상태로서 유전적 항상성을 와딩턴은 운하화라고 표현했다(헐 1994, 215).

4.6 후성유전학의 이해

앞서 말했듯이 모노는 유전자를 작동하는 조절 스위치 기능이 유전자 구조에 수반된다는 것을 알아냈다(ENCoDE 2012, 61). 앞 절에서 논의했듯이 스위치를 '켜고 끈다'라는 메타포는 실제로 DNA가 메틸화가 되는지 아닌지, 혹은 DNA가 얹혀 있는 히스톤 변형에서 온 것인지를 따지는 분석은 후성유전학의 기초이론이 된다. 유전자는 아데닌, 타이민, 구아닌, 사이토신의 염기서열 구조인 DNA의 결합체이다. 기존 유전학은 유전자만의 염기서열 자체가 형질을 표현하거나 변형시키는 결정적 요인이라고 보았다. 유전자가 표현형질로 표현되는 것을 발현이라고 하며, 유전자 발현은 히스톤에 감겨져 있는 DNA가 풀리면서 그 DNA에 메틸기(CH_3)가 없을 때 가능하다. 다시 말해서 유전자의 염기서열이 동일하여도 메틸기 변화DNA methylation 혹은 히스톤 변형histone modification에 따라 유전자의 발현 여부가 달라질 수 있다. 이렇게 유전자 염기서열 자체가 아닌 다른 외적 요소에 의해 유전자가 조절되는 것을 연구하는 분야가 후성유전학epigenetics이다.

예를 들어 일란성 쌍둥이가 성인이 되어 서로 다른 후천적 발달

양상을 보이는 경우는 후성유전학 관련 임상시험의 대표적인 표본이다. 환경문제와 관련하여 플라스틱에 들어 있는 BPA 비스페놀이 내분비 교란을 일으키고 이런 내분비 교란물질이 유전체에 영향을 끼쳐 질병을 일으키는 경우에서 보듯, 후천적으로 유전자 발현에 영향을 끼치고 혹은 유전자 자체를 변형시킨 호르몬 유형의 물질을 연구하는 역학연구epidemiological research도 후성유전학의 유명한 연구사례들이다. 다른 예로서 신체 운동이 지방세포에 미치는 후성 표지자의 변형이나, 심리적 트라우마가 유전자의 히스톤 변형을 일으키는 경우들도 있다. 특히 뱃속의 아기가 엄마의 사회경제적 환경으로 인해 영양상태가 충분하지 못했을 경우 아이가 태어나고 성인이 되었을 때 당뇨와 신장질환 등의 질병위험에 노출될 가능성이 높다는 유명한 역학실험들이 있는데, 이런 경우도 대표적인 후성유전학의 연구사례이다. 이런 연구사례들은 선천적 유전 요인 외에 후천적 환경 요인도 중요하다는 점을 알려준다(Gilbert and Epel 2009, 246).

4.7 발생학적 사유로 본 유전체에 대한 철학적 질문

유전체genome는 유전자gene와 염색체chromosome의 두 개념이 합쳐진 의미이다. 유전자의 구조적 물질요소와 유전자를 조절하는 정보요소가 상관적으로 공유되어 있다. 달리 말해서 유전체는 구조유전자와 조절유전자로 기능을 한다. 그 물질요소는 DNA이며 이는 암호화되어 있다. 암호화되어 있다는 뜻은 유전체의 항상성을 유지하는 데 필연적인 진화소산물이다. 유전체 수준에서 항상성이란 거시적 변화에 저항하지만 가소성이라는 작용을 통해 미시적 변화를 수용한다는 점을 함의한

생물철학

다. 이런 변화의 특성이 생명현상의 토대이다. 암호화된 DNA의 염기서열을 탐구하여 생명현상을 이해하려는 시도는 유전체학의 주요한 연구방향이다.

유전체 특징의 하나는 돌연변이나 7장 7절에서 자세히 다룰 유전자표류genetic drift(유전자 부동)처럼 적응 기제가 아닌 방식으로 형성될 수 있다는 점이다(Lynch et al. 2011). 적응 기제가 아닌 방식으로 형성된 유전체라고 해서 그 유기체에 불리한 것이라고 결코 말할 수 없다. 유해하지도 않고 그렇다고 반드시 필요하지도 않은harmless but useless 유전정보도 유전자 표류와 같은 중립적 과정을 통해 누적적으로 형성될 수 있다 (Herron and Freeman 2014, 582).

유전체 연구에서 유전의 직접 정보가 아니지만 정보들을 연결하는 이동성 유전인자mobile genetic element; mge라고 하는 요소들이 있는데, 이 요소들은 유전자 사이에서 최소 50% 이상을 차지하는 중요한 부분이다. 이동성 유전인자는 유전체 안에서 유전정보를 이동 혹은 전이시킬 수 있는 유전물질이다. 물론 비정보(비암호) DNA의 다른 형태로서 인트론도 이동성 유전인자의 한 종류이다. 트랜스포손transposon, trans-posable elements으로 이름 붙여진 이동성 유전인자인 DNA도 있다. 이러한 이동성 유전인자는 다른 단백질 조성 유전자에 끼어들어 단백질 조성기능을 방해할 수 있다(Cordaux and Batzer 2009).

이동성 유전인자는 단세포 진핵생물의 유전자가 다세포 생물 숙주 유전체 안에 기생 형태로서 안착된 것이라고 추정되고 있다. 인간유전체에서 DNA 염기서열의 45%는 이동성 유전인자에서 유래되었다고 한다(Lander et al. 2001). 그만큼 유전자 관련 질병에 이동성 유전인자는 영향을 줄 수 있다. 인트론과 같은 유전물질이 유전자 사이에서 변이가 일어나더라도 숙주 표현형에 변화를 주지 않을 것이다. 그러나 만약 암호화된 유전자(코딩된 DNA) 서열에서 돌연변이가 형성된다면 유전자 상실knock out이 발생할 수 있다. 이는 혈우병, 낭포성섬유종, 암 등의 유전적 질병으로 나타날 수 있다(Cordaux and Batzer 2009).

세포 내 반수체 유전체의 DNA 총량을 C값C-vlaue이라고 부른다. C값은 생물종의 크기나 계통의 위치, 우선순위에 무관하다. 예를 들어 아메바는 다른 원생동물과 달리 C값 $2×10^{11}$ bp의 유전자를 가지며, 이는 사람의 70배에 가까운 DNA 양이다. 귀뚜라미의 C값은 약 $2×10^{n}9^{n}$bp로서 같은 절지류인 초파리보다 11배나 많다. 즉 유전체 크기는 체형이나 계통학적 위치와 관계가 없다는 뜻이다. 이렇게 C값과 생물개체의 형태적 복잡도 사이의 상관도는 적다. 이러한 무관성은 많은 다세포 생물의 유전체에서 많은 비암호 DNA가 존재한다는 사실과 연관될 수 있다. 소위 정크 DNA로 일컫는 비유전자 DNA가 반복 유전자로서 유전체의 대부분을 차지하고 있을 정도이다(남상욱 외 2016, 34). 비암호 유전체의 역할은 단백질 조성 유전자 발현을 간접적으로 조절하는 데 기여하므로 발생학에서 매우 중요하다고 충분히 밝혀졌다. 포유류 RNA 분자들이 단백질을 조성하지 못해도 유전체에서 전사가 이뤄지면 전사 이후 유전자 발현조절에 역할을 한다는 사실이다(Mercer et al. 2009). 이 부분은 유전자 스위치 기능과 깊은 연관이 있음을 앞서 논의했다.

C값은 구조 유전자를 대상으로 한 값인데, 구조유전자structural gene가 아닌 조절유전자regulatory gene는 발생학적 차원에서 의미가 크다.

예를 들어 침팬지는 유전자 관점으로 오랑우탄보다 사람에 더 가깝다. 구조유전자는 단백질 생산에 관여하고, 조절유전자는 구조유전자의 활성화에 관여한다. 같은 구조유전자라도 조절유전자가 활성화 스위치를 켜거나 끔에 따라서 다른 표현형으로 유도될 수 있다. 실제로 인간과 침팬지 사이의 구조유전자 근연성은 매우 가깝지만 실제로 구조적 근연성을 넘어선 표현형의 큰 차이가 난다. 그 이유는 조절유전자의 활성화 수준이 크게 다르기도 하지만 구조유전자보다 조절유전자의 돌연변이를 통해 더욱 극적인 수준으로 차이 나는 표현형 진화 때문이다.

결론적으로 말해서 발생학적 사유로 유전체를 이해하기 위해 구조적 유전물질 외에 조절가능한 잠재적 정보에 대한 철학적 질문이 중요하다. 철학은 질문으로 시작하기 때문이다. 불행히도 철학은 질문에 대한 정량적 답변을 할 수 없는 본체적 한계를 갖고 있다. 헤론과 프리만이 제기한 문제를 바탕으로 철학적 사유를 대신하여 아래와 같은 질문을 제시한다(Herron and Freeman 2014, 582).

① 유전체의 크기가 DNA 염기수에 비례하지 않는다면, 그 차이는 존재의 차이인가 아니면 인간 인식의 차이인가?
② 더 복잡한 생물은 더 많은 유전자를 갖는 것이 아니라면, 그동안 우리가 알고 있었던 생명의 계층화는 무슨 의미인가?
③ 유전체 안의 유전자는 독립적이기보다 상관적이라면, 그 상관성을 쉽게 인식할 수 있을까?
④ 정보를 갖지 않는 유전자가 많은데, 그런 무정보 유전자가 생명

의 다양성을 낳는다고 말해도 되는가?

⑤ 새롭지만 비가역적인 유전자의 변형modification과 창발emergence이
가능하다면 물질 수준의 변화인가 아니면 새로운 정보 수준의
변화인가?

5. 발생계 이론

5.1 오야마의 발생계 이론

발생계developmental system는 분자 차원의 유전자, 유기체 그리고 개체군
과 종 차원에서 구성단위들 사이 혹은 구성단위와 환경 사이의 상관성
에 의해 발생과 진화가 이뤄지는 생물학적 시스템을 말한다. 발생계
이론Developmental System Theory, DST은 발생계 안의 다양한 상관관계들을
밝히려는 이론이다. 오야마(Susan Oyama)에 의하면 "발생계는 분자 구조
와 분자 활동 차원의 유전자를 포함하기도 하지만 다른 생물종 개체와
의 관계 등 내적 관계 및 상관적 관계를 다 포함하며 나아가 무생명
환경과의 상관성까지를 포함한다"(Oyama 1985, 123).

발생계 이론은 진화론과 발생학을 결합하여 진화계통수 안에서 생
명을 보며, 유전적 요인, 환경적 요인 그리고 후성적 요인의 종합적
측면에서 유기체 발생을 관찰하는 연구 분야이다. 즉 유전자만이 아니
라 환경과 후성적 요인들이 발생 과정에 영향을 준다는 사유에 기초하
고 있다. 발생계 이론은 진화론적 변화의 이론과 계통 중심의 발생생물
학을 통합하여, 발생과 유전 및 진화에 대한 종합적 설명을 시도한다.

발생계 이론을 가장 잘 설명한 것으로 알려진 오야마, 그리피스와 그레이(Russell Gray)의 논의를 따라 발생계의 의미를 다음과 같이 정리할 수 있다(Oyama, Griffiths and Gray 2001, 2-6).

- 다수의 복합원인: 형질 변화는 다수의 복합적 원인으로 이루어진다. 그 복합적 원인들은 유전자 외적 요인이지만 유전자와 상호 관련되어 있고 형질 변화에 관여한다.
- 맥락의존성과 개연성: 형질 변화에 미치는 후천적 원인과 그 효과는 맥락 의존적이며 동시에 개연적이다. 그리고 선천 원인에 의한 본성론과 후천 원인에 의한 양육론은 배타적이라기보다는 연속적이고 상보적이다. 후천 요인의 메커니즘을 명백히 밝힐 수 없지만, 비유전적 요인에 의한 발생학적 변화조차도 유전적 요인과 상관적이라는 추측을 할 수 있다.
- 확장된 유전 개념: 후성적 대물림도 넓은 의미에서 유전 개념으로 포용될 수 있다. 즉 유전자만이 후손에 계승된다는 전통적 유전 개념이 아니라, 후대에 대물려져 후성적 생애를 재구성하는 요인들 모두를 유전 개념으로 볼 수 있다. 확장된 유전 개념은 라마르크식의 획득형질 유전 개념과 전적으로 다른 의미이다. 획득형질 유전은 후천적으로 획득한 신체세포 형질이 유전적 생식세포 전환을 한다는 일종의 도약이지만, 발생계의 확장된 유전 개념은 생식세포 전환을 부정하지만 후천적 환경 급변에 대응하여 적응한 결과가 후손에도 적용될 수 있다는 아이디어이다. 오야마에 따르면 본성은 유전의 결과이며, 양육은 개체 형성 이후 변화가능

한 2차 형성이다(Oyama 1985).

• 구성주의로서 발생 개념: 발생 프로그램이 유전자 차원에서 작동한다. 발생 과정이 어떻게 일어나는지를 설명하는 후성 작용이 발생유전학에 중요한 의미를 갖는다. 계통적으로 항상성을 가지는 형질 안정성과 발생적 후성설이 가지는 유전자 차원의 가소성이 상호작용한다. 이런 구성적 상호주의constructivist interactionism는 발생계 이론의 핵심이다. 유기체의 전 생애는 발생적으로 구성되는 것이며, 결정론적 전성설처럼 계획된 프로그램으로만 발현되는 것이 아니라는 뜻이다(Gilbert and Epel 2009, Chap.15).

• 분산 제어distributed control: 발생학적 상관성은 시스템 의존적이며 전 생애에 걸친 변화를 주도한다. 이러한 상관성의 요인은 하나의 발생계 전체에 분포되어 있다. 유전자를 통한 사전 프로그램이나 발생 지침서에 의한 획일적인 제어가 아니라는 뜻이다. 고유한 발생 프로그램 혹은 특정한 중앙처리장치가 발생을 일괄적으로 제어하는 것이 아니라, 주어진 시공간 환경에 따라 발생의 변수들이 다양하게 작동한다.

• 비목적성 구성 진화: 다양한 요소들의 상호작용인 구성주의 개념은 발생생물학과 더불어 진화생물학에도 적용된다. 구성주의는 진화 과정과 발생 과정이 상보적임을 강조한다. 발생이나 진화 모두 유기체 내부의 변화목적이나 방향을 부정한다. 동시에 유기체 외부, 즉 환경 혹은 니치가 영향을 미치는 목적 또는 고정된 방향을 부정한다. 진화적 변화는 개체군과 환경의 공조작용으로 결정되거나co-determined 구성된다co-constructed. 발생계 내부의 상호

요소들은 이런 점에서 공진화coevolution 한다. 발생계는 목적 지향적이지 않으며 환경, 니치, 유전자, 서식조건 등과 공조하여 구성된다는 뜻이다.

[표 6-2] 발생계의 생물학적 이해

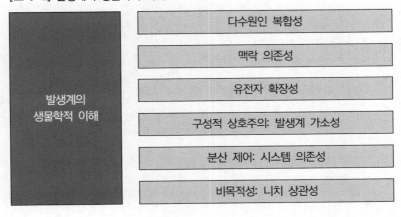

발생계의 생물학적 이해	다수원인 복합성
	맥락 의존성
	유전자 확장성
	구성적 상호주의: 발생계 가소성
	분산 제어: 시스템 의존성
	비목적성: 니치 상관성

오야마와 그레이의 발생계 이론을 존재론적으로 해석하면 다음과 같다. 첫째, 모든 존재는 연속적이다. 둘째, 존재의 구획은 위계적이지 않으며 고정되지도 않다. 셋째, 존재 단위는 존재하지만 형이상학적 세계를 구성하는 불변의 실체론적 의미로서 존재 단위는 아니다. 넷째, 세포 혹은 분자의 발생학적 발현은 해당 세포나 분자 자체의 기능 외에 타 세포 간 혹은 분자 간 상호작용에 연계되는 관계적 작용이다. 다섯째, 관계성 그 자체가 존재의 기초 단위이다. 발생학적 존재의 구성 기초단위는 명사형 사물things이 아니라 동사형 사건events이다(최종덕 2014).

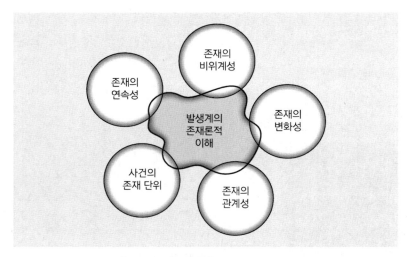

[그림 6-4] 발생계의 존재론적 이해

5.2 발생계의 생태주의 특성

발생계의 생태적 특성은 라카토스 수상자인 브리스톨 대학교의 생물철학자 오카사(Samir Okasha)의 '니치-구성niche-construction' 개념에서 유추된다. 오카사가 말하는 '니치-구성'이란 비버가 댐을 쌓거나 거미가 거미줄을 치거나 또는 인간이 경작하는 것처럼 유기체가 환경을 적절하게 이용하거나 적용하는 능력을 의미한다(Okasha 2005, 2). 이것은 오카사 이전에 사용되던 '구성' 개념과 약간의 차이가 있지만, 환경을 이용하는 능력이 바로 환경에 조응하는 유기체 내부의 내적 형질이라는 점에서 기존의 발생학적 구성 개념과 연관되어 있다. 이 점에서 발생계가 보여주는 생태진화의 의미는 크다. 생태진화는 적응진화와 밀접하지만, 그 외의 다른 특성을 갖는다. 생태진화는 공진화의 양상이다. 생태진화는 집단 간 공유 공간 또는 집단 내 자기 공간에서의 개체들 사이의 공간적 인과성을 유지한다. 또한 개체군 또는 서식군에서의 동종 간 또는 이종 간 상호 제한성을 포함한다. 공진화 개념은 이미 『종의 기원』에서 꽃가루를 옮겨 주는 대신 꿀을 제공하는 꿀벌 또는 나비와 꽃의 관계로 제시된 바 있다. 다윈은 꿀을 빨아먹기 쉽게 빨대 모양의 세스키피달 긴 빨대관을 가진 나방관이 형질로 적응된 것을 상호관계의 적응으로 생각했다(Darwin 1859).

세스키피달   긴 빨대관을 가진 나방

[그림 6-5] 난초와 나방의 공진화

1862년 다윈은 마다가스카의 육종원예가인 베이트먼James Bateman 으로부터 이상한 모습의 난초를 하나 받았다. 그 난초는 밀관의 길이가 무려 30cm나 되었다. 학명도 라틴어로 1과 1.2 피트라는 뜻의 단어ses-quipedale를 이용한 앙그라쿰 세스키피달Angraecum sesquipedale이었다. 다윈은 이 난초를 받고 처음에 매우 난감했다. 이렇게 긴 밀관에서 수분을 할 수 있는 곤충이 과연 존재할 수 있는가에 대한 의문이 들었기 때문이다. 그러나 다윈은 자신의 진화론을 확신하면서 이 난초의 밀관을 빨수 있는 곤충이 분명히 존재할 것으로 추측했다(Darwin 1862). 다윈은 공진화의 개념을 갖고 있었기 때문이다. 다윈이 이를 발표한 이후 월러스도 다윈의 공진화 개념을 적극 지지했다. 다윈은 자신이 추측한 나방을 볼 수 없었지만, 다윈 임종 이후 1903년 세스키피달 난초 밀관 길이에 맞는 긴 빨대관을 가진 나방이 마다가스카에서 실제로 발견되었다. 이 나방은 현재 런던 자연사박물관에 소장되어 있는데, 이 나방을 '다윈의 나방'이라고 부르기도 한다. 마다가스카에만 존재하는 이 난초와 나방은 전형적인 종 특이성을 보여주는 공진화의 상호관계에 있고, 생태진화의 중요한 사례이다.

공진화는 외부의 선택압들이 상호 제한적이면서 동시에 상호 보완적인 진화 양식이다. 공진화는 포식자와 먹이, 숙주와 기생 생물, 공생 생물 등과 같이 생물 간에 일대일 또는 다자간 관계가 형성되어 서로에게 영향을 주는 생태 관계적 진화 형태이다. 특정 생물종 사이의 고유한 상호작용이 상호간에 적응 빈도를 높이게 될 경우 특이적 공진화specific coevolution라고 말한다. 공생symbiosis과 달리 공진화coevolution는 생물 간의 상호 의존성을 필요로 하지 않는다. 포식자와 먹이, 숙주와 기생 생물의 경우에서처럼 서로의 생존을 위해 적대적인 관계에서도 공진화가 발생한다. 이렇게 공진화는 일반적으로 공생과 똑같지 않지만 공생 개념을 포괄한다. 공진화에는 공생 진화도 있지만 숙주 또는 기생 진화의 경우가 더 많다. 예를 들어 양자 간 상호 공진화의 경우 서로 간에 공진화하는 형질의 특징을 확인하기 쉽다.

서식공간을 공유하는 다수 종 사이의 상호 공진화는 그 상호작용이 매우 복잡하게 얽혀 있어서 특정 공진화 조건을 추출하기 어렵다. 그럼에도 불구하고 분명한 다수 종 사이의 상호진화로 추정할 수 있는 경우가 있는데, 이를 '확산 공진화diffuse coevolution'라고 한다. 일반적인 자연환경에서 확산 공진화가 보다 널리 있다고 볼 수 있지만, 그 메커니즘을 밝히기는 쉽지 않다. 2개 종 사이의 상대적 공진화일 경우, 그 종들에게 미치는 생태적 선택압을 관찰할 수 있지만, 동일 생태계 내의 다수 종 공진화의 경우 비선형적 서식환경nonlinear effects on shared resources과 유전적 공분산genetic covariances 등의 영향으로 상호적 선택압의 메커니즘을 쉽게 설명할 수 없기 때문이다(Inouye and Stinchcombe 2001, 353).

생태진화도 개념적으로 발생학과 진화학의 종합을 통해서 탄생되었다. 그래서 생태진화론 역시 적응진화와 발생진화의 양면을 보여준다. 생태진화는 적응진화라는 점에서 연속성의 특징을 갖는다. 하나의 계통은 시간적으로 선후가 분명한 적응진화의 인과관계를 가진다. 그런데 생태진화는 시간적 연속성 외에 생소한 개념인 공간적 연속성도 가지고 있다. 공간적 연속성이란 시간적 계기가 아닌 공간적 계기들의 연속을 뜻한다. 공간적으로 분리된 집단, 종, 또는 타 개체들 사이에서 동시성-공존적 연관성이 존재한다는 점이다. 이러한 동시성, 공간적 연관성, 공간적 인과성에 생태진화의 중요한 의미가 담겨 있다. 인과성 개념은 원래 물리적인 차원에서 시간적 인과에 국한된다. 물리적 차원에서 볼 때 공간적 인과는 논리적으로 모순이다. 그러나 생태진화에서는 공간적 인과라는 개념이 허용된다.

생태진화 개념은 다음과 같이 정리된다. 첫째, 생태적 상관성은 시간적 연속성과 더불어 공간적 연속성을 포함한다. 둘째, 생태진화는 발생학적 의미와 공진화 개념을 공유한다. 즉 발생적 제약과 적응진화 및 생태적 상관성 개념을 포함한다. 셋째, 생태진화는 집단 간 공유 공간에서 공간적 인과성을 유지한다.

5.3 발생계의 구성주의 특성

표현형질은 유전형의 단일원인이 아니라 복합원인에 의해 발현된다. 뉴질랜드의 생물심리학자 그레이(Russell David Gray)는 복합원인들이 개체를 후성적으로 재구성하여 변화시킬 수 있다고 했다. 그는 발생계 이론에서 발생이라는 의미가 모호하다고 지적하고, 발생 대신에 구성이라는 표현을 사용했다. 발생계 과정은 발생적 구성developmental construction이다. 개체가 후성적으로도 구성될 수 있다는 입장이 그레이의 발생적 구성주의이다. 다음에서 살펴보겠지만 발생적 구성주의는 발생적 가소성의 범위를 확장시킨다.

발생적 구성은 유전적 계승과 진화적 계통 그리고 생태적 섭동이 상관적으로 연결되어 나타난다. 여기서 생태적 섭동이란 공간적 연결(네트워크)과 시간적 계승을 의미하고 발생적 구성은 공진화 개념과 밀접하게 연관되어 있으며, 발생이 구성되는 계기는 후성유전학적 의미를 가진다. 발생적 구성은 물리적 제약을 받지만 결정론적 인과관계는 아니다. 그레이는 이러한 특성을 지니는 발생적 구성 범위를 '관계적 구성력the power of relative construction'으로 표현했다(Gray 1992, 169-174). 관계적 구성은 한 구성 요인의 관계가 작동할 때 다른 구성 요인의 상태가 변화한다면 바로 그 경우 두 구성 요인들 사이의 관계가 상관적임을 의미한다. 생태적 섭동은 관계적 구성력의 발생학적 표현이다 (Mahner and Bunge 1997, 26).

관계적 구성력은 앞서 말했듯이 물리화학 법칙을 따르지만, 그 진화적 기원을 가역적으로 설명할 수 없다. 발생적 구성은 비가역적인데, 인과 법칙에 따르지만 결정론적 구조는 아니다. 유기체와 환경은 서로 순환되는 상관성으로 드러나는 인과관계에 놓여 있다. 여기에서 환경은 자연선택과 변이가 일어나는 발생학적 경계조건으로서 그 인과관계는 복잡하여 상관관계처럼 여겨진다(Halsberger et al. 2006).

생명체는 환경 변화에 적절한 방식으로 반응한다. 비정상적으로 환경이 변화하면 생명체는 이에 대항하고 자신을 보전하려는 상관 반응을 보인다. 그러다가 그 기간이 더 길어지면 이를 극복하기 위해 표현형질을 임시로 바꾸거나 일시적 적응도를 높임으로써 자신을 보호하려고 한다. 이런 변화는 발생적 구성력으로 작용하며, 발생적 구성력은 변화된 환경에 능동적으로 적응하는 가소성의 능력이다. 가소성 능력은 유기체가 마주친 비정상적 환경에 대처할 수 있는 기능을 발현하게 한다. 발생적 구성은 진화와 연계된다. 환경 변화의 기간이 아주 길어지면서 자연선택이 이루어진다. 바뀐 환경에 더 잘 적응하는 개체와 그렇지 못한 개체들 사이에 적응도의 차이가 생기며, 이 차이는 유전계승과 후손증식의 가능성, 즉 유전자 빈도 차이를 낳는다. 이와 같이 장기간일 경우에는 자연선택의 결과로 그 변화에 대처하게 될 것이다. (Gilbert and Epel 2009, 245).

관계적 구성력의 형성도 진화이론을 충실하게 따른다(Gould 1980,

219-221). 종 의존적이며 종 특이적species specific인 관계적 구성력은 종 내부 개체 발생이 종 사이의 계통 발생과 연관함을 보여주었다. 관계적 구성력은 앞서 말했듯이 물리화학 법칙을 따르지만, 그 진화론적 기원을 물리화학적으로 역추적할 수 없다. 진화는 비가역적이라는 뜻이다. 관계적 구성력은 종 특이적이지만 종 불변적이지 않다. 즉 관계적 구성력은 종마다 다르지만 종마다 불변인 것은 결코 아니다.

마지막으로 구성주의와 구조주의의 개념적 차이를 보자. 발생계의 구성적 특징은 발생학의 구조주의적 특성과 다른 범주의 개념이다. 구성적 특징 중의 중요한 것은 가소성이다. 반면에 발생학적 구조주의 developmental structuralism는 가소성과 전혀 다른 범주이다. 구성주의에 따르면 미래에 발생가능한 최종적 표현형을 정확히 예측할 수 없고, 시냅스 혹은 유전자가 외부 환경에 어떻게 반응하느냐에 따라 발현될 결과가 달라진다. 구조주의에 따르면 생물학적 유기체 안에 계통적인 생물 구조가 있고, 그 구조는 모종의 형태 법칙을 내재하고 있다(Mahner and Bunge 1997, 294-297). 그 계통적 형태는 진화력에 저항하는 힘처럼 보인다. 예를 들어 다리는 몸체 하부에, 날개나 손은 몸체 상부에, 머리는 몸체 형태 위에 있는데, 이것은 초파리에서 코끼리에 이르기까지 동일하다. 형태상으로 동일한 구조는 진화력에 흔들리지 않고 계통적으로 항상성을 가지고 나타난다. 즉 발생학적 구조주의는 모든 종에서 공통의 형태 혹은 종 고유의 형태를 계속 유지하려는 힘으로 나타난다. 후천적으로 변화의 유동성이라는 뜻의 가소성plasticity은 구조주의와 무관하며 구성주의 범주로 설명된다(최종덕 2014, 25).

[표 6-3] 발생계에서 구성주의와 구조주의의 개념 차이

발생적 구조주의 전통 발생학의 사유	발생적 구성주의 발생학적 가소성 ↓ 발생계 이론으로 발전

↓

포괄적 발생계

5.4 구성주의의 인식론적 관계 특성

발생적 구성주의는 계기적 관계성과 상호의존적 관계성이라는 두 가지 특성을 갖는다. 이 두 특성을 설명하기 위하여 기초적인 두 가지 추론방식을 설명해야 한다. 첫째, 상관관계와 인과관계의 차이를 구별해야 한다. 둘째, 필요조건과 충분조건의 차이를 구별해야 한다. 이두 가지 상식적 추론에 대해서 이미 2장 과학방법론에서 논의했으나, 그 중요성으로 미루어 다시 설명한다.

(i) 상관관계와 인과관계: 두 사태가 존재할 때 그 관계가 인과적인 것과 상관적인 것은 다르다. 상관성은 인과성을 포함하지만, 관계변수가 복잡하고 많아지면 상관적이더라도 인과적으로 기술할수 없다. 이런 경우 인과성에 의한 두 사태는 근접적이지만 상관성에 의한 두 사태는 우회적이며 개연적이다. 예를 들어 할머니가 무릎이 쑤신다고 하시면서 아마 내일은 비가 올 것이라고 말씀하셨을 때, 오늘 무릎이 아픈 것과 내일 비가 올 것이라는 예측 사이에는 상관성은 있을지 모르지만 인과성은 없다. 실제로 내일

비가 온다고 하더라도 말이다. 상관성을 인과성으로 오해하거나 일부러 그렇게 보려고 하는 습성 때문에 수많은 비과학적 억측이 난무하게 된다.

(ii) 필요조건과 충분조건: 필요조건과 충분조건이 다르다는 것은 논리학 공부의 시작이다. 예를 들어 남자는 아버지가 되기 위한 필요조건이지만 충분조건은 아니다. 아버지가 되려면 남자인 것 이외에 결혼을 하고 또 자식이 있어야 하는 다수의 필요조건들을 갖추어야 한다. 그러나 아버지는 남자이기 위한 충분조건이 된다. 필요충분조건은 양방향의 조건을 다 만족해야 한다. 건강을 선호하는 현대인에게 일선 실험실에서 건강 관련 신물질이 발견된 것은 대단한 청신호일 수 있다. 그러나 관련 업체들은 이런 과학적 발견을 악용하거나 남용하는 경우가 많다. 예를 들어 어떤 버섯에서 당뇨병에 효과가 있는 모종의 성분이 발견되었다고 발표되면, 그 버섯을 상품화하고 마치 그 성분이 당뇨병을 치료하는 특효약인 것처럼 광고한다. 소비자들은 필요조건에 지나지 않는 성분을 선전하는 마케팅에 속아서 그 상품에 매달린다. 그러나 그 신물질이 당뇨에 효능이 있다고 하여도 그 수준은 부분적이거나 아니면 실험실 수준에서in vitro 밝혀진 것으로서 실제 생체 수준에in vivo 적용되는 것은 아닌 경우가 대부분이다. 모종의 성분이 당뇨병 치료에 필요조건이 될 수는 있겠지만 충분조건은 아니기 때문이다. 마찬가지로 전 단계 물질이나 상태가 후 단계 물질이나 상태에 원리적으로 영향을 주는 요인 가운데 하나일 수 있지만 그것이 충분한 요소는 아닐 수 있다.

생물철학

[표 6-4] 발생적 구성주의를 이해하는 추론 두 가지

상관성과 인과성의 차이	전 단계 요소(사태)와 후 단계 요소(사태) 사이의 인과성은 원리적으로 존재하지만 후 단계 결과를 통해 전 단계 원인을 밝혀내기는 쉽지 않다. 상관성은 있지만 그 인과성을 밝히는 것이 어렵다.
필요조건과 충분조건의 차이	전 단계 요소는 후 단계 요소를 발생시키도록 도움을 주지만 후 단계 요소의 발생 원인이 전 단계 요소만으로 제한되지는 않는다. 전 단계 요소 외의 다른 요소들이 추가로 영향을 주어 예측불가능한 후 단계 결과를 발생시키는 숨겨진 역할을 한다.

이러한 기초 추론을 바탕으로 발생적 구성주의의 인식론적 특성을 계기적 관계성과 상호의존적 관계성으로 설명할 수 있다.

(i) 계기적 관계성: 인과작용은 시간에 의존한다. 인과론에서 원인은 결과보다 항상 앞서 있다. 시간의존성 때문에 인과성과 발생적 추이를 혼동하는 경우가 많다. 두 사례 사이의 발생적 추이는 반드시 인과적이지는 않다. 비인과적이지만 인과적으로 보이는 발생적 추이를 여기에서는 '계기적' 관계라고 표현했다. 간단한 예를 들어 보자. 세포 형성의 절차, 세포자살(자기사멸apoptosis), 일반 세포의 분화 등은 일정한 발생적 변환 순서를 따른다. 척추동물 성체의 중추신경계는 먼저 신경관에서 출발하여 외배엽이 신경판으로 발생하고, 신경배를 형성한다. 인과관계에 의해 외배엽이 신경배로 변하는 것이 아니라, 그저 발생학적 자기 계획이 시간이 지남에 따라 새로운 모습으로 발현되는 것이다. 이와 같이 발생 과정에서 각 기관의 유전자 발현은 순서대로 일어난다. 그러나 발현의

전후 단계 사이에서 유전자 차원의 인과성을 찾기가 어려워, 현재로서는 전 단계 발현과 후 단계 발현 사이에서 유전자 정보사이의 인과관계를 밝히지 못하고 있다(이양림 1992, 13). 발생적 발현의 순서는 인과적 순서가 아니라 현상적 순서이다.

발생학은 유전 요인이나 기능 분석에 근거한 인과성을 찾는 대신에 발현 계기의 순서와 질서를 정해주는 형태 발현의 결정 요인 morphogenetic determinant이 무엇인지를 찾고자 한다. 유전자 차원에서는 비인과적이지만 구조 형태 차원에서는 순서의 계기성이 존재한다. 진화발생학에서는 전 단계 발현 유전자 정보 a1이 후 단계 발현 a2를 인과적으로 낳는 것이 아니라, 유전자 정보군 (a1, a2)에서 a2 관련 유전자의 스위치가 꺼진 상태에서 처음에는 a1만 발현되는 과정에서 나중에는 기존 발현과 무관하게 a2 관련 유전자의 스위치가 켜져서 a2만 발현되는 것으로 설명할 수 있다. 발생이 시간 경과에 따라 발현되기 때문에 이런 계기관계가 인과관계로 오해되기도 했다.

(ii) 상황의존적 관계성: 성체에서 상황의존적 관계를 보여주는 사례는 두 가지로 생각해 볼 수 있다. 하나는 신경세포의 가소성처럼 이미 성체발생이 완료된 상태에서 환경에 따라 변할 수 있는 사례이다. 다른 하나는 발생 단계에서 다른 상황에 처하면 원래 예정되었던 발생 계획과 다른 발생이 발현되는 사례이다. 1918년 슈페만(Hans Spemann, 1869-1941)은 세포 분화가 낭배 형성 과정에서 예측과 다르게 변할 수 있다는 것을 도롱뇽 낭배조직 실험으로 보여주었다. 그는 아주 가는 신생아의 머리카락으로 세포를 묶어서

핵이 한쪽으로 몰리도록 했다. 그런 다음 핵의 이동을 막기 위하여 16세포기 때(140일째) 다시 머리카락 끈으로 완전히 묶었다. 슈페만은 이 실험으로 2개의 할구에서 2개의 개체가 발생한다는 것을 확인했다. 결국 핵이란 것은 발생 초기에 어떤 것으로든 생성될 수 있다는 사실을 실험으로 보여준 것이다. 이는 핵의 등가성이라고 표현되기도 한다.

시간이 지나면서 핵을 서로 공유하고 세포질을 한쪽으로만 몰리게 하면 두 개체가 아니라 하나의 개체만 발생한다. 핵을 둘러싼 세포질 중에서 회색 신월환이 가장 중요한데, 세포질을 한쪽으로만 몰리게 하면 회색 신월환이 한쪽에만 존재하게 된다. 개체 발생에서 세포핵 말고도 세포질의 회색 신월환 역시 중요하다는 것을 알게 해준다. 슈페만은 이 실험을 더 진행하여 도롱뇽 낭배 형성 과정에서 신경외배엽 부위를 떼어 다른 낭배에 이식하는 실험을 했다. 이식하는 부위donor를 이식 받는 부위host에 넣을 경우, 이식하는 부위의 발생 계획대로 발현되는지, 아니면 이식받는 부위의 발생 계획대로 발현되는지를 알아보기 위한 중요한 실험이었다. 실험 결과는 초기 낭배 때 이식하는 경우에는 이식하는 부위의 발생 계획대로 기관이 발현되지만, 후기 낭배 시기에 이식하는 경우라면 이식하는 부위의 발생 계획대로 기관이 발현된다는 것을 확인했다. 이렇게 초기 낭배 시기에 이식하는 경우처럼 상황에 따르는 과정을 발생 유도induction라고 하며, 그런 유도를 일으키게 하는 세포를 형성체organizer라고 한다. 신경관에서는 회색 신월환이 형성체의 중요 요소다. 신경계 형성 초기에는 유전자 정보의 핵심인 세포

핵 이상으로 세포체, 즉 신월환도 역시 중요하다. 발생적 구성주의에서 환경적 요인은 주체에 대한 타자가 아니라 주체의 확장이며 대화를 통하여 주체를 구성하는 요소이다.

[표 6-5] 발생적 구성주의의 관계 특성

계기적 관계성	• 전 단계에서 원인 요소가 없었음에도 불구하고 후 단계에서 예정된 변화상태가 유지된다. 예를 들어 전 단계에서 모종의 단백질 효소나 특정한 전기화학신호의 작용이 없었지만 예정된 시간이 경과하면서 자동적으로 후 단계 상태가 발생된다. • 예정된 상태변화라는 점에서 전 단계와 후 단계 사이의 변화는 인과적이 아니라 '계기적'이라는 개념으로 표현될 수 있다.
상황의존적 관계성	• 전 단계 요소와 후 단계 요소 사이에 발생학적 인과성을 찾았다고 해도 그 인과성은 항상적이지 않다. • 주변환경 상태변화에 따라 해당 인과성은 변할 수 있다. 이런 변화는 발생학적 가소성 개념으로 설명될 수 있다.

5.5 구성주의 방법론의 한계와 CES 모델

생태진화나 관계적 구성력의 개념이 구체적인 생명체에 대한 기술이 아니라 추상적이고 보편적인 발생시스템 일반에 해당하는 성격이라고 비판하는 입장도 있다(Mahner and Bunge 1997, 300). 관계적 구성력은 추상적인 생명 전일주의 논의를 탈피하는 좋은 논거이다. 관계적 구성력은 한 유기체의 부분들이 어떻게 하나의 통일된 유기체로 성장하는지에 대한 포괄적 설명을 시도한다. 환경이 어떤 방식으로 조성되는지, 또한 고립된 개체가 아니라 환경 및 타 개체와 어떤 방식으로 구조화 되는지를 분석한다. 마흐너와 붕에는 자신들의 책 『생물철학의 기초Foundations of Biophilosophy』에서 관계적 구성력을 개체composition, 환경environment, 구조structure의 약자를 딴 CES 모델을 통해 설명을 시도한다. 요소에 초점을 맞춘 원자론은 환경과 구조의 영향력을 놓치거나 무시하고, 환경관계론은 환원주의를 비판하면서 개체와 환경 사이의 관계성에 집중한 나머지 요소와 구조 자체가 갖는 영향력을 간과할 수 있다. 나아가 구조론자들은 시스템 자체의 구조에 초점을 맞춘 나머지 관계성과 요소환원성을 무시하게 되어 적절하고 타당한 결과값을 놓치게 된다. CES 모델이란 원자론 기반의 환원주의와 관계론 기반의 환경주의 그리고 구조주의의 인식론을 하나로 묶어내어 단일 방법론의 약점을 수정하고 각각의 장점을 종합한 통합 접근법interdisciplinary approach이다(Mahner and Bunge 1997, 28-29).

마흐너와 붕에는 상관적 구성력, 관계적 구성력을 말하는 구성주의 방법론이 실제로 대상을 모호하게 하는 전일론적 해석에 빠질 수 있는 취약한 문제를 지적하면서 그 대안으로 CES 모델을 제시한 것이다. 예를 들어 배아 상태로부터 성장하여 성체에 이르는 과정에서 볼 때 관계적 구성력은 형질의 발현을 켜고 끄는 분자 차원의 스위치 기능의 가소성, 숙주와 장내 서식 균들의 개체 차원의 공생관계, 일조량이나 계절 변화에 반응하는 일주기성이나 연주기성의 생체 리듬, 개미 같은 진사회성 동물에서 나타나는 집단 내 네트워크 현상 등인데, 자칫 개별 유전자나 개별 생명종이나 개체들의 고유한 단위 기능을 무시할 수 있다는 것이다. 그래서 CES 분석은 대상을 모호하게 만드는 전일론적 해석을 피하며 동시에 대상을 원자화시키는 환원론적 해석을 벗어나는 방법론을 제시한다. CES 모델의 분석 방법은 구체적으로 정형화되지

않았다. 그 이유는 상관적 구성력은 내적 구조internal structure/endostructure
에 대한 설명이지만, 실제로 내적 구조를 요소와 관계 그리고 구조로
분석하기 쉽지 않기 때문이다. CES 분석을 통해 그 내적 구조에 대한
설명을 시도하지만, 실제로 결과값을 정량화하기는 쉽지 않다(Mahner
and Bunge 1997, 27).

　　CES 모델은 관계적 구성을 조망하는 관점을 제공하지만 실질적인
분석 도구로서 한계를 지니고 있다. 다만 그로부터 우리는 철학적 인식
론의 질문들을 다음처럼 제기할 수 있다. 첫째, 유기체에서 개체란 무
엇인가? 혹은 개별 세포란 무엇인가? 타 개체, 타 세포와 상관관계에서
개체의 분명한 고유성을 정의할 수 있는가? 둘째, 구조의 기능은 환경
과 독립적으로 설명될 수 있는가? 셋째, 자연물들의 합으로 구성된 물
리적 환경으로서의 전체와 유기체마다 고유한 니치niche들의 중첩인
생태공간으로서의 전체를 구분할 수 있는가?

6. 발생계 이론의 철학적 의미

6.1 후성주의 발생학적 인식론

유전과 환경이라는 두 요인은 시간적으로 그리고 공간적으로 긴밀하
게 상호작용하기 때문에, 두 요인 중 어느 것이 더 중요하거나 우선이라
는 기존의 논쟁은 불필요하다(Griffiths and Gray 2005, 420). 예를 들어 세포
의 분화 과정을 살펴보자. 배아 발생 이후 세포는 각각의 기능에 따라
분화하며, 그 과정을 거치면서 서로 다른 다양한 기관과 조직으로 발달

한다. 일부 파충류의 경우 조직 일부가 절단되는 특수 조건에서 운하화된 기존 경로가 아닌 다른 분화과정이 일어날 수 있다. 상황 의존적 관계성에서 논의했듯이 분화 이전의 세포를 다른 부위에 이식하면 최초 프로그램과 달리 이식된 조직 부위에 해당하는 원래 기능에 맞춰 발현되는 특수한 사례들이 있었다. 악어의 알처럼 외부 온도에 따라 암컷과 수컷이 달라지는 발생학적 가소성이 그 경우이다. 세포의 최종 형태는 유전자 외에도 국소적 환경 변수에 의해 구성될 수 있다. 이런 변화는 발달이 종료된 세포보다 변화 포용력이 더 많은 어린 세포에서 일어날 가능성이 높을 것이다. 이것은 국소적 화학적 환경에 의해 마지막 특징이 발현된다는 환경 의존적 성격을 보여준다. 이렇게 발생 과정에서 유전적 요인과 환경적 요인은 서로 밀접히 연관되어 있다(Moore 2001, Chap.2).

[표 6-6] 발생계 이론의 인식론적 특성

발생계 이론의 인식론적 특성 개연적 후성주의, 구성주의			
비가역성	**중첩성**	**내재성**	**가소성**
존재는 과거에서 현재로 미래로 진화하지만, 그 역은 불가능하다.	외부의 환경과 내재적 요인이 중첩되어 존재의 미래 양상을 변화시킨다.	존재의 원형을 유지하는 항상성이 있다.	특정 존재의 기능 혹은 정체성은 고정되어 있지 않으며 변화를 수용한다.

환경과 유전, 후천성과 선천성 그리고 양육과 본성은 상호모순 관계 혹은 배중률 관계가 아니라 서로가 서로에게 상관적이다. 유기체 존재

자체가 고정성에서 탈피하여 그 스스로 자기발달성을 내포하고 있다는 점이 바로 발생계 인식론의 핵심이다. 이를 고틀리프(Gilbert Gottlieb)는 '개연적 후성주의probabilistic epigenesis'라고 표현했다(Gottlieb 2001, 43). 앞서 말한 구성주의의 다른 표현이라고 할 수 있다.

구성주의 존재의 의미를 가장 강조한 연구자는 그레이이다. 서구 존재론을 2천 년 이상 지배해온 플라톤 이데아의 존재를 대체할 수 있는 수준으로서 그레이는 자신의 구성주의 발생계에 인식론적 의미를 부여했다(Griffiths and Gray 1994, 282). 그런데 마리오 붕에는 그레이의 발생학적 인식론이 전통 인식론 위상에서 지나치게 벗어났다고 비판했다. 붕에의 비판점은 그레이가 발생적 구성주의를 너무 단순하게 그만의 특수한 인식론으로 승화시켰다는 데 있다. 만약 그러한 발생학적 인식론이 정립될 수 있다면 플라톤 이후 또 한 명의 위대한 화이트헤드가 등장하는 것과 같다고 비꼬았다(Mahner and Bunge 1997, 304). 20세기 철학의 대가로 인정받는 화이트헤드(Alfred North Whitehead, 1861-1947) 과정철학은 존재의 실체성 대신에 과정성을 도입했다. 플라톤 철학을 대체하는 수준으로 화이트헤드의 과정철학이 평가되기도 한다. 마리오 붕에는 그런 화이트헤드의 철학적 위상을 발생계 인식론에 직접 적용시키는 것은 지나친 확대 해석이라고 지적한 것이다. 그레이의 해석이 지나친 과대평가로 볼 수 있다하여도 인식의 필연성 지위 대신에 개연성으로, 존재의 결정론 지위 대신에 가소성과 후성성을 모색하는 발생계의 철학적 사유는 분명하게 유의미한 전환점의 하나이다.

6.2 생명의 존재론적 동등성

생태진화는 다양한 생물종들이 존재론적으로 동등하다는 의미를 함축하고 있다. 시간적 연속성과 더불어 공간적 연속성을 부각한 생태진화 개념은 종이 분기되는 과정을 우연적 특성으로 본다. 사건의 우연성은 두 가지 양상을 갖는다. 하나는 수학적 우연성이며, 다른 하나는 물리적 우연성이다. 수학적 우연성은 1/6로 동등한 주사위 한 면의 확률이나 1/2로 동등한 동전 한 면의 확률처럼 동등 확률을 내포한다. 물리적 우연성은 모든 자연물이 환경에 대해 동등한 조건으로 인과적 영향을 받는다는 의미를 내포한다. 예를 들어 아프리카와 아시아에 있는 바위가 풍화 작용에 따라 깎이고 파이고 쪼개진 현재의 결과는 지역마다 조건마다 상태마다 다르지만, 조건변수들이 작용하기 전의 힘들, 즉 깎고 패이고 쪼개는 풍화라는 물리적 힘 자체는 지역이나 상황에 무관하고 동등하게 작용한다. 이런 점에서 생명계를 포함한 자연물 모두는 원리적으로 외부 작용력으로서 물리적 제약을 동등하게 받는다.

환경 차이로 인해 진화 결과는 그 어느 것도 동일하지 않지만, 진화의 물리적 제약과 선택압은 동등하게 작용된다. 모든 생물종은 양적으로 차이가 나지만 질적으로 동등한 변화 압력과 한계 조건에 노출되어 있다. 그 결과 현존하는 모든 생물종들은 환경에 따라 다른 모양, 다른 기능, 다른 서식 조건, 다른 양상의 물질대사를 하지만, 존재론적으로는 동등하다는 자연철학적 해석을 할 수 있다. 생명계통의 가지는 다양하고 무수하게 뻗어왔지만, 생존하는 모든 생명종은 진화 계통수에서 현재 시점까지 동등하게 도착한 존재이며 동시에 수평적인 위치에 배선된 존재들이다. 4장에서 논의했듯이 진화는 방향과 목적을 가지지 않고, 위계적이지 않으며, 공통 조상을 가지지만 하나의 계통만을 따르는 것은 아니다. 박테리아, 녹조류, 꼬마선충, 개미, 침팬지와 인간 등 모든 생물종은 구조적 차이를 갖지만, 각기 모두는 나름대로 특수하면서도 동등하게 적응된 진화의 산물이다. 박테리아도 계통수에서 현존 위치에 도달한 존재이며, 호모사피엔스도 계통수에서 현존 위치까지 도달한 존재이다. 이러한 수평적 동등성은 아래 그림에 비유될 수 있다. 모든 생명은 생물학적으로 평등적이다. 존재론적 동등성은 생태진화의 철학적 존재론의 위상을 이해하는 데 중요한 기초가 된다.

[그림 6-6] 생명의 존재론적 동등성

[그림 6-6]은 산꼭대기에서부터 흐르는 빗물이 어떤 방향으로, 어느 계곡 길을 만들어 가는지 사전에 예측할 수 없음을 보여준다. 물은 정상에서 시작하여 위에서 아래로 흐르기까지 임의의 지점에서 우연

생물철학

적으로 분기한다. 생명의 탄생 시점 t_{ori}으로부터 임의의 시간 t_1, t_2, t_3 임의의 지점에서 분기하면서 흐른다. 이렇게 흐른 물길들이 마지막에 다다른 곳이 바로 오늘 t_{now} 현존하는 생물종들이다. 앞으로도 이 생명의 흐름은 어디론가 흐를 것이다. 모든 생물종 각각은 단계별로 진화하여 위계적이고 수직적인 존재가 아니라, 각각 모두가 진화의 수평적 위치까지 흘러온 진화론적 존재의 동등성의 소산물들이다. 진화사적으로 모든 생물종들은 서로에게 동등하다. 현 시점 t_{now}에서 모든 생물종은 t_4에서 t_3로, 다시 t_2에서 t_1으로 거슬러 올라가 결국 공통 조상의 시점 t_{ori}의 동일한 기원을 갖는다. 진화발생학의 논리에서 시간적 연속성은 공간적 연속성을 낳게 한다. 다르게 말해서 진화의 시간이 흐르면 흐를수록 생물종은 다양해진다는 뜻이다.

결론적으로 이 세상의 생물종은 진핵세포에서 다세포 생명으로, 그리고 박테리아로부터 어류로, 다음으로 양서류에서 파충류로, 더 나아가 포유동물인 쥐에서 침팬지를 거쳐 호모사피엔스로 이렇게 단계적으로 그리고 위계적으로 진화한 것이 아니라, 계통수 분리 이후 서로 공존하면서 병립적으로 진화한 동등한 존재들이다. 발생계의 존재론적 의미는 단계적이고 위계적인 계층론 대신에 병렬적이고 동등한 공존의 수평론에 있다.

6.3 발생계 철학의 가능성

기존 서구 형이상학은 최고 존재와 일상 존재 사이의 단절된 위계질서로 구축되어 있다. 형이상학의 기초는 현상과 본질을 분리하는 것이며, 현상과 본질은 그 존재 층위를 달리한다. 현상계에서 진리는 없으며,

현상은 본질의 그림자에 지나지 않는다. 현상계는 진정한 존재의 지위를 갖지 못하고 본질만이 진리가 담겨진 존재의 위상을 갖는다. 존재와 현상, 본질과 속성, 신체와 정신, 인간과 동물, 나아가 신과 인간 사이의 존재의 이분법적 격차와 단절이 기존 본질주의 형이상학의 모습이다. 5장에서 다룬 린네의 종 분류법 역시 선험적 본질주의를 기반으로 탄생했다. 다윈 이후 본질주의 종 개념 대신 변화의 철학이 조금씩 허용되기 시작했다. 이후 백 년이 지나면서 발생계 이론과 진화론 그리고 생태학이 만나서 생태진화의 범주를 설명할 수 있을 정도로 성장했다. 그만큼 생태진화와 관계적 구성력이 갖는 철학적 의미는 중요하다. 발생계의 철학적 유의미성은 생명의 단절이 아닌 연속에, 생명의 분리가 아닌 연결에 있다. 형이상학적 실체와 자연학적 현상이라는 이분법의 신화를 깨고 존재의 연속성과 변화성을 세상에 보여준 진화발생 Evo-Devo 생물학은 반실체론 철학의 중심에 있다.

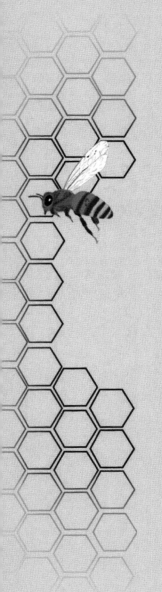

제7장

진화생물학의 인과론

제7장
진화생물학의 인과론

장구한 지질학적 시간을 다루는 진화생물학에 적용하는 과학적 인과율의 특성은 현존 대상의 역학관계를 다루는 물리과학의 전형적인 인과성과 다를 수밖에 없다. 생물학의 분과 학문들은 물리과학의 분과 학문들과 다른 특성을 가지고 있다. 진화생물학자 에른스트 마이어는 생물학의 학문적 고유성을 강조한다. 환원주의의 바탕을 갖고 있는 물리과학의 방법론으로 생물학을 다루면 안 된다는 것이다. 마이어는 이를 '생물학의 고유성The Autonomy of Biology'으로 표현했다. 마이어는 진화의 시간은 복잡하고 되돌릴 수 없으며 예측하기 어려운 점에서 더더욱 특이적이라고 말한다.

마이어, 『What Makes Biology Unique?』에서

1. 유기체 형질의 기능 개념

찰스 다윈 진화론의 등장은 생기론이나 초자연적 운동력이라는 신비한 힘에 대한 전통적인 믿음을 사라지게 했다. 자연물을 물리적으로 운동하게 하는 힘은 자연법칙 안에서 찾을 수 있다는 지식이 뉴튼 근대과학에서 시작되었다면, 지구 역사를 거치면서 유기체를 변하게 하는

힘도 자연 안에서 찾을 수 있다는 것이 진화론의 과학이다. 진화론은 생기론이나 초월주의, 형이상학적 목적론, 절대 의지 등의 개념 없이도 생명의 연속성과 유기체의 변화를 설명했다. 초자연적 힘 대신에 '자연선택'이라는 자연의 자연스런 흐름을 개념화시킴으로써 생명의 역사를 관통하는 변화의 과학을 찾아낸 것이 찰스 다윈의 업적이다.

진화론에 의하면 생명의 유기체는 생존과 자손 증식에 이익이 되는 방향을 선택하도록 적응된 자연의 존재이다. 진화 작용의 의미를 분석하기 위해서 유기체를 기능적으로 인식해야 하는지, 아니면 계통사적으로 인식해야 하는지를 먼저 따져봐야 한다. 유기체 기능을 알기 위해서 (i) 유기체의 자연물이 기계의 인공물과 다른 점을 인식해야 하며 (ii) 의도된 설계-계획대로 움직이는 것인지 아니면 유기체 자체의 내부 조직성으로 움직이는 것인지 분별해야 하고 (iii) 해당 기능이 원래 의도에 적합하게 작동하는 것인지 아니면 부수적으로 수반된 작동 유형인지 분석하며 (iv) 기능이 필요한 그대로 작동되는 것인지 아니면 불필요한 것을 배제하다보니 남게 된 작동 유형인지를 파악해야 한다.

1.1 선택결과 기능과 인과역할 기능

톱니바퀴로 돌아가는 기계인형의 손동작을 볼 때 손동작을 일으키는 기계적 기능의 원인은 기계인형을 조립한 내부 부속품들 사이의 구조적 관계에서 찾을 수 있다. 그러나 사람 손동작의 경우, 동작을 일으키는 기능의 인과적 원인은 신체의 해부학적 구조와 그 구조들 사이의 관계들로 다 해명되지 않는다. 사람 손의 기능은 생명사적 환경에서 기능의 최적화, 변이와 선택압, 형태학적 안정화 등의 수많은 내적/외적 변화를 거쳐서 형성된 진화의 산물이기 때문이다. 기계인형 손의 기능을 분석하는 방법과 유기체인 사람 손의 기능을 해석하는 방법이 다르다고 인식할 수 있다. 이런 인식은 유기체 형질에서 기능은 단순 기계적 기능과 다르다는 데 있다. 인과적으로 설명가능한 수행능력capability으로서 기능과, 장구한 시간에 걸쳐 환경조건에 맞춰지거나 여과됨으로써 최적화로 선택된 결과로서 기능의 차이이기도 하다. 인과적 수행능력으로서 기능을 인과역할CR, causal role의 기능이라고 하고, 시간에 걸쳐 환경에 적응된 기능을 선택결과SE, selection effect의 기능이라고 키쳐는 표현했다(Kitcher 1998, 258-278).

기능을 설명하는 선택결과SE 해석은 유기체의 형질 기능을 진화사 관점에서 설명하는 방식이다. 유기체 특정 형질의 기능은 기계 부품들 사이의 인과적 작동으로 만들어진 기능과 달리 유기체 세포에서 개체에 이르는 수많은 우연성의 운동과 동작들 가운데 생존에 유리한 방식으로 존속되어진 것이다. 세포에서 개체에 이르는 유기체의 특정 기능은 처음부터 해당 기능을 의도하여 만들어 낸 기능이 아니라 장구한 진화사를 통해서 선택된 유기체의 수행능력으로서 기능이다. 그렇게 선택된 기능성 형질의 개체들이 그렇지 못한 다른 개체들에 비해 자손 증식의 빈도가 높아졌을 때 그렇게 진화사적으로 생존한 개체들의 특정 형질의 기능을 선택결과SE 기능이라고 표현한다. 선택결과 기능을 설명하기 위해서는 진화론적 추적이 필요하다(Neander 1991).

선택결과 기능은 아래 두 조건이 충족되어야 하는 진화사적 개념이다. 어떤 형질 T가 선택결과 기능 F를 갖기 위해서 과거에 기능 F(혹은 유사한 F)를 수행했었던 선조 형질로부터 현재의 형질이 진화되었다는 첫째 조건과 지금의 형질 T는 기능 F로 인해 존재할 수 있었다는 둘째 조건 두 가지를 필요충분조건으로 만족시켜야 한다(Millikan 1989).

자연선택에 의해 얻어진 유기체의 선택결과 기능은 아래 두 가지 특성을 갖는다. 첫째, 자연선택에 의해 얻어진 기능과 구조는 유기체적 형질로 후대에 유전되며, 유전인자는 후대로 이어갈수록 누적된다. 둘째, 자연선택은 외부 환경 압력에 선택적으로 반응하는 자연 작용이다. 예를 들어 북극곰은 극지방의 냉혹한 기후와 계절 변화 및 부족한 먹잇감 등 외부 환경 압력에 적절하게 반응하고 대응하면서 적응했고, 그 적응 방식을 유전적으로 계승시켰으며 이를 기능성 형질로 정착시켰다. 그렇게 적응해야만 생존이 가능했다고 말하는 것은 적절하지 않으며, 그렇게 적응한 유기체가 오늘날 생존하고 있다고 말하는 것이 더 정확하다. 선택적 외압, 즉 선택압selection pressure에 적응된 북극곰은 두터운 피부와 흰털, 얼음을 깨고 먹잇감을 사냥할 수 있을 정도의 체중과 발의 힘 등등의 기능을 보존한 채 진화사적으로 생존해 왔다는 뜻이다. 북극곰의 두껍고 마찰력이 큰 발바닥이나 얼음과 눈 위에서 포식능력과 운동능력 및 보행과 체온 유지 기능이 유전형질로 남게 되었다. 장구한 진화사에 걸쳐 환경에 적응한 특정 형질이 특정 기능을 수행할 수 있는 능력을 얻게 된 것인데, 이를 우리는 형질성 기능이라고 말한다. 이런 방식의 기능론이 선택결과SE 기능론이다.

다윈 진화론에서 유기체를 환경 압력의 수동적인 수용자passive recipient로 간주한다. 한편 르원틴은 유기체가 주변 환경에 대해 능동적으로 기능 형질을 구성할 수 있다고 생각했다. 유기체 주변 환경은 그 유기체가 처한 물리 공간만이 아니다. 르원틴은 유기체와 환경은 상호적이고 변증법적 관계이며, 그런 관계공간에서의 진화를 생태진화라고 표현했다. 생태진화에서 환경은 물리적 공간을 넘어선 생태공간이다. 생태공간을 이해할 때 비로소 유기체의 선택결과 기능을 이해할 수 있다는 것이 르원틴의 생각이다. 르원틴이 말하는 유기체의 능동적 구성은 기능이 고정적으로 주어진 것이 아니라 진화사를 거치면서 작동과 능력이 변화되고, 결국 형질 기능에 해당하는 오늘의 능력을 갖게 된 것이라는 생각을 포용하고 있다(Lewontin 1983).

[표 7-1] 르원틴의 선택결과 기능

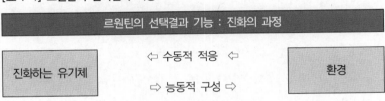

르원틴의 선택결과 기능 : 진화의 과정		
진화하는 유기체	⇐ 수동적 적응 ⇐ ⇒ 능동적 구성 ⇒	환경

　선택결과 기능을 심장박동의 사례로 들어 보자. 심장에서 피를 순환시켜 신체를 존속시키는 방법 중에서 물리적 피스톤 운동의 효과를 내는 주기성(규칙적) 펌핑 작용이 가장 효율적일 경우, 심장박동의 기능은 피의 순환에 있다고 말할 수 있다. 기능에 대한 이런 설명방식이 인과역할 해석이다. 한편 박동방식이 아닌 유압방식이 있고 혹은 흡입방식을 포함해서 다양하고 다수의 물리적 방식이 가능하다고 상상해 보자. 그중에서 박동방식의 혈액순환 방식을 갖는 개체가 다른 여느 방식을 갖는 유기체보다 생존과 번식에 더 유리하여 기관 형질로 오늘날까지 남아서 안착했다면 그런 박동방식의 능력이 바로 혈액순환의

기능인 셈이다. 박동이 목적이 아니라 단지 혈액순환 작동의 수단으로 남게 된 형질 소산물이다. 이런 진화론적 사유가 선택결과론이다 (Cummins 1975, 742-745).

기능에 대한 인과역할[CR] 해석은 개체를 구성하는 각 기관이나 조직마다 다른 인과적 메커니즘을 통해서 형질 기능을 설명하려 한다. 장구한 진화사와 무관하게 현 시점에서 해당 형질의 현상적 성질을 분석하는 방법을 취하는 것이 인과역할 기능론이다. 현 시점에서 어떤 기관의 기능을 확인하려면 진화론적 시간의 변화와 상관없이 기능작용의 효율적 인과관계만 파악하면 된다는 입장이 인과역할 해석이다. 고장난 문고리를 고치려면 현재 시점의 문고리의 기능을 아는 것으로 충분하며, 문고리를 만든 기술자의 역사적 관계와 문고리의 발달사까지 알 필요는 없다는 사유방식이다. 이런 생각으로 생명의 단백질 구조를 문고리처럼 이해할 수 있고, 구조와 배열이 다른 단백질들이 어디에서 차이가 나는지를 현상으로 관찰함으로써 기능을 파악할 수 있다는 입장을 인과역할 기능론이라고 말할 수 있다. 인과역할 기능론으로 보면 현대 분자생물학 진화의 장구한 역사 혹은 지구의 지질학적 시간의 흐름을 알 필요 없이 현재 시점의 단백질의 구조와 물질을 알면 세포의 기능을 설명할 수 있다고 한다.

인과역할 기능 해석을 잘 정리한 커민스(Robert C. Cummins)에 따르면 인과역할 기능은 진화사적 흐름에 따라 변천해온 과정을 무시한다. 인과역할 기능의 조건은 다음과 같다. 형질 Q는 특정한 기능 G를 수행할 수 있을 때, 바로 그 조건만으로도 인과역할 기능을 설명하는 필요충분조건이 된다. 그래서 기능의 의미는 형질의 "수행능력[capacity]"에 있다고 한다(Cummins 1975). 생명사적 시간을 추적해야 하는 선택결과 해석과 달리 인과역할 해석은 근접원인 분석을 통해 기능을 설명하고 자 한다. 인과역할 해석은 항상 현재 시점에 초점을 두기 때문에 상대적 으로 더 많은 가시적 실험 결과를 예측할 수 있다고 말한다. 해부학의 경우 인과역할 기능으로 충분할 것이다. 그리고 분자 단위의 연구일 경우에도 인과역할 이론이면 커민스는 이런 점에서 인과역할 해석에 비해 선택결과 해석은 현실과학에 도움이 되기 어렵다고 한다.

1.2 선택결과와 인과역할의 종합

선택결과 기능과 인과역할 기능으로 구분하여 기능을 해석하고자 한 키쳐와 달리, 갓프리-스미스는 인과역할 해석에 더 비중을 두면서 선 택결과 해석과 인과역할 해석을 종합할 수 있는 이론을 모색했다. 갓프 리-스미스는 기능을 개념의 기준으로 '원인추적 이론etiological theory of function'과 '성향도 이론propensity theory of function'으로 나누었다. 원인추 적 이론은 진화의 역사를 거슬러 추적하여 유기체가 어떻게 그리고 왜 그런 기능을 가지게 되었는지를 질문하는 역사 추적 방식으로서 선택결과 해석에 해당한다. 성향도 이론은 키쳐의 인과역할 해석과 비슷한 설명방식이다. 갓프리-스미스는 성향도 이론이 원인추적 이론 에 의해 보완되어야 한다고 했다. 키쳐의 구분과 갓프리-스미스의 구 분은 관점 차이일 뿐이며, 어떤 접근이 더 설명력이 큰지를 단정적으로 말하기는 어렵다(Godfrey-Smith 1993, 198-208).

　분자생물학에서 혹은 해부학에서는 선택결과 해석보다 인과역할 해석이 더 선호되지만, 발생학이나 형태학에서는 선택결과 해석의 의미가 중요하다. 인과역할 해석을 통해서 접근할 수 없는 생명의 형질기능들이 많기 때문이다. 예를 들어 인간을 포함한 척추동물의 눈은 시신경이 망막에 위아래가 다르게 붙어 있어서 기능면에서 꼴뚜기나 오징어보다 비효율적인 구조를 갖고 있다. 그럼에도 불구하고 사람의 눈 형질로 유전되고 있다. 눈의 경우처럼 형질 기능 측면에서 효율적이지 못한 자연선택의 사례는 많다. 분명한 것은 두 가지 해석은 대부분 현재 시점에서 표현형질을 설명하기 위해 구분될 뿐이라는 점이다. 실제 유기체 기능을 이해하려면 두 해석을 종합하는 것이 필요하다.

유기체 기능이 능동적으로 구성된 결과라는 르원틴의 주장은 선택결과 이론이 풀지 못한 문제들을 설명하는 데 매우 유용한 것으로 볼 수 있다. 그러나 많은 진화생물학자들은 르원틴의 '능동적 구성'이라는 표현이 매우 애매하고 모호하다고 비판했다. 능동적 구성론을 강하게 비판한 사람은 생물철학자 키쳐였다. 키쳐는 날개나 지느러미 혹은 아가미나 꽃받침처럼 기능의 인과역할이 쉽게 확인될 수 있는 형질일 경우에는 선택압이 수동적으로 형성된다고 보았다. 키쳐는 능동적 구성을 완전히 무시하지는 않았지만, 능동적 구성이 마치 라마르크의 획득형질론이 가능한 것처럼 오해될 수 있음을 경계했다(Kitcher 1998).

유기체가 외부 환경으로부터 받는 자극과 요청에 반응하면서 동시에 능동적인 환경을 구성한다는 것은 환경과 유기체 사이의 상관적 관계에 의해 형성되는 자기-조직적 능력을 생성한다는 뜻이다. 예를 들어 보자. 브라질 북부 정글에 사는 민물고기 카라신은 매우 특이하게도 자신의 알을 물 밖에서 부화한다. 우선 암컷이 난자를 물 밖 주변 늘어진 나뭇잎에 쏘아서 잎에 고착시킨다. 그러면 수컷이 암컷이 뿌려

놓은 난자에 정자를 힘껏 쏘아서 알을 수정시킨다. 이런 행위가 가능하려면 우선 조준 능력과 알의 접착력이 필요하다. 그리고 나뭇잎 표면의 특성과 주변 먹이사슬의 조건을 파악해야 한다. 물을 튕길 수 있는 체형의 적절한 근육은 더 중요하다. 수컷은 자신의 꼬리지느러미를 이용하여 물 밖 잎에 붙은 자신이 수정시킨 알을 향해 물을 튕겨 알을 마르지 않게 한다. 1분 간격으로 온종일 물을 튀길 정도이다. 이런 모든 행위를 수행할 수 있는 능력은 단순한 수동적 기능이라기보다는 환경을 새롭게 구성하는 능동적 기능으로 보는 것이 더 상식적이라고 르원틴은 본다. 아프리카 날뱀은 최대 90미터 간격의 나무 사이를 날아다닐 수 있는데, 이러한 비행능력 역시 단순히 수동적 기능이론만으로는 설명하기 어려우며 적극적으로 환경을 구성하는 사례로 볼 수 있다. 반사 초음파를 이용한 돌고래나 박쥐의 반향정위 능력은 전형적인 능동적 구성력이다.

　　자연선택의 결과가 '왜 다른 것이 되지 않고 꼭 그렇게 되었어야만 하는가'라는 질문은 선택결과 이론을 통해서도 쉽게 답변되기 어렵다. '왜 그런 기능을 갖도록 진화하였는가'라는 질문은 목적론적 논변을 포함하며, 원래 기능이 굴절되고 추가 기능이 보완되는 등의 진화적 변화를 설명하기 쉽지 않다. 선택결과 해석은 생명사적 과거 시간을 추적해야 하는 궁극원인 인과론의 인식론적 난점을 그대로 안고 있기 때문이다. 선택결과 이론에서는 심장 기능이 무엇인가 하는 문제가 왜 심장을 갖게 되었는가라는 질문과 동일할 수 있다. 기능에 대한 진화사적 이해는 기능의 원인이 무엇인가를 아는 것과 연관되어 있다. 이런 점에서 둘리틀 연구팀은 선택결과에 의한 기능을 '기능function'이라고 붙이고 그 대신 인과역할로서 기능을 '작동 또는 효과activities or effects'로 이름 붙이자는 제안을 했다(Doolittle et al. 2014).

[표 7-2] 선택결과와 인과역할

	선택결과 이론 SE	인과역할 이론 CR
주요 주장자	라이트Wright	커민스Cummins
대상	진화과학	비교/기능해부학, 생리학
방법론	진화 계통사적 방법론	환원주의 분석주의 방법론
연관 연구자	마이어, 소버, 굴드, 브흐바	키처, 갓프리-스미스
내용	진화론적 시간에 따라 기능도 바뀔 수 있다.	초자연적 목적성을 배제하면서도 설계된 기능론을 암시한다.

1.3 정크DNA와 선택결과 이론

DNA의 기능은 자신의 고유한 정보를 이용하여 단백질을 복제 생성하는 데 있다. 그런 DNA의 서열을 유전자라고 부른다. 세포 안 염색체마다 DNA의 이중나선이 고리로 연결되어 있는데, 그 전체를 유전체, 즉 게놈이라고 부른다. 인간의 경우 게놈의 DNA 염기쌍 수는 30억 개이다. 염기쌍들을 하나의 글자라고 한다면 유전자는 그 글자를 나름대로 배열한 문장에 비유된다. 그런 문장으로 구성된 게놈은 한 권의 책으로 비유될 것이다. 이 책에는 그럴듯한 문장들 외에 내용을 알 수 없고 단순하게 반복된 글자들의 글뭉치도 있다. 문장이어야만 정보를 담을 수 있고, 이렇게 저렇게 지시문을 담은 유전자 정보에 따라 단백질을 만들 수 있을 것이다. 그런데 모든 DNA 배열이 정보를 가진 유전자가 아니다. 소수의 DNA 배열만이 유전정보를 가진다. 그러면 나머지 정보를 담지 않은 DNA들, 즉 정보를 실지 않은 글뭉치들은 과연 어떤 역할을 하며 무슨 기능을 갖는지 의문이 든다. 정보를 갖지 않는non-coding DNA들은 무의미하며 불필요한 것인지를 질문해야 한다. 무의미하다고 보는 사람은 그런 DNA들을 정크junk DNA라고 표현하기도 한다. 이런 표현은 인과역할 해석에 지나치게 치우친 인식이라는 것이 이 절의 내용이다.

우선 쓰레기라는 뜻의 정크 DNA라는 말이 처음 나오게 된 역사적 배경을 보자. 1960년대 이미 인간의 게놈 크기가 30억 개 염기쌍으로 거의 정확히 추정되었다. 독일의 분자유전학자 포겔(Friedrich Vogel, 1925-2006)은 자신의 1964년 논문에서 인간의 헤모글로빈 조성 아미노산의 분자량 계산법을 이용하여 게놈 염기쌍의 크기가 30억 개에 해당한다고 거의 정확하게 발표했다(Vogel 1964). 그 염기쌍 중에서 단백질을 생성하는 유전자의 수는 잘 알려져 있지 않았다. 최고의 고등동물로 자부하는 인간의 유전자는 다른 동물에 비해 절대적으로 많을 것으로 생각했다. 당시 인간 게놈 30억 개 중에서 천만 개 수준으로 유전자 수를 추정했을 정도다. 30억 개의 게놈크기를 정확히 계산한 포겔조차도 유전자 수를 670만 개로 추정했으니 말이다. 당시에는 게놈 전체에서 유전자 수의 비율을 크게 잡았지만, 그 이후 유전자 수 비율이 아주 낮다는 것을 점점 알게 되었다. 게놈을 구성하는 DNA 대부분은 단백질 생성과 무관한 비-유전자non-coding DNA이며, 이를 "정크 DNA"라는 말로 처음 표현한 논문이 제출되었다.

유전학자 오노(Susumu Ohno, 1928-2000)의 「게놈 안의 너무 많은 정크

DNA」라는 제목의 1972년 논문이었다. 이 논문에서 "정크"라는 표현은 유전자와 무관한 DNA 뭉치들을 비하하려는 의도가 아니었다. 당시 인간 유전자가 최고로 많을 것이라는 기대와 다르게 인간 유전자가 실제로 그렇게 많지 않으며, 30억 염기 가운데 대부분은 유전자와 무관하다는 것을 강조하기 위해 오노는 정크라는 용어를 사용한 것이다. 최근 개념으로 다시 말해서 게놈 대비 유전자 수를 비유한 유전자 밀도가 매우 낮다는 것을 알리기 위해 정크라고 표현했다는 뜻이다(Ohno 1972).

그 이후 인간 게놈프로젝트가 완료되면서 천만 개 이상이라는 유전자 숫자의 상상력은 2만 개라는 작은 크기로 귀결되었다(GRCh38, 2013년). 꼬마선충의 유전자 수와 비슷한 수준이다. 게놈 전체 DNA 중에서 단백질 조성에 관여하도록 코딩된 유전자 DNA 비중이 왜 그렇게 낮은지의 문제를 통해서 선택결과 이론을 조명한 둘리틀의 논문은 도발적이다.

둘리틀(W. Ford Doolittle)은 인과역할 이론과 선택결과 이론의 차이를 우리 유전자에 비유해서 설명했다. 정크 DNA는 단백질을 만드는 기능이 없는 것으로 알려져 있다. 이런 점에서 전체 게놈의 염기서열 중에서 1.5% 정도가 단백질 코딩 유전자이고, 나머지 98% 이상의 DNA 배열들은 인과역할 이론의 관점에서는 완전히 무의미한 존재로 된다. 기능적으로 무의미한 DNA가 왜 존재하는지의 질문을 던지는 것이 둘리틀의 논문인데, 둘리틀은 자신의 질문이 50년전 오노의 논문에서 제기되었던 질문과 비슷하다고 말한다. 오노는 물 밖으로 나와 뭍에서도 어느 정도 숨을 쉴 수 있는 폐어lungfish를 사례로 들었는데, 폐어는 그 표현형에 관여하는 DNA보다 쓸데없이 훨씬 많은 게놈을 가지고 있다. 페어의 경우 그런 불필요한 DNA의 존재가 왜 그렇게 많은지를 묻는 것이 50년 전 오노의 질문이었다. 오노는 답을 찾지 못했으나 50년 후 둘리틀은 나름대로의 답을 제시했다. 둘리틀의 답은 질문하는 방식의 차이였다. 인과역할의 관점에서 질문을 하면 답을 찾을 수 없지만 선택결과의 관점에서 질문하면 답이 보인다는 것이다.

앞의 6장에서 논의했듯이 유전자 기능은 아니지만 유전자 DNA의 기능을 켜고 끄는 조절기능regulatory element도 존재한다. 유전자를 이동하는 기능transposable element으로 사용되는 DNA 배열도 존재한다. 유전자를 포함하여 비코딩non-coding DNA까지 인과역할 기능이론으로 설명할 수 있지만, 단순 반복의 염기서열들을 포함하여 여전히 대부분의 염기서열들은 인과역할의 관점에서 무의미한 존재처럼 여겨진다. 그러나 둘리틀은 나머지 염기쌍들도 자연선택의 소산물(결과)임을 강조한다. 정크 DNA를 굳이 기능의 관점으로만 해석하려고 하는 것에 대해 둘리틀은 반대한다.

게놈 크기 대비하여 유전자 밀도가 낮다는 사실을 통해서 둘리틀은 상반되어 보이는 두 가지 논점을 유도한다. 첫째, 자연선택의 기준인 적합도fitness가 유전자에 적용된다는 점을 인정하지만, 그 적합도 기준이 드러나 있지 않은 비유전자에도 그대로 적용된다고 말할 수 없다는 것이 둘리틀의 입장이다. 적응주의 논쟁은 4장에서 이미 충분히 다루었는데, 둘리틀의 논점은 적응주의를 통해 모든 것을 설명하려는 범적응주의pan-adaptedness의 시도를 거부하는 데 있다. 이 점에서 둘리틀은 2003년 9월 미국 국립 인간 게놈 연구소 지원으로 시작된 ENCODEEncyclopedia of DNA Elements 컨소시엄 프로젝트의 기초이념을 비판한다. ENCODE의 기초이념은 게놈의 98.5%를 차지하는 소위 정크 DNA에 해당하는 염기 서열 전체를 적응주의 관점에서 분석하는 데 있다. 엔코드 프로젝트의 기초는 (i) 적응주의 관점과 (ii) 인과역할 관점이다. 둘리틀은 엔코드 기초 이념에 반대하는데, 정크라고 불리는 비코딩 염기 부분은 적응의 산물 products이기보다 자연선택의 부산물by-products이라는 비적응주의 선택론을 말하고 있으며 또한 정크 부분을 인과역할론으로만 해석할 필요가 없다고 한다(Doolittle et al 2014).

둘째, 유전자 외 비코딩 DNA 부분들에서 굳이 인과역할의 의미를 찾을 필요가 없는 이유로 비코딩 염기서열들은 외부에서 유입된 기생 체로 볼 수 있기 때문이라고 한다. 다른 생물종 다른 세포들 사이 서로 다른 진화적 경로를 통해 유전 정보를 교환하는 수평유전horizontal gene transfer이 가능하다는 것이 둘리틀의 특별한 견해이다. 부모에서 자식 에게로 유전자가 계승되는 수직유전이 진화의 기초이지만, 둘리틀은 원핵세포와 진핵세포로 시작하는 진화사에서 기생체가 숙주세포에 안 착하는 수평유전도 가능하다고 말한다. 비코딩 DNA의 상당 부분도 이런 기생유전의 한 가지 사례로 볼 수 있다고 한다. 이런 견해는 비코 딩 염기서열 부분을 인과역할이 아닌 선택결과로 해석하는 이론적 배 경이 된다(Doolittle and Brunet 2017).

둘리틀의 견해는 논쟁적이고 합의된 것도 아니다. 그럼에도 불구하 고 그의 주장을 소개하는 이유는 그의 이론이 기능론 논쟁과 4장에서 다룬 적응주의 논쟁 그리고 9장에서 다룰 기생체 공생론 논쟁 모두를 포괄하고 있기 때문이다. 그리고 일선 분자생물학에서 적용되는 비코

딩 염기쌍들에 대한 해석은 대체로 인과역할 기능과 선택결과 이론의
종합에 있다.

2. 진화의 우연성과 인과성

2.1 물리과학의 법칙성과 시간 가역성

가설-연역적 물리법칙은 물리세계가 가역적임을 전제로 한다. 초기
조건값을 임의의 시간에 부여해도 동일한 결괏값이 나오며, 결과를
역추적하면 초기 조건을 얻을 수 있기 때문에 이런 이론적 물리계는
가역계reversible system이다. 물리법칙의 가역성을 다른 말로 하면 시간
에 대하여 대칭적이라는 뜻이다. 가역계에서 운동방정식에 대입하는
조건값은 과거, 현재, 미래에 관계없이 질적으로 동일한 수학적 변수이
며 동일한 결괏값이 도출되고, 마찰력이나 소음 등의 에너지 손실이
전혀 없는 이상상태를 설정할 수 있으며, 운동하는 물체의 위치값을
정해주면 그 물체의 속도값을 결정할 수 있고 그 역도 가능하다. 물리학
에서는 이를 결정론적 방정식이라고 한다.

　결정론적 방정식은 가설연역법칙을 설정하기 위한 가장 일반적인
수학 형식이다. 자연 현상을 반복적으로 관찰하고, 관찰 결과로부터
타당한 가설을 세우고 가설의 설명력을 높이기 위해 이상적인 상태를
설정한다. 가설연역 법칙은 자연계의 복합 현상을 설명할 수 있는 일반
화를 유도한다. 그리고 이 가설이 다른 현상이나 물리적 상태들에도
적용되는지를 확인한다. 혹은 아직 일어나지 않은 사건의 미래 결과를

예측할 수도 있다. 다른 상태에 대한 적용이나 예측이 맞는지를 확인하기 위하여 가장 적절하다고 여겨지는 경험적 테스트를 기획한다. 테스트를 통하여 예측이 맞는지의 여부를 가리는 검증을 거친다. 검증이란 가설에 대한 귀납적 지지의 정도를 확증하는 과정이다. 이렇게 설정된 가설이 검증을 통과하면 가설연역법칙으로 될 수 있다.

가설연역적 물리계에서 검증은 현재 시점을 기준으로 한다. 미래를 예측하거나 과거를 재현할 경우에도 미래나 과거의 시간을 마치 현재처럼 다룬다. 이것이 바로 시간 대칭성의 의미이다. 과거 시점이나 미래 시점을 현재 시점과 동일한 변수처럼 간주하여 결정론적 방정식에 대입한다는 뜻이다. 이렇게 결정론적 방정식의 시간은 항상 등질적이다. 앞에서 이를 시간 대칭성이라고 표현했는데, 다른 말로 해서 시간의 가역성이라고도 한다. 운동을 결정론적 방정식으로 환원하려는 고전적 의미의 물리과학은 항상 시간의 가역성을 전제로 한다.

2.2 우연, 운, 무작위

가역적 세계관은 필연성의 논리로 구성된다. 이것은 결정론적 방정식에 초기 조건이 주어질 때 필연의 결과값이 나온다는 의미이다. 이러한 세계에서 모든 우연성은 모두 제거되어야 할 요소다. 분자운동을 다루는 열역학이나 자연의 카오스 현상은 그것이 가역적 원리 안에 있다고 해도, 현재의 과학 수준으로는 여전히 확률적으로 보이며 또한 확률적으로만 기술될 수 있다. 예를 들어 분자 하나하나의 운동은 필연성의 가역적이고 결정론적 법칙을 따르지만, 6×1023개라는 아보가드르수만큼의 분자들이 모인 집합체 전체의 에너지나 압력의 힘은 우연성의 비가역적 확률법칙으로 기술될 수밖에 없다. 우리가 경험하는 대부분의 현상세계는 분자 차원의 미시세계가 아니라 일상의 거시세계이므로 결정론의 법칙을 따르기보다 확률법칙을 따르고 있다. 이렇게 확률과 우연성은 자연을 이해하는 데 있어서 결정론적 방정식 이상으로 중요하다. 특히 진화론에서는 우연성 개념이 큰 의미를 갖는다.

가용에 따르면 필연성과 대비되는 우연성chance 개념은 3가지로 나뉜다. 운luck과 무작위성randomness 그리고 좁은 의미의 우연성contingency 이 그것이다(Gayon 2005, 396). 필연성은 논리와 사실의 범주로 나뉠 수 있다. 마찬가지로 필연성에 대비되는 우연성도 논리적 우연성과 사실적 우연성으로 나눠진다. 가용의 분류에 따른 무작위성은 수학에서 사용하는 논리적 우연성이다. 수학적으로 확률이 일정하게 주어지는 경우가 여기에 포함된다. 예를 들어 주사위의 확률은 논리적 우연성에 해당한다. 주사위 눈 1이 나올 확률은 6분의 1이며, 나머지 5개의 다른 눈이 나올 확률도 각각 6분의 1로 동일하다. 이런 수학적 확률이 바로

[표 7-3] 가용의 우연 개념의 의미

우연 chance	**운luck** - 처음의 계획이나 목적과 달리 의도하지 않은 산출물이 나왔을 때 - 원인 없이 결과수행의 목적이 이루어졌을 때
	무작위성randomness 주사위를 던질 때 주사위 어느 한 면이 나올 확률은 수학적으로 동일하며 물리적으로 결정적이지만 실제로는 예측할 수 없는 경우 수학적 혹은 필연적 우연에 해당
	좁은 의미의 우연성contingency 초기조건을 충분히 알지 못하거나 아니면 결과를 계산할 수 없을 때 예측의 범주에서 벗어나는 경우

무작위성의 특징이다. 진화에서도 이러한 무작위성과 같은 확률이 존재하는데, 다윈도 몰랐던 멘델의 법칙이 이와 비슷하다. 대립형질의 교환으로 후손에 나타나는 표현형질은 일정한 수학적 산술의 결과이다. 그리고 좁은 의미의 우연성은 바로 사실적 우연성으로, 자연세계에서 일어나는 진화적 우연성이 이에 해당된다.

2.3 진화생물학의 비가역성과 방법론적 고유성

앞서 언급한 물리과학의 원리적 인과 관계는 필연성 범주를 지향하지만 진화생물학은 필연성 법칙을 적용하는 데 한계를 가질 수밖에 없다. 그 이유는 진화생물학에서 선택결과 해석이 필연적 인과를 적용할 수 없는 이유와 같다. 만약 생명 진화의 과정이 가역적이고 필연적인 운동 법칙으로 완전히 대체될 수 있다면, 인과역할 해석을 통해 진화 과정을 원리적으로 설명할 수 있을 것이다. 그렇다면 6천만 년 전에 사라진 다양했던 공룡들이 미래에 똑같이 재현될 수도 있다. 유전공학의 인위적인 방법이 아니라 자연선택이라는 진화작용의 결과를 재현할 수 있다는 가상적인 예이다. 물론 이런 가상은 일어나지 않으며 일어날 수도 없다. 진화는 가역성의 물리법칙과 다르게 과거를 동일하게 절대로 재현할 수 없는 비가역의 흐름이기 때문이다.

비가역적 진화 과정에서 인과성 문제는 항상 논란이 되어왔다. 과학에서 인과성은 법칙주의를 전제로 한 것으로, 과연 진화 현상에서 법칙성을 찾을 수 있느냐에 관한 문제제기였다. 진화 과정이 단순히 확률적 무작위성의 우연은 아니지만, 동시에 논리적 필연성 범주에 속하지도 않는다는 것은 자연의 엄연한 사실이다. 진화에서 인과는 법칙과학에서 말하는 일대일 대응관계로 될 수 없다. 진화 과정이 논리적으로 모순 없는 필연성의 인과관계로 설명될 수 없다는 것은 당연하지만 그렇다고 해서 전적으로 우연도 아니다. 진화적 인과는 논리적 필연성 범주와 질적으로 다르지만, 진화 과정 자체가 전적인 우연에 의한 것도 아닌 것이다.

진화의 인과성은 미시적 연속성과 거시적 불연속성, 두 가지를 같이 고려한 양면성을 가지고 있다. 미시적 진화는 인과역할 해석으로 볼 수 있는 여지가 상대적으로 크다. 진화 과정은 일정하고 고정된 목적을 가지고 있지 않으며 가설연역적 법칙 아래 있지도 않다. 진화론은 시간 의존적 변화의 이론으로, 시간 흐름을 고려하지 않고 초기 조건에 대한 결과값을 구하는 결정론적 방정식과 다르다는 것을 이해해야 한다. 결정론적 방정식은 일반적인 가설연역법칙의 인과율이며, 가역적 원리로 설명가능하다. 진화생물학의 인과관계에는 이런 가역적 인과론이 적용될 수 없다. 진화생물학은 원시세포에서 시작된 37억 년 동안의 장구한 생명 역사를 다루고 있다는 점에서 가장 중요한 의미를 보여준다. 그래서 현재 시점에서 정보를 수집한 검증, 증명, 귀납 등 기존 물리과학에 사용되던 방법론이 진화생물학에 그대로 적용될 수 없음은 당연하다. 이 점에서 진화생물학의 방법론은 물리주의 기반의 과학방법론과 다르다(Mayr 2005, Chap.2).

자연상수라고 불리는 물리상수의 경우를 보면 물리과학과 진화생물학 사이의 차이를 쉽게 알 수 있다. 물리과학에는 중력상수, 플랑크상수처럼 항상 같은 값을 유지하는 기본 상수들이 존재한다. 이러한 상수값은 언제 어디에서나 보편적으로 적용된다. 물리과학의 상수값은 한번 정확히 계산되거나 측정되었다면 이후부터 해당 상수값을 고정시켜놓고 함수를 계산하면 된다. 반면 진화생물학에는 그러한 상수가 존재하지 않는다. 진화론에서 선택강도strength of selection, 돌연변이율mutation rate, 이주분리 정도migration rate와 같은 중요한 값들은 정성적 변수로부터 정량적 변수로 전환시킨 값인데, 여전히 정량화의 기준이 모호하다. 진화를 설명하는 메커니즘에서 상수의 존재를 확정지을 수 없다. 진화의 변수값들이 특정 장소, 특정 시점에서 정확히 측정되었다 해도, 다른 환경과 다른 개체군에 적용되려면 반드시 다시 관측되어야 한다. 진화생물학에서는 이론을 구축하는 변수들을 파악하기 위하여 물리과학과는 다른 관점과 방법이 필요하다. 당연한 말이겠지만 생물학적 변수값들을 하나의 방정식으로 만드는 절대적 상수는 없다. 물리학적 기본 상수와 비교해 볼 때 진화의 기본 변수들이 가지는 법칙성이나 투사성도 부족하다(Brandon 1997, 453).

장구한 지질학적 시간을 다루는 진화생물학에 적용하는 과학적 인과율의 특성은 현존 대상의 역학관계를 다루는 물리과학의 전형적인 인과성과 다를 수밖에 없다. 생물학의 분과 학문들은 물리과학의 분과 학문들과 다른 특성을 가지고 있다. 이런 점에서 마이어는 생물학의 학문적 고유성을 강조한다. 환원주의의 바탕을 갖고 있는 물리과학의 방법론으로 생물학을 다루면 안 된다는 것이다. 마이어는 이를 '생물학의 고유성The Autonomy of Biology'으로 표현했다(Mayr 2004, 28). 마이어는 형이상학적 실체론에 의존한 본질주의와 결정론 그리고 환원주의의 개념으로만 생물학에 접근하기보다 생물학의 고유한 특성을 반영한 방법론을 수용해야 한다고 했다. 진화생물학은 복잡성과 역사성과 우

     생물철학

연성의 과학이라는 점에서 더더욱 특이적이라고 말했다(Mayr 2004, 27; 32-33).

3. 미시진화의 인과관계

3.1 미시진화와 거시진화의 차이

진화는 항상 '새롭고도 유일한' 생명 현상을 지속적으로 만들어 내는 과정이다(Brandon and Antonovics 1996, 162). 진화과정의 유일성 때문에 일정한 진화의 변수를 찾아내기가 어렵고, 미래 혹은 다음 단계의 일반적인 결과를 예측할 수 없으며, 나아가 일반화된 진화법칙을 만들기도 어렵다. 유기체의 존속은 지구의 물리적 환경에 의존한다. 다양한 대부분의 생물종은 지구 지질의 급격한 변화를 거친 자연선택의 산물이다. 여기에 미시진화와 거시진화의 힘이 작용했다. 주로 단일 개체군에서 발생하는 진화를 미시진화microevolution라고 하며, 개체 종 혹은 그보다 상위 수준의 분류군에서 발생하는 진화는 거시진화macroevolution라고 말한다(헐 2008, 426). 실제로는 미시진화와 거시진화의 차이가 분명하지 않으며 두 진화의 정확한 정의를 내리기 어렵다. 미시진화나 거시진화 모두 돌연변이와 집단 격리나 유전적 이동 및 자연 선택의 진화적 변화력에 의존되어 있기 때문이다. 미시와 거시라는 표현은 여전히 수사적인 측면이 강하다. 여기에서는 헐이 구분했던 대로 계통발생의 진화는 거시진화로, 기존의 진화 혹은 현대 진화종합설에서 말하는 진화는 미시진화로 설명하려 한다(헐 1994, 157). 헐과 르원틴 그리고 모리스를 따라 미시진화와 거시진화의 차이를 다음과 같이 설명할 수 있다.

미시진화는 보통 동일 계통 혹은 동일 계열의 유형 사이에서 발생하는 소규모 진화를 말한다. 모리스에 따르면, 다양한 변이 가운데 선택 적응이 일어나고 그 결과가 수직적으로 후대에 유전되는 진화를 미시진화라고 부른다(Morris 1996). 미시진화는 표현형질이 유전형의 재조합으로 나타나는 과정이다. 간단히 말해서 개체군에서 유전자 빈도의 차이를 가져오는 진화가 미시진화이다. 다윈이 『종의 기원』 1장에서 선택 개념을 설명하기 위해 도입한 인위선택의 품종 개량 문제를 떠올려 보자. 품종 개량이란 기존의 생물종이 가진 유전요소들을 재조합하는 과정recombining existing genetic material을 거친다. 다윈은 비록 유전자 개념을 몰랐지만 자연선택도 마찬가지로 기존 유전 요소들의 재조합을 통해 일어난다고 말했다. 다윈의 자연선택은 미시진화를 의도한 것임을 알 수 있다.

미시진화의 몇몇 사례를 생각해보자. 나무에 붙어 사는 딱정벌레들은 새들의 먹이가 된다. 딱정벌레의 생존과 번식확대는 그들의 유전자 빈도 증가를 의미한다. 녹색 계열의 딱정벌레는 좀 더 쉽게 새들의 먹이가 되며, 무작위의 돌연변이들 가운데 나무 색깔 보호색에 가까운 갈색 변종 딱정벌레는 잡혀 먹힐 확률이 적어진다. 세대 간 유전이동을 통해서 딱정벌레의 외피색깔은 점진적으로 그리고 연속적으로 갈색으로 변형된 딱정벌레의 유전자 빈도증가를 보인다. 이런 변화가 바로 자연선택에 의존한 미시진화의 사례이다. 한편 미시진화이면서도 거시진화의 영향력이 혼재된 사례를 보자. 다윈이 남아메리카 항해 중 갈라파고스 섬에서 발견한 핀치의 경우이다. 다윈은 갈라파고스 각 섬에 흩어져 서식하던 핀치새들을 단일 종으로 알았었다. 그러나 다윈이 영국에 귀환한 후 13개 섬마다 서식하는 핀치새들이 전부 다른 13개의 별개 종이라는 사실을 뒤늦게 깨달았다. 핀치새들이 13개의 다른 종으로 진화된 과정은 미시진화의 한 양상이다. 물론 핀치새 종분화는 미시진화를 설명하는 사례로서 꼭 맞지 않다. 왜냐하면 13개 종으로 확산된 핀치새의 종 다양화 진화는 미시진화 외에 거시적 격리 진화의 과정도 개입되어 있기 때문이다. 13개의 섬들 각각이 핀치새 먹이감인 열매의 특성과 포식관계 환경이 다르다는 점은 섬들 사이의 격리가 진화력의 요인이라는 점이다. 미시진화는 점진적이고 연속적인 과정이라는 점에서 중요하다.

일상생활에서 체감하듯 박테리아 항생제에 대한 내성의 사례를 보자. 항생제 투여에도 불구하고 내 몸의 박테리아들은 지속적이며 점진적으로 생성된다. 박테리아 돌연변이는 어떤 경우, 어떤 상황에서도 발생하고 그런 변이들 가운데 항생제 작용에 적합적이지 않은 변이개체들은 확률적으로 항상 존재한다. 항생제에 적합적이지 않은 변이가 누적되어 새로운 변종 박테리아나 내성을 갖춘 변이 박테리아가 생길 수 있다. 항생제 남용은 오히려 박테리아 돌연변이를 촉진할 뿐 박테리아를 완전히 박멸할 수 없다. 마찬가지로 살충제나 제초제도 마찬가지다. 구 DDT에 내성을 갖는 모기가 변이진화되었듯이 살충제 남용은 약제에 내성을 갖는 변이 혹은 변이종 벌레들이 반드시 생기게 되며, 제초제 남용 역시 해당 제초제에 내성을 갖는 풀들이 생긴다. 항바이러스제에 대한 내성을 갖도록 진화된 HIV 변이체가 생긴 사실은 이미 오래 전 일이다. 이런 진화 변이는 미시진화의 대표적인 사례이다(최종덕 2020, 444-6).

한편 지구의 지질학적 변화에 의한 종의 멸종과 탄생의 역사적 변화를 거시진화라고 한다. 종 혹은 상위 수준에서 발생하는 진화를 말한다. 유전형 외에 발생적 요인과 형태적 요인 등이 표현형질 발현에 영향을 줄 수 있는 것이 거시진화다. 유전형 및 표현형 차원의 항상성이 유지되며 또한 유전형과 표현형 사이의 장벽이 있다는 점이 거시진화의 특징이다. 거시진화의 중요한 특징인 항상성homeostasis과 진화 장벽의 의미는 작은 표현형 변이들이 반드시 새로운 종의 생성을 촉발하는 것은 아니라는 데 있다. 외부 환경의 선택압에도 불구하고 항상적 유전형을 계속 유지할 수 있다. 거시진화는 자연선택의 메커니즘으로만 설명될 수 없다. 나아가 인과관계가 없거나 불연속이라고 표현해야 한다. 거시진화는 항상성과 다양성 그리고 형질변화와 멸종이라는 성질들이 장구한 시간에 걸친 변화성 패턴을 구성하며 전개된다.

거시진화는 (i) 종의 혈통이 지속되는 반-변화의 형태학과 (ii) 계통분기를 통한 종의 다양성 그리고 (iii) 기능이나 형질 변화Character change가 아주 느리지만 어떤 경우 아주 빠르게 발생할 수 있는 특징을 갖는다. (iv) 현존하는 생물종은 지구생명사 전체에서 볼 때 1% 미만이다. 지구에 머물렀었던 생물종 중에서 99% 이상은 멸종했다는 뜻이다. 지구의 지질학적 급변에 따른 멸종의 역사는 거시진화의 의미를 보여주는 중요한 사실이다.

여기에서 중요한 질문이 제기된다. 미시진화가 계속 누적된다면 그런 누적된 미시진화가 거시진화를 일으킬 수 있는가? 1980년 시카고대학교에서 '거시진화'라는 주제로 진화생물학회가 열렸다. 시카고 학회

[표 7-4] 미시진화와 거시진화

미시진화	• 동일계통 안에서의 소규모의 변이진화 • 자연선택이 적용되는 수평적 변화 • 기존 종 유전자 염기서열의 재조합(미시적 돌연변이)으로 새로운 종 탄생 • 계통 내에서의 연속성의 진화 • 유기체 개체에 작용되는 선택압 • 선택의 메커니즘
거시진화	• 지질학적 시간변화에 따른 대규모의 진화 • 기존 종으로부터 새로운 종이 생기기는 하지만, 기존 종과 다른 계통으로의 수직적 진화-제약의 힘 • 유전적 변이가 항상 새로운 종을 만들지 않음 • 계통을 넘어선 불연속성의 진화 • 생명계에 관통하는 지구사적 진화력 • 제약constraints의 메커니즘

의 주요 논점은 종의 기원과 종간 관계를 지배하는 메커니즘이 무엇인지를 묻는 질문이었다. 그 질문에 대해 시카고 학회의 결론은 분명했다. "미시진화를 지배하는 메커니즘은 거시진화 현상을 설명하기 위해 추론되거나 사용될 수 없다"고 했다. 미시진화가 누적되어도, 그것에 의해 거시진화가 결코 일어나지 않는다는 뜻이다(Lewin 1980).

미시진화와 거시진화가 서로 모순된 개념이 아니라 병존하여 발생할 수 있다는 것이 지구사적 생명진화의 핵심이다. 찰스 다윈의 『종의 기원』에서 말하는 진화는 거시진화와 미시진화의 병립성을 보여준다. 비둘기 등의 인공선택의 비유를 들어서 설명한 적응과 자연선택은 전형적인 미시진화의 경우이지만, 격리와 종분화spciation 등으로 설명한 것은 거시진화의 경우들이다(Reznick and Ricklefs 2009).

3.2 미시진화의 인과성

미시진화는 기후, 위도, 지형 등 지구의 다양한 환경 속에서 변이와 적응을 거친 자연선택 과정이고, 개체군population에서 시간이 흘러감에 따라 연속적으로 이어지는 유전적 변화 과정이다. 유전적 변화 과정, 즉 유전자 빈도변화는 크게 봐서 자연선택, 변이, 유전적 표류나 여타의 집단유전학적 과정에서 유발되며, 개체 수준에서 작용하는 대립형질의 변형을 수반한다. 변이는 유전자의 다양한 조합에서 오는 우연의 요소이다. 이러한 변이로부터 개개의 개체들은 서로 다른 표현형질을 가질 수 있는 확률이 높아진다. 특히 유전자 차원에서의 모든 개체들의 변이는 그 어느 것도 같지 않고 서로 다르다는 사실은 미시진화의 특성이다.

다윈은 변이의 인과성을 두 가지로 나눠 생각했다. 하나는 원리적으로 예측불가능한 변화undefinite or fluctuating variation이고, 다른 하나는 비록 현재 시점에서 그 인과관계가 너무 복잡하여 예측하지 못하지만 원리적으로 예측가능한 변화definite variation이다(Darwin 1872, 5-8; 1883, Vol.2: 260-282). 전자는 지질학적 격리에 의한 변화를 염두에 둔 것이다. 다윈이 말하고자 하는 진화의 인과성은 후자에 해당하는 것으로, 모종의 원인이 있지만 겉으로는 우연으로 보이는 변화를 가리킨다. 다윈은 『동식물의 변이』에서 변이는 생리학 수준에서 법칙적이지만 개체 수준에서는 우연적이라고 표현했다(Darwin 1868, Vol.2:431). 다윈이 말한 이런 표현은 선택의 메커니즘이 인과적임을 간접으로 보여준다. 다윈은 개체 차원에서 그런 인과적 메커니즘이 인식되기 어렵기 때문에 그 메커니즘이 쉽게 설명되리라고 생각하지 않았지만, 형질 차원에서 모종의 인과성이 존재한다고 인식했다(Mayr 2004, 110-111).

진화생물학자 대부분은 선택이 생물학적 적응도의 인과성 힘이 작용한 결과라는 사실에 동의한다. 그런 힘을 선택압selection pressure이라고 부른다. 선택 과정은 무작위적이지 않으며, 적응도에 따라 선택압의 인과성이 작용된다. 연속성 혹은 점진성의 미시진화는 자연의 선택 과정이 인과적이라는 것을 함의한다. 선택 과정의 인과성을 강조한 생물철학자 데닛은 "진화는 곧 모종의 알고리즘이다."라고 강하게 표현하며, "지구상 생명은 10억 년 이상에 걸쳐 어떤 알고리즘 과정을 통해 하나의 생명나무로부터 가지치기하면서 발생했다"라고 강조했다(Dennett 1995, 51).

미시진화 변이와 적응, 선택과 유전이라는 과정에 대하여 가역성의 물리법칙과 같은 매끈한 필연성의 인과관계가 적용된다고 볼 수 없다. 그렇다고 해서 진화 과정이 단순히 확률적 우연인 것도 아니다. 진화적 인과는 논리적 필연성의 범주와 질적으로 다르지만, 동시에 무작위성 우연도 아니다. 진화 과정에서 인과성이 없는 것처럼 보이는 이유는 진화 과정은 되돌릴 수 없는 비가역성이며 비예측적이기 때문이라는 것이다. 미시진화는 물리적 시간에 의존되며 중력법칙과 같은 물리적 외부 환경에 지배된다. 최적화의 선택 과정에는 매우 복잡한 상관성이 있지만, 아무리 복잡하다고 해도 물리적 인과의 지배를 벗어날 수 없으며 그 과정에는 보이지 않는 인과적 연관성이 존재한다.

4. 거시진화의 역사적 우연성

4.1 굴드의 비가역적 진화

생명의 공통조상이 살던 과거의 환경 그대로 돌아가서 생명의 진화가 다시 시작된다고 상상해 보자. 그렇다면 현재 생명계 후손들과 가상적으로 반복된 생명 후손들이 같을지 아니면 다를지 추측해 보자. 굴드는 이러한 상상을 아래와 같은 사고실험으로 추론했다(굴드 2004, 64).

> 나는 그 실험을 '생명 테이프 재생하기replaying life's tape'라고 부른다. 되감기 버튼을 누르고 실제로 일어난 모든 일을 완전히 지웠다는 것을 확인한 다음에 여러분은 과거의 어떤 시대나 장소로 간다. 가령 버제스 혈암을 퇴적시킨 과거의 바다로 되돌아간다. 그런 다음 진화의 테이프를 처음부터 재생해서 반복되는 과정들이 원본과 동일한지 여부를 확인하는 것이다. 만약 매번 테이프를 재생할 때마다 그 과정이 진화의 실제 경로와 거의 비슷하다면 실제로 일어났던 일들은 매번 발생할 것이라는 결론을 내려야 할 것이다. 그러나 여러 차례의 재생 실험 결과가 모두 다르고, 동시에 실제 생물의 역사에서 있을 법한 상황과 마찬가지로 전혀 다른 결과가 나온다면 어떻게 될 것인가?

주어진 생물종의 유전적 조건, 그 생명체의 환경 조건, 그리고 환경에 반응하는 적응 조건이 동일한 자연선택 메커니즘이라고 가정해 보자. 그러한 가상 상황에서 진화 결과는 현실의 진화 결과와 같을 것으로 추측할 수 있다. 그러나 진화의 결과가 동일하도록 이상적인 조건이 유지되는 것은 원리적으로나 가능할 뿐이다. 실제로는 동일하게 반복되는 진화는 없다. 굴드의 사고실험을 다시 생각해 보자. 생명의 시간을 거꾸로 되돌려서 6억 년 전 선캄브리아기로 가서 그때부터 진화의 시간을 다시 시작한다고 치자. 이 경우 과거의 조건들은 그대로 재현될 수 없으며, 심지어 원인조건이 모두 같더라도 결과가 동일할 수 없다. 그 이유는 첫째로 유전적 변이가 일어나며, 그 변이는 무작위로 표류하는 특성을 가지고 있기 때문이다. 큰 돌연변이가 아닌 미소한 변이에 의해서도 동일한 결과가 재현될 수 없다. 둘째로 생명이 존속하는 환경조건이 같을 수 없기 때문이다. 셋째로 적응 메커니즘은 동일하지만 발생적 제약은 항상 다르게 적용되기 때문이다. 그래서 테이프를 거꾸로 돌려 재생한다고 해도 동일한 상태가 재현될 수 없다. 테이프레코더 메타포처럼 진화사를 거꾸로 돌린다해도 동일한 결과가 나올 수 없다. 만약 재현이 가능하다면 그런 가상적 상태를 가역적이라고 표현할 수 있다. 실제로 진화는 가역적이지 않기 때문에 진화사의 결과를 두 번 다시 재현할 수 없다.

굴드의 '생명테이프 재생하기' 사고실험은 거시진화에서 진화의 비가역성과 우연성을 보여주는 아주 유명한 사례이다. 굴드는 거시진화의 비가역적 재현불가능성을 먼저 설명하고 이를 통해 '역사적 우연' 개념을 제시했다(Gould 2007, 57-61). 역사적 우연 개념은 다음 절에서 설명될 것이지만, 먼저 그 개념을 가장 잘 사용하고 있는 생물철학자 비티(Jean Beatty)와 데자르댕(Eric Desjardins)의 정의를 다음과 같이 인용한다. 역사적 우연이란 첫째, 무에서 시작한 것이 아니라 공통 조상에서 시작한 기존의 형태에서 조금씩 바뀌가는 것이다. 둘째, 우연한 변이이지만 그것으로부터 지금까지 선택된다는 점에서 역사적 질서이다. 셋째, 변이는 유전적으로 후대에 누적된다는 점에서 역사적이라고 한다 (Beatty and Desjardins 2009, 244-245).

4.2 거시진화의 우연성

다윈 해석의 정통가로 알려진 가용은 진화의 재현불가능성으로부터 거시진화의 우연성을 은유적으로 설명했다(Gayon 2005, 401). 굴드도 자신의 책 『생명, 그 경이로움에 대하여Wonderful Life』에서 백악기 규조류가 멸종하지 않고 존속하게 된 거시진화의 역사에 대해 다음과 같이 말하고 있다. 백악기 대멸종 시기에 규조류는 극심한 영양 부족 때문에 휴면기에 들어갔다. 규조류는 휴면포자가 되어 외부온도의 영향이 미치지 못하는 깊은 바다 속으로 가라앉게 된다. 이때 마침 공룡을 멸종시킨 KT 대멸종기라고 불리는 6,500만 년 전 백악기 3기가 엄습했다. 그 이유는 소행성 충돌이나 대규모 화산 활동으로 인한 생태계 파괴였던 것으로 추정되고 있다. 대규모 지질붕괴에도 불구하고 휴면포자가 된 규조류는 생존할 수 있었다. 포자 형태로 깊은 바닷물 속에 있었기 때문이다(굴드 2004, 4장). 이것은 당시 규조류의 생존이 전적으로 우연적이며 일회적인 사건이었다는 것을 보여준다. 규조류가 휴면기에 들어가 바다 깊이 가라앉게 된 사실과 소행성 충돌이나 화산 활동으로 인한 지구 대격변 사실 사이에는 아무런 인과관계가 없었다.

비티보다 더 강한 인과성을 강조하는 생물철학자 터너(Derek Turner)는 굴드의 우연성 개념도 단순한 확률 요소라고 간주한다. 예를 들어 규조류는 척박한 환경 때문에 바다 속으로 들어갔지만, 바로 그 척박했던 환경이 당시 지구 전체의 지질학적 대격변을 가속화시킨 요인으로 될 수 있었다는 것이다. 터너는 굴드의 우연성 개념을 환경에 대해 지나친 수동적 진화로 보았는데, 따라서 굴드의 진화 해석을 수동적인 외부 힘에만 치우쳐 있었던 것으로 비판했다(Turner 2011, 77). 생명의 탄생과 멸종의 관점에서 볼 때 진화 과정은 우연적이다. 앞서 언급했듯이 브랜든은 새롭고 유일한 생물종은 처음 접한 유일한 환경에서 형성된다고 했다(Brandon and Antonovics 1996, 166).

'새롭고 유일'하다는 것은 비가역적이라는 것과 같은 맥락이다. 진화의 비가역성은 진화 인과의 주요 기제인 자연선택 외에 생명의 존속과 다양성을 이해할 수 있는 형태학적 관점도 중요함을 시사한다. 사례를 들어보자. 유전적으로 동일한 어떤 식물이 보르네오산에 있지만 아이티산에도 있을 경우, 두 품종은 동일종이지만 동일환경에 처한 것이 아니므로 이 둘 사이의 적합도^{fitness}를 서로 비교할 수 없다. 하나는 번성하고 다른 하나는 멸종된다고 해도 그 결과는 그들 사이의 상대적 적합도 차이에 기인한 것이 아니라는 사실이다. 즉 그들 사이의 차이를 가져온 자연의 과정은 자연선택과 무관하다는 것이 브랜든의 주장이다(Brandon 1990, 46-47).

굴드는 자연선택의 적응 기제를 매우 중요하다고 생각했지만, 적응만이 진화의 유일한 메커니즘이라고 보는 것에는 반대했다. 다윈은 자신의 『종의 기원』 서론 맨 마지막 줄에서 "자연선택이 가장 중요한 진화의 수단이라고 보지만, 그것만이 유일한 수단이 아니라는 점을 나는 확신한다"라고 쓰고 있다. 굴드의 적응주의에 대한 반성적 태도는 실은 굴드만의 독창적인 생각이 아니라 다윈으로부터 받은 힌트를 발전시킨 것이다. 굴드는 적응 메커니즘 외에 지질학적 급변, 선택의 힘에 저항하는 항상성이나 제약과 같은 힘들이 포괄적으로 수용될 때 더 큰 설명력을 가질 수 있다고 했다. 다양한 우발적 사건들에 의한 종의 생성과 절멸, 혹은 선택압에 저항하는 형태적 안정성과 계통적 관성을 인정해야 한다는 것이다. 굴드는 이러한 진화의 상태를 거시진화라고 보았다. 거시진화는 판구조 변화 및 소행성 충돌 등 지구적 차원의 지질학적 변화를 거치면서 유발된 종의 생멸에 관한 진화를 포함한다(Ayala 2005, 98).

거시진화에서 인과적 연속성이 갑자기 깨졌다는 점은 거시진화와 미시진화 사이에 차이가 있다는 의미를 포함한다. 불연속의 분기진화 혹은 단속평형이론을 주장하는 연구자들과 거시진화와 미시진화의 차이를 인정하는 모든 연구자들은 미시진화의 메커니즘으로 거시진화를 설명할 수 없다는 것에 전적으로 동의한다(Lewin 1980). 미시진화의 누적이 거시진화를 촉발하지 않고, 또 거시진화의 한 단면이 미시진화인 것도 아니다. 연속 진화의 메커니즘인 자연선택 외에도 또 다른 요소들이 작용했던 것이다. 기존의 자연 선택에 의한 압력과 안정성을 지향하는 제약의 반-압력이 서로 모순적이지만 동시에 서로 보완적 관계로 진화의 역사를 이어왔다(최종덕 2002, 114).

캘리포니아대학교 어바인캠퍼스의 생물철학자 아얄라(Francisco J. Ayala)는 불연속 도약의 진화에 대한 또 다른 설명을 제시했다. 미시진화를 설명하는 연속의 인과적 선택 메커니즘도 종 고유의 형태학적 패턴에 상관적이라는 것이다. 아얄라는 그런 형태학적 진화 패턴으로 종의 생멸을 설명할 수 있다고 말한다. 그에 따르면 새로운 진화 패턴은 불연속적 변화를 거치며, 개체군 차원에서 종 차원에 이르는 확대된 거시진화의 특징이다. 이러한 진화 패턴은 연속진화의 인과성과 무관하다(Ayala 2005, 106).

굴드는 기본적으로 미시진화뿐만 아니라 거시진화도 진화 연구에 포함되어야 한다고 생각했다. 이러한 굴드의 생각은 많은 오해를 불러왔다. 굴드가 미시진화를 전적으로 무시했다는 것도 그런 오해의 하나이다. 굴드의 주장은 미시진화에 부정적이었던 것이 아니라, 미시진화 외에 거시진화를 적극적으로 고려해야 한다는 것이었다. 거시진화는 미시진화와 다른 방식으로 생명을 이해하는 통로이다. 개체군 내의 개체 유기체가 연속적인 미시진화의 연구 대상이듯이, 종은 불연속적인 거시진화의 연구 대상이라는 것이다(Ayala 2005, 106). 결국 진화 전체를 이해하기 위해서는 미시진화를 다루는 자연선택의 이해방식과 거시진화를 다루는 계통발생학적 사유 모두 필요하다.

생명의 생멸사를 다루는 진화의 개념은 우연성 개념과 진화의 시간을 논리적으로 연결하는 데 있다. 가용도 또한 피셔와 라이트, 마이어와 굴드의 우연성 개념을 다 포함하여 진화생물학에서 논의되는 우연 개념을 설명했다. 가용이 설명한 진화생물학에서 우연 개념을 정리하면 다음과 같다(Gayon 2005, 398-401).

(i) 돌연변이muation: 정원에서 밭일을 하다가 우연히 금화를 찾았다면 이는 의도한 것과 무관한 상황이다. 진화에서도 이런 일이 일어나는데, 그 변이에 좋고 나쁨은 없다. 단지 DNA상의 뉴클레오타이드의 우연적 변화의 결과가 후손으로 재생산되는 경우를 말한다.

(ii) 무작위 유전자 표류random genetic drift: 피셔와 라이트가 제시한 것으로 라이트 효과라고 하는데, 멘델의 유전규칙이나 정향진화처럼 유전자 계승이 아니라 이형 접합체의 세대 간 전이에서 우연의 요소가 개입되어 유전자 빈도의 변화가 생기는 경우이다. 예를 들어 비슷한 대립형질을 지닌 소수 개체들이 우연한 고립상황에 처해져서 결국 아주 소수였던 그들로부터 새로운 종이 탄생되는 경우가 있다. 이런 사례처럼 일반적인 경우는 아니지만 개체 다형성과 새로운 종이 생기는 창시자 효과에 기여한다.

(iii) 유전 변혁genetic revolution: 마이어에 의해 소개된 것으로 유전자 표류 개념과 비슷하지만 유전자 표류의 결과가 유전체(게놈) 전체 수준에서 일어난 경우를 말한다. 이런 상황은 개체군의 아주 작은 일부가 개체군 전체로부터 갑자기 고립되면서 생겨난다 (Mayr 1954). 유전 변혁은 유전자 표류로부터 촉발되지만 표류로 다 설명되는 것이 아니라 유전자 표류 이후 유전자와 환경의 복잡한 상관성에 의해 유전체 전체의 변화가 가속화된 결과이다.

(iv) 생태계ecosystems 복잡성: 대규모 고립이나 격리로 종 분화의 생성이나 멸종은 전적으로 우연에 속한다. 유전자 표류나 변혁의 영향력과 연관된 상황이며, 대립형질의 우연적 집단화, 기후, 지리적 환경, 포식자와의 관계, 새로운 기생충 침입이나 공생 등 생태적 복잡성으로 인한 예측불가 변화에 기인한다.

(v) 거시진화 수준macroevolutionary level: 지구의 형성과 지질학적 역사에 따르는 우연적 급변(Gould 1989)이나 퇴적과 풍화로 인한 변화에 따라 비인과적으로 종의 멸종과 탄생이 이루어진다. 이것은

다윈의 인과적 선택 과정으로 예측 할 수 없는 물리적 우연성이지만, 오히려 이로부터 생명의 확산이 시작된다.

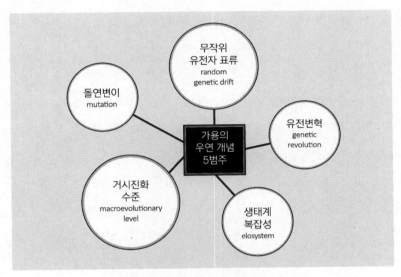

[그림 7-1] 가용의 우연 개념 5범주

5. 자연주의 인과론

5.1 비티의 역사적 우연

진화생물학에서 논의되는 진화 메커니즘은 미시의 인과성과 거시의 우연성을 포괄적으로 설명하려는 시도이다. 진화메커니즘에 적용되는 인과율은 형이상학적 인과율과 다르고, 수학적 인과론과 다르며, 가역적인 물리적 인과성과도 다른 진화생물학 고유의 구성적 인과론인데,

이런 진화인과율은 생물학적 자연주의 인과론이라는 범주에 속한다.

굴드의 '생명 테이프 재생하기' 사고실험은 선택 메커니즘의 인과성이 아닌 다른 진화 경로의 우연성을 강조한 것이다. 앞서 살펴본 것처럼 굴드는 지구의 지질학적 시간에 걸친 환경 조건의 우발적 요인들과 무작위적 요인들에 의한 우연을 역사적 우연이라고 했다. 비티는 굴드의 개념을 발전시켜, 역사적 우연을 비예측적unpredictability이지만, 인과 의존적causal-dependence으로 해석할 수 있다고 생각했다. 비티는 자연선택 기제 하나만으로 특정 진화의 산물을 충분하게 설명할 수 있다는 입장을 부정했다(Beatty 2006, part I).

비티가 말하는 인과 의존적 우연이란 거시진화 전후의 두 양상 사이에 인과관계는 없으나 하나의 패턴으로 연결되는 인식론적 모듈이 존재한다는 것이다. 비티는 이를 자연사에 내재하는 인과적 패턴이라고 보았다. 실제로 패턴 개념과 인과성 개념은 서로 모순적이다. 비티의 이런 해석은 미시진화의 인과성 메커니즘을 거시진화의 발생학적 패턴으로 억지로 설명하려는 것과 같다는 점에서 이해하기 어렵다.

비티의 인과적 패턴은 가설연역법칙적 인과는 아니지만 우연의 주기성contingent regularities을 전제로 한다. 진화사적 변화는 패턴의 변화 속에서도 복잡성 모델과 같은 유사 인과성을 포함한다는 것이다. 이러한 인과성은 복잡하고 우회적이어서 미래 결과가 어떻게 변화할 것이라는 예측을 할 수 없다. 이렇게 우연이지만 무작위적 확률과 다른 우연을 진화론적 우연 혹은 역사적 우연이라고 표현했다. '우연'이라는 말 자체가 앞의 사건에서 뒤의 사건으로 이어지는 과정을 예측할 수 없다는 뜻이다. 생명사의 우연은 시간을 배제한 채 단지 기능적 관계에 초점을 두는 물리적 우연과도 다르다. 또한 논리적 우연 혹은 수학적(통계적) 우연과도 분명히 다르다.

진화는 역사적 과정이다. 진화는 이미 존재했던 최초의 출발점, 즉 공통 조상에서 시작하여 우연적 변이와 우연적 환경에 의해 변화되어가는 과정이라는 의미에서 역사적이다(Beatty and Desjardins 2009, 243). 그 역사는 변이의 우연성, 적응의 인과성, 지질학적 변화에 따른 수동적 우연성이 혼재된 상태를 말한다. 비티가 말한 '역사적 우연'은 무작위성 변이random variation와 진화의 반복 불가능성이라는 두 양태의 산물이다. 비티는 무작위성 변이를 설명하기 위하여 무작위성 표류random drift와의 차이를 강조했다. 둘 모두 비예측 영역이지만, 무작위성 표류는 단순한 확률 범주인 반면 무작위성 변이는 '역사적 우연'이다(Beatty 2006).

[표 7-5] 우연성에 대한 비티의 해석

무작위성 변이 random variation	진화의 비가역성 (반복불가능성) historical irreversibility	변화하지만 항상성을 유지 homeostasis	비예측적 인과성의 패턴 causal pattern
		비티의 역사적 우연	

비티가 말하는 변화는 역사적이다. 변화는 무작위로 표현될 수 없고, 계통에 내재한 항상성에 위배되는 모든 표현형의 발현은 제거되기 때문에 역사적이라는 것이다. 비티는 역사적 우연이 확률적 우연stochastic 과 다르다고 했다. 역사적 우연은 비록 우연이지만 불연속적 우연에 해당하는 계통 발생학적 관성을 가지고 있기 때문이다.

자연사적 우연 개념을 계통학적 관성으로 해석한 리처드슨의 설명은 발생학과 적응주의 사이의 절묘한 연결고리를 제시했다(Richardson 2003, 706). 이와 관련하여 생물철학자 밀스타인(Roberta Millstein)은 그 차이를 명쾌하게 구분했다. 우연 내부의 연속성인 선택 기제는 유기체들 간 후손 증식 성공도의 차이를 낳게 한 인과적 연관성을 갖는 뚜렷한 과정인 반면, 무작위성 표류는 후손 증식 성공도 여부와 무관하게 단지 수학적 확률의 표현일 뿐이라는 것이다(Millstein 2005, 171).

진화사 전체를 관통하는 역사적 우연은 변화하려는 힘과 항상성을 유지하려는 힘 사이의 변증법적 진화 압력으로 드러난다. 비티는 거시진화의 우연성과 미시진화의 인과성을 상보적으로 통합할 수 있다고 했는데, 스티렐니의 견해를 수용한 것으로 추측된다. 연속 진화와 불연속 진화의 조화로운 설명을 시도해 왔던 스티렐니는 진화의 합리적인 설명을 위하여 굴드의 계통발생의 불연속성 사유와 개체군 진화의 연속성 적응이론이 상보적이어야 한다고 했다. 그리고 종의 기원과 멸종에 관한 불연속적 진화론은 개체의 적응 여부에 의존하는 연속적 진화론과 매우 복잡한 관련성이 있음을 시사했다(Sterelny 2003, 260). 브랜든 역시 비티의 역사적 우연성 테제를 적극 옹호한다(Brandon 1997, 445). 브랜든은 진화는 새롭고 유일한 현상을 생성하는 전략이라고 했다(Brandon 1997, 452). 그 전략의 결과는 계통수의 가지치기로 나타난다. 한 계통수 안에서는 인과성이 작동하지만 계통수가 나뉘는 계기는 역사성으로 볼 수 있다.

[표 7-6] 거시진화와 미시진화의 상보성

거시진화와 미시진화의 상보성		
비예측적 우연성 unpredictability notion of contingency (굴드의 우연성 개념)	상 보 적	인과 의존적 우연성 causal-dependence version of contingency
거시진화에 적용	↔	미시진화에 적용

5.2 역사적 우연의 인식론적 문제와 엔트로피

생물학에서 다루는 시간의 개념을 명확히 설명한 생물철학자 래이저 (David Layzer)의 표현대로라면, 생물학은 동역학적 기술방식dynamic descriptions과 열역학적 기술방식thermodynamic descriptions을 모두 갖고 있다. 결정론적 방정식으로 표현되는 법칙적 이론체계에는 동역학적 기술방식이 적용된다. 반면 진화생물학에는 열역학적 기술방식이 더 적절하다. 래이저에 따르면 동역학적 관계는 결정론적이고 가역적이며 초기 조건과 결과 사이가 선형적이지만, 열역학적 관계는 확률적이고 비가역적이며 초기 조건과 결과값 사이가 비선형적이다(Layzer 1975, 59).

진화의 비가역성에 대해서 진화생물학자 대부분이 동의한다. 그럼에도 불구하고 비가역성을 무질서도 증가의 법칙으로 볼 경우 논쟁의 여지가 있다. 비가역적 시간의 방향은 열역학 제2법칙의 무질서도 증가의 방향과 같다. 시간을 거꾸로 되돌릴 수 없다는 비가역성은 무질서도를 최대로 하려는 방향이며, 이는 시스템 안정화를 향한 방향이기도 하다. 무질서도가 최고에 이른 상태가 시스템의 안정 상태이며, 복잡성의 정도는 최소 혹은 영이 되는 상태이다. 그런 상태를 '열죽음'으로 표현하기도 하는데, 열죽음 상태는 최고 안정도에 도달한 일종의 평형 상태이다.

예를 하나 들어 보자. 큰 바윗덩어리가 몇십만 년 동안의 풍화작용을 거치면서 모래알이 되었다. 25만 년 전 바윗덩어리였던 상태1과 모래알이 된 지금의 상태2 사이의 열역학 제2법칙의 관계를 보자. 상태 1에서 상태2로 진행하는 시간의 흐름은 비가역적이다. 즉 시간은 거꾸로 흐르지 않으며, 이미 풍화된 모래알은 그 스스로 바윗덩어리로 회귀할 수 없다는 뜻이다. 풍화된 모래알이나 진흙이 똑같은 환경, 똑같은 내부 조건에서 다시 퇴적되어 적절한 퇴적암으로 된다고 한들 원래의 동일한 바윗덩어리로 될 수는 없다. 이와 같이 시간을 25만 년 전으로 되돌릴 수 없다는 것이 비가역성이 의미하는 것이며, 이렇게 당연한 듯 여겨지는 시간의 의미가 진화생물학의 인과 관계를 설명하는 데에 매우 중요하다.

원래 모습의 바윗덩어리보다는 쪼개진 모래알들이 더 안정적이다. '안정성'이란 최소 에너지로 자기 상태를 유지할 수 있는 평형상태equilibrium를 뜻한다. 하나의 큰 바윗덩어리가 본래 모습을 유지하기 위해 필요한 에너지는 작은 모래알을 유지하기 위해 필요한 에너지보다 크다. 그래서 바윗덩어리 상태1은 당연히 모래알 상태2보다 불안정하다. 각설탕을 물 잔에 넣으면 물에 녹아서 최종적으로 동일한 농도의 설탕물로 된다. 녹기 전 사각 모양을 갖춘 상태의 각설탕은 질서도가 높은 비평형상태이며, 설탕이 물에 골고루 녹아 퍼진 마지막 설탕물 상태는 무질서도가 최대인 안정적 평형상태에 해당한다.

열역학 제2법칙을 생명계에 적용시켜 보자. 앞서 생명 테이프 재생

생물철학

하기 사례에서 언급했듯이 진화의 시간을 되돌릴 수 없기 때문에 생명 시스템에 비가역성이 적용된다. 열역학 제2법칙을 생명계에 적용한다면 결국 모든 생명시스템도 최대로 무질서하고 최고로 안정한 평형상태, 즉 열죽음 상태로 향해야 한다. 그러나 이러한 무질서도 증가법칙은 생명계의 기본 특징인 후손 증식이라는 진화의 논리와 모순된다. 생명체 증식이란 후손의 수가 증가하는 것이고, 후손 개체수 증가는 무질서도의 감소, 즉 질서도가 오히려 증가하는 것을 의미한다. 이렇게 진화의 생명은 무질서도가 감소하는 방향을 가진다. 진화 방향은 무질서도 증가를 표현하는 열역학 제2법칙에 모순된다. 이와 같이 생명의 진화는 열역학 평형상태의 방향에 따르지 않는 것처럼 보인다. 그 이유는 앞의 2장에서 설명했듯이 프리고진이 말한 생명의 소산구조에 있다고 추측될 수 있다.

물리시스템 전체는 엔트로피가 증가하는 방향으로 가지만, 생명시스템은 엔트로피가 감소하는 방향으로 간다. 물리계와 생명계의 이러한 차이는 두 가지 의미를 보여준다. 첫째, 생명계가 전체 물리계에 속한 것이라면 궁극적으로 생명계도 무질서도가 증가하는 방향으로 갈 것이다. 둘째, 생명 진화는 물리시스템의 동역학법칙 안에서 제한적으로만 가능하다. 다시 말해서 진화 과정은 물리계의 운동법칙을 위배하지는 않지만, 물리계의 열역학적 성질에만 국한된 것이 아니라는 것이다. 엔트로피 방향에서 볼 때 생명계는 물리계와 전적으로 다르다. 바로 이 점에서 생물학의 방법론적 고유성이 언급될 수 있다. 생명 진화에 가해지는 제약constrains은 단순히 물리적 제약으로 그치는 것이 아니라 역사적 제약이라는 특수한 성격을 갖는다. '역사적 제약'은 거시진화와 미시진화를 하나의 인식론적 스펙트럼으로 보는 관점이다. 다시 말해서 인과적 복잡성과 발생적 제약과 역사적 우연 그리고 앤타노빅스의 선택 제약의 개념들이 '역사적 제약historical constraints'이라는 하나의 개념으로 통합될 수 있다. '역사적 제약'이라는 용어 자체는 브룩스와 쿠밍이 표현형질의 다양성을 설명하기 위하여 도입했고 (Brooks, Cumming, and LeBlond 1988, 189), 굴드와 비티 역시 사용한 바 있다 (Beatty 2006, part III).

6. 철학적 재해석: 생-물리적 제약

어류의 정자와 난자가 수정되는 자연 현상을 생각해 보자. 어류의 수정은 당연히 물속에서 이루어진다. 암컷이 물속에서 난자를 임의의 장소에 뿌리면, 그 다음에 수컷이 다가와서 난자 위에 정자를 뿌린다. 물속에서 난자와 정자가 만나게 되면 수정이 이루어진다. 이러한 수정 방법은 물이라는 유체의 매개가 있어서 가능하다. 물속에서 난자와 정자가 만날 확률은 희소하다. 그래서 많은 정자와 난자를 생산하는 개체가 수정 성공률을 높일 수 있어서 후손을 퍼뜨리는 데 유리했다. 물고기로 진화해 온 생명의 역사에서 더 많은 정자를 가진 수컷이 적응되었다. 그러나 많은 알을 생산하고 유지해야 하는 일은 어류 진화의 장애일 수 있다. 어류가 양서류로 되면서 수정 방법도 진화했다. 양서류도 여전히 체외수정을 하지만 난자와 정자가 뿌려지는 물속의 공간을 한정시킴으로써 수정 성공률을 높일 수 있었다. 그 대신 알의 숫자를 어류보

생물철학

다 많이 줄일 수 있었다. 파충류 이후에는 체내수정을 하도록 진화하면서 난자와 정자가 신체의 특정 기관 내부에서 직접 접촉하여 수정의 성공도가 높아지고, 그 대신 알의 수를 현격히 줄이며 체내 난생으로 진화했다.

물 속에서 수정하는 방법과 물 밖에서 수정하는 방법의 차이를 다른 관점에서 볼 수 있다. 체내수정을 개선된 진화로 보기보다는, 수생동물에서 육상동물로 전이되면서 물이라는 매개체가 없기 때문에 '어쩔 수 없이'(물리적으로 다른 방도가 없기 때문에) 체내수정이라는 방식의 형질로 진화했다는 관점이 그것이다. 여기에서 주목할 점은 수정 방법의 진화는 물이라는 환경에 제한되어 있다는 사실이다. 이는 물리적 제약 physical constraints의 한 양태이다.

포유류의 수정은 어류와 양서류, 파충류로 이어진 수정 방법의 자연사적 흐름을 배태하고 있다. 이러한 진화의 산물은 계통발생적 인과의 결과이며 동시에 물리적 제약의 결과이다. 비티는 이를 역사적 우연의 결과라고 했다. 역사적 우연은 열역학적 관계의 한 양상이다. 역사적 우연이 발생하면 그 역은 진행될 수 없다. 바로 이 점 때문에 진화 과정은 근연적proximate 인과관계로 설명되기 쉽지 않다고 논의했었다. 이는 앞서 래이저가 말한 열역학적 관계론의 특징으로 볼 수 있다.

진화의 적응 역시 인과적 작용 범주 안에 있다. 1.5톤의 '코뿔소 새'라는 상상의 생물종이 실현될 수 없는 이유는 지구의 물리적 조건과 생명의 발생적 조건들이 적응의 선결조건이기 때문이다. 인과성의 미시진화는 물론이거니와 우연성의 거시진화도 지구 차원의 물리적 동역학적 조건의 범위 안에 있다. 적응진화의 특징의 하나로 물리적 제약을 받는 상태에서 변이는 원리적으로 무한으로 가능하지만 물리적 제약이라는 거름망을 통해서 변이 중에서 소수만이 선택된다는 점이다. 원리적으로 '무한 변이'는 진화가 특정 목적을 지향하는 것이 아니라는 사실을 간접적으로 말해준다. 복제 오류로 인해 일반 변이 혹은 돌연변이가 일어나서 유전자 염기서열이 재배치되었다고 상상해 보자. 그런 변이의 가능성은 수학적으로 무한에 가깝지만 염기구조와 염기 스위칭 작동에 제한적이다. 이런 제약을 유전적 제약이라고 할 수 있다면, 선택적 제약은 유전적 제약에 상관적이다. 유전적 제약은 물리적 제약에 상관적이며, 유전적 제약의 전제에서 진화 메커니즘인 선택의 제약이 작동할 것이다. 그리고 선택 제약은 형태적 제약 혹은 발생학적 제약에 의해 다시 제약될 것이다(최종덕 2010, 115).

발생학적 제약은 종분화를 가져오는 지질학적 제약에 종속될 것이다. 브룩스는 잠재적으로 가능한 모든 표현형possible phenotypes은 유전적 제약genetic constraints에서 발생적 제약developmental constraints으로 그리고 환경적 제약environmental constraints으로 갈수록 표현형이 걸러진다고 했다(Gray and Brooks 1988, 190).

마이어는 생명의 운동성이 물리적 보편법칙에 종속된다고 자주 이야기했는데, 이것은 일종의 물리적 제약을 의미했다. 물리적 제약과 선택적 제약은 미시진화 범주에 속하며, 발생학적 제약과 지질학적 제약은 거시진화 범주에 속한다. 비티는 이런 두 가지 진화 양상이 서로 상보적임을 강조했고, 마이어는 그런 상보성이 생명 진화의 특징이라고 했다(Mayr 1988, Chap. VIII).

애먼슨은 진화 과정과 발생 과정 사이의 질적인 차이를 처음부터

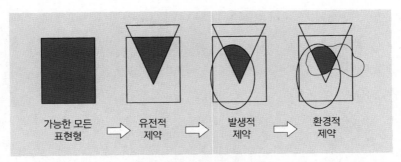

가능한 모든 표현형 ⇒ 유전적 제약 ⇒ 발생적 제약 ⇒ 환경적 제약

[그림 7-2] 생물—물리적 제약으로 생물 표현형의 다양성 생성(Brooks, Cumming, and LeBlood 1988, 910)

인정하지 않았다. 그는 발생 과정조차도 진화 과정의 하나로 간주한다. 애먼슨의 이런 생각은 발생계를 '인과를 보완하는 논증causal completeness argument'으로 보려는 전략에 해당한다(Amundson 2001, 313-315). 이와 관련하여 미시진화의 인과성과 거시진화의 우연성을 하나의 설명틀로 묶을 수 있다. 하나의 설명틀이란 소버가 말한 '공통인과 설명common cause explanation' 개념이나 애먼슨이 말한 확장되고 보완된 선택 제약 개념을 포함한다. 소버의 공통인과 설명은 특히 발생생물학과 진화생물학을 하나로 설명하려는 시도에서 매우 유용하다(Sober 1993, 173).

물리적 제약과 선택 제약 그리고 발생적 제약을 단일한 틀로 설명할 수 있다. 미시진화의 절차로 확장된 제약constrains 개념은 물리적 제약, 유전자 제약, 선택적 제약을 포괄한다. 한편 거시진화로 확장된 제약 개념은 형태학적 제약, 발생적 제약, 지질학적 제약을 포괄한다. 이렇게 확장된 제약 개념을 이 책에서 '생-물리적 제약bio-physical constrains'으로 표현한다. 시공간의 생-물리적 제약 개념은 그것을 통해 선택적 인과성과 발생학적 항상성을 하나의 스펙트럼으로 설명할 수 있는 이론적 도구이다. 현존하는 생물종 및 한때 존속했지만 지금은 멸종된 모든 생물종은 인과적 잠재성, 물리적 제약 그리고 역사적 우연의 통합 개념인 '시공간의 생-물리적 제약' 안에서 추론된다. 시공간의 생-물리적 제약은 인과적 적응주의, 발생학적 가소성, 생물종의 생멸의 관계들을 하나의 논리 구조로 보여 준다.

진화는 무한에 가까운 외부의 제약들과 적응의 소산물이다. 시조새라는 종의 탄생이 중력이라는 물리적 제약을 벗어날 수 없었듯이, 파충류에서 조류로 진화하는 과정에서의 선택 적응은 후손으로 이어가는 유전자 계승이라는 유전적 제약을 벗어날 수 없다. 분자 차원에서 DNA는 RNA로 전사되는 과정을 거쳐서 단백질 합성에 관여한다. DNA가 단백질 생산에 관여하려면 생산정보를 전달해주는 RNA가 필요하다. 이때 RNA는 단백질 생산설계도를 전달한다. DNA에서 혹시라도 있을 수 있는 염기서열의 오류를 방지하기 위해 DNA 원형을 그대로 놔둔 채 그 DNA를 그대로 복사하여 단백질 합성 작용에 대신 사용한다는 뜻이다. 이렇게 RNA의 전사 과정은 DNA의 오류를 방지하고 그 원형을 보존하는 데 있다. 거꾸로 말해서 풀어지고 펼쳐진 RNA에서 복제오류가 혹시 생기더라도 원형으로 보전된 DNA 덕분에 오류수정이 가능하다. 전사 작용은 예측불가능한 돌연변이들을 잠재우고 원래의 DNA를 언제나 항상적으로 유지시킬 수 있는 자연사적 근거이다.

표현형 관점에서 적응 과정은 선택 기제이지만, 유전형 관점에서 선택은 DNA의 발생학적 항상성 조건에 조정된 결과로 볼 수 있다. 선택 기제는 제약의 기제로 통합될 수도 있다고 여겨진다. 선택 제약과 발생 제약의 고리로 연결된 생물리적 제약의 스펙트럼을 통해서 미시진화의 인과관계와 거시진화의 발생계가 종합될 수 있다는 점이 철학적 담론으로 본 진화발생생물학의 중요한 의미이다.

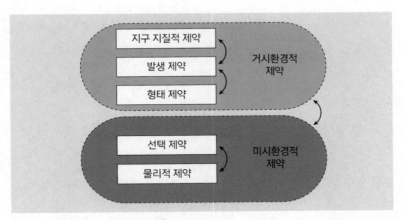

[그림 7-3] 생-물리적 제약. 선택적 인과성과 진화사적 우연성을 시공간의 생-물리적 제약이라는 하나의 스펙트럼으로 본 구조.

7. 생-물리적 제약의 사례: 북극흰여우의 유전자 표류

실제의 생물학적 자연현상에서는 돌연변이를 제어할 수 없다. 자연선택의 진화압력 이상으로 예측불가능한 "유전자 표류genetic drift"는 생명의 변화를 일으키는 힘으로 상존한다. 유전적 표류란 개체들의 유전자가 흘러가는 어떤 경향이 있음을 말한다. "유전자 부동"이라고도 번역한다. 여기서 부동이란 한자말은 움직이지 않는다는 한자가 아니라 부유할 때 "부"라는 한자로서 "떠다닌다"는 뜻이다. 이런 글자로 인한 오해를 피하기 위해 유전자 부동 대신에 유전자 표류라는 말을 사용하려 한다. 유전자 표류에서 부유하는 경향은 무작위적이라서 경향의 방향을 예측할 수 없다. 유전자 표류는 생명계의 현상이지만 어떻게 보면 물리적 현상의 하나로 볼 수 있다.

예를 들어 큰 서식공간에도 불구하고 개체수가 작은 어떤 늑대 개체군 안에서 그것도 그 개체군 안에서 보라색 빛의 동공의 특별한 대립유전자를 가지고 있는 소수의 늑대 개체들 3마리가 있다고 치자. 그런데 그런 보라색 눈의 대립유전자를 갖고 있는 소수의 늑대 개체들 3마리가 함께 절벽 귀퉁이를 지나다가 아주 우연적으로 절벽이 무너지는 바람에 3마리 모두 죽었다고 상상해보자. 이럴 경우 늑대 개체군 전체에서 보랏빛 눈동자의 대립유전자는 소멸되고 만다. 해당 늑대 개체군 집단에서 보라색 눈동자 늑대는 영구히 사라진다는 뜻이다. 반면 다른 가상 환경을 생각해보자. 300마리로 구성된 늑대 개체군에서는 3마리 정도의 보랏빛 눈동자 개체가 한꺼번에 죽었다고 해도 그 개체군에 보랏빛 눈동자를 가진 또 다른 다수의 개체들이 존속할 수 있기 때문에 소수의 특정 대립유전자도 그 개체군 안에서 다행히 계속 유전될 수 있다. 즉 작은 집단에서는 유전적 표류의 힘이 가시적으로 드러날 수 있지만 큰 집단에서는 유전적 표류의 영향력은 발휘되지 않을 것이다.

유전자 표류 개념을 정착시킨 집단유전학자 라이트는 진화를 자연선택과 더불어 유전적 표류의 무작위 과정에 의해서도 가능하다고 한다. 만약 동일한 기능을 갖는 두 개의 표현 형질이 동일한 적합도를 가지고 있다면 둘 중 하나가 사라질 때까지 특정한 패턴없이 다양하게 변화할 것이다. 이러한 과정이 유전적 표류의 한 양상이다. 더 적합한 형질이 선택진화 가능성이 높지만 유전적 표류에 의해 사라질 수도 있으며, 선택진화에서 불리하더라도 유전적 표류에 의해 일부 개체군이 살아남을 것으로 라이트는 관찰했다.

라이트의 관찰로는 소수의 대립유전자 개체들이 사라지는 것만 아니라 오히려 번성할 수도 있다. 예를 들어 북극흰여우는 흰색 털을 갖는 소수의 대립유전자 개체들이 북극 빙하에 고립된 상태에서 다수의 누렁색 털 대립유전자 대신에 표류되어 국한된 지역이지만 번성하게 된 경우이다. 이를 이해하려면 대립유전자allele를 이해해야 한다. 열성과 우성으로 나뉘는 두 입자유전자로 묶인 유전자 한 쌍을 대립유전자라고 한다. 누렁 털 유전자A와 하얀 털 유전자a가 하나로 묶여 털 색깔 대립유전자가 된다. 누렁 털이 우성이고 하얀 털이 열성이라면 AA의 대립유전자 여우는 하얀 털일 것이고, Aa의 대립유전자 여우 개체도 누렁 털, aA의 대립유전자 여우 개체도 역시 누렁 털이며, 단지 열성끼리 묶인 aa의 대립유전자의 여우들만이 하얀 털 개체일 것이다. 보통의 서식지, 여우 개체수가 많은 보통의 개체군에서는 열성인 하얀 털 여우가 매우 적은 수로 나타날 것이다. 그 까닭은 대립유전자 구성비라는 아주 단순한 통계적 이유 때문이다. 그러나 아주 우연적 기회에 소수의 흰여우들이 북극 빙하에 갇히게 된 상황을 가상해보자. 앞의 예처럼 절벽에 갇힌 아주 소수의 보랏빛 눈동자 늑대들이 죽으면서 영영 보랏빛 눈동자 늑대는 절멸되겠지만, 한편 우연히 빙하에 갇힌 소수의 하얀 털 유전자를 갖는 여우들은 빙하 안에서 "창시자 효과 founder effect"를 낸다. 흰색 털의 개체들이 특수한 고립상황(기회)에 처하여 생존과 번식에 성공하면서 대립유전자의 빈도가 달라진 새로운 종으로 창시되었다는 뜻이다.

유전적 표류의 양상을 잘 관찰하면 생물학적 경향이기보다는 물리적 우연성의 양상에 가까우며 찰스 다윈의 자연선택의 진화론과 진화 메커니즘이 약간 다르다는 것을 알 수 있다. 새로운 기회를 통해 전적으로 우연에 속하는 대립유전자의 통계적 변동의 결과이기 때문이다. 진화생물학자 기무라(木村資生, Kimura, Moto 1924-1994)는 스웰 라이트의 유전자 표류 개념을 발전시켜 중립진화론을 세웠다. 중립진화론 역시 자연선택 기반의 진화론과 다른 메커니즘을 보여준다. 그러나 중립진화는 분자 차원에서 발생하는 것으로서 개체 차원의 자연선택론과 모순되지 않는다. 자연선택진화의 존재론적 특징은 무목적성이라고 했는데, 중립진화론이나 유전자 표류 이론 역시 생명의 목적지향 변화를 부정한다. 무목적성은 진화론의 핵심 개념인데, 무목적성이라는 점에서 유전자 표류 이론이나 중립진화론은 진화론과 공통적이며, 분자-세포 차원과 개체 차원의 범주적 차이라는 점에서 유전자 표류론이나 중립진화론은 기존 찰스 다윈 진화론과 충돌되지 않는다.

과학철학방법론 토마스 쿤의 정상과학 논쟁 중에서 과학철학자인 라카토스의 보조가설 이론에 따르면 유전자 표류 이론은 기존 다윈 진화론에 대하여 '변칙이론anomalies'이거나 모순되는 '반사례counter-examples'로 보일 수 있으나 실제로는 확장적인 '보조가설auxiliary hypotheses'에 해당한다. 라카토스의 과학연구 프로그램방법론에서 새로 등장한 이론이 보완되고 조정되거나re-adjusted, 대체되고 확장될replaces 수 있을 경우, 그렇게 새로운 이론이 기존 이론의 '핵심hard core'을 보호하는 지지대protective belt 역할을 하는 이론을 '보조가설'이라고 말한다(Lakatos 1978/paperbook1980, 47-49). 라카토스 연구프로그램 방법론에 따르면 유전자 표류 이론이나 기무라의 중립진화론은 찰스 다윈 진화론이나 신종합설에 충돌되기보다 확장적 보조이론에 해당한다.

여기서 제시된 '생-물리적 제약bio-physical constrains'이라는 하나의 통합적 제약 스펙트럼을 이해한다면 라카토스 연구프로그램에 따라 유전적 표류의 무작위 변동을 확장된 제약의 한 사례로 볼 수 있다. 개체 수준의 자연선택과 대립유전자 수준의 유전자 표류genetic drift는 진화사에서 그 서로의 영향력 차이를 구분하기 어렵다. 진화 소산물은 실제로 개체 수준의 자연선택의 변화와 미시 수준의 돌연변이를 통한 변화의 연동체이다.

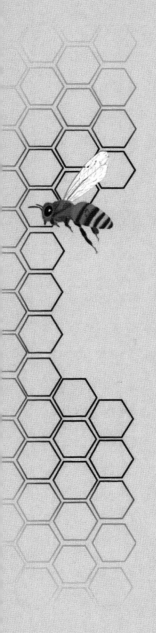

제8장

면역학적 자아

면역학적 자아

그리스 신화에 나오는 나르키소스는 사냥꾼 청년이다. 숲속의 요정이 그에게 구애를 했지만 그는 일체 다른 이의 목소리를 거부했다. 결국 복수의 신은 그를 물가로 이끌고 와서 물에 비친 자신의 모습을 보게 했다. 나르키소스는 물에 비친 자신에게 사랑에 빠졌다. 상사병에 걸려 죽었다. 이 글은 자기가 자기를 알아보는 것에 대한 이야기이다. 자기에게만 집착하면서 비자기를 무시한다면 그 결과도 비참해진다는 뜻을 담고 있기도 하다.

「사이언스Science」 2002년 4월호(296)에서

1. 메치니코프 면역학의 철학적 존재론

1.1 면역학적 사유의 전개

1798년 제너(Edward Jenner, 1749-1823)의 종두법은 과학적 방법론을 도입한 근대 면역의학의 효시였다. 종두법은 약한 수준의 외부의 이물질을 미리 몸에 투입하여 내부의 몸 스스로 강한 수준의 저항력을 키울 수 있다는 생각에서 시작되었다. 제너의 종두법은 200년이 지나면서 분자

차원의 현대 면역학으로 발전했다. 현대 면역학으로의 전환은 메치니코프(Ilya Mechnikov; Elie Metchnikoff, 1845-1916)에 의해 촉발되었다. 메치니코프의 면역학적 사유는 진화생물학을 전제로 이루어졌다. 진화론은 기존의 자아 정체성에 대한 기준을 탈피하여 새로운 자아 개념을 제시했고, 이 새로운 자아 개념은 '변화'를 강하게 함의하고 있었다(Silverstein 1989, Chap.1). 메치니코프에게 유기체는 세포들의 단순한 물리적 집합체가 아니라 환경과 상황에 끊임없이 상호반응해 온 진화의 산물이다. 유기체는 '주어진' 것이 아니라 진화의 패러다임과 같이 '스스로 변화'하며 형성된다는 것이다.

현대 면역학의 철학적 메타이론을 제시한 생물철학자 토버(Alfred I. Tauber)는 새로운 면역학적 자아 개념을 다음과 같이 설명했다. 첫째, 자아가 불변의 존재자로서 주어진 것이 아니라면 자아를 정의하기 위한 다른 방식의 설명이 필요하다. 둘째, 자아와 타자와의 차이를 보여주어야 한다. 셋째, 자아와 타자의 역동 관계를 설명해야 한다(Tauber 1997, Chap.4).

현대 면역학은 세포 차원에서 설명을 시도한다. 유기체 정체성에 대해 일반적인 질문을 제기한 의학적 연구는 이전에도 많이 있었다. 면역학적 사유가 보여준 정체성에 대한 질문은 단순히 의학적 범주에만 국한되지 않고 철학적 존재론과도 깊이 연관되어 있다. 면역학에서 유기체의 정체성은 면역학적 주체와 타자 사이의 동역학적 관계로 표현된다. 이것은 자아와 타자의 차이를 질문하는 철학적 존재론의 관심과 겹친다. 자아에 대한 질문은 타자와의 차이를 만드는 자아의 경계선이 무엇인지 그리고 타자를 어떻게 규정하는지에 따라 달라질 수 있다.

관찰자로서의 주체적 자아와 관찰 대상으로서의 타자라는 고정된 이분법에 머물러 있던 기존의 존재론 패러다임과 달리, 면역학은 자아와 타자의 상관적 관계에 초점을 맞추기 시작했다. 바로 이 점에서 면역학을 보는 중요한 철학적 전환이 시작되었다.

면역학적 질문은 과학사에서도 매우 특별한 전환을 촉발했다. 면역학의 주제는 자아가 타자를 만날 때 자아와 타자를 어떻게 구별하는가에 있다. 이것은 자아가 타자를 인식하는 인지작용과 관계되어 있다. 즉 자아가 타자의 자극에 대해 자신을 보전하려는 방식으로 계획적으로 반응하는 인지작용을 말하는데, 면역학은 어떻게 그런 인지작용이 가능한지를 탐구한다. 다시 말해서 면역세포의 존재론적 정체성과 인식론적 관계성을 묻는 질문들이다. 존재론적 정체성과 인식론적 관계성이 혼재되어 나타난다는 점 때문에 면역학적 사유에는 어려움이 있었다. 면역학적 자아를 이해하기 위해서는 기존 형이상학이 아닌 새로운 시선의 철학이 요구된다.

이 책에서 '자아', '주체', '자기'라는 용어가 중심 핵심어로 되는데, 대부분의 맥락에서 '자기'라는 용어가 가장 적절하게 사용될 것이다. 마찬가지로 타자라는 용어를 사용해야만 하는 경우가 있지만 주로 면역학적 '비자기'라는 용어를 사용한다. 이것은 분자 차원의 분석과 은유 차원의 설명을 종합한 현대 면역학자 버넷(Frank Macfarlane Burnet, 1899-1985)이 제안한 '자기와 비자기self/nonself' 개념에 따른 것이다. 버넷은 오늘날 통용되는 면역관용과 자연면역의 의미를 처음으로 밝힌 면역학자인데, 그의 지적 진보는 그에 앞선 메치니코프의 전환적 사유를 기반으로 하고 있었다.

1.2 메치니코프의 면역학

메치니코프 이전에는 면역력을 얻을 수 있는 유일한 수단이 제너의 종두법처럼 양성화된 균이 들어 있는 혈청을 미리 접종하는 것이었다. 당시 유행하던 종두법은 높은 임상적 효과에도 불구하고, 은유적 가설에 기반하고 있었을 뿐 과학적인 이론 체계를 갖추고 있지 못했다. 혈청 개념 역시 완전하지 않았다. 종두법은 약한 균을 몸에 주입하여 앞으로 다가올 강한 균을 물리칠 수 있는 스스로의 저항력을 키운다는 은유적 가설 수준에 머물러 있었고, 이러한 가설이 면역학 이론의 전부였다. 메치니코프도 초기에는 면역학적 주체와 철학에서 말하는 존재론적 자아 개념을 유비시켜 설명하려고 했으며, 나중에 은유 차원의 면역가설을 세포 차원의 메커니즘으로 밝히려고 시도했다.

1905년 메치니코프의 저서 『감염성 질병에서 면역Immunity in Infective Diseases』에서 자아self라는 용어가 사용되었는데, 당시에는 분석적으로 정의된 개념이 아니라 은유적 표현이었다. 초기 진화론의 많은 개념들이 분석적으로 확증된 개념이 아니라 은유적으로 비유된 개념이었듯이, 면역학 초기 개념 역시 은유적으로 시작되었다. 과학사에는 은유에서 멈추어 과학이 되지 못한 경우도 있었지만 은유로부터 시작하여 검증의 문을 거쳐 정립된 과학 이론도 많았다. 100년 전 메치니코프의 자아self 개념도 그렇게 시작되었고, 그로부터 출발한 분자 차원의 현대 면역학은 다른 어떤 분과 과학보다 많은 구체적 임상 결과를 탄생시켰다.

면역 과정은 과거의 주형이론template theory처럼 단순한 수동적 반응 관계가 아니다. 주형이론이란 적군과 아군을 요철 관계로 설정하여,

특정한 적군이 나타났을 때 특정한 아군이 수동적으로 결합하여 적군을 물리친다는 은유법이었다. 이에 반하여 메치니코프의 면역이론은 외부 이물질(감염체)을 내부 세포들(숙주)이 스스로 인지하고, 그에 상응한 능동적 반응을 계획하며, 계획된 행동을 실현하는 진화론적 인식 episteme 작용이다(최종덕 2000, 136). 메치니코프는 실험을 통해 자기 세포가 외부 이물질 세포를 잡아먹는 세포 간 포식intracellular digestion 현상을 우연히 발견했다. 그리고 이 발견은 현대 면역학의 기반을 정초하는 계기로 되었다(Gilbert 2003, 469).

메치니코프는 원래 헤켈과 같은 발생학 연구자였다. 그는 무척추동물 배아의 중배엽 형성과 기능에 관한 비교 연구를 하던 중 개체 발생은 계통 발생을 반복한다는 헤켈의 반복설에 심각한 결함이 있다는 것을 알게 되었다. 처음에는 메치니코프도 반복설을 전적으로 부정하지 않았다. 다만 사전에 결정된 배아의 계획도면에 따라 개체가 계통성을 단순히 그대로 반복하여 발생하는 것이 아니며, 중배엽 과정에서 새로운 발현을 보일 수 있다는 점을 지적했을 뿐이다.

헤켈의 제자로 헤켈과는 다른 길을 간 드리슈는 1892년 성게의 배아 실험을 하면서 생명체에 대한 환원주의 설명의 한계를 느꼈다. 그의 실험은 성게 난할의 할구를 분리하여 그로부터 배胚를 생성시키는 것이었다. 이 실험은 배아의 일부분으로 개체 생명의 전체를 발생시킬 수 있다는 발생학의 기초로 정착되었다. 이런 점에서 드리슈의 발생 개념은 후성설에 해당한다. 드리슈는 자신의 배아 발생 실험에서 얻은 연구 결과가 얼마나 위대한 것인지 잘 몰랐을 수 있다. 드리슈 이전 전근대 서술발생학에서 하나의 수정된 세포가 하나의 성체를 발생시킨다는 관념이 지배적이었다. 그래서 드리슈의 실험은 수정된 세포가 분할하면서 분할된 세포 하나하나마다 생명의 씨앗을 포함한 것처럼 세포가 점점 생장하면서 유기체의 성체로 탈바꿈한다는 전근대적 후성설의 의미로 평가절하 되었다.

당시 후성설은 환원주의를 반박하는 논리적 근거로 이용되었다. 왜냐하면 작은 '부분'이 큰 '전체'를 그대로 반영한다는 후성설은 부분의 총량적 합이 전체이고 부분은 전체의 일부라는 환원주의의 생각과 정반대였기 때문이다. 드리슈는 부분 안에 전체가 포함되어 있다는 가설을 발전시켰기 때문에 환원주의와 반대되는 생각이었다. 그는 세포 하나하나를 성체의 씨앗으로 보았지만, 씨앗에서 성체로 탈바꿈하는 특별한 방식이 무엇인지는 알지 못했다. 드리슈는 그런 특별한 변화의 힘을 생기론으로 해석했다. 그는 배 할구마다 성체로 발생하는 잠재력을 가지고 있다고 보고, 이를 엔텔레키entelecheia라는 특별한 가치의 생명력으로 설명했다. 엔텔레키는 아리스토텔레스 철학에서 현재 잠재성에서 시작되어 최고의 목적점인 완성체로 지향된 상태를 말한다. 아리스토텔레스의 <영혼에 관하여De Anima>에서 살아있는 생명체의 생명기능을 엔텔레키아라고 했으며, 사람이라면 그것은 영혼에 해당한다.

메치니코프는 성게 할구실험 결과로 후성설을 주장한 1891년의 젊은 드리슈를 의미 있게 보았다. 당시 드리슈는 24세였고, 메치니코프는 46세였다. 메치니코프는 드리슈의 실험에서 중요한 아이디어를 얻었다. 즉 드리슈의 비결정론적 배아 발생 아이디어에서 비결정론적 면역의 개념을 얻었다(Silverstein 1989, Chap.2). 이와 같이 메치니코프는 (대)식세포의 기능이 고정된 것이 아니라 매우 역동적임을 알게 되었고, 이런 발견은 현대 면역학의 인식론적 기초가 되었다. 반면 메치니코프는 드리슈의 엔텔레키 같은 모호한 생기론 개념을 전적으로 부정했다. 실은 메치니코프도 동료 과학자로부터 그런 비슷한 오해를 받고 있었다. 당시 환원주의 프로그램은 생리학을 물리학과 화학으로 환원하려는 전략이었으며, 헬름홀츠(Hremann von Helmholtz, 1821-1894), 뒤부아 레몽(Emil du Bois-Reymond, 1818-1896) 그리고 프랑스의 베르나르(Claude Bernard, 1813-1878)에 의해 주도되었다.

메치니코프는 세포가 고정된 기능과 작용을 하는 것이 아니라, 세포 자체도 계속 변할 수밖에 없다는 세포설cellular theory을 제시했다. 그는 고유한 정체성 대신 세포의 동역학적 메커니즘을 발전시켰다. 여기에서 말하는 세포 간 동역학적 메커니즘이란 자기 세포가 비자기 세포에 반응하는 다양한 방식이 있다는 것을 의미한다. 메치니코프는 세포 간 친화성이 있는지 아니면 포식관계인지를 세포가 스스로 인지해서 작용한다는 사실을 알아냈고, 세포 차원에서 선별적으로 인지할 수 있는 힘이 무엇인지를 연구했다. 이런 메치니코프의 연구 때문에 동료 과학자들은 메치니코프를 세포의 고유하고 신비한 힘을 찾아가는 연구자로 오해하기도 했다. 생기론을 적극 부정하고 비판했던 메치니코프도 자신의 동역학적 세포설 특성을 설명하는 과정에서 생기론자로 오해받았다는 뜻이다. 메치니코프는 면역 과정을 생명체를 형성하는 활동의 일부로 보았으며, 면역 자기 세포는 비자기 물질에 대하여 '방어' 작용을 하면서 그 정체성이 유동적으로 존속된다고 보았다(Tauber 1997, 26). 지금은 당연한 사실이지만 당시에 그의 세포설은 지나치게 과감한 것으로 비춰졌다. 그가 대식세포 작용을 발견한 것이 마치 세포가 의지를 가지고 외부 물질을 포획한다는 생기론적 주장으로 여겨졌기 때문이다.

그런 역사적 오해 속에서도 메치니코프는 드리슈의 생기론을 철저하게 비판하면서, 세포 작용의 유연적 변화가능성을 강조하고 기존의 목적론적 세포설을 부정했다. 그는 기존 생기론과 전통 목적론적 사유에서 벗어남으로써 비로소 현대 면역학의 기초를 마련할 수 있었다. 메치니코프는 면역학적 메커니즘을 목적론이나 생기론과 무관하게 자연적 인과성을 따르는 진화의 적응 결과로 보았다. 다른 측면에서 메치니코프는 기계론적 환원주의에도 반대했다. 그는 대식세포의 능동적 활동성을 다윈의 적자생존의 적응도 개념으로 설명했다. 그의 진화론적 설명 방식은 당시 목적론을 반대한 기계론자, 생기론을 반대한 실증주의자 그리고 환원주의를 강조했던 면역학의 초기 체액주의자들 모두로부터 비판받았다. 이런 비판에 처한 메치니코프는 당시 과학자들의 관심을 끌지 못했다.

생기론은 새로운 이론으로 자리 잡은 기계론에 의해 부정되었다. 목적론은 생기론에 의해 지지되었지만, 한편 진화론에 의해 부정되었다. 전통적으로 볼 때 생기론은 목적론과 공존하는 데 큰 문제가 없었다. 목적론은 신과 같은 절대자의 의지를 필요로 했고, 생기론은 범신론적 자연의 의지 혹은 생명 의지를 필요로 했기 때문이다. 목적론과 생기론은 존재론 측면에서 전혀 다르지만 신비한 힘과 초월적 의지를 설정한다는 점에서 같은 궤도를 타고 있다.

2장에서 설명했듯이 진화론이 목적론과 생기론을 부정하면서 출발했다는 점은 잘 알려진 사실이다. 진화론이 기계론이나 환원주의와

생물철학

다른 철학적 맥락이라는 점도 잘 알려져 있었다. 생기론과 목적론 그리고 기계론은 서로 물리고 물려 있는 관계이지만, 진화론에 바탕을 둔 메치니코프의 면역학은 생기론과 목적론을 거부하면서 동시에 기계론적 인식론에도 비판적이었다. 당대의 복잡한 지적 구도에서 생기론을 부정하면서 동시에 기계론도 부정했던 메치니코프의 면역학은 '분명하지 못한 입장'으로 오해받았다. 이런 오해는 당시 지식인들조차 진화론에 대한 이해가 부족했기 때문이었다. 메치니코프 면역학은 진화론을 수용한 최초의 독립적인 과학이었다고 말할 수 있다.

메치니코프의 사유 구조는 두 가지로 정리될 수 있다. 하나는 면역

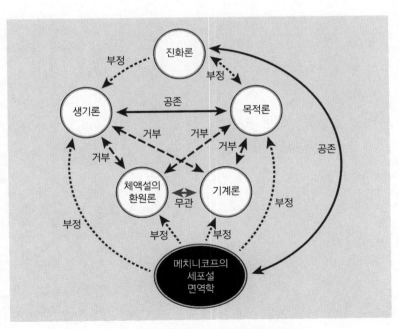

[그림 8-1] 메치니코프의 세포설 면역학

주체, 다른 하나는 면역의 본질인 면역성에 대한 것이다. 면역성은 이물질의 침입으로부터 숙주를 보호하고, 손상된 부위를 고치며, 죽은 세포를 청소하고, 악성 이물질을 분해하는 활동들을 말한다. 이러한 행동을 담당하는 것이 바로 면역의 주체다. 이런 면역의 주체가 무엇이고 어디까지인지가 메치니코프의 주요한 관심사였다.

동사에는 주어가 필요하듯이, 사람들은 보통 인식 작용이 있으려면 인식 주체가 먼저 있어야 한다고 통상적으로 생각한다. 그리고 형이상학적 인식 주체나 언어적 주어는 고정되어 있다고 생각한다. 언어 행위의 주체 혹은 주어인 내가 변하는 것은 결코 아니라고 생각하기 때문이다. 반면에 메치니코프는 인식 주체 혹은 언어학적 주어라는 생각을 그대로 면역학에 적용해서는 안 된다고 보았다. 그는 주체 자체가 변할 수 있다는 혁신적인 사유가 필요하다고 보았다. 이는 곧 철학적 존재론의 대변화를 의미했다. 그는 고정 불변의 실체론적 존재론에서 벗어나서 변화를 수용하는 과정적 존재론이 면역학의 주체와 면역성을 이해하는 데 더 도움이 된다고 생각했다. 면역학의 이러한 인식론적 관점은 의미있는 철학적 반성이었다. 즉 면역 과정은 면역 작용과 면역 주체의 구분이 어렵다는 사실에 그 중요한 의미가 있다는 점이다.

메치니코프에게 자기란 스스로 변화하면서도 정체성을 잃지 않는 그런 존재다(Tauber 1997, 257). 토버는 아이슬리(Loren Eisley)의 "우주는 만들어진 것이 아니라 지금 연속적으로 만들어지고 있는 중"(Eisley 1961, 9)이라는 표현을 인용하여 메치니코프의 면역학적 자아 개념을 설명했다(Tauber 1997, 262). 토버는 메치니코프의 세계관이 기계론적이고 결정론적 역학에서 출발한 뉴튼보다는 변화의 존재론에 기반한 다윈에 가까우며, 더 나아가서 화이트헤드의 과정철학과 유사하다고 평가했다 (Tauber 1997, 263).

2. 버넷의 클론선택설

2.1 버넷의 생태학적 자아 개념과 정보이론

메치니코프의 면역학적 사유구조는 획기적인 전환점이었지만, 당시에는 엄밀한 과학적 증거로 뒷받침되지 못했다. 후대에 와서 메치니코프의 생태적 면역 가설들이 하나씩 검증되기 시작했다. 면역학자 버넷은 메치니코프 면역학의 임상과 철학을 이어받아 현대과학의 실험기술로 발전시켰다. 면역관용 현상을 발견하여 1960년 노벨 생리의학상을 받은 호주의 면역학자 버넷은 진화론 관점에서 '자기'와 '비자기'라는 이름을 명시적으로 사용하면서 그 둘의 관계를 설명했다. 버넷에 의하면 자아 정체성은 내적인 환경과 외적인 환경, 양쪽의 도전을 받는 한 유기체의 진화적이고 변증법적인 과정이다. 정지되고 고정된 자아 정체성이 아니라 변화하고 운동하는 과정 속의 정체성이라는 것이다.

전통 형이상학 입장에서 볼 때 '운동과 과정 중의 정체성'이라는 어구 자체가 모순으로 여겨져 왔지만, 버넷은 이런 형이상학적 관습에서 탈피하여 새로운 면역학의 인식론을 전개했다. 그는 아메바의 소화 과정을 예로 들면서, 어느 것을 소화하고 다른 것을 소화할 수 없다는 사실은 아메바라는 생명체가 '자기'의 화학적 특성과 '비자기'의 화학적 특성을 구분할 수 있다는 전제를 가진다고 보았고, 이러한 화학적 특성의 차이를 구분하는 능력은 진화의 산물이라고 판단했다. 버넷의 면역학은 새로운 철학적 존재론을 제시하면서 '자기'와 '비자기'라는 은유를 면역과학의 정식 개념으로 정초시켰다. 버넷은 메치니코프의 면역학 사유구조를 그대로 계승하지만 과학적 인식론으로 재정립했다(Burnet 1969).

버넷의 자기와 비자기 개념을 기초로 한 인식론에 영향을 준 요소는 다음과 같다. 첫째, 플라톤 이데아의 형이상학으로부터 벗어난 화이트헤드의 생성 철학philosophy of becoming이다. 둘째, 새로운 과학 인식론의 수평선을 제시한 정보이론information theory과 사이버네틱스cybernetics의 인식론이 있다. 이러한 인식론의 핵심은 개체와 개체군 사이, 부분과 전체 사이의 비환원적 관계성을 보여준 데 있으며, 이런 인식론은 버넷의 면역학적 구조에 중요한 시사점을 주었다. 셋째, 버넷 스스로 실험했던 경험적 결과들, 즉 자가면역질환autoimmune diseases으로 연관된 다수의 임상결과들은 그의 면역학적 사유구조를 형성하는 데 결정적 역할을 했다(Anderson and Mackay 2014).

버넷 면역학에 영향을 준 요소 중에서 정보이론에 대한 논의는 상대적으로 소홀히 다루어졌다. 버넷 초기 저작인 『생물학 정보이론 Information Theory in Biology』은 비이너(Norbert Wiener, 1894-1964)의 사이버네틱스(자동제어이론cybernetics) 의미를 포함하고 있다. 사이버네틱스의 의미는 피드백 개념에 있다. 당시 피드백 개념은 시스템 안에서 자체 소통communication하고 변수들 사이에서 자동제어가 가능하다는 것을 제시했다. 그러나 이런 자동제어 개념은 당시로서 생소했다. 비이너 이론의 지지자였던 크리펜도르프(Klaus Krippendorff, 1932-2022)는 사이버네틱스 개념을 (i) 다양성, (ii) 순환성, (iii) 과정과 관찰로 설명했다. 사이버네틱스에서 말하는 정보 개념은 고정된 값으로 존재하는 것이 아니라 정보의 확실성을 높여가기 위해 자기순환의 피드백 고리 안에서 순환하면서 다양화된다. 정보단위로 구성된 시스템이 자기 항상성을 유지하려면 정보의 확실성이 더 높이 보장되어야 하고, 확실성이 커진다는 것은 엔트로피 증가를 의미한다(Krippendorff 1986, 15-18).

버넷은 유기체의 항상성을 유지하기 위해 가장 중요한 요소는 외부 자극에 대한 적절한 반응을 유지하는 체계라고 보았다. 항상성은 공간적 항상성과 시간적 항상성의 방식을 지닌다. 유기체의 공간적 항상성은 개체군의 규모가 지나치거나 모자라지 않도록 개체생존과 증식을 할 수 있는 일정한 상태를 만들어 주는 것이며, 시간적 항상성은 그런 상태를 시간이 지나도 처음처럼 유지되도록 해주는 것이다. 정보를 조절control하고 정보 간 소통communication(상호신호)을 통해서 항상성을 유지하도록 설계된 자동제어 체계가 곧 유기체의 면역기능과 유사하다는 버넷의 설명방식은 당시 기준으로 매우 획기적이었다(최종덕 2020a, 404).

면역기능은 유기체의 본질과도 같아서 DNA 속에 저장된 프로그램 정보와 같은 것이며, 여기서 정보란 '매뉴얼instruction'의 의미를 띠고 있다고 토버는 해석한다(Tauber 1994, 162). 버넷의 후기 저서『획득면역의 클론선택이론The Clonal Selection Theory of Aquired Immunology』에서 유기체의 면역학적 정보란 외부 이물질에 대하여 항체를 생성하는 면역세포(균)에 저장되며, 저장된 정보는 어느 정도 긴 시간동안 지속된다. 세포(균)에 저장된 정보는 면역프로그램의 단위요소가 된다. 그리고 정보의 지속성은 앞으로 다루게 될 '면역기억immunological memory'으로 연결된다(Tauber 1994, 164).

바이러스 연구자였던 버넷은 당시 포도상구균 감염에 의한 전염병의 창궐로 비롯된 연구를 하고 있었다. 그는 항체와 항독소 사이에서 단순한 수동적 관계가 아닌 매우 복잡한 역동적 관계를 발견했다. 그는 박테리아에 기생하는 바이러스 종류인 박테리오파지를 이용했다. 당시 1921년 박테리오파지를 발견하여 논문으로 발표한 프랑스 미생물학자 데렐(Félix d'Hérelle, 1873-1949)의 아이디어를 자신의 연구방법론으로 사용하여 버넷은 파지와 박테리아 사이의 관계를 확인하고 나중에 이런 관계를 바탕으로 자신의 고유한 면역학을 정립했다(Sankaran 2010). 박테리오파지와 박테리아 사이의 관계는 아래와 같다. 파지는 박테리아를 (i) 찾아 (ii) 붙어서 (iii) 침입하고 (iv) 그 안에서 자신을 다수로 복제하고 (v) 터져서 (vi) 숙주를 죽이고 다시 퍼지게 된다. 이런 과정을 용균lytic cycle 과정이라고 부른다. 그러나 박테리오파지에게 불리한 환경이 계속될 경우 박테리오파지는 박테리아에 침입했으나 스스로 증식하여 숙주를 파괴하는 과정에 이르지 못하게 되고 어쩔 수 없이 숙주인 박테리아와 공존하게 된다. 이런 과정을 용원lysogenic cycle 과정이라고 부른다. 이런 공존 관계는 자연 상태에서 볼 때 숙주 안에서의 비활성화, 비양성 상태를 의미한다. 하지만 활성화만 되지 않았을 뿐 외부 항독소와 지속적인 교환을 한다. 이때 박테리오파지와 숙주 박테리아 사이의 공존을 일시적이기는 하지만 일종의 공생 관계symbiosis로 볼 수 있다. 버넷은 공생이 유지되는 짧은 시간 동안 면역학적 자기와 비자기의 차이를 구분하는 능력을 갖게 하는 세포 단위의 피드백이 이루어진다는 것을 연역 추론했다. 피드백 과정을 마치 자기가 비자기를 구분할 수 있는 학습을 하는 것으로 비유했다. 이러한 비유법과 추론은 후일(1957년 이후) 버넷이 바이러스 연구자에서 면역학자로 변신하는 계기로 되었다(최종덕 2020a, 403).

박테리오파지가 비활성화 상태 혹은 활성화 상태를 만드는 환경은 상호상관성의 변증법적 과정을 보여준다. 버넷은 박테리오파지가 자신의 환경이 활성화에 불리할 경우 스스로 공존을 선택하는 자기조직성의 발생학적 과정을 발현하며, 이런 과정을 통하여 박테리아와 공생관계symbiosis를 유지한다고 생각했다. 이러한 생각은 진화-생태학적 사유의 한 측면이다. 공생관계가 이루어지려면 박테리오파지와 박테리아 사이의 자기와 비자기에 대한 관계가 설정되어야 한다. 이러한 관계는 앞에서 보았듯이 고정된 대립 관계가 아니라 진화의 독특한 산물인 상호성을 갖는다. 이 경우 자기와 비자기의 전통적인 구분은 의미를 상실한다. 자기 개념이 처음에는 비록 비과학적이고 은유적인 표현이었지만, 버넷의 1969년『자기와 비자기Self and Non-Self』출간 이후에는 어느 누구도 의심 없이 이 개념을 면역학에 사용하게 되었다.

전통 의미의 자아는 개체 단위의 자아로서, 타자와 분리되기 위한 독립적 경계선을 전제한 개념이다. 버넷은 이러한 독립적 자아 개념을 부정했다. 버넷의 자기 개념은 은유의 벽을 넘지 못했지만, 토버는 오히려 그 은유의 힘 때문에 일상의 경험과 개념들 그리고 주변의 사실들을 통합하고 통찰할 수 있는 상위의 설명력을 갖출 수 있었다고 평가했다. 은유에 대한 이해는 그 시대의 문화와 역사 그리고 세계관과 자연관에 의존한다.

2.2 기존 주형모델과 교습이론

고전적인 주형template모델에서는 항원이 나타나면 항체가 발생하여 요철 결합처럼 항체가 항원을 찾아 결합하는 것을 면역반응이라고 생각했다. 현대 면역학 초기만 해도 그럴듯하게 논의되던 항원과 항체의 주형모델은 심각한 난제에 직면하게 되었다. 항체 형성 과정에 항원이 참여한다는 생각은 적합했지만, 새로운 항원이 생길 때마다 그에 적절한 항체가 생긴다는 주형모델의 주장은 받아들여지기 어려웠다. 왜냐하면 과거부터 현재까지 그리고 미래에 이르기까지 이 세상에 나올 수 있는 모든 잠재적 항원, 즉 비자기에 해당하는 병인균 종류가 무한할 수 있고 따라서 내 몸의 항체도 무한으로 생성되어야 하기 때문이었다.

이런 면역학적 난제를 해결하기 위한 새로운 관점이 등장했는데, 이것이 바로 교습이론instruction theory이다. 교습이론은 주형모델의 대안으로, 단백질 합성에 대한 이론이 미흡했던 1930년대에서 1960년대까지 논의되었다. 교습이론에서 항원은 단순한 외부 자극물질이라기보다 항체를 생성하는 데 필요한 교습 매체이다. 항원은 적정 농도의 화학적 작용으로 특정 항체의 형성을 유도하며, 항체가 이를 기억하게 만든다는 것이다. 따라서 외부 항원이 어떤 것이든 관계없이 미래의 항체 형성을 가능하게 해준다고 한다. 이러한 추론은 자연면역 과정에서 한때 그 타당성을 인정받았다. 자연면역 과정은 면역 특이성이 없어도 설명가능하기 때문이다. 그러나 교습이론은 여전히 항원과 항체를 요철 관계로 인식했던 주형모델을 조금 더 발전시킨 것뿐이었다. 교습이론은 다음의 문제들을 해결해야 했다. 첫째, 숙주는 다양한 환경의 잠재적 항원 목록을 보유한 분명한 사전 정보를 가져야 한다. 둘째,

항원과 비교하여 항체 분자의 수가 많다는 점을 어느 정도 설명할 수 있지만, 항체가 다시 항원 수용체를 자극하여 엄청난 수의 항체를 재생산하는 과정을 설명할 수 없다. 셋째, 교습이론은 특정 항원이 특정 항체만을 교습하는 면역학적 특이성을 설명하지 못한다.

2.3 예르네의 네트워크이론

예르네(Niels K. Jerne, 1911-1994)는 자아라는 은유를 외부 이물체를 인식하는 관찰적 주체라고 보기보다는 자기 자신을 스스로 인식하는 반성적 주관이라는 맥락으로 사용했다. 예르네에 따르면 면역 체계는 이제 더 이상 몇 개의 요소들로 단순 환원되는 정보반응체들의 집합이 아니다. 면역학적 자기는 하나의 평형상태를 유지하려는 기능적 그물망functional network으로서 자기 이미지 혹은 자기를 비추어 볼 수 있는 '자기 거울self-mirror'이라는 것이다. 예르네는 이런 자기거울의 면역이론을 그물망 이론network theory이라고 표현했다.

면역학적 자기는 자기 스스로를 반영한다. 그리고 이 반영에 대한 반영a reflection of the reflection이 계속 생성되어 면역이 이루어진다. 이러한 관점은 자기와 비자기를 엄격히 구별하지 않고, 비자기를 자기에 의존적인 존재로 간주한다. 예르네는 항원을 포착하는 것이 일종의 거울 이미지mirror image에 비추어진 자기를 인지하는 작용으로 설명했다. 예르네는 전일적 관점holistic view에서 면역 과정을 이미 주어진 실체의 자아가 아닌 자아를 실현해 가는 과정 그 자체로 파악했다(Jerne 1984).

면역 과정에서 항체는 항원의 일방향적 자극에 의해서만 형성되는 것이 아니라 항체-항원 네트워크의 쌍방향적 신호망으로 작동한다.

이런 면역 신호망의 네트워크를 1967년 예르네가 '면역계immune system'라는 이름으로 처음 붙였다. 예르네는 면역계를 다음처럼 정의했다. 면역계는 항원들의 정보를 그물망 내부에서 파악하는 상관적 바이오피드백 체계이며, 면역에 대한 내적 이미지들internal images이 면역체계의 구조 속에 이미 배선되어prewired 있는 네트워크이다. 내적 이미지들은 유기체가 선택적 반응을 하도록 하는 내적 패턴의 표현형이다. 내적이미지 메커니즘은 마치 연역적 구조로 보일 수 있는데, 그 이유는 자기는 비자기와 더불어 자기 스스로를 반영하는 성질을 가지고 있기 때문이다. 면역계는 마치 내부에 거울을 가지고 있고, 비자기는 어떤 의미에서 그 거울에 비친 자기라는 것이다. 예르네는 이렇게 면역학적 자기가 독립적 실체가 아니라 자아와 타자 사이의 양방향bi-directional 상관관계로서 전체의 항상성을 유지하는ongoing process 자기조직성으로 보았다. 항체 형성은 항원이 기존의 항체들과 묶이는 과정에 지나지 않는다는 것이다. 그래서 항체와 항원, 자기와 비자기는 대립적 관계가 아니라 상보적complementary 관계이다(Jerne 1974).

예르네의 업적은 보통 세 가지로 평가된다. 첫째는 항체가 이미 몸속에 존재한다는 1955년 항체형성의 자연-선택이론natural-selection theory을 세운 점이다. 둘째는 면역학적 자기는 자기 자신을 공격하지 않는 관용적 자기가 되도록 학습된다는 점을 밝혀낸 데 있다. 1971년에 발표한 흉선학습이론이 그것이다. 셋째는 앞서 말한 1974년도의 네트워크 이론이다. 면역계 네트워크 이론은 앞서 보았듯이 면역조절과 적응면역을 통합적으로 설명한 매우 혁신적인 아이디어였으며, 그는 이 이론으로 1984년 노벨 생리의학상을 받았다(Hoffmann 1994, 173-174).

생물철학

2.4 버넷의 클론선택설

포도상구균 연구를 하던 버넷은 새로운 의문을 가지게 되었다. 어떤 항원이 침입할지 사전에 모르는 상태에서 그 많은 항체들이 어떻게 적절히 형성되는지 궁금해진 것이다. 그의 궁금점은 기존의 주형모델이나 교습이론으로는 도저히 설명될 수 없었다. 이 문제를 접근하기 위해 그는 항체 형성의 메커니즘을 찾기 위한 실험 아이디어를 냈다. 그의 실험은 다음과 같다. 버넷은 포르말린으로 독성을 약화시킨 포도상 구균을 토끼에 주사하여 토끼의 생리적 면역 반응을 관찰했다. 최초 항원을 주입할 때는 아주 미약한 항체 반응만 있었다. 몇 주가 지나서 두 번째 항원을 주입하자, 5일만에 지수함수적으로 빠르고 강한 항체 형성 반응이 나타났다.

버넷은 이 실험결과로부터 다음을 추론할 수 있었다. 첫째, 최초 항원 주입과 두 번째 항원 주입은 서로 다른 의미를 갖는다. 둘째, 두 번째 항원 주입 때문에 최초 항원 주입한 상태가 증폭되었다고 볼 수 있다. 즉 두 번째 항원 주입의 결과로 모종의 세포들이 급격히 분할되었다. 셋째, 두 번째 항원은 첫 번째 항원을 기억한다. 다만 두 번째 주입 이후 항체의 양적 증가만이 아니라 외부 침입자 인식능력까지 강화된 이유가 어떻게 형성되었는지를 확인하기는 어려웠다. 당시 지배적이었던 주형모델이나 교습이론은 이런 추론을 설명할 수 없었기 때문에, 버넷은 항체 생산 메커니즘을 설명할 수 있는 다른 가설을 필요로 했다.

이때 버넷은 자신의 의문에 빛을 던져준 예르네의 아이디어를 접했다. 1955년 예르네는 항원이 형성되기 전에 이미 항체가 몸속에 존재한다는 주장을 했다. 버넷은 자신이 미처 생각하지 못했던 것을 예르네로부터 알게 되어 깜짝 놀랐다고 한다. 예르네는 항체 형성 과정이 진화 과정과 매우 비슷하다고 생각했다. 항체의 면역력이 증강되는 현상은 세포 표면의 수많은 항체 수용기 중에서 항원에 맞게 선택된 림프구만이 계속 복제되는 메커니즘이다. 이런 항체 증식은 수많은 변이들 중에서 적응된 것만이 유전되는 자연선택이론과 같았다. 버넷은 예르네의 아이디어를 진화론과 연관시켜 포괄적인 면역계 이론을 정립했는데, 이것이 클론선택설clonal selection theory이다. 버넷의 클론선택설이라는 항체 증식 메커니즘은 정설로 이어진다.

예르네에서 시작하여 버넷에 의해 완성된 클론선택설은 항원과 무관하게 우리 몸에 항원에 결합할 수 있는 잠재된 항체 림프구가 이미 충분히 많은 수로 존재한다는 생각을 담고 있다. 버넷은 자신의 클론선택설을 통해 림프구는 하나의 수용체만 가지며 이 림프구가 작동하려면 수용체에 항원이 부착되어야 한다는 것을 증명했다. 작동된 림프구에서 형성된 세포의 또 다른 림프구도 동일한 수용체를 가지며 그래서 계속 증식할 수 있다. 자기 몸 안으로 비자기가 침입하면 그 비자기의 항원에 특수하게 결합할 수 있는 림프구를 선택적으로 증식시키는 메커니즘이 곧 클론선택설이다. 잠재적 항체 림프구의 수는 오늘날 10^9에서 10^{11}개 사이로 알려져 있다. 림프구 하나하나에서는 항원마다 다른 특이성을 갖는 선택만 이루어진다.

클론선택clonal selection이 이루어지려면 몇몇 보조 추론이 필요하다. 첫째, 앞서 말했듯 항원에 따른 림프구 수용기에는 각각 고유한 수용체만 붙는다. 둘째, 비자기를 알아볼 수 있는 자기의 특이성과 더불어

생물철학

자기 수용기에 자기가 달라붙는 잘못된 경우를 사전에 예방해야 한다. 자기와 동일한 자기 분자와 부착할 수 있는 수용체를 가진 림프구, 즉 비자기를 포착하는 것이 아니라 자신과 동일한 자기를 잘못 포착하는 그런 자기의 림프구는 초기 단계에서 제거되어야 한다. 이런 추론은 나중에 자가면역질환에 연관된 면역관용 개념으로 발전했다. 이와 관련하여 버넷의 유명한 사고실험이 이루어졌다. 만약 면역계의 면역세포들이 자기기능을 다 갖춘 성숙기에 도달하기 전에 외부 이물질이 배아세포에 투입될 경우, 항원은 외부 이물질과 자신의 편을 구분하지 못한다는 것이다. 자기와 외부물질을 구분하지 못한 채 성숙한 면역세포는 자기 세포가 비지가 세포가 아닌 자기 세포를 공격하게 될 수 있다. 이런 잘못된 면역 메커니즘이 발현될 때 다양한 질병에 이르게 되는데, 이런 계통의 질환 종류를 자가면역질환autoimmune disease이라고 한다. 버넷은 이렇게 잘못된 선택을 하게 되는 클론을 '금지된 클론

[표 8-1] 현대 면역이론의 발달

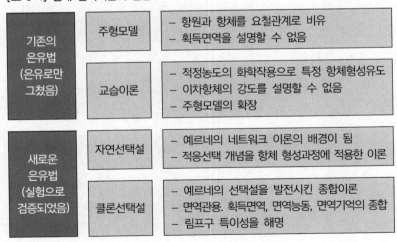

기존의 은유법 (은유로만 그쳤음)	주형모델	– 항원과 항체를 요철관계로 비유 – 획득면역을 설명할 수 없음
	교습이론	– 적정농도의 화학작용으로 특정 항체형성유도 – 이차항체의 강도를 설명할 수 없음 – 주형모델의 확장
새로운 은유법 (실험으로 검증되었음)	자연선택설	– 예르네의 네트워크 이론의 배경이 됨 – 적응선택 개념을 항체 형성과정에 적용한 이론
	클론선택설	– 예르네의 선택설을 발전시킨 종합이론 – 면역관용. 획득면역, 면역능동, 면역기억의 종합 – 림프구 특이성을 해명

forbidden clones'으로 표현했다(Cox and Keast 1973, 1123).

금지된 클론의 복제가 이루어지는 것은 면역세포 증식 메커니즘의 오류이다. 자기를 공격하지 않도록 자기에 대한 관용의 연습을 거친 자기만이 살아남도록 하는 것이 면역작용의 기본 메커니즘이다. 버넷은 이런 현상을 '면역관용immunological tolerance'이라고 불렀다. 자기가 자기를 공격하지 못하도록 면역세포가 어릴 때 훈련을 시킨다는 것이다. 이런 훈련을 통과한 세포만이 살아남아 성체 면역세포가 되고, 그런 성체 면역세포는 자기를 공격하지 않는 면역관용의 메커니즘을 작동한다. 이러한 버넷의 추론은 실제 실험이 아닌 사고실험의 결과였다. 버넷의 추론이 발표된 지 3년도 채 안 된 1953년, 그의 동료 메다와(Peter B. Medawar, 1915-1987)가 버넷의 면역관용 가설을 실험을 통해 실제로 증명했다.

버넷의 클론선택설의 기여는 다음처럼 정리된다. 첫째, 최초 항원들이 몸 안에 들어오면 면역세포를 자극하여 항체를 생산하는데, 실제로는 항원의 자극도보다 훨씬 빠르고 많은 수의 항체가 만들어진다. 버넷은 주형모델이나 교습이론으로는 이 현상을 설명할 수 없음을 인지했다. 둘째, 면역의 수동성이 아닌 면역의 능동성으로 재해석될 수 있는 계기를 제공했다. 동시에 유전자 정보에 의한 항체 생성론, 즉 자연면역이 아닌 획득면역 이론이 정착하게 되었다. 셋째, 클론선택설은 면역관용의 메커니즘과 밀접하게 연관된다. 넷째, 클론선택설은 현대 면역학의 가장 중요한 발견이었으며, 버넷 자신도 가장 중요한 과학적 기여라고 생각했다.

생물철학

[표 8-2] 자기/비자기의 메타포를 면역학 개념으로

메치니코츠 1845-1916	• 자기가 비자기를 인식하여 상응한 능동적 반응을 계획하며 행동으로 실현하는 진화론적 인식epistéme 작용이 면역이고 면역 자체가 자기의 정체성
버넷 1899-1985	• 내부 환경과 외부 환경 사이의 변증법적인 과정을 인식하는 자기는 고정된 실체로서 자아 정체성이 아니라 변화와 운동의 과정적 존재 • 클론선택설 – 잠재적 항체 림프구의 수는 포유류의 경우 10^9에서 10^{11}개의 림프구, 항원마다 다른 특이성 갖는 선택
예르네 1911-1994	• 자기는 자기를 반영하는 자기거울self-mirror이며, 비자기는 "반영에 대한 반영" • 반영의 지속적 생성이 면역반응 • 세포의 평형상태를 유지하려는 기능적 그물망 안에서 자기는 대자적인 비자기를 엄격히 구획하지 않고 비자기는 자기에 상관적 존재 • 자아-타자 사이의 양방향의 변증법적 상관관계로서 전체 항상성을 유지하는 자기조직성

3. 면역기억과 면역관용: 면역학의 인식론

3.1 진화론적 유사성

『과학혁명의 구조』(1962)로 유명한 과학철학자 쿤(Thomas S. Kuhn, 1922-1996)은 과학의 변천사를 연속의 진보가 아닌 불연속의 도약으로 해석했다. 쿤에 따르면 새로운 과학이론의 등장과 그 이론이 정상과학으로 되기까지의 과정 그리고 정상과학의 붕괴와 새로운 패러다임으로의 전환은 기존 이론으로부터 누적되어진 합리적이고 연속된 진행이 아니라 단절과 개종의 불연속 파고를 넘어가야 하는 혁명적 전복과 같다고 한다. 쿤 이전에 과학을 인식하는 패러다임은 합리성과 검증성, 논리성과 진리대응설 등으로 한정되어 있었다. 쿤이 말하는 패러다임 전환에서 중요한 것은 기존 이론이 자신의 내적인 논리의 사소한 오류 정도로 통해서는 붕괴되지 않음을 말한 데 있다. 오히려 이론 외적인 상황이나 이론에 무관해 보이는 비합리성의 지식 압력들이 쌓여서 불연속적 전도가 일어날 수 있을 뿐이다. 이런 해석에 따르면 기존 주형모델 면역학과 버넷의 클론선택설은 서로 소통불가능한 개념 체계들이다. 반면 쿤과 반대 입장이었던 과학철학자 라카토스에서 새로운 이론이란 기존 이론을 보완하는 보조이론의 역할을 함으로써 기존 패러다임을 유지하되 더 발전되는 이론확장에 해당한다. 생물철학자 토버는 라카토스의 생각을 면역학에 적용했다. 면역학을 다윈 진화론의 보조과학으로 받아들이고, 버넷 이전의 면역학에서 해명되지 않았던 항체 형성 문제를 진화론의 도움을 받아 설명할 수 있게 되었다고 했다 (Tauber 1997, 5).

현대 면역학은 진화과학의 특수한 설명 범주로 이해될 수 있다. 토버는 면역학이 『종의 기원』이 제시한 진화론 틀의 구체적 산물이면서도 진화론의 핵심적 의미를 보여준다고 했다. 그는 진화론의 자연선택이 바로 면역학의 핵심 원리이며, 그 보조 가설로 경쟁하는 세포 계통에 관한 발생학적 모델, 생리학적 염증 이론, 면역과정 이론을 예로 들었다. 면역학은 혈청학과 면역화학에서 생의학으로 발전해 간다. 이러한 발전 과정에는 공통적으로 그 중심에 진화론적 사유체계가 있다. 이를 배경으로 면역학 일반은 세포성 질병을 생물학적 상관성의 하나로 다루며, 면역 현상을 자기와 비자기 사이에서 나타나는 진화론적 문맥의 특수한 사례로 본다. 예를 들어 2장에서 논의했던 진화론적 사유구조를 면역학의 입장에서는 다음과 같이 바꿔 표현할 수 있다.

- 생물종은 불변의 실체가 아니라 항상 변화하는 과정의 존재이다.
- 어떤 개체는 환경에 적응하며 어떤 개체는 그렇지 못한다(즉 개체들마다 환경에 반응하는 적응도가 다르다.).
- 일반적으로 좋은 환경은 개체 자신의 생존과 번식에 유리하다. 생명 개체는 좋은 환경에는 수동적으로 반응한다. 그러나 어떤 생물종들은 의도적으로 나쁜 환경을 선택한다. 험준한 산악지대의 산양, 추운 지역에 사는 일본원숭이 등은 생존과 번식에 불리한 것을 알면서도 능동적으로 악조건을 선택했다. 그 이유는 포식자들을 피하기 위해서 혹은 독립적 서식환경을 획득하기 위해서였다.

적응이란 개체와 환경 사이에서 개체의 생존과 번식에 유리한 적응도를 찾아가는 반응 과정이다. 이 점에서 생리적 면역 과정과 진화적 적응 과정은 그 구조가 유사하다. 앞서 말했듯이 면역이란 비자기인 외부 이물질에 대하여 자기 혹은 숙주를 보호하는 생리적 작용이고, 자기와 환경 사이에서 공존 아니면 투쟁을 결정하기 위해 상호 적응도를 확인하는 작용이다. 한편 적응이란 환경에 대하여 자기 자신이 다른 개체보다 더 잘 살아남아 후손을 남길 수 있는지에 대한 선택 과정이다. 자신과 환경 사이에서 자신이 살아남을 수 있는지 혹은 누가 더 생존에 유리한지를 확인하는 과정이라는 뜻이다. 생리 차원의 면역 작용과 역사 차원의 적응 과정은 서로 다른 영역이지만 사유 구조가 유사하다. 진화와 면역이 상사 구조를 가진다는 입장을 논증하기 위하여 (i) 면역 특이성과 (ii) 면역기억 그리고 (iii) 면역관용 개념이 분석되어야 한다. 이 세 가지 개념으로 우리는 면역이 진화와 유사한 구조를 가지며, 동시에 면역 작용이 능동성을 포함한다는 사실을 확인할 수 있다.

면역 능동성immunologic activeness이란 자기의 고유한 작동방식 혹은 자기 에너지를 사용하여 특정한 결과를 자져오도록 하는 성질 또는 작용을 가리킨다. 이러한 정의는 기존 면역학 교과서에 나오는 능동면역과 수동면역의 구분에서 등장하는 능동면역의 개념과 다른 철학적 의미를 갖는다. 보통 면역학에서 말하는 능동면역active immunity은 면역 접종 과정에 의해 유도된 면역 형태를 말하며, 수동면역passive immunity은 능동면역이 일어나기 전 신속한 저항력을 갖게 하는 작용으로 설명된다. 독사 독물로부터 얻은 항체를 투여하여 해독시키는 방법은 수동면역의 한 사례이다. 반면 여기서 다루는 면역 작용의 능동성은 이와 달리 철학적 인식론의 입장에서 자신의 방법과 계획을 통하여 자신이 의도한 고유한 결과를 산출하는 면역세포의 작용을 의미한다.

3.2 면역 작용의 특이성

면역 반응에는 자연면역natural immunity과 획득면역acquired immunity이 있다. 자연면역이란 외부 이물질에 대해 내 몸이 선천적으로 지니고 있는 저항 능력을 가리킨다. 자연면역에서 항원과 항체 사이의 능동적이며 직접적인 일대일 반응관계는 없다. 외부 항원에 대하여 고유하게 반응하는 특정 항체가 존재하지 않는다는 것이다. 자연면역은 세균과 같은 미생물 등의 외부 이물질을 몇몇 패턴으로 인식하여 거름 작용과 포식 방법으로 제거하는 선천적 방어능력이다. 예를 들어 코나 폐의 호흡기에는 외부 이물질을 걸러주는 점막 조직이 발달되어 있는데, 이러한 물리적 차원의 거름 작용도 자연 면역의 일종이다. 세포 차원에서 외부 미생물을 아메바처럼 잡아먹는 대식 세포와 호중구 세포의 기능도 자연면역인데, 이들 세포는 외부 미생물이 어떤 종류인지에 관계없이 대상을 제거한다. 호중구 세포는 보체complement proteins나 사이토카인cytokines과 같은 특별한 단백질이 있어서 침입한 외부 미생물을 감지하고 제거하는 자연면역의 기본 기능을 담당한다. 이 두 가지 모두 일반적 비자기에 대처하는 자연면역의 수동적 작용의 사례들이다.

자연면역과 달리 항원에 따라 특정한 항체를 특이적으로 생성하는 면역반응이 있는데, 이를 획득면역이라고 한다. 특이하다specific는 말은 특정 항원에 대하여 특정 항체가 고유하게 반응한다는 뜻이다. 획득면역의 주체는 골수에서 생산된 B 림프구와 T 림프구이다. 림프구 세포 표면에는 특정 항원을 인식하고 그 특정 항원에 결합하는 부위가 있는데, 이를 항원 수용체antigen receptor라고 부른다. 여기에서 항체의 엄밀한 정의가 가능하게 된다. 항원 수용체는 항원에 의해 자극되어 세포 표면에 형성되는 단백질의 일종이다. B 림프구의 경우, 이 수용체가 원래 림프구 세포로부터 떨어져 나와 혈액 안으로 들어간 단백질 단위를 항체라고 부른다. B 림프구에서 떨어져 나온 수용체가 혈액을 통해 돌아다니면서 면역 작용을 한다. 항체는 B 림프구에서만 항원에 의해 자극된 항원 수용체가 떨어져 나와 생성된다. 여기에서 떨어져 나온 항체들이 몸 전체를 돌아다니면서 항원과 특이적으로 반응하여 수용체를 최초로 자극한 해당 항원을 찾아 본격적으로 비자기를 제거하기 시작한다. 항체는 항원에 대한, 항원에 의한, 항원을 위한 능동적 산물이다(Abbas 1997, Chap.2).

B 림프구처럼 분리되는 항체를 생성하지는 못하지만 항원에 의해 자극된 수용체 자체가 항원을 능동적으로 제거하는 능력을 가지는 세포도 있는데, 이는 T 림프구이다. B 림프구나 T 림프구 모두 특정 항원을 인식하여 이에 대한 특정 항체를 능동적으로 생산한다. 그렇지만 우리가 보통 후천적인 항체 면역 작용이라고 부르는 것은 대부분 B 림프구에 의한 획득면역 작용을 말한다. 항체가 항원을 제거하는 면역 과정은 세포 차원에서 (i) 항원이 들어오면 B 림프구 항원 수용체를 활성화하고 (ii) 항원 수용체 표면 단백질이 항체를 생성하며 (iii) 항체단백질이 침입한 항원과 결합하여 항원을 제거한다는 것을 의미한다. 항원이 항원 수용체를 활성화한다는 말은 특정 항원을 인지할 수 있는 특정 수용체가 미리 존재한다는 뜻이다. 여기에서 사전에 침입가능한 항원이 무엇인지도 모르는데, 어떻게 사전에 림프구 세포에 항원수용체가 준비되어 있는지에 대한 존재론적 해명이 필요하다. 버넷에 의해 그 해명이 이루어진 것으로, 버넷의 성과는 면역학적 능동성을 해명한 것이라고 할 수 있다.

면역 반응의 주요 특징은 무수히 많은 비자기에 대하여 각각 특이적으로 반응하는 데 있다. 자기는 특정 항원 혹은 비자기를 개개의 림프구에 의해 특이적으로 인식하는데, 이런 특이 인식 부위를 항원결정기 혹은 에피토프epitope라고 부른다. 에피토프의 작용으로부터 면역의 특이성이 해명되며, 그 특이적 인식 과정이 능동적임을 알 수 있다. 항원 특이성은 포유류의 경우 10^9에서 10^{11}에 이를 정도로 많은 인식의 경우 수를 갖고 있다. 1,000억 개에 가까운 특이성의 수만큼 개체마다 고유한 반응을 한다는 뜻이다. 면역 특이성은 다양성으로 드러난다. 이런 다양성을 설명하기 위해서는 철학적 인식론에 대한 이해가 필요하다.

자기는 그 많은 비자기를 어떻게 구별하여 특이적으로 반응하는 것인가? 이 질문은 또 다른 철학적 난제이다. 특이성이 보여주는 능동적 반응은 진화의 산물이다. 그렇다면 비자기에 반응하지 못한 자기는 소멸하고 비자기에 반응하는 자기는 생존한 결과가 바로 지금의 면역 시스템이고, 이런 면역계는 클론선택설을 토대로 한다. 클론선택설은 1,000억 개 수준의 잠재된 비자기에 반응하는 자기를 원래부터 구비하고 있었어야 한다는 존재론적 가설을 증명해야 한다. 어떻게 아직 나타나지도 않은 미래의 외부 이물질인 비자기들에 적절히 대응하는 자기를 선천적으로 확보하고 구비할 수 있는가의 문제는 자칫 선험주의 존재론으로 빠질 우려가 있다. "원래 존재하니까 존재한다"라는 식의 형이상학적 동어반복이 될 수 있다는 뜻이다. 그러나 클론선택설의 철학적 전제는 현대 분자생물학적 성과를 통해 그 난제를 해결했다. 분자 차원의 논리를 아래에서 간단하게 살펴보자.

미지의 비자기에 대한 특이반응 시스템은 세포 수용체인 항체단백질이 엄청난 수의 유전자 조합으로 가능한 잠재적 다양성을 표현한다. 1개의 B 림프구는 1개의 안테나 분자인 B 세포 수용체를 갖는다. 림프구 항체는 2개의 h사슬heavy chain과 2개의 l사슬light chain로 되어 있다. h사슬의 항체단백질은 V유전자(200~1,000개), D유전자(10여 개), J유전자(4~6개), C유전자의 조합으로 구성되는데, 이를 조합할 수 있는 경우

수는 수만 개 수준에 이른다. 마찬가지로 l사슬에서도 조합 가능한 경우의 수는 비슷하다. 다시 h사슬과 l사슬을 연결하면 1,000만 개 이상의 항체단백질 구조가 탄생될 수 있다. 더욱이 T 세포 역시 T 세포 수용체의 유전자 조합이 가능하다. 이런 조합에 의한 다양성이 바로 미지의 비자기를 능동적으로 반응하게 하는 구조적 시스템이다(Alberts 2002, 1382).

자기의 면역 반응 중에서 특이성은 적응진화의 대표적인 경우이다. 오늘날 심각한 질병인 암과 에이즈도 그것을 유발하는 생소한 비자기에 반응하지 못하는 특이 반응의 결함에서 온 것만이 아니다. 현대의 많은 질병은 자기를 비자기로 오인하거나 비자기를 비자기로 인식하지 못하게 하는 잘못된 표지작용의 결과로도 볼 수 있다. 자기와 비자기를 잘못 인식하게끔 유도하는 표지작용은 대식세포의 class1 MHCmajor histocompability complex(주조직 적합성 복합체)의 표지를 숨기는 비정상 작용을 일으키는데, 이 경우 자기는 MHC 항원이 없는 것으로 판단하여 도움 T 세포helper T를 작동하지 않게 되고, 결국 암세포는 과도하게 증식한다. 이런 작용이 바로 암세포의 발생 과정이다. 반면에 에이즈 AIDS, Acquired Immune Deficiency Syndrome의 경우, 대식세포의 항원 표지작용과 도움 T 세포의 작동시스템을 파괴하여 면역 반응 자체가 일어나지 않게 된다. 결국 에이즈라는 이름 그대로 획득면역 반응이 결핍되어 작은 합병증에도 사망할 수 있게 된다.

분자 수준에서 볼 때 자기와 비자기도 동일 조상을 공유한다. 비자기의 잠재된 경우의 수가 무한하더라도 결국 세포 안에 이미 있는 기존 물질들과 분자 수준에서 동일하다는 논리에 이르게 된다. 바이러스의 예를 들어 설명해 보자. 비자기이면서 외부 이물질인 바이러스가 숙주로 삼은 자기로서의 세포 안에 기생(감염)하려면 먼저 세포 안에 들어온 바이러스 RNA가 DNA로 거꾸로 전사(역전사, 복제)되어야 한다. 비자기의 DNA 단백질이 마치 자기의 단백질처럼 행세하는 것이다. 이런 기생 행위가 가능한 이유는 자기와 비자기의 기초 물질요소가 동질적이기 때문이다. 자기와 비자기의 차이는 진화의 역사를 통해 선택된 특정의 결합 방식에서 온다. 즉 h사슬과 l사슬 간의 결합 방식에 따라 외부 이물질의 다양한 결합 구조에 대응할 수 있게 된 것이다. 엄격히 말하자면 그렇게 대응된 적응의 결과가 지금의 면역 시스템으로 진화되어 남은 것이다.

적응진화의 결과는 다양성으로 표현되기도 하지만 특이성으로 표현될 수 있다. 림프구 세포의 특이성과 다양성은 면역 작용의 능동성을 보여주는 생리적 현상이다. 이로부터 철학적 질문을 통한 유의미한 분석이 가능해진다. 첫째, 다양성diversity의 생리적 진화이다. 미지의 항원, 즉 외부 미생물의 양태는 실제로 무한에 가깝다는 점이다. 둘째, 특이성specificity의 생리적 진화이다. 천억 개 이상의 수준으로 많은 특정 항원에 반응하는 특정 수용체가 나의 몸 안에 준비되어 있다는 점이다. 이 두 가지 생리적 논거에서 면역 작용의 인식론적 능동성이 설명된다.

3.3 면역기억

특정 비자기에 대한 특이성 메커니즘은 다른 관점에서는 전문화라고 말하기도 한다. 앞서 말했듯이 인간은 10^9에서 10^{11}에 이르는 경우의 수를 가지는 항원의 결정기를 구별하여 인식할 수 있다. 면역 다양성에서 특정 비자기를 인식하는 고유성이 무엇인가를 찾아내는 것이 면역 메커니즘의 핵심이다. 면역 작용은 수많은 비자기를 인식하고 다양한 반응을 하는데, 이때 성공적인 방어를 위하여 반응의 속도를 높여야 한다. 여기에 면역기억 메커니즘이 작동된다.

면역력을 재생할 수 있다는 생각은 19세기부터 있어 왔지만 버넷 Frank Macfarlane Burnet은 자신의 클론선택설clonal selection theory을 통해서 면역 기억 메커니즘immune memory mechanism을 분석적으로 해명했다.

모든 항원에 대하여 처음부터 면역 반응 메커니즘을 다시 시작하는 것이 아니라, 과거에 단 한 번이라도 침입한 적이 있었던 항원이 다시 침입했을 경우, 그것을 기억하고 있다가 저장되어 있던 면역 메커니즘을 재생하는 것이 기억 메커니즘의 핵심이다. 그런 메커니즘 덕분에 신속하고 정확한 면역 반응을 재현한다. 과거의 비자기를 기억하고 신속하게 반응하는 아주 독특한 이런 현상을 면역기억이라고 한다. 특이성, 다양성, 전문화 이상으로 면역기억은 면역 반응의 주요 특징이다(Abbas 1997, 35-36).

면역기억은 면역세포의 한 현상이며 작용이다. 동시에 면역기억은 림프구에 의해 생산된 기억세포의 본질이기도 하다. 면역 작용의 기억 세포는 항원의 자극이 없어도 경우에 따라 20년 이상의 휴지기(잠재적 면역기간)를 가지는 기억림프구memory lymphocyte이다. 기억을 제공하는 것으로 추측되는 기억세포의 특정 분자량을 갖는 표면 단백질은 분화된 다른 분자량의 단백질과 상호 교환하면서 기억의 메커니즘을 발현하는 것으로 추정된다. 기억세포는 단지 그 실체론적 세포 자체만의 기능을 발현하는 것이 아니라, 환경과 반응하는 과정에서 면역기억을 발현하는 것으로 간주된다.

기억은 특정 환경에 능동적으로 작용하도록 적응된 결과라고 말했는데, 그 논거는 획득면역을 설명할 때 이미 다루었다. 그럼에도 불구하고 '기억'과 '아포토시스'의 상관적 관점에서 한 번 더 살펴보자. 항원이나 외부 이물질인 비자기가 외부에서 체내로 들어올 경우, 외부 비자기를 인식하고recognition, 면역 반응을 활성화하고activation, 면역 실행effector이 작용된다. 혈액 림프구의 25% 정도는 B 세포로 알려져 있다. B 세포는 세포 표면에 면역글로불린ig 분자를 리셉터로 가지고 있다. 면역글로불린 분자는 곧 항체 분자이다. 항원은 바로 이 면역글로불린 리셉터, 즉 항체 분자와 반응하게 되고, 이런 항체를 급속히 많이 생산하게 된다. 이제 항체는 온몸에 퍼져 항원에 대응하며, 항원을 포획한 B 세포는 항원 분자 조각을 세포 표면에 표지로 제시한다.

이러한 표지는 T세포를 자극하여 활성화시킨다. 항원에 의해 인식되고 활성화된 B 림프구와 T 림프구의 증식세포는 실행세포effector cell 역할을 하지만, 그중 어떤 것은 실행세포로 분화하지 않고 항원의 자극 없이도 살아남는 세포로 된다. 항원수용체, 즉 항체ig 리셉터의 주체는 항원이 더 이상 존재하지 않고 더 이상 자극을 받지 않게 되면 없어진다. 그렇게 없어지는 과정은 일종의 아포토시스, 즉 세포자살 과정에 해당한다. 항원이 없어지더라도 계속 항원 수용체를 유지하는 세포가 있는데, 이들은 나중에 항원이 들어왔을 때 아주 빠르게 반응하게 된다. 이것이 바로 면역 기억세포로, 나중에 동일한 항원이 다시 나타날 때 아주 신속하게 다량의 항체를 생산할 수 있는 매우 능동적 양상을 보인다. 현재 어떤 B 세포는 없어지고 다른 B 세포는 살아서 기억세포로 되는지에 관한 연구는 진행 중이다. 분명한 것은 기억세포도 진화에 의한 다양한 변이 세포 가운데 하나로 선택되어 형성된 것이라는 점이다. 포유류의 진화에서 면역기억 세포의 변이와 적응은 개체 및 종의 생존에 매우 유리한 능동적 조건이 되었다. 면역기억은 면역 작용의 능동성을 해명하는 주요한 논거이다. 시간이 흐르고 난 뒤에도 비자기를 포착하는 자기의 작용은 신속한 면역 효과를 나타나게 한다.

자기와 비자기 개념은 메타포로부터 출발했지만, 최근에는 분자 차원에서 표준개념으로 재정립되고 있다. 작용의 수동성과 능동성이라는 추상적 성질도 메타포의 일종이다. 인간의 행위를 묘사한 행동주의 언어를 세포 단위의 작용 특성에 적용한 것이기 때문이다. 이를 부정적으로 표현하면 분자 차원의 애니미즘으로 볼 수 있으며, 긍정적으로 표현하면 과학적 메타포라고 볼 수 있다. 메타포이기 때문에 실험적 증거가 불충분하지만, 과학에 창조적 상상력을 불어 넣을 수 있는 강점도 있다. 면역기억 역시 주요한 메타포였다.

면역기억의 메타포를 사용하기 위하여 뇌 기능의 계산주의와 연결주의를 비교해 볼 수 있다. 뇌의 국소적 인지기능을 밝히는 데에는 fMRI를 이용한 물리주의 방법론이 많이 활용되고 있다. 그러나 여전히 뇌의 기능은 일대일 대응주의 혹은 국소성 물리주의로 설명되기보다 국소 기능들의 상호 연결을 통한 네트워크 방식으로 설명되는 경우가 많다. 마찬가지로 면역기억도 특정 부위의 기능으로 설명되기보다는 상호 연결성으로 설명된다. 전자를 계산주의 방법론이라고 한다면, 후자를 연결주의 방법론이라고 할 수 있다. 생물학적 연결주의는 세포 단위, 조직 단위, 기관 단위의 부분들이 서로 연결되고 상호 연관작용

생물철학

을 하여 국소적 기능들을 합한 것 이상으로 새로운 기능과 작용들이 창출될 수 있음을 인정한다. 연결주의는 관계론 논변을 기초로 하고 있으며, 계산주의는 국소부위의 독립 기능을 강조하는 실체론 논변을 기초로 한다(최종덕 1995, 92-101).

면역학에서 연결주의 특징이 드러나는 현상은 혈액에 녹아든 항체들이 몸을 돌아다니면서 그들 사이의 연결성을 능동적으로 확산하는 B 세포 면역 기능이나, 클론선택에 의한 급속한 증식이나, 면역기억 등의 작용들이다. 이 중에서 면역기억의 특징은 시간과 공간이라는 상상력을 분자면역학에 불어넣을 수 있다는 점에서 중요한 철학적 의미를 갖는다. 면역 세포의 시간 기억은 태어나서 일정 기간 동안 엄마의 면역력을 이어서 지속하는 기간면역a period of immunity이나, 볼거리처럼 평생 영구면역을 갖게 되는 경우를 포함한다.

3.4 버넷의 면역관용

획득면역은 자연면역과 달리 비자기의 유형에 따라 특이적으로 반응하는데, 그 면역 반응의 주된 통로는 체액성 면역체인 B 림프구와 세포성 면역체인 T 림프구이다. 이외에 NK라고 하는 선천적인 자연킬러natural killer 세포도 있다. 자연면역이나 획득면역에서 자기는 외부 비자기로부터 자신을 보호하려는 작용 그 자체이다. 특히 획득면역 과정에서 자기가 비자기를 가려내고 걸러내는 작용이 면역 반응의 핵심이다. 자기가 비자기를 가려내고 걸러내는 구실을 제대로 하지 못할 경우 수많은 질환과 질병이 생긴다. 예를 들어 자기가 자기를 동지로 인식하지 못하고 적으로 인식할 경우 다양한 자가면역질환이 생긴다. 현대 질병의 가장 큰 특징은 자기와 비자기 사이의 관계 혼란으로 인해 유발된 질병이 많다는 점이다.

자기와 비자기의 정체성은 고착된 것이 아니다. 먼저 자기가 비자기로 되는 과정을 통해 자기 안의 비자기를 공격하라는 신호가 만들어진다. 이는 철학으로 볼 때 기존의 실체론적 존재론이 깨지는 한 사례이며, 경험과학으로 볼 때 상관적 신호시스템 연구의 기초가 될 수 있다. 면역관용이 깨진다는 것은 결국 자아 정체성의 혼란을 의미한다. 관용을 유지하는 면역 메커니즘 중에서 중요한 것 가운데 하나는 자아 정체성을 후천적으로 연습하고 훈련하는 과정이다. 자아 정체성이 선천적이 아니라 후천적으로 형성된다는 것이 바로 관용의 특징이다. 관용은 훈련과 연습의 결과이지 선천적 능력이 아니라는 뜻이다. 마찬가지로 자기의 정체성도 후천적 형성 과정에서 드러난다.

구체적 예를 들어 보자. 골수에서 분열된 조혈줄기세포는 흉선에서 성숙 T 림프구로 성장하는데, 이때 자기와 비자기를 구획하는 연습, 즉 자기를 비자기로부터 구분하는 연습을 하게 된다. 미성숙 T 세포 림프구는 성체가 되어 자기를 공격하지 않도록 특이 훈련을 흉선에서 받는다. 흉선에서 자기가 자기를 공격하는 어린 림프구 세포는 아포토시스apotosis 작용을 통해 자동적으로 제거된다. 반면 자기와 같은 동지를 공격하지 않는 세포는 살려둔다. 흉선은 자기와 비자기를 구분할 수 있는 어린 세포만 성체 T세포로 성장하도록 훈련시키고 연습시키는 일종의 면역 사관학교에 해당한다.

앞서 말했듯이 면역시스템은 그 기능으로 볼 때 인식 단계recognition phase, 활성화 단계activation phase, 그리고 실행 단계effector phase로 나눌

생물철학

수 있다. 이 중에서 인식 단계만을 활용하는 것이 바로 자기를 비자기와 구분하는 연습 과정이다. 자기의 성장 과정에서 흉선 안의 MHC 자기 세포를 제시하고 이에 반응하는 미숙한 T 세포에 대하여 죽음 기제가 작동되도록 한다. 세포 자체의 자기죽음 예정 메커니즘인 아포토시스 apotosis 작용을 통해 어린 T 세포의 97%가 자체적으로 제거된다고 한다. 그리고 훈련과 시험을 무사히 통과한 3%의 세포만이 도움 세포나 자연 킬러 T 세포로 배출된다. 이렇게 자기가 자기를 공격하지 않도록 하여 자기가 자기에게 반응하지 않도록 하는 면역학적 기제를 관용tolerance 이라고 한다. 자기가 비자기를 가려내지 못하고 관용 기제가 무너져 자기가 자기를 걸러내어 죽이는 이상반응을 하게 되면, 결국 숙주에 해당하는 인체는 자가면역질환에 걸리게 된다.

그리스 신화에 나오는 크레타 공주 아리아드네는 미로 가득한 미궁에 빠진 아테네 왕자 테세우스를 돕기 위해 미로를 따라가는 실타래를 테세우스에게 몰래 쥐어주고 결국 난관의 미궁에서 빠져 나오게 해주었다. 버넷은 자신의 면역계 업적으로 1960년 노벨생리의학상을 수상했는데, 수상 기념 강연 "면역학적 자기 인식Immunological Recognition of Self"에서 자신의 면역관용 이론이 미래 면역학의 미궁을 헤쳐가는 아리아드네의 실타래가 될 것이라고 표현했다(Burnet 1960).

자기 면역세포가 자기 세포를 비자기 세포로 오인하여 공격하지 않도록 하는 버넷의 메커니즘이란 자기가 자기에 대하여 면역반응하는 세포들을 제거하고 비활성화하거나 반응정도를 낮춰주는 선천적 조절 능력을 말한다. 버넷은 이런 메커니즘에 면역 관용이라는 멋진 이름을 붙여주었다. 버넷의 주요성과인 면역계의 중요한 점은 흉선의

T 세포에게 조절메커니즘 훈련을 통해서 면역관용을 학습시키는 특수한 기능에 있다. B 세포나 T 세포 둘 다 골수에서 태어났지만 T 세포만이 미성숙 흉선으로 들어가 관용 능력을 학습한다. 학습 절차는 앞서 말했듯이 관용 능력 시험에 불합격한 미성숙 T 세포를 죽음 기제를 통해 제거하는 방식이다. 살아남은 T 세포가 흉선에서 나와 성숙 과정을 거치는데, 그것이 바로 활발한 능동적 면역의 학습 과정을 통과한 세포들이다. 면역 능동성은 자기와 비자기가 일대일 대응관계가 아니며, 그 구분도 고정된 것이 아니라는 사실을 강하게 함축한다. 여기서 '학습'이라는 말 때문에 오해할 수 있는 선입관이 있는데, 면역관용의 학습이 후천적 학습이라는 뜻이 아니라 T 세포에 진화적으로 선택된 선천적 능력이라는 점이다(Alberts 2002, 1368-1370).

3.5 자기의 면역 능동성과 인식능력

면역학적 존재는 진화론적 존재이다. 진화와 발생에 의해 과정적 존재 process reality가 형성되었다면, 면역에 의해 인식작용이 일어난다고 볼 수 있다. 자연면역은 비자기, 즉 외부 이물질을 패턴으로 인식한다. 대상의 개체 특성을 인식하는 것이 아니라, 대상이 어떤 유형에 속하는지를 파악하고 그런 유형에 대처하는 기존의 매뉴얼대로 반응한다. 이러한 패턴형 인식방법은 선조 생명체(세포)의 원시적 대처 방식이다. 반면에 후천면역, 즉 획득면역은 비자기의 개체 특성에 따라 다르게 반응하는 특이적 인식을 한다. 자연면역과 획득면역의 진화론적 관계를 논리적으로 해석하면 다음과 같다.

- 자연면역을 담당하는 세포와 획득면역을 담당하는 세포는 동일한 조상세포로부터 진화하면서 분리되었다.
- 자연면역 세포가 발전적으로 진화(정향진화)하여 획득면역 세포로 된 것이 아니다.
- 자연면역 세포와 획득면역 세포는 서로에게 분화된 존재로서 동시에 존재한다(특히 포유류 이후에 강화됨).
- 따라서 자연면역 작용과 획득면역 작용은 공존한다.
- 능동적 면역 작용과 수동적 면역 작용은 진화적으로 분화된 기능성 형질이다. 자연면역의 수동성과 획득면역의 능동성이 공존한다.

37억 년이라는 장구한 생명진화 역사에서 독립적인 미토콘드리아 세포가 원핵생물 세포 안으로 유입되어 협동적 공생관계를 이루게 된 것이 오늘날 동물세포의 원형으로 추정된다. 미토콘드리아와 원시 원핵생물 세포는 최초 자기-비자기 관계였다가 나중에 자기-자기 관계로 진화했다. 분자 차원에서 자기와 비자기의 구별은 주조직 적합성 복합체, 즉 MHC 단백질의 반응 차이에 있다. 사람의 경우 HLAhuman leukocyte antigen라고 불리는 MHC에 의해 기억, 관용, 대식 등의 면역 인식이 설명된다. 면역 주체의 작용인 인간 HLA나, 좀 더 보편적인 포유동물의 MHC는 진화의 나무의 한 계통에서 갈라진 것이다. 이렇게 면역 능동성은 수동적 면역 작용으로부터 분기되었으며, 그 이후에도 좀 더 특이적으로 진화한 산물이다(타다토미오 1998, 214-216).

면역학적 인식론을 세포 수준에서 말하면 다음과 같다. 항체는 변수 부분과 상수 부분을 갖는데, 아미노산기의 결합 순서에 따르는 단백질 구조의 미세한 차이로 그 정체성을 설명할 수 있다. 예를 들어 B 세포에는 특이한 항원을 인식하는 수용기가 있고 이것이 선험적 인식 능력을 설명하는 단서가 될 수 있지만, 그러한 수용기는 고정된 선험적 존재가 아니고 진화론적으로 변화하는 후험적 존재이다. 항원 인식이란 비활성화 상태와 활성화 상태 사이의 유동적이고 상관적인 관계를 말한다.

지금까지의 논의들을 기반으로 면역학적 인식 구조를 다음과 같이 정리할 수 있다.

(i) 자기와 비자기는 절대적으로 구획된 존재가 아니라 서로의 경계를 간섭하는 변화의 존재이다.

(ii) 자기는 비자기로부터 자기를 구분하는 후천적 인식 작용을 학습한다.

(iii) 자기 항상성을 유지하기 위해 자기는 비자기에 대해 방어적으로 반응한다.

(iv) 면역 인식은 분자 차원에서 볼 때 아미노산의 결합체인 단백질 간 커뮤니케이션이며 신호 작용이다.

(v) 자기와 비자기는 서로 다른 존재이지만 진화론적으로 볼 때 그 선조는 동일 단백질 구조의 동일 세포들이다. 비자기와 동일 선조를 둔 자기는 비자기의 정보를 잠재적으로 갖고 있다. 이는 곧 자기가 비자기에 능동적으로 대처할 수 있는 존재론적 논거이기도 하다.

(vi) 자연면역의 면역특이성, 면역기억, 면역관용의 현상을 통해 면역의 능동성을 진화론적으로 추론할 수 있다.

(vii) 면역의 능동성은 면역 수동성으로부터 특이적으로 진화한 산물
이다.

3.6 진화론적 인식론으로서 면역학

토버의 면역학적 이해는 기본적으로 진화론적 인식론을 전제한다. 진
화론적 인식론은 선험적으로 인식 규범을 구성하는 정당화 작업justifica-
tion 대신에 진화생물학의 성과를 바탕으로 인식의 기원과 그 타당성의
조건을 해명하려고 하는 경험론적 접근 방식이다. 진화론적 인식론에
서는 모든 유기체의 인식장치가 진화의 산물이며, 그 인식장치도 항상
변화할 수 있다. 여기서 자아로서의 인식 주관은 전통 형이상학의 선험
적 자아와 무관하다. 인식 장치는 자연조건에 적응하고 선택된 진화의
산물이기 때문에 오늘날 인식 주관의 구조도 자연주의적 세계 구조를
반영할 수 있다.

이러한 인식론 구조를 잘 설명해 준 연구자는 독일의 생물철학자
폴머(Gerhard Vollmer)이다. 2장에서 논의했듯이 폴머의 자연주의 인식론
은 진화론의 기초 위에 있다. "우리의 인식 장치는 생물학적 진화의
산물이다. 주관적 구조라고 간주되는 인식 장치는 외부 세계에 대하여
어느 정도 적합하게 선택된 것이다. 이 구조는 진화 과정에서 자연의
실재 세계에 적응하면서 형성되었기 때문이다. 그리고 이들은 실재
구조와 부분적으로 일치하기까지 한다. 이러한 일치만이 종의 생존을
가능케 했다."(Vollmer 1985, Bd1:48)

진화론적 인식론의 기본 방향은 인식 구조의 실체론적 기원을 찾는
일보다 인식의 발달 과정을 다루는 것에 맞추어져 있다. 그리고 전통

철학적 인식론과 달리 진화생물학이나 심리학, 신경생리학, 인지과학 등과 자연과학의 성과를 도입하여 문제를 해결해야 한다고 주장한다 (Vollmer 1985, Bd1:289). 진화인식론은 진화론의 두 축인 변이와 적응이라는 선택의 메커니즘으로 유기체의 인식 장치를 설명하고자 한다. 진화론은 물리학 이론보다 포괄적 설명력이 크지만 예측력은 미흡하다. 진화론적 인식론 역시 인식의 인과성을 법칙적으로 해명할 수 없다. 그러나 바로 이 점 때문에 진화론적 인식론은 기계와 다른 유기체를 설명할 수 있는 폭넓은 이론 도구로 될 수 있다.

면역학적 인식론은 진화론적 인식론 범주에 속한다. 진화론적 인식론의 관점으로 볼 때 면역학적 자기의 해석에는 충분한 타당성이 있다. 타자와 자아 사이의 분화는 유기체의 상관구조 안에서 복합적이고 중층적인 메커니즘으로 이루어진다. 타자는 자아 아닌 모든 것이 될 수 있으므로, 타자의 영역은 좀 더 자유로우며 자아의 영역은 제한적이다. 경계를 갖고 하나로 수렴된 개체를 생물학적 자아라고 한다. 생물학적 자아는 타자와 경계를 갖고 개체성을 가지지만, 타자와 질적으로 구분되지 않는다. 면역학적 자기 해석의 중심은 타자와 자아가 진화론적으로 같은 기원을 가진다는 것이다. 자아가 타자를 인식하는 과정 자체가 인식의 주체와 대상이 확연히 구분되지 않았던 원시세포의 시대에서부터 오늘에 이르게 된 생물종의 진화사이다.

4. 박멸과 길들이기

4.1 메타포로 본 면역작용: 충돌, 회피, 공존

면역작용은 자기가 자기에 대해 면역관용이 유지되는 작용형질과 비자기에 대해 적절한 면역충돌이 실행되는 작용형질이라는 양면의 특징을 갖는다. 그러한 특징은 충돌, 길들이기, 군비경쟁, 도망, 회피 등의 자연언어 메타포로 설명된다. 충돌과 공존이라는 메타포는 자기와 비자기 사이의 인식론적 관계를 보여준다. 충돌 관계는 자기와 비자기가 서로 충돌하여 어느 한쪽이 공격하여 일방적 우세를 차지하는 관계이다. 공존관계는 서로 공생하면서 서로에게 적절한 이해관계를 유지하는 관계로서 면역학적 관용의 한 양상이다. 충돌과 관용이 복합된 작용이 가능한데, 서로에게 은밀하게 접근하거나 서로의 충돌을 피하는 방식의 관계도 가능하다(최종덕 2020a, 435).

자기와 비자기, 숙주와 기생체 사이의 공존 관계는 공진화의 소산물이라고 진화의학자 스턴즈는 말한다. 숙주가 기생체를 만나면 처음에는 충돌이 일어난다. 저항의 결과로 염증반응을 유도하지만 그 염증반응 자체가 숙주에게 해로운 병증으로 발현될 수 있다. 생명의 역사에서 숙주에게 해로운 병증만 발현되어 왔다면 아마 숙주의 존재는 진화적으로 멸종되었을 것이다. 생명에는 숙주관용의 작용형질이 있어서 숙주는 장내 박테리아 혹은 감기 바이러스처럼 생활 기생체에 대하여 염증반응이 아예 없거나 아니면 사소한 염증반응으로만 그치도록 진화되었다. 그렇게 숙주와 기생체는 공생symbiosis하며, 공생은 숙주와 기생체 간 공진화coevolution의 특수한 경우이다(Stearns 2012, 4306).

숙주 입장에서 관용은 면역관계의 평형상태이다. 면역평형이 깨지면 면역충돌이 활성화되면서 질병 요인이 생긴다. 면역평형의 붕괴는 아이러니하게도 현대문명의 결과로 더 증폭되기도 한다. 문명화된 위생환경과 항생제 사용으로 기생체 감염이 획기적으로 감소되었지만, 그만큼 숙주의 면역시스템은 변화상황을 면역평형의 붕괴로 오인할 수 있다. 이런 숙주면역의 오인식은 면역시스템의 혼란을 유발함으로써 사소한 기생체에 대하여 강한 충돌반응과 저항반응을 보이거나 자가면역질환 등의 강한 충돌반응으로 이어질 수 있다(Strachan 2000, 2-10).

4.2 면역 과잉반응과 길들이기

충돌과 저항의 강한 반응으로서 사이토카인 염증반응이 있다. 이미 사이토카인 폭풍cytokine storm이라는 말이 일반 뉴스에 회자되기도 했다. 기생체에 대한 과잉 염증반응으로 숙주, 즉 인간이 치명적인 피해를 보는 분자 기전으로 사이토카인 증폭현상이 있다. 사이토카인 과잉반응은 상당수의 사망률로 이어지는(폐렴 합병증 포함; 질병관리청 2019; 통계청 2020) 독감바이러스의 독성을 유도하는 분자 차원의 요인으로 알려져 있다. 특히 1997~2014년 사이의 H5N1, H7N9, H10N8(조류독감)의 경우, 위중증 치명 및 사망 환자의 일부가 사이토카인 면역반응에 관련된 것으로 보고되었다(Liu and Zhou 2016). 사이토카인의 과잉반응은 일종의 충돌의 메타포가 강하게 작용되는 증상이다. 외부 기생체에 대한 인간의 면역학적 충돌이 지나칠 경우 오히려 인간의 생존이 위협될 수 있는 사례이다. 다행히 강한 충돌을 완충시키는 또 다른 면역학적 기전이 가능하다.

생물철학

예를 들어, 강한 저항반응을 완화시키는 사례를 크론병Crohn's disease 치료법에서 찾아 설명해보자(최종덕 2022, 83). 충돌과 저항 대신에 공존과 공생의 아이디어를 임상에 적용한 다발성 경화증multiple sclerosis 면역 치료법은 흥미로운 사례이다. 증상과 역학적 형질epidemiological traits이 서로 비슷한 크론병과 다발성 경화증의 병리적 원인은 아직 밝혀지지 않았지만 자가면역 이상반응과 연관된 것으로 확인되고 있다. 즉 크론병은 염증성-사이토카인이 활성화된 증상을 보인다는 점이다. 그래서 항염증성-사이토카인을 증가시키는 데 관여하는 면역 T세포를 자연사되도록 하는 방법이 치료법으로 채택되고 있다.

7년간 진행된 크론병 실험연구의 핵심은 궤양성 대장염 환자, 크론병 환자, 다발성 경화증 환자에게 기생충 투여helminthics를 통해 과잉반응을 해소하려는 치료법 개발에 있다. 거부반응이 없는 조건의 돼지 편충알Trichuris suis을 환자에게 투여함으로써 자기가 비로소 비자기(편충알)를 만나게 하는 방법이다. 비자기를 만난 자기는 이제야 자기를 공격하지 않게 하여 자가면역반응의 이상충돌을 수정하는 방식이다. 증상이 완전히 없어지거나 완화된 기존 환자에게 거꾸로 편충 퇴치anti-helminthic를 한 이후 얼마 지나지 않아서 환자는 다시 과잉면역반응 악성 증상을 보였다는 점을 알게 되었다는 것은 7년 연구성과의 중요한 포인트였다(Purrmann et al. 1992). 이후 12주 미만 생존기간을 갖는 편충알 2,500개를 환자에 투입하는 데 있어서 안정성이 확보되어 있다(Summers et al. 2005).

크론병 치료법은 비자기를 분명한 적군으로 인식시키는 훈련을 통해서 자기(아군)를 오인공격하는 강한 충돌반응의 오류를 되돌리는 철학적 인식론에 기반을 둔다. 비자기는 이제 적군이자 아군이 되는 상태를 내 몸이 수용하게끔 하는 일이 중요하다. 우리는 이런 상태를 일종의 '프레너미frenemy'라는 메타포로 이름 붙일 수 있다(이명노, 조신형 외 2017).

4.3 백신으로 비자기 길들이기

자기와 비자기 혹은 숙주와 기생체 사이의 관계는 진화의 소산물로서 어느 한 쪽으로 치우치지 않도록 평형성을 유지하려는 경향으로 적응되어 있다. 비자기-자기 관계는 침투와 도피 혹은 공격과 방어라는 일방적인 관계만이 아니라 공존과 타협의 상호관계도 형성된다. 일반적으로 자기가 비자기를 응대하는 방식에는 박멸하는to knock down 방식과 길들이는to domesticate 방식이 있다. 박멸 방식은 비자기를 박멸하고 제거하는 전쟁방식이다. 길들이는 방식은 비자기와 자기 사이에서 주·객관적 경계를 모호하게 만들어 전쟁 대신에 공존하는 방식이다. 기생체인 비자기를 길들이려는 의도는 숙주에게 발현가능한 독성 증상을 약화하고 완화하는 데에 있다. 길들이는 방식은 자기만큼 비자기도 진화의 주체로 인정하는 태도에서 가능해진다. 의학의 발전으로 기생체 박멸 수단의 생의학 기술은 크게 진척되었다. 역설적이게도 박멸 수단이 강해지면서 감염성 기생체 대부분도 끊임없는 자기-진화를 통해서 기생체의 면역회피 능력도 따라서 강화되었다. 기생체는 인간의 제어방식에 거꾸로 방어하고 대항하는 새로운 형질을 생성하며 계속 돌연변이 진화 중이다. 결국 박멸 방식은 변종 기생체를 생성시키는 진화적 역효과를 낳는다. 이런 이유로 면역학자 이월드(Paul W. Ewald)는 박멸 방식이 아닌 길들이기 방식을 강조했다. 이월드의 길들이기 방식이란 생태학과 진화학의 종합으로 대응하는 최선의 면역 전략이라고 한다(Ewald 1994, Chap.2).

기생체, 특히 감염성 병원체를 순하게 길들이는 대표적인 사례는 백신이다. 백신의 작용은 인간 입장에서 볼 때 면역력의 중간 매체 역할을 하지만, 바이러스 같은 감염성 기생체 입장에서 볼 때 스스로 순해지는 점진적 과정이다. 백신 없이 자연상태에서 스스로 순하게 진화된 기생체의 대표적인 것이 감기 바이러스이다. 감기 라이노 바이러스는 자신의 유전자 전파를 위해 치명적 독성 형질 대신에 부드럽고 가벼운 통증만 주는 형질로 변이하는 진화를 했다. 독감과 달리 감기 증상은 약하기 때문에 숙주인 사람은 침대를 벗어나 사회활동을 하게 되고 결국 직간접 접촉을 통한 감염확산 범위가 커지고 확산 속도는 빨라진다. 바이러스 입장에서 볼 때 감기바이러스는 자신의 독성이 약해지면서 오히려 자신의 유전자 확장에 훨씬 유리한 결과를 가져오는 그런 자연선택의 통로를 따르게 될 것이다.

바이러스 기생체를 대하는 이월드의 진화론적 접근태도는 비자기를 박멸한다는 충돌과 전투의 임상논리가 아니라 전투회피와 공존의 임상 방식에 연결된다. 공존의 임상방식이란 구체적으로 말해서 (i) 항생제 남용을 경계하며, (ii) 안전한 백신 적용범위를 확장하며, (iii) 저개발국가의 보건복지를 함께 개선해야 함을 의미한다. 이를 위해 진화에 대한 인식전환을 요청한다. 예를 들어 백신이나 항생제는 비자기를 제거하고 박멸하는to knock down 수단이 아니라 순하게 길들이는to domesticate 수단이라는 사실을 공유하는 일이 실천적 인식전환의 핵심이다.

4.4 회피, 제압, 중화의 대응

진화는 두 가지 통로를 통해 이뤄진다. 하나는 지리적 분리에 의해 장구한 시간과 색다른 환경에 노출되면서 기존 생물종과 다른 격리 진화를 하는 경우이다. 다른 진화 통로로서 변이에 의해 기존 생물종으로부터 가지치기하여 새로운 생물종으로 분기 진화를 하는 경우이다. 분기 진화의 생성은 돌연변이의 조건이 충족되어야 한다. 돌연변이 원인은 크게 (i) 환경 급변에 의한 유전자 손상이나 (ii) 후손번식을 위한 유전자 DNA 복제과정에서 피할 수 없는 중립적 복제오류에서 온다. 복제 손상과 오류는 변이 빈도수에 따라 증가되고 빈도 누적은 유전형의 차이를 낳고 결국 표현형의 변화를 가져온다. 그래서 장구한 시간이 필요하지만 유전자 복제오류는 이론적으로 새로운 변이종 생성의 한 가지 조건이 될 수 있다(최종덕 2020a, 428).

세포의 유전자 복제과정에서 두 가닥의 DNA 구조는 반드시 RNA 서열로 풀려야 하는데, RNA 서열은 구조적 취약성으로 인해 복제오류의 가능성이 매우 크다. 코로나19와 같은 바이러스는 DNA형이 아닌 RNA형 구조이다. 이런 RNA형 바이러스 돌연변이율은 DNA 바이러스나 일반 세포성 박테리아의 돌연변이율보다 훨씬 높다. 바이러스는 (i) 세포 형태의 생물종이 아니므로 세포 형태를 유지하려는 자기-항상성을 필요로 하지 않고 (ii) 자기복제 횟수가 잦아서 그만큼 돌연변이 경우의 수도 많으며 (iii) 더군다나 앞서 말했듯이 RNA형의 구조상 그 돌연변이율은 높을 수밖에 없다(최종덕 2022, 86).

바이러스 돌연변이는 손해(비용)와 이익이 함께 따라붙는 트레이드 오프trade-off 진화방식의 전형을 보인다. 비자기-바이러스 입장에서 볼 때 자기-숙주의 강력한 면역반응을 피할 수 있는 항원 접촉면 스파이크 변이결과는 큰 이익이 되지만, 다른 한편 대부분의 돌연변이는 유전자 결손이나 변형을 유발하여 바이러스 자신의 정체성이 자멸되는 손해를 유발한다(Cann 2005/한국어판, 65). 이와 관련하여 바이러스 등의 비자기와 자기 사이의 상호관계로서 회피evade와 제압suppress 그리고 중화neutralize의 전략을 살펴볼 필요가 있다(최종덕 2022, 86).

첫째, 회피작용이다. 비자기가 자기에 침입했을 때 자기의 (흉선)세포는 항병원성 면역 글로불린을 형성함으로써 자기가 비자기에 결합될 때 비자기의 침투를 방지한다. 이에 대응하는 비자기 바이러스는 소위 스파이크 단백질이라는 자기와 접촉하는 표면단백질의 변이를 통해 자기의 글로불린 작용을 회피하게 된다. 이것이 변이 바이러스의 변형작용이다. 이런 변이를 상변이phase variants라고 하는데, 그 결과는 숙주 세포의 면역공격을 회피할 수 있다(Moxon, Bayliss and Hood 2005, 307-33).

둘째, 회피방식이 아니라 적극적으로 숙주의 면역계 자체를 무력화하는 제압의 방식도 있다. 숙주의 면역세포 사이의 신호를 방해하여 자기가 비자기를 인식하지 못하게 방식이 있고 비자기가 자기의 분자를 모방하여 숙주의 면역능력을 붕괴시키는 방식도 있다. 결핵균이나 큐열Q-fever 등의 비자기가 여기에 해당한다(Hajishengallis and Lambris 2011).

셋째, 중화작용이 있다. 자기 입장에서 비자기를 수용하는 면역관용을 기생체인 비자기에 유도하여 자기와 비자기의 공존을 모색하는 경우이다. 비자기 입장에서 이런 공존의 상태를 중화작용으로 볼 수 있다. 이렇게 숙주의 관용작용은 기생체의 중화작용을 동반한다. 이런 관용과 중화의 동반작용은 비자기와 자기 모두에게 비용보다 이익이 많다는 것을 함의한다(Stearns 2012, 4311; 최종덕 2022, 87).

바이러스를 응대하는 방법은 진화원칙evolutionary principles에 맞춰야 한다. 바이러스 유전체는 작지만 그 개체군은 아주 많으며(개체군 크기가 크다), 복제주기generation times가 아주 짧아서 돌연변이 확률이 높다. 특히 RNA 바이러스 경우 변이율이 아주 높아서 그만큼 선택의 계수와 확장성이 크다. 이러한 특성은 일반 유기체의 진화 원칙의 하나일 뿐이지만, 바이러스일 경우 그 특성이 두드러지게 나타나게 된다. 바이러스 감염의 역학과 생태에 관한 진화사적 우연성과 변이 및 선택이라는 진화원칙의 영향력을 이해한다면 바이러스를 대응하는 인간의 대처방식도 그 효율이 높아질 것이다(Elena and Sanjuán 2007).

4.5 코로나 바이러스 코로나19의 경우

돌연변이는 거의 무한대로 진행될 수 있으며 변이체도 다양하다. 다양한 변이체 중에서 일부만이 생존하게 되는데, 비용보다 이익이 더 많다는 기준이 생존조건으로 선택될 것이다. 2019년에서 2022년까지 기나긴 3년 동안 전 세계를 공포로 몰아갔던 코로나 바이러스의 과정은 결국 그러한 변이체의 진화역사이다. 코로나19 이후에도 더 많고 더 다양한 바이러스 변이체 및 박테리아의 변종들은 올 수밖에 없다. 그러한 변이의 진화는 자연사의 한 단면이기 때문이다. 존재론적 측면에서 볼 때 미래의 바이러스 변이체는 자기의 중화 변형이 자신의 비용보다 이익이 크기 때문에 그 존재를 이어가게 될 것이다. 마찬가지로 향후 미지의 바이러스 변이체에 대한 인간의 대응은 중화작용에 수반하는 길들이기 전략을 통해 그 유효성을 더 찾을 수 있을 것으로 추측된다.

　진화면역학자 이월드는 미지의 미생물 변이체에 대응하는 최선의 방식으로서 길들이기 전략이 우선이라고 강조한다. 길들이기 전략 중에서 백신 접종은 중요한 단계이다. 백신 일반을 부정하며 코로나19 백신의 부작용을 강조하는 사람들이 백신의 부작용으로서 가장 많이 드는 사례는 다발성경화증에 관한 것이다. 예를 들어 비자기의 스파이크 표면을 무력화시키는 방식으로 만들어진 백신이 극히 부분적으로 숙주 자신의 세포 중에서 비자기 스파이크 지질과 유사한 자기 세포 표면에도 어떤 영향을 미칠 수도 있을 것으로 추정되고, 그런 부정적 영향력이 다발성 경화증으로 드러날 수 있다는 백신 거부의 주장들이 있다. 백신접종자 천만 명 수준의 표본조사에서나 다발성경화증 환자 20만 명 수준의 특정군 표본조사 등 어떤 연구에서도 백신접종과 다발성 경화증 사이의 유의미한 인과관계를 찾을 수 없었다(Mult Scler Relat Disord. 67; 2022 Nov.). 물론 백신이 100% 절대적으로 안전하다는 경직된 주장은 그런 경직성 자체로서 과학적이지 못할 것이다. 그러나 갖은 부작용 주장의 근거는 충분조건이 되지 못하며 필요조건조차 되지 않는 수준이며, 그 인과관계는 물론이고 상관관계조차 결핍되어 있다. 백신은 개인의 면역만이 아니라 집단의 면역력에 관여하기 때문에 점진적으로 비자기 길들이기에 유효하다. 특히 팬더믹 상황에서 길들이기 면역학의 가장 중요한 도구가 백신이라는 점은 이미 확증된 사실이다. 그러나 여전히 백신에 대한 불신감은 많다.

　백신 혐오의 역사는 오래 되었다. 접종한다는 말을 영국에서는 "jab"이라고 하고, 미국에서는 "shot"이라고 표현한다. 두 경우 모두 '때린다'

는 폭력의 의미를 담고 있다. 그만큼 백신접종에 대한 두려움이 내포된 단어 표현이다. 접종 자국(흉터)은 19세기에(20세기 중반까지도) 요한 묵시록에 나오는 "짐승의 낙인"이라고 비유되었을 정도다. 1882년 영국 성공회 대주교의 설교에서 백신은 죄를 주입하는 것과 비슷하다는 기록이 있다(비스 2016).

2000년대에 이르기까지 백신을 자폐증이나 다발성 경화증, 영아 돌연사에 연결하려는 사람들이 많다. 그 이유의 하나로서 백신 채집과 전달 과정에서 오염된 농포를 채집하여 접종하는 경우가 있었고, 이로 인해 아이들이 사망하는 사례가 있었기 때문이다. 그러나 이 상황은 백신과 인과관계가 없으며, 접종 시 오염된 물질이 묻어들었기 때문에 생겼을 뿐이다. 백신 거부감을 낳는 과학에 대한 편견과 무지를 벗어나야 한다. B형 간염백신에 대한 과거 불신의 사례를 보자. 과거 B형 간염은 섹스를 통해서 감염된다는 오도된 믿음으로 인해 사람들은 접종을 회피했었던 적도 있었다. B형 간염이 체액이나 근접 접촉을 통해 감염되는 사실을 모른채 성 매개 감염병일 것이라는 무시무시하고 무지막지한 편견 때문에 결국 B형 감염 전파가 크게 확산되었던 지난 역사가 있었다. 예를 들어 B형 간염 백신 접종이 도입된 1981년에조차도 그런 편견이 여전히 가시지 않은 채 수감자, 보건노동자, 게이 남성, 마약 복용자에게만 백신이 권유되었을 정도다. 그 결과 당연히 B형 간염 감염률이 개선되지 않았었다. 이후 1991년 모든 신생아에게 접종했을 때 비로소 B형 간염 감염자수가 82%까지 줄었다. 이런 역학적 사실은 B형 간염만이 아니라 일반 감염성 질병에 대한 백신이 일반적으로 확대접종되어야 함을 보여주었다(비스 2016).

백신은 감염성 병인에 대하여 내 몸의 면역력을 보강하는 수단이며 동시에 해당 외부 병원체를 길들이는 과정이기도 하다. 백신은 그 접종의 확산을 통해 길들이기 속도를 높이면서 자기와 비자기 공생의 연착륙 수위를 조절한다. 감기와 같이 이미 비자기와 공생의 조절을 거친 공존상태의 감염성 질환이 곧 풍토성 질환이다. 팬데믹의 용어 뜻 그대로 개인 면역이 아니라 전지구적 공동 대응이 요구된다. 예를 들어 백신과 치료약의 공급이 부족한 국가에 대하여 공동 공급이 시급하다. 왜냐하면 바이러스 전파속도는 지구 대척점 국가들 사이에서조차 불과 2~3일 안에 퍼질 정도로 매우 빠르기 때문이다. 나아가 백신접종에 대한 부정적 거부감을 조장하지 않는 대중매체의 노력이 필요하고 대중적인 시민과학 교육이 확산될 필요가 있다.

백신에 대한 사회적 편견과 오해는 코로나19 이후 크게 반성되었다. 2022년 이후 바이러스 자체가 박멸되었기보다 바이러스의 독성이 약해지면서 전 세계적 바이러스 공포는 희석되었다. 바이러스와 인간의 관계는 충돌과 박멸, 배제와 제거의 관계보다는 길들이기를 통한 공존의 관계임을 뼈저리도록 알게 되었다. 과학기술의 백신과 자연진화의 (길들여진) 변이를 통해 코로나19 공포로부터 비로소 해방되었다. 그러나 바이러스를 박멸해서가 아니라 길들여졌기 때문이라는 점이 중요하다. 변이와 변종의 병원체는 항상 우리 앞에 다가올 수 있다. 인간은 바이러스나 박테리아 등을 피할 수 없는 생물학적 생태환경에 살고 있기 때문이다.

'지구공동체 면역'이 중요하다. 개인 면역으로는 통-지구적 병원체의 이동을 저지하는 데 한계가 있다. '집단 면역'이라는 용어는 과학 일반론으로 보나 면역의학적으로 보나 논란과 논쟁이 많을 수 있다. 집단 면역이라는 생물학적 용어보다 '지구공동체 면역'이라는 사회과학적 개념이 더 중요한 시기이다. 여기서 지구공동체 면역의 뜻은 첫째, 나의 몸은 나만의 몸이 아니라 공동체라는 몸의 일부라는 것이며, 둘째, 나의 몸은 너의 몸과 단절된 것이 아니라는 것이며(비스 2016, 42), 셋째, 나의 몸의 조상은 너의 몸의 조상과 같다는 것이며, 넷째, 바이러스 등의 외부 병인체는 인류 모두에게 동일한 병리적 영향력을 미친다는 것이며, 다섯째, 유기체 차원에서 인간은 바이러스나 박테리아를 포함한 외부 병인체와 지구라는 니치niche 안에 함께 공존하고 있다는 것을 함의한다.

[표 8-3] 지구공동체 면역

지구 공동체 면역	인간 관점	① 나의 몸은 나만의 몸이 아니라 공동체라는 몸의 일부다. ② 나의 몸은 너의 몸과 단절된 것이 아니다. ③ 나의 몸의 조상은 너의 몸의 조상과 같다.
	병인체 관점	④ 바이러스 등의 외부 병인체는 인류 모두에게 동일한 병리적 영향력을 미친다. ⑤ 유기체 차원에서 인간은 바이러스나 박테리아를 포함한 외부 병인체와 함께 지구라는 니치niche 안에 공존한다.

5. 철학적 자아

5.1 실체론에서 관계론으로

철학적 자아 개념을 한 마디로 규정하기는 어렵지만, 일반 철학사 책에서는 실체로서의 형이상학적 자아, 감각의 다발로서의 경험적 자아, 그리고 자기를 누구도 대신할 수 없는 자기만의 실존적 자아로 풀어가고 있다. 실체로서 자아 개념은 플라톤 이데아 철학에서 비롯한다. 고유한 자아의 이데아가 먼저 존재하며, 그 이데아가 현실에 반영된 것이 현상으로서 자아이다. 자아 실체성은 자아의 이데아에 의해 보장된다고 한다. 실체적 자아에 대비되는 현상적 자아는 항상 절대적인 진리세계에 선험적으로 존재하는 실체의 자아 원본의 그림자이거나 유사 복사본에 지나지 않는다. 실체론적 자아는 불변하고, 다른 어느 것에 영향 받지 않고 독립적이며, 감각적인 것에 흔들리지 않고, 시간과 역사에 종속적이지 않은 선험적 존재이다. 실체론적 자아는 데카르트에 의해 근대 합리론의 중심으로 자리잡게 되었다. 실체적 자아론은 서구 존재론의 주류였을뿐 아니라 근대과학의 존재론에도 영향을 주었다.

근대 이후 실체로서의 자아를 의심하기 시작한 철학이 등장한다. 근대 경험론 철학자 로크(John Locke, 1632-1704)에게 자아란 원본이 없으며, 단지 경험적으로 지각된 감각 자료들의 무더기일 뿐이다. 19세기 니체(Friedrich Nietzsche, 1844-1900)는 전통 형이상학 기반의 선험주의를 비판하기 시작했으며, 물리학, 수학과 형이상학을 엮어 고유한 과정철학을 정립한 화이트헤드(Alfred North Whitehead, 1861-1947)는 자아의 실체성 대신 과정적 존재로서의 관계적 자아를 강조했다. 전통 플라톤 철학에서 실체론적 정체성은 본질과 현상을 구분하고, 형이상학적 실체성을 강조하면서 본질이 현상에 앞서 있다. 그러나 화이트헤드 과정적 존재에서 말하는 관계론적 정체성은 본질과 현상을 하나의 존재로 보며, 현상과 본질을 일체화시킨다. 메치니코프 당대 윌리엄 제임스

(William James, 1842-1910)는 실용주의pragmatism로 잘 알려진 철학자이다. 1870년대 퍼스(Charles Sanders Peirce, 1839-1914)에 의해 시작되어 윌리엄 제임스에 의해 정착된 실용주의는 인식의 선험이나 인식 주체의 불변성을 부정하면서 지각경험으로 확인되고 문제해결에 도움되는 것으로 확인되어 가는 과정을 인식이라고 보았다. 이런 점에서 면역학의 인식론은 기존의 칸트 인식론보다는 제임스의 실용주의 인식에 가깝다고 한다(Biesta and Burbules 2003).

자아를 내면과 외부의 만남으로서 관찰한 사르트르(Jean-Paul C. A. Sartre, 1905-1980)에게 자아는 타자에 의해 비쳐진 대자적 존재일 뿐이다. 타자는 나를 바라보는 시선이며, 자아는 자아에 의해서 혹은 타자에 의해서 관찰되면서 구성된 현존성이다. 자아는 선험적 존재를 필요로 하지 않으며, 그냥 현존하는 존재의 모습 그대로이다. 전통적으로 자아의 실체 관념은 신체와 정신을 구분하는 이분법의 산물이다. 자아 실체성은 정신 범주를 필요로 한다. 이러한 실체로서 자아는 사르트르가 보기에 허구와 가식에 지나지 않고, 자아의 현존성을 회피하는 관념일 뿐이다. 사르트르에게 독립된 실체로서의 자아는 없으며 타자와 조응된 현재성으로서의 자아만이 있다. 자아는 타자에 의해 객체화되고, 타자의 시선에 의해 실존화된다. 사르트르에게 타자는 자아와 선명하게 구분되지 않는다. "타자는 오히려 내 존재의 필수불가결한 협조자이다." 자아의 현존은 타자의 시선을 통과해야만 한다(사르트르 2008, 66). 자아는 타자의 소유이기도 하지만 어떤 타자도 자아를 대신할 수 없는 나만의 실존이다. 사르트르에서 전통의 자아 실체성은 철저하게 부정된다.

생물철학

면역학적 자아는 기본적으로 플라톤의 실체적 자아가 아닌 사르트르의 현존적 자아에 가까울 것이다. 현존적 자아의 사유는 철학사의 주류가 아니었던 고대 희랍철학의 헤라클레이토스적인 '변화의 존재론'을 지향한다. 토버는 형이상학의 원자론적 존재나 근대 기계론의 존재처럼 경계지워진 자아, 대체가능한 자아, 주어진 자아를 '단순질점의 자아punctual self'로 표현했으며, 한편 변화하는 특성의 면역학적 존재를 '포괄적 자아elusive self'로 불렀다. 면역학적 자아란 포괄적 자아의 구체적 실현이다. 토버는 면역학적 자아를 역동적 우주의 한 단상이며, 역사 의존적 사건의 한 단편으로 보았다(Tauber 1997, 142). 면역학의 철학자 토버는 자아의 형이상학적 실체성substance을 부정하지만, 능동성을 지향하는 자아의 관계론적 실재성reality을 강조한다. 토버에게 자아는 주체의 입장에서 주관도 객관도 아니며, 동사적 의미에서 본 행위 속의 실현체이다. 동사적 의미의 지향성 자아는 일종의 '빈 괄호blank'의 자아로 표현되며, 이런 자아가 바로 면역학 자아를 설명하는 중요한 특징이라고 토버는 말했다. 빈 괄호의 자리는 외부의 타자를 위한 자리이며, 그렇게 채워가는 과정이 바로 자기가 자기를 재생산하는 자율성의 인식론이라고 한다(Tauber 1994, 196).

면역학적 자아란 항상 자신을 스스로 창조하며the creative self 변화하는 진화적 존재an ever-changing evolutionary entity라고 토버는 강조했다. 면역학의 포괄적 자아는 자아가 불변한다는 실체론에서 벗어나 끊임없이 스스로 변화하는 관계론의 패러다임에 놓여 있다. 면역학에서 자아의 정체성은 자기와 비자기 사이의 대화를 열어놓은 곳에 있다. 자아가 자아를 포용하고 자아를 선택하는 능동성이 바로 자아의 정체성이다.

이때 자아는 고정된 단위로 존재하지 않는다. 포괄적 자아는 생명체가 형성되는 진화론적 과정 속에서 나타나는 세포의 선택적 작용과 유사하다. 수많은 변이들 중에서 딱 하나에 적응하여 선택하듯이, 림프구도 딱 하나에 적응하여 선택하여 증식한다. 앞의 클론선택설에서 보았듯이 림프구 하나하나마다 고유한 수용체를 받는다는 점을 상기하면 된다. 면역 과정은 면역학적 자아 및 타자에 반응하는 인지능력cognitive capacities의 작용이다. 면역체계에서 자기와 비자기의 구별은 환경에 의존하는 상관적 인지능력에 해당한다(Tauber 1997, 266).

면역학적 자기와 비자기의 관계는 철학적으로 볼 때 관계론적 자아론의 특징적 사례이다. 관계론적 자아는 환경과의 섭동을 통해서 자아의 변화 가능성을 수용하는 생태적 모습을 갖는다. 관계론적 자아의 정체성은 사태의 작용, 즉 동사형에서 그 의미를 찾는다. 관계론적 자아는 작용 자체가 고정된 존재를 대신한다. 자아의 존재와 자아의 작용이 처음부터 구분되지 않는다는 뜻이다(최종덕 1988, 237-241).

5.2 면역학의 철학

토버는 면역학적 자아를 포스트모더니티의 반실체론적 자아에 비유했다. 토버는 우선 자기동일성self-identity을 부정한 니체와 푸코(Michel Foucault, 1926-1984)를 면밀하게 검토했다. 그는 니체를 선험주의에 기초한 근대적 자아 개념을 비판한 최초의 철학자로 보았다. 메치니코프가 생물학 측면에서 전통 자아 개념을 비판했다면, 니체는 형이상학 측면에서 전통 자아 개념을 비판했다. 니체는 최종적이고 완성된 자아를 부정하고, 항상적인 변화와 극복 과정을 스스로 담지하는 어떤 힘에 대한 지향적 자아를 모색했다. 토버는 니체의 자아 개념을 단순히 전통을 부정하는 회의론이 아니라 적극적인 발생학적 자아의 의미로 해석하려고 했다. 그런 뜻에서 지향적 자아를 발생학적 자아로 이름 붙일 수 있다.

발생학적 자아는 최초 원형은 동일하지만 환경에 따라 항상 새롭게 태어나는 자아를 뜻한다. 니체는 자아를 자기창조적self-creative이고 자기갱신적self-renewing인 것으로 보았다. 토버는 이 점에서 니체의 자아를 푸코의 '정식화되지 않은 자아doubtful self'와 비슷하다고 생각했다. 물론 그들 사이에는 분명한 차이가 있다. 니체에게 자아 생성의 지향점 자체가 힘power인 반면, 푸코에게는 자아의 반실체성을 설명하기 위한 수단이 힘이었다. 그러나 토버는 둘 모두 자아를 보는 준거로서의 지향성이 생물학적 기원을 갖는다는 점에서 면역학적 자아와 등질적이라고 보았다. 지향성 개념 자체가 존재론적 불변체가 아니라 구체적 생명 존재의 관계 양상인 것이다.

철학에서 자아 정체성의 쟁점은 포스트모더니티 논쟁의 일부였다. 다양한 포스트모던 이론 중에서 토버는 푸코의 역사적이고 사회적인 인간의 의미를 분석했다. 푸코는 자아가 다양한 형태의 관념으로 설정되고 특정 시기의 문화 권력을 반영하는 인공물이라고 주장했다. 여기에서 인공물이라는 뜻은 본질로서의 자연물이 아니라는 생각에서 나왔다. 푸코의 이러한 이해는 니체의 계승이었다. 토버는 니체의 자아에 대한 이해를 칸트와 대립시키면서 해체주의적 읽기의 출발로 간주했다. 토버가 니체를 중시하는 이유는 생명과 자아에 관한 진화론적 개념들의 이미지를 니체에게서 찾을 수 있다고 보았기 때문이다. 토버는 니체의 자아가 역동적 과정 속의 삶의 흐름flux을 타고 흐른다는 관계론 사유를 존중했지만, 그런 자아의 흐름이 알지 못할 미래 목적telos을 향하여 가고 있다는 니체의 목적론을 부정했다.

내가 누구인지를 질문하기 위해서는 먼저 나라는 존재가 있어야 한다는 말은 당연한 말로 들린다. 내가 누구인지 답변하려는데 나의 정체성이 수시로 변한다면 정말로 난처할 것이다. 여기에서 나에 대한 존재론적 질문이 던져진다. 과연 나란 너와 다른 나만의 고유하고 독립적인 정체성을 지닌 존재인지를 묻는 철학의 질문이며 해석학의 반성이다. 철학적 의미로서의 자기에는 절대적 실체로서 자기 개념과 더불어 자기가 아닌 것에서 자기를 찾아 자기를 생성하는 상대 개념도 있다. 이미 여러 차례 말했지만 실체로서의 자아 존재론은 서구 형이상학의 근간을 이뤄왔다. 실체적 자아는 그 자아의 원본을 절대의 진리세계에서 찾는다. 반면 자아와 타자 사이의 구획은 오로지 타자와의 상대적 차이에만 의존한다는 상대주의 자아 개념은 근대 경험론 철학의 인식론의 뿌리였다. 자아의 형이상학 원본은 없으며, 자아는 오로지 경험에 드러난 행동양식으로만 밝혀질 뿐이라는 것이다.

예르네와 버넷의 면역학적 자아는 선험적 자아에 대비되는 새로운 자아 모델을 제시했다. 면역학적 자아는 고정된 존재를 묻는 질문과 다르다. 면역학적 자아는 형이상학적 자아를 벗어나 관계론으로 현존하는 자아를 다룬다. 현실의 경험적 자아로서 면역학적 자아는 어떤 상대를 만나느냐에 따라 달라지기도 하고 주어진 상황과 환경에 따라서 달라지기도 한다. 그래서 면역학적 자아는 환경맥락context dependent에 따른 자아이며 '상관적 자아'이다. 상관적 자아는 주어가 먼저 있어

서 행위를 하는 것이 아니다. 행위를 하는 동사로서의 작동자 혹은
작동 과정 자체를 자아라고 할 뿐이다. 행위 그 자체가 면역학적 자아의
정체성이다. 나는 너를 만나고 대하는 나의 행동과 사유 그 자체에서
드러날 뿐이다.

[표 8-4] 면역학적 자기

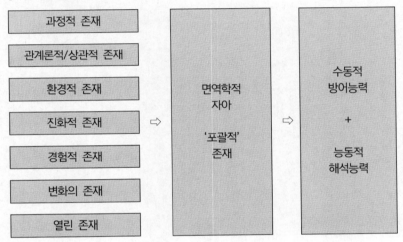

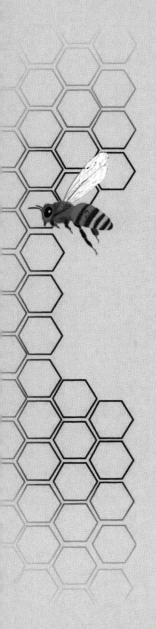

제9장

공생과 공진화

제9장
공생과 공진화

캠브리아기 이후 5억 년 동안 존재했던 생물종 중에서 99%는 멸종되었고 현재 존재하는 생물종은 1%에 해당한다. 멸종 이유는 지질학적 변화나 기후변화 등으로 생물종 다양성의 기회가 급감했기 때문이다. 특히 숲을 개간하여 농사를 짓고 가축을 키우기 시작하는 신석기 이후 자연생명의 공생과 공존을 심각하게 붕괴하면서 드러난 생명다양성 위기는 타자의 생명만이 아니라 나 스스로의 생명까지 위협하고 있다. 특정 생물종 혼자서 아무리 번성해도 오로지 하나만 번성하면 결국 다른 모든 것도 같이 공멸한다. 장구한 진화사에서 가장 중요한 의미는 공진화에 있으며, 그런 생명의 공진화에 귀기울이는 것이 생물철학이다.

1. 공생 개념의 역사

공생 개념은 그 중요성에도 불구하고 거의 다루어지지 않았거나 간단히 다루어져 왔다(Sarkar and Plutynsli 2008). 그 이유는 현대 문명사회에서 공생과 공존의 논리는 경쟁력이라는 산업사회의 강한 구호에 뒷전으로 밀리고 있기 때문이다. 예를 들어 "공유의 비극Tragedy of the Commons"

이란 메타포에서 보듯 공존과 협동은 오히려 자기멸절의 길이라고 오도하는 개체중심의 약육강식의 논리가 우리 문화를 지배하고 있다고 말한 하딘의 문명비판은 유명하다(Hardin 1968).

1990년대 이후 생물학에서 공생symbiosis 개념이 중요하다는 인식이 증대되고 있다. 유기체는 다른 유기체와의 관계 속에서만 생명기능을 할 수 있다는 인식이다(Paracer and Ahmadjian 2000, 13). 공생이라는 개념은 곰팡이와 바닷말의 밀착된 상호생명 현상을 설명하는 사이먼 슈벤드너(Simon Schwendener 1868)에서 시작되었지만(Sapp 1994, 4), 공생 용어를 처음 사용한 것은 독일의 균류학자 프란크(Albert Bernhard Frank, 1839-1900)였다. 1877년 프란크는 개체 각각은 결핍이 드러나지만 개체들이 결합함으로써 새로운 상호보완이 생길 수 있음을 버섯류 균류에서 찾았다. 이 관찰과정에서 프란크는 개체에는 없었지만 개체들 사이의 상호관계가 창출되는 현상을 공생이라고 보았다. 공생 개념은 공생자끼리의 결합이며, 그 결합기능은 새로운 생명종을 산출하는 데 기여할 수 있고, 따라서 공생은 진화력의 추진요인이라고 보았다(Sapp 1994, 10).

고생물학자이면서 기생충학자였던 벨기에의 반베네덴(Pierre-Joseph van Beneden, 1809-1894)은 1873년 상리공생Mutualism, Mutual aid 개념을 최초로 생물학에 도입했다. 반베네덴은 물고기 소화관 안에 있는 낭포충cysricerci이 실은 장내 기생충의 유충임을 발견하였고, 유충과 숙주 사이는 단순히 가해자와 피해자 관계가 아님을 알게 되었는데, 그런 관계를 그는 상리공생으로 표현했다. 반베네덴은 상어와 빨판상어 사이의 상호관계를 처음으로 밝힌 것으로도 유명하다. 19세기 중엽 독일의 균류학자 드바리De Bary에 의하면 공생이란 서로 다른 유기체가 함께 생존하는 것을 의미한다. 드바리는 기생관계와 상호관계는 연속적인 차이일 뿐이라고 인식했으며, 기생과 상호성은 공생이라는 다양한 변이 스펙트럼 중에서 양단에 해당할 뿐이라고 보았다(Sapp 1994, 7).

유기체의 공생 현상을 정리한 공생론Symbionticism은 1920년대 초 미토콘드리아의 내공생설을 처음 주장했던 월린(Ivan Wallin 1883-1969)이 만들었다. 월린은 공생관계를 진화를 촉발하는 힘으로 보았다. 공생관계가 지속되면서 자기 생존과 번식에 이익이 될 때 그런 공생을 가능케 하는 새로운 형질이 진화이 소산물로 형성될 수 있다는 것이다. 진화론 대부분은 선택되지 못한 형질 소멸을 설명하는 데 초점을 두지만, 공생은 형질의 생성을 설명할 수 있다고 그는 생각했다. 공생의 상호의존적 행동성향이 진화의 자연선택 요인이 되기 때문에 그런 생성형질을 설명할 수 있다는 것이다(Wallin 1927). 월린의 공생진화론은 불행히도 1960년대 린 마굴리스(Lynn Margulis, 1938-2011)의 공생 개념이 등장하기 전까지 전혀 주목받지 못했었다.

공생symbiosis은 공진화coevolution 개념과 같지 않다. 두 생물종이 공생한다는 것은 하나의 진화방식에 서로 얽혀 있다는 것이며, 공생의 현상은 상호 적응된 공통의 소산물이다. 숙주와 기생체의 경우 두 생물종은 공존symbiosis하며, 공존은 숙주와 기생체 간 공진화coevolution의 소산물이다(Stearns 2012, 4306). 그러나 다른 두 생물종이 공진화했더라도 서로 다른 진화전략으로 진화되었을 수 있으며, 따라서 서로에게 독립적으로 적응된 소산물로 볼 수 있다(Hanson and Lanning 2008, 981). 즉 공생은 진화의 소산물이지만 공진화 개념과 일치하는 것이 아니라는 점이다(최종덕 2020a, 417).

과학적 기반을 통한 공생 개념으로서 내부공생 개념serial endosymbiosis theory이 등장했다. 내부공생이론 주창자 린 마굴리스는 "공생이란 간단히 말해서 다른 종의 유기체끼리 물리적 접합을 통해 더불어 사는 생명체들을 말한다. 말 그대로 서로에게 맞닿아 사는 생명의 현상을 공생이라고 한다"(Margulis 1998, 2).

2. 공생 개념과 그 의미

2.1 생물학자 마굴리스의 세포내 공생

공생 개념을 정의한 마굴리스의 문장이 가장 많이 참조되고 있다. 마굴리스에 따르면 공생은 서로 다른 생명종 사이에 물리적 접합을 하면서 더불어 사는 것으로 정의된다(Margulis 1998, p.2; "the living together in physical contact of organisms of different species"). 여기서 '더불어 삶living together'이라는 마굴리스의 메타포는 서로 붙어 사는 다른 생물종들의 번식과 대사 그리고 호르몬 등에 의한 생체주기 등이 서로 어울려야 한다는 점을 포함한다.

마굴리스는 공생의 두 가지 방식을 보여주었다. 하나는 공생자 외면에서 접합하는 외부공생endosymbiosis이며, 다른 하나는 공생자 내면에서 더불어 사는 내부공생ectosymbiosis이다. 마굴리스는 내부공생을 세포 수준에서 밝혔다는 점에서 유명한데, 내부공생은 일종의 "위상 조건topological condition"을 만족하는 관계라고 말했다. 위상 개념은 수학적이지만 직관적인 사례를 들어 설명해보자. 차 바퀴에는 두 가지가 있다.

하나는 자전거 바퀴처럼 속 튜브가 겉 고무바퀴 안에 있는 경우이고 다른 하나는 자동차 바퀴처럼 속 튜브 없이 하나의 겉 고무바퀴만 있는 경우이다. 만약 속과 안이라는 수학적 기준이 조건으로 될 경우 자전거 바퀴와 자동차 바퀴는 겉으로 비슷해보여도 위상적으로 다른 차원이 며, 오히려 자전거 바퀴와 겹껍질로 된 밤 열매의 둘 사이는 동질적 위상이다.

다시 마굴리스의 사례로 돌아오자. 예를 들어 세포 수준에서 볼 때 흰개미와 장내 기생하는 원생동물은 전혀 다른 각기의 생물종이지만 흰개미의 장내 세포와 거기에 접합되는 해당 미생물 세포는 질적으로 동일한 세포성 대사관계를 공유한다는 점에서 마굴리스는 이를 위상 조건의 공유라고 표현했다(Margulis 2004, 172). 위상수학에서 차용해온 '위상 조건'이라는 메타포는 마굴리스 세포내 공생 개념을 함축적으로 의미하는 적절한 비유법으로 판단된다. 마굴리스의 세포내 공생관계 는 아래처럼 설명된다.

핵이 있는 세포를 진핵세포Eukaryote, 핵이 없는 세포를 원핵세포pro-karyote라고 한다. 아메바 이상의 세포는 진핵세포 구성체이며, 박테리 아는 원핵세포이다. 세포내 공생이론은 서로 다른 개체의 원핵생물pro-karyotes들이 우연한 과정으로 하나의 진핵세포로 되었다는 진화론적 가설이다. 대표적인 사례로서 세포와 세포내 미토콘드리아 사이의 공 존이다. 진화사적으로 원래의 미토콘드리아는 독립적인 원핵생물이었 지만 15억 년 전으로 추정되는 시기에 진핵생물 세포 안으로 유입(포식) 되면서 그들 사이의 공생이 우연적으로 이루어졌다. 우연적 만남이지 만 그 관계를 유지하는 원인은 인과적이다. 예를 들어 미토콘드리아는 남의 세포 내부에서 에너지[ATP]를 생산하고, 세포사멸을 조절하고, 세포 내부의 대사와 신호전달경로signaling를 조절하는 기능을 효율적으로 수행했으며, 미토콘드리아 자신의 DNA를 극소수만 남기고 유전자 대부분을 숙주 세포의 DNA로 넘겨 주었다. 미토콘드리아의 변화는 숙주세포에도 유리했기 때문에 미토콘드리아와 숙주 사이에서 공생가설이 논리적으로 가능하다. 이 가설은 린 마굴리스의 1981년작 『세포 진화에서 공생』이라는 저서에서 '세포내 공생endosymbiosis' 이론으로 발표되면서 지금까지도 많은 논쟁을 만들었다(Margulis 1981).

1960년대 미생물학자 마굴리스는 아메바 연구를 통해 진핵생물에 핵 외에 DNA가 존재한다는 사실을 알게 되었다. 그것은 미토콘드리아 DNA이다(Margulis/Sagan 1967; 당시 마굴리스는 칼 세이건의 아내로서 논문 필자 이름은 세이건이었다). 세포내 공생설은 한 세포가 다른 세포를 포식 phagocytosis하여 자신의 세포안으로 흡입하고, 흡입된 외부세포를 소화시키지 않고 상호 유전물질의 교환과 상호 체형의 공유 재형성을 한 결과로, 다른 세포들끼리의 결합을 의미한다(Minkoff and Baker 2001, 155). 미토콘드리아는 세포 소기관과 다르게 숙주 세포핵과 독립하여 자신의 DNA만으로 생존에 필요한 효소를 합성할 수 있었다. 마굴리스는 미토콘드리아의 이런 독립작용이 엽록체에서도 찾아진다는 점을 관찰했다. 이 관찰로부터 독립작용의 의미를 분석했고, 그로부터 세포내 공생이론 가설을 세웠다. 미토콘드리아는 원형 박테리아proteobacteria 에 해당하고 리케차rickecha 같은 호기성 세균에서, 그리고 엽록체는 시아노박테리아cyanobacteria 같은 호기성 광합성세균에서 유래했을 것이라는 가설이 바로 마굴리스의 세포내 공생이론이다.

마굴리스가 세운 세포내 공생이론의 근거는 다음과 같다. 먼저 미토콘드리아와 엽록체 DNA는 세균에서와 같이 공유결합으로 폐쇄된 환형이며, 보통 한 개 이상으로 존재한다는 점이다. 그리고 미토콘드리아는 자신의 독자적인 전용 리보솜을 가지고 있다는 점이다. 리보솜 RNA의 염기서열에 대한 계통학적 분석을 통해 엽록체와 미토콘드리아는 다른 일반 세균과 다르게 진정세균 계통이라는 점이다. 마굴리스의 세포내 공생이론이 분석적 증거에서 미흡하다는 비판과 비난이 여전하지만 이런 비판은 계통진화가 분석적 방법론으로 포섭될 수 없는 방법론의 원천적 한계 때문으로 평가된다.

2.2 곤충학자 더글라스의 공생 개념

코넬 대학교 곤충 생리학자인 더글라스Angela Douglas는 불충분한 자원과 열악한 자연환경에 속한 곤충과 미생물 사이에서 서로에게 의존하는 공존 현상을 주목했다. 조류와 편형동물 사이 그리고 곤충과 박테리아 곤충과 진딧물 나아가 초파리와 장내 미생물과의 관계를 연구하여 공생 개념을 실험적으로 검증한 성과를 보여주었다. 특히 더글라스는 숙주 안에서 기생체의 새로운 변이체가 발생하는 것을 관찰하면서 공생은 진화의 변이과정에서 중요한 기여를 한다는 사실을 확인했다. 공생은 광합성, 질소고정, 셀룰로오스 분해 등과 같은 새로운 대사능력 novel metabolic capabilities을 획득하게 되는 통로로서 그런 대사능력이 더 높은 기생체가 선택 진화된다는 점을 강조했다(Douglas 2010, v).

공생은 상호 간 생존가능성survival possibilities을 높여주는 진화의 소산물이다. 곤충학자 더글라스가 말하는 곤충의 생존가능성 향상이란 온

도나 습도 등의 다양한 환경, 포식위험이나 스트레스 등의 다양한 외부 조건에서 생존할 수 있는 능력을 말한다. 그런 능력은 개체 단독의 행동능력이 아니라 복잡한 공생의 상호관계로서 획득될 수 있다. 다양한 방식의 공생결합은 서식환경과 기후변화의 급격한 변화에 반응하는 진화의 소산물이다. 더글라스에서 공생은 기존 방식과 다른 돌연변이와 유전적 변화를 일으키는 결과로서 새로운 변이를 낳는 원인이 된다. 특히 미생물 차원에서 새로운 공생 결합은 적응적 협동성을 발현하게 한 유전적 변이로부터 시작된다. 그러나 더 복잡한 후생동물로 들어서면서 그런 설명도 부족하다. 새로운 공생 결합은 외형적인 행동 변화에서 시작된다(Douglas 2010, 5장).

진딧물이 필요한 영양소를 얻기 위해 기생체인 미생물과 공생하는 사례가 생존가능태survival possibilities를 설명하는 데 도움이 된다. 첫째, 곤충류에 기생(공생)하는 미생물은 포유류에 기생하는 미생물종보다 훨씬 다양하다. 포유류에 기생하는 미생물은 5천 종이지만, 곤충류에 기생하는 미생물은 지금까지 알려진 것만 90만 종이 넘는다. 즉 곤충에서 더 다양한 공생 관계가 가능하다는 점을 함의한다. 둘째, 곤충에서 미생물 공생은 곤충의 장내 세포 외에 서식하기도 하지만 포유류에서 찾아볼 수 없는 박테리오사이트로 알려진 세포내 공생이 가능하다. 이 점은 미생물 기생체가 곤충류 숙주 대대로 수직 전파된다는 사실을 보여준다. 이 사실은 곤충과 미생물 기생체 사이의 공생 관계가 진화의 산물임을 알려준다. 셋째, 곤충에 공생하는 미생물이 개체수가 지나치게 증가하지 않도록 개체수가 일정하게 조절되고 있다. 이 점은 서로가 더불어 잘 살 수 있는 공존 메커니즘의 중요한 조건이다. 넷째, 숙주인 곤충의 면역계는 외부 기생체인 미생물에 대한 과도한 면역저항을 활성화되지 않도록 박테리오사이트 내부 메커니즘으로 조절된다. 면역학 챕터에서 이미 다루었듯이, 면역학자 이월드는 기생체와의 길들이기 방식의 공존을 강조했다. 마찬가지로 곤충과 체내 혹은 세포 내 기생 미생물과의 공생은 서로에게 이익을 주기 때문에 이런 공생의 패턴이 진화적으로 남아 있다. 다섯째, 노랑초파리Drosophila melanogaster에 대한 실험에서 기생체인 미생물을 강제로 제거하면 숙주인 노랑초파리도 죽는다는 사실을 확인했다. 여섯째, 식물 수액을 먹는 곤충 완두진딧물pea aphid과 그 공생체인 박테리아Buchnera가 아미노산 생합성을 공동으로 하여 영양소 공급의 효율성을 최적화하고 있다. 이러한 대사능력의 공유 형질은 2억 6천만 년 동안 이루어진 공진화의 대표적인 사례로 평가된다. 이러한 공생과 공진화의 사례는 공생의 다양성 폭이 확장될수록 서식능력이 개선되는 생태계의 확장을 수반한다는 사실을 보여준다(Douglas 2011).

자연선택이란 어떤 유기체가 의존하는 생태계의 폭을 확장하는 데 기여한다(Lotka 1922, 147). 생태계의 확장이란 공생하는 유기체가 생태계를 구성하는 것constructive sense과 같은 의미이다(Depew and Weber 1995, Wicken 1987). 이는 능동적 진화에 가까운데, 능동적 진화의 의미는 생물체 진화에서 광합성 작용이나 에너지포획 작용을 일으키도록 유효한 니치를 증가시키는 구성적 활동을 뜻한다(Peacock 1999a; Peacock 2011, 241). 여기서 니치란 공동의 서식환경에서 타자의 개체군 빈도수를 감소시키지 않은 채 상호조절력을 유지하는 관계집단으로 정의된다(Mcelroy and Townsend 2015, 28).

2.3 과학철학자 피콕의 공생과 진화

공생과 진화 사이의 관계를 중시한 피콕(Kent A. Peacock)의 생태학적 공생 개념은 공생결합의 진화를 통해서 형성된 메커니즘을 주목한다. 특수한 환경압박에 처한 서식지의 급격한 변화에 대한 비선형적 반응 결과가 공생이다(Peacock 2011, 232). 공생활동을 하면 생존에 더 유리하기 때문에 협동성 행위를 통해서 공생이 유지되지만 개체 차원의 협동성 행동성향 자체가 유전된다고 볼 수 없다. 물리학과 생태과학의 철학자 피콕은 공생활동이 행동형질 차원에서만이 아니라 유전형질의 변화와 밀접함을 강조했다. 공생을 통한 협동행동은 생존 이익에 연결되고, 그런 생존이익 수혜자가 생존과 생식에 더 유리하기 때문에 그들의 후손은 공생활동에 더 적합하게 된다. 이 의미는 공생의 협동행위가 유전적으로 계승된다는 뜻이다. 공생 협동행위는 유전자 차원에서 자연선택되어 아주 빠르게 유전정보화 된다는 것이 피콕의 강조점이다 (Peacock 2011, 233).

공생은 진화론으로 설명된다는 피콕의 설명에 따르면, 유기체의 진화란 겉으로 볼 때 자연선택을 통해 상대적으로 안정되게 구축된 기존 생태계 조건relatively fixed and stable ecological conditions에 적용하는 단순모델로 드러난다. 안정된 생태조건에 적용되는 유기체의 발생과 변화과정이 진화이다. 유기체가 환경에 적응하는 것과 더불어 환경을 변화시키는 진화론적 자연현상은 공생을 통해 설명가능하다. 현대 진화종합설의 기여자인 심슨(George Gaylord Simpson, 1902-1984)은 그의 저서 『진화의 주요특징The Major Features of Evolution』에서 유기체가 환경에 적응하지만 수동적 적응에 그치지 않고 자신의 능동적 활동을 통해 환경의 폭을

확장한다는 내용을 설명했다(Simpson 1953, 182) 심슨의 진화론적 내용을
피콕은 공생 개념으로 결합시켰다(Peacock 2011, 230).

공생은 새로운 기능성 형질이 형성되는 데 분명한 진화론적 역할을
한다는 것이다. 그래서 공생은 진화의 급격한 변화와 그런 유기체를
설명하는 데 필수적이다. 예를 들어 기생체 박테리아와 숙주 사이의
관계에서 기생체 박테리아 침입을 막는 숙주의 방어적인 독성에 대하
여 박테리아는 점점 내성을 갖는다. 시간이 흐르면서 기생체는 숙주에
대한 피해를 최소화하고 길들여진 변화형질로 진화하면서 기생체와
숙주가 공생관계로 되기도 한다. 변화형질의 형성은 새로운 변이(돌연
변이와 유전자재조합mutation and recombination)가 생성되고 확장되는 유전
형 변화 속도에 전적으로 달려 있다.

공생은 선택압 양태의 폭을 확장하는 데 기여한다. 실제로 공생은
유전 개념의 폭을 확장하는 데 큰 기여를 했다. 공생은 공생에 연관된
공생자 유전체를 그들의 후손에게 유전하게 되는데, 표현형의 유전자
만이 아니라 공생 연관형질symbiosis association로서 행동유형(행동형질)도
유전된다. 공생의 기능과 행동유형은 상황과 조건에 따라 다르게 나타
난다. 공생에 필요한 형질, 즉 공생 연관형질이 자연선택되면서 그런
유기체의 관계를 우리는 공생이라고 부른다(Sapp 2004).

공생 규모scale는 열역학적 시너지 개념으로 정의될 수 있다고 한다.
공생을 통해 같이 사는 두 개체의 생존과 생식에 드는 에너지의 합은
각각 생활하는 별개의 두 개체가 생존과 생식에 소요되는 에너지의
합보다 적게 소모된다는 뜻이다. 다른 종의 두 개체가 공생을 유지한다
면 개체 생존과 후손증식에 적은 에너지로도 더 유리하다는 뜻이다.

이런 열역학적 시너지 효과는 진화 압력의 중요한 요소이다. 이런 상호 시너지효과를 공유하는 공생관계를 피콕은 마굴리스가 설명한 외부공생ectosymbiosis과 내부공생endosymbiosis 개념 외에 "외래공생exosymbiosis"이라고 표현했다. 피콕은 외래공생 개념을 공생 연관symbiotic association으로 설명했다. 외래공생의 경우 서로 다른 종의 두 유기체가 연관된 하나의 가능성 행동형질을 공유함으로써 서로에게 생태적 비용을 절약할 수 있을 때 그렇게 공유된 기능성 행동형질을 공생 연관이라고 한다. 외래공생은 다른 두 생물종이 거리가 떨어진 서식공간을 독립적으로 가지고 있다하더라도 영양섭취와 번식에 드는 비용을 효과적으로 활용하기 위해 각자의 최적합 기능을 공유한다(Peacock 2011, 224).

질소박테리아와 콩과식물, 인도공작Pavo cristatus과 인도 하늘개미Harpegnathos saltator, 쐐기풀과 대모갑나비의 애벌레, 상어와 전갱이 목인 빨판상어, 락토바실러스와 인간, 세포와 미토콘드리아, 개미와 곰팡이, 망둥어와 새우, 산호와 조류 등 수많은 자연생태계의 공생-연관 사례를 관찰할 수 있다. 피콕이 말하는 공생 개념의 주안점은 공생연관의 상호관계가 이들 서식공간의 생태적 지속가능성sustainability을 높여준다는 데 있다. 피콕은 생태철학자이면서 동시에 양자역학을 전공한 물리철학자이기도 하다. 그는 공생의 물리적 조건이 엔트로피를 적정수준에서 조절하는 자연력에 있다는 입장을 강조한다. 우주의 보편법칙으로서 열역학 제2법칙에 따르면 물리적 닫힌계의 총량 무질서도는 끝까지(열역학 평형상태) 증가한다. 반면 생명계의 무질서도가 줄어드는 역엔트로피의 가능성을 보여준다. 첫째, 유기체 생식과 개체군 번식활동 자체가 역엔트로피의 속성을 보여준다. 둘째, 역엔트로피 현상은 아니지

생물철학

만 엔트로피 증가분을 최대한 낮추는 특징이 있는데, 이런 특징이 바로 생물학적 공생에서 나타난다는 것이 피콕 생태철학의 중요한 의미다.

엔트로피 전체량은 증가하더라도 엔트로피 증가량 감소가 가능한 물리적 근거는 공생을 형성하는 유기체들 사이의 서식공간이 닫힌계가 아니라 열린계라는 점에 있다. 열린계는 정보와 에너지를 다른 계의 정보와 에너지로 서로 교환할 수 있다는 뜻이다. 공생이 열린계 전체의 엔트로피 총량을 낮출 수 없지만 그 증가량을 줄일 수 있다. 서로 다른 종의 두 개체가 각자의 운동기능이나 생리기능을 수행하는 데 필요한 에너지 비용을 공생관계를 통해서 (반 가까이) 줄일 수 있다는 점에서 엔트로피 증가분을 낮출 수 있다고 본 것이다. 이와 같이 특정 서식군 혹은 특정 연관 개체들 사이에서 상호 간 전체 엔트로피 증가량을 낮춤으로써 해당 특정계 존속을 유지하는 생태적 상태를 피콕은 지속가능성sustainability이라고 정의한다. 공생은 생명계 지속가능성을 보장하는 중요한 진화소산물이다(Peacock 1999).

엔트로피 증가분을 줄이기 위한 생태적 노력은 현대문명에서 더 이상 머뭇거릴 수 없는 당면한 지구인의 공통과제이다. 망망대해에서 구명선Lifeboat을 겨우 잡아서 탄 위기의 현대문명인이 살아남기 위한 최소한의 노력이다(Peacock 1999). 이런 과제 실현은 다음의 두 가지 철학적 관점을 수용해야 한다. 첫째, 공생의 열린계 특성을 단순하게 '기생 공생이냐' 아니면 '상조 공생이냐'라는 좁은 관점으로 해석해서는 안 된다는 점이다. 기생형 공생도 생태계 전체에서 엔트로피 증가량을 낮출 수 있는 진화의 자연현상이기 때문이다. 둘째, 생명의 열린계 특징은 나와 다른 생명계를 인정해야 하며, 그때 비로소 생명의 소통이

가능해진다는 데 있다. 구체적으로 말해서 서로 다른 생명들끼리 서로 기대어 살만한 생태적 조건이 다양해야 한다는 것인데, 이런 조건을 우리는 생명다양성 혹은 생물종다양성이라고 한다. 생물종다양성은 생명 지속가능성을 위한 가장 우선되어야 할 조건이다.

[표 9-1] 피콕의 공생 연관

생태철학자 피콕의 공생 연관symbiotic association	외부공생ectosymbiosis이나 내부공생endosymbiosis이 아닌 외래공생exosymbiosis의 형태
↓	
동일 서식지를 공유하는 다른 유기체들 사이의 상호관계	다른 생물종의 개체(군) 사이에서 기능성 행동형질이나 행동유형을 공유하는 생태적 관계이다.
↓	
개체기능을 수행하는 데 소모되는 에너지 비용을 서로 줄일 수 있을 때 나타나는 관계	독립기능으로 수반된 비용보다 공생 연관으로 얻는 이익이 크기 때문에 선택된 진화 소산물이다.
↓	
공유 생태계 전체의 엔트로피 총량을 줄일 수 없어도 증가폭(증가율)을 낮출 수 있는 관계	물리적 역엔트로피는 불가능하지만 증가량 최소화에 기여한다.
↓	
닫힌계가 아니라 정보와 에너지 교환이 가능한 열린계에서 가능	생태적이라는 뜻은 열려 있다는 인식론적 측면과(열린계) 다양하다는 존재론적 측면으로(종다양성) 정의된다.
↓	
종다양성이 유지될 경우에 비로소 공생연관의 확장이 가능	
↓	
공생은 생태적 지속가능성의 기본 조건	

효과기능을 공유함으로써 에너지 비용을 줄일 수 있다는 열역학적 시너지 효과는 생태학적으로 상당히 중요한 시사점을 주지만, 피콕의 주장은 자칫 진화의 선택단위가 종을 초월한 종간 수준 논의로 될 수 있다는 비판을 받을 수 있다. 이와 관련하여 공생을 말하기 위해서 선택단위의 논쟁을 다시 언급해야 한다. 피콕의 주장대로라면 선택 수준은 개체나 친족에 국한되지 않고 공생자끼리의 연동된 수준에서 선택이 가능해야 되기 때문이다. 피콕의 논지는 겉으로 보이는 이타행동apparently_altruistic behavior이 혈연선택(친족선택)으로 설명될 필요가 없으며, 다른 종간 상호주의로 설명가능하다는 생각으로 확장된다. 상호주의 공생의 차원에서 집단선택방식이 곧 공생자 간 선택이다. 물론 피콕도 종 선택species selection을 공생의 선택단위로 정당화하지는 않았지만, 어쨌든 선택수준의 논의를 언급하는 데 있어서 공생결합 자체가 선택 단위로 될 수 있다는 생각은 분명했다(Peacock 2011, 236).

공생은 자연선택의 소산물이라는 피콕의 입장은 생태학 발전에 큰 기여를 했다. 공생 개념은 진화론이나 생태계이론을 연결하는 역할을 했기 때문이다. 나아가 공생 개념은 인문 생태학human ecology과 만나서 생물학과 인문학의 다리 역할을 할 수 있다. 인간의 지속가능한 사회를 이뤄가기 위한 이론적 역할을 할 수 있다는 뜻이다. 그리고 피콕은 공생 개념으로 인간에게 가장 큰 질병인 암의 기원도 설명가능하다고 했는데, 이 부분은 뒤에 다시 논의된다(Peacock 2011, 219).

선택 수준의 문제와 연관하여 피콕은 지구상 생물의 역사는 점진적 변화와 불연속성이 같이 작용되는 것으로 간주한다(Hsü 1986; Peacock 2011, 231). 이 설명은 다음 표로 대체한다.

[표 9-2] 피콕의 생명진화의 양면성

피콕의 생명진화의 양면성	
점진진화 모드	급변진화 모드
연속 진화	불연속 진화
전통의 다윈 진화론	굴드와 엘드리지의 단속평형설 Punctuated Equilibrium(1972)
공생을 인정하지만 구체적인 진화적 논증이 부족함	공생 논리에 적합적임
진화는 점진진화 모드와 급변진화 모드의 양면으로 진행된다는 피콕의 입장	

공생에 기반한 협동성 생태계이론은 집단선택론의 전제를 요청하는 것처럼 보여진다. 나아가 단속평 형론의 급변진화 모드를 연상하는 논리를 보여준다. 불행히도 협동성의 어떤 양태나 구성주의적 기능이 선택에 의해 보장될 수 있다는 피콕의 주장은 아직은 충분한 기반을 갖고 있지 못하다고 여겨진다. 공생 개념을 통해서 유기체의 기능적/유전적 신생 형질의 형성을 설명할 수 있다는 주장은 그 논증과 논거에서 아직까지 불충분하고 미흡하기 때문이다. 그러나 선택 수준의 논의구조와 피콕의 공생 기반 생태학적 지속가능성의 논의구조는 동일한 논리적 범주가 아니라 적응진화와 생태계라는 별도의 다른 범주이기 때문에 두 논의구조는 서로에게 충돌되거나 모순되지 않는다.

2.4 공생과 더불어 삶 - 일반적 정의

접합-관계contact-interrelation는 단순한 외면적 접합만이 아니라 흰개미 장내에서 공생하는 공생자 원생동물처럼 생화학적 접합을 포함한다. 장내 공생관계처럼 항시적인 접합관계가 아니라 포식하고 당할 때만 접합하는 일시적 접합관계도 포함한다. 예를 들어 고래와 크릴새우의 관계는 포식행위에서만 접합되지만 서식지를 공유하는 해양생태계 관점에서 그 둘 사이의 관계도 접합 공생에 해당한다(Peacock 2011, 223). 앞서 말했듯이 접합의 수준은 다양하다. 직접 접합이 아니라도 서식조건에서 생존과 보전에 소모되는 에너지를 최소화하기 위해 공존 양태로 드러난 공생 연관의 행동성향을 마굴리스는 '더불어 삶living together'이라는 메타포로 표현했다.

겨우살이는 나무가지에 덩굴로 타고 올라 기생하는 식물인데, 딱다구리 외 다양한 새들이 겨우살이 열매 씨를 먹고 겨우살이를 퍼트린다. 겨우살이는 전 지구에 퍼져 있으며 온갖 나무에 다 덩굴로 올라가 살아간다. 한국에는 주로 참나무에 걸쳐 있는데, 찰스 다윈의 『종의 기원』 3장 2절 공생의 메타포로 지목한 겨우살이는 사과나무에 기생하는 사례이다. 겨우살이가 오동나무에 기생할 경우 오동나무에 심각한 피해를 주지만, 그 외에 나무에는 별 다른 피해를 주지 않고 공존한다고 한다. 그러나 사람 입장이 아니라 나무 입장에서 서로 다른 두 종의 관계를 볼 수 있다면 다른 해석이 가능하다. 한쪽의 생각은 투쟁과 약육강식으로 관계를 해석하며, 다른 쪽 생각은 상호의존과 생태적 연관성으로 그 관계를 해석할 수 있다. 동일한 자연물들 사이의 관계를 전자는 기생관계로, 후자는 공생관계로 달리 본다는 뜻이다. 그래서 공생 개념을 관찰하거나 논의할 때 인간중심적 사고를 벗어나는 일이 중요하다.

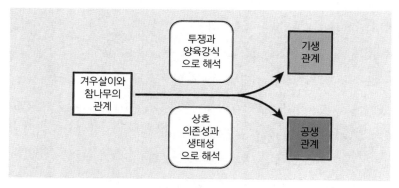

[그림 9-1] 기생과 공생

'더불어 삶living together'이라는 단순 개념으로부터 공생과 진화론을 연결시킨 피콕의 생태철학적 입장은 생물학적 검증의 문제점을 노출했음에도 불구하고 큰 의미를 갖는다. 공생은 생애주기에 걸쳐 상대방을 서로 포섭하는 양방 공통의 행동성향이다. 두 유기체가 우연적으로 만나서 공생이 되는 것은 아니다. 주기적 혹은 규칙적으로 행동양식이 반복되고 그런 반복행동이 자연선택의 대상이 될 수 있는 그런 경우이다. 공생은 서로의 물리적 접합을 반드시 필요로 한다. 피콕은 이를 "공생의 접합이론contact interpretation of symbiosis"으로 표현했다. 그러나 어디까지가 접합인지 그 기준은 여전히 모호하다. 예를 들어 흰개미 창자에 사는 원생동물(세균)이 있다. 이 흰개미 박테리아는 창자에 맞닿아 있지만 세포 차원에서 볼 때 직접 닿아 있는 것은 아니다.

공생자끼리 공생 관계는 인과적 상호성causal interaction을 필요로 한다.

직접적 접합이 아니더라도 간접적이지만 매우 복잡한 방식으로 시공간적으로 연결된 상호성이 있어야 한다. 이를 공생의 인과연결causal link이라고 부른다. 인과연결이 가능한 범위, 즉 공생자의 범위를 어떻게 규정하느냐에 따라서 공생의 집단(군집)을 설명할 수 있다. 피콕의 논의를 다시 정리하면 다음과 같다. 공생의 접합 관계 측면에서 공생은 세포내 내부공생endosymbiosis과 외부 접합의 외부공생ectosymbiosis 그리고 외부 별개로 만나는 외래공생exosymbiosis으로 구분할 수 있다. 외부 접합공생ecto과 별개 외래공생exo의 차이는 공생규모에 따라 다를 수 있다(Peacock 2011, 224). 반베네덴이 말한 공생의 상호관계 측면에서 공생은 기생관계para-citism와 편익관계commensalism 및 상호관계mutualism로 구분되기도 한다.

19세기에 나온 아이디어로 상보관계complements 개념도 있다. 상보공생은 19세기 말 존스홉킨스 대학교에서 세포생물학으로 박사학위를 받은 일본인 학자 와다시(Watase Shozaburo, 1863-1929)가 1893년 창안한 공생 개념으로 세포의 생리적 측면과 형태학적 측면은 서로에게 상보적 보체physiological complements 역할을 강조한다. 현대에 들어와서 상보성 보체 개념은 선천적 면역 반응으로 외부 병원체를 방어하고, 이미 손상된 자기세포를 자기죽음apotosis에 이르게 하거나 재생을 활성화시키며, T세포 활성화 반응에 상보적 면역반응으로 표현된다고 한다. 보체 활성화는 숙주에 유익하다고만 볼 수 없으며 어느 경우 더 피해(손해)를 끼칠 수 있다. 면역반응으로 보체 관계 개념은 상호 간 이익과 손해의 균형 관계를 유지하는 것이 중요하다는 의미를 알려준다(Klaska and Nowak 2007).

3. 암세포와 정상세포 사이의 관계

3.1 이익-비용 균형이 깨진 암세포

인간의 세포 수는 약 30조 개(넓은 의미로는 60조 개까지) 정도로서 각 세포는 협동하고, 진화하며, 계산하고, 대사하며, 유전발현하고, 단백질을 생성하는 일들을 각기 한다. 이런 세포들이 서로 모인 몸은 하나의 생명네트워크이다. 세포들의 네트워크 개념을 이해하기 위하여 세포들의 상호작용을 형성한 세포의 진화과정과 생태과정을 이해하는 일이 중요하다. 생명체로서 세포의 주요한 특징들이 있는데, 세포는 자기와 같은 세포를 살아 있는 한 계속 재생(세포분열)한다. 그리고 손상된 세포는 스스로 자멸한다. 세포들 사이에서 생존에 필요한 에너지가 이동된다. 세포마다 각자 하는 일이 있지만 독립적 관계일 수 없다. 모든 세포는 예외 없이 주변 환경과 조화하면서 세포 자체와 세포 주변을 연결한다. 세포는 단순히 전체 개체를 구성하는 부속품의 의미로 그치지 않으며 세포 자체도 변화하고 진화한다.

암세포의 경우 인간의 관점에서 암은 인간의 생존과 안녕을 위협하는 존재로 인지되지만, 암의 관점에서 보면, 암 세포는 지구에 존재하는 다른 모든 생명체가 그렇게 하듯이 그대로 존재할 뿐이다. 암세포는 정상세포의 항상성이 깨진 상태에서 발현한다. 항상성 붕괴의 의미는 진화론적으로 볼 때 이익-비용 균형 상태를 말한다. 이익-비용 균형이 깨진 암세포는 정상세포와 잠재적 암세포 사이의 공존이 깨지면서 상호협동의 균형이 없어진 상태이다. 즉 숙주와 기생체 사이의 상호주의가 소멸됨에 따라 생기는 질병이 암이다. 암은 정상 세포의 기능이

상실된 상태로 볼 수도 있다. 세포 안에서 정상 기능을 가지고 있는 유전자가 돌연변이를 일으킨다. 돌연변이 유전자는 정상의 기능을 상실하거나 벗어나서 변형된 활동을 한다. 이런 특별한 종양인자 유전자는 악성 세포로 변환된다(Weinberg 1998).

암세포의 존재를 이익-비용 균형이 깨진 상태로 규정한다면 그 치료를 위해서 우리는 균형이 깨지게 된 직접 원인을 찾아서 복구해 주려고 시도한다. 암세포로 들어가는 혈관을 막아서 에너지 보급을 차단한다거나, 암세포 성장인자의 정보를 일깨워주는 신호를 방해하거나, 암세포 분열을 막는 유전자적 간섭을 하거나, 아니면 암세포 자체를 물리-화학적으로 파괴시키는 방식 등으로 치료를 시도한다. 이런 방식은 암을 발생시킨 직접 원인자를 규명하여 그 원인들을 해소한다는 방법론이다. 이런 방법으로 찾는 직접 원인들을 근연인이라고 한다.

근연인 관점에서 암세포와 정상세포 혹은 암질병과 암환자 사이의 관계는 전투와 싸움, 승리와 패배라는 메타포로 서술되고 있다. 전쟁 메타포는 암 치료를 위한 근접원인(근연인)을 추측하는 데 도움이 될 수 있다. 암치료에 있어서 근연인은 의료기관에서 하는 모든 치료방법을 말한다.

3.2 진화사적 공존으로서 암세포

생명체는 생명세포가 생겨난 20억 년 전부터 암과 격전을 겪고 있다. 다세포 유기체의 세포들은 서로 협력하고 조직하고 공생하는 활동을 통해서 다세포 생명을 유지할 수 있다. 박테리아나 원생생물이나 효모균 같은 단일세포는 단지 혼자만이 자신의 단일 세포를 유지시켜야 한다. 다세포 생명이 생기기 이전 17억 년 동안 단일세포의 생명체는 암의 문제를 겪지 않았다. 이 말은 다세포 생명체가 생기면서 암이 시작되었다는 뜻이다. 다세포 생명체라는 것 자체가 암에서 피할 수 없다는 뜻이기도 한다. 실증적으로 170만 년 전 원시인류 화석에서 암세포 흔적이 발견되었다. 나아가 1억 년 전 조류나 어류 및 포유류 화석에서도 암의 증거를 찾을 수 있었다. 어쨌든 암의 존재는 생명의 시작과 연관되어 있다. 이런 견해는 암세포와 정상세포의 공존 관계를 중시한다. 암을 다루기 위하여 암의 진화론적이고 생태학적인 공존의 동력학을 이해하는 일이 중요하다. 숙주인 인간 관점이 아니라 암세포 관점에서 암세포를 본다면 완전히 다른 시각의 암 정체성을 볼 수 있다.

협동성 및 게임이론 전문가이며 『속이고 속는 세포』(2020)의 저자인 액티피스(Athena Aktipis)는 암세포 관점에서 암세포를 재해석했다. 정상세포와 암세포는 진화론적 상호공존 관계임을 강조한다. 액티피스는 공존성 개념을 말하기 위해 사막 선인장의 형체변형을 사례로 들었다. 볏모양선인장crested cactus은 사막 선인장인데, 형체 돌연변이가 일어나서 선인장 성장부위가 기괴한 왕관 모습이나 혹이 붙은 기하학적 모양을 갖는다. 이는 사막폭풍에 의한 박테리아나 바이러스성 돌연변이이거나 간혹 성장과정에서 생기는 발생학적 변이로 여겨진다. 그 모습 또한 유일하지 않고 선인장마다 다르다. 개체마다 다른 변형의 특징은 실은 소나무에서 민들레에 이르는 다양한 식물류에 공통적이다. 이런 식의 식물 성장변형을 "변체 합생fasciation"이라고 한다. 대체로 이런 변형된 변체 합생은 자신의 꽃도 피우지 못하며 씨를 맺어 퍼트리지도 못한다. 그러나 그 특이한 모습 때문에 이런 식물들이 정원 조경용으로 품종 육종사들에 의해 키워지고 보존된다. 볏모양선인장도 마찬가지로 암세포(식물에서는 "암"이라는 표현이 적용되지 않으므로 액티피스는 "유사 암cancer-like"이라는 표현을 썼다) 형성에도 불구하고 수십 년 동안 생존해 왔다. 암이 바로 생명 일반에서 생길 수 있는 "변체 합생"으로 볼 수 있다는 점에서 출발한다. 진화사 측면에서 암 혹은 암 유형은 모든 다세포 생명체(버섯, 산호, 알제아 수초에서 곤충이나 포유류, 야생동물이나 가축이나 동물원 동물이나)에 수반하는 필연의 존재라고 액티피스는 말한다(Aktipis 2020).

암의 진화생태학적 연구서의 대표저작인 『암의 생태학과 진화』 (Ujvari et al. 2017, Ecology and Evolution of Cancer)는 암에 대한 5가지 진화생태주의 원칙을 말하고 있다. (i) 신체 내부의 종양도 전체 신체의 진화적 소산물이라는 진화의 원칙, (ii) 신체 내부의 미시환경과 항상 상호작용하는 역동성의 개방시스템의 원칙, (iii) 주변 조건과 경쟁과 협동을 유지하는 행동생태주의 원칙, (iv) 그럼에도 불구하고 암세포가 일정한 희소비율로만 존속가능하다는 제한 원칙, (v) 암이 상존할 수밖에 없는 진화의학적 원칙이 그것이다(Ujvari, Roche and Thomas eds. 2017). 암의 진화생태학 원칙은 암세포와 주변 세포 사이에서 고립관계가 아닌 변화와 상응이라는 역동성 생태주의의 관계론적 존재성을 보여준다. 진화사적 관점에서 볼 때 암세포 역시 일반 주변 세포에 더불어 전체 신체를 구성하는 하나의 "니치구성체niche construction"라는 점이다(Ibrahim-Hashim, Gillies, Brown, Gatenby 2017).

진화생태학 관점에서 암세포와 주변 세포는 비정상과 정상의 이분법적 구획으로 단절되지 않는다. 정상과 비정상의 경계가 건강과 질병의 고정된 경계일 수도 없다는 점을 시사한다. 내부와 외부 사이의 경계는 오히려 상호적인 변화에 노출되어 있다. 이런 관계가 곧 앞서 말한 니치구성체의 특징이다. 이를 이해한다면 구체적인 암치료 임상에서도 치료의 목적 대상, 즉 암세포를 박멸시킬 수 있다는 제거주의 치료방식 외에 공존의 생태주의 방식을 수용할 수 있다. 예를 들어 암세포가 내 몸 안에 있더라도 특정 병증으로 진단되지 않은 채 나는 건강하고 장수할 수 있다는 생명의 자동조절 방식이다. 지금도 몇몇 암세포종을 지닌 채 우리는 자연수명으로 살 수 있는 경우를 보고 있다 (최종덕 2020, 500-501).

　암세포의 진화론적 기원은 20억 년 이상의 다세포 형성기 때부터 서 암세포와 정상세포 사이의 관계를 이해하기 위해 근연인 외에 궁극원인(궁극인)을 접근하는 것이 중요하다. 근연인 방식의 치료는 전쟁 메타포에 전적으로 의존한다. 암과의 전쟁은 개인의 전쟁만이 아니라 인류 전체의 전쟁이며 다세포 생명체 전체의 전쟁이기도 하다. 대형 전쟁은 되도록 피하는 전략이 실질적일 수 있다. 암과의 전쟁에서도 궁극인을 찾는 암치료 방식이 실제로 유의미하다. 물론 모든 궁극인은 자체로 해명되기 어려운 기원을 가지고 있다. 마찬가지로 암의 궁극인을 진화사 측면에서 추측할 수 있으나 당장의 치료요법으로 사용하기 쉽지 않다. 궁극인 접근법으로 개별 암환자의 치료를 당장 개선시키기 쉽지 않다는 뜻이다. 그럼에도 불구하고 근연인 지향의 암을 이해하는 방식과 궁극인 지향의 암을 이해하는 방식을 결합함으로써 더 나은 치료가 기대될 수 있다.

[표 9-3] 암세포의 근연인과 궁극인

"이익-비용 균형이 깨진 암세포"	"진화사적 공존으로서 암세포"
인간 관점에서 근연인(근접원인) 찾기	암세포 관점에서 궁극인(긍극원인) 찾기
분석과학으로 원인을 파악할 수 있다는 신념	암세포와 일반세포의 공통조상이론으로 암을 이해하기, 그러나 개인치료 방법론으로는 미흡
전투와 싸움, 승리와 패배라는 전쟁 메타포에 의존	협동과 공존의 메타포

4. 공존의 사례

4.1 바이러스와의 공존

기생체와 숙주 사이의 관계는 크게 보아서 공격과 도망 혹은 휴전이라는 전쟁의 메타포로 설명되는 관계이지만, 좁은 의미로 회피, 관용, 중화, 박멸, 제압, 병존, 공존의 관계가 가능하다. 유기체 전체로 볼때 실제로는 공존과 조화의 관계가 많다. 상반된 두 가지 방향의 관계는 한편으로 전쟁 아니면 화해의 관계이며, 혹은 관용 아니면 저항의 관계로 표현된다.

전쟁 메타포는 감염성 질병을 일으키는 바이러스성 기생체와 숙주인 인간 사이의 관계에서 박멸to knock down 아니면 길들이기to domesticate 관계로 표현된다. 예를 들어 호흡기 증후군 사스SARS처럼 세포분열 속도가 빠른 바이러스는 박멸의 방식으로 전쟁하기에 쉽지 않다. 인간에게 독성이 강한 병원성 바이러스는 감염자인 사람들의 이동력을 약화시켜 결국 바이러스 자신도 확산 전파에 실패할 것이다. 바이러스 입장에서 독성 강한 증상을 유발하는 자기 단백질은 쉽게 변이되어 무력화되기도 한다. 독성 강한 바이러스가 돌연변이하는 경우 대체로 독성이 약해지면서 확산범위는 넓어지는 방향으로 선택진화되는 경향이 있다(Ewald 1994, 6).

일반감기는 독성이 약해진 바이러스 변이체이며, 따라서 숙주인 인간과 공존하게 되었다. 병원성 바이러스도 일반 바이러스와 마찬가지로 자기 돌연변이를 계속 일으키면서 표면단백질의 변형을 형성한다. 변형된 바이러스 중에서 어떤 것은 항바이러스 백신이나 약제에 저항하는 내성이 강해질 수 있으나, 바로 그 돌연변이 때문에 바이러스는 스스로 자기멸절되거나 백신에 쉽게 걸러지기도 한다. 감기 바이러스처럼 아주 순하게 길들여지는 방식으로 진화하거나 독감 바이러스처럼 약간만 길들여지는 방식으로 진화되기도 한다. 혹은 천연두 바이러스처럼 박멸의 경우로 진행될 수 있다. 강한 독성에 저항하는 박멸 방식보다는 공존하는 길들이기 방식이 바이러스나 인간에 모두에게 상호 유리한 방향이라고 감염성 질병 역학 전문가인 이월드는 강조한다.

공격 아니면 도망 혹은 승리 아니면 패배라는 전쟁 메타포로 유기체 관계를 해석한다면 서로에게 손해가 커진다. 인간은 연속되는 새로운 질병에 노출될 것이고, 바이러스도 자기증식의 폭을 넓혀갈 수 있다. 숙주인 인간 입장에서 외부 병원체 미생물이나 바이러스와의 단기 전투에서 이기더라도, 사이토카인 같은 과잉 염증반응이 생겨서 목숨까지 위험할 수 있다. 사이토카인 염증 반응이란 일종의 과잉 면역반응의 결과로서, 외부 비자기를 공격하고 남은 적군의 사체에 비유된다. 문제는 비자기에 대한 면역반응이 과도하게 지나쳤다는 점이다. 만약 전투에서 적군은 10명에 지나지 않은데, 이들을 공격(박멸)하기 위해 아군 백만 명이 동원되었다고 치자. 나중엔 혼돈에 빠진 아군들끼리 싸워서 스스로 패배하는 상황을 낳을 수 있다. 이런 증상이 바로 사이토카인 반응으로, 숙주인 인간에게 치명적인 경우도 있다.

이월드는 바이러스성 질병 연구에서 인간 입장에서 벗어나 바이러스 관점에서 볼 것을 제안했다. 인간 중심의 질병 해석은 병원체를 영원히 이길 수 없다고 한다. 바이러스 입장에서 질병을 대하면 오히려 감염성 질병의 피해를 최소화할 수 있다는 이월드의 바이러스 해석은 미생물과 인간을 긍정적으로 연결하는 생태학의 모델이다(Ewald 1980).

인간 입장에서 바이러스나 박테리아 미생물에 대항하는 신체의 자연/획득 면역력이 부족한 경우 우리는 약제의 도움을 받는다. 약제를 투입하면 외부 병원체는 숨거나 도망가기도 하지만, 기회를 보고 공격을 하고 공격력이 약하면 임시로 힘을 스스로 숨기는 잠재기도 갖는다. 인간과 바이러스는 끊임없는 경쟁관계이며, 외부 병원체에 투약되는 약제 기능과 병원체의 돌연변이 사이도 끊임없는 경쟁관계이다. 숙주와 기생체 사이의 관계를 서로를 배제하고 투쟁하는 모순 관계로 본다면 바이러스나 미생물은 절대 소멸되지 않는다. 바이러스나 미생물의 돌연변이율 속도가 인간의 진화속도와는 비교가 안 될 정도로 빠르다는 엄연한 자연의 사실 때문이다(Lederberg 1988).

빈대 같은 생활 기생충에서부터 박테리아 세균류나 크론병과 같은 장내 염증 유발자로 추정되는 항염성 장내 바이러스 등 다양한 기생체들이 인간과 공존하고 있다(Kweon et al. 2016). 한편 인간을 숙주삼아 기생하지만 인간에게 피해를 주지 않는 수많은 장내 박테리아들이 존재한다. 장내(주로 대장) 박테리아에서부터 피부, 눈, 입속, 호흡기 등에 서식하는 미생물은 숙주인 인간과 전쟁하지 않고 서로를 배제하지 않으면서 공존하는 상호성 존재들이다. 인간의 세포 수는 30조 개 정도이지만 인간과 함께 살며 서로에게 공존하는 미생물 수는 최소 100조 개 정도로 알려져 있다. 서로에게 공존하는 공생의 존재양식에 대하여는 앞의 1절과 2절에서 설명했지만, 다음 절에서 다시 정리한다.

4.2 서로 다른 사례들: 진화의 소산물

(사례1: 비자기가 자기로 진화된 경우) 30억 년 전 이상의 장구한 진화사에서 박테리아 수준의 외부 세포가 원핵생물 세포 안으로 유입되어 협동적 공생관계를 이루게 된 것이 오늘날 세포내 미토콘드리아이며, 이런 세포구조가 동물세포의 원형이다. 마굴리스가 처음 제안했듯이 세포내 내부공생의 대표적인 사례인 미토콘드리아는 그 원형에서 비자기였다는 점이다. 다시 말해서 미토코드리아 원형과 원시 원핵생물 세포는 서로 자기-비자기 관계였다가 진화사를 거치면서 자기와 비자기 관계로 진화했다는 뜻이다(타다토미오 1998, 214-216).

(사례2: 자기와 비자기의 공동조상 분화의 경우) 앞서 논의했듯이 클론선택설이 가능한 이유는 자기와 비자기는 세포분자 차원에서 동일 물

질의 조상에서 분기된 것이기 때문이다. 그래서 비자기의 잠재적 경우 수가 아무리 많다고 해도 자기 세포 안에 이미 존재하는 물질들과 질적으로 동일하다는 자연의 논리가 형성된 것이다.

(사례3: 자기와 비자기의 장벽이 모호한 경우) 장내 박테리아와 숙주인 포유동물의 경우도 마찬가지다. 장내 박테리아와 숙주의 관계는 비자기와 자기의 관계이지만 실제로는 상생 공존의 상태라서 자기와 비자기의 충돌성이나 모순성이 거의 없고 오히려 협동성을 유지할 수 있다. 이 점에서 자기와 비자기의 구획이 모호해진다(Hanson and Lanning 2008, 980-91).

(사례4: 면역세포 자체의 정체성) 거꾸로 지나친 알레르기 반응 혹은 류마티스 관절염이나 크론병과 같이 자기가 자기를 비자기로 오인식하여 자기가 자기에 대한 공격적 면역반응을 보이는 경우가 있는데, 이것이 자가면역질환이다. 골수에서 생성되는 (미성숙) T세포 림프구는 흉선에서 성체로 되는 과정에서 가장 중요한 인식능력 훈련을 통과해야 한다. 자기가 자기를 공격하는 미성숙 면역세포는 자동적으로 제거되고 오로지 비자기만을 공격하는 자기만을 키워낸다. 이는 흉선에서 자기와 비자기를 별개의 존재로 인식할 수 있는 어린 세포만 성체 T세포로 생장하도록 훈련시킨다는 뜻이다. 그래서 자가면역질환이란 흉선에서 자기-비자기 구분 훈련과정을 통과하지 못한 채 성장한 세포들이 자기를 동료로 판단하지 못하고 비자기의 적군으로 오인하고 공격함으로써 유발된 질환이다. 보통의 면역세포는 자기가 자기를 공격하

지 않도록 선택진화된 작용이며, 이런 면역작용을 면역관용immune toler-ance이라고 한다(최종덕 2020a, 410-11).

자기와 비자기의 관계는 복합적이고 중층적이며 다중적이다. 타자는 자아 아닌 모든 것일 수 있고, 타자와 자아는 원래 하나일 수도 있다. 전자는 생명의 분화 특성이며 후자는 생명의 공동 특성이다. 생명체의 특이성은 이 두 가지 특성을 공시적으로 갖고 있다는 데 있다. 분화특성으로서 비자기 영역은 좀 더 자유로우며 자기 영역은 제한적이다. 공동 특성으로서 비자기와 자기의 사이는 경계를 갖되 하나로 수렴된 개체로 드러나는 공동조상의 자기로 볼 수 있다. 생물학적 자기는 비자기와 경계를 지님으로써 개체성을 가지지만, 비자기와 자기는 질적으로 구분되지 않는다는 사실이 중요하다. 면역학적 자기 해석의 중심은 자기와 비자기가 진화론적으로 같은 기원을 가진다는 데 있다. 자기가 비자기를 인식하는 과정 자체가 인식의 주체와 대상이 확연히 구분되지 않았던 원시세포 시대에서부터 오늘에 이르게 된 생물종의 진화적 역사이다(최종덕 2022, 80-82).

5. 공진화

한 종의 진화적 변화가 다른 종의 변화를 촉발하는 상호 자연선택의 유전적 변이를 공진화라고 정의한다(Futuyma 2005, 18장). 공진화 개념은 공생 개념과 다르다. 공생이란 종이 다른 개체들이 동일하거나 접근된 서식지에서 서로에 의존하여 행동하는 성향이 진화론적으로 적응된 결과이지만 반드시 진화 소산물로서 공유된 유전자 형태로 나타나는 것은 아니다. 공진화는 근접되거나 같은 서식공간에서 둘 이상의 생물 종들이 서로 연관된 선택적응된 진화 소산물로서 공생 등의 생태학적 공조 상태를 보여준다. 어떤 종의 진화적 변화가 근접한 생태계의 다른 종의 진화적 변화를 충동하거나 유도하는 경우를 말한다. 공생은 한 개체가 다른 개체의 행동성향에 영향을 받는 관계들의 상관성이지만, 공진화는 특수한 기능과 관련된 환경에 대하여 각자 다른 적응방식이지만 상대방 적응에 영향을 주는 진화적 관계이다. 그러므로 공진화의 결과는 생태계 안에서 관찰될 수 있다. 다른 생태계, 다른 서식군에 놓여진 다른 개체들 사이의 진화결과가 유사한 양상으로 나타났어도 그런 진화관계를 공진화라고 볼 수 없다(Yip et al. 2008).

치타와 영양 사이처럼 포식자와 피식자 사이의 공진화, 다윈의 난 Angraecum sesquipedale Thouars처럼 길다란 난의 꿀관과 깊에 들어있는 꿀을 먹는 나방의 긴 주둥이 사이의 공진화, 벌을 꼭 닮은 꽃등에 파리처럼 일방적으로 벌의 진화를 모방한 의태형 공진화 등이 공진화의 경우이다. 이런 공진화는 포식관계와 상호관계 그리고 기생관계처럼 보이는 경우가 많다. 포식관계는 일방향적인 먹이사슬의 관계이다. 상호관계는 상호이익을 나누는 공존의 관계이다. 기생관계는 말 그대로 일방적 편생관계를 말한다. 공진화 관계의 3가지 형태는 공생관계인 상리공생Mutualism, 편리공생Commensalism, 편해공생Amensalism, 기생Parasitism의 관계와 개념적으로 다르다. 공생 개념과 공진화 개념이 다르듯이 말이다. 분류상으로 다르지만 실제로는 유사한 생태조건일 수 있다.

공진화된 두 개체가 공존할 수 있어도 반드시 공생의 결과는 아니라는 뜻이다. 달리 말해서 공진화 관계가 아니라도 공생은 가능하다. 동일 서식군에서 지질학적 급변이 없었다면 진화는 다른 생명종과 공진화의 가능성이 높다. 한 생물종의 개체 적응진화의 환경이 다른 생물종 개체 진화의 선택압으로 영향을 줄 때 이를 공진화라고 한다. 그리고 진화적 시간이 흐르면서 서식환경의 균형이 맞춰진 상태를 우리는 생태환경이라고 말한다. 적응이란 환경에 적응한다는 의미이며, 이때 환경이란 다른 생물종을 포함한다. 그래서 한 종의 적응적 진화는 다른 종의 적응적 진화와 상관적이다.

공진화 방식은 특이 공진화, 확산 공진화 그리고 회피와 방사형 공진화로 나눠볼 수 있다. 치타의 속도와 영양의 속도 관계처럼 분명히 상호성이 인지되는 관계의 진화를 특이specific coevolution 공진화라고 한다. 찰스 다윈은 아프리카 마다가스카르로부터 소포로 배달받은 신기한 난초를 접했다. 그 난초의 밀관 길이가 무려 30cm나 되었기 때문에 신기하기도 했지만 다윈은 그렇게 된 진화론적 이유가 있을 것으로 추측했다. 이 난초 밀관 속에 수분을 할 수 있는 곤충이 존재하는지 다윈은 의문이었다. 그러나 다윈은 이런 난초가 존재하는 것은 반드시 꽃가루를 옮겨줄 수 있을 정도로 아주 긴 빨대관을 가진 나방이 있을 것으로 추측했다. 다윈은 그 추측을 증명해 보이지 못했다. 다윈 사망 이후 길이 30cm 이상의 빨대관을 갖는 나방이 1903년 결국 발견되었다. 다윈의 합리적 추측이 맞았다. 이 사례에서 보듯 이 난초와 나방은 특수 관계로서 공진화의 좋은 사례이다.

관목은 가시도 많고 가지도 빼곡이 들어찬 울타리형으로 되어 있어서 주변의 다양한 초식동물로부터 자기를 보호한다. 그러나 특정 초식동물과의 일대일 관계로 진화한 것이 아니라 일반적인 자기보호 양식으로 진화되었다. 이런 진화방식을 확산 공진화diffuse coevolution라고 한다(Martin and Hine 2016). 고산절벽 험난 지역에 서식하는 알프스 산양처럼 경쟁을 피하여 서식환경이 불리한 곳으로 퍼지는 경우도 많다. 이런 경우도 공진화에 해당하는데 이를 회피와 방사된 공진화escape and radiate coevolution라고 한다. 일반 환경이 다른 특정 생물종에게 유리하지만 그런 특종 생물종에 포식될 위험이 높은 생물종에게 불리하여 그런 환경을 피하면서 특이 환경에 적응한 경우를 말한다. 방사 공진화도 확산 공진화의 한 유형으로 볼 수 있는데, 확산 공진화는 앞의 사례에서 말한 치타와 영양 사이의 공진화나 다윈의 난과 그 난에 적합된 나방 사이의 공진화처럼 직접적이지 않고 매우 복잡하고 다양한 진화압력들이 공존하여 생겨난 진화이다.

[표 9-4] 공진화의 3가지 유형

공진화		
특이 공진화 specific	확산 공진화 diffuse	회피와 방사 공진화 escape/radiate
특정 기능과 관련된 두 종 사이의 공진화로서 치타와 영양 사이처럼 일반적 의미의 공진화를 말한다.	상호 대응되는 특이 공진화와 달리 다양한 생물종 사이 매우 복잡하게 얽힌 진화압력을 주고받은 결과라서 그 진화상관성이 쉽게 관찰되지 않는다.	특정 생물종과 포식관계를 피하기 위해 특수환경에 적응된 경우이다.

6. 공존과 공생, 그 철학적 의미

경쟁, 공격, 회피, 길들이기, 전투, 휴전 등의 용어는 기생체 바이러스나 박테리아의 의지와 무관하게 인간 언어의 메타포일 뿐이다. 기생체와 인간 사이에서 발생하는 사건들은 무수하고 지속적인 돌연변이의 자연적 작용이다. 자연발생의 사건들을 인간이 이해하기 위해 우리는 메타포를 활용한다. 메타포의 적절한 사용은 자연을 파악하는 인간의 인식 범주와 능력을 확대해 준다는 점에서 메타포는 자연을 이해하는 중요한 인식론적 도구이다.

생물계 공존과 공생의 철학적 의미는 생태공간 안의 개체들 사이의 관계 존재론에 있다. 기존의 존재론은 관계 존재가 아니라 개체 존재에 대한 접근법이었다. 예를 들어 영희와 철수가 사랑할 때, 개체 존재론 관점에서 보면 영희와 철수의 존재자만 보이지만 관계 존재론에서 보면 영희와 철수 그리고 두 사람 사이의 '사랑'이라는 관계도 존재자의 하나로서 간주된다. 개별자만이 아니라 '관계'도 존재의 지위를 갖는다. 이 점이 관계 존재론의 요점이며, 생물학적 공존과 공생의 존재론적 핵심은 바로 관계 존재론을 수용하는 데 있다. 이런 철학적 관계 존재론이 생태학을 비롯한 생물학의 다양한 분야에서 재인식되고 있다.

생태학에서 생태계ecological community는 환경과 상호작용을 하는 생물 개체들이 서로 연결되거나 서식환경과 연결되어 하나로 상호작용하는 중층 구조를 말하는데, 생태계는 생명다양성에 연관되며, 그 상호작용의 방식은 포식, 기생, 경쟁, 상호성을 포함한다. 생태계의 주체는 개별 존재자가 아니라 니치niche이다. 니치는 생태계 안에서 어느 개체군이나 집단이 구성원으로서 맡은 역할을 할 수 있는 관계성의 지위를 뜻한다. 니치로서 숙주와 기생체 혹은 자기와 비자기 사이의 존재 관계가 바로 공존coalescent과 공생symbiosis의 존재론이라는 뜻이다. 공존과 공생의 존재론은 다음과 같이 정리할 수 있다(최종덕 2020a, 454).

- 숙주와 기생체, 넓게는 자아self와 타자non-self 사이의 경직된 경계를 벗어나 있으며, 존재가 관계를 낳기도 하지만, 양자 간의 관계가 거꾸로 존재를 창발한다. 이런 존재관계가 존재 공존성coalescence 이다.
- 생물학적 공존성은 형이상학적 사유의 추론이 아니라 자연 진화의 소산체이다.
- 공존의 양상은 불변의 정지성과 목적적 완전성이 아니라 변화와 과정 그 자체이다.
- 공존과 공생의 역동성은 니치 사이의 상호작용의 소산물이며, 상호작용을 통한 니치의 이익(혹은 손해)은 작용의 다양성 수준마다 다를 수 있다.
- 인간도 상호작용의 니치로서 상호작용의 소산물이며, 따라서 다른 생물학적 존재자의 다양성을 존중하고, 그런 존중을 통해서 인간 자신의 존속도 보장된다. 여기서 말하는 생물학적 존재자의 다양성은 (i) 생태계 다양성, (ii) 유전자 다양성, 그리고 (iii) 생물종 다양성을 포괄한다.

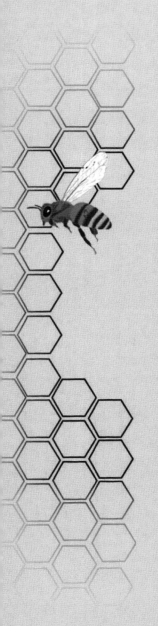

제10장

몸과 마음:
신경생물학의 철학

몸과 마음: 신경생물학의 철학

우리의 감각은 결코 외부 세계의 '정확한' 그림을 제공하기 위해 구축된 것이 아니다. 그보다는 수백만 년에 걸친 진화의 땜질을 거치면서, 감각세계의 일부 특성과 양상은 탐지하고 심지어 과장하는 한편으로 그 밖의 것들은 무시하도록 설계되었다. 그리고 우리의 뇌는 이 모든 감각정보의 고깃국에 감정을 섞어 경험에 대해 매끄럽게 이어지는 납득할 만한 이야기를 창조한다.

데이비드 린든, 『우연한 마음』(87쪽)에서

1. 마음과 뇌

1.1 심신론에 대한 기존의 논의들

몸과 마음이 하나인가 아니면 두 개의 다른 범주인가, 마음이 뇌로 환원되는가, 아니면 마음은 뇌로 환원될 수 없는 고유한 영혼의 범주로 존재하는가에 관한 의문은 고대 그리스 철학 시기부터 지금까지 철학자를 가장 어렵게 만든 문제이다. 고인류학의 관점에서 고대 인류는

'자기가 자기를 생각하는 심적 작용'을 시작하면서 인간다워지게 되었다. 이렇게 마음의 원형은 자기가 자기를 생각하는 심적 작용으로 정의할 수 있다. 마음의 작용을 스스로 느끼면서 고대 인류 혹은 전 인류는 언제부터라고 말하기는 어렵지만 자기가 태어나게 된 (존재) 이유를 떠올리게 되었고, 자기 존재의 이유를 생각하면서 '조상'의 존재를 상상하게 되었을 것이다. 조상이 죽으면 장례를 지내고 그 이후에도 조상을 경배하는 제의를 지냈다. 조상의 존재는 과거에서 오늘까지 그리고 미래에도 현재의 나에게 영향을 주는 존재로 되었다. 나아가 조상은 오늘의 나를 존재하게 한 원인으로서, 지금 눈에 보이지 않고 만질 수 없지만 감각을 넘어선 추상적 존재로서 경외감의 대상으로 승화되었다. 조상에서 출발한 구체적 감각이 추상화된 경외심으로 전환된 이미지가 바로 영혼이다. 즉 구체적인 조상 이미지가 추상적인 영혼의 원형이다(Beatty, Andrew 2014). 특히 개인화된 영혼을 우리는 마음이라고 생각한다.

영국의 문화인류학자 말리노프스키(Bronisław Kasper Malinowski, 1884-1942)에 의하면 고대인에 있어서 영혼으로서 마음은 오늘날 우리가 말하는 감정 영역에 속한다(Russell JA 2003). 이와 관련하여 마음이 감정emotion이나 느낌feeling과 어떻게 다른 것인지, 그 차이를 검토하기로 한다. 나아가 마음과 뇌의 관계를 살펴보는 것도 중요하다. 마음과 뇌, 감정과 느낌들 사이의 관계를 알아보는 철학적 이론들을 통상 심신론mind-body theory이라고 한다. 예를 들어 마음이 신체를 움직이는 기계의 프로그램 정도로 여긴다면 이런 심신론을 유물론적 일원론이라고 한다. 현대과학으로 볼 때 마음의 모든 양태를 뇌의 작동원리로 다 설명해 낼 수 있다고 주장한다면 그런 주장을 물리주의 일원론이라고 한다. 거꾸로 신체적인 것은 정신이 만들어낸 관념이나 판타지에 불과하다고 말한다면 그 뜻은 유심론적 일원론을 담고 있다고 볼 수 있다. 한편 유물론이나 유심론처럼 오로지 한쪽의 존재양상만을 주장하는 것이 아니라 마음과 몸의 양쪽의 존재 양상을 독립적으로 인정하자는 견해가 있다면 그런 심신론을 이원론이라고 한다. 이원론을 말하는 대표적인 철학자는 데카르트이다. 데카르트는 마음은 생각하는 속성을 갖는 마음의 실체이며, 몸은 공간을 차지하는 속성을 갖는 몸의 실체라고 했다. 데카르트에서 실체들은 서로 합쳐지거나 환원될 수 없는 독립적인 존재이므로 심신론에서 몸과 마음도 역시 독립적인 별개의 존재이다.

2,500년 철학사는 심신론의 역사라고 할 정도로 심신론은 철학사에서 중요한데, 생명을 다루는 생물학에서도 철학 이상으로 심신론은 중요하다. 예를 들어 생명의 힘을 생기론으로 가정한다면 이는 유심론 성향의 생물학이고, 생명을 신체를 구성하는 세포분자의 기계운동으로 설명하려 한다면 유물론 성향의 생물학이 될 것이다. 그러나 현대생물학의 심신론 철학은 유심론과 유물론 혹은 일원론과 이원론 등으로 단순하고 선명하게 구획되지 않는다. 수많은 생물학자와 생물철학자들은 심신 관계에 몰두하고 있다. 생물학에서 보는 심신론을 말하기 위해 먼저 철학에서 다루어온 심신론의 유형들을 일반화하여 간략한 표로 정리했다(최종덕 1995). 우리의 논의는 표로 정리된 일반론 위에서 출발하려 한다.

[표 10-1] 심신론 핵심주제

이원론	일원론
평행론 뇌와 정신, 신체와 정신은 독립적이면서도 서로 공조한다.	**중성일원론** 정신과 물질은 (아직 알려지지 않은) 어느 한 실체의 서로 다른 측면일 뿐이다. 헤라클레이토스(Logos), 스피노자(God/Nature), 쉘링(das Absolute), 오스왈드(Energie), 러셀(Sensibilia)
우연적 공조론 Autonomismus 신체와 정신은 서로 무관하지만 우연히 서로 공조한다.	**유심론** 모든 것은 정신적이고 물질은 정신에 의존한 현상이다. 버클리, E. 마흐, 피히테
기회원인론 신체와 정신은 독립적이고 비우연적이며, 신에 의해 지속적으로 통제된다. 게링크스, 말브랑쉐	**전통적 유물론** 모든 것은 물질이며 정신은 없다. 홉스, 라메트리
예정조화설 신이 프로그램한 의지에 따라 신체와 정신이 운동한다. 라이프니츠	**행동주의(제거주의 유물론)** 정신이란 어떤 행위성향에 대한 축약어이며 그것조차도 정의된 용어는 아니다. 심적 용어는 신경생리학의 용어로 환원 가능하다. 스키너, 로티 초기, 왓슨JB Watson
이원론적 후성현상론 뇌와 정신은 독립적으로 생성된 것이며, 뇌는 정신을 제어하지만 그 역은 불가하다.	**일원론적 수반론** – 정신은 후성적인 부대현상(그림, 징후, 그림자, 추상물)이지만 기능적인 관점에서 뇌로 환원된다. 　에피쿠로스, 하르트만, 니체, 헉슬리 – 심적인 것은 물리적인 것에 수반되는 무엇이며, 결정론적으로 환원되는 것은 아니다. 김재권, 데이비슨
정령론 정신은 모든 물질에 생명을 준다(정신은 뇌를 제어한다). 플로티누스Plotinus, 아우구스티누스Augustinus	**물활론**Hylemorphismus 물질과 정신은 본체와 현상의 관계처럼 서로 관계한다. 따라서 물질과 정신은 원래 하나이며 개념적으로만 분리된다. 아리스토텔레스, 토마스 아퀴나스
상호연관론 뇌와 정신은 서로 다른 실체이며, 뇌의 어느 국소 부위에서 서로 연결되어 능동적으로 작용한다. 데카르트, 칼 포퍼	**동일론** 정신은 심리적인 의식상태이며, 이는 중앙신경기관을 갖는 신경복합계의 작용현상이다. 로렌츠, 붕에

표에서 보듯 마음을 심리 현상으로 간주하거나 뇌의 부수적인 작용으로 보는 일원론의 입장은 다음처럼 구분할 수 있다. 첫째, 마음이 뇌의 부수적 작용이지만 뇌로 환원가능하지 않다는 입장으로 보통 수반론supervinience이라고 하며 약한 물리주의의 입장이다. 둘째, 마음은 뇌의 부수작용이면서 동시에 심적 상태에 특별한 지위를 부여하지 않고, 정신은 모두 물리적 심적 상태이며 그런 심적 상태는 뇌의 작용과 기능으로 환원가능하다는 입장이 있는데, 이를 제거주의eliminative materialism 혹은 강한 물리주의라고 한다(Sarkar 1998, 3; 7). 수반론과 제거주의는 마음 현상을 기능 중심으로 해석한 입장이다. 셋째, 마음은 뇌의 신경생리학적 산물이지만 의식의 후성작용, 즉 자유의지를 어느 정도 인정하는 입장으로 중성적 일원론으로 볼 수 있다. 제거주의는 강한 의미의 일원론이고, 수반론은 약한 의미의 일원론이다. 중성적 일원론은 6장에서 다룬 후성주의의 입장과 맥을 같이한다.

1.2 방법론: 통시성 연구

경험과학 연구의 기본 방법론은 물리 현상의 원인을 추적하여 원인과 결과 사이의 상관성을 분석하고, 관찰된 자료를 통해 귀납추론으로 일반 법칙을 만들거나, 나아가 새롭게 만든 이론이 기존 법칙과 잘 정합되는지를 확인한다. 그렇게 원인을 분석하고 관찰 자료를 종합하여 이론을 만들고, 다시 그 이론을 확인하고 검증하는 과학방법론이 가설연역법칙이다.

마이어는 근접원인과 궁극원인을 구분하고, 물리적 인과론에서 말하는 원인은 시간 독립적이고 우회적이지 않으며 결과에 직접 연결되는 근접원인이어야 한다고 했다. 물리적 인과론에 근접원인의 방법론이 적용되는 이유는 현재 시점에서 물리 현상 사이의 관계, 즉 초기 상태와 결과 상태가 어떻게 연결되는지를 알고자 할 뿐 물리 대상이나 물리 상태의 역사적 연고를 묻지 않기 때문이다. 예를 들어 보자. 물리적 인과론에서는 돌을 던져 날아간 거리를 계산할 때 중력 상수와 돌을 던진 힘의 크기 및 방향만을 알기만 하면 낙하지점을 계산할 수 있다. 돌이 생성된 지구지질사나 돌을 던지는 사람의 존재 이유를 따질 필요 없이 현재 시점의 물리 상황과 조건만을 변수값에 대입하면 결과값을 얻을 수 있다. 포물선 운동하는 돌의 동역학만 알면 될 뿐, 돌을 던지게 된 연고를 알 필요가 없다는 뜻이다.

물리적 대상의 운동법칙과 달리 유기체 생명 현상의 기원을 추적하려면 시간 흐름에 따른 궁극원인을 고려해야 한다. 특히 마음의 현상을 설명하기 위해서 생명 형성의 시간을 거슬러 가능한 궁극원인을 추적하는 진화론적 접근이 꼭 필요하다(Mayr 2001, 270-271; 헐 1994, 229). 진화론적 궁극원인의 추적은 현실적으로 쉽지 않고, 충분하고 성공적인 인과의 설명력을 보장하지도 않는다. 그럼에도 불구하고 전통의 화석 연구, 분자시계molecular clock, 분기연대측정이나 비교계통지리학comparative phylogeography 등의 분자계통학을 통해서 궁극원인 접근 방법론의 질과 양을 발전시키고 있다. 이러한 방법론을 통한 궁극원인 접근법이 '통시적 인과론'이다. 통시성 인과론은 현재 시점의 기능을 분석하여 근접원인을 밝히는 '현시적 인과론'의 방법론이 아니라, 계통학이나 발생학과 같이 원인과 결과 사이의 시간 간격이 매우 큰 두 상태를 설명하고자 할 때 필요한 진화생물학의 연구방법론이다.

오늘날 수반론과 물리주의에 기초한 과학적 마음 연구방법론은 이미 뇌의 영상촬영 임상결과에 의존한다. 마음 현상에 대한 물리주의 분석방법론과 함께 진화론에 의존한 통시성 인과율로 접근하는 태도가 매우 중요하다. 예를 들어 생물철학자 대니얼 데닛은 최초의 세포들이 신경세포로 진화하고, 그 신경세포들은 시냅스로 연결되도록 진화했으며, 나아가 시냅스 연결고리들이 더욱 더 복잡하게 진화한 결과가 마음의 상태 혹은 양태modus로 드러난다고 표현한다(데닛 2006, 3장). 이러한 관점은 마음 연구에서 궁극원인을 찾아가는 과정이 생명의 진화론적 세포형성을 추적해 본다는 의미를 담고 있다. 마음에 대한 연구는 근접인 연구 혹은 원자론적 분석주의 방법론으로 채울 수 없는 진화론적 궁극인 방법론을 추가로 요청한다(최종덕 2009, 73).

단세포 상태의 원시 진화 단계를 생각해 보자. 다세포 유기체는 원핵세포 같은 단세포 생명보다 환경에 더 잘 적응하여 진화속도를 더 빠르게 상승시켰을 것이다. 섭생에 더 유리한 능력이나 포식자를 효율적으로 인지하는 변이 형질로 선택된 유기체는 그런 형질을 갖지 못한 유기체보다 더 잘 적응했고, 그 결과 선택 형질들이 후손에 유전되었을 것이다. 이와 같이 진화를 통한 통시성 인과 작용 혹은 적응진화의 과정을 거쳐 장구한 진화사를 거쳐 후대까지 유전된 산물이 우리의 마음이다(Buller 2006, 53-58).

마음을 연구하기 위해서 분석적 방법과 진화론적 방법 모두 중요하다고 앞서 강조했다. 마음을 뇌로 환원하여 설명하려는 태도는 분석적이고 환원적인 방법론을 취할 것이다. 한편 마음을 진화 인식론으로 연구하려는 태도는 통시적이고 우회적인 인과론의 방법론을 취할 것이다. 진화인식론의 연구방법론의 구체적인 한 가지 태도는 마음을 행동성향behavioral tendencies으로 접근하는 방식이다.

[표 10-2] 마음에 접근하는 생물학적 방법론

분석주의 방법론	진화론적 방법론	
근접인 접근방식	궁극인 접근방식	발생학적 방법론
사례: 뇌신경의 전기화학적 연구	사례: 행동성향 연구	사례: 뇌가소성 연구
↓	↓	↓
현시성 연구	통시성 연구	통시성 + 현시성 연구

1.3 행동성향의 진화론적 시원: 방향성 표상

신경과학의 연구방법론은 주로 심신 일원론에 초점을 두고, 몸과 마음의 관계를 뇌와 의식의 관계로 대칭시키고자 한다. 즉 국소적인 특정 뇌 부위의 작동이 특정한 의식이나 사고, 행동이나 감정 등의 기능을 일으킨다는 전제 아래 그 사이의 인과관계를 설명하려고 시도한다. 이때 국소적인 특정 뇌 부위는 작용자이며, 기능은 작용자가 일으킨 작용이다. 뇌의 기능은 특정 주체의 특정 작용으로 간주된다. 주체와 기능을 분리하여 보는 생각은 뇌에 대한 국소주의 설명 방식의 특징이다.

　신체 부위로서 생물학적 형질traits은 선택진화의 범주이다. 뇌 전체가 하나의 형질일 수 있으며, 뇌의 국소적 부위가 또 다른 수준의 형질일 수 있다. 형질의 기능은 신체 기관마다 다른 물리적 기능과 진화론적 선택의 역사를 담고 있다. 형질 중에는 손의 기능이나 새 날개의 기능 혹은 눈의 기능처럼 유형의 형질 기능이 있으며, 한편 습성이나 반응행동 혹은 끌림이나 거부행동처럼 신체기관 외적인 무형의 형질 기능도 있다. 전자의 형질을 객체의 형질이라면 후자의 형질을 비객체의 형질로 볼 수 있다. 객체 형질이란 신체 기관으로서 심장이나 귀, 코 혹은 뇌처럼 하드웨어에 해당하는 것을 말한다. 일반적 의미의 형질이다. 한편 비객체의 형질은 방향성 표상teleosemantic representations의 하나이며, 표상으로 드러난 비객체성 형질이 곧 행동성향behavioral tendencies을 의미한다.

방향성 표상teleosemantic representations은 과학철학자 파피노(David Papineau)가 제안한 개념으로 신념, 인식, 희망, 두려움 등 일종의 표상된 심적 상태mental state로서 외부 세계가 어떠어떠하다는 표현을 하는 상태를 의미한다. 의지적 표현 외에 해를 향하는 해바라기 일주기의 현상인 향일성向日性 혹은 철새처럼 거리와 방향을 본능적으로 파악하는 능력 나아가 인간의 마음처럼 의식과 의지를 실현하는 것 등이 비객체 형질로서 방향성 표상이다. 방향성 표상은 생물학적 기능이며 자연선택의 진화 소산물이라는 것이 파피노의 견해이다. 방향성 표상은 객체의 형질과 비교해서 소프트웨어에 해당한다고 말할 수 있다. 눈은 보고, 귀는 들으며, 심장은 피를 순환시킨다. 기능적인 측면에서 뇌는 의식하고, 의미론적 측면에서 몸은 행동한다(Garson and Papineau 2019).

방향성 표상이라는 표현 대신에 방향성 형질로 바꾸어 말할 수 있다. 심적 상태를 표상하는 기능을 가진 것을 방향성 형질이라고 정의하려 한다. 마음의 원형을 방향성 형질로 바라본다면 마음에 대한 좀 더 나은 이해를 할 수 있기 때문에 방향성 형질 개념을 정의했고, 그 개념은 파피노의 방향성 표상에서 따온 것이다. 심적 표상이 방향성을 갖기 때문에 생물학적 형질 차원에서 방향성은 기능을 나타낸다. 심적 표상과 생물학적 기능 사이의 관계를 보기 위해 파피노의 맥락을 아래처럼 인용한다(Papineau 2017, 104)

큰 귓불은 청각과 체온조절에 도움이 되며, 우리 귓불은 두 가지 효과에 맞춰 자연선택된 것으로 볼 수 있다. 이와 비슷하게 사람들이 갖는 믿음이라는 표상은 (1) 현재 동기유발의 심적 상태를 실현할 수 있게끔 행동을 끌어가는 기능과 (2) 자존감을 북돋아 진취적으로 나가게끔 하는 기능을 갖고 있다.

개구리는 앞에 놓인 벌레를 향해 혀를 빠른 속도로 쏘아서 그 벌레를 잡는다. 혀의 기능적 형질functional traits은 포식행위에 결정적으로 연결되어 있다. 즉 개구리 혀의 기능은 여러 기관 중의 하나이지만 개구리의 생존과 번식에 방향지어져 있다. 마찬가지로 방향성 표상도 심적 상태이지만 생명의 존속과 번식에 방향지어져 있다(Papineau 2017, 105). 이런 의미에서 방향성 표상은 방향성 형질로 볼 수 있다. 심적 상태로서 방향성 형질은 마음의 원형이 될 수 있다. 이런 점에서 방향성 형질을 행동성향의 하나로 볼 수 있다.

문화사가 러셀(Russell Jacoby)에 의하면 마음의 원형은 감정 표현과 그 표현에 따른 행동유형에 맞춰져 있다. 아주 단순한 좋은 느낌 혹은 나쁜 느낌이라는 감정의 기본상태가 행동에 영향을 주는데, 그런 마음의 상태를 러셀은 "핵심 정동情動, core affect"이라고 말한다. 핵심 정동이 유발된 인과관계가 직접 밝혀지지 않으며, 단지 드러난 행동을 유추하여 정동의 마음 상태를 추론할 수 있다(Russell JA 2003). 행동주의와 진화주의의 종합 관점에서 볼 때 마음은 특정 기관에 속하지 않는 비객체의 형질 혹은 방향성 형질이며, 다시 말해서 행동성향behavioral tendencies에 해당한다. 문화인류학자 보이음(Christopher Boehm, 1931-2021)은 행동성향을 다음처럼 설명한다. 행동성향은 유전형질과 관련된 습관행동이다channeled by gene. 물론 행동성향과 유전자 사이의 직접 인과관계는 없다(Boehm 1989). 진화론으로 볼 때 유기체 행동성향behavioral tendencies은 최적화된 형질기능이 발휘되도록 선택된 지향적 행동이다.

방향성 형질 혹은 행동성향을 설명하기 위해 세포의 섬모운동과 편모운동의 사례를 들어보자. 편모와 섬모는 세포막 미세소관의 일종이다. 편모운동flagella movement은 채찍형이고 몇몇의 소수 편모를 이용하여 로켓 분사식으로 앞으로 간다. 섬모운동ciliary movement은 세포막 전체에 걸쳐 분포된 다수의 섬모가 같이 움직임으로써 앞으로 간다. 노를 저을 때 힘을 주어 한 번 노를 밀면 노를 안쪽으로 다시 당겨와야 한다. 마찬가지로 섬모도 한 번 앞으로 밀면 다시 원래 상태로 되돌려 놓아야 한다. 물리적 작용은 섬모나 편모나 동일하고 그 물리적 운동원인도 동일하다. 편모와 섬모의 운동을 가능하게 해주는 물리적 작용은 세포에서 돌출된 미세소관microtubule의 해부학적 구조에 있으며, 그 화학적 작용은 칼슘 이온, 알칼리 농도나 산소 농도 등에 의존한다. 운동에 소요되는 에너지는 세포 ATP로 충당된다. 물리적 작용으로서 섬모운동과 편모운동은 객체-형질 측면에서 차이가 크지 않지만 운동방식 측면에서는 차이가 크다. 운동방식 차이에 따라 비객체-형질인 행동성향도 다르게 나타난다(Alberts et al. 2002, 966-967).

짚신벌레의 섬모   정자의 편모

[그림 10-1] 섬모와 편모

섬모운동에서 객체 형질에서부터 행동성향이 어떻게 드러나는지 관찰해보자. 예를 들어 170~290μm 크기의 원생동물인 짚신벌레의 섬모운동ciliary movement은 위치를 이동하거나 먹이를 포획할 때 작용된다. 세포마다 형성된 섬모들은 일정하게 배열되어 있어서, 섬모군의 열row을 따라 어느 한 열의 섬모가 움직인 후에 시간차를 두고 그 다음 열의 섬모가 움직이면서 몸통 전체가 조금씩 이동한다. 섬모 열이 시간차를 두고 작용한다면, 이러한 섬모 열의 섬모 하나하나는 세포 에너지를 받아 노 젓는 식으로 작용할 것이며, 전체적으로는 파상운동으로 보일 것이다. 이러한 이동 양식은 매우 '자연적'이며 최적화된 선택적 행동 유형이다. 이렇게 섬모의 객체 형질은 운동성에 있지만, 그 행동성향은 털들끼리 노젓는 각도와 시간차 박자를 서로 맞춰야 하는 공조 기능을 파생한다. 이렇게 파생된 공조성은 섬모의 방향성 형질이며 행동성향 behavioral tendencies에 해당된다.

형질 기능이 바뀌면서 행동성향도 달라진다. 예를 들어 짚신벌레

생물철학

같은 유기체에서 섬모의 진화는 이동 효율성이 높은 섬모 행동, 즉 섬모 운동의 작용들이 적응선택된 결과로 나타난 것이다. 한편 홍합 아가미나 말미잘 입의 섬모 작용은 이동에 적응선택된 것이 아니라 먹이를 취합하는 데 적응선택된 형질이다. 어떤 생물종의 섬모는 이동 하는 데 작용하고 다른 생물종의 섬모는 포식 작용에 사용되지만, 종에 관계없이 모든 섬모는 염분 농도나 햇빛의 세기, 먹잇감의 출현 등을 감지하여 작용을 효율적으로 수행하려는 지향적 행동성향의 특성을 가지고 있다. 섬모의 기능, 객체화된 형질의 차이가 생기면서 행동성향 의 차이는 더 벌어질 것이다. 편모운동의 예를 들어 보자. 앞서 말했듯 이 진화론적으로 편모는 섬모와 질적으로 같은 상동관계이다. 다만 각 세포의 털 갯수가 적고, 털의 길이가 섬모보다 길다는 점이 다를 뿐이다. 편모는 운동작용 측면에서 물고기처럼 액체 상태에서 이동할 수 있게 하는 기능성 형질로 진화했다. 한편 포식작용 측면에서 카멜레 온의 혀처럼 원거리 먹잇감을 순식간에 잡을 수 있는 다른 방식의 기능 성 형질로 진화했다. 이런 형질들은 동일한 객체 형질임에도 불구하고 서로 다른 방향성 형질, 즉 행동성향을 파생시킨 것으로 볼 수 있다.

진화 초기 일반의 객체 형질과 방향성 형질에 해당하는 행동성향 사이의 관계를 추론하기 위해 눈 기관에 해당하는 안점의 예를 살펴보 자. 엽록소가 있는 바다 조류藻類를 먹고 사는 플랑크톤은 조류 포식을 위해서 해수면 위로 올라와야 하지만, 자외선에 의한 세포 손상을 피하 기 위해서는 바다 속 일정 깊이까지 들어가야 한다. 따라서 플랑크톤 운동의 방향성은 빛과의 적절한 상관관계를 유지하는 쪽으로 진화하 고 그에 따라 안점이 형성되었을 것이다. 편형동물의 안점도 마찬가지

이다. 안점은 눈이라고 할 수 없지만 빛을 감지할 수 있다. 안점은 행동
성향의 방향성 형질이면서 동시에 객체 형질이다. 안점이 기나긴 시간
을 거쳐 눈으로 진화하면서 방향성 비객체 형질과 객체 형질의 차이가
벌어졌다. 눈으로 진화하면서 눈은 눈 기관이라는 객체 형질로 진화한
소산물이다. 객체 형질로 진화한 눈은 봄seeing이라는 기능을 갖게 되었
다. 객체 형질로 진화한 눈은 해부학적 구조와 그 기능면에서 고유한
성질을 갖게 되었다는 뜻이다. 빛을 감지하는 안점 형질에서 형체를
인식하는 눈의 형질로 진화하면서 안점의 형질만을 가진 생명종의 개
체보다 눈의 형질을 가진 생명종의 개체는 그 행동성향의 폭을 훨씬
넓게 가질 것이다.

위장의 소화기능과 배고픈 느낌의 사례를 들어 보자. 소화는 위의
기능이다. 그래서 위는 소화 기능을 갖는 객체 형질이다. 또한 배고픔
이라는 느낌의 대상은 위장에 있지만, 그 느낌의 강도 혹은 감각질은
실제로 위장이 아니라 뇌 시상하부에서 활성화된 뇌의 반응에 있다.
배고픔이라는 감각의 변화는 먹이를 찾아 섭취하라는 신호이며, 우리
는 그 신호를 수용하여 적절한 반응행동을 취한다. 그런 점에서 배고픔
과 그에 따르는 행동성향은 객체 형질로서의 위장에 대한 모종의 방향
성 형질에 해당한다.

지금까지의 내용을 정리하면 다음과 같다. 첫째, 생명 개체는 진화
론적으로 객체화된 형질들의 모듈로 구성된다. 둘째, 행동성향behavioral
tendencies은 지향적이며 객체 형질에서 파생된 병립적 관계이다. 객체
형질은 진화의 직접적인 소산물이지만 행동성향은 직접적 진화소산물
이 아니라 형질에 동반하지만 병존하는 작용이다. 셋째, 객체 형질은

생물철학

형질마다 고유한 기능을 분석하면 되지만, 행동성향은 생태진화의 영향을 받는다.

1.4 행동성향, 방향성 형질의 비국소성

객체 형질은 뇌처럼 유기체의 특정 기능을 담당하는 신체기관이 적응진화를 통해 획득한 기능성 형질이다. 한편 행동성향을 포함한 방향성 형질은 감각과 같이 외부 환경에 반응하고 대처하는 능력 혹은 인간의 마음처럼 조직화된 의지와 의식 등 행동 지향의 준비상태를 항상 유지하도록 하는 유사 형질이다. 객체 형질과 방향성 형질 사이의 관계는 일방향 의존관계나 환원관계가 아니다. 객체 형질로서의 뇌와 방향성 형질로서의 마음은 서로에게 동등하게 영향을 주면서 동시에 영향을 받는 관계이다. 즉 객체 형질과 행동성향의 관계 혹은 뇌와 마음의 관계는 동전의 양면과 같다.

객체 형질은 이론적으로 그리고 원리적으로 국소적 공간화localization로 설명될 수 있다. 일반적으로 객체 형질은 모듈로 구성되어 있다고 이해되고 있다. 1863년 브로카(Paul Broca, 1824-1880)는 전두엽 우반구의 특정부위, 그리고 1874년 베르니케(Karl Wernicke, 1848-1905)는 측두엽 특정 부위가 언어 능력에 해당하는 영역임을 찾아냈다. 오늘날에는 이 모듈이 약간씩 다를 수도 있고 또한 그 부위가 유일하지도 않으며 중층적임을 알게 되었지만, 당시에는 언어 기능과 뇌 영역 사이에 국소적 상관관계가 있다는 것을 확인한 역사적 발견들이었다. 분노할 때 혹은 사랑할 때 활성화되는 뇌 부위 등을 기능성 자기공명영상functional magnetic resonance imaging, fMRI 등의 장비로 촬영하여 객체 형질에 대응하는 특정 국소공간을 찾아내려는 실험이 최근에 확산되고 있다.

관찰장비의 혁신적 개발 덕분에 의식의 신경 상관자neural correlate of consciousness, NCC 개념이 상당한 수준으로 발전했다. 상관자란 의식의 다양성에 따라 활성화되는 신피질을 비롯한 뇌의 특정 부위, 특정 요소를 의미한다. 즉 특정 공간, 특정 모듈 혹은 특정 뉴런이나 뉴런 그룹을 포괄적으로 지칭하는 개념이다. fMRi와 함께 기능성 뇌 영상기술로서 양전자 단층촬영positron emission tomography, PET 기술을 이용한 위색 영상 false-color images, 전기신호를 통한 뇌파검사 기법을 이용한 사건관련 전위법event-related potentials, ERP, 자기유도 뇌촬영법magnetoencephalography, MEG, 나아가 근적외선 분광법near-infrared spectroscopy, NIRS 등의 발달로 상관자 개념이 확장되고 있다.

첨단 영상장비 기술은 객체 형질과 방향성 형질 사이의 상관성 연구를 크게 진척시켰으나, 여전히 한계를 보이고 있다. 방향성 형질은 객체 형질에서 파생된 것으로, 방향성 형질만의 고유한 국소 공간을 갖지 않는다. 예를 들어 마음이 뿜어내는 고유한 공간이 없다는 사실을 말한다. 느낌과 감정, 의지와 믿음, 추리와 연산, 혹은 상상력 등의 마음의 방향성 형질들은 공간화된 국소성specialized locality으로 설명하기에는 인식론적 한계를 갖고 있다. 형질은 진화의 역사에서 변이, 변형, 분화, 유전압축, 적응도, 유전자 표류 등의 변화를 거쳐오면서 더 다양하고 복잡한 행동성향을 낳았기 때문이다. 신경생물학의 측면에서 마음을 뇌로 환원시키거나, 뇌의 상관적 작용으로 마음의 현상을 설명하려는 인식론적 태도를 수반론이나 제거주의라고 말한다. 그러나 마음과 신경세포 사이의 관계를 수반론이나 제거주의로 설명하기에는 불충분하다. 마음의 상관성은 뇌의 물리적 구조 이상으로 복잡하다. 수반론과 환원주의는 뇌직학 발전에 큰 기여를 하고 있지만, 아직도 마음을 이해하기에 턱없이 부족하다. 그 이유는 마음을 객체 형질로 설명하려는 분석적 방법론에만 국한되어 있기 때문이다. 마음 연구를 방향성 형질로 확장한다면, 마음 현상에 대한 이해도 더 넓어질 수 있다.

　행동성향을 포함하여 여기서 언급한 방향성 형질 개념은 새로운 것이 아니라 현상학의 지향성 개념과 흄의 감각 다발 그리고 데닛의 '지향적 자세'와 다마지오(Antonio Damasio)의 '신체표지가설'을 새로운 관점에서 재정리한 것이다. 그중에서 데닛의 지향적 자세와 다마지오의 신체표지가설은 방향성 형질을 이해하기 위하여 먼저 살펴볼 필요가 있다.

1.5 데닛의 지향적 자세

행동성향 개념의 원형은 진화론적 인지과학의 철학자 데닛의 지향성 개념에 있다. '지향적 자세intentional stance' 개념을 착안한 데닛의 철학적 동기는 생명체를 포함한 모든 자연체에서 운동성의 공통분모를 찾아내려는 데 있었다. 데닛은 콰인(Willard Van Orman Quine, 1908-2000)의 철학적 사유로부터 큰 영향을 받았다. 콰인은 '무엇을 믿는다' 혹은 '무엇을 원한다'라는 식으로 무엇을 의식적으로 지향하는 표현의 심리적 관용구들을 행동주의 언어로 해석하려고 했다. 그는 의지의 측면을 전부 제거한 채 외연적인 행동 관찰로 이런 해석이 가능하다고 보았는데, 이런 환원적 재해석을 유물론적 제거주의eliminative materialism라고 부른다. 데닛의 지향적 자세 개념을 확립하는 데 있어서 콰인의 유물론적 제거주의는 중요한 부분이다(최종덕 2010, 11).

원하며, 원하는 것을 믿고, 믿는 것을 쫓아가려는 운동성이 행동성
향의 기초이며, 유기체 운동의 공통분모이다. 데닛은 이를 '지향적 자
세'라고 표현했다. 지향적 자세는 행동성향의 진화론적 원형이다. 냄새
나 소리에 반응하는 생물학적 방식과 인간의 의지, 믿음, 희망, 기대와
같은 동사형의 표출 방식도 지향적 자세의 한 예이다. 현상학에서 말하
는 지향성 개념 대신에 데닛은 '지향적 자세'라는 용어를 사용했다
(Dennett 1996, 61). 데닛의 지향적 자세는 대상과 환경 사이에서 진화적으
로 형성된 상관성을 의미한다. 행위자로서 주체는 대상 내용을 지향한
다. 데닛은 이러한 지향적 자세 개념으로 마음에 대한 접근이 가능하다
고 보았다(데닛 2006, 60).

데닛은 지향적 자세를 설명하기 위해 이와 유사하거나 대비되는
개념인 물리적 자세와 구조적 자세를 설명했다. 물리적 자세physical
stance는 자연물이 움직이는 자연스런 현상이며 그것의 원인은 자연적
인 물리법칙들이다. 송어가 폭포에서 떨어질 때, 폭포의 물과 그 물에
휩쓸려 밑으로 떨어진다. 중력의 힘을 받아 떨어지는 돌멩이처럼 물고
기도 중력법칙에 의해 위에서 아래로 떨어질 뿐이다. 이런 운동은 행위
자의 지향적 자세에 의한 것이 아니라 단지 자연현상일 뿐이다. 또한
구조적 자세design stance와도 다르다. 구조적 자세는 자명종을 예로 들면
쉽게 알 수 있다. 자명종은 설계도에 따라 제작되고 작동할 뿐이다.
아침 6시에 잠을 깨우도록 시계를 맞춰 놓았다면, 특별히 기계가 망가
지지 않는 한 6시에 정확히 종이 울린다. 6시에 종이 울리는 시계 작동
은 물리적 자연 현상이 아니라 제작자에 의해 설계된 대로 움직이는

구조적 현상이다. 물리적 자세는 고장 나는 법이 없지만 자명종은 고장 날 수도 있다. 이렇듯 구조적 자세란 필연적으로 작동하는 것은 아니다.

데닛의 지향적 자세에서는 구조적 자세와 달리 행위자 스스로 대상을 지향하는 행위를 선택할 수 있다. 설계된 구조적 시계는 설계에 따라 움직이지만, 지향적 주체 혹은 지향적 행위자는 자체적으로 행위를 선택한다. 지향적 자세가 행위를 선택하는 과정은 무작위적 우연이 아니다. 그 행위의 선택은 모종의 합리적이고 성공가능성이 높은 방향으로 이루어지는 인과성을 지닌다. 지향적 자세가 작동하는 행위자의 체계를 데닛은 지향계intentional system라고 이름붙였다. 지향계는 물론 진화의 산물이다.

[표 10-3] 지향적 자세

물리계	물리적 자세 physical stance	최상위 자세로서 모든 자연물과 인공물에 적용되는 자연법칙으로서의 자세	진화와 무관
인공계	구조적 자세 design stance	시계가 존재한다면 시계를 만든 제작자가 있을 것이라는 판단들	진화와 무관
생물계	지향적 자세 intentional stance	생물 고유의 자세-마음의 원형으로서의 지향계	진화 소산물

데닛의 지향적 자세는 인간만이 아닌 모든 생명계에 동일하게 적용되는 진화적 선택압의 소산물이다. 지향적 자세는 물리적 자세와 무관해 보이지만, 실제로 그 둘은 서로 독립적일 수 없다. 물리적 자세를

위배하는 지향적 자세는 없다는 것이 데닛의 기본 입장이다. 이와 관련하여 데닛은 자신의 지향적 자세와 기존 철학에서 논의해왔던 지향성의 같음과 다름에 대하여 설명했다. 철학에서 말하는 지향성이란 사전적 의미를 확장하여 '대상을 향함aboutness'이라는 의미로 논의되어 왔다. 예를 들어 해바라기가 해를 향하는 것도 지향성이고, 돌이 땅을 향해 아래로 떨어지는 것도 지향성이며, 배가 고파서 밥을 찾는 것도 지향성이다. 이런 지향성 개념은 대상을 향하는 '지향'과 그 '대상'을 구분한다. 반면에 데닛은 이렇게 구분된 지향성 개념에서 벗어나 대상과 결합된 지향의 특징을 강조한다. 지향 자체가 환경에 적응하면서 진화해 왔다는 점을 부각시켜 말한다. 지향계는 물리계의 물리적 자세와 무관하지 않으며 물리적 자세를 초월해서 작용될 수 없다. 데닛은 진화의 자연선택조차도 자연의 물리-화학법칙에서 벗어나지 않는다는 생각에서 출발했다(데닛 2006, 2장).

진화는 무목적적이다. 데닛은 진화가 물리-화학적 작용에 의해 추동된다고 하여, 이러한 진화의 특성을 '부유하는 합리적 근거들free floating rationale'이라고 표현했다(Dennett 1995, 133). 해바라기가 해를 바라보는 것은 해를 보고자 하는 목적이나 의지를 갖고 있어서가 아니라 단지 물질대사의 효율을 최대화하도록 적응한 결과일 뿐이다. 호모사피엔스의 피부에서 털이 없어진 이유는 결과적으로 이성reason적 인간종이 되는 최적화 진화의 적응 결과일 뿐이지 인간이 스스로 털을 없애야겠다는 모종의 정신 작용이나 의지의 결과가 아니라는 점이다. 마찬가지로 새벽 풀잎에 붙은 작은 이슬방울은 어떤 감정이나 의식의 현상이 아니라 단지 기온 차이에 의한 물리적인 현상일 뿐이다. 지향적 자세의

생물철학

지향계는 진화의 산물이며, 주어진 목적을 향해 진화하는 것이 아니다. 데닛이 말한 '부유하는 합리적 근거들'이라는 표현은 말 그대로 부유하지만 무작위적 흐름이 아니라 물리적 자세, 즉 물리적 제한의 지배 아래 흘러간다는 뜻이다.

1.6 실재로서의 행동성향

유기체에서 지향성 자세의 공통 특성은 일종의 생물학적 '행동성향be-havioral tendencies'의 수준으로 볼 수 있다. 이런 행동성향은 그 자체로 실재적real이다(최종덕 2010a, 9). 실재적이라는 수식어는 대상뿐 아니라 성향에도 적용할 수 있다. 객체 형질뿐만이 아니라 방향성 형질, 즉 행동성향에도 실재적real이라는 수식어를 붙일 수 있다. '실재적'이란 진화의 변화를 겪으면서 생존한 생물학적-물리학적 현실 존재라는 뜻이다. 명사형 객체가 아니라 방향이나 성향 혹은 지향 같은 동사형 관계를 어떻게 '실재'한다고 말할 수 있는가?

20세기를 대표하는 철학자 가운데 하나인 버틀란트 러셀(Bertrand A. W. Russell, 1872-1970)은 실재 개념을 객체화된 대상만이 아니라 '관계' 그 자체에도 적용할 수 있다고 했다. 대상 A와 대상 B가 실재하듯이, A와 B 사이의 관계도 실재한다는 것이다(Russell 1912. Chap.1 and 3). 예를 들어 'A가 B를 사랑한다'라는 명제가 있다면 이 명제에는 'A'와 'B'의 두 대상 그리고 '사랑함'이라는 또 하나의 관계, 모두 합쳐 3개의 존재가 존재한다는 것이다. 러셀이 말하는 실재는 물리적 대상physical object만이 아니라 대상 사이의 '관계성'도 포함한다. 중력법칙에 의해 '낙하하는 돌멩이'는 실재하는 본질이 아니라 현상이지만 중력법칙 자체는 실재한다는 의미에서, 실재는 선험적이다. 관계성이 실재한다는 견해는 러셀 이전 관념론적 실재론자인 브래들리(Francis Herbert Bradley, 1846-1924)에 의해 먼저 선보였다. 브래들리는 물 잔에 담겨진 젓가락이 굴곡반사에 의해 휘어져 보이는 현상 자체도 '휘어짐의 굴절성'이라는 실재의 반영이라고 했다. 브래들리의 주장은 실재론을 넘어선 관념적 형이상학이었지만, 러셀은 브래들리의 주장 중에서 관계성이 실재한다는 언급을 선별하여 계승했다(Candlish 2007, Chap.2).

관계성의 실재론은 행동성향 등의 방향성 형질에 적용될 수 있다. 물리적 대상으로서 객체 형질이 진화론적으로 실재한다는 명제는 존재론의 한 유형으로 충분히 이해될 수 있다. 그러나 객체 존재가 아니라 비객체인 관계 성향에 해당하는 방향성 형질이 실재한다는 명제는 쉽게 수긍되지 않을 것이다. 진화론의 철학자인 루스Michael Ruse나 에른스트 마이어가 말한 실재론 혹은 좁은 의미의 과학적 실재론이 방향성 형질의 실재성을 말할 수 있는 근거이다. 마이어는 형질 진화에 대한 과학적 실재론은 진화생물학에 의해 실제로 보장받고 검증된 존재론이라고 했다(Mayr 1990, 111-113). 또한 벡텔(William Bechtel)은 가시적인 신체기관이 실재적인 것처럼 성향이나 행동성 형질 역시 진화의 실재적 산물이라고 했다(Bechtel 1990, 72). 그렇게 행동성향을 포함한 방향성 형질도 객체화된 형질처럼 실재적이다.

방향성 형질이라는 개념을 새로 구축하여 마음이 행동성향이고 그런 행동성향이 실재한다는 논증은 중요하다. 이 논증을 확대하여 신체가 적응의 구체적인 산물이듯이, 마음도 진화의 산물이라는 점에 도달했다. 마음은 방향성 형질이라는 의미는 마음을 진화론으로 이해하는 단서가 된다. 바로 이런 이유, 즉 실재하는 방향성 형질이라는 이유로 인해 마음은 단순한 수반론적 일원론으로 다 설명되지 않는다. 방향성 형질은 신체기관으로서 객체 형질에 환원되거나 부속된 현상이 아니라 상호 동등한 관계라서 물리주의로 해석되기 어렵다. 마음이 뇌의 국소적 기능주의로 다 설명되는 것이 아니라는 뜻이다. 행동성향에서 수학적 계산기능까지 포괄한 방향성 형질은 물리적 대상인 뇌의 수반 현상이라기보다 진화의 병립적 실재로 해석하는 것이 더 타당하다.

1.7 가자니가의 의향 개념과 경향 개념

『사회적 뇌The Social Brain』(1985), 『뇌, 인간의 지도Tales from Both Sides of the Brain』(2012/2015), 『마음의 문제Mind Matters』(1989) 『자연의 마음 Nature's Mind』(1994), 『윤리적 뇌The Ethical Brain』(2005), 『인간Human』(2008) 등의 저자인 가자니가(Michel S. Gazzaniga)는 뇌의 작동원리를 진화의 관점에서 해석했다. 뇌나 장기처럼 기관 형질은 아니지만 뇌의 활동으로 인한 의지, 사고, 행동양식 등의 소프트웨어 형질도 진화의 중요한 산물이라고 한다. 행동 형질의 주요한 특징은 행동을 생성하는 뇌의 작용과 행동의 패턴을 만드는 의미의 내부 작용이 같이 작용한다는 데 있다. 이와 관련하여 마음이론Theory of Mind; ToM을 이해하는 것이 중요하다. 마음이론은 11장 3절에서 논의될 것이지만, 행동성향behavioral tendencies 개념을 풀기 위하여 기본적인 마음이론 개념만 설명한다.

　다른 사람이 어떤 심적 상태일 것이라고 믿음을 가진 나는 다른 사람도 나의 심적 상태를 추측할 수 있을 것이라는 믿음을 인정해야 한다. 그런 상호 간 믿음의 교차가능성을 "마음이론theory of mind"이라고 한다. 인간은 다른 사람의 마음에 저마다의 다양한 욕구, 의도, 신념, 정신상태가 있다는 것을 선천적으로 이해할 수 있으며, 이러한 욕구, 의도, 신념, 정신 상태가 무엇인지에 관해 어느 정도 정확성을 가지고 이론을 만들어 내는 능력이 있다는 것이 가자니가가 정의하는 마음이론이다(가자니가 2009, 71-2).

가자니가가 들은 예시처럼, (1) 내가 파리 여행을 원하는 마음을 나 스스로 알고 (2) 당신은 내가 파리로 떠났으면 하는 그런 마음을 당신이 알고 있으며 (3) 그렇게 알고 있다는 당신의 마음을 내가 알며 (4) 그런 내 마음조차 당신이 알고 있다. 더 나아가 나와 좀 더 가까운 친구들이라면 그 어떤 친구들은 (5) 그런 마음을 알면서도 내가 갈 수 없다는 것을 알고 (6) 그렇게 알면서도 계속 가려고 하는 마음을 내가 갖고 있다는 것을 안다. 이런 마음의 상태는 "경향intensionality"이다. 여기서 '경향'으로 굳이 번역한 이유는 첫째, 기존 '성향tendencies' 개념이나 '의향intentionality' 개념과 구분하려는 가자니가의 의도 때문이고, 둘째, 인식과 행동의 근저인 뇌의 내부적 표상을 표현하기 위해 별도의 용어를 사용하려는 가자니가의 선택 때문이다. 의향 개념과 경향 개념이 가자니가 뇌과학에서 다르다. 물론 서로 무관한 개념은 아니지만 두 개념 사이의 구분은 필요하다(Gazzaniga 2008, 50).

의향은 뇌가 의도적인 행동이나 행위를 생성하는 능력을 말한다. 의도나 목표를 형성하고 그 목표를 수행하는 과정이 의향 개념의 핵심이다. 예를 들어, 내가 연필을 쥐고 돌리려 마음먹고 결정하고 나의 뇌는 연필을 쥐고 돌리려는 의도를 생성하고 그리고 의도에 맞춰 행동을 수행한다.

한편 가자니가에게 경향은 심적 상태나 과정의 내부적인 표상과 그 "의미"를 말한다. 가자니가가 말하는 의미는 심적 과정이 외부 자극이나 입력뿐만 아니라 뇌의 내부적인 조직과 구조에 의해서도 결정된다고 주장한다. 예를 들어, 우리가 빨간 사과를 인식할 때, 뇌는 시각적 정보를 처리하고 사과의 내부 표상이나 "이미지"를 만든다. 이러한 내부 표상은 단순히 외부 자극의 복사본이 아니라, 과일이라는 개념, 색상, 모양 등과 관련된 개념과 연상처럼 이미 준비된 의미에서 출현한다는 것이다. 가자니가의 "경향" 개념은 인간의 인지와 행동에서 내부 표상과 준비된 의미에 해당한다. 뇌가 이러한 내부 표상을 기반으로 세상의 심적 모델을 만들고, 이런 모델로부터 사물을 인식하고 대상에 주목attention(주의)하고 사태를 결정하게 된다고 한다. 이런 점에서 가자니가의 경향intensionality 개념은 뇌가 내부 표상과 준비된 의미를 어떻게 만들고, 이것이 인지와 행동성향에 어떻게 영향을 미치는지를 이해하는 데 유용하다(Gazzaniga and Mangun 2014).

경향은 내 몸에 내재된 마음의 준비 상태이다. 내재된 경향 혹은 내재된 마음의 준비 상태를 의식이라고 하며, 지향성을 지닌 의향의 지속적인 상태를 '정신'이라고 가자니가는 본다. 마음이론이 침팬지에서도 드러난다고 보는 입장이 있다면 그런 입장에서 보는 마음의 내재적 준비 상태는 1차 내재성이며, 2차 내재성은 기만행위에서 나타난다고 한다. 예를 들어 타자를 속이려면 1차 내재성만이 아니라 2차 내재성의 성향을 가져야 한다. 내가 타인을 속이려면 나의 속임수에 타인이 속고 있다는 타인의 마음 상태를 내가 확인할 수 있어야만 한다(가자니가 2009, 74).

의향은 뇌가 의도적인 행동이나 행위를 생성하는 능력을 의미하고, 경향은 인식, 사고, 행동의 기초가 되는 뇌의 내부적인 표상 또는 "의미"이다.

1.8 행동성향의 마음, 준비하는 마음

가자니가의 고유 개념인 "경향" 개념과 기존의 "의향" 개념을 서로 연계시킴으로써 우리는 행동성향behavioral tendencies 개념을 좀 더 쉽게 접근할 수 있다. 행동성향은 유기체 환경이 만들어 놓은 생명의 안정화 체계이며 동시에 총체적 적응진화의 산물이다. 개구리가 앞에 있는 벌레를 사냥하기 위해서 먼저 사냥하려는 행동을 준비preparation해야 한다. 즉 모든 몸동작은 적절한 행동을 유발할 준비에서 시작된다. 그런 준비를 통해서 개구리는 혀의 놀림, 뒷다리의 튕김, 앞다리의 지렛대 기능, 눈의 시선, 후각 또는 청각의 인식, 체중의 쏠림 등등을 총체적으로 작용할 수 있을 것이다. 적응주의는 이때의 행위를 유발하는 신체 기관의 적응성을 적절하게 설명하고자 한다. 마찬가지로 행위를 준비하는 과정도 적응의 결과이며, 준비는 행동성향의 한 양상이다.

과거로부터 현재까지 생명 진화의 '모든 시간'이 농축되어 지금 이 순간에 드러난 상태가 생물학적 형질이다. '모든 시간'이란 연속적이고 빠짐없는 진화의 시간을 말한다(Lewontin 1982, Chap.6). 마음을 일으키는 객체 형질로서 뇌는 진화의 장구한 시간에 걸쳐 형성되었다. 그러나 마음은 신체유골과 달리 화석으로 남지 않으며 미래 냉동장치에 담아 놓을 수 없다. 마음은 항상 현재성일 뿐이다. 다행히 현재를 미분한 순간시간들이 있는데, 그것의 한 조각이 '준비'이다. 미분된 현재는 적분의 시간을 기다리고 있다. 적분의 시간을 통해서 농축된 마음 상태를 준비하고 있다가 변화된 환경에 따라 행동성향이 발현된다. 예를 들어보자. 마음은 감정과 느낌, 의지와 믿음, 추리와 상상력, 그리고 추론과 연산 능력, 반성과 학습 등의 무형적 반응 체계 모두를 의미한다. 사람인 경우 구체적으로 나열하면 다음과 같다.

- 외부 자극에 대한 일차적 반응감각으로서의 행동성향
- 생존을 위한 물질대사에 따르는 신체 욕구로서의 행동성향
- 포식의 성공도를 높이려는 행동 전략으로서의 조직화된 행동성향
- 번식 성공도를 높이기 위한 성선택의 행동성향(숨거나 변장하기, 거짓말과 거짓행위, 자기기만, 허풍, 과장의식, 치장하기 등)
- 희노애락처럼 몸이나 표정으로 보여 주는 슬픔, 기쁨, 화내기, 겁주기, 상대를 인정하는 웃음, 찡그림 등의 동작을 예시하는 감정의 행동성향
- 행동을 실현시키려는 다양한 비언어적 느낌의 표출로서 행동성향
- 기억과 회상에서 감탄과 놀람 그리고 연상력과 표현, 욕망이 얽힌 미적 감각으로서 행동성향
- 다음의 일식 시기를 예측하는 추론과 연산 능력을 통해 가장 효율적인 문제해결을 하려는 행동성향
- 유사한 것들에서 반복된 것을 관찰하여 공통분모를 찾아내는 일반화 능력으로서 행동성향
- 종교처럼 무형의 초월적인 것을 가공하는 능력으로서 행동성향
- 추상화와 추론 능력을 연결시킨 합리화 행위의 행동성향

- 자신을 타자와 구분하고, 자신의 정체성을 확인하며, 타인을 모방하는 능력으로서 행동성향

　행동성향을 포함한 방향성 형질로서 마음은 위에 열거한 유형들을 중첩적으로 드러낸다. 마음은 방향성 형질의 발현 순서가 위계적으로 정해진 것이 아니라서 다수의 방향성 형질들의 수평적 중첩 상태를 발현시킬 수도 있다. 예를 들어 사람은 고도로 추상적인 수학 문제를 풀 수 있는 고도의 합리적 능력을 갖고 있으면서 동시에 말도 안 되는 불합리한 행동을 저지르고, 그런 오도된 행동을 수행한 자신을 합리화시키기도 한다. 첨단 기술을 이용한 업무를 훌륭하게 수행하면서도 동시에 점쟁이의 말에 마음을 빼앗기곤 한다(Davis 2009, Chap.2).

　마음은 다양한 방향성 형질을 보여주지만, 그 복합적 방향성 형질들은 위계적인 발달 순서로 드러나는 것이 아니라 중층적으로 혹은 동시적으로 드러난다. 다양하게 표현되는 행동성향의 방향성 형질들은 대체로 객체 형질이 진화를 통해 발달한 구조와 병립한다. 생태환경에서 문제를 해결하는 것은 부분적인 형질 모듈들이 아니라 형질 모듈의 합체인 개체(개인) 수준에서 가능하다. 초원에서 나에게 달려오는 들소를 피하거나 사냥하는 데 있어서 손의 형질, 눈의 형질, 다리 근육의 형질들이 각각 독립적으로 당면 문제를 해결하는 것이 아니라 모듈의 집합체인 나라는 실존적 존재가 문제를 해결하는 당자사라는 점이다. 마음은 객체 형질의 부산물이 아니라는 뜻이다. 마음은 객체 부분형질들의 단순합을 넘어선 중층적 전체이다. 손의 기능은 공작기술을 활용하는 데 적응된 객체 형질이지만 손 형질 하나만으로 초원에서 사자와

부딪힌 상황의 문제를 해결할 수 없다. 문제를 해결하는 것은 개별 객체 형질이 아니라 전제로서의 나의 존재이다. 여기서 문제해결 능력이란 구체적인 실제 상황, 즉 구체적인 물리 조건을 충족해야 한다. 바람의 방향과 속도를 감안하고 돌을 던진 사냥꾼 1과 단지 목표물만 겨냥하여 돌을 던진 사냥꾼 2 중에서 누가 더 사냥에 성공할 수 있을지는 충분히 추측할 수 있다. 당연히 다양한 물리적 조건을 더 섬세하게 수행한 사냥꾼 1의 행동성향이 사냥꾼 2보다 더 큰 번성가능성을 낳을 것이다.

마찬가지로 마음은 뇌라고 하는 개별 객체 형질에 귀속되지 않으며 손과 발, 심장과 눈 등 모든 형질들의 결합에서 파생된 방향성 형질이다. 행동성향은 개별 형질로 설명되기 어려우며 개체(개인)가 닥친 문제를 해결하려는 전체로서의 특징이다. 형질들 각각이 진화해 왔듯이 행동성향도 다양한 물리적 난조건難條件의 문제를 해결하려는 능력이 점점 더 커지도록 진화했다.

근접원인의 수준에서만 행동과 의식의 관계를 본다면 물리주의인가 아니면 관념론인가라는 이분법적 논리에만 사로잡히게 된다. 의식을 정신의 문제로, 행동을 신체의 문제로 따로따로 구분하는 기존의 틀은 설명력의 한계를 갖는다. 행동주의는 전형적인 유물론적 환원주의의 길로 가고 관념론은 유심론적 환원주의의 길로 가게 되면, 그 둘은 서로 더 이상 만날 수 없는 평행선에 구속된다. 반면 진화론적 실재로서의 방향성 형질은 의식과 행동의 구획을 넘어선 중성적 일원론의 길을 모색한다. 방향성 형질 역시 진화론적 실재의 산물이다. 진화론 관점에서 마음을 접근한다면 방향성 형질과 객체 형질 혹은 마음과 뇌의 관계는 서로에게 환원되는 일방향적 일원론이 아니라는 것을 인정할 수 있다. 그 관계는 양방향이지만 서로에게 동등하면서도 서로가 영향을 미친다. 이런 관계의 존재론은 마음과 뇌의 '중성적 일원론'으로 표현될 수 있다.

[표 10-4] 신체형질과 행동성향

신체형질	행동성향
특정 형태를 갖는 기관이나 조직, 뇌와 신경세포에서 외부 자극을 수용하는 오관과 내부 장기들 모두 포함한다.	외부 환경의 자극에 가장 유효하게 적응되어진 반응행동과 반응궤적이다. 개별적 기관의 형질기능을 종합하여 문제해결 능력을 향해 행동한다.
• 뇌라는 신체형질은 마음을 설명하는 한 부분 • 인과역할 기능 중심 • 국소주의 설명구조 • 기능의 작용자로서 주어부 중심	• 개인에 부딪힌 문제해결 능력 • 선택결과 기능 중심 • 행위를 준비하는 성향 • 행위/동작의 술어부가 중심

인과기능으로 본 뇌 형질과 행동성향의 결합으로서 마음에 대한 확장된 설명이 가능하다.

2. 중성적 일원론의 다양한 유형

2.1 다마지오의 심신 일원론

방향성 형질은 외부 환경에 대하여 더 세밀하게 반응하도록 적응된 행동성향이다. 행동성향 자체가 마음이라는 신경생리학자 다마지오의 견해를 보자. 다마지오는 인간의 이성 기능을 이해하기 위하여 먼저 정서와 느낌의 구조에 접근해야 한다는 입장을 취한다. 그에 따르면

생물철학

정서emotion와 느낌feeling은 감정이라는 한 짝으로 이해해야 하는데, 정서가 먼저이며 느낌은 뒤에 오도록 구조화되었다(다마지오 2007, 11). 정서와 느낌의 감성과 이성의 기능은 진화적으로 연속적이다. 추론하고 계산하며 추상화하는 능력으로서 이성은 정서와 느낌이라는 구조 위에 형성된다고 한다. 추론하는 이성 역시 뇌의 조절작용의 산물이며, 생각이나 관념과 같은 심적 이미지로부터 이성이 작동한다는 것이 다마지오의 입장이다. 뇌신경 임상의학자로서 다마지오는 계산주의와 연결주의를 통합한 연구방법론 위에서 신경생리학자 라마찬드란(Vilayanur S. Ramachandran)의 가소성 이론 및 철학자 데닛의 유물론적 신경철학의 흐름을 간접적으로 반영하여 자신의 이론을 구축했다.

다마지오 정서론을 말하기 전에 일차 감정과 이차 감정으로 구분한 인지행동학자 베코프(Marc Bekoff)의 감정 이론을 먼저 살펴보자. 공포자극에 대한 투쟁과 도주 반응을 포함하여 분노, 행복, 슬픔, 혐오, 놀라움 등의 감정들을 일차 감정이라고 한다. 일차 감정은 변연계limbic system에서 시상하부에 이르기까지 정서적 행동과 동기 유발을 조절하는 신경회로 작동의 진화적 산물이다. 일차 감정은 신체의 생리적 기능에 관여하는데 행동조절이나 체온조절, 삼투압 농도조절, 섭식조절, 체중조절 등 신체 내부 환경 조절 기능을 뇌 작동에 연관시킨다. 베코프에서 일차 감정은 이차 감정을 낳는데, 후회, 동경심, 질투심 등의 의식감정들이다(베코프 35-6). 다마지오가 신체 생리작용인 대사-반사-면역 작용의 기반으로 한 일차 정서와 사회적 정서를 구분했는데, 다마지오의 구분법은 일차 감정과 이차 감정을 나눈 베코프의 구분법과 맥을 같이 한다(다마지오 58).

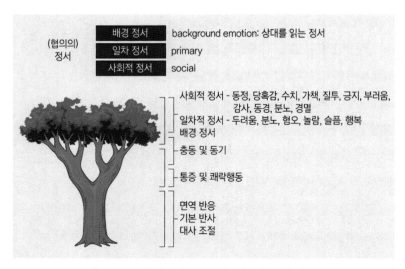

[그림 10-2] 다마지오의 일차 정서와 사회 정서

다마지오의 '신체표지가설somatic marker hypothesis'은 심적 이미지가 행동 유발에 미치는 관계를 임상적으로 밝힌 이론이다. 심적 이미지가 의사결정이나 행동을 촉발한다는 다마지오의 추론은 다음과 같다. 첫째, 정서emtions는 심적 이미지가 초래한 신체 변화이다. 둘째, 정서는 느낌feelings과 다르다. 셋째, 정서의 원인을 통해서 정서의 반응을 이해할 수 있다. 다마지오가 보는 정서와 느낌은 생명의 기본 기능인 면역 반응과 환경에 대한 반사 반응 그리고 대사조절 기능 위에 축조된 몸의 표현들이다. 경험은 무의식적 상황에서 반응하는 행동이 우선이며, 이 때 신체 생리적 반응이 자동적으로 먼저 일어난다. 신체표식은 의식적 추론 이전에 무의식적 신체변화가 일어난다. 맥박, 혈관수축이나 확장, 동공확장, 식은땀, 쭈뼛함 등을 말한다. 신체표식가설은 데닛의 지향적 자세를 신경생리학의 관점으로 설명한 것과 비슷하다. 다마지오에 의

하면 뇌 활동의 일차 목표는 몸의 안녕 상태를 유지하며 생존하는 것이다. 시를 쓰거나 수학을 연구하거나 연상을 하거나 자연법칙이나 형이상학을 만드는 추상화 활동들은 이차 목표에 해당한다.

다마지오에서 몸과 뇌는 서로 하나이며, 화학적 경로 및 신경계를 통해 일체로 상호작용한다. 이러한 입장은 그 스스로 밝혔듯이 스피노자(Baruch Spinoza, 1632-1677)의 심신 일원론 철학을 현대 신경생리학으로 재현한 것과 비슷하다. 스피노자의 일원론 사유를 이해하기 위해서는 코나투스Conatus 개념을 아는 것이 중요하다. 코나투스는 생존 욕구 및 생존 의지에 해당한다. 코나투스는 자아를 보존하고 발전하고 완성하려는 노력endeavor이며 분투striving이며 경향tendency이다. 스피노자는 코나투스를 적절히 유용하게 발현시킨다면 행복에 이른다고 했고, 이것이 스피노자 윤리학의 핵심이다.

다마지오는 스피노자의 코나투스를 생명 유지의 기본적인 힘으로 재해석함으로써 뇌신경과학의 새로운 지평을 열었다. 스피노자에게 생명체는 하나의 완성된 자연이고, 개별 생명체는 무한의 능산적 자연을 재현하는 소산적 자연이다. 여기에서 능산적이란 능동적이고 주체적인 작용을 의미하고, 소산적이란 피동적이고 제한적인 작용을 의미한다. 스피노자의 일원론은 데카르트처럼 몸과 마음을 연결하는 어떤 국소적 연결 지점을 필요로 하지 않는다. 바로 이 점에서 다마지오는 스피노자의 철학을 신경과학에 적극적으로 유비시키고 있다(Damasio 1995). 스피노자의 심신일원론을 신경과학으로 재해석한 다마지오는 마음과 몸의 관계를 독창적으로 '양상 이원론aspect dualism'으로 표현했다. 이것은 사유와 연장은 동전의 양면처럼 겉보기에만 둘로 보일 뿐 실제로는 하나라는 중성적 일원론에 맞닿아 있다(다마지오 2007, 242).

다마지오는 심신일원론을 논증하기 위하여 '신체형 정신장애somato-form psychiatric disorder' 임상 보고를 사례로 들었다. 신체형 정신장애는 정신적 원인 때문에 신경마비와 같은 신체적 (임시) 장애가 발병하는 흔한 경우이다. 히스테리나 전환장애conversion reaction가 여기에 속한다. 다마지오가 든 임상 사례가 아니어도 이미 우리는 환경에 의한 심적 스트레스가 암과 같은 신체적 질병을 유발할 수 있다는 것을 알고 있다. 물론 그 역의 관계도 성립한다. 마음과 몸 사이의 이러한 상호성은 진화론 입장에서 당연한 귀결이며, 방향성 형질과 작동성 형질 사이의 상호성 관계와 비슷하다.

다마지오에서 면역과 반사 그리고 대사조절 능력은 몸의 항상성을 유지하기 위한 기본 능력이다. 스피노자의 표현대로라면 코나투스를 위한 기본적 활동을 의미한다. 이러한 몸의 기본 기능 위에서 정서와 느낌을 적절하게 표현하는 코나투스의 확장 능력, 즉 추론과 연합의 이성능력이 진화했다. 몸에서 마음으로, 대사조절이라는 기초 기능에서 이성 능력으로 확장되는 통로는 연속적이며, 그 경계선을 명확히 구획할 수 없다. 몸과 마음은 하나의 스펙트럼상의 양단일 뿐이다. 여기서 다마지오의 견해는 스피노자의 일원론적 사유와 매우 유사하다는 것을 알 수 있다. 다마지오는 몸과 마음을 하나의 스펙트럼으로 보는 메타포를 사용했지만, 스피노자 입장에서 볼 때 동전의 양면이라는 메타포가 더 적절할 수 있다. 몸과 분리될 수 없는 마음은 행동성향으로 드러난다고 표현했을 뿐이다.

마음이 발현되는 방식은 다양하다. 호흡 등의 자율신경계 작동, 위

생물철학

험에 자동으로 반응하는 반사 기능도 마음의 발현으로 간주할 수 있다. 몸의 신경계에서 통증 반응이 있으며, 또한 감정을 표현하고 나아가 이성적 활동도 마음의 발현이라고 한다. 다마지오는 이러한 심적 활동 모두가 몸과 마음의 통일된 활성화 결과라고 생각한다. 그 발현 방식은 중층적이다. 이성과 감성은 구분될 수 없고, 통일된 마음의 다른 표현 양상일 뿐이며, 그 표현양상은 이성으로 기능할 수도 있지만 감성으로 표출될 수도 있다는 것이다(Damasio 1995, Chap.10). 감성과 이성에 대한 기존 구분에 따르면, 이성 측면에서 볼 때 불합리한 판단이나 행동도 감성 측면에서 볼 때 나름대로의 적합한 마음의 작용일 수 있다. 다마지오의 해석에 따르면 의식과 기억으로서의 마음, 감정과 느낌으로서의 마음 그리고 이성으로서의 마음은 진화적 동등성을 지닌다. 각각 모두 진화의 적응을 거친 마음의 양상들이다. 다시 말해서 감정은 저급하며, 이성은 고급의 진화적 결과라는 이분법적 구분은 애초부터 잘못되었다는 것이다. 다마지오는 마음이 신체에 기반한 진화 산물임을 강조한다.

다마지오에서 몸과 뇌는 서로 합쳐 생명체를 이루며, 화학적 신경 경로를 통해 상호작용을 한다. 다마지오의 몸과 뇌의 상호성을 정리하면 다음과 같다(다마지오 2007, 225).

① 뇌는 내 몸의 안녕 상태를 유지하려는 방향으로 신체 내부의 생리적 조건을 조절하고 내부와 외부 사이의 상호작용을 조절한다.
② 마음이란 뇌의 조절작용의 절차에서 발현되는 심적 이미지(생각, 관념)의 생성과 조작에 연결된다. 여기서 말하는 이미지란 생명 개체가 외부 사물을 지각하는 매체적 도구이며 내부 사건을 재현

하는 반영적 도구다. 시각, 청각, 후각, 미각적 이미지 등은 외부 이미지이고, 통증이나 메스꺼움 등은 내부 이미지의 예이다. 내부와 외부 이미지 형성은 연결되어 있어서 자동반응이나 의식반응의 즉각적 이미지에서 미래를 예측하고 계획하는 이미지까지 기억이나 회상 등 심적 패턴으로 연계된다.

③ 이미지 형성은 패턴화되는데, 이런 뇌의 신경세포 패턴을 통해 신체활동이 지도화된다. 신경세포의 지도화는 결정적이거나 수동적이지 않고 신체활동의 이미지를 새롭게 생성함으로써 뇌의 신경세포 패턴을 능동적으로 바꿀 수 있다. 신경세포 패턴이 행동성향을 지도화하면서도 반대로 행동성향의 전환이 뇌의 신경세포 구조를 새롭게 지도화할 수 있다는 뜻이다.

1990년대 중반까지 다마지오는 마음과 몸의 통일체로서 자아를 '신경계 자아The Neural Self'라고 하는 유물론적 입장을 보였으나(Damasio 1995, 236), 그 이후에는 마음을 '신체화된 마음body mindedness'으로 표현하여 마음의 확장성을 강조했다(Damasio 2003, 206). 물론 다마지오는 마음의 확장성을 형이상학적 실체로 보는 것에 반대했다. 그는 여전히 신경계 일원론자이기 때문이다. 마음은 몸의 작동과 표현에 있어서 더 효율적이고 더 유용하게 사용될 수 있는 후차적 개념이다. 문제해결 능력으로서의 마음 역시 최상의 문제해결 능력을 갖는 것이 아니라 다른 생물종보다 상대적으로 더 많은 문제해결을 한다는 점으로 인간의 마음이 이해되어야 한다. 문제해결에 있어 이성만큼 감성의 역할도 크다. 마음과 몸을 하나의 통합체로 간주할 때 문제해결 능력을 보다

생물철학

잘 설명할 수 있다.

2.2 진화 실재로서의 마음, 생태적 유전기제

지구의 지질 조건, 생물 적응 조건, 일반의 물리 조건 속에서 오늘날까지 성공적으로 존속하게 된 자연의 유기체는 진화론적 실재의 모습이다. '성공적'으로 존속하게 된 현존하는 모든 생물종은 진화적으로 실재이며, 그 역도 성립한다. 박테리아, 버섯류, 나아가 포유류의 인간종까지 그 각각의 종이 현존하는 것 자체가 모두 적응과 선택의 적합화과정을 거친 진화적 실재evolutionary reality임을 의미한다. 생물종의 진화적 실재란 진화의 측면에서 볼 때 다양하지만 차별이 없음을 함의한다. 존재들 사이에 특별하고 선별적이거나 우열의 차별은 없으며, 초자연적인 목적이나 초월적 절대성도 없다. 진화적 실재는 신비성, 절대 불변성, 독립성, 목적성의 형이상학적 존재를 부정한다. 지구의 물리 조건이란 물리적으로 보편성을 보이는 자연법칙에 지배되는 제한 조건 중의 하나이다. 예를 들어 중력을 벗어나 진화하는 유기체의 실재는 없다. 2.5톤이나 되는 코끼리가 날개를 달고 하늘을 나는 '코끼리새'로 진화하는 사례는 없다는 뜻이다. 적응진화가 생명 법칙이지만 보편의 물리 조건을 먼저 충족해야 한다.

이와 마찬가지로 마음도 진화적 실재의 하나이다. 신체가 지향하는 것은 방향성 형질로서 행동성향은 행동을 수행시키는 몸의 물리 조건을 무시하고 진화한 것이 아니듯이 행동성향으로서 마음의 진화는 물리 조건 일반을 초탈할 수 없다. 일상 언어 관점에서 마음과 몸은 두 개념으로 분리되지만, 진화적 실재의 입장에서 볼 때 마음의 원형은 몸의 물리적 조건을 초월할 수 없다. 진화 입장에서 볼 경우 이원화된 두 개의 존재일 수 없으며 동시에 하나가 다른 하나에 환원되는 관계도 될 수 없다.

행동형질로서 마음은 진화의 산물이지만 객체 형질과 독립적으로 적응한 것은 아니라는 점이 진화 실재론의 중심 논지이다. 마음은 그것이 독립적으로 적응한 결과가 아니라 몸 전체에 유기적이며 상관적인 관계로 진화한 실재이다. 포식관계에 있는 치타와 영양의 경우를 다시 예로 들어 보자. 포식자 치타의 경우 포식행위를 향한 행동성향은 다리 보폭의 길이나 앞뒤 다리 간격, 눈의 배치나 치아 배열 등의 신체적 작동 조건들과 상호적으로 혹은 제약constraints 조건으로 진화한 결과이다. 포식자 치타와 피식자 영양의 관계에서 양자의 질주 속도는 포식자와 피식자 간의 서식 생태계를 결정한다. 양쪽 모두 시속 **80km** 내외의 속도로 달릴 수 있지만, 일반적으로 포식자인 치타가 영양보다 좀 더 빨리 달린다. 그러나 영양은 치타보다 지그재그 방향 전환에 능숙하고 더 오래 달릴 수 있다. 이러한 양쪽의 물리적 상황(물리 조건들)은 공진화 환경을 이뤄간다. 영양 입장에서 다리가 길면 속도를 더 낼 수 있어서 생존에 유리해 보이지만, 대신 관절이 약해지므로 지그재그 방향 전환에서 절대 불리하다. 이런 작용자로서 작용기관과 작용 혹은 작용기능 사이의 상관성이 바로 적응진화를 결정한다. 다리가 길면 빨리 달릴 수 있다는 것은 생물학적 조건이기보다는 물리 조건에 해당한다. 다리가 가늘면 관절이 약하고 관절이 약하면 방향 전환하기에 불리하다는 것도 역시 물리 조건의 하나이다. 치타를 피해 도망가는 영양은 어떻게 살아남을 것인가를 결정하는 순간 판단을 해야 한다. 행동성향에 의한

생물철학

본능의 판단은 쫓아오는 치타의 취약점, 지형지물의 주변조건 및 영양 자신의 관절 상태 등의 객체 형질을 동시에 필요로 할 것이다.

유전의 방식은 복합적응complex adaptation의 결과이지만 동시에 발생 계의 양상이기도 하다. 유전inheritance은 유전자의 계승이며 구체적으로 는 DNA 염기서열이 부모 세대에서 후손으로 전달되는 과정이다. 유전 은 분자구조 전달이라는 좁은 의미로 국한되지 않으며 환경에 섭동하 는 관계성을 전달하는 것까지 포함한다. 스티렐니는 이를 '생태적 유전 기제ecological inheritance'라고 했다. 생태적 유전기제는 형태뿐만이 아니 라 행동성향의 동일성까지 다음 세대로 전달하려는 기제이다(Sterelny 2005, 32). 행동성향도 생태적 유전기제에 속하는 것으로 간주된다. 스티 렐니는 생태적 유전기제의 대표적인 예로 막 부화한 오리 새끼가 처음 본 물체를 어미로 따르는 것과 같은 각인imprinting 행동성향을 들었다 (Sterelny 2005, 33).

다른 예를 들어보자. 초원의 코끼리 떼는 갈수기에 물을 구하기 위 해 강을 찾아 30km 이상 먼 길을 간다. 과거 연구자들은 먼 길을 찾아가 는 코끼리의 방향 탐지 능력이 돌고래나 박쥐의 초음파를 이용한 반향 정위echolocation를 송출하는 객체 형질인 뇌의 특정 국소부위의 고유기 능으로 오해했다. 코끼리가 길 찾는 능력은 19.2km까지 탐지하는 선천 적 후각능력과 어릴 때 부모를 따라 다녔던 50km 반경의 후천적 공간 기억spatial memory에 의존한 것으로 나중에 밝혀졌다(Polansky et al. 2015). 선천적 유전 외에 후천적으로 획득한 후성성의 계승, 그리고 인간의 경우 문화적 계승, 이 모두가 스티렐니의 '생태적 유전기제'에 해당한 다. 스티렐니의 생태적 유전기제 개념을 통해 행동성향이 선천적 유전과 후성적 양육 범주에 속하는 것을 알 수 있다. 결론적으로 말해서 행동성향으로서 마음은 진화의 실재이다.

멘델 유전학의 계승자이며 진화 실재론의 입장을 가지고 있는 베잇슨(William Bateson, 1861-1926)에 따르면 마음 역시 몸의 생물학적 진화에 상관적이다(Bateson 1999, 349-350). 적응진화는 환경에 대한 물리 조건 위에서 가능하다. 이런 조건에 부합하여 형성된 형질 및 개체가 생물종의 진화론적 실재이다. 진화론적 실재는 비객체 형질인 행동성향과 객체 형질 사이의 상관적 양상을 보여준다. 진화 실재론의 입장에서 방향성 형질로서의 마음은 객체 형질로서의 뇌에 상관적이지만 종속적이지는 않다. 6장에서 논의했듯이 이 경우 선택적응과 형태발생은 서로 상보적이다.

마음이 실재한다는 것은 실제로 마음이 심리적 의식으로 발현된다는 뜻이다. 의식은 감정, 행동, 의지, 판단 등을 포괄하며 몸의 상태와 연결되어 있어서, 마음과 몸의 행동은 연속적으로 볼 수 있다. 이러한 마음을 행동성향이라고 말했다. 마음은 행동성향으로 드러나며, 행동

[표 10-5] 마음의 진화론적 조건

진화의 소산물로서 행동성향	
〈생물적 조건〉	〈물리적 조건〉
면역기능, 기초반응, 대사조절과 같은 생물학적 반응구조	향일성 같은 물리적 반응구조
지향적 자세	물리적 지향성
진화의 인과조건이며 자연선택대상으로 유의미	진화의 인과조건은 아니지만 환경조건으로 유의미

생물철학

으로 드러난 것 외에도 행동으로 나타날 수 있는 무의식이나 행동을 준비하려는 단계 모두를 포함한다.

유기체의 방향성 형질의 특징으로 자연선택 외에 성선택sexual selection으로 선택된 행동성향 관련 형질들이 있다. 공작새의 경우, 수컷 공작새의 화려하고 큰 날개는 성선택의 산물이다. 암컷을 보고 수컷 공작새가 자신의 날개를 활짝 펴는 행동성향은 방향성 특징에 해당한다. 마찬가지로 암컷 앞에서 으스대고 뽐내면서 자신을 과장하려는 수컷의 일반화된 행동성향도 방향성 특징에 해당한다.

성선택은 상대적으로 더 많은 자손을 증식하기 위한 짝짓기mating 적응 과정이다. 배우자를 찾아가면서 배우자에게 선택받으려는 행동성향이 진화의 산물이라는 점이 바로 성선택의 핵심이다. 여기에서 성향의지와 행동실행은 서로 구분되지 않는다. 행동으로서 짝짓기 행위와 그 행위를 시도하려는 성향의지는 실제로 짝짓기를 성공적으로 수행하는 한 가지 과정이다.

2.3 모자이크 진화와 연동 진화

구석기 라스코 동굴벽화를 떠올려 보자. 동굴 벽에 그려 놓은 들소의 그림은 고대인의 유연한 손동작과 들판에서 본 들소에 대한 느낌들, 그리고 그 느낌을 구상화하고 색깔을 배합하고 구도를 잡을 수 있는 능력 등이 결합된 결과이다. 솜씨 있는 손동작이 없으면 그런 손동작을 통해서 실현가능한 느낌도 있을 수 없다. 느낌이 없으면 들소 몸통의 크기와 다리의 길이 등을 연결하여 들소 전체를 형상화하는 구도를 잡을 수 있는 능력에 미치지 못할 것이다.

그 거꾸로도 마찬가지이다. 동굴 벽에 들소를 그린 2만여 년 전 어느 구석기 고대인의 손동작은 몸 전체의 행동성향의 하나이다. 들소에 대한 느낌이 생기며 그 느낌에 따라 벽에 정보를 그림으로 남기겠다는 의지가 생기고(Damasio 2018) 그런 의지에 따라 느낌의 형상화와 그림의 구도능력들, 이 모든 것이 행동성향에 속한다. 그림을 위한 행동수행에서 필요한 몸과 마음과 뇌 각각은 별개지만 하나의 시스템으로 구동된다. 그 어느 것도 다른 것에 우월한 진화론적 지위를 갖지 않는다.

동굴벽화를 그린 그 시대 사람들이 사슴을 사냥하던 일상행위를 상상해 보자. 나뭇가지를 꺾고 돌칼을 이용하여 나무 화살촉을 뾰족하게 다듬는 행위, 사슴의 상태를 추정하고 날씨와 지형을 고려하는 준비행동, 실제로 사슴을 향해 화살을 쏘고 나무창을 던지며, 다른 사냥꾼보다 더 잘 목표물을 맞혀서 더 많은 사슴을 부락으로 가져온 성공적인 행동들과, 그런 사냥의지와 동기, 욕망의 두뇌 전략과 활의 사용능력, 근육의 적절한 활용 등이 하나로 결합되었기 때문에 식량을 획득할 수 있었으며 개인의 생존과 씨족의 번성을 유지할 수 있었다.

현재 컴퓨터 앞에 앉아 무엇인가를 하는 나와 2만여 년 전 사냥을 하는 나는 행동의 수행 내용에서 다르지만 수행하려는 행동성향과 그 방향성 형질에서 동일하다. 즉 (i) 손과 눈의 객체 형질과 (ii) 행동성향 그리고 (iii) 실제의 행동 수행력이 하나로 결합되어야만 개체생명과 개체군 번성을 성공적으로 유지하고 계승할 수 있었으며, 이런 성공적 행위의 기제는 진화의 산물이다.

뇌의 진화를 설명하는 이론으로 모자이크 진화mosaic evolution 이론이 있다면 연동 진화concerted evolution 이론도 있다. 모자이크 진화는 다른

[그림 10-3] 라스코 동굴벽화 15,000년 전 추정(필자 모사)

기관이나 국소적 부위 혹은 서로 다른 형질이 서로 다른 진화 속도와 다른 진화 선택압에 따라 독립적으로 진화하여 전체 개체의 진화를 구성한다는 생각이다. 한편 연동 진화는 서로 다른 유전자나 국소적 부위들이 개체 전체의 최적합 적응을 위해 서로 연동되어 진화했다는 생각이다. 유전자 차원에서 유전자 간 변환gene conversion이나 비균형 교차unequal crossing over를 통해 서로 다른 형질들을 묶어서 가장 최적합 한 전체 기능을 낳는 조율된 진화방식이다. 인간 뇌의 경우 소뇌, 중뇌, 대뇌피질이라는 국소 부위 수준에서 모자이크 진화가 유력하지만, 동시에 국소 뇌부위 사이에서 복잡한 상호작용이 현존하는 연구결과가 쏟아지면서 연동 진화 이론의 가능성이 조명받고 있다. 예를 들어 뇌세포들 사이에는 홀로 기능하는 부위가 없다고 한다. 피질에서 해마까지 서로 특정 유형의 정보를 주고받는다. 해마와 편도체는 모두 선조체에 신호를 보내고, 선조체는 다른 피질과 시상-피질 회로에 연결된다. 각각의 별도의 국소적 뇌부위들이 연동되어 통일된 뇌 구조를 형성한다는 것이다(린치 2010, 181-183).

이러한 상호네트워크 이론을 연동 진화concerted evolution의 결과로 보는 것은 논리적인 비약일 수 있다. 각 뇌부위들이 서로 연결되었다는 사실과 뇌부위들의 진화론적 생성이 연동되었다는 사실은 논리적으로 다르기 때문이다. 뇌신경세포가 진화하면서 인간의 뇌는 어류의 뇌에서부터 계통학적 발달을 해왔지만 동시에 뇌부위 간 상호작용도 연동 방식으로 추가 진화했을 것이라는 경험적 추론이 충분히 가능하다.

모듈 진화이론에 속하면서도 모듈 간 상호 연결 진화를 보여주는 모듈 네트워크 이론도 가능하다. 뇌의 작동과 몸의 수행 그리고 마음의 방향은 진화 모듈의 특성을 갖추고 있지만 그 각각이 독립적 모듈로 될 수 없다는 심신론 해석이 있다. 별개의 독립적 모듈처럼 보일 수 있지만, 뇌와 마음과 몸은 실제로 상호의존적으로 서로 연결되는 모듈 네트워크의 의미를 포함한다. 오하이오 주립대학교 생물철학자 사뮤엘스(Richard Samuels)는 이를 모듈집합 가설the Massive Modularity hypothesis이라고 불렀다. 여기서 모듈은 각각 별개의 특징과 선천적 고유성, 정보의 단위화, 뇌 부위에 따른 필수적인 작동성을 갖는 단위체 등을 말하는데, 사뮤엘스는 마음을 이런 수많은 모듈들의 집합체로 설명했다. 사뮤엘스의 모듈집합 가설에서 말하는 마음은 인지 메커니즘의 주체를 말한다. 인지 메커니즘이 실행되려면 다수의 독자적인 모듈들이 공조되어야 한다. 그 모듈들은 신체성과 분리될 수 없다(Samuels 1998). 나는 여기에 덧붙여 상호의존적 모듈집합이 바로 행동성향으로 드러나는 특성이라고 본다. 몸과 마음 그리고 뇌는 하나의 집합체 안에서 상호의존적으로 묶여 있다. 이러한 상호의존성을 사뮤엘스의 집합적 모듈 개념에 유비시켜 편의상 행동성향을 낳는 몸-마음-뇌의 삼각대로 그려 볼 수 있다. 행동성향의 삼각대는 '나'라는 하나의 존재로 진화했다. 인간은 개체로서 태어나고 성장하면서 행동성향의 삼각대는 상관적으로 발현된다. 다마지오는 이러한 행동성향의 삼각대를 '신체화된 마음body mindedness' 개념으로 발전시켰다(다마지오 2007; Damasio 2010).

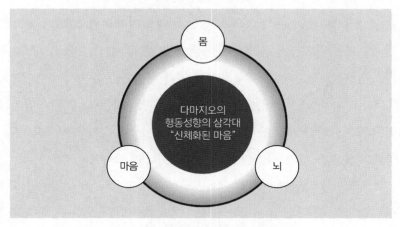

[그림 10-4] 다마지오의 신체화된 마음

2.4 마음-뇌-몸의 통합적 삼각대: 중성 일원론

행동성향의 삼각대는 최근 인지 심리학에서 논의되어 왔던 '체화된 인지embodied cognition' 이론과 유비될 수 있다(Margaret Wilson 2002). 몸은 환경 변화에 따라가고, 뇌는 몸이 행동하도록 적응하며, 의식으로서 마음은 뇌와 몸의 방향성이다. 이렇게 행동성향의 마음과 행동수행의 신체와 행동계산의 뇌는 서로 분리될 수 없는 하나의 구조를 이룬다. 이 구조에서 후성적으로 조절하며 보완하고 변경하며 개선도 할 수 있다. 행동계산을 하는 뇌, 행동수행을 하는 신체, 행동성향의 마음이 서로 분리될 수 없는 하나의 중성적 구조라는 개념은 철학적으로 스피노자와 러셀 그리고 스트로슨(Galen Strawson, 1919-2006)의 중성 일원론 neutral monism과 맥을 같이한다(Strawson 2006). 의미론적 행동의지와 실용주의적 행동수행 방식은 서로 양상만 다를 뿐이며 하나의 존재 특징이라는 것이 중성적 일원론의 입장이다. 물리주의도 아니고 관념론도 아니지만 상황에 따라 두 양상을 보여주는 중성 일원론을 다마지오는 스피노자의 다중 양상과 실재론 철학을 그대로 따라서 '양면 이론double aspect theory'이라고 이름붙였다. 예를 들어 다마지오가 강조하는 '느낌'은 양면적 일원론의 한쪽인 심적 측면에 해당하고 뇌는 물적 측면에 해당할 뿐, 양쪽의 느낌과 뇌의 작용은 하나의 실재이다(Damasio 2010, 99).

스피노자에 의하면 마음과 신체는 근본적 실재의 두 가지 양상인데, 심적인 것과 물적인 것은 두 가지 속성attributes이라고 한다. 심적인 것과 물적인 것이 둘이 아니므로 둘 사이의 인과성을 따질 수 없다. 심신은 하나의 존재이며, 동시적이다. A와 B가 하나이며 동시적이라면, 그 둘의 관계를 시간 차이가 나는 원인과 결과로 볼 수 없다. 이는

생물철학

스피노자만의 특징이 아니라 중성적 일원론의 입장을 취하는 버틀란트 러셀이나 피터 스트로슨에서도 마찬가지이다.

스피노자는 그 하나의 실재를 신 혹은 자연으로 규정하지만, 중성적 일원론의 입장을 표명하는 러셀의 경우 그 실재에 해당하는 것이 '불가지론의 무엇'이라고 한다. 러셀의 중성적 일원론의 실재가 무엇인지 분명하지 않지만, 그의 중성적 일원론은 유물론과 관념론의 한계를 극복하는 대안이 된다는 점에서 설득력을 가진다. 러셀이 말하는 중성의 무엇이란 감각자료sense data; sensibilia를 말한다. 감각자료는 심적인 것도 아니고 물리적인 것도 아닌 제3의 무엇이다. 이런 개념을 이해하기 어려운 이유는 우리들이 대상 중심으로 세계를 이해하기 때문이라고 한다. 러셀에게 세계는 대상objects의 집합이 아니라 사건events의 집합으로 구성된 것이다. 사건의 구성으로 세계를 이해할 수 있다면 심적인 것도 아니고 물리적인 것도 아니면서 그 둘을 포괄하는 감각자료의 의미를 수용할 수 있다(Russell 1970, 287).

영국의 심리철학자 피터 스트로슨(Peter Frederick Strawson, 1919-2006)은 자신의 유명한 저서 『개체individuals』(1959)에서 "이미 물리적 대상의 개념을 갖고 있지 않다면 그 어떤 물리적 속성이나 심적 상태에 관한 개념도 가질 수 없다"고 말했다. 이런 점에서 그는 유물론자이다. P. 스트로슨은 우리의 의식이 물리적인 어떤 것으로 귀속된다고 보았다(P. Strawson 1959, 89-90) 그렇다면 의식 상태를 소유하는 주체의 주체성이 없다는 말인가? 이에 대하여 스트로슨은 다른 유물론적 심신론자와 다르게 주체의 주체성을 인정한다. 그래서 그는 행동과 의식의 자유를 주장할 수 있었다. 심적 상태를 물리적 상태에 귀속시키면서 어떻게 주체의 고유성을 인정할 수 있는지가 문제되는데, 그것을 논증하는 것이 바로 피터 스트로슨 심신론의 핵심이다.

피터 스트로슨의 경우 내가 나를 지각할 수 있는 경험이 내가 존재한다는 확실한 근거라고 말하기는 어렵다. 그러나 나의 경험은 나의 신체로부터 우러나오고, 신체가 있기 때문에 심적인 것과 물리적인 상태가 비로소 결합할 수 있게 된다. 내가 나를 소유하는 것이 아니라, 신체가 나를 소유한다고 말하는 것이 더 타당하다. P. 스트로슨에 따르면 나의 고통은 내 신체의 고통이며 타인의 신체적 고통이 아니다. 신체는 고유하며 신체로부터 의식과 뇌의 기능이 작용할 수 있다. 그러나 나의 신체는 나의 주체성에 필연적인 것은 아니다. 나의 신체는 오로지 개연적으로 나와 연관된다. 이렇게 의식 상태와 물적 상태는 신체를 통해서 하나로 결합되며 이는 중성적 존재의 위치를 갖는다고 말할 수 있다(P. Strawson 1959, Chap.3).

마음과 뇌 사이의 상관성에 대하여 신경과학 및 인지과학의 다양한 철학이론들이 제기되고 논의되어 왔다. 가자니가와 다마지오에서 러셀이나 스트로슨의 철학은 그중 아주 일부에 지나지 않는다. 관련 논쟁점을 모두 다룰 수 없겠지만, 주요한 몇몇 이론들을 키워드 수준으로 나열하면 다음 표와 같다(최종덕 2014a).

[표 10-6] 주요 인지과학자의 심신론 핵심어

전통 유물론	데모크리투스의 원자론, T. 홉스의 경험론적 유물론, 라메트리의 질적 유물론이 있으며, 정신적인 것은 물질적인 것으로 모두 설명되거나 환원 가능하다.
러셀 Bertrand Russell	심적인 것과 물적인 것을 포함하는 중성적 일원론으로, 뇌는 대상이 아닌 사건들의 구성체이다.
스트로슨 P. F. Strawson	심적 속성이 물리적 속성으로 환원되지 않으나, 신체 속에 정신이 깃들어 있다고 한다. 모순처럼 보이는 이런 명제는 스피노자의 양면속성과 유일 실재성의 심신론과 비슷하다.
데이비슨 Donald Davidson	심적 사건은 물리적 사건과 동일하다. 그러나 심적 사건이 예측된다는 뜻은 아니다.
에덜먼 G. M. Edelman **토노니**G. Tononi	의식은 특별한 뇌의 활동이며 뇌의 과정으로 생겨난다. 뇌구조의 특별한 물리적 과정이다.
글린Glynn	심적 현상 자체가 뇌의 특성이다.
썰 J. R. Searle	자각상태나 꿈꾸고 있는 상태 그리고 고통, 즐거움, 사고와 느낌, 기분 등의 내적이며 질적이며 주관적인 상태들 모두 신체에서 유발된 생물학적 속성이며, 이것이 의식이며 일종의 방향성 형질과 비슷한 성질이다.
수전 그린필드 S.Greenfield	의식이란 하나의 중핵epicenter을 중심으로 끊임없이 변화하며 구체화되지 않은non-specialized 뉴런 집단들의 창발적 특징이다.
로돌프 리나스 R. Llinás	의식mindedness은 뇌의 한 기능상태이며, 뇌가 창출할 수 있는 다양한 생리학 전반의 계산상태들 중의 하나다.
콜린 맥긴 Colin McGinn	뇌는 자신에게 의식을 부여하는 어떤 특별한 속성을 지니고 있다.
가자니가 Michael S.Gazzaniga	의식이란 신경연결망의 한 속성이다.
리벳B. Libert	의식은 주관적 자각awareness과 경험이다.
데닛D. Dennett	의식은 지향적 태도이다.
펜로즈	의식은 사전에 규칙이 수립되지 않았던 새로운 판단에 직면하여 상황을 조정하기 위해 요구되는 것이다.

3. 시냅스 철학의 존재론적 전환: 가소성

3.1 신경세포의 안정화

1940년대 캐나다의 신경외과의사 펜필드(Wilder Penfield, 1891-1976)는 대뇌피질과 신체감각 및 운동 기능에 연결되는 부위를 지도처럼 만들었다. 뇌를 그린 은유적 지도는 라틴어로 '작은 사람'을 뜻하는 호문클루스라고 불린다. fMRI 기반으로 만들어진 현대 두뇌지도에 비교하면 초라하고 우스꽝스럽지만, 호문클루스는 당시에는 상당한 과학적 성과로 받아들여졌다. 호문클루스와 최근의 두뇌지도는 신체 각 기관의 기능과 운동에 맵핑되는 뇌 피질 부위를 활성화 정도에 따라 구별한 것이다. 이러한 두뇌지도는 부위별 운동과 감각을 담당하는 뇌의 부위가 이미 결정되어 있다는 것을 전제로 한다.

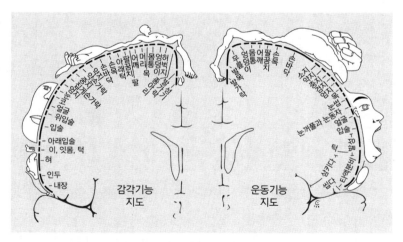

[그림 10-6] 두뇌지도 호문클루스

호문클루스 유비법은 직관적인 설득력이 있어 보이지만, 실제로 이런 결정론적 국소주의에 기반한 심신론은 적용되지 않는다. 여기서 국소주의localism란 해당 위치에 해당되는 기능이 고정적으로 결정되어 있음을 의미하는 용어이다. 뇌의 신경세포 발생은 매우 복잡한 중층성과 유동적 가소성plasticity의 특징을 가지고 있어서 국소적인 물리주의 방식으로 뇌의 특정 부위에 대한 고정된 심적 기능을 대응시킬 수 없고 설명할 수도 없다. 뇌신경계의 발생과정을 간략히 설명해보자. 그리고 신경세포들이 어떻게 가소성을 갖게 되는지 검토해 본다. 궁극적으로 뇌신경 세포의 작용이 인간의 마음을 해석하는 이론과 어떻게 연관이 되는지 살펴보기로 한다.

뇌신경계의 발생은 수정 직후 외배엽에서 시작된다. 외배엽의 한쪽이 두터워지면서 신경판neural plate이 형성되고, 신경판이 안쪽으로 둥글게 말리듯 접히면서 신경관neural tube이 만들어진다. 신경관 형성은 뇌 발생의 시작이다. 신경관에서 비신경계 전구세포들이 분열하면서 뇌신경세포를 왕성하게 만들어 낸다. 사람의 경우 가장 왕성하게 분열될 때 1분에 약 25만 개의 신경세포가 만들어지는데, 이런 세포 분열에 의한 생성은 출생 전에 모두 끝이 난다고 알려져 있다.

뇌신경세포들은 출생 직후 지나치게 많이 생성된 상태에서 각 부위의 활성화 정도에 따라 오히려 감소된다. 실제로는 '감소'라는 표현 대신에 '조정'이라는 표현이 더 맞다. 발생 초기 형성된 뇌세포 중에서 일부는 퇴화하고 일정 수의 뇌세포가 남게 된다. 아기가 탄생하고 15개월 이전에 불필요한 신경세포와 세포 간 연결망들이 정리되면서 신경세포계의 안정화가 이루어진다고 한다(2020년 기준). 어떤 신경세포망은 죽고 어떤 신경세포망은 살아남는지에 대해서는 근연인 연구가 진행 중이다. 확실하지 않지만 현재까지는 신경영양요소neurotrophin를 수용하느냐 하지 않느냐의 차이로 결정된다고 알려져 있다. 불필요한 신경세포가 퇴화되는 메커니즘의 하나가 세포 자살, 즉 아포토시스apoptosis 프로그램이다. 세포 자체적으로 프로그램된 그대로 일부 세포가 스스로 죽음을 선택하는 예정된 기전을 따른다는 것이다. 아포토시스 메커니즘은 신경세포를 일정수로 유지하게 한다. 신경세포들은 분화되고, 불필요한 세포들에 대하여 아포토시스 메커니즘이 작용하면서 안정화를 유지한다.

신경세포의 안정화라는 의미는 두 가지이다. 하나는 신경세포의 세포분열이나 가지치기가 선천적으로 지나치게 많이 생성되어 이를 선택적으로 감소시키는 과정과 그 결과를 안정적이라고 한다. 다른 하나는 아기가 태어난 후 환경조건에 따라 신경세포들이 새롭게 구축되거나 감축되는 과정을 거쳐 안정화되는 경우도 있다. 이 두 경우가 무엇이 맞는지는 지금도 연구 중이지만 분명한 사실은 출생 후 두 가지 안정화 과정이 같이 일어난다는 점이다. 전자의 신경세포 안정화 과정을 선택이론이라고 한다면, 후자의 신경세포 안정화 과정은 지시이론으로 비유된다. 두 과정은 상보적이다.

신경세포는 외부 환경에 대해 적절한 반응을 한다. 세포 차원에서 표층 말단 신경세포에 외부로부터 자극된 정보는 다음 신경세포로 연결되어 척수나 뇌까지 이동된다. 신경세포는 외부의 물리 자극을 전기 및 화학 신호로 바꾸어 축삭을 통해 다음 신경세포로 전달한다. 축삭을 통해 이동되는 정보는 최대한 빠르고 정보 손실 없이 전달되도록 하려

[표 10-7] 뉴런 생성의 선택이론과 지시이론

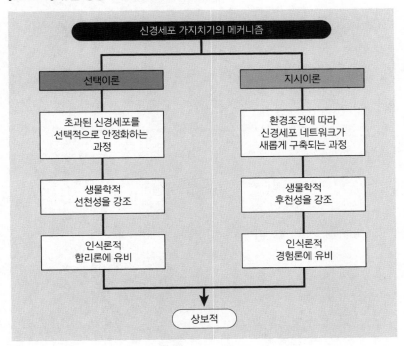

신경세포 가지치기의 메커니즘

선택이론	지시이론
초과된 신경세포를 선택적으로 안정화하는 과정	환경조건에 따라 신경세포 네트워크가 새롭게 구축되는 과정
생물학적 선천성을 강조	생물학적 후천성을 강조
인식론적 합리론에 유비	인식론적 경험론에 유비

상보적

면 전기적 방전을 줄여야 하고 화학적으로 일관된 농도수준을 유지해야 한다. 신경세포의 주요 통로인 축삭은 전기신호를 손실없이(전기방전 없이) 전달하는 특별한 전도 장치를 갖고 있어야 한다. 전기줄 피복이 벗겨지면 전기가 방전되어 소모되듯이, 피복에 해당하는 축삭의 특수한 전도 보호막이 없다면 해당 정보는 유실된다. 신경세포에서 전도 보호막 구실을 하는 것으로서 지질로 구성된 피복체로서 미엘린myelin(수초 혹은 말이집)이 있다. 예를 들어 다발성 경화증이나 파킨슨병 등의 질병은 미엘린 전도 보호막 기능에 손상이 생겼을 때 발생하는 질병이다. 축삭의 축은 특수한 화학적 수용 장치를 갖고 있다. 예를 들어 기린의 경우, 발바닥의 신호가 척수까지 전달되려면 좀 더 긴 축삭이 필요할 것으로 추측할 수 있다. 외부의 물리적 충격을 척수까지 전달하는 기린의 축삭은 길어야 하지만, 생각하고 판단하고 예측하거나 감정을 표현하는 대뇌의 축삭들은 길 필요가 없다. 통합적이고 종합적인 판단과 사고를 필요로 하는 뇌신경세포들에서는 축삭 길이보다는 축삭에서 이어지는 다음 세포 수상돌기 사이 시냅스의 아주 복잡한 네트워크가 더 중요하기 때문이다(Kalat 1998, Chap.3).

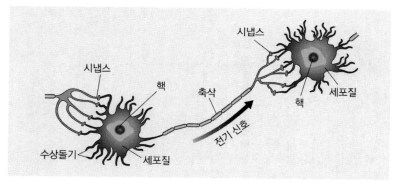

[그림 10-7] 뉴런 시냅스 신호전달

안정화 이후 신경세포는 재분열하지 않는 것으로 알려져 있지만, 어떤 뇌 부위에서는 신경세포가 재생되기도 하는 것으로 밝혀졌다(E. Gould and McEwen 1993). 해마 부위 등 일부 뇌신경세포의 재생 혹은 추가 세포분열이 확인되고 있다. 뇌신경세포의 3분의 1을 차지하는 해마 뉴런이 성인 이후에도 세포분열하는 현상이 발견되었다. 일반

생물철학

성인의 경우 하루에 700개의 새로운 해마 뉴런이 생성된다. 그 분열속도는 노화에 따라 완만히 감소하기는 하지만 뉴런세포 전체 분열비율로 1.75%(연간 회전율) 수준이다(Spalding 2013).

신경세포 재생 규모는 다른 일반 체세포 재생규모에 비하면 매우 적은 편이다. 그래서 여전히 성인 이후 물리적 충격 혹은 약물이나 질병에 의한 뇌신경세포의 손상은 회복되기 어려운 것으로 알려져 있다. 신경세포 자체의 재생 규모는 미미하더라도 신경세포 사이를 연결하는 시냅스의 수는 매우 유동적이다. 동일한 신경세포 수에도 불구하고 세포 시냅스 사이의 연결네트워크의 질과 양은 천차만별로 변동될 수 있다. 뇌신경세포는 거의 비슷하거나 노화에 따라 약간 감소하더라도 시냅스의 변동폭은 환경에 따라 상당히 변할 수 있다. 그 이유를 분석해보자.

신경세포 분열재생과 시냅스 형성은 별개의 문제이다. 신경세포는 종마다 고유하게 일정 수를 유지하면서 노화로 줄어든다. 한편 안정화된 신경세포의 축삭과 수상돌기 말단 부위 신경세포 간 연결 부위는 항상 변화된다. 신경세포 규모는 대체로 일정하지만, 신경세포의 가지뻗기, 즉 축삭이나 수상돌기의 가지치기는 후천적 요인에 의해 증가하거나 혹은 정상보다 더 급히 줄어들 수 있다는 뜻이다. 신경세포수가 증가하지 않는다는 뜻은 세포마다 하나씩 존재하는 축삭의 수도 증가하지 않음을 의미한다. 포유류 중추신경계 축삭은 보통 1~2mm 정도 자랄 뿐 더 이상 재생되지 않는데, 현재까지는 그 이유를 밝히지 못하고 있다. 다만 축삭의 생장을 저해하는 화학물질을 합성하는 작용이 일어나는데, 축삭을 싸고 있는 미엘린이 축삭의 생장을 막는 억제 단백질을 분비하는 것으로 추측되고 있다(Kalat 1998, Chap.3).

일부 신경세포의 재생이 확인되었만 그 수가 상대적으로 미비하여 전체적으로 새로운 신경세포 재생이 없다고 볼 수 있다. 그러나 축삭과 수상돌기의 접합점인 시냅스라는 부위의 가지치기는 늘어나거나 혹은 줄어드는 변화가 일생 동안 지속된다. 예를 들어 뇌손상에 의해 해당 세포 혹은 축삭이 망가지면 주변 세포에서 수용체 도파민 수용기 반응이 전과 다르게 매우 민감하게 이루어져 손상된 축삭을 대신하여 대체 기능을 보여준다. 신경세포는 자신의 축삭을 뻗어서 모종의 방향으로 새로운 가지치기 발생이 나타난다. 신경세포의 수는 대체로 1,000억 개 정도로 추정되지만 신경세포를 연결하여 복잡계의 하나인 신경네트워트를 형성하는 노드nod에 해당하는 시냅스는 100조 개 이상 되는 것으로 알려져 있다. 각각의 신경세포는 대체로 100개에서 10,000개 수준의 연결부위와 가지치기를 가질 수 있기 때문이다. 그렇다면 축삭과 수상돌기의 가지치기는 어떻게 자신의 길을 찾아가는가? 근연인 관점에서 화학적 기울기의 차이에 따라 가지치기의 새로운 발생 통로가 형성된다. 화학적 기울기의 실질적 의미는 특정한 단백질 분비를 수용하는 정도의 차이로 추정된다. 환경에 대한 반응, 누적된 경험과 학습이 단백질 분비를 자극하는 것으로 추측되고 있다.

3.2 시냅스로 통하는 화학신호와 전기신호

외부 자극에 의한 물리 신호는 신경세포 말단에서 전기신호로 바뀌고, 전기신호는 긴 세포 축삭을 따라 다음 신경세포로 다시 전달된다. 신경세포의 기나긴 연결 여행은 말단에서부터 뇌세포까지 이어지는데, 신경세포들 사이의 연결 부위를 시냅스synapse라고 부른다. 앞 신경세포의 축삭에서 뒤 신경세포 수상돌기로 연결되는 접합부인 시냅스는 다른 조직과 달리 생화학적 환경에 따라 생성되었다가 없어지기도 하며 혹은 다시 생성되면서 더 강화되기도 한다. 서로 연결된 신경세포 사이는 딱 달라붙은 것이 아니라 20~50nm의 미세한 틈으로 되어 있다. 이를 시냅스 틈synapse cleft이라고 하는데, 앞의 전세포와 그에 연결되는 뒤의 후세포 사이에 틈이 있다는 뜻이다. 시냅스 틈을 통해 도파민이나 엔돌핀 등 100여 가지의 신경전달물질이 빠져나가고 되돌아오는 화학적 교환운동이 일어난다. 신경전달물질들은 일종의 주머니synaptic vesicle에 쌓인 채 시냅스 틈으로 방출되는데, 이를 신경전달물질 유출exocytosis이라고 한다. 시냅스 틈을 통해 주머니 단위로 빠져나간 화학물질은 다음 후세포로 이어진 후 시냅스 안으로 유입되거나 혹은 전세포 시냅스로 회귀된다. 이런 과정이 반복되면서 신경신호의 정보가 뇌세포까지 전달된다. 시냅스 틈으로 신경전달물질이 방출되면 일부는 다음 시냅스로 유입endocytosis되고, 일부는 전-시냅스로 되돌아오는 역류 현상도 생길 수 있으며, 일부는 물질의 단백질 채널에 맞지 않아서 시냅스 틈에서 오도가도 못하고 잠시 머무를 수도 있다. 주머니 방식으로 전달되는 신경전달 물질의 단위는 일정한 단위량만큼을 불연속적으로 전달한다는 뜻이다. 그래서 양자적 전달quantum release이라고 표현된다.

시냅스에서 이뤄지는 화학신호의 이동과정과 더불어 축삭에서 이뤄지는 전기신호의 이동과정도 중요하다. 세포 밖에서 안으로 들어오는 나트륨 이온(Na⁺)과 칼슘이온(Ca⁺) 그리고 거꾸로 세포 안에서 밖으로 나가는 포타슘(K), 염소(Cl)의 전류 차이로 인한 신호 유출입 과정이 생기는데, 이런 이온들 유출입 과정이 전기신호 이동 메카니즘의 기초이다. 상호 농도를 재조절하기 위해 세포 안과 밖을 교환하는 이온물질의 농도 변화가 신호이동의 기본 동력이다. 예를 들어 현재 많은 신약연구개발은 시냅스의 화학 신호와 세포 간 전기신호의 근연인 메카니즘을 찾는 작업이라고 해도 과언이 아니다(Gouaux and MacKinnon, 2005).

3.3 시냅스의 가소성

물리적 사고가 뇌를 다치거나 질병으로 인해 특정 뇌신경세포 부위가 손상되었을 경우, 주변 신경세포들이 손상된 원래 신경세포의 기능을 대신하는 가소성의 사례들이 발견된다. 주변 세포들이 다른 수상돌기와의 결합을 강화할 수도 있고, 혹은 다른 신경세포를 따라 가지뻗기를 새로 할 수도 있다. 축삭 가지가 새로운 신경세포의 수상돌기를 향해 뻗어가는 이유는 확실하지 않지만, 지향 대상인 목표세포target cell에서 방출하는 모종의 유인 물질 때문으로 추정되고 있다. 목표세포는 신경영양요소 중 하나인 Ngf를 분비하며, 이를 따라 목표세포를 향해 축색들이 뻗어가며 혹은 성장하기도 한다는 것이다(칼랏 2006, 5장).

앞서 말했듯이 일반적으로 신경세포의 수는 노화에 따라 감소한다고 알려졌지만, 시냅스의 온전성과 개체수는 물리적 노화와 무관하게 더 증가할 수도 있고 더 감소할 수도 있다. 신경세포와 달리 시냅스는 후천적 가지치기를 통해 줄거나 늘어날 수 있기 때문이다. 아직 신경세포의 생성과 소멸 범위 그리고 그 인과관계는 완전히 밝혀지지 않았다. 시냅스 수의 증감 매커니즘은 신경세포 증감의 매커니즘과 다르다는 점이 매우 중요하다. 신경세포는 변화하지 않더라도 시냅스는 항상 변화 가능성이 있는데, 이를 시냅스의 가소성plasticity이라고 부른다.

시냅스 가소성을 가장 잘 보여주는 사례가 바로 기억이다. 기억에는 반복된 학습을 통하여 서술적으로 재현할 수 있는 외현기억과 서술할 수 없으나 무의식으로 남아 있는 암묵기억이 있다. 지속력 관점에서 기억은 단기기억과 장기기억이 있다. 축삭과 다른 세포의 무수히 많은 신경 수상돌기와의 결합 부위인 시냅스의 강화 작용이 일어날 때 장기기억이 가능해진다. 시냅스의 강화 작용인 가지치기의 확장은 후천 학습을 가능하게 한다는 의미를 지닌다. 그리고 후천 학습이 쌓여가면서 본성의 변화가 이루어질 수 있다는 점에서 시냅스의 확장과 축소는 인간본성론이나 심신론 문제에서 중요한 시사점을 갖는다(Kalat 1998, Chap.13).

시냅스 틈을 통해 신경전달물질이 유출입하면서 앞의 신경세포와 뒤의 신경세포가 더 단단하게 결합되면 기억의 지속성이 더 길어지고 강화되는 한편, 상대적으로 이 결합이 쉽게 떨어지는 상황이라면 기억이 소실된다고 볼 수 있다. 시냅스 간 연결, 즉 신경전달물질의 유출입이 원활하지 않을 경우 기억이나 운동, 감정 조절이나 신체 조절, 연산이나 판단 등 모든 의식과 신체 운동에서 곤란하거나 심각한 문제들이 생긴다. 정확한 인과 관계는 밝혀지지 않았지만, 약물이나 감염성 질병 혹은 외상후 스트레스장애PDST 등으로 뇌세포 손상만이 아니라 신경세포 간 시냅스 연결이 취약해지기도 하는데 결국 기억이나 운동과 관련된 신경기능의 저하로 이어진다. 거꾸로 손상된 시냅스 연결망도 개선된 환경과 환자의 강한 의지로 시냅스의 긍정적 변화가 일어날 수 있는데, 신경과학자 르두는 이를 시냅스 가소성으로 간주한다(르두 2005, 4장).

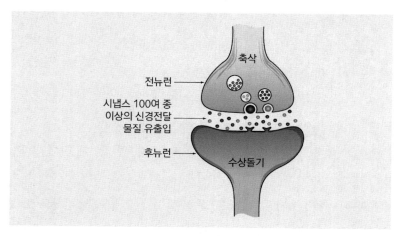

[그림 10-8] 시냅스 틈, 신경전달물질

6장에서 논의했듯이 가소성 개념은 후성유전학의 핵심을 차지한다. 후성유전학은 유전자 염기서열의 변화가 없는데도 불구하고 후천적 표현형의 변화가 생기는 경우를 말한다. 유전자 DNA 나선 염기들이 실패처럼 감겨 있는 히스톤 단백질 변형으로 유전자의 활성화 스위치가 켜지거나 꺼지는 결과를 초래하고 그로 인해 후천적 외형 변화가 생기는 현상을 말한다. 이런 스위칭 변동은 후천적 환경과 의지에 달려 있다는 것이 후성유전학의 가소성이다. 후성유전학의 가소성과 비슷하게 신경세포 시냅스에서도 가소성이 일어난다는 점이다. 가소성의 일반적 의미는 [표 10-8]과 같다.

의지와 의식, 감정과 느낌 그리고 행동수행에 관련한 우리들의 행동 성향은 진화의 산물이며 생명체의 구조적 발달 결과로서 유전적 항상성을 지닌다고 앞에서 논의했다. 항상성은 고정되고 불변의 덩어리가 아니라 내부에서 항상 변하지만 전체 정보량이 일정하게 유지되는 능

생물철학

[표 10-8] 시냅스 가소성과 후성유전학의 가소성 비교

가소성 비교	
시냅스 가소성	**후성유전학의 가소성**
• 신경세포 자체는 증가하지 않지만, 신경세포의 가지는 환경과 의지에 따라 증감한다. • 신경세포 천억 개 수준이며 세포당 시냅스 가지치기 가능수 4천 개에서 만 개 수준이라면 시냅스의 총 가능수는 약 100조 개로 추정된다. • 신경세포와 신경세포들이 연결되는 해부학적 시냅스synapse(몸)는 방향성 형질인 마음에 따라 변화 가능하다. • 기억과 인지, 사랑과 호기심, 능동과 자율, 의지와 학습 등의 의식작용이 뉴런세포의 가소성을 낳는다.	• 유전자 자체는 변화하지 않지만, 유전자 스위칭의 끄고 켜지는 변동에 따라 유전자의 활성화가 이루어지느냐, 아니면 닫혀 있게 되느냐가 결정된다. • 스위칭의 변동은 후천적 환경과 의지에 달려 있다. • 유전학이 결정론의 철학이라면 후성유전학은 자유의지의 철학과 연결될 수 있다. • 환경조건, 변화의지와 성격, 운동과 식습관이 후성유전학적 가소성을 좌우한다.

동적 상태를 의미한다. 유전적 항상성에서 유동적 변화를 야기하는 것이 표현형질의 가소성phenotypic plasticity이다(Flatt 2005, 294). 항상적 안정성의 범위 내에서도 표현형질의 가소성을 중요하게 강조한 대표적인 진화생물학자는 르원틴이다. 르원틴은 이러한 가소성을 '발생학적 증폭developmental noise'으로 표현했다(Lewontin 1982, 27). 르원틴의 표현을 직역하면 '발생학적 소음'이지만 르원틴이 의도한 원래의 뜻대로 '발생학적 증폭'으로 번역했다.

3.4 시냅스 존재론의 변화

전통 서구철학의 존재론을 회상해보자. 플라톤 이데아 철학은 정지성과 불변성을 가진 실체의 존재론이다. 변화하고 운동하고 의존적이며

모순에 가득 찬 현상계 뒤에서 그 현상계를 지배하는 절대적 실체로서 이데아가 있다는 것이 플라톤 철학의 핵심이다. 이데아의 실재론적 존재는 경험계를 초월한 선험적 진리계이다. 이러한 실재론 철학이 서구 형이상학의 기초이다. 서구과학의 인식론은 경험론과 실증주의에 기초하지만, 그 존재론은 아이러니하게도 플라톤 실재론에 기반한다. 뉴튼으로 대표되는 서구 근대과학에서 오늘의 현대과학에 이르기까지 플라톤 실재론이 가장 주요한 존재론적 기초라는 뜻이다. 이러한 형이상학적 실재론이 뇌신경과학에 적용된 사례가 바로 앞서 말한 호문클루스의 뇌지도이다. 뇌지도 기반이었던 기존 존재론은 신경계와 감정계 사이에서도 예정된 배선으로 연결된 고정관계론과 전통 진리관인 일대일 대응관계론을 지지한다. 반면 시냅스 가소성은 전통 형이상학적 존재론에서 탈피하여 변화와 운동을 함의하는 새로운 철학적 존재론을 제시한다.

세포 차원이 아닌 신체 차원의 거시적 측면에서 시냅스 가소성은 손상된 특정 신경세포군이 수행했었던 운동기능과 행동능력을 대체하는 새로운 기능발생을 의미한다. 신경세포의 존재론적 차원에서 (i) 새롭게 형성되는 시냅스 차원의 미시적 생성 과정과 (ii) 행동 변화의 습관이 시냅스들 간 구조를 변화하게 하는지, 역으로 시냅스의 미시적 조정이 행동 및 감정 변화를 유도하는지를 다루는 일은 신경과학에서뿐만 아니라 철학에서도 중요하다. 시냅스의 미시적 변화와 행동-심리의 거시적 변화 사이의 유의미한 관계성은 철학의 존재론 자체에 영향을 줄 수 있기 때문이다. 시냅스 가소성의 특징은 특정 신경세포군이 일대일 대응관계로 특정 행동-심리 유형을 담당하고 있다는 전통 존재론과 모순된다. 시냅스 존재론은 불변의 형이상학적 존재론이 아닌 변화가 능한 가소성의 존재론이며, 이는 곧 전통 형이상학에 도전하는 새로운 존재론적 패러다임의 시작으로 볼 수 있다.

뇌신경계 시냅스 가소성은 여전히 미지의 분야이지만, 철학적으로 볼 때 많은 시사점을 던져 준다. 시냅스의 전기화학적 작용 및 신경시스템의 가소성 현상에 대한 철학적 인식론을 이해한다면 인간의 '본성과 양육' 논쟁은 더 쉽게 풀릴 수 있다. 본성이 우선이냐 양육 환경이 더 우선이냐의 논쟁은 아리스토텔레스 이후 계속 이어져온 철학의 주요 주제였다. 본성과 양육 논쟁은 근대철학자 데카르트와 흄 사이의 '이성 -경험의 논쟁'으로부터 '유전-환경의 사회생물학 논쟁'에 이르기까지 폭넓게 전개되고 있다. 본성과 양육에 관한 전통 철학 논쟁은 자칫 형이상학 논쟁으로만 그칠 수 있었다. 그러나 1980년대 중반 이후 신경 과학의 발전으로 사변적인 철학 논쟁에 경험적인 생물학 증거들이 대두되었고, 본성과 양육을 구획하는 기존의 형이상학적 이원론이 실험 을 기반으로 한 과학 논증들에 의해 수정되면서 철학 논쟁의 새로운 지평이 열렸다.

신경과학에서 밝혀진 시냅스 가소성은 다음과 같이 기성 철학의 문제들을 보완할 수 있다.

첫째, 시냅스 가소성은 불변의 본성론 대신에 발생학적 본성론, 즉 태어난 이후에도 후천적으로 변화가능한 후성-발생생물학epigenetic de-velopmental biology의 철학적 사유를 포함한다. 지금까지 본성론에 대한 생물학적 입장은 유전학의 영향으로 선천적 본성론을 옹호하는 것으로 인식되어 왔다. 반면 현대 후성-발생생물학은 본성과 양육의 기존 이분법적 구분을 탈피하고 후천적 양육의 가능성을 확대하고 강조한다. 선천적 본성론과 후천적 양육론 사이의 난제를 설명하는 것이 바로 발생학적 본성론의 과제이다. 발생학적 본성론은 겉보기에 일원론적 심신 상호론처럼 보일 수 있다. 그러나 변하는 환경과 작용자의 적응 방식에 따라 신경계 하드웨어 자체가 변한다는 의미에서 단순한 형이 상학적 심신 상호론과 다르다.

둘째, 시냅스 가소성은 전통 형이상학의 심신론에서 벗어나 있고, 동시에 기존 환원주의와 물리주의에 기반한 강한 의미의 신경과학 세계관으로 제한되지 않는다. 시냅스의 가소성 이론은 신경 세포와 심신 기능 사이의 일대일 대응이론과 물리주의나 계산주의 설명이론 틀에서 벗어나 있다는 뜻이다.

[표 10-9] 시냅스 가소성의 철학적 의미

시냅스 가소성의 철학적 의미	후성적 발생계 이론의 측면	선천적 본성론과 후천적 양육론의 반복된 논쟁을 포괄하여 설명할 수 있다.
	행동주의와 진화주의의 결합과 확장	형이상학적 심신론 및 계산주의 인지과학의 한계를 극복할 수 있다.

3.5 사례: 시냅스 관련 질병

신경전달물질neurontransmitter이란 전前 시냅스 신경세포에서 분비되고 그에 연결된 후後 시냅스 신경세포에 영향을 주는 화학물질을 말한다. 모든 신경세포는 혈액 속의 재료를 이용하여 합성된 100여 종 이상의 각종 신경전달물질을 시냅스 틈에서 유통시킨다. 시냅스에서 신경전달물질이 직접 전달되는 방식 외에 효소단백질의 구조변화, 즉 인산화 과정을 거친 단백질이 수용체에 달라붙는 방식으로 물질을 전달하는 간접 방식도 있다. 이러한 간접 전달방식을 대사성 시냅스라고 하고, 이것을 보통 2차 메신저 효과라고 부른다. 간접 전달방식으로 인산화된 단백질은 바로 시냅스 표면의 수용 채널을 열어 물질을 유입하는 주체이다. 단백질의 인산화 과정은 생명의 핵심이라고 할 정도로 매우 중요하다. 인산화 과정, 더 넓게는 신호전달체계의 2차 전달자로서의 기능과 효과를 인지하는 것은 시냅스 기능을 이해하는 핵심이다.

예를 들어 보자. 신경전달물질의 하나인 G단백질은 GTP 결합단백질이다. G단백질은 보통 펩티드 계열 인(P)이 2개만 붙어 있다가 1개가 더 붙어 3개로 될 때 비로소 인산기가 결합하도록 자기변화한다. 이런 조건에 약간의 문제가 생기면 심각한 질병이 생길 수 있다. 문제가 생긴 인산화의 비정상 상태를 외부 약물로 조절해주면 해당 질병이 나을 수 있다는 것이 바로 오늘날 제약업계에서 시도하는 신약 개발의 핵심이론이다. 다른 예로서 도파민과 같은 물질은 세포체에서 만들어지고 축삭 말단에서 주머니 형태로 신경세포 밖으로 방출되며, 간접적으로 느린 시냅스를 거치고 난 다음 곧 활성화를 멈춘다. 이 과정에서 길항제antagonist나 효능제agonist 등을 관여시키면 도파민과 같은 물질의 전달과정에 영향을 줄 수 있다(Kalat 1998, Chap.3). 이런 전달과정을 제어할 수만 있다면 비만이나 당뇨, 고혈압 등의 신약을 개발할 수 있다는 것이 제약업체의 희망이다. 당뇨 혹은 고혈압 외에도 파킨슨병과 같은 대부분의 질병을 치료하려는 신약 개발은 이런 방식의 시냅스의 채널 개폐와 연관되어 있다.

시냅스 화학작용의 전 과정이 밝혀진다면 아마도 많은 질병을 치료할 수 있을지 모른다. 시냅스 작용은 인체 생명기능에서 중요한 역할을 하며 광범위하게 영향을 미친다. 그러나 현재 과학으로는 그 역할과 영향력을 정확하게 예측하지 못하고 있다. 시냅스 작용은 매우 다층적이며 중층적이어서 현재 수준의 실험과학으로 파악하기 쉽지 않기 때문이다. 특정 질병을 유발하는 시냅스의 특정 전기-화학 작용의 메커니즘을 찾기란 쉽지 않다.

3.6 사례: 거울시상효과

환지통Phantom limb pain 실험연구로 유명한 신경과학자 라마찬드란은 기존 두뇌지도에 대한 우리의 경직된 생각을 바꾸어 놓았다. 그는 신체부위별 기능과 뇌 부위가 국소적인 대응관계로 연결되어 있다는 기존의 생각에서 벗어나 신체기관과 뇌의 국소부위가 서로 연관되지만, 그 대응되는 부위가 중층적이며 또한 후천적으로 변할 수 있다는 아이디어를 임상시험으로 보여주었다. 그의 아이디어는 환지통 환자의 치료과정에서 나왔다.

라마찬드란의 유명한 환지통 실험은 다음과 같다. 팔이나 다리가 절단된 환자에게 나타나는 전형적인 증상 가운데 하나는 절단되고 없지만 팔이나 다리가 있었던 부위에서 느껴지는 극심한 통증이다. 라마찬드란은 극심한 환지통을 호소하는 환자에게 기발하지만 아주 단순한 방법으로 환자의 통증을 감소시켜 주었다. 예를 들어 왼팔을 잃은 환자의 정상적인 오른팔이 들어갈 수 있는 큰 통을 만든다. 오른팔이 들어가는 통 안 왼쪽에 전면거울을 설치한다. 그러면 환자는 거울을 통해 마치 왼팔이 있는 것처럼 착각하여 보게 된다. 그러면서 환자가 오른팔을 긁으면 비록 거울에 비쳐진 가상 이미지이지만 환자는 왼팔의 가려움이 해소되는 것을 경험한다. 라마찬드란은 환자의 이런 반응을 '거울시상효과mirror visual feedback, MVF'라는 이론으로 만들었다. 통증의 실체는 왼팔에 해당하는 두뇌지도상의 뇌 피질의 작용임을 보여준 것이다.

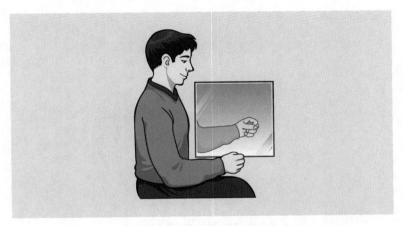

[그림 10-9] 라마찬드란의 거울 실험

왼팔의 환지통은 왼팔이라는 신체 부위에 존재하는 것이 아니라 두뇌 어느 부위에서 느껴지는 것이다. 이런 사실은 이전에도 알려져 있었지만, 라마찬드란이 거울실험을 통해 간단하게 이 사실을 입증해 보였다(Ramachandran 2005, 369). 라마찬드란은 한발 더 나아가 두뇌지도상에서 근접한 신체 부위에 해당하는 신경세포들은 서로에게 상호 간섭할 수 있음을 알게 되었다. 예를 들어 수술로 절단되고 없는 손가락

부위가 가려울 때 뺨 부위를 긁으면 간지러움이 해소되는데, 이를 통해 절단된 손가락에 해당하는 부위가 두뇌지도상에서 뺨에 해당하는 부위 바로 옆에 위치한다는 것을 알 수 있었다. 이 사실로부터 라마찬드란은 시냅스의 가소성을 추론했다. 손가락이 절단된 이후 손가락에 해당하는 신경세포 시냅스는 비활성화 되었을 것이다. 그래서 그 옆에 붙은 뺨의 신경세포 시냅스들이 왼손 손가락 부위의 신경세포 자리로 이동하거나 확장하여 새로운 신경세포 시냅스 연접을 대신 형성했다. 이러한 라마찬드란의 신경생리학적 임상연구들은 신경세포의 가소성을 거시적 행동 차원에서 입증한 대표적인 사례로 알려져 있다.

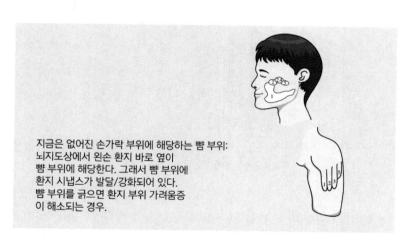

지금은 없어진 손가락 부위에 해당하는 뺨 부위:
뇌지도상에서 왼손 환지 바로 옆이
뺨 부위에 해당한다. 그래서 뺨 부위에
환지 시냅스가 발달/강화되어 있다.
뺨 부위를 긁으면 환지 부위 가려움증
이 해소되는 경우.

[그림 10-10] 시냅스 가소성의 사례

3.7 사례: 중독과 소외

중독 증상은 신경세포 사이의 신경전달 시스템에서 일어나는데, 시냅스의 비정상적 강화 증상 중의 한 유형이다. 어떤 중독증은 세로토닌과

같은 신경전달물질이 수용기에 붙는 대신에 그 자리에 유사한 결합조
직을 갖는 다른 화학물질이 결합되기 때문에 생긴다. 이런 대리결합은
중독물질의 화학적 분자구조가 세로토닌과 같은 신경전달 물질의 화
학 분자구조와 유사하기 때문에 발생한다. 유사한 수용기에 대신 결합
되어 심리와 행동에 비정상 현상을 가져오는 내인성 물질이 있다. 예를
들어 암페타민은 시냅스 말단에서 도파민 분비(방출)를 증가시켜서 과
도한 흥분, 기민함, 기분 고조, 피로 감소 등 나아가 일종의 최면적
자기 환각 상태에 빠지게 만든다. 도파민 분비가 지나치게 되면 자기조
절 능력이 상실된다. 코카인 역시 도파민 분비와 관계되는데, 내인성
물질의 재유입을 막아서 시냅스 틈에 도파민과 같은 신경전달물질을
계속 머물게 하여 흥분 상태를 지나치게 유지시킨다. 도파민, 노르에페
네프린, 세로토닌 등의 물질의 재흡수를 방해하는 작용은 역되먹임[neg-
ative feedback]을 자극하여 나중에는 아주 우울한 상태로 들어가게 함으
로써 조울증과 같은 심각한 신경생리학적 질환을 유발할 수 있다.

　모르핀, 헤로인 등의 아편계 약물은 엔돌핀 시냅스를 자극한다. 모
르핀은 엔돌핀이 결합해야 하는 수용기에 대신 결합한다. 원래 엔돌핀
은 GABA 시냅스를 억제하고, 가바는 도파민을 억제한다. 그리고 엔돌
핀 분비는 도파민 분비를 유도한다. 엔돌핀이 결합하는 수용체는 온몸
에 다 퍼져 있다. 내부 엔돌핀 대신에 외부 모르핀 약물이 결합하면
우리 몸에서 비정상적 과잉 효과와 이상증상이 생긴다. 약물은 시냅스
강화작용 멈춤을 정지시키게 된다. LSD도 세로토닌 수용체 대신 결합
하여 감각/지각을 왜곡하는 대표적인 약물이다.

　약물에 의한 대체결합은 과잉 흥분 상태를 지속하게 만든다. 신경전

달물질의 약효가 줄어들면서 강제된 불쾌한 감정이 다시 지속될 경우 약물 의존도가 점점 더 높아진다. 약물은 아니지만 시냅스 강화의 메커니즘과 유사한 도박중독 현상도 동일한 메커니즘의 결과이다. 약물 중독이나 심리 중독에 관계없이 중독 현상은 자기의식 및 심리적 소외감과 깊이 연관되어 있다.

한국사회도 점점 더 약물과 심리 중독에 빠져들고 있다. 그만큼 한국인의 소외감이 깊어졌음을 보여준다. 소외감의 심리적 난제를 풀려는 기존 접근태도는 주로 프로이트의 정신분석이론이나 고전의 덕담들이었다. 분리불안과 소외감에 빠진 자아에게 정신분석이론은 매우 그럴듯한 내러티브를 제시하고 고전의 격언은 훌륭한 덕담의 니르바나를 제공하지만, 실존하는 자아의 실질적 변화를 이끌기에 한계를 갖는다. 소외와 같은 정동情動, affection의 감정은 행동성향의 생물학적 진화사에서 원형에 가까운 방향성 형질의 하나라서 정동의식 외부에 포장된 이성의 판단과 기준으로 쉽게 제어되지 않기 때문이다(Panksepp 2012, Intro).

마음-뇌-몸의 통합적 삼각대 구조에서 논의했듯이 추상화된 마음의 형이상학에서 벗어나 몸과 뇌를 포용한 마음은 소외와 중독의 문제를 풀어가는 단초를 보여준다. 소외감은 고독감정과 분리불안으로 드러나는데, 특히 분리불안은 공포심의 일종이다. 그만큼 한국사회 안에 사회적 공포요인들이 내재되어 있다는 뜻이다. 그런 이유로 깊어진 개인의 소외 감정을 개인 책임으로만 돌리면 소외 문제 해결에 실패할 수밖에 없다. 소외감의 문제는 우리 사회가 함께 책임져야 할 숙제이다. 사회적 공포의 첫째가 우리 사회에 가득 찬 경쟁과 분노이다. 사회속 개인의 경쟁심과 분노감정이 커질수록 개인의 중독 증상 비율이 급속히 상승한다. 개인의 중독이 촉발되는 계기는 즐거운 환각을 향유하기 위해서가 아니라 공포의 현실에서 도피하기 위해서라는 점을 인식하는 일이 매우 중요하다.

관계의식에서 자기의식이 형성되는데, 관계의식을 상실해가는 자기의 소외 감정을 예방하기 위해서 서로에게 관심을 갖는 일이 중요하다. 관심은 개인과 가족에서 시작되어 경쟁 아닌 공존의 사회에서 소통으로 이어진다(바우어 2007, 53-55). 가족 환경과 사회 환경은 후성적 요인이며, 후성적 조건을 가능하게 하는 환경이 신경계의 긍정적 가소성을 낳는다는 뜻을 포함한다. 중독 치료는 시냅스 가소성을 전환적으로 인식하는 데에서 시작한다.

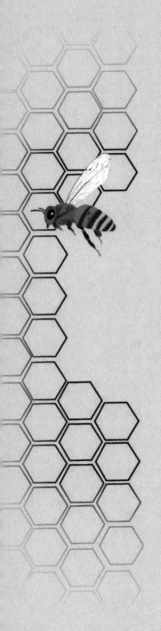

제11장

진화윤리학과
인간본성론

제11장
진화윤리학과 인간본성론

충동에 따라 행동했을 경우 그런 과거의 인상(기억)이 남게 되고, 이런 인상은 나의 사회적 본능에 견주어서 스스로 불만을 갖게 되고 잘못된 것임을 스스로 인정한다. 그리고 나중에는 그런 행동을 반복하지 않겠다고 다짐한다. 이런 과정을 양심이라고 한다. 그 강도가 약하면 '후회'로 그치고, 심각하면 '가책'으로 여긴다.

찰스 다윈, 『Descent of Men』(90쪽)에서

1. 전통 윤리학에서 진화윤리학으로

도덕인식론의 철학자인 하만(Gilbert Harman, 1938-2021)에게 도덕은 구성원을 서로 존중하는 심리적 규범이며 사회적 규칙이다. 전통적으로 목적 그 자체로서 타인에 대한 본래적인 관심과 존경으로부터 나오는 행동유형을 도덕이라고 한다. 도덕적이게끔 하는 정신적 작용을 도덕적 동기라고 표현한다면, 그 도덕적 동기는 이타적이고 타인에 대한 배려가 있어야 한다는 조건을 갖는다(하만 2005, 12장). 그런데 존경, 배려,

이타성 등의 행동은 이기적 본성을 지닌 인간의 조건으로 볼 때 쉽게 수행할 수 있는 것은 아니다. 도덕은 도덕행동을 수행하도록 만드는 내재적 신념과 외재적 규범을 갖춰야 한다. 외재적 규범에 관한 논제가 도덕의 정당성 논제이다. 인류 문화사로 볼 때 모든 지역과 시간을 초월하여 도덕 규범은 나름대로의 자기 정당성을 가져야만 했다.

도덕의 정당성이 갖춰지면 그에 따라서 도덕적 행동을 수행하는 행동규칙이 있어야 하는데 이를 윤리라고 본다. 윤리는 도덕판단을 발달시킬 수 있는 행동 절차이며 도구이다. 도덕 개념은 행동동기의 차원에서 원리적인 접근을 필요로 하고, 윤리 개념은 행동수행 차원에서 실천적인 접근을 필요로 한다. 다시 말해서 도덕은 심성에 대한 것이고, 윤리는 행동지침과 연관된다. 윤리적 결정은 선악과 옳고 그름 사이를 선택해야만 하는 식별력에 기초해야 한다. 윤리적 결정은 사회가 수용하는 행동규범의 기초를 자아내는 도덕심을 이끌어내어야 한다(Fântânariu 2012). 도덕은 형이상학적 기반을 요청하고 윤리는 사회적이고 개인적인 행동양상의 모델을 요청한다. 진화론에 기반한 자연주의 인식론을 토대로 하는 이 책에서는 윤리 개념에 더 많은 초점을 둘 것이다. 먼저 윤리학의 다양한 이론들을 검토한다.

1.1 20세기 현대 윤리학 이론들

전통 윤리학은 형이상학의 윤리설, 직관론의 윤리설, 공리주의 윤리설, 언어분석철학의 줄기인 이모티비즘으로 구분된다. 또 다른 관점에서 윤리학은 자연적인 감정을 제어하여 남의 욕망과 충돌하지 않도록 하는 '약속의 윤리학'과 하늘에서 부여된 도덕원리에 기초하여 윤리규범이 만들어진다는 '선험의 윤리학'으로 구분될 수 있다(워녹 1985). 혹은 사르트르처럼 선험적 원리보다 구체적 삶의 실존을 우선시하여 규범이 아닌 자아의 현존성이 윤리의 기준으로 될 수 있다. 전통 윤리학은 다음의 문제들을 중심으로 삼고 있다. (i) 윤리적 행동규범의 정당성을 어디서 찾아야 하는지를 답해야 한다. (ii) 그 정당성의 근거가 초자연적이거나 절대적인 권위를 가져야 한다고 생각한다. (iii) 정당성의 근거를 절대 존재에서 찾는 대신 사회적 규약으로부터 가능하다고 보는 입장도 있다. (iv) 윤리적 행동규범의 근거를 인간의 자연적인 심리 상태로 환원하여 설명하는 것으로 충분하다는 입장도 있다. (v) 윤리명제 자체를 명제로서 인정할 수 없으며 단지 감정적인 언사에 지나지 않는다는 언어분석 철학의 입장도 가능하다. (vi) 선하다는 것, 선 그 자체가 무엇을 의미하는지에 대한 개념적 반성이 필요하다는 입장이 있다. 20세기 현대 윤리학 이론들의 대강의 윤곽은 아래와 같다.

(i) 공리주의 윤리학: 형이상학적 전통과 대비되는 것으로 공리주의 윤리학이 있다. 공리주의 윤리학은 윤리 명제의 선험적 진리성을 부정하며, 윤리의식이란 사람들의 심리적 이해관계에서 최대 효과를 지향하는 심리적 다발일 뿐이라는 경험론적 전통 위에 있다. 더 많은 사람들이 고통보다는 즐거움을 취할 수 있도록 미래의 결과를 기대하여 행동하는 것이 공리주의hedonistic utilitarianism이다. 헤도니즘의 공리적 행복의 기원은 고대 희랍의 에피쿠로스 Epicurus이다. 현대 공리주의 이론은 벤담(Jeremy Bentham, 1748-1832)에서 시작되었다. 벤담의 이론을 계승한 밀의 공리주의 윤리학은

개인의 즐거움pleasure에 기초하여 더 많은 사람들이 더 많은 즐거움을 공유하고 추구하는 것을 윤리로 본다. '최대 다수의 최대 행복'이라는 공리적 기준을 윤리학에 적용한 것으로, 개인의 행복이라는 기준 위에서 사회적 공리social utility를 극대화하려는 행동 유형을 정당화한다.

(ii) 윤리 실재론: 철학이 시작된 고대 그리스 시대 이후 가장 오래된 윤리 전통으로 볼 수 있다. 아리스토텔레스 윤리학처럼 윤리적 인간을 주재하는 윤리 기준이 초월적으로 실재한다고 본다. 19세기 말 윤리 실재론자로 브래들리가 있다. 그의 윤리학 저서『윤리 연구Ethical Studies』(1876)에서 도덕이란 자아실현self-realization이며 자아실현이 곧 도덕의 목표이다. 도덕의식moral consciousness의 실재성을 확신하고 그 도덕의식에 호소하는 것이 바로 윤리라는 것이다. 브래들리는 '최대 다수의 최대 행복'이라는 당시 유행했던 밀의 공리주의utilitarianism 윤리관을 비판하면서 칸트의 보편타당한 윤리법칙을 따랐다. 브래들리는 도덕의 실재론적 진리를 기술하는 것을 윤리학으로 본다.

(iii) 무어의 윤리학: 20세기 윤리학 담론에서 많이 논의된 것은 분석 철학 중심의 윤리학자 무어(George Edward Moore, 1873-1958)의 윤리학이다. 무어는 자신의 저서『윤리학 원론Principia Ethica』(1903)에서 무엇인가가 본래부터 선하다는 것을 어떤 방법으로든 증명할 수 없다고 논증했다. 정의할 수 없는 선goodness을 자연적 대상처럼 정의하려는 시도 자체가 오류라고 했다. 이것이 무어가 지적한 유명한 자연주의의 오류naturalistic fallacy이다. 노랑 자체yellowness를 서술적으로 표현할 수 없듯이, 선goodness을 기술descriptive 할 수 없다. 그럼에도 불구하고 굳이 '좋음'과 '노랑'과 같은 속성 언어를 독립적 대상objects처럼 기술하려고 한다면, 그런 시도는 오류라는 것이다. 예를 들어 누가 '좋은 사과'라고 할 경우, '좋다' 라는 수식은 사과 안에 들어 있는 것이 아니라 사과를 먹는 사람 안에 있는 감정의 요소다. 사과 씨가 사과 안에 들어 있듯이 좋음 이라는 감정이 사과 안에 들어 있는 것처럼 말하는 것을 자연주 의의 오류라고 한다. 개념적 추상성을 자연의 구체적 사물처럼 간주하는 것이 자연주의의 오류라는 뜻이다. '이렇게 되어야 해' 라는 '당위의 명제'와 '이것의 무게는 2.5킬로그램이야'라는 '사실 의 명제'를 구분해야 한다고 강조한 근대 경험론 철학자 데이비 드 흄(David Home, 1711-1776)의 『인간본성론Treatise of Human Nature』 (1740)에서 다룬 존재-당위문제is-ought problem를 윤리학에 적용한 것이 무어의 윤리학이다. 무어는 당위의 성질을 마치 사실의 성 질처럼 다룬 윤리적 주장들이 자연주의 오류라고 지적하면서, 당위와 사실을 분명히 구분해야 한다고 주장했다. 무어의 관점에 서 형이상학적 윤리 명제들은 자연주의 오류에 빠질 수 있다.

(iv) 직관주의 윤리학: 도덕적 행동은 이성이나 경험에 의지하는 것이 아니라 직관적으로 아는 즉각적immediate 태도에서 나온다는 입 장이다. 직관주의 윤리설에서 윤리 기준은 자명self-evidence하고, 도덕적 가치판단은 논리적 추론이나 이성의 사실을 필요로 하지 않는다. 이 점에서 직관주의 윤리설은 칸트 윤리학을 계승한 것 으로 볼 수 있다. 칸트 윤리학은 윤리행동의 의무와 법칙이 행동

과 현실보다 먼저 존재한다고 본다. 그래서 인간의 행동은 윤리적 준칙에 따라야 하고, 그런 행동준칙은 의무이며 법칙으로 존재한다는 것이다. "네 행동의 준칙이 항상 보편타당하도록 하라." 라는 칸트의 정언명법은 동 시대의 철학자였던 벤담의 공리주의 윤리학과 대조된다. 공리주의는 일종의 결과주의 윤리학에 해당하기 때문이다. 의무론과 결과주의의 윤리학은 전통 서양윤리학을 대표하는 대립적 이론 틀이다.

(v) 논리실증주의: 20세기 영미 분석철학의 주요 흐름인 논리실증주의는 윤리적 주장을 담은 언어 명제를 분석하는 데 치중했다. 논리실증주의에서 윤리 명제는 의미 없는 감정의 표현구에 지나지 않는다. 논리실증주의는 윤리적 명제를 사실의 진위를 판단하는 명제로서가 아니라 단순히 감탄사나 외마디 소리 같은 단순 감성emotive 발화에 지나지 않는다고 보았다. 감성 발화는 수학적 명제와 같은 형식명제도 아니고 진위를 언급하는 사실명제도 아니다. 진위 판단을 명제의 기준으로 간주하는 논리실증주의 입장에서 형이상학의 윤리명제는 학문적 명제의 지위로도 성립될 수 없다고 강하게 비판했다.

(vi) 에이어의 이모티비즘: 실증주의 전통에 있는 에이어(Alfred Jules Ayer, 1910-1989)는 논리실증주의가 명제의 지위조차 부정해버린 윤리학의 의미를 구제하고자 했다. 에이어의 입장에서 볼 때 윤리 명제는 단순 감성 발화의 기능만이 아니라 감정을 환기시켜 도덕적 행위를 독려하고 비도덕적 행위를 예방하는 기능을 가지고 있다고 한다. 도덕원리의 초월성을 부정하면서도 동시에 윤리

명제에 대해 실증주의적 설명을 비판하는 에이어의 논증은 20세기 심리철학을 윤리학에 적용시킨 새로운 관점이었다. 그는 윤리 명제의 감성적 기능을 확립하는 논증을 세웠다는 점에서 매우 독특하며, 이런 윤리설을 이모티비즘emotivism이라고 한다. 이모티비즘은 도덕적 판단을 화자의 정서, 감정, 태도, 의향의 결과로 보며, 그런 정서를 통해서 규범과 가치를 설명할 수 있다는 윤리설이다. 이모티비즘은 감정과 의지의 태도를 중시하고, 외재적으로 실재하는 기존의 실체론적 도덕 진리설을 벗어나 내 안의 감정과 의지로서 도덕을 설명하는 도덕 감정의 현상주의를 지향한다. 에이어의 이모티비즘은 주관적 요소를 포함하고 있지만, 신성시된 도덕 기준을 자연화시킨 의미 있는 윤리이론으로 평가되기도 한다.

(vii) 실존주의: 유럽의 관념론 전통과 20세기 초 오스트리아를 중심으로 한 통일과학운동The International Encyclopedia of Unified Science에 뿌리를 둔 논리실증주의 전통을 부정하며, 선험성보다 삶의 현존성 의식이 성장되었다. 니체 이후의 반-실체론 흐름이 20세기 실존주의로 이어지면서 탈근대성의 윤리학이 형성되었다. 예를 들어 사르트르의 책 『존재와 무』는 영미권 전통과 다른 윤리적 태도를 보여주었다. 사르트르에 따르면 본질에 앞서 실존이 곧 주체성이며, 실존의 결단과 행동이 윤리의 내용이다. 실존으로서 자유로운 선택과 결단의 행동을 추구하는 것이 윤리학이다. '지금-여기에서' 내가 상황에 따라 선택하고 자동적으로 불이익을 최소화하는 결단을 내리고 그에 따라서 행동하는 것이 인간

의 실존적 모습이라는 것이다. 나를 바라보는 대자의 자아be-ing-for-itself와 그렇게 보여지는 즉자의 자아being-in-itself 사이의 갈등들, 그리고 남들이 나를 바라볼 때의 대자적 시선과 내가 남들에게 비치는 즉자적 반응 사이의 갈등들 속에서 나 자신을 만들어 가는 삶의 과정이 바로 사르트르의 윤리학이다. 여기에서 전통의 규범윤리학도 부정되며, 선험성의 윤리설도 부정되고, 진위성 기준으로 윤리 명제를 해석하려는 논리실증주의의 윤리설도 부정된다. 주어진 선험 법칙이나 관습화된 사회환경에 의해 나의 행동이 구속되는 규범주의에서 탈피하여 지금 이 순간 타자에 대하여 나를 만들어가는 현실적 만남의 순간이 바로 윤리의 거울인 셈이다. 이러한 사르트르의 윤리학은 윤리학 이론이기보다는 윤리를 바라보는 하나의 세계관으로 볼 수 있다.

윤리학은 다시 규범 윤리학과 메타 윤리학으로 나눌 수 있다. 규범윤리학은 '너 자신을 사랑하듯 이웃을 사랑하라'와 같은 당위의 규범을 전제한다. 메타 윤리학은 '너 자신을 사랑하듯 이웃을 사랑하라는 것을 신이 원하고 있다'와 같이 당위적 행동의 존재론적 이유를 다룬다. 무어는 규범성 당위와 선험성 당위의 명제를 마치 사실의 명제처럼 사용하는 언어습관의 오류를 지적했다. 당위의 기본적인 성격은 규범적이지만 그 지위는 선험주의 요청에 맞물려 있다. 당위의 기원은 도덕성의 기원과 맞물리며, 인간 행동의 선험적 지침으로 연결되어야 한다는 명제는 기존 규범 윤리학의 대전제이다. 전통 도덕론은 인간을 특별하고 유일한 가치를 지니는 특수한 도덕성의 가치로 둔다. 도덕의 목적은 대체로 존엄하고 이성적인 인간의 권리와 이익을 보호하는 데 있다(레이첼즈 2007, 21).

규범윤리학은 20세기 언어분석에 기반한 윤리이론이 나오기 전까지 전통 윤리학의 금과옥조였다. 선험주의 인식론은 근대 경험론 철학 이후 그 사상사적 영향력이 축소되었지만 도덕철학 영역에서는 여전히 주류로 이어져 왔다. 현대에 들어와 선험주의와 경험주의의 기묘한 조합을 시도하는 언어 분석주의가 윤리학 연구의 주류를 이루기도 했다. 도덕률에 대한 상대주의 논쟁, 개인/집단주의 논쟁, 인지주의 논쟁이 이에 가세했으며, 사회윤리나 생명윤리와 같은 응용윤리의 필요성이 절실해지면서 자연주의 윤리학이 확대되었다.

윤리학 이론은 크게 보아 의무론과 결과주의로 나뉜다. 대체로 의무론은 선험주의에 기초하며 결과론은 자연주의에 기초한다. 선험주의 윤리학은 윤리 기준을 선험적인 무엇에서 찾으며, 대표적인 이론으로 칸트의 윤리학이 있다. 칸트에 의하면 상대에 대한 존중 자체가 수단이 아닌 목적이어야 하며, 이런 단순 원리는 절대적 도덕법칙이 선험적으로 존재한다는 전제를 두고 있다.

반면 자연주의 윤리학은 윤리적 행동의 원칙이 인간의 진화와 더불어 형성된 신체적 형질의 성향과 밀접하다는 전제를 가지고 있다. 그래서 윤리행동의 기준으로서 개인의 도덕심은 상호주관적 도덕 감정에 지나지 않는다고 본다. 도덕심은 개인의 기질과 연관하며, 타인의 행복을 증진하는 데 기여하는 것으로 친사회적 행동의 하나로 간주된다. 동물감정과 인간감정의 원형을 다룬 베코프의 책 『동물의 마음과 생각 엿보기』에서 도덕심은 본질적으로 사회적 현상이며, 협동, 상호관계,

공감, 도움이 도덕의 기본 행동유형이라고 말한다(베코프 2008, 151-152). 도덕은 사회구성원들 사이에서 서로를 존중하는 규약이다. 도덕은 타인에 대한 본래적인 관심과 존경으로부터 생기는 성향이며, 이는 진화의 산물이라는 것이다. 이런 생각으로부터 진화 윤리학이 구축되었다.

[표 11-1] 서양윤리학의 흐름

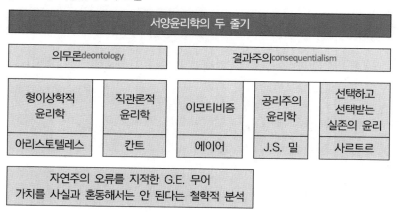

1.2 진화윤리학의 등장

1859년『종의 기원』이 출간되자마자 인간 존엄성 논쟁이 불붙기 시작했다. 당시 다윈의 진화론은 '피비린내 나는 자연의 생존경쟁'이라는 은유의 논리로 받아들여졌다. 인간도 동물에서 진화했다는 주장이 인간의 존엄성을 무너뜨렸다고 생각되었기 때문이다. 당시 진화론은 우생학이나 사회생물학으로 폄하되면서 도대체 '인간다움'이 무엇인가에 대한 의문이 크게 제기되었다. 20세기 초까지만 해도 진화론은 인간의 고결한 존엄성에 도전한 비인도주의 과학으로 인식되어 윤리학과 공존될 수 없다는 편견에 휩싸였었다. 시간이 흐르면서 진화론이 이기심과 협동심의 인간본성을 새로운 시각으로 조명할 수 있게 됨으로써 초월적이고 형이상학적인 전통 윤리학 기초가 반성되기 시작했다. 진화생물학이 전통 규범윤리학을 대체할 수 있다고 보는 것은 과학의 자만이지만, 진화론의 성과를 무시한 채 규범주의와 형이상학 윤리학의 관행에 안주하는 것은 더더욱 공허할 뿐이라는 생각이 확산되었다.

진화윤리학은 진화생물학의 도움으로 인간의 윤리적 행위의 원천 혹은 도덕 규범이 진화의 산물임을 밝히는 자연주의 지식체계이다. 찰스 다윈은『종의 기원』이후 자신의 후속작인『인간의 유래』(1871)와『인간과 동물의 감정표현에 대하여』(1872)에서 인간 행동과 사유에 관한 윤리적 해석을 자연주의 방식으로 시도했다. 인간 본성에 대한 다윈의 이해는 규범적이거나 선험적인 것으로부터 벗어나 있다. 예를 들어 다윈은 부끄러움, 수치심, 겸손과 같은 행동은 생물학적 진화 과정에서 유래한 표현양식임을 강조했다(Darwin 1872, Chap.13).

다윈은 기존의 윤리학설을 어느 정도 알고 있었다. 예를 들어 칸트의 의무론 윤리학을 언급하면서 "나는 인간과 동물의 차이 중에서 당연히 도덕감이나 양심이 가장 중요하다고 주장하는 사람들의 판단을 전적으로 따른다"라고 말했다. 하지만 다윈은 그런 기존의 형이상학적 주장들은 자연사적 사실the side of natural history을 놓치고 있다고 말했다. 다윈은 자연사적 측면, 즉 진화의 관점에서 규범윤리를 설명할 수 있다고 생각했다(다윈 1998, 100).

심리학으로 도덕을 조명한 메타윤리학자 조이스(Richard Joyce)는 도덕철학의 진화론적 배경을 다음과 같이 정리했다. (i) 인간은 자연선택의 소산물이다. (ii) 인간은 사회적 유기체로 되는 과정을 거쳐 왔다. (iii) 인간의 사회성을 유지하는 메커니즘 가운데 본유innate의 도덕감정이 있다. 이 중에서 (i)과 (ii)의 명제는 도덕론과 직접적으로 연관되지 않으며, (iii)의 명제가 윤리의 진화론적 근거가 된다. (i)과 (ii)의 진화론 명제로부터 (iii)의 윤리적 명제를 연결하는 다윈의 언급은 다윈 자신의 책『인간의 유래』에서 근거를 찾을 수 있다(Joyce 2013).

진화윤리학의 기초를 언급한 다윈의 명제들은 아래와 같이 요약될 수 있다. 첫째, 집단의 사회성 본능으로부터 자연스럽게 측은심sympathy과 봉사 행동various services이 나타난다. 둘째, 정신 능력이 발달하면서 불만dissatisfaction이나 불행misery과 같은 느낌은 배고픔 같은 본능적 욕구와는 다르게 지속적인 이미지로 남는다. 셋째, 언어의 발달과 함께 측은심의 능력이 공동체 감정으로 정초되었다. 넷째, 공감 능력과 그 행동이 관습화되고 공동체의 행동지침으로 정착되었다(다윈 1998, 103-104). 특히 공감은 대부분의 영장류에서 선천적 행동으로 발현되는데, 이런 점에서 공감능력은 인간 본성의 하나로 볼 수 있다(Wörsdörfer 2015).

20세기 들어서 다윈을 계승한 진화 현대종합설은 진화론에 대한 연구를 인간 본성에 조명하면서, 자연선택의 적응기제가 인간 행동양식에도 적용될 수 있다는 주장을 확장했다. 특히 1980년대 이후 분자생물학 및 뇌공학에 의해 인간 행동패턴에 대한 진화생물학적 근거를 검증한 연구성과들이 쏟아졌다. 이에 따라 도덕의 기반을 선험적이고 형이상학적인 규범에서만 찾을 필요 없이 인간의 자연적인 본성에서 찾을 수 있다는 견해들이 늘어났다. 존재의 문제와 당위의 문제를 구분해야 한다는 과학의 경험주의 주장들이 나오면서 진화윤리학의 실천적 범위가 커졌다.

진화윤리학은 기존 윤리학과 다르게 전통 철학자의 입김에서 자유로웠다. 윌슨(Edward O. Wilson, 1929-2021)은 이제 윤리학이 철학자의 손을 떠나 생물학으로 변신해야biologicized 한다고 말했다(Wilson 1975, 562). 진화생물학의 철학자이며 윤리학자인 루스는 다음과 같이 말했다. "우리는 도덕성이 대체로 동정심과 이기심 사이의 충돌을 조절하는 장치이면서 진화의 역사로 편입된 인간적 현상이라고 볼 수 있다. 감정 충돌 조절은 인간 사회를 유지하는 결정적 구실을 한다. 나아가 도덕성은 다양한 사회집단 사이의 상호작용으로 그리고 그 상호작용에 미치는 구성원의 영향력 등을 통해 표현된다"(Ruse 1995, 199-200).

진화론을 통해 윤리학의 토대를 굳건하게 한 최근 진화윤리학 연구는 루스, 소버와 윌슨(Sober and Wilson 1997), 스컴스(Skyrms 1996) 등에 의해 확산되었다. 철학 및 진화생물학계에서 1970년대부터 진화윤리학의 연구 방향은 아래처럼 전개되었다.

① 자연주의 윤리학 및 진화인식론 연구로서, 규범성과 선험성을 대체하는 자연주의 해석과 켐벨과 폴머의 진화인식론 관점으로 본 진화윤리학 연구 영역이 넓어졌다.

② 진화의 선택수준 해석은 이기주의/이타주의 논점으로 이어졌는데, 윤리의 중요한 준거인 이타성이 도덕적 이타주의가 아닌 생물학적 이타주의로 충분히 설명될 수 있다는 주장들이 전개되었다.

③ 인간의 정서, 느낌, 판단, 연산 등의 과제를 뇌신경과학으로 해결

하려는 시도들이 1980년대 이후 많이 나왔다.

④ 진화심리학의 연구로서 주로 인지심리학 혹은 행동주의 심리학의 진화론적 근거를 연구하는 영역이 확대되었다.

1.3 폴머의 자연화된 윤리학

철학에서 볼 때 진화윤리학은 자연주의에 기반한 진화인식론을 전제로 한다. 도덕률에 관한 자연주의 입장의 몇몇 범례를 살펴보자. 진화인식론evolutionary epistemology의 이론을 정립한 독일의 진화윤리학자 폴머는 선험적으로 인식 규범을 구성하는 정당화 작업 대신에 생물학, 특히 진화론의 성과를 바탕으로 인식의 기원과 그 타당성의 조건을 해명하는 지식체계로서 진화인식론을 설명했다. 그 내용은 아래와 같다.

- 진화인식론은 모든 유기체의 인식장치 속에 유전적으로 전승된 정보가 있다고 보기 때문에 개체 발생의 측면에서 선천적 인식론처럼 여겨질 수 있다. 계통 발생의 측면에서 볼 때 우리의 인식 구조는 적응적으로 자연선택된 결과이다. 철학적으로 이러한 인식 작용을 상호주관성에 해당한다. 진화인식론에서 자연을 인식하는 주체는 개별적으로 다른 인식의 창을 가지고 세계를 바라보는 주관성을 가지지만, 그 주관성은 간주관적이다. 간주관성은 아래의 설명처럼 진화사적 기반을 갖는다.

- 진화인식론은 인식을 가능케 하는 인식 주관의 구조가 선험적이지 않지만 세계를 반영하거나 모방한 것으로 생각한다. 주관적으로 인식하는 각 개인의 인식 장치는 이미 진화의 산물이다. 각

개인이 주관적으로 인식한다고 해도, 서로의 주관성은 상호 공통성 안에서 작용한다. "우리의 인식 장치는 생물학적 진화의 산물이다. 주관적 구조들은 세계에 대하여 적응적이다. 왜냐하면 이 구조들은 진화 과정에서 현실 자연세계에 적응하면서 형성되었기 때문이다. 그리고 이들은 실재의 자연구조와 부분적으로 일치한다. 왜냐하면 이러한 일치만이 종의 생존을 가능하게 했기 때문이다." 인식장치는 진화의 산물이기 때문에 절대 진리를 표방한다고 말할 수 없다. 그래서 폴머는 인식의 명제는 자연적 가설이어야 하며 필연적 진리라고 주장해서는 안 된다고 했다. 폴머는 이를 '가설적 실재론hypothetischer Realismus'이라고 한다(Vollmer 1985, Bd.1/49).

- 진화인식론은 인식 구조의 실체론적 기원arche을 찾는 일보다 인식 발달의 과정을 다룬다. 진화인식론은 진화생물학, 심리학, 신경생리학, 인지과학과 함께 자연과학의 성과를 도입하여 과제를 해결하려 한다. 이런 점에서 진화 인식론은 자연주의 인식론의 대표적인 범주이다.

- 진화 인식은 선택과 적응이라는 진화의 두 가지 메커니즘에 의해서 적응된 유기체 인식 장치의 작용이다.

- 진화생물학이 물리학보다 설명력은 크지만 예측력은 떨어지므로, 진화인식론 역시 인식의 인과성을 완전히 해명하기 어렵다. 거꾸로 바로 이 점 때문에 진화인식론의 영역이 넓어질 수 있으며, 유기체를 설명할 수 있는 훌륭한 이론적 도구로 될 수 있다(폴머 2011, 2-3장).

후각 진화의 사례를 통해 어떤 냄새를 좋아하거나 싫어하는 감정이 어떻게 생성되었는지 살펴보자. 후각은 악취를 피하려는 방향성 형질이 진화한 결과로 볼 수 있다. 냄새를 일으키고 뿜어내는 물질의 분자 자체가 냄새를 갖는 것이 아니다. 단지 냄새에 대한 인간의 선호도 차이에 따른 적응의 결과이다. 예를 들어 나쁜 냄새를 피한 개체들이 피하지 못한 개체들보다 생존력이 더 컸고, 그런 개체들이 더 많은 후손을 생산했으며, 그런 개체들의 유전자가 오늘날까지 남게 되었다. 결과적으로 후손들은 나쁜 냄새를 싫어하고, 또 그런 냄새에 대해 나쁘다는 느낌을 갖게 되었다. 이렇게 선호도의 차이, 혹은 고통을 주는 것을 피하고 즐거움을 주는 것을 선호하는 감정들이 도덕감정으로 변화했다는 것이 진화인식론 나아가 진화윤리학의 기초이다. 진화론에 의하면 나쁘고 좋다는 판단은 나쁜 느낌을 피하고 좋은 느낌을 받아들임으로써 더 많은 후손 증식이 가능했던 인간 행동의 자연사적 선택의 산물이다.

1.4 럼스덴과 윌슨의 후성규칙과 유전자 결정론

후성유전학과 뇌가소성에 대해서 6장과 10장에서 다루었다. 악어 알이 부화되는 시점의 외부 온도에 따라 암수가 결정되는 것을 발생적 후성성의 사례로 볼 수 있다. 후성유전학은 DNA 염기서열이 바뀌지 않음에도 불구하고 메틸화와 히스톤 변형에 의해 유전자 발현이 후천적으로 다르게 나타나는 메커니즘을 연구하는 학문이다. 실험발생학과 후성유전학 모두 후천적 변화에 관심을 두지만 문화적 현상에 대해서 언급할 수 없다. 그런데 윌슨은 발생적 후성성을 메타포로 이용하여 문화 현상을 설명하려고 시도했다. 후성규칙이 바로 그것이다.

월슨의 논증은 간단하다. 그는 도덕률을 선험적 규범과 분리된 문화 양상으로 보았다. 월슨은 문화 양상을 진화의 선택과정과 같다고 논증하며, 그 논거로서 후성규칙을 제시했다. 진화생물학과 문화적 도덕감을 연결하는 핵심 고리를 후성규칙으로 본 것이다. E. O. 월슨은 후성규칙을 적응기제의 결과라고 논증했다. 도덕감정 나아가 도덕률의 근거는 문화적 진화의 산물이며, 그 이론적 도구는 적응주의 후성규칙이라는 것이다. 월슨은 문화적 진화와 생물학적 진화는 서로 피드백하는 관계로, 상호진화 혹은 공진화한다고 했다. 이런 주장을 전개하기 위해 그가 사용한 매개 개념이 후성규칙이었다. 럼스덴(C. J. Lumsden)과 월슨은『유전자, 마음 그리고 문화Genes, Mind, and Culture』(1981)에서 유전 요인이 문화 요인에 영향을 주고 그 영향은 어떤 규칙에 따라 이루어지는데, 그것을 후성규칙epigenetic rules이라고 이름 붙였다(Lumsden and Wilson 1981).

이 책 이전 럼스덴과 월슨의 다른 논문이 미리 발표되었는데, 1980년에 「개인행동의 후성규칙을 민족지학의 패턴으로 번역하기」라는 제목의 논문이었다. 이 논문은 잘 알려져 있지 않은데, 그 내용의 요지는 유전자 결정론에 있다. 럼스덴과 월슨이 제안한 문화적 후성유전학의 의미는 문화적 변동을 유전자 요인으로 번역할 수 있다는 데 있다. 이렇게 문화를 유전자로 번역 가능한 유전적 요소를 문화유전자cultur-gens라고 이름 붙였다. 문화유전자는 유전자와 문화가 서로 공진화gene-culture coevolution한다는 사회생물학적 내용을 담고 있다(Lumsden and Wilson 1980).

문화유전자의 의미는 인간의 문화적 행동을 형성하는 환경이 유전자 요소로 설명가능하다는 것을 은연 중에 품고 있다. 문화유전자 이론은 유전자 결정론이 환경 결정론과 공존할 수 있다는 주장을 포함한다. 이런 주장은 인간의 문화적 성향이 환경 의존적이라는 환경주의 본성론을 넘어서서 유전자가 환경을 지배할 수 있다는 입장으로 여겨진다. 럼스덴-윌슨 이론에서 전개된 문화유전자의 의미는 실제로 후천적 자유의지를 강조하는 의미보다 결정론적 의미에 가깝다. 다시 말해서 문화유전자 개념은 후성적 가소성의 가능성을 타진하기보다 문화적 요소를 유전적 요소로 환원시키려는 환원주의 성격으로 보여진다(Alper and Lange 1981).

럼스덴과 윌슨은 인간의 문화적 사유/행동 행태가 그에 직접적으로 대응하는 유전자 기능으로 설명되는 것은 아니지만, 유전자 요인에 뿌리를 둔 후성적 표현형으로 간접 설명이 가능하다고 했다. 예를 들어 후성규칙으로 인한 문화적 변동은 그 사회 안에서 암묵적 합의와 낮은 수준의 계약, 종교적 신성화 등의 문화적 추동력에 의해 고착된다고 했다(Lumsden and Wilson 1981, Chap.2). 후성규칙에 따른 문화적 계승cultural transmission이 긴 시간에 걸쳐 축적되어 일종의 문화양식을 형성하며, 그러면서 문화유전자가 문화를 낳고, 또 유전적 요인과 병립하여 확장 전개된다고 한다. 럼스덴과 윌슨은 이를 '천년규칙thousand-year rule'이라고 불렀다(Lumsden and Wilson 1981, 295).

천년규칙 개념은 과학적으로 검증된 것이 아니며, 단지 문화적 변이가 천 년 정도는 누적되어야 문화유전자로 안정될 수 있다는 메타포일 뿐이다. 럼스덴과 윌슨은 후성규칙을 공동체에서 협동을 이루게 하는 작용으로 보았다. 다양한 문화장치들, 즉 보상, 처벌, 관행, 집중된 칭찬,

신성화, 공격과 방어 심리 등이 강한 적응 압력으로 작용한 것이 후성규칙이며, 이는 종족, 집단, 가족을 유지하게 해주는 협동 규칙의 역할을 해왔다고 한다. 럼스덴과 윌슨에서 후성규칙은 문화를 설명하는 생물학적 환원주의와 비슷하다.

1.5 루스의 진화윤리학

진화윤리학자 루스는 윌슨의 후성규칙의 의미를 수용하는데(Ruse 1995, 158), 결정론적 뉘앙스를 버리고 문화적 가소성의 의미를 발전시켜서 도덕성의 기원을 설명한다. 그의 설명은 다음과 같이 정리된다. 첫째, 인간 행동 양태에 관한 다양한 진화적 변이들이 생겼고, 다양한 행동 유형마다 선택압의 차이가 생겼다. 둘째, 인간종 고유의 심적 발달mental development의 후성규칙이 생성되었다. 셋째, 후성규칙의 영향 아래 문화적 요인들 중 더 적절하고 적합한 것이 선택되었다. 넷째, 그렇게 선택된 변화 과정이 집중적으로 계승되어 유전적으로 안정화되었다(Ruse 1995, Chap.8-9).

　루스에서 도덕성이란 사회적으로 협력하는 행동이 더 높은 적합도를 낳기 때문에 자동적으로 자연선택된 행동성향이다. 인간은 개개인의 입장에서 협동하기보다 이기적으로 행동하지만, 협동 행동이 개체 존속과 그가 속한 집단 번성에 더 효과적임을 알게 되었고, 그래서 협동심의 자연선택이 인류진화사를 거치면서 인간 도덕심으로 자리 잡게 되었다고 루스는 생각한다. 우리가 인간이라는 바로 그 이유 때문에, 인간은 협동성과 이기성이라는 이중적 행동 특성을 갖는다. 루스는 이를 선과 악의 이중적 혼재 속에서 살고 있는 인간으로 표현했다(루스

2004, 16). 이기적이면서도 협동적일 수밖에 없는 인간 존재는 진화의 산물로서의 인간성의 실제이다. 인간성은 매우 특별하고 고유하지만, 여전히 생물학적이며 진화의 산물이다.

진화윤리학은 도덕가치의 초월성을 부정한다. 인간의 고유한 가치가 존재하지만, 그렇다고 해서 인간이 동물과 전혀 다르게 독립적이고 초월적인 존재일 수 없다고 한다. 인간 고유의 행동형질조차도 실제로는 동물의 행동유형과 연속성을 지니고 있다. 그럼에도 불구하고 인간의 도덕적 가치와 인간의 존엄성이 부정되지 않는다. 인간의 생물학적 존재성이 다른 생물종과 본질적으로 다르기 때문이 아니라 인간의 진화가 유일하며 반복될 수 없기 때문에 인간은 존엄하다는 것이 루스 윤리학의 기초이다. 진화는 방향 없는 과정이며, 특별한 존재를 만들기 위한 목적을 갖지 않는다. 인간의 도덕심 역시 특별한 존재의 지위를 가지지 않는다는 입장에서 루스의 진화윤리학이 전개된다. 이렇게 루스는 진화생물학의 관점에서 도덕의 선험적 실체를 부정하고, 윤리학이 합리적 도덕규칙의 체계임을 부정하며, 윤리학의 근거가 객관적이고 이상적이며 절대적이라는 기존의 이론들을 부정했다(Ruse and Wilson 1986).

루스는 윤리학의 근거가 실재하는 것도 아니라고 보았다. 선험적이고 형이상학적인 도덕성의 절대 근거는 일종의 환상이라는 것이 루스의 해석이다. 경험론 철학자 흄의 도덕감 개념을 계승한 도덕철학자 매키(John Mackie, 1917-1981)도 도덕적 당위성을 굳게 믿는 믿음이 윤리학을 규범으로 만들었을 뿐이라고 했다. 그는 도덕적 당위의 자연주의적 근거가 실제로 없음에도 불구하고 믿음을 통해 도덕의 체계적 유지가 가능했다고 말했다(Mackie 1979).

루스는 기존 규범윤리학이 사람들 사이에서 협동심이 유발되도록 선택된 자연적 형질이며, 원래부터 있었던 선험적 법칙이 아님을 강조했다. 루스에게 도덕규범의 객관적 법칙이란 일종의 환상이다(Ruse and Wilson 1985). 그러한 환상이 인간사회에서 나름대로 성공적인 결과를 이루어 낸 이유는 실체적 도덕률이 선험적으로 존재할 것이라는 허상의 믿음 때문이다. 루스는 도덕준칙과 행동양식을 설명하기 위하여 선험적이고 초월적이거나 절대적 윤리 기준이 필요하지 않다고 했다. 그런 절대 기준의 설정은 불필요하고 비경제적인 시도일 뿐이다(Ruse 1995, 서문).

도덕의 핵심은 실천 행위를 조절하는 데 있는 것이지, 결코 도덕이론을 설명하는 데 있지 않다는 점을 상기해야 한다고 루스는 말한다. 이론이 먼저 존재했기 때문에 그 이론이 인간의 행동을 규제하는 것이 아니라, 행동에 따라 이론이 나중에 만들어졌을 뿐이라는 뜻이다. 규범윤리 이론 속에서 행동의 지침을 찾는 것이 아니라, 행동의 실행 가운데 공동선의 행동을 유발하는 의식의 원형을 찾으려는 것이 진화윤리학의 과제이다. 철학에서 윤리학은 내적 동기에 초점을 두지만, 생물학에서 윤리학은 행위 결과에 초점을 둔다. 진화윤리학은 동기와 행위를 연결시키려는 자연의 윤리학이다.

1.6 키쳐의 생물학적 윤리학

루스와 윌슨의 진화윤리학은 좋고 싫어하는 호오好惡의 감정들이 누적되어 윤리적 규범으로 발전했다는 전제를 가지고 있다. 예를 들어 '영아살해는 비윤리적이다.'라는 규범 명제를 예로 들어보자. 구더기를 먹는 어느 동남아시아 부족의 음식문화에 대해 구역질이 유발될 정도로 '싫은 감정'이 생길 수 있다. 마찬가지로 영아 살해도 '싫은 감정'을 매우 강하게 유발하기 때문에 비윤리적이라는 것이다. 루스와 윌슨에 의하면 좋고 싫은 감정이 옳고 그름에 대한 강한 감정으로 이어지며, 그런 감정들이 윤리 규칙ethical codes의 원형으로 변화되었다고 한다.

과학에서 수학과 문학에 이르기까지 넓은 연구영역에서 업적을 낸 생물철학자 키쳐는 이런 설명이 윤리적 진리를 형이상학에서 구출하는 데 일조했지만, 또 하나의 이모티비즘 윤리학일 뿐이라고 비판했다 (Kitcher 1993b, 579). 좋아하고 싫어하는inclination and disinclination 호감도 차이로 윤리적 판단이 형성된다는 루스와 윌슨의 주장은 도덕의 절대 기준인 초월자 자리를 감정의 선호도로 대체한 것에 지나지 않다는 것이 키쳐의 지적이다. 키쳐에 따르면 루스와 윌슨의 주장은 엄밀히 말해서 진화론의 주장이기보다 유전학적 주장이다. 즉 루스와 윌슨의 진화론적 윤리학은 형식으로는 진화론을 내세우고 있지만 내용으로는 유전학에 해당한다는 것이다.

키쳐가 말하려는 도덕원리란 세계를 창조한 디자이너의 의지를 설정하지 않아도 가능하다(Kitcher 1998, 259). 진화론과 윤리학의 관계에 대하여 키쳐는 다음과 같이 말한다. "진화론은 기존 윤리학 이론들 혹은 도덕원리들의 근거를 보여준다. 따라서 진화윤리학은 철학적 윤리학을 보완하는 기능을 가질 수 있다. 나아가 진화생물학적 추적을 통하여 인간과 사회에 대한 이해도를 높일 수 있다"(Kitcher 2003, 411-412).

키쳐가 말했듯이 인간은 본성적으로 사회적 협동능력을 축조해 온

생물철학

이성적 도덕감moral sense을 갖고 있다. 도덕성 대신에 사용된 도덕감(도덕감정) 개념은 문화에 의해 전달되고 양식화되어 인간 내부에 강하게 자리 잡고 있는 무엇이다. 키쳐는 루스, 윌슨과 달리 도덕원리가 진화윤리학으로 대체 가능하다고 해서 도덕원리가 존재하지 않는 것은 아니라고 말한다. 화학의 자연법칙이 물리학으로 설명되거나 대체된다고 해서 화학법칙이 없다고 말할 수 없듯이, 마찬가지로 윤리학이 진화론으로 설명된다고 해서 도덕적 진리가 없다고 말할 수 없다는 것이다. 키쳐의 입장은 도덕적 진리가 없다는 명제에 있지 않고 현재의 도덕적 신념이 절대 진리가 아니라는 데 있다.

키쳐는 도덕의 사회적 시스템을 설명하는 강한 의미의 생물학적 윤리학을 강조한다. 그의 네 가지 생물학적 윤리학four ways of 'biologicizing' ethics은 다음과 같다(Kitcher 1993b).

① 생물학적 윤리학은 사람이 윤리적 개념을 어떻게 획득하게 되었는지, 윤리판단을 어떻게 하게 되었는지, 그리고 윤리원칙이 어떻게 형성되었는지를 설명한다.
② 생물학적 윤리학은 기존 도덕원칙으로부터 새로운 규범원칙이 파생되는 사실의 문제를 유효하게 보여줄 수 있다.
③ 생물학적 윤리학은 윤리학이 무엇인지를 설명할 수 있고 그리고 윤리학의 객관성에 관한 전통의 문제를 해결할 수 있다. 생물학적 윤리학은 메타 윤리학의 새로운 주제이다.
④ 생물학적 윤리학은 사실뿐만이 아니라 당위나 규범의 근거로 된다.

키쳐가 제시한 4가지 범주는 도덕이 인간의 진화론적 역사를 통해서 성립되었음을 의미한다. 키쳐는 만약 진화의 역사를 거꾸로 추적할 수 있다면 유전자와 문화 사이의 공진화, 사회적 제도의 형성 과정, 규범이 만들어진 과정을 원리적으로 확인할 수 있을 것으로 본다. 진화 생물학은 윤리적 행동규범을 설명하기에는 제한적이고, 인간의 행동 성향이 자연선택에 의해 모두 적응된 결과만은 아니라는 것이 키쳐의 입장이다. 선택된 형질은 학습과 행동에 도움이 되는 능력에 초점을 두었지만, 규범은 자연선택과 무관한 문화적 도덕심이라는 것이다 (Kitcher 1994, 440).

이 점에서 키쳐는 윌슨이나 루스와 다르다. 키쳐의 생물학적 윤리학의 4가지 범주에서 ①과 ③은 문화적 영향력이 복잡하지 않고 단순하다는 가정 아래에서 유효하다고 키쳐는 말했다. 정신과 문화의 양상은 물질적 기반 위에 구축되며 유전적 진화의 기원을 갖지만, 사회적 환경의 영향력이 중요하다는 점은 모든 진화생물학자들이 인정한다. 윌슨이나 루스도 물질적 기반과 더불어 사회환경과의 상호작용이라는 두 가지 기둥 위에서 문화가 형성된다고 했다(Ruse and Wilson 1986, 173). 그리고 ②의 언명은 문화가 확장됨에 따라 윤리규칙의 적용범위도 확장되어 왔다는 점을 시사한다.

양자 간 혹은 다자 간 관계에서 사람들은 상대의 행동에 따라 다르게 반응할 수 있다. 겉으로 드러난 반응적 행동유형으로 인간 본성을 이해하려는 태도가 행동주의이다. 기존의 행동주의와 진화론이 만나면서 진화윤리학이 형성되었다. 키쳐는 이러한 진화윤리학과 전통의 철학적 존재론을 결합하여 윤리학의 범주를 더 넓히고자 했다. 이런 점에서 키쳐는 도덕심의 근거로서 '좋고 싫어함', '고통과 즐거움'의 기준과 더불어 자연화된 도덕원리를 추가했다.

2. 생물학적 이기주의와 이타주의

2.1 인간의 행동유형

진화윤리학에서 말하는 도덕심은 인간 개체 생존과 번식에 유리한 방향으로 적응된 진화의 소산물이다. 그것이 이기적인지 이타적인지의 문제는 인류가 문화적 존재로 진화하면서 복잡해졌다. 예를 들어 채식의 도덕성을 사례로 들어보자. 어떤 사람은 동물보호와 동물윤리라는 도덕 관점에서 채식을 강조하는데, 다른 사람은 육식의 콜레스테롤로 인한 건강문제 때문에 개인의 이기적 관점에서 채식을 강조하기도 한다. 이 경우 이타 성향의 도덕심과 이기 성향의 개인적 건강 챙기기라는 두 상반된 관점이 문명화된 현대인에게 복잡하게 얽혀 있다(Rozin et al. 1997).

동물행동학자 하인존(Robert Heinsohn)과 파커(Craig Packer)는 암사자들이 외부 침입자에 대해 반응하는 행동유형을 관찰한 결과 무조건적 협력행동이나 무조건적 물러서는 회피행동, 혹은 조건에 따라 눈치보는 기회행동이나 상황과 환경에 따라 일시적으로 협력하는 조건적 협동행동으로 나눌 수 있다고 했다(Heinsohn and Packer 1995). 인간에게도 협력, 배신, 위선적 협력, 그리고 유보행동 유형들이 있을 수 있다. 이런 행동유형은 다시 순응적 행동, 대가를 바라는 행동, 그리고 주변 상황을 따르는 행동 혹은 즉각적으로 반응하는 행동으로 나누어 볼 수 있다. 단순히 구분하면 이기적 행동과 협동적 행동을 의미한다. 동물 사회에서 이기적 행동이란 자기의 이익을 우선하는 행동으로서, 대체로 먹이 경쟁에서 상대적으로 우위를 차지하려는 행동과 포식자를 피하는 데 도움이 되는 행동, 그리고 날씨나 지형 등 주변환경을 더 적극적으로 활용하는 행동을 말한다(레이첼즈 2007, 84-88).

도덕심과 윤리적 기준을 고려할 경우 인간 행위는 크게 아래와 같이 4가지 유형으로 구분해 볼 수 있다. 자신의 이익에 맞춘 이기적 행위egoistic action, 친족과 자기 집단의 이익을 우선시하는 행위prerogative action, 이타적 행위altruistic action, 다수를 위해 개인 자신의 죽음도 감수할 수 있는 희생적 행위supererogative action가 그것이다. 이 4가지 행위유형은 서로를 배제하는 배중률의 관계라기보다는 포섭적 관계로 본다. 4가지 행위유형에서 어디까지가 도덕적인지를 결정할 수 있는 보편적 규범 기준을 정하는 것은 쉽지 않다. 그 기준은 문화, 역사, 지리, 풍토에 따라 다르며, 구체적으로 행위가 일어난 상황에 따라 다를 수 있다. 상식적 수준에서 자기중심의 이기적인 행위보다 타자 지향의 이타적 행위를 더 도덕적이라고 간주한다.

이기주의는 고통보다 즐거움을 더 얻고자 하는 욕구를 충족하려는 행동 유형이다. 즉 개인의 고통을 최소화하고 즐거움을 최대화하려는 것이다. 기존 공리주의는 두 가지 명제로 구성되는데, 하나는 개인의 즐거움을 최대화하고 고통을 최소화한다는 기준이고, 다른 하나는 최대다수가 최대행복을 공유한다는 기준이다. 이런 점에서 공리주의는 이기주의를 바탕으로 한다는 것을 알 수 있다. 이기주의 본성론에 의하

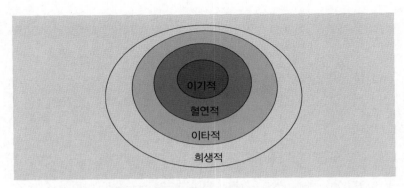

[그림 11-1] 소버가 구분한 인간 행위의 4가지 유형의 포섭 관계(Sober and Wilson, DS 2000, 1장)

면 타인의 행복을 바라는 이타적 욕구는 본래 없으며, 단지 자신의 이익만을 추구한다. 타인의 이익을 위한 행동처럼 보이는 것도 실제로 그 동기는 자신의 이익을 추구하는 데 있다는 것이 이기주의의 특성이다(하만 2005, 12장).

　이기주의와 이타주의를 나눌 때 도덕적 개념과 생물학적 개념을 구분해야 한다. G. E. 무어는 이기주의와 이타주의의 도덕 개념들은 이미 문화적으로 안주된 개념들이어서, 이를 생물학에 그대로 적용시키는 것은 전형적인 자연주의의 오류라고 했다. 진화론에서 말하는 생물학적 이기주의와 이타주의는 도덕적 이기주의나 이타주의와 다르다. 생물학에서는 행위 결과를 우선하며, 기존 철학에서는 동기를 우선한다. 생물학에서 보는 이기주의와 이타주의는 개체 행동이 후손 증식에 도움이 되느냐 아니냐의 문제이며, 진화의 선택 단위가 개체에서 일어나는가 아니면 집단에서도 가능한가에 대한 대체 개념들이다. 개체 수준에서 후손 증식에 손해를 보더라도 타자 혹은 집단의 후손 증식에 도움이 될 경우 그런 행동유형을 생물학적 이타주의라고 한다. 이런 경우 인간이 아닌 동물에게도 이타적이라는 수식어를 사용할 수 있다 (소버/D.S. 윌슨 2013. 7장).

반면 도덕적 이타주의는 동기에서부터 나를 희생하더라도 타인을 돕겠다는 의지가 분명해야 하며 그 동기로 유발된 행동이어야 한다. 도덕적 이기주의도 마찬가지다. 도덕적 이기주의 역시 나의 후손증식과 무관하게 나만의 현재 이익을 위해 하는 행동유형을 말한다. 이기주의 행동유형은 다음과 같다. 쾌락을 얻고자 하는 본래적인 욕구를 충족시키려는 행동유형이거나, 타인의 행복을 바라는 본래적인 욕구는 없으며 자신의 이익을 추구하는 행동유형이다. 혹은 자신의 고통pain을 최소화하고 즐거움pleasure을 최대화하려는 공리적 행동유형도 마찬가지다. 도덕주의 관점에서 자신이 아닌 타인의 이익을 위한 행동이라고 할지라도 그 동기가 자신의 이익추구에서 시작된 행동이라면 이기주의에 해당한다(하만 2005, 12장).

이타성 행위는 겉으로 보이는 이타성과 헌신성 그 자체의 이타성으로 구분된다. 겉으로 보이는 이타성은 결국 개인 이익을 취하기 위한 우회적인 행동양상의 다른 모습이라고 본다. 겉으로 보이는 이타주의의 입장을 설명하는 미국의 생물학자 기셀린은 이타적 행위란 후일 보상과 대가를 바라는 행위이며, 이런 행위도 보이지 않는 교환가치로서 그 의미가 있다고 한다. 기셀린에서 이타 행위는 경제학적 교환을 염두에 둔 행동유형이다(Ghiselin 1974). 기존의 공리주의와 같은 이기주의 이론이나 겉보기 이타주의 이론들은 행동의 이성적 근거를 구하려는 합리주의 이론체계에 속한다. 계약관계 혹은 교환가치라는 인식은 경제학적 기준이며, 이런 기준에서 이기주의와 겉보기 이타주의는 합리주의 행동이론에 해당한다.

기셀린은 이타주의를 '위선자의 피'라고까지 부정적으로 표현했다(Ghiselin 1974). 『도덕적 동물Moral Animal』(1994)로 유명한 과학 저널리스트 로버트 라이트(Robert Wright)는 이타성을 가식에 지나지 않는 도덕이며 이타주의를 낭만주의들의 향유라고 비난했다(드발 2014, 66). 통상적으로 이타행동은 보기에도 힘들어 보이고 고통을 수반하는 행동으로 여겨지고 있다. 그래서 그런 이타 행동을 하는 사람은 진실이 아니라 위선일 것이라고 단정짓는 경우가 많다. 영장류학자 드발은 이타주의에 대한 이런 식의 오해를 인간에 대한 선입관의 하나라고 말한다. 이타 행위가 고통과 인내를 항상 수반할 것이라는 오해는 편견이라는 것이다. 이타 행위가 기꺼이 수용할 수 있는 비용을 감수해야 한다는 점을 감안하면 된다고 드발은 말한다(드발 2014, 79).

이타주의는 '아픈 이타주의altruism-hurt'가 아니라 '즐거운 이타주의altruism-feels-good'라는 점이다. 예를 들어 모계 양육이나 공감능력이 그것이다. 찰스 다윈에서 이기주의와 이타주의는 인간본성의 양면성으로 드러나는 성질이다. "먼저 집단 구성원들의 추론능력과 예측능력이 개선됨에 따라 각각의 구성원은 조만간에 경험을 통해 자신이 동료들을 돕게 되면 그 보답으로 도움을 얻게 된다는 사실을 알게 된다. 낮은 수준의 동기였지만 결국 동료를 도와주는 습관을 얻게 될 것이다. 자비로운 행동을 습관화할 경우, 이는 분명 자비로운 행동을 하고자 하는 최초의 충동을 제공하는 동정심을 강화시킨다." 다윈이 사용한 '낮은'이라는 수식어를 새겨보면, 다윈은 보상을 기대하고 하는 이타 행위의 기대심을 낮은 수준의 동기lowly motive라고 보았음을 알 수 있다(Darwin 1871, 163-164).

보상 기대감으로 행동하는 이타성은 진정한 이타 행위가 아님을 간접적으로 시사한다. 이 점에서 다윈이 생각한 이타성도 도덕적 이타주의에 속한 심리적 상태로 볼 수 있다. 다윈도 1960년대 이후 진화현대종합설 혹은 진화윤리학에서 말하는 생물학적 이타주의의 관점이 아니라 전통의 도덕적 이타주의의 기준으로 자비심과 동정심을 보았다고 평가할 수 있다. 다윈이 말하는 이타성의 행동을 촉발하는 것은 "동기"라는 다윈의 표현 때문에 그런 평가가 가능하다. 보상을 은연 중에 바라는 이타성 행동의 동기를 '낮은 수준의 동기'라면, 보상을 바라지 않는 이타성 행동의 도덕적 동기를 높은 수준의 동기일 것이다. 이러한 전통의 도덕주의 이타주의 논변은 낮은 수준의 동기와 높은 수준의 동기를 구분한다.

높고 낮은 수준의 동기를 설명하기 위해 에피쿠로스의 이타주의와 공리주의의 이기주의를 언급해보자. 첫째, 고대 그리스 철학사에서 중요한 위치를 차지하는 에피쿠로스에서 이기주의는 고통없는 상태인 아타락시아ataraxia를 찾아가며 영혼의 쾌락을 얻고자 하는 행동유형이다(최종덕 2017b). 여기서 이기주의는 완벽한 이타주의의 다른 표현이다. 쾌락은 동기에 무관하게 절대적인 자아만의 기준으로 행동한다는 뜻이기 때문이다. 타자를 생각하지 않는 자기 중심의 행동을 이기주의라고 하는데, 에피쿠로스는 이런 이기주의 행동에 동기까지 제거함으로써 이기주의를 이타주의로 승화시켰다. 도덕적 이타주의는 윤리적 행동의 동기가 높은 수준이거나 아예 동기로부터 자유로워야 한다. 둘째,

이기주의-이타주의 논변에서 공리주의는 다수의 이기주의라는 점에서 개인 중심 이기주의와 다르지만, 여전히 이기주의에 기반하고 있다. 공리주의에서 말하는 이기주의는 자신의 고통pain을 최소화하고 즐거움pleasure을 최대화하려는 행동유형이다. 타인의 행복보다 자신의 이익이 우선이며, 타인의 이익을 위한 행동이라도 그 동기는 자신의 이익 추구에서 시작된 행동유형이 이기주의로 정의된다. 그리고 도덕심은 다음처럼 설명된다. 구성원을 서로 존중하는 규약으로, 타인에 대한 본래적인 관심과 존경이 그 자체로 목적인 행동유형이다. 공리주의 의미에서 도덕은 자비의 문제a matter of benevolence이며 도덕적 행동의 동기는 이타적이고 타인에 대한 배려이다(하만 2005, 12장).

한편 생물학적 이타주의 논변은 행동 촉발의 동기가 낮거나 높거나 관계없이 그 행동의 결과가 집단 번성에 도움이 되느냐 안 되느냐의 기준이 더 중요하다. 생물학적 의미에서 이기주의는 유기체 개체의 행동이 그 개체의 후손증식에 도움이 되는 경우, 그런 행동은 이기적 행동이라고 하며 한 개체의 행동이 다른 개체의 후손증식에 기여한다면 그런 행동은 이타적 행동에 속한다.

소버가 설명하는 이타주의는 생물학과 철학을 연결하는 단초를 보여준다. 소버에 의하면 생물학적 이타주의란 개인 행동이 동기와 무관하게 집단의 결과를 예상하여 그 기대치에 의해 작동한다는 진화론적 설명 방식이다(Sober and DS Wilson 1998, 17). 유기체의 행동이 자신의 희생(비용)costs을 감수하더라도 다른 유기체에게 이익benefits을 줄 때 그런 행동을 이타적이라고 말한다. 여기에서 희생과 이익은 자연선택의 결과로 나타난 증식의 적합도reproductive fitness로 계산된다. 즉 한 유기체의 행동이 이타적이라면, 그 개체 자신의 자손 수는 줄어들고 다른 집단 개체의 자손 수는 늘어나게 되는 자연적 결과를 가져온다. 소버는 "행위자의 적합도는 감소하고 수혜자의 적합도는 증대될 때, 이 행동을 이타적"이라고 정의했다(Sober and DS Wilson 1998, 19). 이타적 행위가 개체 번식에 손해가 되더라도 그 개체가 속한 집단의 번성에 도움이 될 때, 바로 그 경우에만 생물학적으로 이타적이라고 할 수 있다. 그래서 엄밀한 의미로 볼 때 생물학적 이타주의는 집단 차원의 자연선택을 전제해야 한다.

2.2 집단선택론에서 유전자 선택론으로

앞의 4장 선택수준 논쟁에서 윈에드워즈의 집단선택론을 언급했었다. 11장에서는 선택수준 논쟁이 아니라 이기주의와 이타주의 논쟁 관점에서 윈에드워즈를 다시 언급한다. 윈에드워즈는 원래 조류학자로, 특정 조류군의 개체수 증가 추세에서 집단으로 발생할 수 있는 먹이부족 현상을 어떻게 대처하는지를 연구하였고, 그 결과 집단 전체가 기아에 처하기 전에 일부 개체군들이 생식을 못하거나 스스로 하지 않는 행동을 확인했다고 주장했다. 개체군에서 자기희생이란 생식을 스스로 포기하는 것으로, 그러한 행동 양식을 생물학적 이타주의라고 부른다. 윈에드워즈는 집단을 위해 개체의 번식을 조절하는 이러한 희생 행동을 집단선택의 주요한 메커니즘으로 보았다(Wynne-Edwards 1962).

집단선택을 옹호하는 학자들이 제시한 사례들은 여전히 논란이 되었다. 집단선택론자의 증거는 해석하기 나름으로 개체선택의 관점에서도 볼 수 있기 때문이었다. 집단선택론에 대한 비판은 다음 4가지로 정리된다. 첫째, 이타주의를 주장하기 위하여 당위적으로 혹은 억지로 집단선택론을 수용했다는 비판이다. 둘째, 윈에드워즈의 논증의 경우 도덕적 이타주의와 생물학적 이타주의를 구분하지 못했다는 비판이다. 셋째, 이타주의 논점이 과학적 근거로서가 아니라 사람 사는 세상이 좀 더 좋아졌으면 하는 정서적 희망 차원에서 논의되었다는 비판이다. 넷째, 동물들의 이타적 행위는 '겉보기 이타주의apparently altruism'일 뿐이고, 겉보기 이타주의는 이기주의의 다른 양상이라는 점이다. 이타성 행위는 집단선택론이 아니더라도 개체선택론으로 충분히 설명할 수 있기 때문에, 집단선택론은 불필요한 비경제적 개념 도구일 뿐이라고 했다.

생물학적 이타주의를 설명하려면 반드시 집단선택이 가능하다는 것을 보여줘야 한다(Sober and DS Wilson 1998, 6). 반면에 동기 중심의 이타주의를 반박하는 사람들은 집단선택론 없이도 이타주의가 가능하다는 것을 입증하려 한다. 집단선택론 없이 이타적 행위를 설명하는 이론들이 충분하다는 것이다. 대표적으로 메이나드 스미스의 친족선택론을 재구성한 해밀턴의 포괄적합도 이론, 도킨스의 이기적 유전자 이론, 트리버스(Robert Trivers)의 호혜성 이타주의 이론이 있다. 그 외에는 맞대응 전략tit for tat과 같은 게임이론도 있다. 모두 집단선택론을 취하지 않으면서도 이타적 행위를 설명하려는 이론적 대안이었다. 이런 대안은 사회생물학 담론과 현대 유전자 담론으로 이어졌다. DS 윌슨은 이런 대안적 이론들의 등장을 '사회생물학의 이론적 중심 문제'를 해결하려는 시대적 상황이라고 말했다(Sober and DS Wilson 1998, 18).

이기적 유전자 이론은 도킨스의 책 제목을 그대로 따라 붙인 메타포에 지나지 않는다. 도킨스 이론에서 선택의 단위는 유전자이다. 도킨스 이전에 이미 『적응과 자연선택』(1966)의 저자 조지 윌리엄스가 유전자 선택론을 제시했었다. 4장에서 윌리엄스 유전자 선택론을 충분히 다루었는데, 여기서 이타성 행동은 혈연간 유전자 확장에 보탬이 되는 이기주의의 확장된 모습일 뿐이다. 동기 중심의 도덕적 이타주의 대신에 생물학적 이기주의의 다른 버전을 보여주었다. 무성생식은 아니지만 반쪽의 무성생식처럼 보이는 진정사회성eusocial 곤충의 사례는 집단 지향의 이타주의로 보이지만 실제는 그들 사이의 유전자를 친족(자매관계) 중심으로 확장하려는 이기주의의 단면이라는 사실을 윌리엄스는 주목했다(William 1966). 벌목Hymenoptera의 일벌은 번식을 포기하고 여왕 벌에게 모든 번식을 위임한다. 진정사회성 동물에는 다음의 3가지 특성이 있다. 첫째, 생식분업으로서 대부분의 개체는 생식을 포기하고 소수 개체만이 생식을 한다. 둘째, 집단은 일종의 군체superorganism처럼 보이고, 이 군체 내에서 집단번식을 한다. 셋째, 여왕벌처럼 생식 전담 개체가 낳은 새끼를 구성원들이 함께 협동 양육한다(메이나드 스미스 2001, 230-231).

생물학적으로 일벌의 자기 번식 포기는 겉으로 보기에 이타적 희생으로 여겨진다. 다윈도 이 사실을 인지했다. 다윈은 진화의 메커니즘을 고안하는 과정에서 일개미와 여왕개미의 예외적 상황을 진화론으로 설명하는 데 어려움을 느꼈다. 다윈이 처음에 생각했던 진화 자연선택의 기초는 자손 증식의 메커니즘에 있는데, 암컷인 일개미가 자손증식을 스스로 포기한다는 사실을 설명하기 어려웠다는 뜻이다. 다윈은 일개미 집단 전체 차원에서 번식이 유지된다는 점을 파악하고, 생식포

생물철학

기 현상을 개체에게 손해지만 집단에 이익이 된다는 오늘날의 집단선택론으로 생각했다. 다윈의 이런 생각은 1966년 윌리엄스의 저술이 등장하기 전까지 의심받지 않았다. 윌리엄스가 보기에 일개미의 생식 포기는 개체 입장에서는 포기로 보이지만, 유전자 입장에서는 포기가 아니라 유전자를 더 널리 퍼뜨리는 온전하고 유효한 증식 방식이었다.

개체 차원에서 생물학적 이타주의의 기준은 자신의 자손증식 기회를 포기하면서 다른 개체의 자손증식을 돕는 행위에 있다. 유전자 차원에서 생물학적 이타주의를 정의한다면 자신의 유전자 확대를 포기하고 다른 개체의 다른 유전자 확대를 돕는 행위를 말한다. 그렇다면 개체 차원에서 생식을 포기하지만 자신의 유전자를 똑같이 공유한 형제나 사촌 등 친족의 생식을 도움으로써 간접적으로 자신의 유전자를 확대할 수 있다면 유전자 차원에서 오히려 이기적 행위로 판단할 수 있다. 윌리엄스는 일개미의 생식포기 현상을 집단선택을 기초로 한

[표 11-2] 겉보기 이타주의에 대한 생물학적 대안들

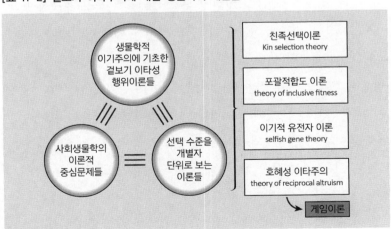

이타주의로 설명할 필요 없이 생물학적 이기주의로 충분히 설명가능하다고 논증했다. 윌리엄스 이후 집단선택론의 막은 내려지고 개체선택, 정확히 말해서 유전자 선택론의 시대가 시작되었다.

2.3 포괄적합도 이론: 해밀턴과 굴드

윌리엄스의 유전자 수준의 선택론을 수학적 표현으로 해명한 해밀턴의 포괄적합도 이론inclusive fitness theory은 생식을 포기하는 일개미의 유전자 공유도를 계산하여 윌리엄스의 유전자 선택론을 확증시켰다. 부모 중 한 사람과 그 자식은 유전자를 50% 공유하기 때문에 자식들 사이에 50%의 유전자가 공유된다. 그런데 일벌과 같은 벌목의 경우 하나의 여왕벌에서 태어난 일벌 자매들은 서로에게 75%의 유전자를 공유하고 있다.

그 이유는 다음과 같다. 여왕벌은 두 종류의 알을 생산한다. 하나는 미수정란이며 다른 것은 수정란이다. 미수정란은 교미한 수컷 벌 정자가 여왕벌 난자 안으로 수정되지 않은 상태로 있다는 뜻이다. 이런 미수정란이 부화하면 수벌이 된다. 수벌은 한 쌍의 염색체가 아니라 여왕의 염색체 한 벌만 갖고 태어난다. 왜냐하면 암수 간 수정이 일어나지 않은 어미의 무수정란에서 태어난 것이 수벌이기 때문이다. 한편 수정란은 모두 암컷이 되며, 여왕벌에서 탄생한 모든 암컷 자매 벌들은 예외 없이 어미 유전자의 50%에 아비 유전자의 100%가 더해진 150%에 해당하는 염색체 한 쌍diploid으로부터 감수분열된 75% 유전자를 동등하게 소유한 셈이다.

이 의미는 아주 특별하다. 암컷 일벌이 스스로 생식하여 자신의 암컷을 낳는다면 자식과의 유전자 공유는 50%이지만, 자신이 알낳기를 포기하고 그 대신 여왕벌의 알낳기만을 도움으로써 여왕벌이 알을 낳는다면 그 여왕벌의 자손은 자기와 자매관계이지만 무려 75%의 유전자를 공유하게 된다. 불임으로 태어난 일벌이 혹시 자식을 낳을 수 있더라도 50% 유전자만 후대에 남기게 되는 반면 자신의 번식을 포기하고 그 대신 여왕벌에게 번식을 몰아줄 경우 75%의 유전자를 후대에 남길 수 있는 것이다. 그래서 일벌에게 이타적 행위로 보이는 자기 생식 포기행위조차 유전자 차원에서 이기적 행위에 해당한다. 일벌의 생식관계는 집단선택의 결실처럼 보이지만 실제로는 유전자 선택의 모델이라는 것이 해밀턴 포괄적합도 이론의 핵심이다(Hamilton 1964a).

월리엄스는 집단유전학을 오해한 기존의 진화론자들이 바로 이런 사실을 알지 못했기 때문에 집단선택론을 고집했다고 비판했다. 50%의 유전자 공유만을 사실로 알고 있었던 사람들, 즉 개체 입장에서 번식 양태를 이해하려고 했던 사람들에게 일벌의 번식 구조가 집단선택론으로 비칠 수밖에 없었다. 반면 75%의 유전자 공유를 알게 된 해밀턴에게 일벌의 생식과 번식 구조는 유전자 계승의 적합도가 더 높은 자연스러운 진화 과정이었다. 월리엄스에서 해밀턴의 업적은 번식을 포기한 일벌의 생물학적 이타 행위를 유전자 차원에서 재해석하는 인식론적 전환을 만들어 냈다.

복제와 증식을 순수한 질료적 관점에서 볼 때, 유전자 선택론은 너무나 당연한 듯 보였다. 도킨스는 이런 관점을 활용하여 비록 메타포 차원의 표현이기는 하지만, 자신의 책 제목인 '이기적 유전자'라는 이름으로 유전자 선택이론을 강화했다. 이 이론에 의하면 개체는 자신을 복제하는 데만 관심을 갖고 유전자를 후손에 전달하도록 조정되는 로봇에 지나지 않는다. 도킨스에게도 마찬가지로 이타적 행위는 실제로는 겉보기 이타성이며 이기적 유전자 선택이론으로 설명될 수 있다. 예를 들어 보자. 노 젓는 보트 경주대회에서 속도를 올리려면 한 배를 탄 사람들끼리 협동이 잘 이루어져야 한다. 자기 증식하는 이기적 유전자는 각자 증식을 하지만 전체 유전자가 유기적으로 존속해야만 개체 유전자도 비로소 증식할 수 있다. 이런 점에서 유전자는 보트 시합의 노 젓는 사람들에 비유될 수 있다. 경주에서 승리하려면 노 젓는 사람끼리 협동이 잘 되어야 하듯이, 속도를 더 내려는 보트 전체를 위한 이타적 행위도 사실은 개체 유전자의 이기성으로 설명 가능하다는 뜻이다.

도킨스의 『이기적 유전자』는 윌리엄스 이상으로 집단선택이론을 비판했다. 도킨스의 책 제목에서 메타포로 사용된 '유전자'라는 용어는 단순히 선택 수준을 표현한 것이 아니다. 여기에서는 두 가지를 유의해야 한다. 첫째, 선택 수준의 문제는 복제 단위의 문제와 다른 맥락이다. 둘째, 선택 결과의 표현 방식과 선택 과정 자체를 혼동해서는 안 된다. 이기적 유전자 이론은 선택 단위를 개체에서 유전자로 바꾸자는 주장이 아니라, 개체 차원의 표현형이 선택의 대상이 되더라도 결국은 유전자의 증식과 복제가 선제되어야만 그런 개체선택이 가능하다는 뜻이다.

도킨스의 핵심은 의외로 단순하다. 진화하는 유전자는 진화하지 않는 유전자보다 더 높은 적합도를 갖는다는 점이다(Dawkins 1999, Chap.9). 도킨스는 더 높은 적합도를 '이기적'이라는 말로 표현했을 뿐이다. 복제자로서 이기적 유전자 개념은 때때로 집단선택을 부정하는 결정적인 논증으로 간주되어 왔다. 한편 엘리엇 소버는 이런 논증이 집단선택의 주제와 아무 관련 없다고 여러 차례 항변했다. 개체 차원에서 그것이 유기적 개체든지 개별 유전자든지 관계없이 이기적으로 적응한다. 소버도 역시 유전의 적합도는 유전자에 의존하지만, 적응은 여전히 개체의 표현형 차원에서 일어난다는 점을 인정했다(Sober and DS Wilson 1998, 89-91). 친족선택이론은 윌리엄스가 벌목 곤충의 번식을 설명한 내용 그대로이다. 불임 상태로 태어나기도 했지만 번식을 포기한 일벌은 전적으로 이타적이다. 그러나 자기보다 유전자 증식의 적합도가 더 높은 혈연관계의 여왕벌의 동일한 유전자를 퍼트린다는 점에서 이기적이다.

해밀턴에서 자신의 포괄적합도 이론은 친족선택이론으로 지지된다. 일벌의 경우처럼 자신이 손해를 보고 혈연관계에 있는 타인에게 이익을 주는 이타적 행위도 실제로는 자신의 유전자를 확산하는 유전자 차원의 이기성이라고 보았다. 순수 이타주의를 주장하려는 집단선택론 대신에 해밀턴은 개체 자신이 아니라 타자에게 유전자를 대신 복제하도록 하는 희생적 행동을 자신의 유전적 미래를 증진하고 보장받는 이기적 행동으로 해석했다. 이것이 그의 혈연선택 모델이다. 혈연선택 모델은 집단에 속한 개체들의 이타적 행위를 결국 동일 집단 구성원의 동종 유전자를 확산시키려는 이기적 목적을 지향하는 것으로 본다.

해밀턴 유전 근친도 법칙은 혈연선택 모델을 설명하는 유명한 이론이다. 해밀턴 이론은 윌리엄스가 말한 유전자 공유 관계를 수학법칙으로 바꾼 것이다. 친척의 혈연관계 사이에서 유전적 근친도genetic related-ness인 r에 따라 표현된 적응적 이익benefit B가 이타적 행동을 하는데 드는 비용cost C보다 클 경우(r × B > C) 이타적으로 보이는 그런 행동이 수행될 수 있으며, 그런 친척 간의 행동유형은 전적으로 진화의 산물이라는 것이다. 일반의 동물생식에서 형제 사이의 유전적 근친도는 0.5인데, 일벌 자매 사이의 유전적 근친도는 0.75이다. 이런 포괄적합도 이론 덕분에 일벌 자매들이 생식을 포기하는 이유를 이해할 수 있다.

[표 11-3] 해밀턴의 이기/이타 행동기준(Hamilton 1964, 15쪽에서 따온 것임)

		타자, 이웃 입장에서	
		이익 ⇩	손해 ⇩
개체, 내 입장에서	이익 ⇨	선택	이기적 행동
	손해 ⇨	이타적 행동	반-선택

해밀턴의 가상실험과 동일한 주제이지만 형제자매 사이의 유전자로 바꾸어 이야기를 만들어보자. "내 여동생은 유전자의 절반을 나와 공유하고 있다. 다윈의 공식에 따르면, 내 동생은 나의 절반과 같다는 의미이다. 이제 내가 세 명의 여동생과 길을 걸어가고 있다고 상상해보자. 그때 어떤 괴물이 우리를 잡아먹으려고 저 멀리서 우리에게 다가오고 있다. 3명의 내 여동생들은 그 괴물을 아직 못봤다. 이 상황에서 내가 선택할 수 있는 행동에는 두 가지가 있다. 첫째, 나는 목숨을 잃겠지만 대담하게 괴물과 맞서 싸워는 것이다. 내가 괴물과 싸우는 틈을 타서 3명의 나의 여동생들은 도망갈 수 있다. 둘째, 나 혼자 도망치고 결국은 그 괴물이 내 여동생들을 해치는 상황이다. 다윈의 학설을 잘 아는 나는 어떻게 행동해야 할까? 답은 이렇다. 내가 대담하게 괴물에게 달려들어 싸우면서 시간을 벌면 된다. 그렇게 되면 내 생명만 잃고,

생물철학

내 유전자의 50%씩을 갖고 있는 세 명의 여동생들은 살아남아서 유전자로 본다면 150%의 유전자가 살아남는 것이다. 나 혼자 도망쳐서 살아남고 다른 여동생들이 다 죽는다면 결국 100%의 유전자만이 존속되지만, 반면에 나 혼자 죽고 여동생들이 계속 살아남으며 내 유전자의 150%가 계속 존속하는 것이라서 내가 희생하여 나 혼자 죽는 상황이 전체 유전자 번식 차원에서 더 유리하다는 뜻이다. 희생적으로 보이는 내 행동이 유전자적 관점에서 보았을 때는 '이기적'이다. 내 행동이 다음 세대로 전해지는 내 유전자의 총량을 최대화하기 때문이다."(굴드 2009, 223)

놀랍게도 이렇게 인용한 가상은 유전자 선택론을 부정했다고 알려진 굴드의 『다윈 이후』에 나온 내용을 약간 첨삭한 글이다. 굴드 역시 유전자의 계승과 유전자의 미시적 의미를 부정하지 않는다. 해밀턴의 포괄적합도 이론의 근친도 계산에 따르면 나는 동생 3명을 구하기 위해 괴물과 죽음의 싸움으로 뛰어 들어가야 한다. 나도 그럴 수 있을까? 생물학적 포괄적합도 이론은 집단선택론 지향 이타주의를 대신할 수 있는 훌륭한 유전자 차원의 이론이지만, 현실에서 우리들 인간은 유전자를 집계하면서 행동하지는 않는다. 오히려 개인과 집단 사이의 도덕적 관습과 개인의 공감능력을 기반으로 행동한다. 유전자 차원의 포괄적합도 이론과 현실 차원의 행동주의 이론은 서로 다른 범주의 설명이론이라서, 두 이론은 서로에게 모순관계라기보다 범주가 다른 상보관계로 볼 수도 있다.

2.4 죄수의 딜레마와 내쉬균형

죄수의 딜레마prisoner's dilemma는 1950년대 게임이론이 등장하면서 협력과 배신의 갈등 상황을 가상으로 재현한 판단과 의사결정에 관한 이론이다. 협력이 최선의 결과를 낳지만 실제로는 개인의 자기이익만을 추구한 선택을 함으로써 결국 나쁜 결과를 낳는 상황을 말한다. 죄수의 딜레마 가상 상황은 아래와 같다.

은행강도 혐의로 검거된 두 명의 용의자가 경찰의 심문을 받고 있다. 피의자 A와 B는 범행 사실을 적극 부인한다. 그러자 경찰은 형사 피의자 A와 B를 서로 분리하여 둘 사이에 대화를 할 수 없는 상태에서 분리된 개인 심문을 통해 자백을 유도하려고 한다. 증거가 없어서 피의자의 자백이 필요하기 때문이다. 서로 다른 방에 분리된 용의자 A와 B 각각에게 경찰은 동일한 제안을 한다. 자백을 하면 선처해주는 대신 다른 공범은 5년형을 받게 된다는 제안이다. 이런 경찰의 제안에 대하여 두 공범은 어떤 응대를 할 것인지를 보여준 예시다. 두 용의자에서 자백이나 부인하는 응대 경우는 다음과 같다. (i) 경찰의 제안대로 혼자 혐의 사실을 자백하면 자백한 용의자는 빠르게 석방되며, 혐의를 부인한 다른 용의자는 5년형을 선고받는다. (ii) 만약 두 사람 다 자백하면 두 사람 모두 2년형으로 감면받는다. (iii) 그러나 두 사람 다 묵비권 행사나 혐의를 끝까지 부인할 경우, 증거불충분으로 두 사람 모두 경범죄 처벌로 끝난다. 그리고 경찰이 제안한 (i)과 (ii)의 두 가지 협의조건은 두 용의자에게 따로따로 알려주었다.

용의자 A와 B는 각각 자백 아니면 부인이라는 선택을 해야 한다. 용의자 입장에서 끝까지 혐의를 부인하면 그런 행동은 서로의 협동을 유지하는 일이고, 혼자 자백을 하는 것은 상대방을 배신하는 행위와 같다. 이 두 용의자에게 최선의 결과는 두 사람 모두 혐의를 부인(협동)하는 것이다. 그러나 A와 B는 서로를 믿지 못하기 때문에 결국 자기만 5년형이라는 손해를 볼 것이라는 판단을 한다. 이런 생각 때문에 두 피의자는 자백(배신)을 선택하는 것이 일반적이다. A는 자백을 할 경우 B가 부인하면 석방되고, B가 자백을 하더라도 5년형이 아닌 2년형을 받게 될 것이다. 그래서 A는 자백(배신)을 선택하는 것이 유리하다고 판단할 것이다. 마찬가지로 다른 방에 있는 B도 같은 판단을 할 것이므로 B도 자백을 선택할 것이다. 이런 죄수의 딜레마 사례는 협동이 둘 다에게 좋은 결과를 가져다줌에도 불구하고 개인은 협동보다는 배신을 하는 것이 더 나은 결과를 얻을 것으로 판단함을 보여준다.

[표 11-4] 죄수의 딜레마

두 죄수 A와 B 사이의 딜레마	피의자 B가 범행을 자백한다.	피의자 B가 범행을 부인한다.
피의자 A가 범행을 자백한다.	A와 B 둘 다 2년형	A는 석방, B는 5년형
피의자 A가 범행을 부인한다.	A는 5년형, B는 석방	A와 B 둘 다 경범죄

영국의 생물철학자 키쳐에 의하면 죄수의 딜레마에서 죄수(피의자)의 판단과 의사결정은 상대의 과거 행동양상에 비교하여 선택된다고 한다. 그 판단은 4가지 유형으로 나뉘는데, 첫째, 분별있는 이타주의자

discriminating altruist 유형, 둘째, 항상 배반하는 것으로 알려진 적극적 배반자 유형, 셋째, 아직 행동을 결정하지 않은 게임 회피자 유형, 넷째, 약자를 골라서 배반하는 선택적 배반자 유형이다. 실제로 비윤리적 상황에서 둘째 유형과 넷째 유형이 대부분이라서 통계적으로 볼 때 죄수의 딜레마 게임은 서로 배신하는 유형으로 끝난다는 뜻이다(Kitcher 1993).

서로가 서로에게 배신하는 선택은 인간의 이기적 특성이 드러난 결과이다. 각자에게 최선의 선택이라고 한 판단이 서로에게 (혹은 공동체에게) 최악의 결과를 가져올 수 있는 사례이다. 두 사람에게 모두 좋은 상황은 둘 다 동일한 응대를 할 때이지만 현실에서는 그 반대 상황이 온다. 그 이유를 설명하는 것은 수학자 내쉬(John Forbes Nash, Jr, 1928-2015)의 내쉬균형 이론에서 더 쉽게 찾아볼 수 있다.

현실에서 개인의 선택은 혼자만의 조건을 토대로 한 판단이 아니라 타인의 판단을 고려한 선택이 일어난다. A의 의사결정은 B가 어떻게 선택할 것인지를 염두에 둔 판단이다. B도 마찬가지로 B의 의사결정역시 상대방 A가 어떻게 선택할 것인지를 염두에 둔 판단에 따른다. A와 B의 상대적 의사결정 구조에서 첫째 피의자 A가 범행을 부인하는 상황을 보자. 이때 A는 B가 공범으로 자백하거나 부인하는 의사결정을 염두에 둘 것이다. B가 자백하면 A 자신은 5년형 선고를 받기 때문에 그냥 쉽게 풀려나는 B보다 절대적으로 불리하다고 판단할 것이다. 또한 B가 부인하더라도 자신의 책임이 B보다 나을 것이 하나도 없다고 판단한다. 첫째 상황과 달리 피의자 A가 범행을 자백하는 상황을 보자. 이때도 마찬가지로 A는 B가 공범으로 자백하거나 부인하는 의사결정을 염두에 둘 것이다. 이 경우 B가 자백하더라도 A 자신은 2년형 선고를 받아서 B보다 불리할 것이 없다고 판단할 것이다. 물론 B가 범행을 부인하면 상대방 B만 5년형이라는 독박을 쓰고 A 자신은 쉽게 풀려날 기회가 생긴다고 판단할 것이다. 그리고 이러한 A의 판단은 흔들리지 않는다.

A의 둘째 판단에 따른 의사결정은 흔들리지 않고 쉽게 바뀌지 않는 이유가 있다. 협동을 하기 위해 A가 공범을 부인할 경우 상대방 B의 의사결정에 따라 A 자신의 형벌이 B의 예상 형벌보다 유리할 것이 하나도 없다. 반면 A가 공범을 자백하는 경우 상대방 B의 의사결정이 자백의 결정을 하던지 부인의 결정을 하던지 관계없이 A 자신의 형벌은 B의 예상 형벌보다 불리할 것이 하나도 없다. 그래서 '상대 B의 의사결정과 무관하게' A는 자백이라는 배신행위 선택을 바꾸지 않게 된다. 마찬가지로 B도 그렇게 배신행위를 선택하게 된다. 두 피의자의 이런 선택은 상대를 염두에 둔 판단이지만 그런 상대적 판단 때문에 서로 각자의 판단을 바꾸려 하지 않는 특성이 나타난다. 수학자로서 노벨 경제학상을 수상한 내쉬가 이런 상황을 표현했으며, 이를 내쉬균형Nash equilibrium이라고 부른다. 상대 판단에 무관하게 자신의 판단과 행동선택을 바꾸지 않는다는 뜻에서 내쉬는 화학적 안정equilibrium이라는 용어를 차용했다.

내쉬균형은 현실경제를 설명한 이론이지만 이기주의 인간본성을 잘 드러내준다. 전통적인 공리주의 의사결정론과 다르게 개인의 이기적 판단과 행동은 결국 전체의 큰 손해(비용)로 끝난다는 점을 시사한다. 내쉬균형 이론은 상대방의 마음과 나의 마음은 같은 방식으로 작동할 것이라는 믿음으로부터 나온 게임이론의 한 단면이다. 그런데 죄수의 딜레마 게임을 1회가 아니라 연속적으로 시행한다면 상황이 달라질 수 있다. 구체적으로 말해서 죄수의 딜레마 게임을 200회 이상 할 경우 내쉬균형이 맞지 않게 되고 새로운 규칙이 더 우세할 수 있다. 즉 상대의 마음을 읽기보다는 상대의 행동을 따라서 배팅하는 전략이 더 나은 나의 판단과 선택에 도달할 수 있다는 가설이 등장한다. 바로 팃포탯^{tit} for tat 가설이다.

2.5 팃포탯과 게임이론

죄수의 딜레마 문제를 풀기 위해 협동과 배신의 이해관계를 게임으로 재현하여 최상의 상호 간 기대이익 전략이 모색되었다. 협동과 배신의 피드백을 모의실험으로 만든 새로운 전략이 등장했다. 이해관계론^{con-flict of interest}을 정치학에 적용시킨 것으로 유명한 액슬로드(Robert Axelrod)는 게임 횟수가 많을수록 게임에서의 배신행위는 회복 불가능한 손실을 주고 협동행위는 더 많은 이익을 줄 수 있다는 점을 컴퓨터 모의실험으로 확증해 보였다. 모의실험에서 사용된 전략은 기존 죄수의 딜레마 게임을 확장시켜(200회 이상의 죄수 딜레마 게임 시행) 만든 팃포탯이다. 액슬로드는 팃포탯 전략을 기반으로 자신이 설계한 프로그램으로 컴퓨터 양자 대결의 게임이론 대회에서 실제로 우승까지 했다 (Axelrod 1984; Axelrod and Hamilton 1981, 1390-1396).

액슬로드는 팃포탯 게임 전략을 협동성의 가능성 그리고 진화론의 적용 가능성에 초점을 두었는데,『협력의 진화^{The Evolution of Cooperation}』(1984)라는 자신의 책에서 소개하였다. 이 책에서 액슬로드는 팃포탯 전략을 다음과 같이 설명했다.

생물철학

- 첫째, 내가 신사적으로 행동하고, 또한 거듭 그렇게 행동할 때 나에게 이익이 돌아온다. 비신사적 행위를 시도했던 프로그램은 컴퓨터 대회에서 거의 최하위 수준으로 떨어졌다.
- 둘째, 상대가 나를 배신하면, 항상 그대로 나도 상대를 배신한다.
- 셋째, 자신의 배신을 후회하고 (배신이 이익이 아니라 손해라는 점을 깨닫고) 다시 협동으로 돌아올 경우 나도 상대에게 협동의 관대함을 베푼다.
- 넷째, 협동에는 협동으로 배신에는 배신으로 응대한다는 태도를 상대에게 명료하게 보여준다(Axelrod 1984).

내가 타인에게 협동 행위를 연속적으로 베풀면 처음에 의심을 품었던 상대라도 나중에 나에게 보상해주는 협동행위를 따라한다. 내가 그에게 베푸는 협동행위가 순전히 이타적 동기에 의한 것이 아님에도 불구하고, 이러한 협동행위를 이어가면 내가 속한 집단은 협동행위가 부족한 다른 집단보다 진화적 적응도가 높아진다. 그러나 나의 이익만을 채우고 상대를 배신하면 나중에 신뢰가 깨지며 그 관계를 회복하기 어려워진다. 가령 나의 이익이 충분히 얻어진 이후 내가 상대를 배반하면 더 이상 협동관계는 유지될 수 없다. 나의 배반에 대한 복수로 상대방도 나를 배반하기 때문이다. 혹은 현재 시점에서 상대는 나의 협동행위의 수혜를 받고 또한 마지못해 협동행위를 하고 있지만, 이런 관계가 언제 깨질지 촉각을 곤두세우게 된다.

틧포탯 게임이론은 집단선택론의 도움을 받지 않고서도 이타 행위를 설명할 수 있었다. 이 점이 게임이론 기반의 틧포탯 전략의 큰 장점이다. 그럼에도 불구하고 집단의 크기를 먼저 설정해야 하는 난제가 있다. 예를 들어 200회 이상의 게임을 하더라도 매번 동일한 상태에서 게임을 한다는 조건에서만 팃포탯 전략이 성공적일 수 있다. 복잡한 도시에서 일어나는 불특정 다수의 범죄행위를 팃포탯 이론으로 설명할 수 없다. 불특정 다수의 사건 하나하나가 거의 일회성 게임과 같기 때문이다. 그렇기 때문에 현실에서 생물계의 이타 행위뿐만이 아니라 이기 행위에도 적용하기 어려운 결정적 약점이 있다. 그러나 새 둥지에 있는 어린 새끼들처럼 규모가 이미 결정되어 있는 집단에서는 그들 사이의 이타 행위들을 적절히 설명할 수 있다. 이 점에서 팃포탯 게임이론은 전체를 부정하거나 긍정하기보다는 이타 행위를 설명하는 보완적 기능으로 적절히 수용될 수 있다.

또 다른 팃포탯의 단점이 있다. 죄수의 딜레마, 팃포탯, 혹은 호혜 이타주의 모두 한 집단 안에서, 그중에서도 이해관계에 얽힌 구성원 사이에만 적용된다. 패를 돌리면서 형성되는 복잡하고 미묘한 관계는 같이 카드를 치고 있는 사람들에게만 적용된다. 즉 한 집단에서 나의 패 돌리기는 다른 집단에 아무런 영향을 끼칠 수 없다. 협동과 배반의 관계 역시 해당 군체colony 혹은 한 공동체 구성원 사이에만 적용된다. 1990년대 들어서 토론토대학교 심리학과 교수인 래퍼포트(Anatol Rapoport, 1911-2007)는 팃포탯 전략 게임을 더 발전시켜 상호성의 범위를 확장시켰다. 래퍼포트는 양자 간의 상호성 전략으로부터 집단 사이의 전략으로 이 프로그램을 개선시켰다. 개선된 프로그램에는 많은 구성원들이 참여하는 이타적 협동행위와 이기적 배반행위에 대한 전략을 추가했다(Sober and DS Wilson 1998, 86에서 재인용).

텃포탯 프로그램은 배반과 협동을 다룬 컴퓨터 프로그램 중에서 단연 최고의 협동성 결과를 보여주었으며, 나아가 생물계 진화에도 그대로 적용할 수 있다고 주장했다. 텃포탯 전략이 생물계 진화의 전략과 동등성을 가질 수 있다면, 보편적 도덕기준으로 인식된 황금률Golden Rule, 즉 '남에게 대접받고자 하면 먼저 남을 그렇게 대접하라'는 황금률은 그 절대가치를 상실한다. 황금률은 상대방이 어떻게 나오든 관계없이 배신하지 않고 무조건 협력한다는 보편적 도덕률이다. 찰스 다윈은 보상을 기대하는 동기에서 남을 도와주는 그런 동기는 일종의 '낮은 수준의 동기lowly motive'로 설명했다(Darwin 1871). '높은 수준의 동기'에 의해 보상을 기대하지 않고 협동하는 행동이 인간에게 가능하다고 다윈은 생각했다. 높은 수준의 동기는 황금률 개념에 가깝다고 볼 수 있다. 그러나 앞서 말했듯이 조지 윌리엄스는 협동하는 행동을 설명하는 데 '동기'가 필요한 것은 아니라고 했다. 이 생각은 후에 텃포탯 프로그램에서 잘 드러났다. 보상을 기대하고 행동하는 호혜주의는 도덕적 황금률과 무관하다. '이에는 이, 눈에는 눈'이라는 즉각 맞대응 반응조건에서 출발한 것이기 때문이다. 이것이 텃포탯 전략이나 호혜주의의 약점이다(Axelrod 1984). 그럼에도 불구하고 액슬로드는 호혜주의가 현실적으로 기존의 협동성 이론보다 훨씬 낫다고 말한다. 황금률은 이상적인 도덕기준이기는 하지만 실제 행동규칙으로 적용되기에는 현실적 괴리가 크다고 생각했기 때문이다.

액슬로드의 텃포탯 전략이 유기체 개체군 안의 구성원 사이의 게임이론으로 타당하게 적용되는 환경이 있다면 『적응과 자연선택』의 저자 조지 윌리엄스에게 이런 유기체 환경은 생태환경이다. 게임이론

기반 팃포탯 신사 전략으로 설명 가능한 유기체 생태환경은 다음과
같이 설명된다(Williams 1966, Chap.3).

- 각기 유기체들은 서로 자신들만의 효율적 전략을 추구한다.
- 개체군 내 상대를 배신하고 상대 전략을 무너뜨리는 특별한 전략
  (계략)을 구사하지 않는다.
- 유기체 개체 간 게임은 어떤 안장점saddle point을 추구하지 않지만,
  개체군 항상성을 유지한다. 안장점이란 경쟁자 간 이익과 비용의
  분기점이 같아져서 상호평형을 이루는 상태를 말한다.
- 생태환경의 전략은 불완전하지만 유기체에 직간접으로 도움되는
  방향을 추구한다.

2.6 트리버스의 호혜주의

해밀턴의 포괄적합도 이론은 자기 자신에게 손해가 되더라도 혈연관
계에 있는 친척에게 이익을 주는 겉보기 이타 행위를 유전자 선택론으
로 설명했다. 자연 상태에서 친족이 아닌 경우에도 이타 행위가 일어날
수 있는데, 이런 경우를 포괄적합도 이론으로 설명할 수 없게 된다.
자기기만 연구자로 유명해진 트리버스(Robert L. Trivers)는 이런 문제를
해결하려 했다. 트리버스는 해밀턴의 포괄적합도 이론을 계승하면서
도 그 이론의 한계를 넘어서서 새로운 이론을 제시했다. 트리버스는
부모가 자식을 양육하는 것은 늙은 후 자식으로부터 보상받을 것을
기대한다는 양육투자이론 등을 더하여 호혜성 이타주의reciprocal altruism
이론을 세웠다(Trivers 2002, 18).

트리버스는 상호주의 협동성 형질의 진화가 집단선택론의 도움 없이도 설명가능하다고 보고, 그 설명을 위해 1940년대 경제학과 수학에서 탄생했던 게임이론을 진화론에 적용시켰다. 그리고 상호성 이타적 행동의 메커니즘을 인정하며 호혜성 자체가 진화의 대상이 될 수 있다고 보았다(Trivers 1971). 진화론적 상호주의와 협동성 이론이란 자연의 이타적 행위를 상대방에게 이익을 주어 자손 증식 적합도를 높이면서 동시에 그 보답으로 자신의 미래 이익까지도 보장받게 된다는 뜻으로 설명했다. 이것은 겉보기 이타주의의 설명과 다르다. 상호적 호혜관계에서는 이타행위 제공자와 수혜자가 단순히 이익을 주고받는 관계로만 설정되지 않는다. 카드를 칠 때, 나는 옆 사람에게 이익을 주기 위하여 어느 정도 나의 희생을 감수하고 의도적인 패를 내놓을 수 있다. 그러나 그 패가 옆 사람에게 전혀 도움이 안 되거나 오히려 손해를 끼치게 될 수도 있다. 즉 나의 의도적 행위는 그 행위 자체로 평가받는 것이 아니라, 미지의 상대편 상황과 맞물려서 평가된다. 집단이 크면 클수록 내가 타인에게 베푼 이타적 행위에 대한 보상을 그대로 돌려받기 어렵다. 그러나 트리버스는 이런 경우라고 할지라도 인간은 무작위의 명성이나 명망 혹은 미래에 생길 우연의 기회를 기대하면서 이타행위를 할 수 있다고 보았다(Trivers 2002).

상호 호혜성의 관계가 지속될 수 있으며, 이런 지속성이 오랜 집단일수록 지속성이 짧은 집단보다 적응도가 높을 것이다. 각자 개인은 이런 협동관계가 자기 자신에게 더 큰 이익이 되는지 아니면 상대를 배반하고 눈앞의 이익을 챙기는 것이 더 큰 이익이 되는지를 머릿속에서 계산할 것이다. 사실 이런 머릿속 계산은 나뿐만 아니라 상대도

하고 있다. 이런 관계를 처음에 누가 촉발했는지에 관계없이 협동행위가 오래 지속될 경우, 이 협동행위는 더 증강될 수 있다. 반면에 협동시스템이 배반 행위로 깨질 경우, 딱 한 번의 배반 시기가 이르면 이를수록 상대적 배반도 증가하고 결국 그 집단은 황폐화될 것이다.

이와 관련하여 키쳐는 타인과의 관계에서 생겨난 의사결정 과정에서 상대가 반응해온 그동안의 지나온 행동유형들을 직관적으로 혹은 통계적으로 파악하고, 그런 과거 상대방 행동의 신뢰도에 맞추어 나의 행동을 결정한다고 본다(Kitcher 1993). 이타적 행동일지라도 서로 간에 순수한 이타적 동기를 요구하지 않아도 가능하다. 일종의 경제게임이기 때문이다. 집단 안에서 개체들 사이의 협동과 배반의 맞대응 행동양식은 호혜적 이익과 상대적 손해비용을 고려한 경제적 행동 양식이고, 상대가 어떻게 행동하느냐에 따른 나의 반응이며, 나의 행동에 따라 상대가 어떻게 반응하는지를 예측하는 행동양식이며, 일종의 사회교환이론social exchange theory에 해당한다. 그래서 헌신적 행위도 장기간의 투자 개념으로 해석된다.

진화심리학자 매트 리들리(Matt Ridley)는 트리버스의 호혜성 개념을 일종의 직접적 거래관계로 간주한다. 호혜적 행동을 유발하는 감정은 이타성 행동이 이익으로 되돌아온다는 기대감이 있을 때 비로소 이타 행동을 수행하게 된다. 그런 기대감이 실현될 수 있다는 믿음이 바로 도덕적 공정성이다. 호혜적 거래의 공정성이 실제로 공정하려면 도덕적 공정성이 먼저 있어야 한다는 것이 리들리의 입장이다. 리들리의 입장은 도덕적 공정성을 필요로 하지 않고서도 교환관계로 이타 행위가 가능하다는 트리버스 주장에 대하여 비판적이다(리들리 192).

생물철학

2.7 소버의 평균법 오류

앞의 4장에서 설명했듯이 소버는 다층 수준의 선택론자이다. 소버는 개체선택론을 전제로 하는 기존의 생물학적 이기주의 이론의 타당성을 부정한 것은 아니다. 그러나 집단 수준의 이타주의도 가능하다는 입장이다. "인간의 행동이 전적으로 이기적 이익에만 매달린 것이고 이타적 동기가 전무하다는 생각은 기존의 이론과 맞지 않다. 그런 생각이 분명하고 결정적인 관찰 결과에 의해 지지되는 것도 아니다."라고 소버는 말했다. 이런 소버의 선택수준론을 다수준 선택론multilevel selection theory이라고 한다(Sober and DS Wilson 1998, 8).

집단선택론과 이타주의를 옹호하는 소버의 다수준 선택론은 두 가지 이유로 비판받는다. 첫째, 좋은 세상을 기대하는 막연한 희망에 기인한 동기 중심의 심리적 해석에 지나지 않으며, 둘째, 자기희생을 통해 타인에게 이익을 주는 행위는 실제로는 겉으로 보이는 그럴듯한 apparently 이타성일 뿐 진정한genuine 이타성은 아니라는 비판이다.

이에 대해 소버는 유전자선택론이라는 대세 분위기에 휩쓸리지 말고 차분하게 이타 행위의 기반이 되는 다수준 선택론을 검토해야 한다고 대응했다. 생물학 측면에서 이타적 희생이라는 극단적 용어를 사용하지 않아도 집단을 이롭게 하는 행동유형이 있으며, 한 집단 내에서 개체들의 행동양식과 집단과 집단 사이에서의 행동양식을 구분해야 한다고 했다(Sober and DS Wilson 1998, 31). 소버는 이타주의를 인정한다고 해도 그것은 집단 내에서 개체의 상대적 적합도fitness를 감소시키기 때문에 생물학적 이타주의는 당연히 불리한 형질이 될 것임을 스스로 인정했다(Sober and DS Wilson 1998, 9). 소버는 이타주의만을 주장한 것이 아니라, 유기체 행동유형에는 이기주의와 더불어 이타주의도 가능하다는 것을 논증했다. 그 논증의 논거로서 소버 자신의 독특한 논리장치인 '평균법 오류'를 제시했다. 평균법 오류는 집단선택론을 강하게 비판하는 주장에 대한 방어 논리에 해당하는데, 전체에 적용된 적합도의 평균을 소집단 혹은 개체의 적합도에 일괄적으로 적용하기 때문에 개체의 이타행위를 제대로 볼 수 없게 된다는 뜻을 담고 있다(Sober and DS Wilson 1998, 34). 전체 평균을 무차별하게 소집단에 적용하는 오류를 지적한 소버의 평균법의 오류를 다음의 사례로서 설명한다.

입학 정원이 30명인 철학과에 여학생이 20명, 남학생이 40명으로 모두 60명이 지원했는데, 그중에서 여학생 10명과 남학생 20명이 철학과에 합격했다고 하자. 한편 입학 정원이 100명인 생물학과에는 여학생 200명과 남학생 200명으로 400명이 지원했고, 그중에서 여학생 40명과 남학생 60명이 합격했다고 하자. 이 경우 생물학과에 입학한 여학생은 40명으로 철학과의 여학생 10명보다 월등히 많다. 그러나 지원자의 성비율에 따른 합격률을 보면 철학과는 여학생 지원자 20명 중에서 10명이 합격하여 합격률이 50%인 반면, 생물학과는 여학생 지원자 200명 중에서 40명이 합격하여 그 합격률이 20%에 지나지 않는다. 한편 이 대학은 철학과와 생물학과가 학제 간 학부로 묶여져 있는데, 학부 전체로 볼 경우 여학생 전체 합격률은 23%에 지나지 않는다. 철학과 입장에서는 여학생의 합격률이 50%로서 합격률 적응도가 높지만 전체 학부 기준으로는 여학생의 합격률 적응도가 23%로 떨어지는 통계가 나온다.

생물철학

이러한 가상 사례는 특정 형질이 특정 집단에서는 적합도가 높지만 개체군에서는 평균 적합도가 낮은 것으로 보일 수 있음을 비유한 것이다. 전체 평균으로 낮아진 값 때문에 집단의 긍정적 적응도의 가치가 의미 없는 것으로 오해될 수 있다. 어떤 그룹에서는 분명히 적합도가 높은 유형이었지만, 그룹들이 모여진 전체에서는 오히려 적합도가 떨어지는 것으로 보일 수 있기 때문이다. 소버는 이런 오해를 '평균법 오류the averaging fallacy'라고 표현했다(Sober and DS Wilson 1998, 24-25).

소버는 평균법의 오류를 설명하면서 집단에서 특정 형질이 이타적으로 진화할 수 있음을 보여주기 위하여 각각 100개의 개체를 갖는 두 개의 집단으로 나뉜 개체군 모형을 사례로 들었다. A유형을 갖는 20개의 개체들 집단1은 개체당 9.96개의 자손을 남기고, 같은 A유형을 갖는 80개의 개체들로 된 집단2는 개체당 12.99개의 자손을 남기면 전체 평균 자손 수는 12.38이다. B유형을 갖는 80개의 개체들로 된 집단1은 개체당 11.01의 자손을 남기고, 같은 B유형을 갖는 20개의 개체들로 된 집단2는 개체당 14.04의 자손을 남기면 전체 평균 자손 수는 11.62이다. 단순 부등식 12.38(A) > 11.62(B)에서처럼, 전체 개체군 차원에서 볼 경우 유형A 개체들이 유형B 개체를 누르고 진화하는 것으로 나타난다. 즉 유형A가 개체선택 수준에서 진화하는 것으로 잘못 나타난다(Sober and DS Wilson 1998, 32).

평균을 낸다는 것은 집단 사이의 차이를 무시하고 개체군을 하나의 정체성을 갖는 하나의 전체로 간주한다는 것을 의미한다. 이런 경우 작은 집단1과 작은 집단2에서의 유형 혹은 형질의 차이가 무시된다. 왜냐하면 집단을 통틀어 평균 계산을 함으로써 실제로는 집단선택이 아니라 개체선택의 의미로 전환되었기 때문이다. 소버는 이렇게 특정 집단의 유형이 전체 평균의 집단에 묻혀버리는 경우를 평균법의 오류라고 했으며, 이런 오류 때문에 집단 간 생물학적 이타성의 자연적 사실이 무시될 수 있다고 지적한 것이다.

평균법의 오류를 쉽게 이해할 수 있도록 러시아 이야기인 '토끼 반, 말 반' 이야기를 해보자. 중앙 러시아를 여행하던 어느 프랑스인 여행객이 시골의 한 식당에 들어갔다. 메뉴에는 토끼고기 스프가 있었다. 여행객은 한때 맛있게 먹었던 기억으로 남은 토끼고기 스프를 주문했다. 한참 후에 나온 스프에서는 말고기 냄새만 났다. 여행객은 주인을 불러 따졌다. 주인이 답하기를 토끼와 말을 반반씩 섞었다고 했다. 그런데 사실을 확인해 보니, 토끼고기 반에 말고기 반을 섞은 수프가 아니라 토끼 한 마리와 말 한 마리를 섞은 수프였다. 한 마리씩이지만 어쨌든 반반이라며 주인은 핑계를 댔다. 평균법의 오류를 보여주는 일상의 이야기이다.

소버는 집단 간 선택은 이타주의로 동시에 집단 내 선택은 이기주의로 다층적으로 작용한다는 점을 강조했다. 이 두 가지 힘은 벡터 합의 값으로 작용된다. 집단 간 선택 작용으로 일어나는 이타주의의 진화력과 집단 내 선택작용으로 일어나는 이기주의의 진화력이 중첩되어 표현된다는 것이다. 하나의 공을 밀어내는 힘의 역학을 예로 들어보자. 공 하나를 한 사람은 서쪽으로 20만큼의 힘으로 밀고 다른 사람은 동쪽으로 30만큼의 힘으로 민다면, 두 힘component forces은 벡터 합으로 작용한 결과 동쪽으로 10만큼의 힘으로 움직이게 될 것이다. 마찬가지로 진화력은 집단 간 선택력과 집단 내 선택력을 합한 결괏값resultant force

생물철학

이 벡터값의 방식으로 발현된다는 것이다. 그런데 이것을 무시하고 전체의 평균값만을 취한다면 결괏값을 구성한 요소, 즉 방향에 따라 다른 두 벡터 힘의 각각의 값을 구분할 수 없게 된다. 벡터값을 일반 산술합으로 오산하는 것도 소버가 강조한 평균법 오류의 하나이다 (Sober and DS Wilson 1998, 33).

3. 이타주의

3.1 드발의 이타주의

인간사회에서 이타주의는 도덕적 의무감과 과도한 자기반성의 절제력을 요청해 왔다. 도덕적 멍에를 짊어져야만 하는 이타주의의 역사는 형이상학적 도덕주의나 도덕 규범주의의 범주에서 벗어나지 못했다. 힘들고 의무감에 의해 수행된 이타성 행위는 결국 보상지향적 이기주의의 다른 측면으로 오해받게 된다. 호혜주의는 이타주의와 이기주의를 연결하려는 시도를 했지만, 여전히 이기주의 본성론에 기반한다. 인간사회에서 도덕적 이타주의는 가능하다고 하더라도 생물학적 이타주의는 존재할 수 없다는 것이 호혜주의 해석의 중심이다. 호혜주의는 생물학적 이기주의와 사회적 호혜주의가 만나서 협동성 윤리학을 정초할 수 있다고 한다(Harman 2010, Chap.11).

반면 이타주의도 자연계에서 충분히 관찰된다고 하는 주장도 있다. 모계 양육과 공감 능력을 사례로 들면서 동물사회에서 새끼 돌봄 메커니즘은 도덕 이타주의를 낳는다고 한다. 의무감이나 힘들고 애처로운

'아픈 이타주의'가 아니라 '즐거운 이타주의'는 생물학적 돌봄이 뒷받침되기 때문에 가능하다고 한다. 『내 안의 유인원』(2005)과 『침팬지 폴리틱스』(2007)라는 책으로 유명해진 영장류학자 드발(Frans De Waal)이 보기에 힘들고 고통스러운 이타주의 가설은 이타주의를 자체적으로 소멸시킬 뿐이다. 이타주의는 반드시 고통을 유발하지 않으며, 단지 약간의 비용이 들 뿐이다(드발 2014, 79-80). 타자의 도움을 싫어하지 않는 것도 이기적 본성의 측면이며, 타자를 기꺼이 도와주려는 것도 이타적 본성의 측면이라고 드발은 말한다. 영장류학자 드발은 서로에게 의존하고 서로 돕는 무리동물의 본성에는 희생 대신에 즐거움이라는 보상이 함께 하는 이타성 행위가 가능하다는 점을 침팬지와 보노보 관찰연구를 통해 타진한다(드발 2014, 349).

드발의 심적 쾌락을 주는 "즐거운 이타성 가설"은 규범화된 이론 체계는 아니지만 영장류 관찰연구의 결과로서 실용적 의미를 포함한다. 즐거운 이타성 가설은 이타주의가 문화의 산물이면서도 동시에 생물학적 자연의 산물이라는 점을 말하는 데 있다. 우리 인간은 문화주의와 생물학주의 중에서 어느 한 쪽을 선택해야 할 필요가 없으며 이두 입장은 상호적으로 작용된다는 점을 드발은 강조한다. 인간 본성을 설명하는 데 있어서 유전자 요인과 환경 요인 사이의 역동적 상호작용이 중요하다는 점이다(드발 2022, 83).

사람을 이기주의로 몰고가는 본성은 바로 인간의 감정 발현에서 나온다는 전통적인 생각은 감정에 대한 인류의 공통적 이해방식이었다. 즉 감정은 이기주의의 원천이라는 생각이다. 심리학 일반에서는 이타행위 혹은 협동성 행위는 추후 보상을 바라거나 상호이익을 기대한 행위에 지나지 않다고 해석한다. 그런 겉보기 이기주의 혹은 호혜성 이론을 드발은 합판이론Veneer Theory이라고 이름 붙였다. 합판이론은 드발이 만든 조어로서 인간의 이기적 본성을 얇은 판자로 살짝 덮어서 마치 이타적으로 보이게끔 한다는 전통적 이기주의 입장을 비판적으로 비유한 말이다. 합판이론을 비판하지만 드발은 이기주의 본성을 부정하는 것이 아니라 이기성과 더불어 이타성이 자연적 감정의 형태로 발현된다는 점을 강조한다(드발 2022, 117).

드발은 자연의 감정 요소 안에서도 '즐거운' 이타적 행동성향을 끌어낼 수 있다는 논거를 제시한다. 문화의 산물로서가 아니라 자연의 산물로서 이타성과 이기성의 혼재된 인간 본성을 이해하기 위해 감정의 문제를 접근하는 것이 중요하다고 드발은 보았다. 두려움, 분노, 혐오, 매력, 애착 등 감정은 생존에 유리하게끔 행동하도록 적응된 형질이다(드발 2022, 115). 마찬가지로 이타적 행동성향도 감정의 발현으로 드러날 수 있다고 한다. 특히 공감능력의 감정은 이타주의 본성을 알려주는 지표로 될 수 있다. 공감능력의 감정emotion은 모성애의 정동affection 위에서 생긴다고 드발은 말한다. 어미가 자식을 돌보는 모성애 행동성향은 자연에서 발현되는 전형적인 이타주의에 해당한다. 문화적이고 도덕적 이타주의 이전에 자연적 이타주의가 보여주는 애착 행위는 체내 호르몬 옥시토신 분비에 있다는 점에서 생물학적 이타주의의 원형이다(드발 2022, 391). 5명 중 4명의 엄마는 왼팔로 아이를 안는 무의식적 행동을 한다고 전한다. 드발은 그 이유를 아래와 같이 추정한다. (i) 아기에게 엄마의 심장 소리를 듣게 하려고, (ii) 엄마가 오른팔로 다른 작업을 할 수 있도록, (iii) 왼쪽 아기 얼굴을 주시하면 엄마의 오른 뇌가 활성화되고 우뇌는 사랑의 감정적 연결을 촉진하기 때문에, (iv) 아기는 대체로 왼쪽 젖을 선호하기 때문이라고 한다. 모성애라는 이타주의를 단순히 도덕적이고 당위적인 형이상학만의 산물이 아니라 생물학적 사실의 기반을 갖는다고 드발은 강조한다(드발 2022, 398).

영장류학자로서 드발은 암컷 침팬지 그룹을 면밀하게 관찰하면서, 이타주의의 더 중요한 근거를 발견했다. 새끼를 키우는 중의 어미만이 아니라 어린 암컷을 포함하여 새끼가 없는 암컷 일반에서도 모성애allo-mothering를 찾을 수 있었다. 암컷 침팬지의 경우 남의 새끼조차 친자식처럼 돌보는 행동유형을 하며, 어린 암컷도 이런 행동유형의 하나로서 인형놀이에 몰입할 수 있다는 것이다(드발 2022, 405). 암컷뿐만 아니라 새끼를 키우거나 보호하려는 성향이 수컷에게도 잠재되어 있음을 발견했다. 인간의 경우는 침팬지 이상으로 자연적인 이타 성향이 드러나는데, 예를 들어 남성의 경우라도 첫 아이 탄생 직후 아버지의 테스토스테론 수치가 잠시 낮아지면서 프로락틴과 옥시토신 수치가 올라간다(드발 2022, 421).

모성애나 부성애 자체가 도덕적 이타주의의 정당성을 곧바로 주는 것은 아니지만, 집단의 공동선을 유지하는 데 도움이 되도록 발현되는 감정도 있다는 것이 드발의 입장이다. 그런 감정은 문화적 요인과 무관하게 자연상태의 발로라고 한다. 이타적 행동성향은 문화적 양육만의 결과가 아니라 자연적 본성의 하나라고 점을 드발은 말하고자 했다. 이타성과 이기성이 선천적 본성인지 아니면 환경적 양육의 결과인지의 질문을 묻는다면 드발은 이렇게 답변할 것이다. 멀리서 들려오는 타악기 소리가 드러머가 낸 소리인지 아니면 드럼이 낸 소리인지를

생물철학

묻는 것처럼 어리석은 질문일 뿐이다(Kummer 1971, 11-12).

3.2 프랭크의 헌신성 이타주의

기셀린과 같은 합리주의 경제이론의 이타성 모델과 반대되는 입장으로서 다윈주의 경제학자인 프랭크(Robert H. Frank;)의 헌신성 모델을 들 수 있다. 이타주의를 낭만이나 이상향 혹은 가식이나 위선으로 보는 경제적 행동주의에 대한 반성적 성찰을 보여준 프랭크는 이타적 행위를 '겉으로 보이는apparent' 행동 외에 '헌신성 그 자체'로 설명할 수 있다고 주장한다. 자기 본위적 행동self-interested behavior은 합리성과 효율성 그리고 교환가치를 기준으로 한 경쟁주의 중심의 이론으로 설명된 것이다. 프랭크는 이런 행동유형을 '자기-본위 모델self-interested model'이라고 불렀다. 프랭크는 자기-본위 모델을 넘어서서 '헌신성 모델commitment model'을 정립했다. 그에 따르면 분노, 질투, 사랑 등의 선천적 감정들은 인간의 행동성향behavioral predisposition을 지배하는데, 이 성향은 인간을 합리적 판단보다는 직관의 비합리적 행동으로 이끈다. 분노와 배고픔의 감정이 뒤를 따지지 않고(합리적 판단을 못하고 충동적으로) 이기적 행동이나 범죄를 낳듯이, 사랑과 돌봄의 감정이 자기-본위적 이해관계를 넘어서서 선의 이타적 행위를 낳는다는 것이다(Frank 1988, 11).

프랭크의 헌신성 모델은 동기 중심의 도덕적 이타주의와 결과 중심의 진화론적 이타주의를 연결시키려는 해석이다. 인간 본성에는 합리적으로 설명되지 않지만 정직함을 숨길 수 없는 본능적 동기motives for honesty가 있다는 것이다. 누가 지켜보지 않는 상황에서 행위자는 자율적으로 관대함과 동정심에서 비롯된 행위를 하고, 이타성 행위를 해야겠다는 당위적 의지 없이도 이타성 행동성향을 행위자 자신도 모르게 드러낼 수 있다. 행위자 자신의 무의식적인 '적극적 도덕심ag-gression', 친근성, 혹은 동정심과 같은 화해 감정mediating emotions이 그 자체로 이타행위의 동기로 될 수 있다는 뜻이다(Frank 1988, 35).

프랭크의 헌신적 이타주의에서 이타적 행위는 합리적이지 않으며 직관적 판단에 의존한다. 동기 수준의 이기주의 혹은 일차적 반응으로서 이기주의는 합리성 판단이 결핍된 상황으로 해석될 수 있듯이, 헌신적 이타주의도 이성보다는 직관 판단이 우세할 경우 발현될 수 있다. 프랭크는 자신의 동기 이타주의 모델이 합리성에 기초하고 있지 않지만 사실적이라고 주장한다(Frank 1988, 227-229). 동기 이타주의는 감시가 없는 상황에서도 수행되는 이타 행위를 말하므로 수혜자와 기여자 모두에게 신뢰성 창출에 도움이 된다. 이타 행위가 합리성에 기반한 것이 아니라 감성적 반응이라는 논제는 오히려 헌신성 모델의 의미를 더 잘 부각하여 보여준다. 진심에서 우러나오는 이타 행위는 이성과 감성의 결합체이다. 그런 결합체의 소산물이 도덕감정이며, 그런 도덕감정은 예측할 수 없는 장래의 기회를 열어주기 때문에 가치가 있다는 것이 리들리의 생각이다(리들리 2001, 193-4).

주변 상황을 파악하지 못한 채 오로지 눈앞의 이익에 매달리는 행동은 지속적이고 실질적인 이익을 가져다주지 못한다는 느낌도 진화를 거친 본능의 요소이다. 그래서 사자나 침팬지도 먹잇감을 나누는 과정에서 자기만 독식할 것인지 아니면 적절히 나누어 줄 것인지를 본능적으로 계산한다. 보상과 처벌 등 미래에 발생할 실익을 따지는 본능적 계산은 진화론적 합리주의에 해당할 것이다. 그러나 현실에서는 진화

생물철학

론적 합리주의에서 벗어난 동물들의 행동유형이 많이 있다. 인간도 마찬가지이다.

보상을 기대하는 계산이나 합리적 판단에 따르지 않고 직관에 기초하거나, 손익 판단 과정을 거치지 않고 무작정 이루어지는 이타성 행위도 가능하다. 텔레비전 다큐멘터리로 방영된 사례를 예로 들어보자. 지하철 선로에 떨어진 아이를 구한 사람, "강도야"라는 소리를 듣고 무의식적으로 달려가 강도를 잡고 그 과정에서 스무 바늘 이상 꿰맨 사람, 서해대교 29중 충돌 사고 시 오른팔 부상을 당하고서도 5명을 구한 사람, 이수현 씨가 사망한 도쿄 신오쿠보 역에서 일본 여성을 구출한 또 다른 희생적인 젊은이의 이야기 등에서 우리는 합리적이고 손익 판단을 거친 후의 행동이 아니라 자기도 모른 사이에 얼떨결에 이루어낸 헌신적 행동의 사례들을 들을 수 있다. 이런 사례들처럼 합리적 판단에 의하지 않고, 또한 보상을 바라는 계산적 판단과 전혀 무관하게 나타나는 이타적 행동유형을 헌신성 이타주의로 정의한다.

프랭크가 생각한 헌신성의 근거는 단순히 개인의 추상적 도덕성에 제한되지 않는다. "한 개체가 타인을 돕는 행위는 따지고 보면 상대방 속에 내포된 자신의 부분을 돕는 행위에 지나지 않는다"(Frank 1988, 39)는 프랭크의 말은 유전적 이기주의를 말하는 것이 아니라 자아의 주관적 가치보다 타자와의 관계 속에 도덕가치가 자연적으로 형성된다는 뜻이다. 그래서 프랭크의 헌신성 개념은 전통의 동기 중심 합리주의 도덕론과 다르다. 헌신성 이타주의 행위유형은 동기 중심의 이타주의도 아니며 합리주의 행동이론에도 속하지 않는다.

도덕적 합리주의로 설명 가능한 행동유형을 경제적 행동유형이라

[표 11-5] 도덕심과 관련한 행동유형

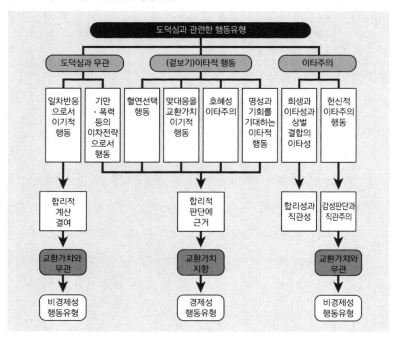

고 부를 수 있다면, 도덕적 행동 가운데에는 프랭크의 헌신성 이타주의 모델처럼 경제적 기준이 아닌 방식의 행동유형도 있다. 헌신성 이타주의는 합리적이거나 경제적 기준에서 다뤄진 것이 아니기 때문에 동기 이타주의와 생물학적 이타주의의 허점을 보완해주는 도덕이론으로 볼 수 있으며, 바로 그런 점에서 도덕과 본성론에 관하여 헌신성 이타주의는 유의미하다.

4. 사례: 자기기만의 진화론적 해석

4.1 형태기만과 의식기만

생물학적 기만 유형인 자기기만은 형태 기만과 밀접하게 연관되어 있다. 형태기만은 개체 보존과 번식을 위한 수단으로, 포식행위 혹은 포식자를 피하도록 적응된 위장camouflage이나 의태mimicry와 같은 행위를 가리킨다. 위장은 주변 환경을 모방하는 신체 변화이며, 의태는 주변 유기체를 모방하는 신체 변화이다(Wickler 1968). 자기를 위협하는 포식자에게 자기의 독성을 과시하는 반응형질을 이끌어 내기, 공격적으로 보이려는 체형 변신, 죽은 척하기, 환경이나 주변 생명체를 이용하여 교묘히 숨기 등 다양한 방식으로 나타난다.

형태기만의 몇 가지 사례를 살펴보자. 과실파리는 파리이지만 꿀벌과 매우 흡사하여 크기와 색깔 그리고 행동유형까지도 닮았다. 그러나 과실파리는 꿀벌처럼 상대를 공격할 침도 없고 꿀을 모으기 위해 꽃을 찾지도 않는다. 과실파리는 단지 천적으로부터 자기를 보호하기 위하여 자신의 외형을 꿀벌의 외형을 모방한 기만적 꾸밈이라는 진화로 적응선택된 것이다. 주변의 천적들이 과실파리를 독침을 지닌 벌로 착각하고 회피함에 따라, 과실파리는 자신의 생존과 생식 능력을 성공적으로 획득할 수 있었다. 또 다른 의태 사례로서 벌을 꼭 닮은 등에나 방이나 주변 나뭇잎과 구분하기 힘든 위장술을 가진 사마귀과 버마재비 등이 있다. 머리 앞쪽 안테나 모양의 촉수를 낚시대처럼 이용하여 먹잇감을 유인하는 해양생물 아귀는 독특한 방식의 위장이다(라이트 2003, 13장). 사례를 다 들 수 없을 정도로 많은 의태와 위장의 형태기만은 자기 방어를 위한 진화적 효율성을 보여준다(Trivers 1985, Chap.16).

일부 포유류나 영장류에서 형태기만은 의식기만으로 연결된다. 형태기만은 행동기만을 수반하며, 행동기만은 영장류에서 두드러지게 나타난다. 예를 들어 서열이 낮은 수컷 침팬지가 우두머리 몰래 짝짓기 행위 혹은 협동 사냥을 하는 과정에서 행동기만이 드러난다. 특히 짝짓기 과정에서 개체 보존의 위험을 감수하면서도 자기 유전자 증식을 위해 행해지는 형태기만은 의식기만으로 연결되는 중요한 양태이다. 예를 들어 몸 부풀리기, 갈퀴 세우기, 눈 부릅뜨고 가슴치기 등의 포유류 행동 양태에서부터 인간의 우쭐대기, 허풍, 과장하기 등의 행동 양태는 형태기만에서 의식기만으로 변화된 진화과정이다(Trivers 1991, 181-184).

4.2 거울 뉴런과 마음이론

형태기만에서 의식기만으로 전이되는 진화 과정의 한 가지 사례는 사람의 얼굴 표정이다. 사람의 얼굴 표정은 자신의 감정 상태를 표현하는 수단이며, 상대가 자신의 표정을 읽을 수 있는지 없는지를 인지하고 있다고 알려주는 신호의 일종이다. 주저하는 표정은 입에서 귀로 연결되는 근육 수축에 상응하며, 기억을 더듬고 전략을 짜거나 거짓을 도모할 때의 표정은 눈에서 이마로 이어지는 근육 수축과 위로 올라가는 눈동자의 변화를 동반한다. 불쾌하여 짜증 날 때에는 수미근이 수축되면서 눈썹이 처지고, 화를 내거나 공격 의사를 표현할 때에는 어금니-송곳니-입 주변 근육을 위로 올리며, 편할 때에는 안면 수평 근육들의 움직임으로, 기쁠 때는 안면 하향 근육을 통해 표정 변화를 일으킨다. 인간 감정의 표출은 표정 변화를 동시에 동반한다. 거꾸로 말해서 표정은 자신의 의식과 감정을 반영한다(Sterelny and Griffiths 1999, 218).

타인을 속이기 위하여 자신의 표정 변화를 가짜로 조작할 수도 있다. 표정을 속이는 행위는 일종의 형태기만이지만, 인간은 형태기만 이상으로 의식기만을 체화시켰다. 트리버스는 인간의 의식기만이 언어 사용으로 확장되었다고 한다. 이 점과 관련하여 트리버스의 언급을 간접적으로 인용해 보자(Badcock 2000, 132).

인간에서 언어 사용은 기만과 자기기만의 가능성을 확장시켰다. 만약 언어가 지식정보의 확장과 분화를 통한 커뮤니케이션을 포용한다면, 거꾸로 오도된 정보 커뮤니케이션까지도 증대시킬 수 있는 위험성이 있다. 언어 기능을 담당한 특정 뇌 조직은 실상과 허상을 구분하지 못하는데, 이는 편향과 기만의 결과를 낳을 수 있다. 그리고 이런 기만과 편향 과정은 사실세계와 무관하게 무의식적으로 일어난다.

언어능력이 진화하면서 상대 감정을 읽을 수 있는 마음이론Theory of Mind 능력도 같이 진화했다. 마음이론과 관련하여 거울뉴런mirror neuron의 발견은 유의미하다. 이미 유명해진 신경과학자 리졸라티(Giacomo Rizzolatti)는 1996년에 원숭이 실험을 통해서 원숭이 뇌의 전두엽 영역(f5 영역)에서 거울뉴런을 발견했다고 발표했다. 다른 원숭이가 동일한 유형의 행동을 하는 것을 보기만 해도 마치 자신이 행동할 때와 같은 신경계 반응이 나타난다는 점을 확인했다. 원숭이 A가 달콤한 열매를 맛있게 먹는 행동을 본 다른 원숭이 B도 원숭이 A와 같은 국소부위 신경계 반응을 보였다. 두 원숭이의 뇌 부위 활동 영역도 같았는데, 리졸라티는 그 국소적 영역을 거울뉴런이라고 불렀다. 이후 뇌의 다른 부위인 하두정소엽에서도 거울뉴런에 해당하는 부위를 찾았다. 거울

뉴런이 인간에게도 존재하는지에 대해서는 연구가 진행중이다. 리졸라티는 인간에게도 원숭이 이상으로 거울뉴런의 존재가능성을 주장한다. 거울뉴런의 국소적 작용 부위는 언어작용의 부위와 거의 일치하기 때문에 언어활동은 거울뉴런을 필수조건으로 가진다고 말한다(Rizzolatti, Fogassi, and Gallese 2001). 거울뉴런은 특정 국소부위만이 아니라 여러 부위의 뉴런들의 상호작용임을 나중에 알게 되었다. 그래서 거울뉴런이라는 말 대신에 '거울뉴런 시스템'이라고 표현한다. 2004년 이후 리졸라티와 파이퍼 그리고 이아코보니와 다프레토 등에 의해 거울뉴런 시스템Mirror Neuron System, MNS으로 마음이론을 설명한다(Pfeifer, J. and Dapretto, M. 2009).

가자니가는 거울뉴런계를 마음이론의 해부학적 증거로 본다. 마음이론Theory of Mind이란 믿음, 의향, 욕구, 속임수, 인지 등의 나의 심적 상태가 타인에게도 있다고 생각할 수 있으며, 또한 타인이 나와 다른 믿음, 의향, 욕구 등을 가지고 있다고 이해할 수 있는 능력이다(Premack 1978; 가자니가 2009, 71-72). 행동을 모방하는 능력, 거울 속의 자기를 인지하는 능력, 사회적으로 나의 위상과 역할 및 상대방 지위와 역할을 이해하는 능력, 남을 속이고 남이 나에게 속고 있다는 것을 눈치챌 수 있으며 또한 남의 거짓말을 탐지하는 능력, 미래를 설계하고 과거처럼 미래를 구성하는 시간 인지능력 등이 마음이론의 사례이다(가자니가 2009, 73). 마음이론은 행태기만에서 의식기만으로 진화한 심적 산물이다. 의식기만은 마음이론을 이해하는 데 있어서 중요한 사례이다. 마음이론은 상대방이 나의 마음처럼 작동할 것임을 내가 안다는 전제에서 시작된다. 마찬가지로 기만행위도 나의 속임수에 대하여 상대방이 속

생물철학

고 있는지 아닌지를 내가 인지할 수 있는 능력과 함께 한다. 그래서 기만을 이해하는 것은 마음이론을 이해하는 중요한 통로이다.

4.3 자기기만의 확장

기만은 속임수, 허세, 홀림, 핑계대기, 시치미 떼기, 계획된 말흘림, 술수, 위장, 은닉 등으로 사실과 반대되는 정보를 주거나, 일부러 모호한 정보를 흘리거나, 의도적으로 사실을 빠트리거나, 사실과 다르게 축소하거나 혹은 부풀린 정보를 상대로 하여금 믿게 하려는 행위다. 기만을 성공적으로 수행하기 위해서는 (i) 상대의 마음이론을 인지해야 하며 (ii) 상대도 나의 마음이론을 인지하고 있다는 것을 인지해야 하고 (iii) 나의 기만이 지금 상대에게 적절히 적용되고 있는지 여부를 확인할 수 있어야 한다.

트리버스는 사기꾼을 탐지하는 능력과 더불어 자신의 거짓이 최대한 드러나지 않도록 하는 위장 기만도 같이 진화했다고 강조한다. 자신의 거짓이 최대한 드러나지 않도록 하는 위장기만이 성공적으로 수행되려면 자기가 수행하는 기만이 자기 안에서 일관성이 유지되어야 하는데, 그런 상태가 자기기만이다(Trivers 2011, Chap.1 and 4). 거짓을 탐지하여 사기꾼을 구별하는 능력과 기만의 성공도를 최대화하는 자기기만은 마치 사바나 동일지역에 서식하는 영양과 치타의 관계처럼 일종의 공진화 관계로 볼 수 있다.

거짓말이 성공하기 위해서 상대가 나의 거짓말을 눈치채지 못하게 해야 한다. 이를 위해서 오늘 하는 거짓말이 어제 한 거짓말과 정합적이어야 하고, 조각조각의 거짓말들이 아닌 전체의 스토리가 그럴듯해야

plausible 한다. 그럼에도 불구하고 그런 속임수만으로는 오래가지 못하고 결국에는 들통난다. 기만을 성공시키기 위해서 자기가 자기 스스로를 확신하는 전체적인 자기 정체성의 변신이 전제되어야 한다. 그런 정체성의 변신이 있을 때에 비로소 상대를 성공적으로 기만할 수 있다 (Frank, O'Sullivan, and Menasco 2009).

사기꾼의 기만능력과 함께 사기꾼의 기만을 알아채는 탐지능력이 동시에 진화했다. 사회적 동물로서 인간은 사회공동체를 유지하기 위하여 협동이 필요했고, 협동행동을 유지하기 위하여 배신을 시도하는 사기꾼을 감지하는 탐지능력도 따라서 진화했다. 거짓을 탐지하는 인지능력은 대체로 얼굴 표정과 신체동작을 읽는 것으로 가능하다. 감정에 따라 다양한 표정이 생성되므로 거짓말을 하는 감정 상태를 대신하는 미묘한 표정의 변화가 있다는 것이다(Ekman 2002, Chap.5). 기만행동을 시도하는 사람의 얼굴표정 변화는 생리작용의 변화를 수반한다. 기만행위와 행위준비과정에서 신체의 생리적 변화가 유도되며, 그래서 얼굴근육 활성화 정도의 차이를 가져온다. 인간은 나의 기만을 준비하는 수행능력과 타인의 기만을 탐지하는 능력의 양면을 같이 가지고 있어서 나의 기만행위에 수반되는 나의 생리적 변화가 타인에게 읽히고, 그래서 나의 기만을 타인에게 완벽히 숨기는 일은 쉽지 않다. 한편 사회화된 기만, 문화적으로 확장된 기만은 타인에게 탐지되지 않도록 기만의 준비가 문화적으로 확장된다Social Amplification View, SAV는 견해도 있다(Glazer 2019). 자기가 이미 저지르고 있는 자기기만을 인지하지 못하는 경우 생리적 미시변화를 일으키지 않고 따라서 얼굴표정에도 변화가 없을 수 있다는 뜻이다. 자기기만은 자기의 기만행위를 타인이 탐지하지 못하도록 확장된 문화적 진화의 한 양상으로 볼 수 있다.

리빙스턴-스미스(David Livingstone Smith)에 의하면 "자기기만은 바로 자기 자신의 의식으로부터 정보를 숨기려는 행동이나 심적 과정으로 정의된다"(Livingstone Smith 2004, 5). 자기기만 없는 상대기만은 오래가지 못하고 상대에게 들키고 만다. 내가 상대에게 표현하는 행위와 행태에 일관성이 결여되어 있기 때문이다. 반면에 자기기만은 비록 가상적인 스토리이지만, 그 스토리 안에서 자기가 완벽한 주인공 역할을 하고 있기 때문에 그 가상 스토리는 자기 자신에게 일관성을 유지하는 시나리오에 해당한다. 결국 자기기만을 통해 상대에게 가상의 자기를 성공적으로 믿게 할 수 있는 확률을 높일 수 있다. 과장과 허풍 그리고 위세와 허세를 부려 상대를 성공적으로 기만하려면 먼저 자신이 자신에게 기만되어 있어야 기만의 성공도를 높일 수 있다. 그렇지 않을 경우 기만행위는 상대방에게 쉽게 탐지되거나 탄로날 확률이 높다. "거짓행위 중에서도 특별한 행위는 거짓행위가 거짓행위를 자동적으로 산출하게 하는 자기기만의 경우이다. 자기기만은 겉으로는 가짜-도덕성과 가짜-공공성이라는 외형을 유지하는 데 이용되기 때문에, 거짓행위는 그런 행위를 하는 사람에게조차 포장된 방식으로 나타난다. 거짓을 행하는 행위자는 자기 행동이 거짓임을 점점 의식하지 못하게 된다. 결국 자기기만의 최초 목적에서 벗어나게 되고 궁극적으로는 손해를 가져오는 완전히 손상된 행위유형으로 빠지게 된다"고 트리버스는 말한다(Trivers 1981, 26).

자기기만은 거짓된 자기 표출의 성공도를 높인다. 적절한 형태 꾸밈은 불특정 상대에게 지금의 실질적인 이익을 제공하기보다는 미래에 희망적인 이익을 줄 것이라는 헛된 기대감을 갖게 해준다. 내가 꾸미는 기만행동은 친구의 적군을 나의 적군으로 여기도록 만들고, 친구의 우군을 나의 우군으로 여기도록 하여 친구와의 공감대 형성을 확대한다. 이 확대는 더 나아가 상대의 정체성과 무관하게 적군의 친구를 적군으로 만들며, 우군의 친구를 우군으로 만드는 생물학적 생존 기술로 확장된다. 언어가 주요 소통 방식인 인간 사회에서 고급의 형태기만은 집단의 명분과 책무를 강조하여 불특정 다수로부터 자발적 동조를 얻어내려는 행태 유형을 나타낸다. 예를 들어 사이비 종교단체는 새로 들어온 종교 전입자에게 최대한의 심리적 서비스를 제공한다. 개인적인 삶의 위안과 미래를 확신하는 안도감을 제시하고, 이로부터 새로운 전입자들이 자발적인 헌신을 하게 만든다. 이런 상황에서 특이한 사실은 집단의 명분과 책무를 수행할 수 있는 능력은 오로지 그들 집단 지도자에게만 있다는 점을 전입자들에게 강력히 부각시킨다는 점이다. 이런 설득이 성공하려면 집단 지도자 스스로 명분과 책무의 주체라는 점을 스스로에게 각인시키는 일이 우선이며, 이런 자기 각인은 자기기만을 통해 성취된다. 자기기만의 성공은 아이러니하게도 자기가 자기의 기만행위를 모르는 경우다.

인간사회에서 나타나는 의식기만의 정교함은 독재 권력을 유지하는 도구화된 이론인 유토피아 세계관에서 잘 드러난다. 유토피아는 집단 구성원들이 상상할 수 있는 최상의 기대감을 얻게 해주는 시공간이지만, 실제로는 다다를 수 없고 얻을 수 없는 환상이기도 하다. 기만 주도자는 자기의 기만을 성공시키기 위해 가상의 유토피아를 환상적으로 꾸민다. 그들의 기만적 유토피아는 집단 대다수가 처한 현재의 결핍과 불평등을 완벽하게 해결하고 보상받게 해준다는 미래의 환상을 기획하고 선전한다. 기만의 기획과 선전은 불특정 다수가 가상 유토피아를 믿게끔 하도록 현재의 악조건들을 호조건으로 보이는 상황을 조작한다. 종교적 광신과 정치적 독재는 기만적 유토피아론의 대표적인 양상이다.

기만적 유토피아의 기획자 대부분은 자기기만적이다. 종교적 광신과 정치적 독재가 지속되는 이유도 그들의 자기기만에 있다. 자기기만이 관습화될수록 기만을 탐지하는 사람들의 수가 적어지고 탐지할 수 있는 기회도 박탈된다. 기만적 유토피아를 기획하고 선전하는 사람들이 많으면 많을수록 현실은 불완전과 결핍, 불행과 거짓으로 가득 차게된다. 허상의 기만적 유토피아와 기만 탐지능력이 결핍된 현실, 이 둘이 서로 모순되고 충돌하면서도 위태로운 대립-동침을 하는 현상이바로 오늘의 문명사회이다. 그런 사회에서 독재 권력이 미화되고, 퇴행적 국수주의가 번창하며, 주술과 미신이 대중을 지배하는 문화 양상들이 증가한다. 이런 문화적 자기기만 양상은 개인의 자기기만 증상을악순환으로 증식시키기도 한다.

4.4 자기기만의 적응진화 해석

트리버스는 기만에 대한 진화론적 해석에 큰 기여를 했다. 진화심리학에서 거의 표준화된 교과서의 저자인 코스미디스(Leda Cosmides)와 투비(John Tooby)의 진화심리학도 트리버스 해석의 연결선 위에 있다. 이들은자기기만 행동이 사회적 교환social exchange으로 설계된 매우 세련된 적응결과라고 간주한다(Tooby and Cosmides 1992, 39-42). 이들이 제시한 사회적 교환 개념은 친족선택론을 수용하지만, 교환 범위는 친족에 제한되지 않으며, 트리버스가 주장한 대로 호혜성을 공유하는 집단에까지 미친다. 사회적 교환의 재화로는 물질적인 것뿐만 아니라 심리적인 호혜까지 포함한다. 내가 상대에게 이익을 주면 상대가 나에게 이익을 줄 것이고, 상대가 나에게 이익을 주면 나도 상대에게 이익을 주거나 주려고 한다. 그러나 만약 상대로부터 배신을 당하여 상호 교환방식이 깨지면 교환 자체가 더 이상 진행되지 않는다.

사회적 교환관계에서 배신당할 경우의 상황을 항상 준비하고 있어야 한다. 이것이 앞서 말한 사기꾼 탐지기능cheater detection이다. 사기꾼 탐지기능은 단순히 배신을 피하는 수동적 기능에 그치는 것이 아니라 교환의 가치를 상승시키는 적극적 기능도 가진다. 코스미디스와 투비는 교환기능 자체가 적응진화 했다기보다는, 사기꾼 탐지기능이 마음을 구성하는 모듈의 한 종류로 진화했다고 본다. 이들 이론의 아이디어는 매우 기발하고 확장적이며 포괄적이다(Buss 2005, Chap.20). 이들의 해석은 해밀턴의 포괄적합도 이론을 심리적 차원까지 확장한 것으로 평가받고 있다. 트리버스의 호혜성 이타주의 이론 역시 사기꾼을 탐지하는 기능을 수행한다(Trivers 2002, 272-273).

침팬지의 경우를 생각해 보자. 하위 서열의 수컷 침팬지가 우두머리 침팬지alpha male에게 직접적인 도전을 했다고 하자. 이 경우 둘 사이에 죽음을 불사하는 싸움이 벌어질 수 있다. 한편 하위 서열의 수컷 침팬지가 우두머리 모르게 암컷과 교미를 하거나 다른 침팬지와 우두머리를 물리칠 비밀 모의를 하면서 하위 서열 침팬지들의 기만행위가 시작된다. 기만행위를 우두머리에게 들키면 즉각 응징을 당한다. 그래서 젊은 수컷이 기습공격을 당하지 않고 도전을 성공시키려면 기만행위의 완성도를 높여야 한다.

응징의 방식은 기습raids일 경우가 많다. 기습공격의 개념은 전쟁bat-tles과 달리 공격 대상이 개체 단위이고, 공격한다는 선전포고도 없다. 힘있는 자가 가하는 일종의 횡포이다. 우두머리는 기습공격을 통하여 무례한 젊은 도전자를 물리치고 자신의 권력을 계속 유지하여 집단을 안정화시키려고 할 것이다. 또한 하위 서열의 침팬지는 기습 공격을 피하기 위해 기만의 완성도를 점점 더 높여가야 한다. 침팬지 집단에서 기만행위는 집단을 일시적으로 안정화시키는 데 기여하기도 하지만, 한순간에 권력을 전복시키기 위한 도구로 사용될 수 있다(Trivers 1981, 35; Trivers 2000, 129; Wrangham 1999, 3-12).

자기기만은 기만의 이익을 최대화하기 위해 꾸며진다. 기만의 성공도를 높이도록 진화한 기만 프로그램은 더 높은 완성도를 필요로 하고, 이를 위해 더 높은 완성도의 자기기만을 필요로 한다. 따라서 자기기만의 행위는 최소한 자기의식을 반성할 수 있을 정도의 수준을 가진 인간에게서 나타난다. 자기기만은 기만의 구조가 더 복잡해지고 더 정교해진 적응 결과라는 것이다(Trivers 2002, 271).

4.5 그린왈드의 이익편향성

고전적 사회심리학자인 그린왈드(Anthony G. Greenwald)는 인간의 감정 편향을 자기중심성egocentricity, 이익편향성beneffectance, 인지 보수성cognitive conservatism의 세 가지로 설명했다. 이 중에서 자기중심성은 유아적 자아인식의 한 유형으로, 인정 욕구의 감정을 낳는다. 이익편향성은 자기방어적이고 매우 강한 자기보전적인 성향을 가리킨다. 인지 보수성은 익숙하고 이미 아는 것만을 더 알려고 하며 모르는 것을 회피하는 성향이다. 다시 말해서 자기가 원하는 것만을 선별적으로 인지하거나 원하지 않는 것을 일부러 모르는 척하는 관성적 인지구조를 말한다 (Greenwald 1980, 603-618).

그린왈드에 의하면 자기중심의 사회관계는 자기표현 및 인정 욕구와 관련되어 있다. 인정 욕구는 자아 정체성 형성으로 가는 발생 과정이다. 남에게 투영된 거울을 통해서 자기의 자아 정체성이 확보된다. 예를 들어 사춘기를 거치며 최소의 자아 정체성이 자리 잡으면서 자기표현 욕구가 지나치게 표출되는 경우가 많은데, 이는 인정 욕구의 심리적 발달 과정이다. 자기표현 욕구의 과잉은 더 나아가 편집증적인 자기표현 욕구의 표출로 나타나곤 한다. 표현형질로서의 편집증적 자기표현 성향은 예술로 승화될 수 있는 여지도 있지만, 집단 안에서 권력적 지위와 연결될 때 파괴적인 독재 권력으로 나타나기도 한다. 과잉 표현 욕구를 넘어서 편집증적인 표현 욕구는 정상 표현 욕구와 단절적이며 특이적이다.

우리 주변의 정치/종교 권력 독점자는 공통적으로 과잉된 인정 욕구를 가지며, 편집증적 자기 중심의 권력을 행사하고, 메시아 성향의 선민의식을 나타낸다. 개인의 이익편향성 욕망이 전체의 공동 이익을 추구한다는 명분으로 허위 포장되는 그런 개인이 많은 집단은 그렇지 않은 집단보다 타락하기 쉽고 번성하기 어렵다.

집단 권력을 유지하기 위하여 집단을 선동하는 전략의 일환으로 허위의 이익편향성이 악용되기도 한다. 집단의 자기기만 현상은 집단 내부에서 자생적으로 잉태되기보다는 대부분 오래전부터 권력 지위를 가진 권력기만에 의해 조절되고 익숙하게 연습된 결과로 나타난다. 그래서 집단적 자기기만이 만연한 사회는 보수적이다. 이러한 현상을 그린왈드는 인지 보수성이라고 표현했다(Greenwald 1980, 606). 즉 알고 싶은 것만 알려고 하고, 하고 싶은 것만 하려고 하고, 원하는 것만 원하는 자기 심리현상이다. 자신에게 불리하거나 익숙하지 않다고 여겨지는 특정 정황에 부딪힐 경우 일부러 알려고 하지 않으며, 일부러 하고 싶지 않아 하며, 일부러 원하지 않는 상황이 발생한다.

4.6 사르트르의 진정성

자기기만을 인간 욕망의 하나로 해석한 철학자로서 사르트르(Jean-Paul Sartre, 1905-1980)가 있다. 사르트르는 자기 자신에 대해 진실을 은폐하거나 자기에게 유리한 허위를 진실로 간주하려는 의식을 '나쁜 신념mauvaise foi'이라고 했는데, 이는 자기기만에 해당한다. 사르트르에서 본질은 의식을 초월하여 개인으로 하여금 광신과 명분과 선전에 빠질 수 있는 합리화의 도구로 될 수 있다고 경고한다. 이 경우 자신의 의식은 자신의 것이 아니라 남의 의식에 의존적이다. 사르트르에서 자기기만은 타인의 시선이 주는 이미지를 자신의 것과 동일시하는 잘못된 신념이다. 자기기만은 사회적 이미지 안에 자신을 가둔다. 나아가 자기기만은 연극배우처럼 이미 만들어진 캐릭터로 자신을 왜곡한다. 자기기만은 자신의 자유를 포기하는 것과 같고, 자유를 외면하는 책임회피이기도 하다. 사르트르는 이런 자기기만을 버리고 자유인으로 돌아가 책임을 피하지 않는 것이 의식의 본래성이라고 했다. 이것이 사르트르 윤리학의 시작이다(Sartre 1993, 167-169).

윤리학 역시 사회적 관념이 만들어낸 본질의 윤리학 대신 진정성^{au-}thenticity의 윤리학을 회복하도록 요청한다. 사르트르의 진정성 개념은 기만과 허위로 가득한 타인을 위한 윤리학이 아니라 자유와 책임을 수행하는 자아를 위한 윤리학으로 이어진다. 개인의 자유는 방종이 아니라 참여의식을 개인의식에 연결시키려는 데 있다. 그럼으로써 형식주의와 공허한 기만의 윤리가 아닌 공동체에서도 자유가 실현되는 윤리학이 가능하다고 사르트르 연구자 스톰 헤터는 말한다(Heter 2006, 72-77).

사르트르의 대표 저작인 『존재와 무』(1943)에서 자기기만은 인간을 사물화시키는 일이다. 사물화된 허위성, 결정된 허위성이 바로 사물의 본질이다. 반면 생명의 존재는 자기기만의 기만성을 폭로하는 데 있다. 그런 존재의 현존이 실존이다. 사르트르에서 실존은 이런 사물화를 탈피한 자유의 존재를 지향한다. 존재는 미결정이지만 자유로운 상태라는 사르트르의 실존 개념은 현대 실존주의 윤리학으로 발전했다(뱅상 2002, 280-283).

5. 공동체의 가능성

5.1 희생과 상벌의 결합

아프리카 쿵^{Kung}족 사람들은 사냥 장소와 목표물을 함께 정하고, 병자와 노약자 그리고 부녀자들에게 사냥한 고기를 어떻게 나눌지 그리고 노동의 분배를 어떻게 할지를 토론하여 공평하게 결정한다. 이런 생활양식은 도덕적으로 이타적이고 생물학적으로도 이타적이라고 평가되는 사례다. 그렇게 평가되는 이유는 첫째, 자신을 희생하여 타인의 생식과 번성을 도와주는 결과로 나타나고, 둘째, 이런 희생 행위는 족장의 칭찬과 격려를 받지만 물질적 보상을 따로 받는 일은 드물며, 셋째, 부족 공동체 유지를 중시하기 때문이다(D. S. Wilson 1997).

트리버스 입장에서 쿵족의 생활양식은 호혜성 이타주의, 즉 호혜주의 차원에서 혈연관계를 초월하여 누구나 수혜를 받을 수 있는 이타주의로 정착될 수 있음을 보여준다. 트리버스에 의하면 이타적 행위의 주체는 다음의 세 가지 조건으로 이타성을 베풀게 된다. 첫째, 이타 행위의 주체가 공동체 안의 아무에게나randomly 이타행위를 베풀 가능성이다. 둘째, 유전적 근친도에 따라서, 즉 혈연관계가 가까운 친척일수록 그 친척에게 더 많은 이타행위를 베풀 가능성이다. 셋째, 나의 이타성에 보답을 더 많이 할 것 같은 상대에게 더 많이 이타행위를 베풀 가능성이다(Trivers 2002, 20). 이 중에서 둘째 조건은 기존의 혈연선택이고, 셋째 조건은 좁은 의미의 호혜성 이타주의이다. 쿵족의 공동체는 이 세 가지 조건을 모두 전제함으로써 유지될 수 있었다. 이런 생활양식은 일종의 자연화된 공동체주의이다.

자연화된 공동체주의가 가능하려면 자연화된 공동선이 필요하다. 이것은 선험적 규범이 아니며, 공동체가 처한 자연적 환경에 의해 만들어진다. 자연화된 공동선이 공동체에 안착하려면, 공동선이 사회적 규범으로 전환되어야 하고, 내가 공동선을 실행함으로써 나에게 정당한 대가가 돌아올 것이라는 믿음이 있어야 하며, 개인과 개인 사이의 무형의 교환가치가 공평하게 인정되는 사회적 관습이 누적되어야 하며, 자기기만은 폭로되거나 자기기만에 의한 중심 권력은 분산되어야 하고, 그 집단 안에서 이타적 행위자를 늘리고 무임승차자를 줄여야 한다.

공동선을 실현하기 위해서 추상적이고 이상적인 도덕심만 강조해서는 안 될 것이다. 자연화된 도덕감과 더불어 구체적인 공동체 안의 윤리규칙을 실행하는 데 구성원의 거부감을 줄여야 한다. 도덕감은 심성의 문제이지만 윤리는 행동지침과 연관된다. 윤리는 도덕판단을 확장하고 발달시킬 수 있는 수행성의 관계이며, 도덕은 윤리행동을 추동할 수 있는 동기화의 관계이다. 윤리적 실행은 사람들이 선악과 옳고 그름 사이를 선택해야 하는 도덕적 식별력을 필요로 하는데, 윤리적 선택을 실천으로 옮기지 않으면 도덕감도 무의미해진다. 선한 행동이 공동체 안의 구성원 사이에서 공동 관심사로 만드는 것이 바로 윤리이다. 그것이 바로 공동선을 형성하는 과정이다.

소버는 공동선을 정착시키기 위한 구체적인 방법으로 이타적 이차 행동secondary behavior 이론을 제시했다. 소버가 말하는 이차 행동은 보상과 처벌에 따른 행동유형이다. 반면에 일차 행동은 직접적인 이타 행위를 말한다. 일차 행동은 많은 희생과 비용을 필요로 한다. 그래서 이타적 일차 행동을 하는 것은 쉽지 않다. 또한 어느 개별자에게 일차 행동을 요구할 강제력 있는 명분도 없다. 소버는 이타적 일차 행동을 하는 것이 쉽지 않기 때문에 이타적 일차 행동은 희소하다고 본다. 이런 점을 무시하고 집단이 개체들에게 이타적 일차 행동을 반복적으로 요구할 경우 그 집단은 다른 집단을 약탈하거나, 자기 집단 안에 무임승차자들이 늘어나거나, 아니면 집단 내에 명분만 강력한 자기기만적 행동들이 증가한다.

이타적 일차 행동의 희소성을 이해한다면 사회적 유기체 집단에서 이타주의의 발현 가능성은 이차 행동 범주에서 가능할 것으로 여겨진다. 벌 집단에서 일벌은 알을 낳지 않거나 수정할 수 없는 알을 낳는다. 알을 낳지 않는 것은 스스로 자손 증식을 포기하는 것으로서 최고의 생물학적 이타주의에 속한다. 일벌의 이타성 행동은 벌 개체의 의지나 동기와 무관할 것이다. 일벌의 일차적 행동에 대한 처벌과 보상은 거의 규칙적으로 동일하게 반복되면서, 이러한 반복성은 적응적 진화를 유도하게 된다. 보상과 처벌은 일차 행동에 비하여 아주 작은 희생만을 필요로 한다. 그래서 이차 행동을 적응시키는 일이 훨씬 쉽다.

이차 행동 역시 적응진화의 산물이다. 집단은 항상 처벌과 보상에 대한 규칙을 갖고 있어야 한다는 것이 소버의 입장이다. 또한 처벌과 보상을 시행하지 않으면, 집단 안에서 무임승차자의 수가 증가할 것이다. 무임승차자의 수가 많은 집단은 무임승차자의 수가 적은 집단보다 적응적 기회가 박탈되고 집단 간 경쟁에서도 불리하다는 것이 소버의 기본 입장이다. 그러나 처벌과 보상은 이기적 무임승차자를 통제하려는 도구로 시행되어서는 안 되고, 반드시 이타적 일차 행동자의 수를 늘리고 격려(적응화 과정)하기 위한 과정으로 시행되어야 한다. 이런 방법을 소버는 이타주의의 확장the amplification of altruism이라고 말했다 (Sober and DS Wilson, 146). 이타주의 확장은 다음의 두 가지 의미를 갖는다. 첫째, 희생의 이타성 행동유형은 희소하지만 상벌에 의한 이타성 행동유형은 정당한 상벌의 기준 아래에서 확장될 수 있다. 둘째, 공감, 동정심, 친근감, 진정성의 봉사행동 등의 이타성 일차 행동유형과 상벌에 의해 권장된 이차 행동유형은 서로 분리된 것이 아니라 상호 벡터의 합으로 표현된다.

5.2 이기적 본성과 협동성 행동성향 연구사례

진화윤리학의 대체적인 흐름은 인간의 이기적 본성에도 불구하고 협동성 행동성향이 적응진화 되었다는 사실을 설명하는 데 있다. 이런 설명방식은 이기성이 인간본성으로 진화되었듯이 협동성도 또 다른 인간본성으로 진화되었다는 명제로 확장할 수 있다. 협동성 형질이 인간본성으로 진화-확장되었다는 논리는 협동성 행동유형이 지구 어디의 인류문명에서도 보편적으로 나타나야 한다는 경험적 근거를 가지고 있어야 한다. 협동성 행동성향의 경험적 근거가 보편적으로 타당한지 다음의 사례연구를 통해서 서술한다.

- 협동심과 성도덕에 대한 편차조사: 나라마다 도덕가치(종교가치)의 차이가 있는지를 묻는 질문조사 방법으로 90개국 참여자 대상으로 한 설문조사 연구결과다. 거짓과 협동, 호모섹슈얼리티 같은 성도덕에 관한 질문을 했는데, 국가와 민족, 피부색과 종교의 차이에도 불구하고 거의 유사한 응답이 나왔다. 다만 국가 간, 지역 간, 성도덕에 대한 차이는 협동심의 도덕가치보다 약간 더 컸다 (Weeden and Kurzban 2013).
- 5가지 도덕지표에 대한 문화적 차이 연구: 인터넷 기반 설문조사로서 남아시아, 동아시아, 동남아시아 2,258명과 미국과 유럽인 104,893명을 대상으로 실시한 경험조사 연구이다. 돌봄, 공정, 집단주의, 권위, 종교성에 관한 설문조사였는데, 그 결과에서 동서양 차이가 극히 미소한 것으로 나왔다(Graham et al. 2011).
- 트롤리 문제와 같은 이중효과이론을 다양한 민족들이 어떻게 받

아들이는지를 묻는 경험조사: 트롤리 딜레마의 사고실험 내용은 다음과 같다. 첫째, 인부 5명이 공사 중인 철로에 트롤리가 소리 없이 진입하고 있다. 이대로 방치되면 인부 5명이 트롤리 충돌로 전원 사망할 것이다. 이 사고를 막기 위해 사전 선로변경을 할 수 있는데, 선로변경을 하게 하면 변경된 선로에 있는 다른 인부 1명이 희생하게 된다. 이 상황에서 트롤리 진행을 방치할 것인지 아니면 의도적으로 선로변경을 하여 다른 철로의 인부 1명을 희생하도록 하는 것이 나은 것인지를 묻는 선택(소위 트롤리 선택)의 질문이다. 둘째, 5명 인부를 구하는 유일한 방법은 선로 위 다리에 서 있는 아주 뚱뚱한 사람 1명을 선로 아래로 밀쳐서 트롤리와 충동시켜 트롤리를 멈추게 하는 것이다. 이 둘째 상황에서 1명의 뚱뚱한 사람을 밀쳐 희생시킴으로써 트롤리를 멈추게 할 것인지 아니면 그대로 5인 인부를 희생하도록 방치할 것인지의 질문이다. 트롤리 딜레마 두 질문에 대하여 놀라운 결과를 얻었는데 민족이나 국가에 관계없이 답변 확률이 거의 비슷하다는 점이다. 첫째 질문에서는 90% 수준으로 선로변경 선택이라는 답변을 했고, 둘째 질문에서는 거꾸로 90% 수준으로 뚱뚱한 사람을 밀쳐서까지 선로변경을 해서는 안 된다는 선택을 했다.

최초의 트롤리 실험은 미국인과 대만인 567명을 대상으로 했는데, 도덕적 사유를 이끄는 보편원리가 사람들 마음속에 있는지를 확인하는 경험조사로서 도덕직관의 문제이다. 즉 답변의 통계적 차이보다 답변의 통계가 동서양인의 차이에 무관하게 비슷하다는 보편적 감성을 보여주는 데 있다. 위기상황에서 동물보다 인간을 먼저 구하려는 도덕직관, 이방인보다 친족과 친구를 선호하고 소수보다 다수를 선호하며 머무거림보다 행동실천이 중요하다는 생각 등은 민족과 국가 간 차이 없이 보편적으로 드러났다는 점에서 이 설문조사의 유의미성을 찾을 수 있다(Hauser et al. 2007).

- 품덕virtues의 보편성에 대한 문헌연구: 유가, 도가, 불교, 힌두교, 고대 그리스 철학, 기독교, 유대교, 이슬람의 8개 동서양 고전과 경전을 분석한 연구이다. 역사와 지역의 차이에도 불구하고 용기, 정의, 인성, 절제, 지혜, 자기초월이라는 6가지 품덕virtues이 공통적으로 나타난다는 점을 밝혔다(Dahlsgaard et al. 2005).

- 행동주의 기반 공평성의 가치가 보편적인지에 대한 역학조사연구: 공평가치와 신뢰가치가 인간에게 보편적인가에 대한 설문조사로 4개 대륙에 걸친 15개 소집단 시민들을 대상으로 한 실험이다. 그 결과 공정성과 신뢰성이 각각 모든 사회에서 최고 가치로 존중되고 있다는 점이다. 약간의 편차는 있으나 협동성이 일상생활의 가장 주요한 덕목이라는 보편적 답변이 나왔다(Henrich et al. 2005).

- 가치의 구조와 내용에서 보편성이 있는지를 묻는 경험조사: 20개국 40명의 학생과 교사를 대상으로 가치의 우선성을 어느 정도까지 인정하는지에 대한 이론적 심층면접 방법론 연구이다. 그 결과 순응, 전통, 박애의 가치는 거의 보편적으로 나타났다. 사회구조를 구분해 본다면, 공동체 사회에서 우선 가치는 전통, 순응, 자비이며 계약사회에서 우선 가치는 자기지향, 자기동기, 박애로 나타났다(Schwartz 1992).

[표 11-6] 협동행동성향의 귀납적 근거

이기주의 명제	공동선 명제
인간의 협동성 행동성향은 이기적 본성론으로 설명 가능하다.	이기성이 인간본성으로 진화되었듯이 공동선도 또 다른 본성으로 병립 진화되었다.

↑　　　　　　　　　　↑

귀납적 근거:
협동성, 도덕가치, 품덕, 공동선 등 가치지향의 행동성향이
인간사회에 보편적으로 찾아진다.

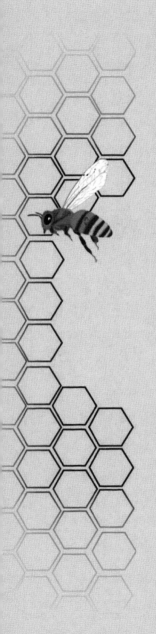

제12장

생물철학과
사회생물학

제12장
생물철학과 사회생물학

고릴라와 원숭이의 해부학적 근연 관계가 고릴라와 인간 사이의 근연 관계보다 훨씬 멀다. 다윈의 『종의 기원』이 인간의 존엄성을 훼손하는 것이 아니다. 야수가 인간과 비슷하게 보일지라도 인간은 동물과 다른 지식의 힘과 애정과 동정심을 가지고 있다.

헉슬리의 강의, 「Man's Place in Nature」(1860년)에서

1. 생물학과 사회

1.1 스펜서 사회다윈주의의 역사적 부작용

찰스 다윈을 추종했던 철학자 스펜서는 기존의 도덕 문제들을 다윈의 진화론적 사유로 설명하려고 했고, 이런 사유방식을 사회진화론Social Darwinism이라고 했다. 스펜서의 시도는 진화와 도덕의 관계를 형이상학의 도움 없이 설명하려는 것이었다(Ruse 1996). 스펜서는 '왜 그렇게 되어야 하는가?'라는 당위當爲, ought의 명제를 '자연의 사물은 이러저러한 거야'라는 식의 사실의 명제로 바꾸어 설명하려고 시도했다. 그리고

생명세계의 변이와 선택이라는 진화적 설명을 통해 인간의 행동양식을 이해하려고 했다(Ruse and Wilson 1986, 181). 실제로 스펜서는 1859년 『종의 기원』 출간 이전부터 스코틀랜드인과 아일랜드인 사이의 서로 다른 행동양식을 설명하기 위해 진화 개념을 적용했었다(Ruse 1995, 227).

스펜서는 다윈의 진화론을 사회적 투쟁과 생존의 처절함을 가장 잘 설명할 수 있는 과학이론으로 생각했다. 스펜서의 이런 생각은 다윈의 진화론을 '투쟁이론'으로 곡해하게 만드는 최초의 계기였다. 스펜서는 진화론을 근간으로 당시 영국 특유의 자유방임형 경제이론을 정당화시켰다. 스펜서의 역사관에 따르면 국가는 자기 이익을 추구하는 개인의 생활방식을 그대로 방임해야 하며, 불공평이나 불평등을 시정하거나 관행을 규제하는 것에 반대해야 했다. 그는 자신의 주장이 사회적 요청이면서 동시에 과학적 사실들로부터 지지된다고 생각했다(Ruse 1995, 225).

스펜서는 19세기 영국 빅토리아 시대에 자유경쟁 사회를 구체적으로 실현하고 싶어했다. 당시 빈민자 구제법 발의 과정에서 스펜서는 조건 없는 그런 빈민구제법을 철폐해야 한다고 주장했다. 사회적 빈민자를 덮어놓고 구제하려는 법은 오히려 빈민자의 사회적 경쟁력을 없애는 것이라는 논리를 스펜서는 가지고 있었다. 빅토리아 시대 빈민구제법 논쟁은 오늘날 보수주의에서 주장하는 선별적 복지정책의 뿌리이다. 스펜서는 겉으로 신체적 약자, 지능박약자, 사회적 결핍자들에 대한 사회보장 시스템을 구축하는 것에 반대하지 않았으나, 실제로는 그러한 시스템이 오히려 그들을 타락시키며, 능력 있는 사람들이나 검소한 사람들의 동기를 약화시키는 것이라고 보았다(Spencer 1851, 323-324).

스펜서는 사회적 질서나 윤리규범도 자연의 생명 질서에 따른다고 생각했다. 그러한 생각 자체는 문제될 수 없었지만, 그가 생각한 자연의 질서는 철저하게 투쟁과 약육강식의 논리로 점철되어 있었다. 시카고 대학교 과학사가인 리처즈(Robert Richards)가 스펜서의 문구를 인용한 것이 있는데, 이 글은 그의 자유방임적 사고를 잘 보여준다(Richards 1987, 303에서 인용된 스펜서의 문구).

"약자를 인위적으로 보존함으로써 한 사회의 질적 수준은 물리적으로 저하된다는 사실을 관행적으로 무시하고 있다. 또한 약자를 보살피는 사람들을 더 키우면서 오히려 사회의 질적 수준이 도덕적으로나 지적으로 저하된다는 사실을 관행적으로 무시하는 일도 있다. 만약 무가치한 사람들이 그들의 무가치함 탓에 자연적으로 소멸(죽음)되는 현상을 예방함으로써 그들의 존속을 증가시키도록 도움을 받게 된다면, 그 선택 결과는 세대를 거쳐 가면서 더 큰 무가치성을 생산할 수 있다."

스펜서는 진화가 진보와 같다고 보았다. 그는 당대의 가치가 현실의 발전을 상승시키는 효과가 있다고 생각했다. 현실의 당위적 가치는 자연의 사실적 검증으로 지지되고, 나아가 자연의 사실을 사회적으로 반영할 수 있다는 주장이다. 스펜서는 이것이 진보의 과정이라는 입장을 취했다(Ruse 1995, 230-231). 그는 자신의 생각을 실현하기 위하여 『종의 기원』 출간 이후 진화론을 사회 현상에 적극적으로 적용했는데, 그 과정에서 진화론을 의도적으로 혹은 실수로 왜곡했다. 스펜서는 진화론에서 진화가 진보를 의미하지 않음을 충분히 알고 있었을 것으로 평가되고 있다. 그럼에도 불구하고 스펜서는 의도적으로 다윈의 진화론을 라마르크 식으로 그리고 목적지향적인 것으로 해석했다. 생물철학자 루스는 스펜서가 생물학적 진화를 미분화 상태에서 분화 상태로, 단순한 것에서 복잡한 것으로, 동형성에서 이형성으로, 순종에서 잡종으로 전이하는 과정으로 인식했다고 말했다(Ruse 1985, 231).

스펜서의 『생물학 원리The Principles of Biology』(1864)는 찰스 다윈의 『종의 기원』을 사회학에 적용한 시도로 볼 수 있다. 스펜서가 말한 적응진화 개념은 찰스 다윈의 진화 개념보다 라마르크의 목적론적 진화 개념에 가까웠다. 스펜서는 찰스 다윈의 자연선택의 적응진화 개념을 후천적으로 획득된 습관을 마치 유전형질처럼 후손에 계승된다는inheritance or the production of functionally acquired modification 획득형질론 비슷하게 해석한 흔적이 많다(Bowler 2015, 211). 스펜서의 획득형질 개념은 라마르크의 용불용설의 개념에서 나왔다. 스펜서가 의도한 진화론은 개인의 의지와 집단의 목적을 강조한 것으로, 스펜서의 진화론은 다윈의 진화론보다 라마르크의 진화론에 가깝다. 라마르크 진화론에 가까운 스펜서의 해석은 그의 사회진화론을 전개하려는 사전 초석이었다(Bowler 2015, 207-209).

물론 스펜서는 찰스 다윈의 이론을 전파하는 일에 자진했었다. 찰스 다윈도 스펜서의 영향을 받아 '적자생존'이라는 진화 개념을 수용했다. 둘 사이의 상호 영향력은 분명하며 그 내용은 다음과 같다(최종덕 2020a, 261-2).

① 다윈의 『종의 기원』(1859)이 출간되기 전 스펜서는 이미 1852년 자신의 논문 「발전 가설The Development Hypothesis」에서 "진화evolution"라는

용어를 사용했다(Egan 2004, 14).

② 다윈의『종의 기원』초판에서 4판에 이르기까지 "진화evolution"나 "적자생존survival of the fittest"이라는 용어는 없었다. 다윈의『종의 기원』초판에는 "적응변화adaptive modification"라는 용어였지만 개정 5판부터 스펜서가 고안한 용어였던 "진화evolution"와 "적자생존survival of the fittest" 용어를 다윈도 사용했다.

③ 스펜서는 라마르크의 진화론과 찰스 다윈의 진화론의 차이를 알고 있었던 것으로 알려졌다. 스펜서의 책『생물학 원리』(1864)는 찰스 다윈의『종의 기원』을 참조하여 출판되었다. 스펜서는 자신의 책에서 다윈과 라마르크의 차이를 언급한 부분이 있는데, "다윈은 용불용설을 결코 허용하지 않았다."고 쓰고 있다(Spencer 1864, 246). 스펜서는 "적응 변화"와 "더 완전한 형태로 발달하려는 태생적 경향inherent tendency to develop into more perfect forms"의 차이를 말했는데, "적응 변화"는 다윈 진화론을 의미하지만, 후자 "더 완전한 형태로의 발달" 개념은 라마라크의 목적 진화를 지시한다(Spencer 1864, 408).

④ 스펜서『생물학 원리』다른 챕터에서 "다윈과 라마르크의 주장에 의하면 (개체의) 욕구desires가 자신의 운동기관motor organs의 기능을 더 증가하도록 유도하며, 그 기관의 발달further developments of such organs을 가져온다고 하는데, 그것이 아마 사실일 것이며, 그런 변형은 후손에 계승된다"(Spencer 1864, 406)고 쓰여 있다. 이런 스펜서의 표현은 전적으로 다윈의 진화론을 의도적으로 목적지향성의 라마르크 방식으로 바꾸어 놓은 것과 마찬가지다.

⑤ 스펜서만의 진화 개념도 있는데, 그것은 미분화 상태에서 분화
　상태로, 단순한 것에서 복잡한 것으로, 동형성에서 이형성으로,
　순종에서 잡종으로 전이하는 과정이 곧 진화라는 점이다. 스펜서
　가 이해한 이런 진화 개념은 장구한 진화사를 다룬 자연선택론과
　무관하게 현시점에서 계통비교법을 다룬 현상적 표현일 뿐이다
　(Ruse 1985, 231).
⑥ 스펜서는 다윈의 진화론을 사회적 진보관의 근거로 두기 위하여
　진화 방향을 목적을 지향하는 진보 개념으로 재해석했다.

　스펜서에게 사회적 진보도 마찬가지로 동형적인 것에서 이형적인
것으로 확장하는 과정이다. 그는 사회 진보를 자연의 진화와 같다고
생각했기 때문이다. 다윈 진화론에서 진화가 더 복잡하고 더 이형적으
로 분화되는 것은 현상적으로만 맞을 뿐이며, 결코 진화의 목적이 특정
한 방향으로 향하는 것은 아니다. 스펜서가 '진화'를 '진보'로 간주했던
것은 영국의 산업화와 이에 따른 진보에 대한 신념이 팽배했던 빅토리
아 시대의 사회상을 반영했던 것으로 볼 수 있다.
　스펜서의 사회적 영향력이 확장되면서 진화론은 더 많이 왜곡되었
다. 진화론이 미국과 아시아에 소개되면서 그 왜곡과 오해는 더 커졌다.
적자생존이라는 스펜서의 논리가 진화론의 옷을 입고 미국에 소개되
면서, 진화의 적자생존의 개념은 『종의 기원』에는 단 한 마디도 언급되
지 않았던 '약육강식'의 개념으로 변질되었다. 스펜서는 다윈의 선택
개념에 '약자에 대한 도태'를 대입시켰다. 스펜서의 강자 중심의 도태
이론은 자본주의 시장 중심의 당시 미국 사회를 정당화시켜주는 논리

로 수용되었다. 1882년 미국을 방문한 스펜서는 미국에서 대단한 환영을 받을 수밖에 없었다(Francis and Taylo 2015; Youmans 1973).

진화 개념에서 굴절된 스펜서의 진보주의와 적자생존 개념에서 왜곡된 스펜서의 약육강식론은 미국만이 아니라 중국과 일본에서도 큰 관심을 받았다. 약육강식론의 해석에 따르면 동물 행동양식이 인간사회에 적용 가능하며 그 적용 원칙은 적자생존의 논리에 의해 지지된다. 스펜서는 사회 발전을 유기체의 발전과 동일하게 보았고, 인간의 사회적 현상을 다윈의 진화론으로 설명할 수 있다고 생각했다. 스펜서의 사회다윈주의 혹은 사회진화론은 미국에서 거대 기업가들의 지지를 받았다. 록펠러(J. Rockerfeller, 1839-1937)는 스펜서의 적자생존의 개념을 경쟁논리로 받아들여 기업 경영의 기초이론으로 이용했다. 카네기는 스펜서 이론에 힘입어 소수의 부자를 위한 입법을 제청하여 부의 편재를 정당화했다(Boller 1969, 52-56).

1920년대 미국으로 이민 오는 유색인종과 가난한 유럽인들이 폭증하자 미국 정부는 앵글로-색슨계가 희석될 것이라는 우려를 노골화하면서 우생학적 차별을 담은 이민제한법을 통과시켰다. 1907년에는 스펜서의 사회진화론 영향으로 인디애나주에서 정신장애자 불임법이 통과되었다. 1911년에서 1931년까지 미국 30개 주에서 정신박약인에게 행하는 강제불임법이 법제화되었다. 이런 악법은 1960년대 들어와 대부분 폐기되었으나, 버지니아주는 1970년대까지 강제 불임시술을 시행했다. 미국에서만 1910년대부터 25년간 10만 명 이상의 정신박약인들이 불임시술의 희생자로 되었다. 덴마크, 핀란드, 스웨덴, 노르웨이, 에스토니아 등에서도 미국 불임법을 모델로 한 불임법을 시행했다.

스웨덴은 6만 명, 악명 높았던 독일은 40만 명 이상이 불임법의 희생자였다. 이 역사적 사실은 생식유전의 강제조절이 실현된 반인류적인 비극이다.

19세기 초 미국은 우생학 정책을 지원하는 미국유전질병연구소 CHRD를 설립했다. 우생학 정치의 선두에 섰던 실험동물학자 출신 데이븐포트(Charles Davenport, 1866-1944)가 주도한 정부 기관이었다. 카네기 재단의 지원을 받은 미국유전질병연구소에서는 진화론을 우생학으로 왜곡하기만 한 것이 아니라, 이렇게 왜곡된 진화론을 의학에 연관시키면서, 우생학을 정당화하는 임상이 실현되기도 했다(최종덕 2020a, 266). 최첨단의 유전공학 시대에 살고 있는 우리는 사회적 신우생학이 재현되지 않도록 전 지구적 지식공유 시스템과 공공의 비판적 소통방식을 마련해야 한다.

스펜서의 사회진화론을 요약하면 아래와 같다. (i) 스펜서가 해석한 진화론은 찰스 다윈의 원래 진화론과 다르다. (ii) 적자생존 개념을 약육강식 논리로 바꾸었고, 부국강병의 사회적 이념을 지지하고 옹호하는 유사과학이론으로 찰스 다윈의 진화론을 차용하고 오용했다. (iii) 우생학을 지지하는 간접적인 이론으로 되거나 아니면 그럴 잠재성을 충분히 가지고 있는 이론의 역할을 스펜서의 사회진화론이 대신했다(최종덕 2020a, 265).

1.2 사회생물학의 범주

1975년 E. O. 윌슨의 『사회생물학』이 출간되면서 사회생물학 논쟁이 다시 불붙었다. 윌슨의 책은 우생학의 역사와 무관하지만 그 안에 담긴 생물학적 환원주의의 의미는 스펜서의 사회진화론을 연상하게 했다. 윌슨은 자신의 사회생물학 논거가 생물학적 결정론과 같은 존재론적 환원주의가 아니라 방법론적 환원주의로만 구성되었다면서 철학적 해명을 했다. 1990년대까지 윌슨의 사회생물학은 여전히 스펜서의 사회진화론과 거의 비슷한 것으로 간주되었다. 윌슨은 다음과 같이 진화의 위계성을 암시했다. "생명의 역사를 관통하는 진화의 흐름은 단순한 것에서 복잡한 것으로, 단수적인 것에서 다수적인 것으로 변화했다. 지난 수십억 년 동안 동물 체형의 크기, 섭생과 방어 기술, 뇌와 행동의 복잡성, 사회적 조직화 그리고 환경적 제어 능력의 정확도 등의 전체적인 측면에서 동물들은 상향적으로 진화해 왔다."(Wilson 1992, 187) 윌슨은 자신이 말한 상향적 진화의 의미를 강조하지 않았지만, 여기에서 상향적 진화라는 개념은 매우 신중히 다뤄져야 한다.

윌슨의 상향적 진화 개념은 그를 이해하는 데 중요하다. 겉으로 보기에 윌슨의 주장은 스펜서의 진보주의와 비슷해 보이기 때문이다. 윌슨은 개체 중심적 사고방식에서 벗어나 있다. 스펜서의 진보는 개체 중심적 적자생존론과 사회적 약육강식론에 기대어 있고, 윌슨의 진보는 복잡성의 증가와 집단선택의 이타성을 간접적으로 포괄했다. 이점에서 윌슨과 스펜서는 비슷한 점과 아주 다른 점을 같이 보여준다. 특히 윌슨의 집단선택론은 스펜서의 의도와 전혀 다른 부분이다. 스펜서 진보주의는 개인 중심적이지만, 윌슨의 진보주의는 집단 중심적이다. 윌슨이 이야기한 복잡성 증가는 스펜서 방식의 진보주의와 전적으로 다르다. 윌슨은 생물학적 목적성을 부정하지만 문화적 목적성을 인정한다. 문화적 목적성 혹은 사회적 가변성을 윌슨은 후성규칙이라고 불렀다. 후성규칙의 논의는 11장에서 많이 다루었는데, 후성규칙은 사회와 생물학을 연결하는 고리이며, 마치 데카르트가 정신과 신체를 연결하는 신체기관으로 오해했던 송과선에 비유될 수 있다.

1980년대 들어 게임이론이 등장하면서 경제학에서 현대 진화종합설을 배경으로 한 반-케인즈 경제학이 유행했고, 이러한 흐름은 적응주의 진화론을 배경으로 한 행동경제학의 분파로 발전했다. 행동경제학은 사회생물학의 범주로 볼 수 있다. 사회생물학은 생물학이 사회에 미칠 수 있는 영향력의 이론체계이며, 나아가 생물학의 이론이나 의미체계로 사회 현상을 설명하고 기술하려는 지식체계이다. 좁은 의미의 사회생물학은 윌슨이 자신의 책에서 인간 이해를 위한 개념으로 사용한 것이며, 넓은 의미의 사회생물학은 생물학과 문화인문학이 만나는 지식체계를 말한다. 넓은 의미에서 사회생물학의 스펙트럼은 다음과 같다.

- 나치와 같은 극우 성향의 우생학 및 편향된 문화우월성을 고집하는 강한 사회생물학이 있다.
- 윌슨이 제기한 사회생물학으로서 후성규칙을 인정하고 문화와 자연을 동일시하면서도 문화를 자연물에 수반된 산물로 간주한다.
- 문화모방자라는 이름으로 사회의 문화 현상을 생물학적 유전자와 유사한 모방자meme라는 문화 선택단위로 설명한다.
- 메이나드 스미스의 진화론적 안정화 전략Ess evolutionary stable strategy으로서 죄수 딜레마와 게임이론에서 출발한 행동경제학 이론으로 가지치기했다.
- 진화의 성선택 분야를 확장하여 기존 행동주의 이론을 결합하여

표현된 행동을 통해 마음을 설명하려는 진화심리학의 전개도 있다.

- 철학적 인식의 과정과 결과를 자연과학으로 설명할 수 있다는 자연주의 인식론과 적응진화적 사고의 산물로서 합리성을 해석하는 독일 심리학자 기거렌처(Gerd Gigerrenzer)의 제한적 합리성도 부분적으로 사회생물학과 만난다.

- 자연의 물리구조와 인간사회의 심리구조를 등질적으로 비유할 수 있다는 동양의 고대 사유체계도 사회생물학의 사유이다. 예를 들어 동양 고대 문헌의 문학적 비유와 메타포는 자연주의 인식론의 한 유형이며, 좁게는 사회생물학의 한 유형으로 볼 수 있다. 스펜서처럼 사회적 의도가 개입된 사회생물학은 아니지만, 한자 문화권에서는 자연과 인간 사이의 자연주의적 유비법이 자주 활용되고 있다.

- 상호부조론으로 유명했던 러시아 아나키스트 크로포트킨(Peter Kropotkin, 1842-1921)처럼 다윈의 진화론이 도덕의 원천에 깔려 있기는 하지만 스펜서와 반대로 공존과 상호부조의 진화 원리가 인간의 도덕적 원천이라고 보는 사회생물학도 있다.

2. 형이상학적 진보: 목적지향적 진보

2.1 철학으로 본 보수와 진보

비어 있는 항아리에 쌀을 부으면 항아리는 꽉 찬다. 빈 항아리에 쌀을 채우는 것처럼 사람의 욕망을 채울 수 있을까? 사람은 항아리와 다르게 아무리 채우려 해도 채울 수 없는 욕망을 가지고 있다. 욕망의 특징은 항상 결핍된 상태로만 있다는 점이다. 잠시 채워질 때도 있지만 그것은 잠시일 뿐이고 다시 결핍의 순환에 빠진다. 사람들은 결핍을 채우려고 끝없이 노력하지만 결핍으로부터 영원히 벗어날 수 없다.

역설적으로 결핍은 부족함이 아니다. 결핍이 있기에 새로운 것을 채울 수 있는 여지가 생긴다. 이것이 진보의 기본 특성이다. 반면 결핍 없이 언제나 채워져만 있다면 그것을 계속 유지해야 하기 때문에 다른 새로운 것을 채울 수 없다. 이것은 보수의 특성이다. 철학적으로 진보와 보수는 항상 동사형이다. 진보가 아니라 '진보함'이며 보수가 아니라 '보수함'(간직함)이다. 진보함은 결핍으로 인해 항상 채우려는 운동성을 동반한다. 그래서 진보는 운동 중이며, 정지성은 진보가 아니라 보수의 특성이다. 진보가 결핍을 채우려는 운동을 지속하지만, 결핍을 채웠다고 판단하면서 운동을 멈춘다면 그것은 이미 진보가 아니라 보수이다. 진보는 비어있음을 인정함으로써 타자를 채워 주고 동시에 자신을 변화시킬 확률을 높일 수 있지만 자기정체성의 결손을 가져올 수 있다. 반면에 보수는 자기정체성에 충실한 반면 자기 변화에 매우 소극적이다. 완성과 고정의 이미지에 종속되기 때문이다.

생명은 계통적으로 종분화와 멸종의 거시변화와, 개체적으로 탄생-노화-죽음이라는 발생의 미시변화를 겪는 존재로서 진보의 특성을 갖는다. 한편 물질은 형태와 공간 점유의 안정성을 유지하려는 보수의 특성을 갖는다. 보수는 개체 보존과 혈연관계를 중시하며 진보는 역사적 계통성과 공동체를 중시하는데, 이런 차이는 상대적인 비교일 뿐이다.

[표 12-1] 생물철학에서 보수와 진보의 개념적 차이

보수	진보
• 충족 • 정지성 • 간직하려는 안전성 • 고정 • 시간 독립적 성향 • 절대주의 경향 • 물질성의 특징 • 개체보존에 유리	• 결핍 • 운동성 • 채우려는 지향성 • 변화 • 시간 의존적 성향 • 상대주의 경향 • 생명성의 특징 • 계통보전에 유리

2.2 플라톤: 이데아를 향한 진보

플라톤의 진보는 '저 멀리' 진리의 언덕이라고 할 수 있는 에피스테메 episteme의 정상으로 한 발짝 더 다가가는 것을 의미한다. 그 정상의 진리계를 이데아idea라고 한다. '저 멀리' 있는 이데아 세계는 현실의 '지금' 그리고 '여기' 세계가 지향해야 할 목표점이다. 목표를 향해 나아 가는 일은 우리 개별자들이 행하는 영원한 운동이며 지향이다. 목표의 끝은 정지된 이데아이다. 이데아는 정지해 있지만 개별 현상계는 항상 운동 중이며, 운동을 하는 개별자는 목표에 도달하지 못한 상태임을 보여준다. 플라톤이 말하는 이데아는 영원하고 불변이며 완전하기 때 문에, 이데아는 그 자체로 목표로 삼아야 할 더 이상의 지향점을 갖지 않는다. 이데아는 운동 없이 정지된 불변성을 가지지만, 현상계의 현실 개체들을 움직이게 하는 원동력이다.

플라톤보다 대략 100년 전 자연철학자 헤라클레이토스(Heraclitus, BC 535~BC 475)는 모든 것이 흘러가고 변화한다는 자연의 로고스 원리를

제시했다. 헤라클레이토스의 로고스는 모든 존재가 변화하며 항상적인 것은 없다는 것으로, 보통 유전설의 존재론이라고 한다. 그러나 플라톤이 보기에 헤라클레이토스가 말한 변화의 로고스는 진리를 포용할 수 없는 존재였다. 진리가 존재한다면 그 진리는 변화하는 곳에 있지 않고 완전하고 영원하며 불변인 세계 속에 있을 것이기 때문이다. 플라톤의 관점으로 진리를 찾으려는 사람은 변화와 운동의 현실 세계로부터 영원하고 불변하며 정적인 진리세계, 즉 에피스테메로 향해 용기 있게 접근해야 한다. 그런 용기 있는 접근이 바로 플라톤의 진보이다. 그러나 아무리 용기가 크다고 해도 진리에 더 가깝게 다가갈 수 있을지언정 그곳에 결코 도달할 수 없다는 문제를 안고 있다. 플라톤이 생각한 진보는 진리를 찾아가게 하는 추동력이 되지만, 그 자체로 진리에 도달할 수 있는 미래를 보장하지 못한다. 형이상학적 목적을 지향하는 진보관의 전형적인 모습이다.

2.3 아리스토텔레스의 궁극목적 지향의 진보

아리스토텔레스에게 진리는 플라톤이 생각하는 진리보다 상대적으로 더 구체적이다. 아리스토텔레스가 말하는 진리는 개별자 개체 안에 나눠 존재하기 때문이다. 플라톤의 이데아보다 가까운 개별자 안에 진리가 있으며, 그런 개별자마다 그 안에 들어있는 진리가 본질이다. 아리스토텔레스는 플라톤과 달리 본질에 해당하는 형상을 개체의 질료 안에서 찾을 수 있다고 보았기 때문이다. 형상을 찾아가기 위하여 '저 멀리'의 이데아의 세계를 쫓아 구할 필요 없이 자기 안에서 찾을 수 있다는 뜻이다.

아직 특정 질료를 구하지 않은 형상, 그래서 형상과 질료가 결착되지 않은 질료 상태를 가능적 형태(가능태)라고 하며, 가능태가 형상을 되찾는 길을 현실태로 변화하는 과정이라고 한다. 아리스토텔레스의 형상을 이해하려면 먼저 그 자신의 보편자(혹은 보편 개념, universal)를 이해해야 한다. 보편자는 플라톤의 이데아에 해당하지만 개별자를 떠나 먼 세계에 존재하는 것이 아니라 바로 개별자 안에 일종의 본질로서 존재한다. 다시 말해 누가 나에게 "너의 본질은 무엇이냐?"라고 질문한다면 플라톤에 따르면 나는 나의 밖에서 그 본질을 찾아야 하고 아리스토텔레스에 따르면 나 자신 안에서 그 본질을 찾아야 한다고 답변해야 할 것이다.

[표 12-2] 아리스토텔레스 생물학의 존재론

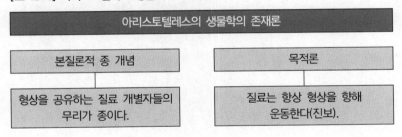

아리스토텔레스의 생물학의 존재론	
본질론적 종 개념	목적론
형상을 공유하는 질료 개별자들의 무리가 종이다.	질료는 항상 형상을 향해 운동한다(진보).

본질은 특수한 개별자 개체 안에만 있는 것이 아니라 다른 많은 개별자 개체 안에 같은 방식으로 내재한다. 같은 본질을 갖는 많은 개별자들의 무리가 종species이다. 아리스토텔레스의 종 개념은 본질의 동일성이며 나아가 일종의 자연적 실체이다. 아리스토텔레스에서 형상은 보편자와 목적 개념이 합쳐진 것이다. 질료인 개별자는 형상을

향해 움직인다. 이렇게 질료matter가 형상form을 찾아가는 목적지향적 과정이 바로 아리스토텔레스가 생각한 진보 개념이다. 즉 가능태가 현실태를 구하는 과정이 진보이다. 그래서 아리스토텔레스는 목적론의 목적 지향이 곧 진보이며, 개별자는 자신 안에 내재되어 있는 고유의 목적을 향해 끊임없이 운동한다고 했다. 이러한 진보 개념을 물리 운동에 적용한 것이 아리스토텔레스 운동역학이다.

철학자이며 물리학자이자 생물학자이기도 했던 아리스토텔레스의 생물학적 존재론은 목적론과 본질주의가 연결된 모습이다. 아리스토텔레스 생물종 개념은 린네가 등장하기까지 무려 2,000년 동안 유지되었다. 그래서 고전 생물종 개념을 이해하려면 지금의 생물학과는 무관해 보이는 플라톤과 아리스토텔레스의 존재론을 이해해야 한다. 아리스토텔레스의 생물철학을 요약하자면, 동일성의 본질을 서로 공유하는 개체들의 자연류가 생물종이며 생물종의 본질이 생명의 형질로 구체화되는 첫째 특징과 각 생명체는 그가 속한 종의 형상을 목적점으로 두고 생명 운동, 즉 영혼의 기능이 지속될 수 있다는 둘째 특징으로 정리될 수 있다.

목적에는 기능적 목적이 있으며 궁극의 목적도 있다. 기능적 목적이란 운동 원인을 제공하는 부분 기관의 형상을 향한 운동을 의미한다. 부분 기관들의 원인들이 한 묶음으로 체계화되어서 전체 개별자의 궁극적인 최종 형상을 이룬다. 궁극 목적은 최종 형상을 지향하는 운동이다. 개별자들의 기능 목적은 실제 수행이 가능하다. 현실태로 드러난 부분 기관의 기능은 이미 실현되고 있지만 그렇다고 해서 궁극 목적이 실현된 것은 아니다. 예를 들어 새의 날개는 하늘을 나는 기능적 목적을 지니고 있고 또 그런 기능을 실현하고 있지만, 날개의 궁극 목적이 무엇인지는 쉽게 알 수 없다. 최근 현대 진화생물학의 연구로 날개의 궁극 목적이 체온유지 기능으로 알려졌지만, 궁극 목적과 기능 목적이 일치하지 않는다는 사실은 전통 철학에서뿐만이 아니라 현대과학에서도 인정되고 있다.

기능 목적과 궁극 목적이 다르다는 점은 2,500여 년 전 생물학자로서 아리스토텔레스가 가장 문제 삼았던 부분이었다. 자기는 움직이지 않으면서 타자를 움직이게 하는 부동의 동력자unmoved mover로서 형상이란 생명체의 본질이며, 생명 개체 기저에 놓여 있는 실체이다. 이점에서 두 철학자 아리스토텔레스와 플라톤은 같은 맥락에 있다. 아리스토텔레스에서 궁극 목적은 궁극 원인의 동력자 역할을 한다. 기능 목적은 개별자의 기능 원인에 의해 목표를 수행함으로써 어떤 기능적 목표점에 도달하도록 한다. 그러나 궁극 목적은 플라톤의 이데아와 마찬가지로 도달 가능한 영역을 초월해 있기 때문에 거기에 도달할 수 없다. 그런 궁극의 목표점에 도달하는 것이 바로 행복이며 선이라고 플라톤의 니코마코스는 말하고 있지만, 질료를 떠날 수 없는 개별자의 입장에서 그런 목적에 도달하는 것은 현실적으로 가능하지 않다.

플라톤의 경우 개인의 행복을 위해서 개인에게 선천적으로 주어진 지위에 적합한 목표에 도달하기만 하면 된다. 이런 위계화된 행복론은 당시에 일종의 정치이론이기도 했다. 개별자에게 주어진 어떤 목적에 도달할 수 있지만, 그보다 범주가 높은 목적에는 도저히 도달할 수 없는 원천적 불가능성이 플라톤 행복론 안에 내재해 있다. 최종 목적은 도달할 수 없는 곳이며, 단지 형이상학적 이상향일 뿐이다. 이런 점에서 아리스토텔레스는 플라톤과 비슷하다고 했다. 아리스토텔레스의 진보는 개별자에게 운동력을 제공하는 내재된 원인이지만, 아무리 진보하여 앞으로 나아가도 궁극 목적점에 도달할 수 없다(Kullmann 1998, 62-67; 161-171).

2.4 유토피아의 목적론적 세계관

기독교 세계관에서 진보는 중요한 논점이다. 기독교 세계관의 진보는 이 세계가 시작된 시점에서 끝나는 종점, 즉 창조에서 출발하여 종말에 이르기까지 일방향으로 나아가는 선형적 과정을 의미한다. 종말의 최종점에 이르러 세계 전체의 의지가 실현되는 목적점으로의 여행인 것이다. 그 목적이 바로 신이며, 신을 지향하는 인간의 행위와 사유만이 오로지 진보이고, 그 외에는 모두 퇴행이다. 진보와 퇴행은 각기 천국과 지옥의 길을 안내하는 결정론적 지침서이다. 그러나 현실은 목적지점의 등급ontological stratum에 비교할 수 없는 하급의 위상에 처해 있으며, 인간 역시 신에 비교할 수 없는 하급의 위격만을 가질 뿐이다. 현실은 상층의 목적(신의 의지)과 신의 지위에 비교될 수 없는 하위 계층에 놓여 있다. 하위 계층의 목적은 상위 계층의 목적을 모방할 수는 있을지언정, 결코 상위 계층과 같아질 수는 없다.

기독교 세계관에서 이 세계는 신이 설계한 프로그램에 따라 움직인다. 그 프로그램은 신의 의지이며, 신의 의지는 세계가 운동하는 목적이다. 진보는 신의 의지를 모방하는 과정이다. 이런 점에서 유토피아 세계관은 기독교 세계관과 매우 유사한 구조이다. 유토피아론 역시 강한 목적론적 세계관이다. 최종 목적에 해당하는 유토피아는 그 자체가 도달할 수 없는 이상향이자 동시에 목적론적 완전성을 의미한다. 모어(Thomas More, 1477-1535)는 『유토피아』(1516)에서 유토피아를 지향하는 매우 현실적이며 구체적이고 경험적인 방법론을 제시했다. 그러나 그 지향점 자체는 선험적인 형이상학의 위상을 지닐 뿐이다. 모어의 유토피아는 실제로 플라톤의 『공화국』 대화에 나오는 '철학자 왕philosopher-king'이 지배하는 절대 평화의 세계를 모방했으며, 기독교의 지상천국The Earthly Paradise의 꿈을 실현시키려고 했다. 물론 그 실현은 불가능했다. 플라톤과 기독교가 어우러진 유토피아 사상은 목적에 도달하는 방법으로 각기 이데아의 경로, 신앙의 경로 및 현실 경로 등을 구체적으로 제시하지만, 목적 지점의 존재 지위는 모두 선험적이고 저 너머 세계에 있어서 실제로 도달하기 어려운 위격을 가진다.

2.5 형이상학적 진보의 목적성

형이상학적 진보에서 가장 중요한 점은 진보의 행로에 목적이 분명히 존재한다는 점이다. 목적은 진보의 행로가 향하는 '끝'의 존재를 상정한다. 그래서 진보는 '끝'을 향한 운동이다. 목적은 이데아가 될 수 있고, 불변의 절대존재나 기독교의 신이 될 수 있으며, 세계를 모순 없이 설명할 수 있는 과학의 통일법칙으로 될 수 있다. 또한 정언명법의 절대이성으로 될 수도 있다. 진보의 목적은 형이상학적 존재의 특성을 가지는 동시에 다른 어느 것보다 더 좋은 것, 나아가 최상의 좋은 것을 의미한다. 가치와 존재가 혼재되어 서로 엮여 있는 것이다.

　서구사상사의 진보 개념들은 가치 개념과 동떨어질 수 없었다. 목적을 상정하는 모든 개념들은 가치를 함의한다. 여기서 가치는 상대적인 인간 가치에 국한되는 것이 아니라 영원법칙으로서 절대가치를 의미한다. 절대가치란 실제로 형이상학적 절대존재의 본질로 드러난다. 다시 말해서 '좋은 것' 혹은 '좋음'에 대한 희망과 이념의 가치는 절대존재의 본질이다.

형이상학의 진보와 기독교의 진보는 선형적linear 발전이다. 진보의 선형성은 다음의 뜻을 갖는다. 첫째, 시간의 흐름과 발전은 정비례는 아닐지언정 서로 비례하여 전개된다. 둘째, 시간은 미래를 향해 앞으로만 흘러간다. 셋째, 미래의 '끝', 즉 진보의 완전한 '끝'이 존재한다. 이러한 선형성 이념은 과거보다 현재가 좋으며 현재보다 미래가 더 좋을 것이라는 신념의 근거로 작용된다. 나아가 목표에 도달하고자 하는 지향은 절대점에 시간적으로 점점 더 가까워진다는 의미를 담고 있다. 역사의 끝은 구원의 종말이기도 하고, 어떤 때는 계몽의 유토피아이일 수 있다. 아니면 자연과학의 법칙세계, 즉 전 우주의 통일법칙을 찾아낼 미래이기도 하다(최종덕 2005b, 244-252).

3. 진화와 진보는 다르다

3.1 윌리엄스의 생물학적 진보

집단선택론 논쟁에 종지부를 찍은 20세기 최고의 진화생물학자 가운데 한 사람인 조지 윌리엄스는 생물학적 진보의 의미를 아래와 같이 5가지의 범주로 구분했다(Williams 1966, Chap.2).

첫째, 생물학적 진보를 유전 정보의 축적으로 정의하는 기무라의 입장이 있는데(Kimura 1961), 윌리엄스는 기무라의 정의를 비판한다. 유전정보 축적이론에 대한 증거가 미흡하며, 실제로 진화에서 정보 총량을 증가시키는 방향으로 자연선택이 이루어지는 것은 아님을 논증했다. 진화와 함께 유전정보가 축적되지만, 그렇다고 해서 그것이 특정한 방향성을 갖고 진보한 결과라고 볼 수 없다는 뜻이다.

둘째, 형태적 복잡성의 증가를 진보로 보는 입장이 있는데, 윌리엄스는 형태적 복잡성의 증가는 진보가 아니라 일종의 조직 특수화로 간주해야 한다고 했다. 이러한 진보관은 과거 정향진화론에 대한 믿음을 배경으로 가지고 있다. 데본기 어류 두개골보다 인간 두개골이 어느 측면에서 더 복잡하다고 볼 수 있지만 진화가 진보라는 근거는 없다. 윌리엄스는 많은 사례를 통해 복잡성의 증가가 진보와 무관하다는 것을 보여주었다. 생물종 사이에 어느 것이 더 고등하다는 표현 자체가 기존의 편견이라는 것이다.

셋째, 각 신체 기관의 분업 기능이 다르게 된 것도 일종의 진화적 경향으로서 이를 진보라고 보는 시각도 있다. 하지만 윌리엄스는 사회 조직에서 개체 간에 분업이 이루어지고 있는 것과는 다르게, 신체 기관의 분화는 기능의 다양성이지 진보라고 할 수 없다고 했다.

넷째, 개체가 특정한 방향으로 진화할 것이라는 전제에서 진보라고 할 수 있지만, 진화는 특정한 방향을 염두에 두고 진행되지 않는다.

다섯째, 생명체들 간에는 적합도fitness의 차이가 있어, 어떤 개체는 적합도가 높고 다른 개체는 적합도가 낮다. 높은 적응을 지향하는 것이 진보라는 주장이 있으나, 윌리엄스에 따르면 두 개체 중 적합도가 높은 개체가 적합도가 낮은 개체보다 진보한 것이라는 어떤 증거도 없다.

윌리엄스에서 진화는 특수화specialized의 한 방향일 뿐이며, 발전ad-vance이나 진보progress를 의미하지 않는다. 그는 비행기 기술발전의 사례를 통해서 명쾌한 설명을 제시했다. 구식 비행기 프로펠러에서 현대식 제트 엔진으로 바뀐 것은 성능면에서 분명한 기능개선을 보여준 진보였다. 그러나 구조 측면에서 볼 경우 제트 엔진의 구조는 프로펠러 구조보다 오히려 더 단순해졌다는 점에 주목할 필요가 있다. 구조적으로 오히려 퇴행으로 보이고 더 단순해졌음에도 불구하고 우리는 이를 기술적 발전이라고 말한다.

3.2 마이어와 도킨스의 진보 - 실용주의 진보

마이어는 진화론에서 진보 개념을 적극 수용했는데, 그의 진보 개념은 실용주의적 진보로 평가될 수 있다. 마이어는 진보 개념이 매우 다양하게 사용되고 있다고 했다. 형이상학으로, 목적론으로, 사회적으로, 혹은 경제적으로도 진보 개념이 사용된다. 잘 알려진 대로 다윈은 진보 개념을 부정했고, 마이어도 이 점을 잘 알고 있었다. 다윈이 진보 개념을 부정했을 때, 그가 부정한 것은 완전체 혹은 절대 존재를 향해 전개되는 생명 진화의 방향이었다. 다윈이 부정한 진보는 목적을 향한 방향으로서의 진보였다. 마이어 역시 그러한 진보 개념을 부정한다. 그러나 마이어는 다른 수준에서 진화의 진보를 생각했다.

마이어는 전적으로 경험적인 수준purely empirically에서 진화를 보자고 제안했다. 그에 따르면 "경험적 수준에서 이전 것보다 더 낮고better 더 효율적이고more efficient 더 성공적인more successful 무엇인가를 성취하는 것"이라는 관점으로 진화를 볼 수 있다(Mayr 2001, 214). 자연선택은 대체로 자기 환경에 더 잘 적응한 개체를 선호하고, 적응하지 못한 개체를 제거하는 경향이 있다. 어느 계통에서 살아남은 개체는 살아남지 못한 개체보다 평균적으로 더 잘 적응해 온 것이다. 마이어는 이런 제한된 의미에서 진화가 진보적이라고 보았다. 마이어는 진화의 진보 개념이 비판받고 있다는 것을 잘 알고 있었다. 그도 역시 진화가 목적론 지향의 진보일 수 없음을 분명히 밝혔다"Darwinian progress is never teleo-logical". 그러나 진화 과정에서 전 단계보다 다음 단계 후손이 "더 낫고 더 효율적이고 더 성공적"이라면 진화는 충분히 진보적이라고 말할 수 있다고 했다. 이런 점에서 마이어의 진보 개념은 실용주의적 진보로 볼 수 있다.

도킨스도 마이어의 이런 관점에 동의한다. 도킨스가 보기에 진화에서 진보는 "복잡계에 적합한 적응적 형질들이 증가함으로써 생물종마다 다른 고유한 방식으로 적응도를 점진적으로 높이는 생명 계통의 경향"이다(Dawkins 2003, 208). 도킨스는 자신의 책 『악마의 사도』에서 굴드의 『풀하우스』를 비평하면서 진보에 대한 굴드의 생각을 다음과 같이 인용하고 있다. 진보는 "생명의 해부학적 복잡성, 신경계의 정교함 그리고 행동양식의 크기와 확장성을 개선시키는 경향을 말한다. 그런데 달리 말할 수도 있다. (우리가 그 동기를 솔직히 성찰하기만 해도 금방 알 수 있듯이) 진보란 호모사피엔스를 가설적 집단 계통 꼭대기에 올려놓기 위하여 의도적으로 조작해 낸 어떤 기준일 뿐이다."(Dawkins 2003, 208) 도킨스는 굴드가 진보를 거부하는 이유를 비판하기 위하여 이 글을 인용했다. 도킨스는 굴드를 매우 강하게 비판하지만, 진보를 인간중심주의human chauvinism로 해석하는 관점을 거부한다는 점에서 두 사람은 서로 생각을 같이한다. 도킨스는 기존의 점진적 진화에 대비되는 불연속 진화를 표명한 굴드의 단속평형이론을 강하게 비판했다. 굴드의 단속평형이론이란 인간중심주의를 거부하는 도구적 이론에 지나지 않는다는 것이다. 굴드는 포유류가 세균보다 더 복잡해졌다는 점에서 도킨스의 생각에 동의한 것으로 보인다(Gould 1980, Chap.3). 다만 굴드는 그런 복잡성의 증대로 여겨지는 진화를 인정하지만, 진화가 호모사피엔스와 같은 최종의 궁극적 진화체를 향한 목적론적 진보라는 생각을 비판한 것이다.

진화를 실용주의적 진보로 보는 입장은 다음과 같이 정리할 수 있다.

- 경험적 수준에서 이전 것보다 더 낫고 더 효율적이고 더 성공적인 무엇인가를 성취하는 것이다.
- 복잡계에 적합한 적응적 형질들이 증가함으로써 생물종마다 다른 고유한 방식으로 적합도fitness를 점진적으로 높이는 생명 계통의 경향이다.
- 복잡성이 증가하는 방향을 인정하지만, 그것이 모종의 내재된 목적을 향해 진화하는 것은 아니며 단지 특수화의 진화 양태일 뿐이다.

3.3 과학의 진보는 과학적 실재를 찾아가는 과정

과학이 경험론적이라고 하는 것은 과학 탐구의 방법론적 태도가 경험론적이라는 뜻이다. 과학은 인식론 및 방법론의 차원에서 경험론이지만, 존재론 차원에서는 전형적인 실재론realism을 취하는 경우가 대부분이다. 과학은 현상의 운동을 일괄적으로 지배하고 제어하는 실재계의 운동법칙을 찾아가는 여정이며, 과학자는 경험적 방법론을 통해 그런 실재계의 자연법칙을 찾고자 한다. 자연과학은 실재계의 자연법칙을 통하여 현상계를 완전히 기술하는 것을 최종 목표로 삼는다. 하지만 현재 시점에서 과학이 기술하는 자연이 어디까지 가능하며 정말로 제대로 기술된 자연인지를 검증하는 것이 중요하다. 어떤 과학 이론이 현상계를 사실적으로 기술했는지를 검증하는 것은 현실적으로 쉽지 않다. 검증주의는 과학의 기초 방법론이지만, 검증의 문을 통과하는 과학 이론은 제한적이다.

과학철학자 포퍼는 검증의 문제점을 파악하여 그 대안으로서 반증주의falsification 이론을 제시했다. 검증주의에서 더 많은 검증을 거친 것이 더 진보한 과학이며, 검증 기준 자체가 과학과 비과학을 구분하는 경계이다. 그러나 포퍼는 현재 가설과 이론은 미래의 더 나은 새로운 가설이나 이론에 의해 언제든 반박되고 대체될 수 있으며, 대체가능성이 클수록 오히려 과학의 정체성이 확실해진다고 보았다. 포퍼는 이를 반증주의라고 했다. 포퍼가 제시한 반증주의는 과학과 비과학을 구획 demarcation하는 새로운 기준으로 정초되었다.

과학은 자연을 기술하는 인식론의 지식체계이다. 과학의 지식체계는 자연을 완전하게 기술하려고 하지만, 인간의 경험적 인식장치의 한계 때문에 자연을 기술하는 데 있어서 완전할 수 없다. 오늘의 과학 지식은 내일의 더 나은 과학 지식에 의해 부정될 수 있고 대체될 수 있다. 과학 지식은 더 나은 지식체계를 지향한다. 현재 과학 지식의 비정합성과 불완전성이 드러난다는 것은 더 나은 미래의 과학 지식이 탄생할 수 있음을 시사한다. 과학 지식은 더 포괄적인 지식체계를 향해 열려 있다. 과학 지식은 반증 가능해야만 더 좋은 과학으로 된다. 만약 어떤 개별 과학이론이 반증가능하지 않고 오류가 없다는 주장을 하는 그 순간에 이미 그 이론체계는 더 이상 과학이 아니며 신앙체계와 같은 도그마일 뿐이다.

선험적 실재세계와 인간의 경험적 인식세계 사이에는 영원히 건널 수 없는 다리가 존재한다. 그 다리는 불연속적이다. 포퍼는 불연속의 실재계를 확인하기 위해서 시행착오의 방법론을 사용해야 한다고 생각했다. 틀리면 다시 다른 방법으로 시도해 보고, 그래도 틀리면 또 다른 방법으로 다시 시도하여 점점 사실의 세계 혹은 진리의 법칙으로 근접할 수 있다는 것이다. 포퍼에게 과거의 경험과학 지식체계가 미래의 지식체계에 의해 틀린 것으로 드러나는 것 자체가 과학의 진보이다(Popper 1976, 15). 이런 관점으로부터 포퍼는 반증이 가능한 지식체계는 과학이며 그렇지 않으면 비과학이라는 기준틀, 즉 과학-비과학 간 구획이론demarcation criterion을 제시했다(Popper 1963a, 186). 우리의 인식 세계는 비록 완전한 진리 세계에 도달하지는 못하더라도 그곳을 향해 최대한 근접할 수 있다는 신념이 과학으로 뒷받침된다고 한다. 과학의 탐구행위는 근접진리의 과정이라고 포퍼는 말한다. 절대 진리에 단번에 도달하려는 시도가 아니라 현실의 자연현상을 풀어가는 과학의 작은 진리들을 점진적으로 누적시켜서 진리에 근접해가는 진리관을 포퍼는 '근접진리verisimilitude'라고 표현했다. 과학은 반증이라는 방법을 동원하여 과학법칙 혹은 과학적 진리에 근접하도록 끊임없이 나아가는 것이라고 포퍼는 말한다(Popper 1939a, 231). 기존 이론이나 가설을 완결된 것으로 간주하는 것이 아니라 더 나은 것을 향해 가는 개방된 절차로서 보는 관점이 곧 과학 지식의 발전growth of knowledge이며 진보라는 것이다(신중섭 1992, 295).

3.4 빅토리아 시대의 자유와 진보

플라톤의 이데아로부터 시작하여 칸트의 도덕 이성에 이르는 합리론 전통의 진보관과 근대 경험론의 실증주의 과학은 19세기 영국 빅토리아 시대에 널리 확산된 자유주의 진보관을 형성했다. 빅토리아 시대 특유의 진보관으로 발전할 수 있었던 데에는 헤겔의 세계 통일적 발전 관념, 밀의 공리적 진보, 콩트의 실증주의 방법론이라는 사상적 뿌리가 있어서 가능했다(베리 2005, 7-8장).

빅토리아 시대 진보 개념의 가장 중요한 특징은 형이상학적 존재를 상정하지 않고 인간 스스로 이 세계를 물질적으로 발전시킬 수 있다는 강한 확신을 보여준 점이다. 인간 자신의 이성의 힘을 강하게 신뢰했던 빅토리아 시대의 역사적 풍토는 어둠의 중세를 뚫고 나와 인간의 탐구 의식을 신뢰했던 르네상스의 시대적 분위기와 닮았다. 그래서 빅토리아 시대는 제2의 르네상스로 표현되기도 한다.

르네상스는 절대 신의 관점만을 허용하던 과거에서 벗어나 인간의 관점을 성장시킴으로써 계몽과 근대과학을 탄생시킨 세계관의 혁명과 같았다. 그러나 여전히 신의 지표가 인간을 지배했고, 교회의 권력은 정치권력을 지배했다. 근대성의 문을 연 이후 계몽 시대와 근대과학혁명기를 거쳐 온 19세기 빅토리아 시대는 인간 스스로 일궈낸 산업혁명과 근대 자본권력을 정착시켰다. 한편 신의 도움 없이도 인간 스스로 세계를 지휘할 수 있다는 정신적 오만함도 같이 커졌다. 도덕 측면에서 인간 스스로 자기를 규제할 수 있는 사회적 규범들이 만들어졌다. 정치 권력을 유지하기 위하여 신의 권위를 빌지 않으면서도 강압 수단이 아닌 자기규제적 규범을 만들어 낸 것이다. 도덕이라는 명분으로 인간이 지켜야 할 사회규범들, 가정을 지켜야 할 여성의 윤리규범들, 신사로서의 남성이 지켜야 할 애국심 등 시민의 사회규범들이 이 시대에 정착되었다.

신의 의지와 통제에서 벗어나려는 인간의 욕구는 르네상스 이후 천 년 가까이 끊임없이 나타났으며, 빅토리아 시대에 와서 제한적 자유를 얻어냈다는 승리감으로 이어졌다. 이런 승리감이 자유주의the liberal를 낳았다. 제한적 자유주의는 신의 통제로부터 벗어났다는 자유와 관습과 역사로부터 벗어난 자유 모두를 포함한다. 이런 점 때문에 빅토리아 시대의 자유는 곧 진보와 통했다. 관습을 지키고 전통을 유지하려는 보수 성향에 대한 반작용으로서 진보를 의미했다. 빅토리아 시대의 진보는 형이상학적 진보와 다를 수밖에 없었다. 앞서 전개한 형이상학적 진보는 방향타로서의 목적 지표가 존재했으나 빅토리아 시대에 탄생한 진보는 신의 통제와 관습적 권력에 대한 반발로 시작되었다.

빅토리아 시대의 진보는 두 얼굴의 모습을 가진다. 하나는 역사적 구속에서 벗어나서 자유를 지향하는 인간의 인간다움이라는 모습이다. 또 다른 진보의 모습은 신의 통제에서 벗어난 기쁨과 더불어 인간 스스로 세상을 버텨내야 한다는 두려움의 표정이었다. 그 두려움을 숨기기 위하여 빅토리아 사회는 엄격한 도덕주의를 제도화했다. 정확히 말해서 이것은 신의 권력을 조금씩 넘겨받기 시작한 귀족 권력을 보호하고 유지하기 위한 도구적 도덕주의였다.

빅토리아 시대의 자유주의 진보관은 근대과학의 현대적 계승, 산업혁명에 이은 기술 발달, 그리고 제국주의 팽창에 따른 자본 축적으로 안정하게 연착륙되었다. 인구의 도시 밀집과 집약노동의 생산력이 확장되었으며, 이러한 사회 현상은 방임형 자유경쟁 논리를 확산하고 정착시켰다. 진보 개념과 자유 개념이 자연스럽게 연결되었다는 점이 빅토리아 사회변동의 가장 중요한 특징이다.

자유의 사회경제사적 특징은 물질적 진보에 대한 신뢰로 나타났다. 물질적 진보는 신자유주의 시장경제의 토대를 이루었다고 볼 수 있다(Ruse 1995, Chap.4). 자유가 곧 진보를 가져다준다는 믿음은 그 자체로 오류는 아니다. 그러나 자유는 물질적으로 부유한 계층에 주어진다는 역사적 사실을 놓친다면 빅토리아 시대의 자유 개념을 이해하기 어렵다. 빅토리아 시대는 세계자본의 축적과 과학기술의 성장을 안착시켰지만, 빈부의 차이는 극심해졌으며 경쟁 논리가 사회를 지배하는 생활 원칙으로 되었다. 예를 들어 빅토리아 시대 빈민정책의 하나로 생긴 자선기구협회Charity Organization Society의 빈민구호 원칙을 살펴보자(김영한·임지현 1994, 281). 빈민구호정책에 따르면 빈민 중에서 정상적으로 일할 수 있는 사람들에게 마땅한 일자리를 찾아 준다고 한다. 개인의 악덕과 게으름, 낭비벽 등이 실업과 빈곤을 낳기 때문에 빈곤을 해소하기 위하여 개인 스스로 자신의 도덕적 행위준칙을 지켜야 한다. 그래도 어찌할 수 없는 빈민들을 구호할 경우에는 최소 생계임금 수준보다 적게 줘야 한다. 그렇지 않으면 빈민들은 스스로 일어날 의지를 갖지 않게 될 것이라는 정책 입안자들의 판단 때문이었다. 구호 원칙은 "너는 왜 일을 안 하고 놀고먹어, 일을 해야만 잘 살 수 있는 거야. 저기

봐, 저 사람은 자유롭게 열심히 일해서 부자가 됐잖아."라는 능력 있는 자들이 주장하는 자유주의 선언을 품고 있었다.

자유는 진보에 대한 희망에서 출발했지만 이제는 모두 약육강식의 경쟁논리로 바뀌었다. 가진 자는 더 갖게 되고 없는 자는 더 없게 되는 자본권력의 그늘은 이미 빅토리아 시대부터 시작되었다. 일종의 경제 자유방임주의인 셈이다. 자유방임주의의 특징은 물질적 소유를 목적 지표로 둔다는 사실이다. 인간은 자유를 방패삼아 물질 소유의 목적을 향해 달려간다. 신을 향한 목적점을 버린 대신에 물질 소유의 목적점을 선택한 것이다. 이런 시기에 등장된 찰스 다윈 진화론의 세계관은 정신적 변혁이었다. 한 시대의 정신적 변혁은 철학적 존재론의 대변동을 요청한다. 그 변동된 존재론이 진화존재론이다.

4. 과학과 인간의 소통

4.1 '과학적'이란 무엇인가

1장에서 다뤘던 과학의 의미를 다시 읽어보면 아래와 같다. 첫째, 과학은 자연을 탐구하는 세계관이며 자연을 합리적으로 기술하는 지식체계이다. 둘째, 과학은 그 스스로 수정되거나 반증될 수 있음을 인정해야 한다. 수정을 허용하지 않는 절대적 도그마나 교리와 달리, 과학은 더 나은 이론적 발전을 통해 자체적으로 수정되거나 폐기될 수 있음을 인정한다. 반증가능성을 부정하고 자기 체계의 완전성을 주장한다면 그 이론이나 가설은 이미 비과학이다. 셋째, 과학탐구는 진리의 실재를 다루며 그렇게 밝혀낸 과학법칙은 보편적이다. 그리고 보편적 지식을 얻기 위해 가설연역적 이론법칙을 활용한다. 17세기 런던 한구석에 떨어진 사과 열매도 중력법칙의 지배를 받았고, 21세기 치악산 중턱 어떤 나무에서 떨어지는 도토리 열매도 동일한 중력법칙의 지배를 받는다는 뜻이다. 넷째, 과학은 실증적이어야 한다. 과학은 경험적으로 실증 가능한 지식 체계이어야 하며, 믿음의 체계로 될 수 없다.

과학은 인식론 측면에서 경험론 철학에 기초하지만 존재론 측면에서 실재론의 형이상학에 기초한다. 여기서 실재론이란 플라톤 철학의 이데아 실재론realism을 말한다. 자연의 현상은 우연성의 운동이지만 그 운동을 지배하는 법칙은 필연성의 존재계라는 것이 플라톤 철학이고, 그런 철학적 존재론이 근대과학의 법칙세계를 지배한다. 물리 대상을 지배하는 자연법칙natural law은 우리가 경험하는 현상계에 있지 않고 저 먼 선험의 실재계에 실재한다는 실재론에 따르면 과학자가 탐구하는 자연법칙은 '만드는 것'이 아니라 기존 실재계 안에서 '찾는 것'이다. 실재론의 과학법칙은 눈에 보이지 않고 귀에 들리지 않는 형이상학의 존재 영역이지만 그런 법칙을 찾아가는 과정은 경험적 귀납추론과 그에 적절한 관찰도구를 필요로 하는 경험의 인식 영역이다.

법칙세계의 존재는 결정론과 필연성의 성질이지만, 그 존재를 인식하는 일은 객관성과 합리성이라는 인간의 사유에 의존된다는 생각이 근대과학을 탄생시켰다. 이렇게 탄생된 근대과학은 자연법칙의 존재론과 경험론에 기초한 인식론의 결합으로 구성되어 있으며, 바로 이런 점 때문에 근대과학을 과학혁명이라고 부를 수 있다. 과학혁명의 요점은 보편적이고 불변의 존재인 법칙세계를 인간이성으로 포착하기 위해 경험주의 인식론을 타당하게 사용할 수 있다는 데 있다. 사과나무에서 떨어지는 사과, 폭포에서 떨어지는 물줄기, 돌팔매로 던져서 떨어지는 돌멩이, 하늘에서 떨어지는 별똥, 피사의 사탑에서 떨어트린 쇠공과 깃털, 모두 각양각색으로 떨어지지만 그 떨어지는 현상을 불변의 '중력법칙'이라는 존재론으로 연결시키는 과정이 귀납추론이다. 귀납추론과 같은 인간이성의 능력으로 법칙의 존재성을 찾아가는 지식체계를 인식론이라고 한다.

법칙의 존재론과 경험의 인식론을 종합하여 과학적 탐구방법론이 성립된다. 객관성과 검증성 그리고 연역적 법칙주의와 귀납적 추론절차의 방법론 등으로 구성된 과학방법론의 내용은 다음과 같다.

① 발견과 정당화: 과학은 발견의 절차와 발견된 사실을 일반화하는 정당화의 절차를 필요로 한다. 발견의 절차에는 관찰, 확률, 수집, 패턴 인식 등이 활용된다. 정당화의 절차에는 실험의 재현성 확인, 가설-연역 추론, 기존 이론과 주변 이론과의 정합성 확인, 논증의 엄밀성 등이 요구된다.

② 관찰장비 의존성: 망원경은 케플러 법칙을 낳은 중요한 도구로서 단순한 장비개념이 아닌 과학발견의 결정적 조건이었다. 오늘날의 예를 들자면 단백질 질량분석장비는 현대 유전학의 도구이자 핵심이다. fMRI와 같은 첨단 영상장비는 뇌공학과 같은 신경과학 연구의 실질적 발전을 이끌었다.

③ 객관성: 방법론 범주에서 볼 때 환원주의와 실증주의는 과학의 두 축이다. 환원주의는 과학 이론을 설명하기 위해 사용되기도

하지만, 어떤 경우에 이론의 결정론적 방정식을 끌어내기 위해 사용될 수 있다. 환원주의와 실증주의의 두 축에서 과학은 객관적 이론을 지향한다.

④ 진리 정합성: 과학 지식 혹은 과학 이론의 진위를 판단하고자 할 때, 새 이론은 기존 이론과 논리적으로 구조적으로 서로 맞는지 아니면 어긋나는지를 확인해야 한다. 진리로 합의된 기존 이론과 충돌되지 않고 서로 맞을 때 새 이론도 진리로 인정된다. 이러한 논증 방식을 정합적 추론이라고 하고 정합 추론에 의한 진리관을 진리 정합설이라고 한다. 형식 명제로 구성된 수학 명제는 진리 정합설로 설명되는 전형적인 명제들이다. 경험과학에서도 이론물리학은 정합설에 의존하여 새 이론이 창출되기도 한다.

⑤ 진리 대응성: 과학이론이 자연의 사실 혹은 대상과 대응하여 합치한다면 그 이론은 진리로 판단되고, 이런 진리관을 진리 대응설이라고 한다. 실험으로 얻은 귀납적 결과에 의해 생성된 이론은 자연의 대상이나 상태에 대응되어 합치하는지 반드시 확인되어야 한다. 대체로 수학과 같은 형식과학은 진리정합설에 의존하며 생물학과 같은 경험과학은 실험에 기반한 진리 대응설에 의존한다. 그러나 일부 계통학이나 생물정보학의 경우 정합설이 적용될 수 있다.

오늘날 '과학적'이라는 개념은 일선의 과학탐구 절차에서만이 아니라 일상생활에서도 중요한 비중을 차지한다. 그런데 일상생활에서 과학적이라는 용어가 오용되거나 의도적으로 남용되는 경우가 많다. 과학의 권위를 빙자하여 과학적이라는 수식어가 선전과 위장의 도구로 오용되기도 한다. 과학적이란 과학의 객관성과 타당성을 언어의 수사법과 화자의 권위가 아니라 논리와 검증으로 보장받는다는 것을 의미한다. '과학적'이라는 수식어를 사용하여 보이지 않는 권위를 선점하려는 의도가 있는지 감시하는 비판의 시선과 또 자신에게 되물어보는 반성의 성찰이 요청된다. 과학적이란 사유의 결과가 아니라 사유하는

[표 12-3] '과학적' 이란?

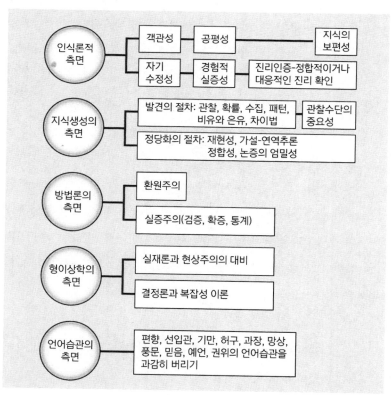

과정과 태도를 의미한다. 그래서 편향, 선입관, 기만, 허구, 과장, 망상, 풍문, 믿음, 예언, 권위의 언어습관을 과감히 버리는 일이 과학적 사유의 태도를 시작하는 첫째 과정이다.

과학은 과학적으로 탐구하며, 시詩는 시적으로 읽어야 한다. 과학과 시는 범주와 내용에서 서로 전적으로 다르지만 서로에게 비난하는 대신에 서로를 존중하는 사회적 분위기가 중요하다. 불행히도 시를 과학적으로 풀려거나, 과학을 시적으로 낭송하는 오도된 태도가 많다. 수학 문제를 풀 때 시적이거나, 사랑을 할 때 과학적으로 접근하는 잘못된 통로를 빨리 알아채고 과학은 과학적으로 설명하고 시는 시적으로 이해하는 길을 가면 된다.

4.2 과학 지식이 가치중립적인가

아주 오래 전 일식과 월식에 대한 지식을 가진 사람은 그렇지 못한 사람을 지배했고, 폭약 지식을 가졌던 집단은 그렇지 못한 변방 세계를 지배했다. 천체 방위의 지식을 가진 권력자가 그렇지 못한 사람들의 땅을 식민지로 만들었으며, 증기기관의 과학지식을 가진 군인이 옛날 범선을 타는 군인들보다 제국주의의 권력을 더 많이 확장시켰다. 오늘날에도 마찬가지다. 생명공학 지식을 선점하는 기업이 특허권을 독점하고 있으며, 인공지능 지식을 더 빠르게 개발한 집단이 세계정보권을 독식하며, 배타적 금융정보를 더 많이 수집한 사람들이 자산시장을 몰아가고 있다. 지식은 지식 소유와 사용에 따라 천차만별의 차별을 낳는다.

20세기 100년 동안의 급속한 근대화를 통해 과학 지식은 양과 질의 측면에서 기하급수로 발전했다. 새로운 지식은 전근대와 근대, 전통과 현대 그리고 무지와 계몽을 가르는 사회적 기준으로 탈바꿈했다. 고대부터 현대에 이르기까지 인류는 끊임없이 유용한 지식을 추구했으나, 지식 자체가 무엇인지를 묻는 질문은 19세기 후반에야 시작되었다. 그런 질문 체계가 과학이다. 과학은 자연을 질문하는 지식체계이지만, 올바른 질문을 위해서 나 자신에 대한 질문하기를 먼저 연습하는 일이 중요하다. 그런 연습과정이 철학이다. 과학과 철학이 만나서 소통하여 비로소 자연을 질문하는 방향과 과정의 통로를 찾을 수 있다.

개별과학과 철학이 만나는 과학철학은 두 가지 통로로 자연을 질문한다. 첫째, 과학철학은 문제가 정말 문제인지를 되묻는 질문이다. 두 사람이 서로 질문과 답의 범주가 다른 문제오류 순환에 빠져있는 가상의 이야기를 들어보자. 한 사람은 그 산의 높이가 1,300m라고 주장하며, 다른 사람은 1,300m는 틀리며 1,500m가 맞다고 주장하고 있다. 두 사람은 서로 조금도 물러서지 않고 험악하게 싸우고만 있다. 그들의 주장을 차분히 들어보니 한 사람은 치악산 높이가 1,300m라고 주장하고 다른 사람은 설악산 높이가 1,500m라고 주장하고 있다. 이런 싸움은 처음부터 잘못된 문제설정에서 시작되었기 때문에 문제 자체가 무의미하다. 처음부터 잘못 들어간 문제의 범주오류이다. 우리 주변에는 프로젝트를 위해 억지로 문제 만들기, 관행대로 해오던 문제를 그대로 답습하기 등 다수의 문제오류 악순환이 너무 많다. 문제를 직시하고 진짜 문제인지를 되묻는 반성적 태도가 과학철학이다.

둘째, 과학철학은 지식의 내용인 텍스트text 외에 지식이 얹혀 있는 콘텍스트context가 무엇인지 묻는 질문을 중요시한다. 지식의 콘텍스트

생물철학

를 질문하려면 우선 지식 그 자체의 텍스트도 중요하고 지식을 소유하고 활용하는 사람의 역사 인식도 중요하다. 콘텍스트에 무관하게 텍스 자체의 지식을 중시하는 태도가 바로 과학지식의 가치중립성이라는 입장이다. 과학연구에서 계산과 알고리즘 파악은 인공지능이 대신할 수 있어도 과학지식의 요청과 책임은 인간인 과학자에 있다. 그래서 과학 연구프로젝트의 의미는 중립적 가치일 수 없으며 과학지식의 체계는 사회적 콘텍스트와 무관할 수 없다.

[표 12-4] 지식의 문제와 질문

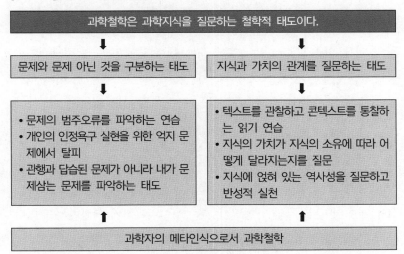

과학적 지식은 사회적 가치에 무관하다는 '지식의 가치중립성' 주제는 1960년대 쿤에 의해 비판적으로 논의되었다. 쿤에 따르면 과학 지식도 사회나 역사의 콘텍스트와 무관할 수 없다(Lakatos 1968, 322). 과학 지식의 범주가 역사적 지식의 범주와 다르지만, 역사 상황에 따라 특정

의 과학지식은 묻혀 사라지기도 하고 크게 빛을 보기도 한다. 쿤의 패러다임 이론에서 과학지식 자체를 생산하는 사유방법론의 도식은 귀납적이며 합리적이지만, 그 과학의 성장과 확장은 비귀납적이고 비합리적으로 전개된다(라카토스 1987, 238). 과학사가인 코이레(Alexandre Koyre, 1892-1964)에 따르면 과학지식이 탄생하는 과정에서 그 지식을 생산한 과학자의 세계관이나 당대의 역사적 상황들, 더 나아가 형이상학적 배경이 지식의 내용을 지배한다고 말한다. 코이레는 일종의 역사주의 과학철학을 표명한 것이다(Koyre 1965, 82).

역사주의 관점을 과학철학에서 중요하게 다룬 것은 쿤이었지만, 그 배경에는 과학철학자 뒤엠(Pierre Duhem, 1861-1916)의 철학이 있었다. 관찰의 이론 의존성theory ladenness을 주장한 뒤엠에 따르면 객관적이고 중립적인 관찰은 불가능하다. 우리가 관찰하는 행위 자체가 이미 이론적 색안경을 낀 채로 본 결과이기 때문이다. 뒤엠은 『물리이론의 목적과 구조』(1906)에서 결정적이고 확고하게 객관적인 실험은 불가능하다는 명제를 내놓았다. 동일한 대상이나 동일한 상태를 배경과 신념이 서로 다른 두 관찰자가 관찰할 경우 그 두 결과는 동일할 수 없으며, 그들 사이의 관찰 결과를 동일한 기준으로 비교하기 어렵다는 뜻이다 (로지 1999, 172-174).

뒤엠에 의하면 "실험법칙은 정확하지 않고 단지 근사적이다. 따라서 무수히 많은 다른 기호적 번역을 가질 수 있다. 그리고 물리학자는 수많은 번역들 중에 하나의 결실있는 가설을 선택할 뿐이라고 한다. 여기서 어떤 가설을 선택하느냐의 상황은 실험결과에 영향을 준다." 관찰하려는 실험자의 이론적 배경이 그 선택을 결정한다는 것이다.

생물철학

이런 생각은 나중에 쿤에게 계승되었다. 뒤엠은 지식의 사회학적 환경이 중요하다는 것을 미리 예견했다(Duhem 1962, 199).

쿤 이후 기존 지식체계와 새로운 지식체계 사이에서 지식의 소통이 어디까지 가능한지 그리고 사회적 맥락에서 지식이 어떻게 권력과 연결되는지를 분석하는 연구가 확장되었으며, 우리는 그런 연구분야를 지식사회학이라고 부른다. 지식사회학은 지식, 특히 과학 지식이 탄생하고 운용되는 역사적 상황을 분석하고, 지식의 역사적이고 사회적 의미를 조명하며, 삶과 지식 사이의 관계를 포괄적으로 질문하는 지식의 메타학문이다. 지식사회학의 비판적 태도와 과학철학의 반성적 태도는 역사주의로서 지식과 가치가 분리될 수 없음을 주목한다. 그래서 뒤엠과 쿤의 역사주의 지식론이 현대 지식사회학과 과학철학 방법론의 중요한 기초로 되었다. 이런 점에서 지식사회학은 지식으로부터 가치를 분리시켜야 한다는 콩트(Auguste Comte, 1798-1857)의 실증주의 철학과 대비된다.

19세기 실증주의는 환원주의와 함께 현대 과학방법론의 기초로 되었다. 한편 지식사회학은 지식과 가치를 구분할 수 있고 구분해야 한다는 실증주의 전통을 비판하는 데서 시작했다. 초기 실증주의의 한계가 노정되면서 삶과 지식 사이를 분리시켜 놓았던 지식의 가치중립성 논제가 반성되는 계기로 되었다. 지식사회학은 객관성이라는 두꺼운 외투로 감싸진 지식이 당면한 현실에 어떻게 실현될 수 있는지 아니면 언제까지 외투 속에서 존속할 수 있는지의 문제들을 다룬다. 지식사회학은 지식과 역사의 관계를 재조명하면서 객관주의와 역사주의 사이의 갈등을 표면화시키고 반성과 비판을 시도했다. 객관적 지식이란 지식 수용의 방법론적 태도를 말하는 것이지, 사회와 역사를 도외시한 지식을 뜻하는 것이 아니라는 입장을 나타냈다. 지식사회학도 방법론 측면에서 실증주의 방법론을 거부하지 않았다는 뜻이다.

4.3 관점과 방법, 지식의 양면

지식을 다루는 데 있어서 두 가지 혼동을 피해야 한다. 하나는 관점과 방법을 혼동하지 않는 것이고, 다른 하나는 지식의 범주를 혼동하지 않는 것이다. 지식사회학의 예를 다시 들어 보자. 현대 지식사회학은 관점과 방법의 양면성을 가지는데, 이것은 관점의 측면에서 역사주의를 취하면서도 방법의 측면에서 실증주의를 부정하지 않는다는 점이다. 이렇게 관점과 방법은 다르다. 다음으로 지식의 범주를 혼동하지 않아야 한다는 것은 개별 단위명제가 가치중립적이라고 해서 지식체계 자체가 가치와 무관한 것은 아니라는 뜻이다. "유전자는 DNA 전체 염기쌍 중에서 특정부위의 염기서열군으로서 유전정보를 담은 유전형질의 단위이다."라는 명제나 "유전정보는 염기서열 배열에 의존한다." 라는 명제, "염기서열 변화없이도 유전자 발현이 달라질 수 있다." 혹은 "DNA의 이중나선은 아데닌(A), 구아닌(G) 염기와 사이토신(C), 티아민(T) 염기의 수소결합으로 되어 있다." 등의 단위명제들은 사회적 요소와 무관하게 가치중립적이다. 그러나 이런 단위명제들이 합쳐져 자칫 민족 우생학을 지지하는 이론적 도구로 악용될 수 있으며, 어떤 기업은 이런 기초명제들을 활용하여 인간배아복제 공장을 만들어서 상업적으로 이용한다면 그런 가치중립적 단위명제들로 재구성한 현장과학은 가치중립적이지 않다. 동일한 유전자 관련 명제들로부터 어떤 과학자

698

는 유전자 결정론을 주장할 수 있고, 또 다른 과학자는 후성유전학을 주장할 수 있다. 이럴 경우 개별 단위명제는 분명히 가치중립적이지만, 그런 단위명제들로 구성된 논문이나 견해는 이미 인간의 의지와 욕망, 기획과 희망이 개입되어 있어서 결코 중립적일 수 없다.

지식연구자의 주관적 가치관은 동일한 지식을 다른 의미로 변신시킬 수 있다. 지식 그 자체의 객관성 기준은 매우 중요하고 또한 가치중립적이어야 하지만, 그 지식이 새겨진 텍스트 의미는 지식의 가치를 바꿀 수 있다는 뜻이다. 가치중립성의 기준은 단위지식에 적용되지만, 단위지식들의 결합체인 지식체계에는 적용되지 않는다. 지식의 역사적 의미를 반추하여 현실과 분리된 이론 세계의 공허함을 반성할 수 있어야 한다.

[표 12-5] 지식의 양면성

지식의 양면성	
지식의 단위는 가치중립적일 수 있다. – 구문론으로서 지식뭉치 –	지식의 체계는 가치중립적이지 않다. – 의미론으로서 지식텍스트 –
• 단위명제들의 진위판단은 사실의 문제다. • 방법의 실증주의는 관점의 실증성과 다르게 지켜져야 한다.	• 단위명제들의 조합과 구성되는 이론체계는 어떻게 조합되고 구성되느냐의 의미론이 중요하다. • 자연계를 보는 관점의 역사성이 요청된다.
• 과학탐구의 엄정한 실험정신 과학방법론으로서 환원과 검증의 인식장치가 무시되어서는 안 되지만 동시에 내가 왜 이런 과학지식을 공부하는지에 대한 반성적 질문이 동반되어야 한다.	• 명제구성에 따라 의미가 달라질 수 있다는 지식사회학의 검토가 요청된다. • 지식 자체와 지식이 활용되는 기획과 욕망, 의지와 인정욕구의 콘텍스트가 질문되어야 한다.

당대에 생성된 지식은 그 지식생성의 역사적 관점과 심리적 상황에 독립적일 수 없다. 연구자나 일반인이나 관계없이 지식참여자 개인의 배경과 관점은 그의 특정한 문화적 지평선 위에 놓여 있다. 예를 들어 과학적 세계관은 그 시대의 문화사나 이념사와 분리될 수 없는 것이어서, 과학과 철학 그리고 역사를 하나의 문화적 통일체 안에서 보는 시선이 필요하다. 이러한 시선을 통해 자연과학과 인문학은 소통할 수 있으며, 전통과 현대가 만날 수 있다. 과학을 과학사와 분리하여 보아서는 안 된다는 역사주의 입장을 굳이 내세우지 않더라도, 과학의 외적 체계는 과학의 내적 의미를 흔들 수 있다. 거꾸로 과학 지식을 통해 당대 사회의 상황과 역사를 유추해 볼 수 있다. 과학지식은 한 개인의 역량에서 나온 성과물이라기보다는 사회적 풍토와 사상사가 결합된 통시적 역사의 산물이다. 과학자 개인의 역사성은 그 사회의 역사성 안에서 파악된다는 것이다.

4.4 글쓰기로 구성하는 지식

지식이 정보의 개념으로 바뀌면서 지식의 역사적 문맥context을 묻는 질문은 점점 줄어들고 있다. 지식체계에서 지식의 역사적 문맥은 두 가지로 살펴볼 수 있다. 하나는 지식사회학적 관점이다. 지식사회학의 관점은 중립성과 탈역사성을 비판하는 담론을 지향한다. 다른 하나는 지식인 개인이 그의 지식을 어떻게 편집하고 의미화하느냐의 문제이다. 한 과학자의 과학 지식은 그 지식이 어떻게 표현되고 어떻게 출판되느냐에 따라 다른 의미를 가질 수 있다. 예를 들어 가치중립성 논제는 거대 담론에서만 아니라 표현 매체의 다양성 혹은 글쓰기의 방식을 따지는 미소 담론 안에서도 문제될 수 있다.

[표 12-6] 지식의 가치중립성에 대한 문제제기

지식사회학적 거시 담론	글쓰기의 미소 담론
가치중립성과 역사주의의 갈등	표현되는 매체나 사회적 상황에 따라 달라지는 의미론적 지식구성

동일한 지식이라도 대중을 위한 교양과학서에 실리는 경우와 논문에 실리는 경우에 따라 독자들에게 다른 의미로 전달될 수 있다. 구체적 사례를 들어 보자. 생명윤리학자 레이첼즈는 자신의 저서『동물에서 유래된 인간』(1990)에서 동물 행동을 해석할 때 서술자가 동물 행동을 의인화함으로써 생기는 이중 해석을 지적했다. 레이첼즈는 맥키넌의 오랑우탄 보고서를 사례로 들었다. 보르네오에서 오랑우탄 행동습성을 연구한 맥키넌은『동물행동』이라는 전문 학술지에 자신의 논문을 게재했다. 같은 해 맥키넌은 자신의 논문을 기반으로 대중을 대상으로 한『오랑우탄 연구』라는 교양과학서를 출간했다. 수컷 오랑우탄 험프리가 암컷 루비를 구애하는 행동을 동일한 저자가 묘사했음에도 불구하고, 학술 논문과 교양과학서로 출판 매체가 달라지면서 서술 내용도 다르게 표현되었고 보는 시각도 다르게 나타났다. 동일 저자인데도 말이다. 레이첼즈의 책에 나온 그대로를 인용하면 다음과 같다(레이첼즈 2007, 311-312). 맥키넌은 논문에서 오랑우탄의 성행위를 다음과 같이 묘사하고 있다.

〈논문, 묘사 1〉 오직 암컷이 짝짓기에 협력할 경우에만 성공적인 삽입이 이루어질 가능성이 높아진다. 왜냐하면 수컷의 성기 크기가 작고, 나무에 매달린 상태에서 교미가 어렵기 때문이다. 관찰된 한 가지 '강간' 사례에서 암컷은 계속 저항했고, 우리는 암컷의 등에 밀쳐지고 있는 수컷의 성기를 볼 수 있었다.

동일 상황이지만 다른 글쓰기로 표현되는데, 교양과학서에서는 동일 저자가 아래와 같이 기술했다.

〈교양서, 묘사 2〉 루비의 얼굴은 험프리가 뒤에서 그녀를 부둥켜 안고 보금자리에서 끌어내자 두려움으로 찌푸려졌다. 이윽고 열렬한 구애자는 그녀를 물고 때리고 나서 허리를 다리로 꽉 조이면서 애처로운 암컷을 강간하기 시작했다.

<묘사 1>은 객관성을 표방한 논문의 글쓰기이다. 동물의 행동을 묘사하는 데 있어서 인간적 언어를 사용하지 않으려고 최대한 노력했다. '강간'이라는 인간적 용어를 어쩔 수 없이 사용했지만, 그 경우에도 따옴표를 사용하여 나름대로 객관적 표현을 유지하려고 노력했다. <묘사 2>는 대중의 이해를 돕는다는 목적으로 오랑우탄의 행동을 의인화했다. 의인화는 자연 현상을 인간 현상으로 대체하여 설명함으로써 자연을 이해하는 것이다. 동일한 대상, 동일한 상황임에도 불구하고 <묘사 1>과 <묘사 2>는 전혀 다른 느낌을 준다. 두 개의 글쓰기 내용도 독자에게는 다르게 받아들여질 수 있다. 이처럼 자연화의 글쓰기와 의인화의 글쓰기에 따라서 동일한 내용이 다르게 이해되거나 오해될 수 있다.

4.5 메타포 사용하기

글쓰기는 독자를 향하여 지식의 전달과 느낌의 공유를 목표로 한다. 전자는 주로 과학적 글쓰기에 해당하며, 후자는 문학적 글쓰기에 해당하지만, 실제로는 과학 장르나 문학 장르에 관계없이 지식(인식)과 느낌이 동시에 전달되어야만 독자는 글쓴이의 글쓰기를 비로소 이해한다. 그래도 굳이 나누어 설명한다면, 문학적 글쓰기는 상징과 메타포를 사용하여 감정을 표현하는 데 중점을 두는 반면, 과학적 글쓰기는 사실을 그대로 전달하려는 데 중점을 둔다. 과학적 글쓰기와 문학적 글쓰기는 지식과 느낌 그리고 사실과 감정이라는 차이를 가지지만, 두 장르 모두 적절한 메타포를 활용하여 독자에게 최선의 전달을 이루려 한다.

　과학적 글쓰기에서 사실을 '있는 그대로' 표현한다고 할 때, '있는 그대로'의 수준이 어디까지인지 그리고 그 표현방식이 무엇인지 질문할 필요가 있다. 과학적 글쓰기에서도 사실을 '있는 그대로' 표현하려는 목적을 이루기 위해 메타포를 사용하기 때문에 그런 질문이 필요하다. 뉴튼은 '중력'을 설명하기 위하여 '인력'이라는 메타포를 사용했다. 패러데이(Michale Faraday, 1791-1867)는 '전기력'을 설명하기 위하여 '자석의 힘'이라는 메타포를 사용했다. 러더퍼드(Ernest Rutherford, 1871-1937)는 원자모델을 설명하기 위하여 태양계를 메타포로 사용했다. 진화계통의 의미를 전달하기 위해 '나무'라는 메타포가 사용된 것은 이미 잘 알려져 있다. 컴퓨터의 신경회로를 설명하기 위해 인간의 뇌를 메타포로 사용하는 경우는 너무 흔하다.

　다윈은 『종의 기원』 6판(1871)에 가서야 '진화'라는 용어를 처음 사용했는데, 그 이전에는 진화의 의미를 '일반사육'과 '품종개량'이라는 인위선택 개념을 통한 변형transform의 메타포를 사용하여 설명했다. 다윈은 '생존경쟁'이라는 용어도 메타포로 사용했다고 스스로 말하는데, 생존경쟁이라는 메타포를 통해 다윈은 두 가지 의미를 전달하려고 했다. 하나는 상호의존성dependence이고, 다른 하나는 일반적으로 이해되고 있는 경쟁struggle이다. 다윈은 사과나무에 기생하여 사는 겨우살이를 사례로 들었다. 동백나무 가지에 붙어사는 겨우살이는 동백나무에 치명적이지만 사과나무나 참나무 가지에 붙어 의존하여 사는 겨우살이는 숙주인 참나무와 경쟁 관계이면서 동시에 상호의존적이다. 겨우살이 가지가 지나치게 많으면 참나무는 크게 크지 못한다. 숙주인 참나무 가지가 적어지면 겨우살이도 죽으므로, 겨우살이는 참나무 가지가 잘 번지도록 자신의 생장을 조절한다. 참나무와 겨우살이는 투쟁이나 약육강식의 관계로 볼 수 있지만, 동시에 상호의존의 관계로 볼 수 있다. 겨우살이는 기생식물이므로 스스로 씨를 퍼트리지 못한다. 딱따구리나 여러 새들이 열매 씨를 먹고 겨우살이를 퍼트린다. 이럴 경우 겨우살이와 새는 상호의존적이다(Darwin 1859, Chap.III).

동일한 사태라도 메타포를 사용하는 사람의 의도에 따라 다르게 전달될 수 있다. 지식의 표현방식과 전달방식에서 메타포의 편향성이 드러난다. 그렇기 때문에 지식을 다루고 전파하는 지식전달자는 메타포를 공평하게 사용하려는 태도를 갖는 것이 중요하다(Gentner and Clement 1988, 350-358). 보이드는 과학 이론에서 어느 경우의 메타포는 그 자체가 과학 이론을 능동적으로 구성하기도 한다며, 그런 메타포를 이론구성적theory-constitutive 메타포라고 했다(Boyd 1993, 485-488).

메타포는 대체로 의인화와 자연화를 통해 사용된다. 앞서 든 예처럼 컴퓨터의 신경회로를 설명하기 위해 인간의 뇌를 메타포로 사용하는 경우는 일종의 자연화 메타포이다. 컴퓨터의 2진법 연산을 사람들이 열 손가락을 가지고 하는 10진법 계산처럼 표현한다면 이는 의인화의 메타포이다. 진화계통수처럼 생물종의 계통을 나무 가지치기에 비유하면 자연화 메타포이고 사다리에 비유하면 의인화 메타포이다. 한자 문화권의 많은 고사성어처럼 인간사회를 자연물에 비유하는 방식은 대부분 자연화 메타포에 해당한다. 예를 들어 "화무십일홍이요 권불십년이라花無十日紅 權不十年"라는 동양의 고사성어가 있다. 꽃은 피어 열흘을 못 가니 인간사회에서 권력이 높다고 한들 십 년을 못 간다는 뜻으로, 인간사회의 권력속성을 자연의 꽃에 비유한 표현이다. 한자 문화권에서 뱀, 쥐, 호랑이 등 주변의 12가지 동물을 한 해 한 해 변해가는 인간사 흐름에 비유했는데, 우리는 이를 전통 십이간지라고 한다. 이런 비유는 대부분 자연화 메타포에 해당한다.

[표 12-7] 자연화와 의인화

자연화 메타포	의인화 메타포
인간의 심리나 행동유형 혹은 인간사회의 유형을 자연계 현상이나 상태를 묘사하는 것처럼 비유하는 방식이다. – 자연주의 철학의 글쓰기	자연의 운동이나 형태 혹은 생명의 운동이나 행동을 인간 혹은 인간사회를 묘사하는 것처럼 비유하는 방식이다. – 이해하기 쉬우나 인간중심적 글쓰기가 됨
• 사회생물학 • 동양자연학(예: 인간상을 동물이나 자연물에 적용하는 장자莊子 우화寓話의 대부분)	• 신화 • 민담 • 고대종교 • (점성술 등의) 주술

중국의 도가 철학 『장자』의 우화는 대부분 의인화 메타포에 의존해 있다. 『장자』「소요유逍遙遊」편에 등장하는 거대한 새 대붕이나 「제물론齊物論」편 호접몽胡蝶夢 이야기의 나비 등 동물의 등장은 의인화를 통해 동물과 인간 사이에 차이가 없다는 만물제동萬物齊同의 메시지를 전달하려는 것이었다.

메타포는 글 외에 그림으로도 표현될 수 있다. 과학 이론을 설명하는 데 있어서 그림은 중요한 역할을 한다. 대중을 위한 교양과학서에서 상징적 이미지만큼 추상적 과학이론을 잘 표현하는 것은 없다. 우주의 천체사진은 그림(컬러) 메타포의 극치를 보여준다. 허블 망원경이나 웹Webb 망원경(2022)이 수집한 사진은 흑백 이미지이다. 가시광선 빨강-녹색-파랑(RGB) 필터를 중첩하고 편집하여 우리가 인터넷에서 보듯 화려하고 장엄한 느낌의 이미지를 만난다. 천체사진만이 아니라 생물학 실험실에 촬영하는 세포분자나 DNA 이미지 모두는 천체사진을 제작하는 과정과 마찬가지로 편집된 결과이다. 과학 이미지는 인간 감각기관의 생리에 최적합된 감각 메타포를 사용하는 것과 같다. 그래서 그림 메타포는 언어 메타포보다 더 직접적이고 더 생생하다. 바로 그런 이유 때문에 그림 메타포 사용에 더 조심해야 한다. 과학적 사실은 그것을 표현하는 그림을 어떻게 그리고 편집하느냐에 따라 다르게 전달될 수 있기 때문이다.

다음 그림을 예로 들어 보자. 이 두 가지 그림은 동물문을 계통수로 그린 것이다. 동일한 진화계통수이지만 수평으로 그렸을 때와 수직으로 그렸을 때 이미지에 대한 관념과 인상이 매우 다르다. 수평적 계통수는 각 동물문 각각이 서로 진화적으로 동등하고 수평적일 것이라는 인상을

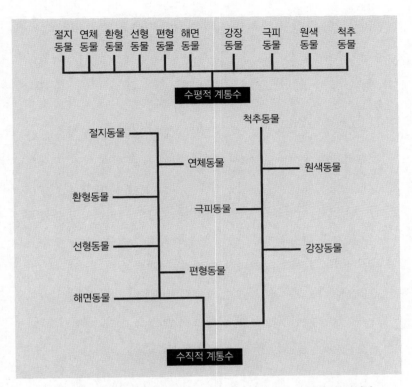

[그림 12-1] 그림을 어떻게 그리느냐에 따라 달라지는 사람들의 선입관

준다. 반면 수직적 계통수는 강장동물과 척추동물이 서로 다른 위계이며, 절지동물과 편형동물도 다른 위계에 속한다는 계층구조를 느끼게 해준다. 그림 하나 때문에 진화에 대한 관념이 달라질 수 있는 것이다.

4.6 지식의 합의

1997년 체세포를 복제하여 탄생한 양 돌리는 인간 복제의 미래를 꿈꾸는 많은 사람에게 환상적 희망을 심어주었다. 체세포 복제는 기존의 육종학자들이 해왔던 생식세포 복제와 달리 손오공의 머리 한 올을 입김으로 불어서 수많은 손오공이 등장하는 이야기 식으로 과장되기도 했다. 이러한 유전공학의 연구성과는 '나는 누구인가'라는 질문을 미궁으로 빠트렸다.

유전공학 연구는 장애 및 유전질환 치료 등 생명 의료복지를 개선한다는 목적으로 앞으로도 계속 진행될 것이다. 문제는 이러한 사회적 분위기 아래서 유전자 치료라는 명분으로 상업화된 유전자 산업이 횡행하는 데 있다. 상업화된 유전자 산업은 일말의 희망이라도 붙들려는 수많은 불치병 환자와 그 가족들에게 완치의 환상을 심어주고 있다. 이러한 환상이 확산되는 데에는 매스컴의 책임 또한 무시할 수 없다. 돌리 양이 탄생할 때 그렇게 법석을 떨던 매스컴들이 돌리 양이 비정상 비만증과 이상 노쇠 현상으로 죽었을 때는 두세 줄의 단신만을 구석한 컨에 싣고 일제히 침묵을 지켰던 사실을 잊을 수 없다. 미디어의 진정한 관심은 보도의 확산에 있을 뿐이며, 그 보도 내용에 있지 않다.

생명공학기술과 관련된 과학지식의 사회적 의미는 점점 더 커질 수밖에 없다. 생명 복제기술의 현재 목표는 특정 장기나 신체 부위를 복제하거나 이식하는 치료방법에 있지만, 그 궁극적 지향은 체세포를 이용한 완전체 배아복제기술에 있음을 숨길 수 없다. 예를 들어 개체의 체세포 복제를 하려면 우선 난자를 구하고, 그 난자의 핵을 제거한 다음, 복제하려는 대상의 체세포 핵을 난자에 넣고, 서로 다른 난자의 세포질과 복제 대상 핵에 전기충격을 주어 새로 결합시키는 어려운 치환 작업을 해야 한다. 그 다음 치환 결합된 난자 혹은 치환 수정란을 자궁벽에 인위적으로 착상시키거나 아니면 인공배양해야 한다. 치환은 실제로 쉽지 않지만 원리적으로는 간단하다. 그래서 향후 관련 기술이 발전하면서 생명윤리와의 충돌이 빚어질 것이다. 미래 기술의 충격을 미리 상쇄할 수 있도록 준비하는 일은 현대 지식사회의 중요한 과제이다.

생명공학기술과 관련한 지식사회의 문제점을 정리하면 다음과 같다. 첫째, 치료 목적이라는 명분을 갖는 지식과 인간 존엄성의 명분을 갖는 지식 사이의 간격을 조절하는 일이다. 둘째, 현실적으로 기업에 의존하는 연구성과 경쟁력이라는 명분과 연구자 개인의 자유로운 연구 보장이라는 명분 사이에서 괴리된 간격을 어떻게 해소할 수 있느냐의 문제이다. 이 문제들을 좀 더 구체적으로 살펴보자.

생명 복제기술과 관련된 과학지식에 대한 일반인들의 시선은 다양하고 인식의 편차가 크다. 옹호 그룹은 심신장애나 유전질환 등의 치료 목적으로 반드시 유전공학 관련 지식이 임상적으로 실현되어야 한다고 주장한다. 어떤 옹호 그룹은 유전공학 연구가 문화적 가치와 무관한 과학자의 기본적인 연구태도라고 강하게 주장한다. 이러한 주장은 '자유로운 과학연구 보장'이라는 명분으로 확산된다. 또 다른 옹호그룹은 유전공학기술의 경제적 부가가치가 매우 크기 때문에 연구를 확장해야 한다고 주장한다. 이 주장은 '지식의 국가 경쟁력'이라는 이름으로 확산되고 있다. 이들은 유전공학기술이 과학의 보편적 발전과 엄청난 경제적 보상을 보장하기 때문에 반드시 연구되어야 한다고 주장한다. 혹은 인간의 의료복지를 위하여 생명 배아복제기술 등의 유전공학기술이 발전해야 한다고 말한다. 예를 들어 장기이식이나 당뇨 호르몬 자연 생성을 가능하게 하는 치료 목적을 갖는 복제기술이 필수적이라고 한다.

반면 비판 그룹은 생명 복제기술이 궁극에는 인간 정체성을 붕괴시킬 위험성이 있으므로 인간의 근본가치를 훼손할 수 있는 연구를 법적으로 제한해야 한다고 주장한다. 생명 복제기술이 치료만을 목적으로 사용된다면 문제될 것이 없지만, 목적 외 사용이 늘어날 위험이 있다는 것이다. 실제로 그리고 현실적으로 치료 목적의 기술이나 인간복제기술 사이에 질적으로 차이가 없기 때문에 위험요소는 상존한다. 또 다른 비판으로서 낙태방지법이 한국에서 거의 사문화되었듯이 생명윤리법도 유명무실하게 될 것으로 예상한다고 본다. 또 다른 비판으로 생명공학기술이 다른 일반적인 지식 재산권처럼 특허권의 대상이 되어, 생명이 지식재산의 독점적 물질 범주로 고착될 우려가 심각하다는 점이다. 생명공학기술을 둘러싼 국가 간 경쟁과 글로벌 기업의 독점적 기술특허 경쟁으로 인해 이런 우려는 이미 현실로 되고 있다. 생명의

[표 12-8] 생명공학 관련 과학 지식에 대한 찬반 논쟁

생명공학 관련 과학 지식에 대한 찬반 논쟁							
옹호하는 근거				비판하는 근거			
자유로운 과학연구 보장	지식의 국가 경쟁력 선전	의료기술 복지	경제적 보상	생명의 물질화에 대한 반성	인간 존중감의 붕괴 위험 경고	대기업 기술특허 독점적 소유	인간 미래 정체성에 대한 불투명
사회적 합의 장치 요청							

상업화는 현대 자본주의 사회가 당면한 심각한 문제이다. 이외에도 기독교의 보수적 주장이 있다. 예를 들어 인간의 유전공학기술이 생명의 창조주만이 할 수 있는 일을 대체할 수 없으며 대체해서도 안 된다는 종교 도그마 차원의 주장이다.

생명공학 연구가 첨단 수준에 있는 만큼 상업화의 바람도 더욱 거세다. 그래서 사회적 합의를 이끌어 낼 수 있는 참여와 조정의 필요성이 절실하다. 다방면의 전문가들이 참여하여 과학 지식의 사회구조적 문제를 조정하는 합의 기구Consensus Conference가 필요하다는 뜻이다. 과학 지식을 생산하는 과학자 개인의 역사적 가치관은 소중하지만, 과학 지식의 사회적 책임을 과학자 개인에게 미루는 일이 있어서는 안 된다. 현대 산업사회는 과학기술의 성과물을 산업경제에 예속시키기 때문에 과학기술 연구성과가 상업적 가치에 종속되지 않게 하는 사회적 보장 장치가 필요하다. 과학지식의 사회적 연관성의 문제를 과학자 개인의 가치관으로 돌리는 것은 올바른 해법으로 되지 못한다. 정치, 사회, 문화에서 시민들의 사회 참여가 활발하듯이 과학지식에 대해서도 시민 참여가 가능한 사회시스템이 요청된다. 지식 합의구조의 사회적 시스템은 과학전문가가 주도하면서 시민을 참여하게 하는 공동 네트워크의 형식을 취해야 할 것이다.

4.7 소통의 조건

유전자 결정론에 따르면 특정 유전자는 각각 특정 부위의 형질 또는 생명 현상과 일대일 방식으로 대응된다. 지금은 강한 의미의 유전자 결정론을 표방하는 과학자는 거의 없을 것이다. 유전학자는 환원주의를 기반으로 연구하지만, 유전자 결정론을 직접적으로 기대하는 연구자는 드물다. 유전자 결정론이라는 용어는 겉으로는 생물학적 개념으로 보이지만 실제로는 형이상학적 신념이다. 형이상학적 신념으로서 결정론은 자연과학에서만이 아니라 철학이나 신학 혹은 경제학 모두에게 유전자로 인간 특성과 표현형질들을 전부 설명할 수 있다는 연역주의 이념이다. 17세기 기계론을 대표하는 데카르트의 철학이 이러한 형이상학적 신념을 잘 말해주고 있다. 그때부터 지금까지 기계론과 유물론 등의 논쟁과 반박을 통해 철학과 기독교 신학 그리고 과학과 윤리의 논쟁이 끊이지 않고 지속되었다.

이런 논쟁을 잘 들여다보면 내용과 관계없이 시비를 다투는 경우가 많다. 논쟁의 한편은 과학 탐구와 그 실용적 가치의 꿈을 이루기 위하여 갈 길이 바쁜데, 왜 인문학에서 시비를 걸어 귀찮을 정도로 사회적 논란거리를 만드는지 의아해한다. 그들은 지식사회학자들 혹은 비판적 인문사회학자들이나 시민단체들이 현재의 과학 수준이 어디에 이르렀는지, 그리고 이 세상이 진정으로 필요로 하는 것이 무엇인지 제대로 모른다고 비난한다. 또 다른 쪽에서는 생명공학 연구자들이 사회와 동떨어진 실험실 연구만 하여 진정한 생명 가치를 모르고 있다고 지적한다. 가치중립적이라는 명분으로 과학지식의 역사적 의미를 놓치고 있다는 비판과 같다.

비판과 옹호 사이를 서로 조율하는 일은 현대 과학기술사회의 과제이다. 일선 연구자의 연구권 보장과 더불어 시민 여론, 사회과학자들의 비판적 시선, 대중매체의 지나친 간섭, 성과지향의 정책 관련자들 사이에서 합리적 합의를 이끌어 내기 위해서는 서로에 대한 상대적 이해가

생물철학

우선되어야 한다. 우리는 과학에 대하여 좀 더 관심 있는 공부가 필요하며, 일선 연구자는 과학연구가 가치중립적이라는 선입관에서 벗어나자신의 연구에 대한 역사적 의미를 비판적으로 질문하는 일이 중요하다. 이를 위하여 일선 연구자와 대중이 만나는 공공의 기회를 늘리는것이 필요하다.

예를 들어 사람들의 관심을 끌게 된 뇌과학의 철학적 스펙트럼을보자. 뇌과학 지식은 오래전부터 철학적 심신론과 연관되어 있었다.아리스토텔레스로부터 연유한 과학적 방법론, 데카르트 전통의 인식론, 현대 언어철학이나 심리철학자들의 존재론에 이르기까지 심신론을 주제로 한 철학적 사유가 전개되어 왔다. 심신론 철학자들은 형이상학적 사유, 과학 연구방법론, 과학과 철학을 연결한 자연주의 인식론으로 뇌에 관한 철학적 해석을 세상에 내놓았다. 논리적 추론, 인식론적자연주의, 형이상학적 실재론 등의 철학적 해석들을 물질 환원주의라는 단일 기준으로 단번에 규정해 버린다면 지식의 역사는 기계적 언어로 가득 찰 수 있다. 거꾸로 자연과학의 성과를 형이상학과 신비주의이념으로 억지 해석한다면 독단과 이념만이 난무할 것이고, 지식은겉으로는 가득 차 보이나 풍선 같은 공허만을 남길 것이다.

과학과 철학이 만나는 방식은 상대의 논리적 구조와 누적된 성과를인정하는 데서 찾을 수 있다. 최근 들어 과학과 인문학 사이의 소통과융합 등이 큰 이슈로 되고 있지만, 지식인 일선에서는 여전히 상대를이해하려는 관심보다 의도된 무관심이 더 많은 듯하다. 인문학자는과학의 변화를 두려워하거나 과학이 어렵다는 이유로 과학을 멀리한다. 과학자는 인문학을 효용가치가 없다는 이유로 무시하거나 허황된 이야기라며 거절하고 있는 것이 우리의 현실이다.

우리는 신용카드, 스마트폰, 노트북, 태블릿, 전자시계, 자동차, 카메라 등의 생활용품에서 수백 개 이상의 반도체 칩을 일상적으로 몸에 달고 다니면서도 전자칩 반도체의 과학적 원리를 알려고 하지 않으며 오히려 부정적으로 생각하는 경우가 많다. 첨단 과학기술의 성과물이 인간성을 침해한다는 적대적 선입관을 갖고 있기 때문이다. 한편으로는 과학을 맹신하여 과학기술이 세상의 문제를 해결할 것이라며 과학 유토피아를 지향하는 신봉자들도 더 늘어나고 있다. 이들 모두 문명 현실에 눈과 귀를 막는 편견의 자기함정에 빠지고 있다.

기술과 인간, 과학과 인문학 사이에 놓여진 현실적 갈등을 풀고 조화를 이루기 위하여, 우리는 우리의 선입관과 편견을 버리기만 하면 된다. 그러면 지식의 소통이 가능해지고, 동시에 다양하고 창의적 지식의 확장이 가능해질 것이다. 이를 위해서는 첫째, 변화를 수용할 수 있는 마음가짐이 중요하다. 변화를 기꺼이 그리고 선입견과 거부감 없이 수용하려는 자세를 가진다면 그는 이미 과학자이다. 둘째, 인간을 이해하려는 마음가짐은 더 중요하다. 역사에 대한 지식이 아무리 많아도 인간에 대한 이해 없이 사료 분석에만 매달린다면 그는 인문학자가 될 수 없다. 우수하고 획기적인 실험을 통해 관련 지식특허를 많이 가진 사람도 지식권력 욕구에 빠지면 더 이상 과학자라고 할 수 없다. 남의 이야기를 경청하지 않는 사람은 인간을 이해하지 못한다. 남들이 이루어 놓은 지식을 인정하지 않는다는 것은 지식네트워크를 무시하는 것이며, 이는 곧 합리적 사유를 포기하는 것과 같다. 그런 사람은 더 이상 과학자라고 부르지 않는다. 한편 자신의 삶을 실존적으로 되물

생물철학

어보고 자기 행동과 자신의 판단을 반성하는 사람은 자신의 직업과 무관하게 이미 인문학자이다. 비판과 반성의 사유로서 변화를 수용하면서 상대를 이해하려고 하는 과학자는 이미 철학자이다.

[표 12-9] 소통의 조건

소통의 조건		
변화를 수용하는 태도	인간을 이해하는 태도	상대를 경청하는 태도
더 나은 삶을 위한 지식종의 다양화		

철학은 플라톤이나 칸트 헤겔이 아니라 반성적 사유와 비판적 실천을 통해서 세계와 사람에 소통하는 태도이다. 소통을 원하는 철학은 상대의 입장에서 보는 관점을 중시한다. 철학은 과학의 입장에서 과학은 철학의 입장에서 서로를 본다면 소통은 이뤄진다. 연역논리의 철학 이념으로만 귀납논리의 과학 지식을 다루려 한다면 철학은 과학으로부터 점점 더 멀어진다. 거꾸로 검증논리의 과학방법론으로만 해석구조의 철학 담론을 분석하려고만 하면 과학은 철학으로부터 점점 더 잊힌다.

철학은 개념분석이라는 연역 도구를 가지고 있다. 사유의 도구를 사용하여 지식의 역사가 이어져 왔다. 추상 개념이 구체적 현실과 자연을 지배하거나 통제할 수 없다. 2,500년 전 아리스토텔레스 시절에도 철학이 자연의 사실을 통제한 적은 없었다. 오히려 철학은 자연의 지식을 개념화시켜주는 뒤치다꺼리를 해왔다. 헤겔이 말한 '미네르바의 올

빼미'는 그런 뒤치다꺼리라는 뜻을 담고 있다. 20세기 들어와서 철학은 새로운 과제에 맞닥트렸는데, 그것은 자연의 사실이 인간 존엄성에 관련하여 비윤리적으로 해석되지 않도록 예방하는 일이다. 이런 점에서 과학은 철학의 성찰을 받아들일 필요가 생겼다. 마찬가지로 철학은 과학을 가르쳐야 한다는 오만과 독단을 버려야 한다. 철학은 정신학문의 왕좌라는 성곽에서 탈출하여 자연을 관찰하는 경험학문으로서 과학의 방법을 받아들여야 한다. 그때 과학과 철학의 소통이 이뤄진다.

5. 진화존재론

존재의 자연사는 진화의 생물학적 기제에 의해 흘러가고 있다. 자연사 무대에 올려진 영원한 배우인 유기체는 장구한 진화사를 통해 적응과 선택, 그리고 계통과 분화를 거친 생명의 주인공이다. 생명의 형성법칙은 선험적으로 부여된 외적 법칙이 아니라, 생명 스스로 되어가는 자연 원리이다. 생명체는 구조와 기능을 가지며, 그 기능은 환경에 대한 적응과 선택의 소산물이고, 그 구조는 계통과 분화의 가지치기로 이루어져 왔다.

유기체 조직의 진화는 자아와 타자를 구분하는 개체 생명을 낳았고, 타자 생명물질을 교환하여 자기보존의 에너지로 변화하도록 하는 개체 보존 능력을 창발했으며, 개체 증식을 통해 후손이 계승되도록 했고, 생명 정보가 많으면 많을수록 개체의 차이를 더 다양하게 했으며, 변이의 다양성과 유성 생식을 통해 생물종의 다양성을 낳았다.

생물철학

유성생식 진화의 가장 중요한 특징은 변이를 생성하는 기제가 생명 정보의 핵심이라는 점이다. 분자 수준의 언어로 다시 말한다면, 생명 존재는 자기를 증식하면서 자기 동일성을 유지하는 독특한 분자적 상호작용의 조합이다. 자기가 자기 자신을 생산할 수 있는 자기생산 유기체의 특징은 생산기제와 생산물을 분리할 수 없다. 개체와 과정이 분리될 수 없는 것이 생명의 진화론적 특징이다.

실체론에 기반한 형이상학 전통은 뉴튼의 근대과학에서 운동의 원인자와 작용자를 완전히 분리시켰다. 운동과 운동을 일으키는 본체를 분리하는 실체론의 철학은 개체와 과정, 본질과 현상, 물질과 운동을 구분하는 고대 그리스 자연철학자 파르메니데스 철학에서 비롯되었다. 운동성은 현상이며 본질의 그림자에 지나지 않는다고 한 이데아 철학도 파르메니데스 철학 위에 기초한다. 그렇지만 생명 유기체는 파르메니데스의 존재론 안으로 포섭되지 않는다. 생명의 특징은 개체와 과정이 하나이고, 본질과 현상이 하나이며, 나아가 존재와 인식이 하나라는 데 있기 때문이다. 존재에 대한 인식은 외부자극에 대해 반응하는 행동체계이다. 초기 진화 생명체에서 행동이 곧 인식이었다. 예를 들어 바닷물 초기 박테리아들이 햇빛을 인식한다는 것은 자외선에 대처하는 반응이었고, 박테리아의 그런 유형화된 반응이 적응되어 안점이나 눈이라는 새로운 인식장치로 진화했다. 인식장치는 반응 행동의 산물이다. 진화의 특징은 존재가 인식을 주재하는 것이 아니라 인식의 유형에 따라 존재가 규정된다는 점이다. 진화존재론의 성격은 인식의 원형을 행위에서 찾는다는 점에 있다.

진화론적 존재는 경험 공간의 연장성을 갖는 존재이면서 시간의 흐름에서 행위를 기억하는 존재이다. 수많은 변이 개체 혹은 변이 형질 중에서 적응을 통하여 선택되는 과정 자체가 곧 생명 존재의 행위이다. 그런 행위들을 기억하는 일을 진화론에서는 자연선택이라고 부른다. 진화론적 존재는 수많은 전 단계 존재양식들 중에서 선택된 역사의 산물이다. 이것을 존재의 연속성이라고 말한다. 진화의 시간적 연속성은 존속하는 현재의 생물종에만 해당하는 것이 아니라 이미 멸종되고 없어진 생물종에도 그 흔적을 두고 있다. 인간의 유전자 안에는 30억 년 전 원핵세포에서 오늘의 인간에 이르는 모든 생물학적 정보들이 시간적으로 축적되어 있다. 과거와 현재 그리고 미래를 연속적으로 이어가는 시간의 스펙트럼이 바로 진화존재론의 시간관이다. 생명 존재는 오늘을 살고 그리고 죽는 것에 그치는 것이 아니라 바로 오늘 속에 과거를 숨 쉬면서 살고 있다. 지금 살아 있는 하나의 생명체는 공간 영역을 차지하고 있을 뿐만 아니라 시간의 진화를 스스로 머금고 있는 37억 년 전부터 연장된 시간 속의 존재이다(Weizsäcker 1970, Vol.2).

진화론의 핵심은 생명 존재가 지금도 변화한다는 변화의 존재론에 있다. 존재의 변화와 존재의 연속성이 바로 진화존재론의 핵심이다. 진화론은 기존 형이상학 전통과 달리 생물종의 고정된 본질이나 실체를 부정하는 철학을 낳았다. 본질주의와 실체론을 거부하는 진화존재론은 다음과 같이 정리된다.

첫째, 서양의 전통적 존재론은 존재 이면에 실체가 있고, 그 실체가 불변성과 정지성을 지닌다는 형이상학적인 존재론이다. 그와 다르게 진화론적 존재론에서는 존재 자체가 항상 변화하고, 그 양태와 실체가 하나이다. 본질과 현상이 하나로 진화하는 존재는 정지성의 실체가 아니라 변화 자체이다.

둘째, 미시진화에서 생명사는 연속적이고 인과적이지만, 거시진화에서 생명은 단절의 역사로 드러날 수 있다. 단절의 가장 큰 원인은 지구 차원의 지질학적 급변이다. 거시진화에서 진화존재론은 생명사를 연속과 불연속의 비선형적 결합으로 본다. 그러나 미시진화에서 진화존재론은 존재의 연속성을 강조한다.

셋째, 철학적 세계관의 입장에서 진화존재론은 존재의 처음과 끝을 상정하지 않는다. 존재는 목적을 수행하기 위해 탄생한 것이 아니다. 다시 말해 존재의 근거를 만들기 위하여 존재의 목적을 설정할 필요가 없다. 진화존재론은 존재의 생성과 소멸을 규정하는 절대 기준과 목적 지표의 틀에서 벗어나 있으며, 단지 그렇게 스스로, 저절로 존재하거나 없어진다는 은유를 표현한다. 진화존재론은 유기체의 생명을 해석하는 존재론이지만 칸트 철학의 합목적적 유기체주의와 달리 진화적 유기체주의를 함의한다.

넷째, 진화존재론은 존재와 인식을 연속의 관계로 보며, 환경에 반응하는 행위를 인식이라고 하고, 변화의 담지자를 존재라고 말한다. 존재와 인식은 무궁한 자연사를 무진한 생명사로 변화시켜가는 과정이라고 진화존재론은 말한다.

다섯째, 진화존재론은 존재의 중심을 갖지 않으며 경계가 있지만 열린 있는 시스템으로서 존재를 다룬다.

진화 존재는 지금도 변화하고 서로가 연결되어 있으며 운동 중에 있다. 변화와 운동 자체가 존재 안에 있어서 변화를 일으키게 하는 별도의 원동력을 외부에서 필요로 하지 않는다. 생명을 보존하고 계승하여 확산하는 동력은 생명 그 자체이다. 진화존재론은 자연의 시공간에서 중심이 없어도 모두가 중심인 생명의 존재론이다.

[표 12-10] 진화존재론

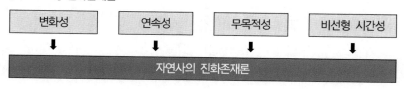

참고문헌

|국내 저서|

강신익 2012, 「사회생물학 달리 보기: 새로운 사회생물학 또는 생명사회학을 찾아
    서」, 『대동철학』 59집.
고인석·이중원 2007, 「현대 생물학의 환원주의적 존재론에 대한 성찰」, 『과학철학』
    9권 2호.
김영한·임지현 편 1994, 『서양의 지적 운동』, 지식산업사.
김준성 2011, 「설계 논증에서 관찰 선택 효과에 대한 논쟁: 확률적 추론의 관점에서」,
    『과학철학』 14권 2호.
김한화 외 2000, 『발생생물학』, 정문각.
김형민 2003, 「진화윤리학의 규범적 논증의 가능성」, 『종교연구』 32.
김효은 2006, 「인지적 주목과 감각질」, 『과학철학』 9권 2호.
_____ 2009, 「도덕적 판단의 본성: 신경윤리학적 접근」, 『과학철학』 12권 2호.
남상욱·권혁빈·최선심 2016, 『유전공학의 이해』, 라이프사이언스.
박성관 2010, 『종의 기원: 생명의 다양성과 인간 소멸의 자연학』, 그린비.
박승배 2012, 「규범윤리학의 생물학의 한 분야로의 환원」, 『과학철학』 15권 1호.
박지영 2020, 『아이를 위한 면역학 수업』, 창비.
성기창 1994, 『생물진화학』, 형설출판사.
소흥렬 2002, 「과학문화와 동양적 연결주의」, 『과학철학』 5권 1호.
송성수 2016, 『과학의 본성과 과학철학』, 생각의힘.
신중섭 1992, 『포퍼와 현대의 과학철학』, 서광사.
우건석 외 1997, 『계통분류학의 이해』, 서울대학교 출판부.
이명노·주정원·이상은·전형일·정영일·조신형 2017, "기생충을 이용한 염증성
    장질환 치료제 최근 연구 동향", 질병관리본부 홈페이지 https://www.kdca.go.kr
이상원 2007, 『이기적 유전자와 사회생물학』, 한울.
이상하 2003, 「과거로부터 구제되는 직관적 진보 개념」, 『과학철학』 6권 2호.
이순웅 2014, "아감벤의 정치철학에서 민주주의 문제와 주체의 역할", 『통일인문학』
    57집: 311-342.

이양림 1992, 『발생과 유전자 발현』, 민음사.

이정희 2003, "라마르크 사상의 이해", 생물학전문연구정보센터 『BioWave』 2003년 1월호.

이태수 2014, "범주 분류체계와 언어적 틀", 김상환 박영선 엮음 『분류와 합류』, 이학사

장대익 2005, 「이타성의 진화와 선택의 수준 논쟁」, 『과학철학』 8권 1호.

_____ 2007, 「도킨스 다시 읽기- 복제자, 행위자, 그리고 수혜자」, 『철학사상』 25.

_____ 2008, 「일반 복제자 이론: 유전자, 밈 그리고 지향계」, 『과학철학』 11권 1호.

_____ 2014, 「라투르, 데닛을 만나다: 행위자 연결망과 지향계 이론」, 『과학철학』 17권 2호.

_____ 2015, 『다윈의 서재』, 바다출판사.

전중환 2010, 『오래된 연장통』, 사이언스북스.

정병훈 2020, 『뉴턴과 흄』, 경상대학교출판부.

_____ 외 2004. 「적응적 사고: 현실세계에서의 합리성」, 『과학철학』 7권 1호.

정상모 2007, 「진화론적 이타주의의 개념적 난점과 윤리학적 함축」, 『과학철학』 10권 2호.

정상모 2012, 「진화론적 윤리학과 자연주의적 오류」, 『과학철학』 15권 1호.

조대호 2002, 「[동물의 생성에 대하여]를 통해 본 아리스토텔레스의 생성이론」, 『서양고전학연구』 18: 95-121.

천현득 2011, 「토론 : 분산된 인지와 비확장적 마음」, 『과학철학』 14권 2호.

최재천 1998, 「현대 진화생물학의 이해」, 『과학사상』 26권.

_____ 1999, 『개미제국의 발견』, 사이언스북스.

최정규 2012, 「경제학에서 생물학을 받아들일 수 있는가」, 『대동철학』 59집.

최종덕 1993, 「물질의 끝과 마음의 끝」, 『인공지능연구센터/한국인지과학회 논문집』.

_____ 1994a, 「생물학주의에서 본 연결주의」, 『HCI 기초이론』 2호.

_____ 1994b, 「자연주의에서 본 인지과학의 가능성」, 『HCI 기초이론』 3호.

_____ 1995, 『부분의 합은 전체인가』, 소나무.

_____ 1996, 「인간의 진보와 자연의 진보의 비선형적 역사모델」, 『시대와 철학』 12호.

_____ 1998, 「존재의 고고학-존재의 생물학적 원형을 찾아서」, 『시대와 철학』 17호.

_____ 2000, 「면역학적 자아」, 『과학철학』 3권 1호.

_____ 2002a, 「생물학적 정체성-면역작용과 생명세포의 일체성」, 『생명윤리』 3권 2호.

_____ 2002b, 「적응과 제한의 상보성」, 『과학철학』 5권 2호.

_____ 2003a, 『시앵티아』, 당대.

_____ 2003b, 「과학지식도 사회지식이다」, 『문화과학』 34호: 68-83.

_____ 2003c, 「생명복제-생명위기의 기폭제」, 『아웃사이더』 12호: 202-213.

_____ 2003e, 『인문학-어떻게 공부할 것인가』, 휴머니스트.

_____ 2004a, 「생물학적 이타주의의 가능성」, 『철학연구』 64집.

_____ 2004b, 「도덕감에 대한 진화발생론적 접근」, 『과학과 철학』 15집.

_____ 2004c, 「마이클 루스 교수와의 대담」, 『과학과 철학』 15집.

_____ 2005a, 「인간의 영원한 이중성-無爲의 진화론적 해석」, 『시대와 철학』 16권 2호.

_____ 2005b, 「과학의 진보와 역사의 진보 사이에서」, 박완규 편 『이 땅의 철학자 무엇을 생각하는가』, 철학과 현실사.

_____ 2006a, 「자기기만의 진화론적 해석」, 『시대와 철학』 18권 1호.

_____ 2006b, 「면역학의 결핍, 애국심의 충만」, 『민주사회와 정책연구』 9호.

_____ 2007, 『이분법을 넘어서』, 한길사.

_____ 2008a, 「역사를 읽는 과학」, 『Crossroad』 4권 3호.

_____ 2008b, 「생물학과 의학의 상관성」, 『의철학연구』 6집.

_____ 2009a, 「시냅스 철학의 존재론적 전환」, 『과학철학』.

_____ 2009b, 「진보와 진화: 철학사의 조명」, 『진보평론』 41호.

_____ 2010, 「생태적 제한에서 상관적 구성으로」, 『과학철학』 13권 1호.

_____ 2012a, 「진화에서 인과성과 우연성의 통합적 설명: 역사적 제한」, 『과학철학』 15권 1호.

_____ 2012b, 「진화론에는 목적론이 없다」, 『대동철학』 59집.

_____ 2013, 「면역학적 존재의 진화론적 능동성」, 『의철학연구』 15집.

_____ 2014a, "서평: 맥스웰 베넷, 피터 마이클, 스티븐 해커의 <신경과학의 철학>", 프레시안(2014년 1월 10일).

_____ 2014b, 「발생계 이론에서 발생계 의학으로」, 『의철학연구』 17집.

_____ 2017a, 『비판적 생명철학』, 당대출판사.

_____ 2017b, "마르크스가 본 에피쿠로스의 행복한 자유", 한국철학사상연구회와 정암학당 편 『아주 오래된 질문들』 동녘출판사, 2017: 137-162.

_____ 2020a, 『의학의 철학』, 씨아이알.

_____ 2020b, "라메트리 철학선집 서평", 『의철학연구』 30호: 135-147.

_____ 2022, "바이러스, 진화론적 존재와 면역학적 인식 – 자기와 비자기의 변증법", 한국철학회 엮음 2022, 『팬더믹과 인간실존-철학적 통찰과 학제적 대응』, 2022 한국철학회 학술총서. pp.69-92.

_____ 외 2003d, 「생물학적 종의 실체와 다원주의 종 분류」, 『과학철학』 6권 1호:

141-157.

최종덕 · 이상하 1999, 「기술결과측정의 시민참여와 화이트헤드의 공재적 의사판단 구조」, 『화이트헤드 연구』 2집.

최훈 2013, 「신경과학과 자유의지 논쟁 바로보기」, 『과학철학』 16권 2호.

한돈 2020, 「면역균형(Immune Homeostasis)이란?」, 『한돈』 2020년 4월호.

한선희 2019, 「'행동의 유전'에 관한 다윈의 진화론과 19세기 신경과학의 만남: 다윈이 라마르크의 진화론을 극복하는 데 신경과학이 미친 영향」, 『의사학』 제28권 제1호(통권 제61호).

황수영 2013, 「베르그손과 깡길렘의 생명철학, 수렴과 분기의 지점들」, 『철학사상』 제50권: 99-132.

TV 다큐 <그것이 알고 싶다> 2007년 9월 SBS 방영분, "마음을 움직이는 시간, 0.3초의 기적" (638회)

| 번역도서 |

(번역도서는 해당 원서와 독립적으로 우리말 저자 이름과 한국어판 출간연도, 제목으로 표기하였음)

가자니가, 마이클 2009, 『왜 인간인가』 박인균 옮김, 추수밭.

굴드, 스티븐 J. 1997, 『다윈 이후』 홍욱희 · 홍동선 옮김, 범양사출판부.

_____ 1998, 『판다의 엄지』 김동광 옮김, 세종서적.

_____ 2002, 『풀 하우스』 이명희 옮김, 사이언스북스.

_____ 2003, 『인간에 대한 오해』 김동광 옮김, 사회평론.

_____ 2004, 『생명 그 경이로움 대하여』 김동광 옮김, 경문사.

_____ 2009, 『다윈 이후』 홍욱희 · 홍동선 옮김, 사이언스북스.

그리무, 세드릭 2004, 『진화론 300년 탐험』 이병훈 · 이수지 옮김, 다른세상.

글루쿠먼 · 핸슨 2012, 『문명이 낯선 인간』 김명주 옮김, 공존.

기요히코, 이케다 2009, 『굿바이 다윈』 박성관 옮김, 그린비.

다마지오, 안토니오 2007, 『스피노자의 뇌』 임지원 옮김, 사이언스북스.

다윈, 찰스 1993, 『비글호 항해기』 장순근 옮김, 전파과학사.

_____ 1998, 『인간과 동물의 감정 표현에 대하여』 최원재 옮김, 서해문집.

_____ 2006, 『다윈의 비글호 항해기』 장순근 옮김, 가람기획.

_____ 2006, 『인간의 유래』 김관선 옮김, 한길사.

_____ 2019, 『종의 기원』 장대익 옮김, 사이언스북스.

데닛, 대니얼 2010, 『주문을 깨다』 김한영 옮김, 동녘사이언스.

_____ 2006, 『마음의 진화』 이희재 옮김, 사이언스북스.

데스먼드 외 2009, 『다윈 평전』 김명주 옮김, 뿌리와이파리.

데카르트, 르네 2011, 『성찰』 양진호 옮김, 책세상.

도킨스, 리처드 2010, 『이기적 유전자』 홍영남·이상임 옮김, 을유문화사.

되치, 장 2010, 『동물들의 진화이야기』 심영섭 옮김, 현실문화연구출판사.

듀거킨, 리 2003, 『동물에게도 문화가 있다』 이한음 옮김, 지호.

드루앵, 장 마르크 2011, 『철학자들의 식물도감』 김성희 옮김, 알마.

드발, 프란스 2022, 『차이에 관한 생각-영장류학자의 눈으로 본 젠더』 이충호 옮김, 세종출판사.

_____ 2014, 『착한 인류, 도덕은 진화의 산물인가』 오준호 옮김, 미지북스.

라 메트리 2020, 『라 메트리 철학선집』 여인석 옮김, 섬앤섬출판사.

라마르크, 장 바티스트 2009, 『동물철학』 이정희 옮김, 지식을만드는지식.

라마찬드란 2007, 『두뇌실험실』 신상규 옮김, 바다출판사.

라슨, 에드워드 J. 2006, 『진화의 역사』 이충 옮김, 을유문화사.

라우프, 데이빗 2003, 『멸종』 장대익 외 옮김, 문학과지성사.

라이트, 로버트 2003, 『도덕적 동물』 박영준 옮김, 사이언스북스.

라카토스 임레 2002, 『과학적 연구 프로그램의 방법론』 신중섭 옮김, 아카넷.

라카토스, 임레 외 1987, 『현대과학철학 논쟁』 조승욱 외 옮김, 아르케.

랠런드, 케빈·브라운, 길리언 2014, 『센스 앤 넌센스』 양병찬 옮김, 동아시아.

레이첼즈, 제임스 2007, 『동물에서 유래된 인간』 김성한 옮김, 나남.

로지, 존 1999, 『과학 철학의 역사』 정병훈·최종덕 옮김, 동연.

루스, 마이클 2004, 「다윈주의 윤리학: 그 옹호」 최종덕 옮김, 『과학과 철학』 15집.

르두, 조지프 2005, 『시냅스와 자아』 강봉균 옮김, 동녘사이언스.

르윈, 로저 2002, 『진화의 패턴』 전방욱 옮김, 사이언스북스.

리들리, 매트 2001, 『이타적 유전자』 신좌섭 옮김, 사이언스북스.

_____ 2004, 『본성과 양육』 김한영 옮김, 김영사.

린든, 데이비드 J. 2009, 『우연한 마음』 김한영 옮김, 시스테마.

린치, 게리·그레인저, 리처드 2010, 『빅브레인』 문희경 옮김, 21세기북스.

마이어, 에른스트 1998, 『진화론 논쟁』 신현철 옮김, 사이언스북스.

마투라나, 움베르토 외 1995, 『인식의 나무』 최호영 옮김, 자작나무.

맥과이어, 마이클 2014, 『믿음의 배신』 정은아 옮김, 페퍼민트.

바쇼, 바나·밀러, 한스 D. 2021, 『현대 자연주의 철학』 뇌신경철학연구회 옮김, 철학과 현실사.

바우어, 요하임 2007, 『인간을 인간이게 만드는 원칙』 이미옥 옮김, 에코리브르.

뱅상, 장 디디에 외 2002, 『생물학적 인간, 철학적 인간』 이자경 옮김, 푸른숲.

베리, 존 2005, 『사상의 자유의 역사』 박홍규 옮김, 바오.

베커, 하워드 S. 2020, 『증거의 오류』 서정아 옮김, 책세상.

베코프, 마크 2008, 『동물의 감정』 김미옥 옮김, 시그마북스.

벨컴, 조너선 2007, 『즐거움, 진화가 준 최고의 선물』 노태복 옮김, 도솔.

보울러, 피터 1999, 『찰스 다윈』 한국동물학회 옮김, 전파과학사.

보이드, 브라이언 2013, 『이야기의 기원, 인간은 왜 스토리텔링에 탐닉하는가』 남경태 옮김, 휴머니스트.

브라운, 재닛 2010, 『찰스다윈 평전: 1859-1882』 이경아 옮김, 김영사.

블룸, 하워드 2003, 『집단 정신의 진화』 양은주 옮김, 파스칼북스.

비스, 율라 2016, 『면역에 관하여-백신을 부정하는 사람들』 김명남 옮김, 열린책들.

사르트르, 장 폴 2008, 『실존주의는 휴머니즘이다』 박정태 옮김, 이학사.

소버, 엘리어트 2000, 『생물학의 철학』 민찬홍 옮김, 철학과 현실사.

소버, 엘리어트·윌슨, 데이비드 S. 2013, 『타인에게로』 설선혜·김민우 옮김, 서울대출판문화원.

수아미, 아리엘 2010, 『스피노자의 동물우화』 강희경 옮김, 열린책들.

스미스, 데이비드 L. 2020, 『생물학이 철학을 어떻게 말하는가』 뇌신경철학회 옮김, 철학과 현실사.

스미스, 존 M. 외 2001, 『40억 년간의 시나리오』 한국동물학회 옮김, 전파과학사.

스미스, 캐머런·설리번, 찰스 2011, 『진화에 관한 10가지 신화』 이한음 옮김, 한승.

싱어, 피터 2007, 『다윈의 대답1: 변하지 않는 인간의 본성은 있는가』 최정규 옮김, 이음.

_____ 2012, 『사회생물학과 윤리』 김성한 옮김, 연암서가.

아감벤, 조르조 2008, 『호모 사케르- 주권 권력과 벌거벗은 생명』 박진우 옮김, 새물결.

아이돈, 시릴 2004, 『찰스 다윈』 김보영 옮김, 에코리브르.

에리얼리, 댄 2011, 『경제심리학』 김원호 옮김, 청림.

에커먼, 제니퍼 2003, 『유전, 운명과 우연의 자연사』 진우기 옮김, 양문출판사.

오렐, 비체슬라프 1999, 『멘델』 한국유전학회 옮김, 아카데미서적.

올프, 메리언 2007, 『책읽는 뇌』 이희수 옮김, 살림.

워녹, 메리 1985,『현대의 윤리학』김상배 옮김, 서광사.
윌리엄스, 조지 2009,『진화의 미스터리』이명희 옮김, 사이언스북스.
_____ 2013,『적응과 자연선택』전중환 옮김, 나남.
윌슨, 데이비드 S. 2009,『진화론의 유혹』김영희 외 옮김, 북스토리.
자콥, 프랑스와 1994,『생명의 논리, 유전의 역사』이정우 옮김, 민음사.
제인스, 줄리언 2005,『의식의 기원』김득룡·박주용 옮김, 한길사.
카발리-스포르차, 루이기 L. 2005.『유전자, 사람, 그리고 언어』이정호 옮김, 지호.
캉길렘, 조르주 2018,『정상적인 것과 병리적인 것』, 여인석 옮김, 그린비.
_____ 2020,『생명에 대한 인식』, 여인석·박찬웅 옮김, 그린비.
캐럴, 션 B. 2007,『이보디보, 생명의 블랙박스를 열다』김명남 옮김, 지호.
_____ 2008,『진화이야기』김명주 옮김, 지호.
커슈너, 마크 외 2010,『생명의 개연성』김한영 옮김, 해나무.
쾀멘, 데이비드 2020,『진화를 묻다』이미경·김태완 옮김, 프리렉.
터너, 앨런·안톤, 마우리시오 2007,『에덴의 진화』안소연 옮김, 지호.
토미오, 타다 1998,『면역의 의미론』황상익 옮김, 한울.
포더, 제리 2013,『마음은 그렇게 작동하지 않는다』김한영 옮김, 알마.
폴머, 게르하르트 2011,『진화론적 인식론』문성화·홍건영 옮김, 계명대학교출판부.
프랜시스, R. 2013,『쉽게 쓴 후성유전학』김명남 옮김, 시공사.
프리고진, 일리야·스텐저스, 이자벨 2011,『혼돈으로부터의 질서』신국조 옮김,
    자유아카데미.
하만, 길버트 2005,『도덕의 본성』김성한 옮김, 철학과 현실사.
하이젠베르크, 베르너 1995,『입자, 인간, 자연에 대한 단상』전형락 옮김, 민음사.
하이트, 조너선 2003,『도덕적 판단에 관한 사회적 직관주의 모델』강인구 옮김,
    서현사.
헉슬리, 토마스 2012,『진화와 윤리』이종민 옮김, 산지니.
헐, 데이비드 1994,『생명과학철학』구혜영 옮김, 민음사.
_____ 2008,『과정으로서의 과학 1』한상기 옮김, 한길사.
홀런드, 존 2001,『숨겨진 질서, 복잡계는 어떻게 진화하는가』김희봉 옮김, 사이언
    스북스.
화이트헤드 1999,『과정과 실재』오영환 옮김, 민음사.

| 해외 문헌 |

Abbas, A. K., Lichtman, A., and Pober, J. 1997, *Cellular and Molecular Immunology*. Saunders.

Ablondi, F. 1998, "Automata, living and non-living: Descartes' mechanical biology and his criteria for life", *Biology and Philosophy* 13(2): 179-186.

Abrams, M. 2005, *Teleosemantics Without Natural Seletion*.

Abrantes, P. and El-Hani, C. N. 2009, "Gould, Hull, and the Individuation of Scientific Theories", *Found Sci* 14:295~313.

Ahouse, J. C. 1998, "The Tragedy of a priori Selectionism: Dennett and Gould on Adaptationism", *Biology and Philosophy* 13: 359-391.

Aktipis, A. 2020, *The Cheating Cell: How Evolution Helps Us Understanding and Treat Cancer*. Princeton University Press.

Alan, C. 2003, *Love in Biology and Philosophy*. 18(2): 309-345.

Alberts, B. et al. 2002, *Molecular Biology of the Cell*(4th ed.) Garland Science.

Alcock, J. 1993, *Animal behavior: An evolutionary approach*. Sinauer.

Alexander, R. D. and Tinkle, D. W.(eds.) 1981, *Natural selection and social behavior*. Chiron.

Allen, G. E. 2005, "Mechanism, vitalism and organicism in late nineteenth and twentieth-century biology: The importance of historical context." Studies in @ 36: 261-283.

Allmon, W. D. 2017, "Species, lineages, splitting, and divergence: why we still need 'anagenesis' and 'cladogenesis'." *Biological Journal of the Linnean Society*, 120(2): 474-479.

Alper, J. S. and Lange, R. V. 1981, "Lumsden-Wilson theory of gene-culture coevolution" *Proc. Natl. Acad. Sci. USA* 78(6): 3976-3979.

Al-Shawaf, L., Zreik, K. and Buss, D. M. 2021, "Thirteen Misunderstandings About Natural Selection", *Encyclopedia of Evolutionary Psychological Science*. 2021 Edition.

Amundson, R. 1994/1998, "Two Concepts of Constraint: Adaptationism and the Challenge from Developmental Biology", *Philosophy of Science* 61: 556-578.

_____ 1998, "Typology Reconsidered: Two Doctrines on the History of Evolutionary Biology", *Biology and Philosophy* 13:153-177.

_____ 2001, "Adaptationism and Development" in Orzack and Sober 2001, *Adaptationism and Optimality*. Cambridge University Press.

생물철학

Amundson, R. and Lauder, G. V. 1994, "Function without purpose." *Biol Philos.* 9: 443‾469.

Anderson, T. 1999, *Sartre's Two Ethics: From Authenticity to Integral Humanity*. Open Court.

Anderson, W. and Mackay, I. R. 2014, "Fashioning the Immunological Self: The Biological Individuality of F. Macfarlane Burnet." *Journal of the History of Biology* 47(1): 147‾175.

Antonovics, J. and van Tienderen, P. H. 1991, "Ontoecogenophyloconstraints? The Chaos of Constrain Terminology", *Trends in Ecology and Evolution* 6(5): 166‾169.

Appel, T. A. 1987, *The Cuvier‾Geoffroy debate: French biology in the decade before Darwin*, Oxford University Press

Ariew, A. 1996, "Innateness and Canalization", *Philosophy of Science* 63:19~27.

Autrum, H. 1984, Biologie: Entdeckung einer Ordnung. In Schaefer, Gerhard(Hg.) 1984, Information und Ordnung. Koeln

Axelrod, R. 1984, *The Evolution of Cooperation*. Basic Books.

Axelrod, R. and Hamilton, W. D. 1981, "The Evolution of Cooperation." *Science New Series* 211(4489): 1390‾1396.

Ayala, F. J. 1968, "Biology as an Autonomous Science", *Am Sci* 56: 207‾221.

_____ 1974, "The Concept of Biological Progress" in (Ayala and Dobzhansky 1974).

_____ 2000, "Debating Darwin", *Biology and Philosophy* 15: 559‾573.

_____ 2005. "The Structure of Evolutionary Theory: on Stephen J. Gould's Monumental Masterpice", *Theology and Science* 3-1: 97‾117.

Ayala, F. J. and Arp, R.(eds.) 2010, *Contemporary Debates in Philosophy of Biology*. Wiley.

Ayala, F. J. and Dobzhansky, T.(eds.) 1974, *Studies in the Philosophy of Biology: Reduction and Related Problems*. University of California Press.

Badcock, C. 2000, *Evolutionary Psychology*. Polity Press.

Baker, R. R. and Bellis, M. A. 1995, *Human Sperm Competition*. Chapman and Hall.

Barbieri, M. 2003, *The Organic Codes. An introduction to Semantic Biology*. Cambridge University Press.

Barkow, J. and Tooby, J.(eds.) 1992. *The Adapted Mind*. Oxford University Press.

Baron, W. 2008, "Blumenbach, Johann Friedrich." *Complete Dictionary of Scientific Biography* 2(2008): 203‾05.

Bateson, G. 1999, *Steps To an Ecology of Mind*. The University of Chicago Press.

Bateson, P. 2001, "Behavioral development and darwinian evolution" in (Oyama et al. 2001).

Bateson, P. and Martin, P. 1999, *Design for a Life: How Behavior and Personality Develop.* Jonathan Cape.

Beatty, A. 2014, "Anthropology and emotion." *The Journal of the Royal Anthropological Institute* 20(3): 545-563.

Beatty, J. 1987, "Dobzhansky and Drift: Facts Values and Chance in Evolutionary Biology" in (Krüger 1987).

_____ 1990, "Evolutionary anti-reductionism: Historical reflections", *Biology and Philosophy* 5(2): 199-210

_____ 1992, "Random Drift" in (Keller and Lloyd 1992).

_____ 2003, "Chance Variation: Darwin on Orichids", *Philosophy of Science* 73(5): 629-641.

_____ 2006. "Replaying Life's Tape", *Journal of Philosophy of Science* 103: 336-362.

_____ 2008, "Chance Variation and Evolutionary Contingency: Darwin, Simpson, The Simpsons and Gould" in (Ruse 2008).

Beatty, J. and Desjardins, E. C. 2009, "Natural Selection and History", *Biology and Philosophy* 24: 231-246.

Beatty, J. and Finsen, S. 1989, "Rethinking the propensity interpretation: a peek inside Pandora's box" in (Ruse 1989).

Bechtel, W. 1990, "Toward Making Evolutionary Epistemology into a Truly Naturalized Epistemology" in (Rescher 1990).

Beebee, H. and Sabbarton-Leary, N.(eds.) *The Semantics and Metaphysics of Natural Kinds.* Routledge.

Bekoff, M. 2007, *The Emotional Lives of Animals.* New World Library.

Bernard, N. J. 2016, "When humoral became cellular." *Nature Immunology* 17: S9.

Bertolaso, M. 2016, *Philosophy of Cancer.* Springer Verlag.

Bhaskar, R. 1998, *The Possibility of Naturalism(3rd.).* Routledge

Biesta, G. J. J. and Burbules, N. 2003, *Pragmatism and educational research.* Lanham, MD: Rowman and Littlefield.

Birch, J. 2020, "Kin Selection, Group Selection, and the Varieties of Population Structure" *The British Journal for the Philosophy of Science* 71(1).

Birch, L. C. 1988, "The Postmodern Challenge to Biology". in (Griffin 1988).

Bishop, P. 2008, *Analytical Psychology and German Classical Aesthetics: Goethe, Schiller, and Jung, Volume 2: The Constellation of the Self,* Taylor & Francis.

Björn, B. 2007, "What is natural selection", *Biology and Philosophy* 22.

Black, M. 1962, *Models and Metaphors*. Cornell University Press.

Blackman, H. J. 2006, "Anatomy and embryology in medical education at Cambridge University, 1866-1900." *Med Educ* 40(3).

_____ 2007, "The Natural Sciences and the Development of Animal Morphology in Late-Victorian Cambridge", *Journal of the History of Biology* 40(1): 71-108

Blumenbach, J. F. 2017/1776, The Anthropological Treatises of Johann Friedrich Blumenbach, Late Professor at Göttingen and Court Physician to the King of Great Britain. Forgotten Books.

Bock, W. J. 2000. "Towards a New Metaphysics: The Need for an Enlarged Philosophy of Science", *Biology and Philosophy* 15: 603-621.

Boehm, C. 1989, "Ambivalence and Compromise in Human Nature." *American Anthropologist New Series* 91(4): 921-939.

Boller, P. F. 1969, *American Thought in Transition: The Impact of Evolutionary Naturalism, 1865-1900*. Rand M. & Company

Bond, C. H. and Robinson, M. 1988, "The evolution of deception", *Journal of Nonverbal Behavior* 12(4): 295-307.

Bowlby, J. 1969, Attachment and Loss. Hogarth Press (한국어판 애착 2009)

Bowler, P. 1983, *The Eclipse of Darwinism: Antievolutionary Theories in the Decades Around 1900*. Johns Hopkins.

_____ 1989/2003, *Evolution: The History of an Idea*. Universiy of California Press.

_____ 2015, "Herbert Spencer and Lamarckism" in Francis, Mark and Taylor, Michael W. (eds), 2015, Herbert Spencer Legacies, Routledger, pp.203-221.

Boyd, R. 1993, *Metaphor and Thought*. Cambridge University Press.

_____ 1999, "Homeostatsis, Species and Higher Taxa" in (R. A. Wilson 1999).

_____ 2010, "Realism, Natural Kinds and Philosophical Methods" in (Beebee 2010).

Brandie, D. T., Darville, T., Ferrell, R. E., Kammerer, C. M., Ness, R. B., Haggerty C. L. 2012, "Variants in Toll-like Receptor 1 and 4 Genes Are Associated With Chlamydia trachomatis Among Women With Pelvic Inflammatory Disease", *The Journal of Infectious Diseases* 205(4): 603-609.

Brandon, R. N. 1988, "The levels of selection: a hierarchy of interactors" in (Plotkin 1988).

_____ 1990, *Adaptation and Environment*. Princeton University Press.

_____ 1996, *Concepts and Methods in Evolutionary Biology*. Cambridge University

Press.

_____ 1997, "Does Biology Have Laws? The Experimental Evidence", *Philosophy of Science* 64.

_____ 2003, "Three Concepts of the Environment", *Philosophy of Science* 70(5).

Brandon, R. N. and Antonovics, J. 1996, "The Coevolution of Organism and Environment" in (Brandon 1996).

Breuker, C. J. et al. 2006, "Functional evo-devo", *Trends in Ecology and Evolution* 21(9).

Broda, E. 1955, "Ludwig Boltzmann", *Mensch, Physiker, Philosoph.*

Brown, W. L. 1958, "General adaptation and evolution", *Syst. Zool.* 7: 157-168.

Browne, J. 2002, *Charles Darwin: vol.1/2 The Power of Place.* Jonathan Cape.

Buklijas, T. 2012, The politics of fin-de-siecle anatomy. In Ash, M. G. and Surman, J.(Eds.) *The nationalization of scientific knowledge in the Habsburg empire, 1848-1918* (pp.209-244). London: Macmillan.

Buller, J. D. 2006, *Adapting Minds.* MIT Press.

Burnet, F. M. 1960, "Immunological recognition of self". Burnet's Nobel Lecture(December 12, 1960).

_____ 1969, *Self and Not-self.* Melbourne University Press.

Burnet, F. M. and White, D. O. 1973, *The Natural History of Infectious Disease.* Cambridge University Press.

Buss, D. M. 1994, *The Evolution of Desire: Strategies of Human Mating.* Basic Books.

Buss, D. M. and Schmitt, D. P. 1993, "Sexual strategies theory: An evolutionary perspective on human mating", *Psychological Review* 100: 204-232.

Buss, D. M.(ed.) 2005, *The Handbook of Evolutionary Psychology.* Wiley.

Bynum, W. 1973, "The Anatomical Method, Natural Theology, and the Functions of the Brain", *The History of Science Society* 64(1973): 445-468.

Cambell, J. H. 1988, "Evolution as Nonequilibrium Thermodynamics" in (Weber et al. 1988).

Camerer, C. F. 2002, "Behavioral Economics: Past, Present, Future". in Camerer et al. 2002, *Advances in Behavioral Economics.* Princeton University Press. pp.3-52

Candlish, S. 2007. *The Russell/Bradley Dispute and its Significance for Twentieth Century Philosophy.* Macmillan Palgrave.

Canguilhem, G. (trans. by Goldhammer, A.) 1988, *Ideology and Rationality in the History of the Life Sciences,* The MIT Press.

Carroll, R. L. 2002, "Evolution of the capacity to evolve", *Journal of Evolutional Biology* 15: 911-921.

Chisholm, H.(ed.) 1911, "Darwin, Charles Robert", *Encyclopedia Britannica*(11th ed.) Cambridge University Press.

Churchill, F. B. 1985, Wismann's continuity of the germ plasm in historical perspective. Freiburger University Blaetter 87/88: 107-124.

Clarke, E. and Jacyna, L. S. 1987, *Nineteenth-Century Origins of Neuroscientific Concepts.* University of California Press.

Cobb, J. B. and Griffin, D.(eds.) 1975, *Mind in Nature: Essays on the Interface of Science and Philosophy.* University Press of America.

Comte, A. 1893, *Cours de Philosophie Positive.*

Connell, J. H. 1980, "Diversity and the coevolution of competitors, or the ghost of competition past", *Oikos* 35: 131-138.

Cosans, C. E. 1998, "Aristotle's Anatomical Philosophy of Nature", *Biology and philosophy* 13: 311-339.

Cosmides, L. 1994, "Beyond intuition and instinct blindness: Toward an evolutionarily rigorous cognitive science", *Cognition* 50: 41-77.

_____ 1996, "Are humans good intuitive statisticians after all? Rethinking some conclusions from the literature on judgment under uncertainty", *Cognition* 58: 1-73.

Coulter, I., Snider, P., and Neil, A. 2019, "Vitalism – A Worldview Revisited", *Integr Med (Encinitas)* 18(3): 60-73.

Craig, D. M. 1982, "Group Selection Versus Individual Selection: An Experimental Analysis", *Evolution* 36(2): 271-282.

Crawford, C., Krebs, D., and Smith, M.(eds.) 1987, *Sociobiology and psychology.* Erlbaum.

Cremer. S., Armitage, S. A. O., and Schmid-Hempel, P. 2007, "Social Immunity", *Current Biology* 17(16): R693-R702.

Crick, F. 1995, *The Astonishing Hypothesis.* Touchstone.

Crist, E. and Tauber, A. I. 1999, "Selfhood, Immunity, and the Biological Imagination: The Thought of Frank Macfarlane Burnet", *Biology and Philosophy* 15: 509-533.

Crow, J. F. 1990, "Sewall Wright's place in twentieth century biology", *Journal of the History of Biology* 23(1): 57-89.

_____ 1991, "Was Wright right?", *Science* 253: 973.

Cummins, R. C. 1975, "Functional Analysis", *Journal of Philosophy* 72(20): 741-765.

Curio, E. 1973, "Towards a methodology of teleonomy", *Experientia* 29: 1045-1059.

Curry, O. S. 2014, Cross-cultural research on moral values. in Curry, O. S. (2016). Morality as Cooperation: A Problem-Centred Approach. In T. K. Shackelford & R. D. Hansen (Eds.), The Evolution of Morality (pp. 27-51): Springer International Publishing.

Dahlsgaard, K., Peterson, C., and Seligman, M. E. P. 2005, "Shared Virtue: The Convergence of Valued Human Strengths Across Culture and History", *Review of General Psychology* 9(3): 203-213.

Damasio, A. 1995, *Descartes' Error: Emotion, Reason and the Human Brain*. Harper Perennial.

_____ 2003/2004. *Looking for Spinoza: Joy, Sorrow, and the Feeling Brain*. Harcourt.

_____ 2010. *Self Comes to Mind: Constructing the Conscious Brain*. Pantheon.

_____ 2018, *The Strange Order of Things: Life, Feeling, and the Making of Cultures*. Deckle Edge.

Darwin, C. 1839, *Narrative of the surveying voyages of His Majesty's Ships Adventure and Beagle between the years 1826 and 1836, describing their examination of the southern shores of South America, and the Beagle's circumnavigation of the globe*. London: Henry Colburn.

_____ 1842, *Geological Observations of South America - The Structure and Distribution of Coral Reefs*. Smith, Elder publishers of London.

_____ 1845, *Journal of researches into the natural history and geology of the countries visited during the voyage of H.M.S. Beagle round the world, under the Command of Capt. Fitz Roy, R. N.*(2nd ed.). London: John Murray.

_____ 1859, *On the Origin of Species by Means of Natural Selection, or the Preservation of Favoured Races in the Struggle for Life*. London: John Murray (6th edition published 1872).

_____ 1868, *The Variation of Animals and Plants under Domestication*. London: John Murray.

_____ 1871, *The Descent of Man, and Selection in Relation to Sex*. London: John Murray.

_____ 1887, *The life and letters of Charles Darwin*(Francis Darwin ed.) including an autobiographical chapter. London: John Murray.

_____ 1987, *Charles Darwin's Notebooks, 1836-1844: Geology, Transmutation of Species, metaphysical Enquiries*, Barrett, P. H., Gautrey, P. J., Herbert, S., Kohn, D., and Smith, S. trans. and ed., UK: Cambridge.

_____ 1988, *The Variation of Animals and Plants under Domestication vol. 2*, Barrett, P. H. and Freeman, R. B. ed., The Works of Charles Darwin.

Dawkins, R. 1976, *The Selfish Gene*. Oxford University Press.

_____ 1979, "Twelve Misunderstandings of Kin Selection", *Zeitschrift fur Tierpsychologie* 47: 61-76.

_____ 1982, *The Extended Phenotype*. Oxford University Press.

_____ 1996, *Climbing Mount Improbable*. Viking Press.

_____ 2003, *A Devil's Chaplain*. Houghton Mifflin.

_____ 2012, "The Descent of Edward Wilson", *Prospect Magazine* 195(May).

Delbrück, M. 1970, "A physicist's renewed look at biology: Twenty years later" *Science* 168(1970): 1312-1315

_____ 1990, "Dicussion remark" Thomas, R. and d'Ari, R., *Biological Feedback* (CRC Press, Boca Raton, Florida, 1990), pp.200-201.

Dennett, D. 1995, *Darwin's Dangerous Idea: Evolution and the Meanings of Life*. London: Penguin Books.

_____ 1996, *Kinds of Minds*. Basic Books.

_____ 2003, *Freedom Evolves*. Penguin Books.

DePaulo, B. M. et al. 2003, "Cues to Deception", *Psychological Bulletin* 129(1): 74-118.

Depew, D. and Weber, B. 1995, *Darwinism Evolving: Systems Dynamics and the enealogy of Natural Selection*. Bradford Books/MIT Press.

Descartes, R. 1649. *Les passions de l'âme(Passions of the Soul)*.

Design for Evolution: Self-Organization and Planning in the Life of Human Systems (The International Library of Systems Theory and Philosophy) Hardcover – January 1, 1975

Desmond, A. and Moore, J. 1991. *Darwin: The Life of a Tormented Evolutionist*. Norton.

Desmond, A. J. 1989, *The politics of evolution: morphology, medicine and reform in radical London*. Chicago: The University of Chicago Press.

Dobzhansky, T. 1956, *The Biological Basis of Human Freedom*. Columbia University Press.

_____ 1967, *The Biology of Ultimate Concern*. New American Library.

_____ 1970, *Genetics of the Evolutionary Process*. Columbia University Press.

_____ 1973, "Nothing in Biology Makes Sense Except in the Light of Evolution", *American Biology Teacher* 35(3): 125-129.

_____ 1983, *Human Culture*. Columbia University Press.

Donlan, R. M. 2002, "Biofilms: Microbial Life on Surfaces", *Emerg Infect Dis.* 8(9): 881–890.

Donnelly, S. 2002, "Natural Responsibilities", *Hastings Center Report*(Jul/Aug).

Donohue, J. J. and Levitt, S. D. 2001, "The Impact of Legalized Abortion on Crime", *The Quarterly Journal of Economics* CXVI(2): 379–420.

Doolittle, W. F. and Brunet, T. D. P. 2017, "On causal roles and selected effects: our genome is mostly junk", *BMC Biology*, 15(116): 1–9.

Doolittle, W. F. et al. 2014, "Distinguishing between "Function" and "Effect" in Genome Biology", *Genome Biology and Evolution*, 6(5): 1234–1237.

Doolittle, W. F., Brunet, T. D. P., Linquist, S., and Gregory, T. R. 2014, "Distinguishing between "Function" and "Effect" in Genome Biology", *Genome Biology and Evolution* 6(5): 1234–1237.

Douglas, A. 2010, *The Symbiotic Habit*. Princeton University Press.

_____ 2011, "Lessons from studying insect symbioses", *Cell Host & Microbe* 10(4): 359–367.

Duch, W. and Aerts, D. 1986, "Microphysical Reality", *Physics Today*(2nd Jun).

Dugatkin, L. A. 1997, *Cooperation among Animals: an Evolutionary Perspective*. Oxford University Press.

Duhem, P. 1962, *The Aim and Structure of Physical Theory*. Princeton University Press.

Dupré, J. 1993, *The Disorder of things: Metaphysical foundations of the disunity of science*. Harvard University Press.

_____ 2010, "It is not Possible to reduce Biological Explanations to Explanations in Chemistry and/or Physics" in (Ayala and Arp 2010).

_____ (ed.) 1987, *The Latest on the Best*. MIT Press.

Duris, P. 1995, "Monsieur Machine contre l'homme-cheval. La Mettrie critique et vulgarisateur de Linné", *History and Philosophy of the Life Sciences* 17(2): 253–270.

Ebbinghaus, H. D. and Vollmer, G. 1992, *Denken Unterwegs*. Stuttgart: Hirzel.

Egan, K. 2004, *Getting It Wrong from the Beginning : Our Progressivist Inheritance from Herbert Spencer, John Dewey, and Jean Piaget*, Yale University Press.

Eigen, M. 1987, *Stufen zum Leben. Die frühe Evolution im Visier der Molekularbiologie*. Piper.

Eigen, M. and Winkler, R. 1975, *Das Spiel. Naturgesetze steuern den Zufall*. Piper.

Ekman, P. 1973, *Darwin and Facial Expression*. Academic Press.

_____ 2002, *Telling Lies: clues to Deceit in the Marketplace, Politics, and Marriage*. Norton.

_____ 2006, *Darwin and Facial Expression: A Century of Research in Review*. Malor Books.

Eldredge, N. 1989, *Macroevolutionary Dynamics: Species, Niches and Adaptive Peaks*. McGraw Hill

_____ 1993, "What, If Anything, Is a Species?" in: Kimbell, W. H. and Martin L. B.(ed.) 1993, *Species, Species Concepts, and Primate Evolution*. Springer US.

Eldredge, N. and Gould, S. J. (1972). "Punctuated equilibria: an alternative to phyletic gradualism" In Schopf, T. J. M. ed., *Models in Paleobiology*. San Francisco: Freeman Cooper. pp. 82–115. Reprinted in N. Eldredge Time frames. Princeton: Princeton Univ. Press, 1985.

Elena, S. F. and Sanjun, R. 2007, "Virus Evolution: Insights from an Experimental Approach". *Annual Review of Ecology, Evolution, and Systematics* 38(1): 27–52.

Elton, M. 2003, "Reviews the book Dawkons vs. Gould by Kim Sterelny", *British Journal of the Philosophy of Science*. 54: 365–369.

Emerson, B. C. 2018, "Anagenesis, Cladogenesis, and Speciation on Islands", *Trends in Ecology & Evolution* 33(7): 488–491.

ENCODE Project Consortium 2012, "An integrated encyclopedia of DNA elements in the human genome", *Nature* 489.

Endler, J. A. 1986, *Natural selection in the wild*. Princeton Univercity Press.

Engels, F. 1940, *Dialectics of Nature*. International Publishers.

Ereshefsky, M. 2001, *The Poverty of the Linnaean Hierarchy: A Philosophical Study of Biological Taxonomy*. Cambridge University Press.

_____ 2007, "Species, Taxonomy, and Systematics" in (Matthen and Stephens 2007).

_____ 2010, "What's wrong with the new biological essentialism", *Philosophy of Science* 77-5(2010).

Ereshefsky, M. and Pedroso, M. 2015, "Rethinking evolutionary individuality". *PNAS* 112(33).

Evans, P. D., Anderson, J. R., Vallender, E. J., Gilbert, S. L., Malcom, C. M., Dorus, S., and Lahn, B. T. 2004, "Adaptive evolution of ASPM, a major determinant of cerebral cortical size in humans", *Human Molecular Genetics*, 13-5(2004): 489-494.

Ewald, P. W. 1980, "Evolutionary Biology and the Treatment of Signs and Symptoms of Infectious Disease", *Journal of Theoretical Biology* 86: 169-76.

_____ 1994, *Evolution of Infectious Disease*. Oxford University Press.

Fântânariu, A. M. 2012, "The Importance of Ethics in Scientific Research" vailable at SSRN: https://ssrn.com/abstract=1998267

Ferguson, K. G. 2001, "Semantic and Structural Problems in Evolutionary Ethics", *Biology and Philpsophy* 16: 69-84.

Ferrario, C. E. and Corsi, L. 2013, "Vitalism and Teleology in Kurt Goldstein's Organismic Approach". In: Normandin, S. and Wolfe, C. (eds) Vitalism and the Scientific Image in Post-Enlightenment Life Science, 1800-2010. History, Philosophy and Theory of the Life Sciences, vol 2. Springer, Dordrecht.

Field, A. M. et al. 2022, "The Australian dingo is an early offshoot of modern breed dogs", *Science Advance* (22. Apr. 2022) 8(16).

Fischer, E. and Mainzer, K. 1990, *Die Frage nach dem Leben*. München: Piper.

Fisher, E. and Wiegandt, K.(ed.) 2003, *Evolution, Geshichte und Zukunft des Lebens*, Fisher Taschenbuch.

Fisher, R. A. 1930, *The Genetical Theory of Natural Selection*. Clarendon Press.

Flatt, T. 2005. "The Evolutionary Genetics of Canalization", *The Qaurterly Review of Biology* 80(3).

Flemming, H.-C. et al. 2016, "Biofilms: an emergent form of bacterial life", *Nature Reviews Microbiology* 14: 563-575.

Francis, M. and Taylor, M. W.(eds) 2015, *Herbert Spencer Legacies*. Routledger

Francis, R. 2011, *Epigenetics: the ultimate mystery of inheritance*. New York: W. W. Norton & Company.

Frank, M. G. et al. 2009, "Human behavior and deception detection" in (Voeller 2009).

Frank, R. H. 1988, *Passions within Reason*. Norton.

Frank, S. A. 1998, *Foundations of Social Evolution*. Princeton University Press.

Freeman, R. B. 1977, *The Works of Charles Darwin: An Annotated Bibliographical Handlist*. Dawson: Folkestone.

Frijda, N. H. 2004, "Emotions and action". In *Feelings and emotions* (eds) 158-73. Cambridge University Press.

Fussmann et al. 2007; Kinnison and Hairston 2007; Pal-kovacs and Post 2009; Pelletier

738

et al. 2009

Futuyma, D. J. 2005, "On Darwin's Shoulders", *Natural History* 114(9): 64–68.

_____ 2005, *Evolution*. Sinauer Associates. (김상민 역, 진화학 2008)

Garson, J. and Papineau, D. 2019, "Teleosemantics, selection and novel contents", *Biology & Philosophy* 34(3): 36.

Gay, P. 2013, The Enlightenment: The Science of Freedom. (1996) Norton & Company.

Gayon, J. 1991, "Critics and Criticisms of the Modern Synthesis", *Evolutionary Biology* 24: 1–49.

_____ 2008, "The modern concept of the gene", *Journal of the History of Biology* 41(4): 501–531.

_____ 2010, "Defining Life: Synthesis and Conclusions", *Orig Life Evol Biosph* 40: 231–244.

Gayon, Malaterre, Morange, Raulin-Cerceau, and Tirard (guest Eds.) 2010, "Special Issue: Definitions of life." *Origins Life Evol Biospheres* 40: 119–244.

Gazzaniga, M. S. 1996, "The Individuality of the Species: A Darwinian Theory? – from Buffon to Ghiselin, and back to Darwin", *Biology and Philosophy* 11: 215–244.

_____ 2005, "Chance, Explanation, and Causation in Evolutionary Theory", *History and Philosophy of the Life Science* 27: 395–405.

Gazzaniga, M. S. and Mangun, G. R. 2014, *Cognitive neuroscience: The biology of the mind*. W. W. Norton & Company.

Gazzaniga, M. S.(ed.) 2004, *The cognitive Neurosciences Vol.3*. MIT Press.

Geary, D. C. and Bjorklund, D. F. 2000, "Evolutionary Developmental Psychology", *Child Development* 71(1): 57–65.

Geoffrey, M. and Geoffrey, H. 2004, "Social Darwinism in Anglophone Academic Journals: A Contribution to the History of the Term", Journal of Historical Sociology 17(4): 428–463.

Germain, P.-L. 2012, "Cancer cells and adaptive explanations", *Biology & Philosophy*, November 2012, 27(6): 785–810.

Ghiselin, M. T. 1966, "On psychologism in the logic of taxanomic controversies", *Systematic Zoolology* 15: 207–215.

_____ 1974, *The Economy of Nature and Evolution of Sex*. University of California Press.

_____ 1997. *Metaphysics and the Origin of Species*. SUNY Press.

Gibbard, A. 2008, *Reconciling our Aims: In Search of Bases for Ethics*. NY: Oxford University Press.

Giere, R. 1988, *Explaining Science: A Cognitive Approach*. University of Chicago Press.

_____ 1994, "The Cognitive Structure of Scientific Theories", *Philosophy of Science* 61(2): 276-296.

Gigerenzer, G. and Hoffrage, U. 1995, "How to Improve Bayesian Reasoning without Instruction: Frequency Formats", *Psychological Review* 102: 684-704.

Gilbert, P., Maira-Litran, T., McBain, A. J., Rickard, A, H., and Whyte, F. W. 2002, "The physiology and collective recalcitrance of microbial biofilm communities", *Advances in Microbial Physiology* 46: 203-256.

Gilbert, S. 2003, "The Morphogenesis of Evolutionary Developmental Biology", *Int. Journal of Developmental Biology* 47: 467-477.

Gilbert, S. and Epel, D. 2009. *Ecological Developmental Biology, Integrating Epigenetics, Medicine, and Evolution*. Sinauer Associates Publishers.

Gilbert, S. F. 2000, *Developmental Biology*. 6th edition. Sunderland: Sinauer Associates.

Glazer, T. 2019, "The Social Amplification View of facial expression", *Biology & Philosophy* 34(April 2019).

Gluckman, P. and Hanson, M. 2006, *Mismatch: Why Our World No Longer Fits Our Bodies*. Oxford University Press.

Godfrey-Smith, P. 1993, "Function: Consensus without Unity", *Pacific Philosophical Quarterly* 74.

_____ 2001, "Three Kinds of Adaptationism", In Orzack & Sober (eds.), *Adaptationism and Optimality*, Cambridge University Press, 2001, pp. 335-357.

_____ 2013, "Darwinian individuals". From *Groups to Individuals: Evolution and Emerging Individuality*, eds Bouchard, F. and Huneman, P. (MIT Press, Cambridge, MA), pp. 17-36.

_____ 2014, *Philosophy of Biology*. Princeton University Press.

_____ 2018, *Other Minds: The Octopus and the Evolution of Intelligent Life*. William Collins.

Goldbetera, A. 2017, "Dissipative structures and biological rhythms". *Chaos* 27, 104612

Gottlieb, G. 2001, "A developmental psychological systems view: early formulation and current status" in (Oyama et al. 2001).

_____ 2007, Probabilistic Epigenesis. *Developmental Science* 10.

생물철학

Gouaux, E. and Mackinnon, R. 2005, "Principles of selective ion transport in channels and pumps", *Science* 310(5753): 1461-5.

Gould S. J. and Lewontin, R. C. 1979, "The Spandrels of San Marco and the Panglossian paradigma: A Critique of the Adaptationnist programme", in *Proceedings of the Royal Society B: Biological Science* 205(1161): 581-598

Gould, E. and McEwen, B. S. 1993, "Neuronal Birth and Death", *Current Opinion in Neurobiology* 3: 676-682.

Gould, S. J. 1977, *Ontogeny and Phylogeny*. The Belknap Press.

_____ 1983, "The hardening of the modern synthesis" in (Grene 1983).

_____ 1989, *Wonderful Life: The Burgess Shale and the Nature of History*. New York: W. W. Norton.

_____ 1997, "Darwinian Fundamentalism", *The New York Review of Books(Aug.)*.

_____ 2007, *Punctuated Equilibrium*. Belknap Press.

Gould, S. J. and Eldredge, N. 1986. "Punctuated Equilibrium at the Third Stage", *Systematic Zoology* 35: 143-148.

Gould, S. J. and Vrba, E. S. 1982, "Exaptation: A missing term in the science of form", *Paleobiology* 8: 4-15.

Gowaty, P. A. 1997, "Sexual Dialectics, Sexual Selection, and Variation in Reproductive Behavior", in Gowaty 1997, Feminism and Evolutionary Biology. Spriner. pp. 351-384

Graham et al. 2011, Mapping the Moral Domain. *Journal of Personality and Social Psychology*, 101(2): 366-385.

Grantham, T. A. 2000, "Evolutionary Epistemology, Social Epistemology, and the Demic structure of Science", *Biology and Philosophy* 15: 443-463.

Gray, H. 1992. "Death of the Gene: Developmental Systems Strike Back" in (Griffiths 1992).

Greco, M. 2005, "On the Vitality of Vitalism", *Theory, Culture & Society* 2005(1): 15-27.

Greenwald, A. G. 1980, "The Totalitarian Ego: Fabrication and revision of personal history", *American Psychologist* 35.

Gregory, T. R. 2009, "Understanding Natural Selection: Essential Concepts and Common Misconceptions", *Evolution: Education and Outreach* 2(2009): 156-175.

Grene, M. and Depew, D. 2004, *The Philosophy of Biology*. Cambridge University Press.

Grene, M.(ed.) 1983, *Dimensions of Darwinism*. Cambridge University Press.

Griffin, D.(ed.) 1988, *The Reenchantment of Science*. Albany, NY: SUNY Press.

Griffiths, P. E. 1996, "The Historical Turn in the Study of Adaptation", *British Journal for the Philosophy of Science* 47: 511-532.

_____ 2000. "David Hull's Natural Philosophy of Science", *Biology and Philosophy* 15: 301-310.

_____ 2005, "Discussion: three ways to misunderstand developmental systems theory", *Biology and Philosophy* 20: 417-425.

_____ 2014, "Philosophy of Biology". In Zalta, E. N.(ed.), *The Stanford Encyclopedia of Philosophy*(2014).

Griffiths, P. E. and Gray, R. D. 1994, "Deveopmental Systems and Evolutionary Explanation", *Journal of Philosophy* 91: 277-304.

Griffiths, P. E.(ed.) 1992, *Trees of Life: Essays in the Philosophy of Biology*. Dordrecht: Kluwer.

Grifoni, A., Sette, A. et al. 2020, "Targets of T Cell Responses to SARS-CoV-2 Coronavirus in Humans with COVID-19 Disease and Unexposed Individuals" *Cell* 181(7): 1489-1501.

Grinnell, F. 2000, "Philosophy of Biology and the Human Genome Project", *Biology and Philosophy* 15: 595-601.

Hacking, I. 2009, "La Mettrie's Soul: Vertigo, Fever, Massacre, and The Natural History." *CBMH/BCHM* 26(1): 179-202.

Haken, H. 1988, *Information and Self-Organization: A Macroscopic Approach to Complex Systems*, Springer: Berlin.

Haken, H. and Portugali, J. 2017, "Information and Self-Organization", *Entropy* 2017, 19(1): 18.

Haken, H. and Wunderlin, A. 1990, *Die entstehung von Ordnung aus dem Chaos*. Piper.

Haldane, J. B. S. 1932, *The Causes of Evolution*. Longmans.

Hall, B. K. 2012, "Evolutionary Developmental Biology (Evo-Devo): Past, Present, and Future", *Evolution: Education and Outreach* 5(2): 184-193

Hamilton, W. D. 1964, "The genetical evolution of social behavior I and II", *Journal of Theoretical Biology* 7: 1-52.

_____ 1967, "Extraordinary Sex Ratios", *Science* 156: 477-488.

_____ 1970, "Selfish and Spiteful Behaviour in an Evolutionary Model", *Nature* 228: 1218-1220

_____ 1972, "Altruism and Related Phenomena, mainly in the Social Insects",

Annual Review of Ecology and Systematics 3: 193-232.

_____ 1987, "Kinship, recognition, disease and intelligence: Constraints of social evolution", In *Animal Societies: Theories and Facts*, Ito, Y., Brown, J. L., and Kikkawa, J. eds. (Tokyo: Japan Scientific Societies Press 1987), pp. 81-102.

Handfield, T. 2018, "Egalitarianism about Expected Utility", *Ethics* 128(3)(April 2018): 603-611.

_____ 2019, "Two of a kind: Are norms of honor a species of morality?", *Biology & Philosophy*, 34: 39(2019).

Harman, O. 2010, *The Price of Altruism: George Price and the Search for the Origins of Kindness*. Norton & Company

Harms, W. 1996. "Cultural Evolution and Variable Phenotype", *Biology and Philosophy* 11.

Haufe, C. 2015, "Gould's Laws", Philosophy of Science 82(1):1-20.

Hauser, M., Cushman, F., Young, L., Kang-Xing Jin, R., and Mikhail, J. 2007, "A Dissociation Between Moral Judgements and Justifications", *Mind Language* 22(1): 1-21.

Hecht, S. and Sober, E. *Adaptationism and Optimality*. Cambridge University Press.

Heinsohn, R. and Parker, C. 1995, "Complex Cooperative Strategies in Group Territorial African Lions", *Science* 269: 1260-1262.

Hendry, A. P. et al. 2011, "Evolutionary principles and their practical application" *Evolutionary Applications* 4(2): 159-183.

Hennig, W. 1966, *Phylogenetic Systematics*. Urbana: University of Illinois Press.

Henrich, J. et al. 2005, 'Economic man' in Cross-cultural perspective: Behavioral experiments in 15 small-sacle societies. Published online by Cambridge University Press(22 December 2005).

Herbert, S. 1980, *The red notebook of Charles Darwin*. Bulletin of the British Museum Historical Series.

Heter, T. S. 2006, *Sartre's Ethics of Engagement: Authenticity and Civic Virtue*. Continuum 2006.

Himmelgreen, D. A., Romero-Daza, N. and Noble, C. A. 2011, "Nutrition and Health". In: Singer and Erickson 2011, 313-314.

Ho, M.-W. and Fox, S. W.(eds). 1988. *Evolutionary Processes and Metaphors*. Wiley.

Hochman, A. 2013, "Against the New Racial Naturalism", *The Journal of Philosophy* 110(6): 331-351.

Hodge, J. and Radick, G. 2003, *The Cambridge Companion to Darwin*. Cambridge University Press.

Hoffmann, G. W. 1994, "Niels Jerne, Immunologist 1911~1994", *Vaccine Research* 3: 173-174.

Holland, J. H. 1995, *Hidden Order: How Adaptation Builds Complexity*. Perseus Books.

Horvath, C. D. 2000, "Interactionism and Innateness in the Evolutionary Study of Human Nature", *Biology and Philsophy* 15: 321-337.

Hoyningen-Huene, P.(ed.) 1989, *Reductionism and Systems Theory in the Life Sciences*. Dordrecht: Kluwer Academic Publishers.

Hua, F. and Balmford, R. et al. 2022, "The biodiversity and ecosystem service contributions and trade-offs of forest restoration approaches" *Science*(17 Mar 2022) DOI: 10.1126/science.abl4649

Hull, D. 1974, *Philosophy of Biological Science*. Prentice-Hall.

_____ 1976, "Are Species Really Individuals?", *Systematic Zoology* 25(2): 174-191.

_____ 1988, *Science as a Process: An Evolutionary Account of the Social and Conceptual Development of Science*. University of Chicago Press.

_____ 1989, *The Metaphysics of Evolution*. State University of New York Press.

_____ 2001, *Science and Selection*. Cambridge University Press.

Hull, D. and Ruse, M.(ed.). 1998, *The Philosophy of Biology*. Oxford University Press.

Hutchinson, G. E. 1948, "Circular causal systems in ecology", *Annals of the New York Academy of Sciences* 50: 221-246.

Huxley, J. 1942, *Evolution the Modern Synthesis*. Allen and Unwin: London.

Ioannidis, S. 2008. "How development changes evolution: conceptual and historical issues in evolutionary developmental biology", *Biology and Philosophy* 23: 567-578.

Jacob, F. 1982, *The Possible & The Actual*. Pantheon Books.

_____ 1998, *Of Flies, Mice and Men*. Harvard University Press.

Jantsch, E. 1980, Systems Science and World Order Library. Innovations in Systems Science. Pergamon.

_____ 2020, *The Evolutionary Vision: Toward A Unifying Paradigm Of Physical, Biological And Sociocultural Evolution*. Routledge.

Jerne, N. K. 1974, "Towards a network theory of the immune system", *Annales d'immunologie* 125C(1-2): 373-389.

_____ 1984, *Nobel Lecture: The Generative Grammar of the Immune System*.

생물철학

Kamin, L. J., Lewontin, R. C., and Rose, S. 1984, *Not in Our Genes: Biology, Ideology and Human Nature*. Pantheon.

Kanazawa, S. 2010, "Why liberals and atheists are more intelligent", *Soc Psychol Q* 73: 33–57.

Keller, E. F. 1995, *Refiguring Life: metaphors of twentieth century biology*. Columbia University Press.

Keller, E. F. and Lloyd, E. A.(eds.). 1992, *Keywords in Evolutionary Biology*. Harvard University Press.

Kelly, J. K. 2006, "Geographical Variation in Selection from Phenotypes to Molecules", *The American Naturalist*.

Kimura, M. 1983, *The neutral theory of molecular evolution*. Cambridge Univ. Press.

_____ 1989, "The neutral theory of molecular evolution and the worldview of the neutralists", Genome 31(1): 24–31.

King, M. C. and Wilson, A. 1975, "Evolution at two levels in humans and chimpanzees", *Science*, 188(4184): 107–116.

King, R. C., Stansfield, W. D., and Mulligan, P. 2006, *A Dictionary of Genetics*. Oxford (7th ed.).

Kitcher, P. 1984, "Species", *Philosophy of Science* 51: 308–333.

_____ 1992, "The Naturalists Return", *The Philosophical Review* 101(1): 53–114.

_____ 1993, "The evolution of human altruism", *Journal of Philosophy* 90: 497–516.

_____ 1993a, *The Advancement of Science*. Oxford University Press.

_____ 1993b, "Four ways to 'biologicize' ethics" in Bayertz, K.(ed.) *Evolution und Ethik*. Reclam. S. 575-586

_____ 1998, "Function and Design" in (Hull and Ruse 1998).

Klaska, I. and Nowak, J. Z. 2007, "The role of complement in physiology and pathology." Hig Med Dosw (Online) 61(2007): 167–77.

Klein, J. 1982, *Immunology: The Science Self-Non-Self Discrimination*. Wiley.

Knight, D. M. and Eddy, M. D.(eds.) 2005, *Science and Beliefs: From Natural Philosophy to Natural Science, 1700~1900*. Burlington: Ashgate.

Kosman, A. 1999, "Aristotelian Metaphysics and Biology", *Philosophical Studies* 94.

Koyré, A. 1965, *A Newtonian Studies*. Chapman and Hall.

Krause, K. W. 2008, "Exquisite Debate: Dawkins vs. Gould", *Humanist* 68(1).

Kripke, S. 1972, "Naming and Necessity" in (Davidson and Harman 1972).

_____ 1980, *Naming and Necessity*. Harvard University Press.

Krippendorff, K. 1986, *Information Theory: Structural Models for Qualitative Data*, Beverly Hills, CA: Sage Publication

Krohn, W. and Kuppers, G. 1990, *Selbstorganisation Aspekte einer wissenschaftlichen Revolution*. Vieweg.

Kronfeldner, M. 2007, "Is cultural evolution Lamarckian?", *Biology and Philosophy* 22(4): 493-512

Kropotkin, P. 1902, *Mutual aid: a Factor of Evolution*. Heinemann.

Kruger, D. J. 2003, "Evolution and Altruism, Combining psychological mediators with naturally selected tendencies", *Evolution and Human Behavior* 24(2): 118-125.

Krüger, L. et al. 1987, *The Probabilistic Revolution*(Vol.2). MIT Press.

Kuhn, T. 1962, *The structure of scientific revolutions*. University of Chicago Press.

Kullmann, W. 1998, *Aristoteles und die moderne Wissenschaft*. Franz Streiner Verlag.

Kummer, Hans 1971, *Primate societies: Group Techniques of Ecological Adaptations*. Aldine.

Küppers, B. O. 1987, *Leben = Physik + Chemie?*. München: Piper.

Kweon, M. et al. 2016, "Enteric Viruses Ameliorate Gut Inflammation Via Toll-Like Receptor 3 and Toll-Like Receptor 7-Mediated Interferon-β Production", *Immunity* 44(4): 889-900.

Lahn, B. T. et al. 2004, "Reconstructing the evolutionary history of microcephalin, a gene controlling", *Human Molecular Genetics* 13(11): 1139-1145.

Lakatos, I. 1978/paperbook 1980, *The Methodology of Scientific Research Programmes*. Cambridge University Press.

Lakatos, I. and Musgrave, A. (eds.) 1970, *Criticism and the Growth of Knowledge*. Cambridge University Press.

Lakatos, I.(ed.) 1968, *The problem of Inductive Logic*. North-Holland Publishing.

Laland, K. N. and Brown, G. 2011, *Sense and Nonsense: Evolutionary perspectives on human behavior*. 2nd ed. Oxford University Press.

Laland, K. N., Odling-Smee, J., and Feldman, M. W. 2005, "On the Breadth and Significance of Niche Construction: A Reply to Griffiths, Okasha and Sterelny", *Biology and Philosophy* 20(1): 37-55.

Lamarck, J. B. 1963, *Zoological Philosophy*. New York: Haffner.

Lange, F.-A. 1877, De la Mettrie. in Histoire du matérialisme, et critique de son importance à notre époque Traduction par B. Pommerol. C. Reinwald, 1877 (tome 1, p. 336-376).

Larsen, E. W. 1992, "Tissue strategies as developmental constraints: Implications for animal evolution", *Trends Ecol. Evol.* 7: 414–417.

Laudan, L. 1977. *Progress and Its Problems.* UC Press.

Layzer, D. 1975, "The Arrow of Time", *Scientific Americans* 233: 56–69.

Lederberg, J. 1988, "Pandemic as a Natural Evolutionary Phenomenon", *Social Research* 55(3): 343–359.

Lennox, J. G. 1992, "Teleology" in (Keller and Lloyd 1992).

Levins, R. and Lewontin, R. C. 1985, *The Dialectical Biologist.* Harvard University Press

Lewontin, R. C. 1961, "Evolution and the theory of games", *J. Theoret. Biol.* 1: 382–403.

_____ 1966, "Is Nature Probable or Capricious?", *BioScience.* University of California Press. 16 (1, Logic in Biological Investigation): 25–27.

_____ 1970, "The Units of Selection", *Annu Rev Ecol Syst* 1: 1–18.

_____ 1974, *The Genetic Basis of Evolutionary Change.* New York: Columbia University Press.

_____ 1978, "Adaptation", *Scientific American* 239: 212–228.

_____ 1982, *Human Diversity.* New York: Scientific American Library.

_____ 1985, "Science Contra Darwin", *Newsweek*(Apr. 8).

_____ 1985, *The Dialectical Biologist.* Harvard University Press.

_____ 1991, *Biology as ideology: the doctrine of DNA.* Harper Perennial.

_____ 2000, *The Triple Helix: Gene, Organism, and Environment.* Harvard University Press.

Lewontin, R. C. and Kojima, K. 1960, "The Evolutionary Dynamics of Complex Polymorphisms". *Evolution. Society for the Study of Evolution* 14(4): 458–472.

Lewontin, R. C., Rose, S., and Kamin, L. J. 1984, *Not in Our Genes: Biology, Ideology and Human Nature.* Pantheon.

Lieberman, B. and Eldredge, N. 2014, "What is punctuated equilibrium? What is macroevolution? A response to Pennell et al." *Trends in Ecology & Evolution* 29(4): 185–6 (Apr. 2014)

Linnaeus, C. 1758, *Systema Naturae.* Stockholm.

Linsky, B. and Mathen, M.(eds.) 1988, *New Essays on Philosophy and Biology.* University of Calgary Press.

Lipman, T. 1966, "The Response to Liebig's Vitalism", *Bulletin of the History of Medicine* 40(6): 511–524.

Livingstone Smith, D. 2004, *Why we lie: the evolutionary roots of deception and the unconscious mind.* St. Martin's Press.

Lloy, E. A. 2015, "Adaptationism and the Logic of Research Questions: Howto Think Clearly About Evolutionary Causes", *Biol Theory* (2015) 10: 343-362

Lotka, A. 1922, "Contribution to the Energetics of Evolution", *PNAS* 8(6): 147-151.

Lumsden, C. J. and Wilson, E. O. 1980, "Translation of epigenetic rules of individual behaviour into ethnographic patterns", *Proc. Nati. Acad. Sci. USA* 77: 4382-4386.

─────────────────────────── 1981, *Genes, Mind, and Culture.* Harvard University Press.

Lynch, G. and Granger, R. 2008, *Big Brain: The origins and Future of Human Intelligence.* St. Martin's Press.

Mahner, M. 2001, "Genetics and Reductionism: Unveiling Mechanisms Without Metaphysics?", *Biology and Philosophy* 16: 395-403.

Mahner, M. and Bunge, M. 1997., *Foundations of Biophilosophy.* Springer.

Margulis, L. 1981, *Symbiosis in cell evolution: Life and its environment on the early earth.* Freeman.

─────────── 1998, *Symbiotic Planet: A New Look at Evolution.* Basic Books.

─────────── 2004, "Serial endosymbiotic theory(SET) and composite individuality: Transition from bacterial to eukaryotic genomes", *Microbiology Today* 31(2004): 172-174.

Margulis, L and Sagan, L. 1967, "On the Origin of Mitosing Cells", *J. Theoret. Biol.* 14(1967): 225-274.

Martin, E. and Hine, R.(ed) 2016, *A Dictionary of Biology*(7ed.) Oxford University Press.

Matthen, M. and Stephens, C.(eds.) 2007, *Philosophy of Biology.* North-Holland.

Maynard Smith, J. 1958, *The Theory of Evolution.* Penguin Books.

─────────────── 1964, "Group Selection and Kin Selection", *Nature* 201: 1145-1147.

─────────────── 1974, "The Theory of Games and the Evolution of Animal Conflicts", *Journal of Theoretical Biology* 47: 209-221.

─────────────── 1978, "Optimalization theory in evolution", *Annual Report of Ecology and Systematics* 9: 31-56.

─────────────── 1982, *Evolution and the Theory of Games.* Cambridge University Press.

─────────────── 1986, *The Problems of Biology.* Oxford University Press.

─────────────── 1998a, *Evolutionary Genetics*(2nd ed.). Oxford University Press.

_____ 1998b, "The Origin of Altruism", *Nature* 393: 639–640.

_____ 2000, "The Concept of Information in Biology", *Philosophy of Science* 67: 177–194.

Maynard Smith, J. and Szathmáry, E. 1995, *The Major Transitions in Evolution*. Oxford University Press.

Maynard Smith, J., Burian, R., Kauffman, S., Alberch, P., Campbell, J., Goodwin, B., Lande, R., Raup, D., and Wolpert, L. 1985, "Developmental Constraints and Evolution: A Perspective from the Mountain Lake Conference on Development and Evolution", *The Quarterly Review of Biology* 60(3): 265–287.

Mayr, E. 1942, *Systematics and the Origin of Species*. Columbia University Press.

_____ 1963, *Animal species and evolution*. Harvard University Press.

_____ 1970, *Populations, Species, and Evolution*. Harvard University Press.

_____ 1982, *The growth of biological thought: diversity, evolution and inheritance*. Harvard University Press.

_____ 1988, *Toward a New Philosophy of Biology: Observations of an Evolutionist*. Belknap.

_____ 1997, *This is Biology*. Belknap.

_____ 2001, *What Evolution is*. Basic Books.

_____ 2004, *What Makes Biology Unique?: Considerations on the Autonomy of a Scientific Discipline*. Cambridge University Press.

McAndrew, F. T. 2002, "New Evolutionary Perspectives on Altruism", *Current Directions In Psychological Science* 11(2): 79–82.

Medin, D. 1992, *The psychology of learning and motivation*(Vol.28). Academic Press.

Meyers, R. G. 1990, "Evolution as Grund for Realism" in (Rescher 1990).

Michel, G. F. and Moore, C. L. 1995, *Developmental Psychobiology*. MIT Press.

Miles, H. L. 1986, "How can I tell a lie? Apes, language, and the problem of deception" in (Mitchell and Thompson 1986).

Miles, S. J. 2001, "Charles Darwin and Asa Gray Discuss Teleology and Design", *Perspectives on Science and Christian Faith* 53: 196–201.

Millikan, R. G. 1989, "In defense of proper functions", *Philos. Sci.* 56: 288–302.

_____ 2013, "The Tangle of Natural Purpose That is us" in Bashour, B. and Muller H. (ed.) 2013, *Contemporary Philosophical Naturalism and Its Implications*. Routledge. p.143.

Mills, S. K. and Beatty, J. H. 1979. "The propensity interpretation of fitness", *Philosophy of Science* 46: 263-268.

Millstein, R. L. 2005, "Selection vs. Drift: A Response to Brandon's Reply", *Biology and Philosophy* 20: 171-175.

Minkoff, E. C. and Baker, P. J. 2001, *Biology Today: An Issues Approach.* Garland Publishing.

Mirus, C. V. 2004, "The Metaphysical Roots of Aristotle's Teleology", *The Review of Metaphysics* 57(4): 699-724.

Mishler, B. 2010. "Species are not uniquely real biological entities", in (Ayala & Arp 2010).

Mishler, B. and Brandon, R. N. 1987, "Individuality, pluralism, and the phylogenetic species concept", *Biology and Philosophy* 2(4): 397-414.

Mitchell, R. W. and Thompson, N. S.(eds.) 1986, *Deception: Perspectives on human and nonhuman deceit.* Albany: SUNY Press.

Monod, J. 1971. *Chance and Necessity.* Knopf.

Montévil, M. 2019, "Measurement in biology is methodized by theory", Biology & Philosophy 34: 35(2019 June)

Montgomery, W. 1985, "Charles Darwin's Thought on Expressive Mechanisms in Evolution," Gail Zivin ed., 1985, The Development of Expressive Behavior Academic Press.

Moore, J. A. 1993, *Science As a Way of Knowing, The Foundations of Modern Biology*, Harvard University Press

Morgan, C. L. 1896, "Of modification and variation", *Science* 4: 733-740.

Morris, J. D. 1996, "What Is The Difference Between Macroevolution And Microevolution?", *Acts & Facts* 25(10).

Nagel, G. 1961, *The Structure of Science.* Harcourt.

National Academies of Sciences, Engineering, and Medicine. 2014. Microbial Ecology in States of Health and Disease: Workshop Summary. Washington, DC: The National Academies Press. https://doi.org/10.17226/18433.

Neander, K. 1991, Functions as selected effects: the conceptual analyst's defense. *Philos. Sci.* 58: 168-184.

_____ 1995, "Explaining Complex Adaptations: A Reply to Sober's Reply to Neander", *British Journal for the Philosophy of Science* 46(4): 583-587.

Nesse, R. M. 1990, "Evolutionary explanations of emotions", *Human Nature* 1: 261-289.

Nicolis, G. and Prigogine, I. 1977, *Self-organization in Nonequilibrium Systems.*

생물철학

Wiley-Interscience, New York: Wiley.

Nicolis, G. and Prigogine, I. 1981, "Symmetry breaking and pattern selection in far-from-equilibrium systems", *Proc. Natl. Acad. Sci. USA* 78(2): 659-663.

Niles, H. E. 1923, "The Method of Path Coefficients: An Answer to Wright", *Genetics* 8: 256-260.

Nitecki, M. H.(ed.:) 1988, *Evolutionary Progress*. University of Chicago Press.

Nomishan, T. S. 2021, "African Myths and the Environment: A Look at Some Myths and Totems among the Tiv of Central Nigeria". In Kanu, I.A. (ed.), *African Indigenous Ecological Knowledge Systems: Religion, Philosophy and the Environment* (pp. 117-131). A publication of The Association for the Promotion.

Nowak, M., Tarnita, C. and Wilson, E. O. 2010, "The evolution of eusociality", *Nature* 466: 1057-1062.

Nyhart, L. 1995, *Biology takes form: animal morphology and the German universities, 1800-1900*. Chicago: University of Chicago Press.

O'Grady, D. and Brooks, D. 1988, "Teleology and Biology" in (Weber et al. 1988).

O'Neill, P. and Petrinovich, L. 1998, "A Preliminary Cross-Cultural Study of Moral Intuitions", *Evolution and Human Behavior* 19(6): 349-367.

Odling-Smee, F. J. 1988, "Niche constructing phenotypes" in (Plotkin 1988).

Ohno, S. 1972, "So much "junk" DNA in our genome." In: Smith, H. H., editor. *Evolution of genetic systems*. New York: Gordon and Breach; 1972. pp. 366-70.

Okasha, S. 2002, "Genetic Relatedness and the Evolution of Altruism", *Philosophy of Science* 69(1): 138-149.

_____ 2005, "On Niche Construction and Extended Evolutionary Theory", *Biology and Philosophy* 20(1): 1-10.

Oldroyd, D. 1986, *The Arch of Knowledge: An Introductory Study of the History of the Philosophy and Methodology of Science*. Methuen.

Orzack, S. H. and Sober, E. 2001, *Adaptationism and Optimality*. Cambridge University Press.

Owen, D. 1982, *Camouflage and Mimicry*. University of Chicago Press.

Oyama, S. 1985, *The Ontogeny of Information*. Cambridge University Press.

Oyama, S., Griffith, P. E., and Gray, R. D.(eds.) 2001, *Cycles of Contingency: Developmental Systems and Evolution*. MIT Press.

Paley, W. 1802, *Natural Theology*. London: R. Fauldner.

Panchen, A. L. 1992, *Classification, Evolution, and the Nature of Biology*. Cambridge University Press.

Panksepp J and Biven L 2012, *The Archaeology of Mind: Neuroevolutionary Origin of Human Emotions*. Norton&Company.

Papineau, D. 2017, "Teleosemantics". In: Livingstone Smith, D. 2017, *How Biology Shapes Philosophy: New Foundations for Naturalism*. Cambridge University Press. pp. 95-120.

Paracer, S. and Ahmadjian, V. 2000, *Symbiosis: An Introduction to Biological Associations*. Oxford University Press.

Park, C.-M. et al. 2016, "Stem-piped light activates phytochrome B to trigger light responses in Arabidopsis thaliana roots", *Science Signaling* 9(2016): 1-8.

Passmore, J. 1974, *Man's responsibility for nature: ecological problems and western traditions*. Charles Scribner's Sons.

Paul, D. B. 2003. "Darwin, social Darwinism and eugenics" in (Hodge and Radick 2003).

Peacock, K. 1999, "Staying Out of the Lifeboat: Sustainability, Culture, and the Thermodynamics of Symbiosis", Ecosystem Health 5(2): 91-103.

_____ 2011, "Symbiosis in Ecology and Evolution". in DeLaplante, K., Brown, B., and Peacock, K. A.(eds), *Philosophy of Ecology*, pp. 219-250. Series of Handbook of the Philosophy of Science(Volume II)/Elsevier.

Pearson, C. H. 2019, "Are homologies really natural kinds?", *Biology and Philosophy* 34: 42(2019)

Peck, A. L. 1979. *Aristotle: Generation of Animals* 13. Loeb classical Library.

Pinker, S. 1994, *The language instinct*. New York: Morrow.

_____ 1997a, "Evolutionary psychology: An exchange", *New York Review of Books*.

_____ 1997b. *How the mind works*. New York: Norton.

Plotkin, H. C.(ed.) 1982. *Learning, Development and Culture*. Wiley.

_____(ed.) 1988. *The role of behavior in evolution*. MIT Press.

Polansky, L, Kilian, W. and Wittemyer, G. 2015," Elucidating the significance of spatial memory on movement decisions by African savannah elephants using state-space models", *Proc Biol Sci.* 282(1805): 20143042.

Popa, R. 2004, In Between Necessity and Probability: Searching for the Definition and Origin of Life. Series: Adv Astrobiol Biogeophys, Springer. pp.197-205.

Popova, E. and Barnstable, C. J. 2012, "Epigenetics rules", *Journal of Ocular Biology, Diseases and Informatics* 4: 93-94.

생물철학

Popper, K. 1963a, *Conjectures and Refutations*. RKP.

_____ 1963b, "The Demarcation between Science and Metaphysics" in (Schilpp 1963).

Posteraro, T. S. 2023, "Vitalism and the Problem of Individuation: Another Look at Bergson's *Élan Vital*". In: Donohue, C. and Wolfe, C. T.(eds.) *Vitalism and Its Legacy in Twentieth Century Life Sciences and Philosophy*. Springer, 2023(online).

Pradeu, T. 2010, "The organism in developmental systems theory", *Biological Theory* 5(3): 216-222.

_____ 2012, *The Limits of the Self: Immunology and Biological Identity*. Oxford University Press.

Premack, D. G. and Woodruff, G. 1978. "Does the chimpanzee have a theory of mind?", *Behavioral and Brain Sciences* 1-4: 515-526.

Price, G. 1970, "Selection and covariance", *Nature* 277: 520-521.

Price, P. W. 1996, *Biological Evolution*. Saunders College Publishing.

Prigogine, I. 1961, "Structure, dissipation and life". In: *Theoretical physics and biology*, Marois, A. ed. Amsterdam: North Holland.

Prigogine, I. and Stengers, I. 1984, *Order out of Chaos*. Bantam.

Primas, H. 1990, "Biologie ist mehr als Molekularbiologie" in Fisher, E. F. and Mainzer, K. *Die Frage Nach dem Leben*. Serie Piper.

Provine, W. B. 1986, *Sewall Wright and Evolutionary Biology*. University of Chicago Press.

Prüfer, K. and Pääbo, S. et al. 2012, "The bonobo genome compared with the chimpanzee and human genomes", *Nature* 486: 527-531(2012).

Putnam, H. 1975, *Mind, Language and Reality*. Cambridge University Press.

Quammen, D. 2018, *The Tangled Tree; A Radical New History of Life*. Simon & Schuster.

Queller, D. C. 1992, "A General Model for Kin Selection", *Evolution* 46: 376-380.

Radick, G. 2000, "Two Explanations of Progress", *Biology and Philosophy* 15: 475-491.

Ramachandran, V. S. 2005. "Plasticity and functional recovery in neurology", *Clinical Medicine* 5: 369-373.

Ramachandran, V. S., Blakeslee, S. and Sacks, O. 1988/2000, *Phantoms in the Brain*. William Morrow.

Raup, D. M. and Sepkoski, J. J. 1982, "Mass extinctions in the marine fossil record", *Science* 215(4539): 1501-1503

Rescher, N.(ed.) 1990, *Evolution, Cognition, and Realism*. UPA.

Resnik, D. 1998, *The Ethics of Science: An Introduction*, Routledge.

Resnik, D. B. and Vorhaus, D. B. 2006, "Genetic modification and genetic determinism", *Philos Ethics Humanit Med* (2006) 1: 9.

Reznick, D. N. and Ricklefs, R. E. 2009, Darwin's bridge between microevolution and macroevolution. *Nature* 457: 837–842

Richards, R. 1987, *Darwin and the Emergence of Evolutionary Theories of Mind and Behavior.* The University of Chicago Press.

_____ 2000, "Kant and Blumenbach on the Bildungstrieb: A Historical Misunderstanding", *Studies in the History and Philosophy of Biology and Biomedical Sciences* 31(2000): 11–32.

Richardson, R. 2003, "Adaptationism, Adaptation, and Optimality", *Biology and Philosophy* 18: 695–713.

Richardson, R. C. 2000, "The Organism in Development", *Philosophy of Science* 67: 312–321.

Richerson, P. J. and Boyd, R. 2001, "Built for speed, not for comfort. Darwinian theory and human culture", Hist Philos Life Sci 23(3–4):425-465.

Rizzolatti, G., Fogassi, L., and Gallese, V. 2001. "Neurophysiological mechanismms underlying the understanding and imitation action", *Nature Reviews Neuroscience* 2: 661-670.

Rodda, L. R. and Pepper, M. 2020, "Functional SARS–CoV–2–Specific Immune Memory Persists after Mild COVID–19", *Cell* (Online 23 Nov.2020).

Rolleston, H. D. 1932, *The Cambridge Medical School: A Biographical History.* CUP Archive.

Roll–Hansen, N. 2000, "The Application of Complementarity to Biology: From Niels Bohr to Max Delbrück" Historical Studies in the Physical and Biological Sciences 30(2), Military Patronage and the Geophysical Sciences in the United States (2000): 417–442.

Romanes, G. 1889, *Mental evolution in man: Origin of human faculty.* Appleton.

Rose, H. and Rose, S. 2016, *Can Neuroscience Change Our Minds?* Polity Press.

Rose, M. R. and Lauder, G. V.(eds.) 1996, *Adaptation.* Academic Press.

Rosenberg, A. 1992, "Altruism: Theoretical Contexts" in (Keller and Lloyd 1992).

_____ 1994, *Instrumental Biology or the Disunity of Science.* University of Chicago Press.

_____ 2001, "Careless Reading About the Human Genome Project", *Biology and Philosophy* 16: 281–284.

Rosenberg, A. and Neander, K. 2022, "Are Homologies (Selected Effect or Causal Role) Function Free?"

Rossberg, A. G., Rosers, T., and McKane, A. J. 2013, "How, If, and Why Species Form", *The Scientist* 27(11): 38010.

Rottschaefer, W. A. 1997, "Evolutionary Ethics", *Biology and Philosophy* 12.

Rozin, P., Markwith, M., and Stoess, C. 1997, "Moralization and Becoming a Vegetarian: The Transformation of Preferences into Values and the Recruitment of Disgust". *Psychological Science* 8(2): 67-73.

Rupke, N. and Lauer, G(ed.) 2018, *Johann Friedrich Blumenbach: Race and Natural History, 1750-1850.* Routledge.

Ruse, M. 1979, *The Darwinian Revolution: Science Red in Tooth and Claw.* University of Chicago Press.

_____ 1985, *Sociobiology: Sense or Nonsense?*(2nd ed.) Dordrecht: Reidel.

_____ 1989a, *The Darwinian Paradigm: Essays on its History, Philosophy and Religious Implications.* Routledge.

_____ 1993, "Evolution and Progress", *Trends in Ecology and Evolution* 8(2): 55-59.

_____ 1995, *Evolutionary Naturalism: Selected Essays.* Routledge.

_____ 2000, *The Evolution Wars.* Rutgers University Press.

_____ 2003, *Darwin and Design.* Harvard University Press.

_____ 2008, *Oxford Handbook of the Philosophy of Biology.* Oxford University Press.

_____ 2012, "Evolutionary Medicine", in Martin, B. and Weinert, F.(ed.) *Evolution 2.0.* Springer Verlag.

_____ 2013, *Cambridge Encyclopedia of Darwin and Evolutionary Thought.* Cambridge University Press.

Ruse, M. and Wilson, E. O. 1985, "The Evolution of Morality", *New Scientist* 1478: 108-128.

_____ 1986, "Moral philosophy as applied science", *Philosophy* 61: 173-192.

Ruse, M.(ed.) 1989b, *What the Philosophy of Biology Is.* Kluwer Academic Publishers.

Russell, B. 1912, *The Problems of Philosophy.* London: Williams and Norgate

Russell, J. A. 2003, "Core affect and the psychological construction of emotion", *Psychological Review* 110: 145-172

Sakura, O. 1998, "Similarities and Varieties: A Briefties: A Brief Sketch on the Reception of Darwinism and Sociobiology in Japan", *Biology and Philosopy* 13: 341–357.

Samuels, R. 1998, "Evolutionary Psychology and the Massive Modularity Hypothesis", *British Journal for the Philosophy of Science* 49: 575–602.

Sankaran, N. 2010, "The bacteriophage, its role in immunology: how Macfarlane Burnet's phage research shaped his scientific style", *Stud Hist Philos Biol Biomed Sci.* 41–4(2010): 367–75.

Sansom, R. 2003, "Constraining the adaptationism debate", *Biology and Philosophy* 18(4): 493–512.

Sapp, J. 1994, *Evolution by Association: A History of Symbiosis*. Oxford University Press.

Sarkar, S. 1998, *Genetics and Reductionism*. Cambridge University Press.

Sartre, J.-P. 1993, *Essays in Existentialism*. Citadel Press.

Schloss, J.(ed.) 2001, *Altruism*. New York: Oxford University Press.

Schlueter, H. 1985, *Die Wissenschaften vom Leben zwischen Physik und Metaphysik*. Acta Humaniora.

Schopf, T. 1972, *Models in Paleobiology*. Freeman, Cooper, and Company.

Schrödinger, E. 1951, *Was ist Leben?*. Leo Lehnen Verlag.

—————— 1987, "Beruht Leben auf physikalischen Gesetzen?" in (Küppers 1987).

—————— 1994, *Geist und Materie*. diogenes Verlag.

Schwartz, S. H. 1992, "Universals in the content and structure of values: Theory and empirical tests in 20 countries", *Advances in Experimental Social Psychology* 25(1992): 1–65.

Schwenk, K. 1995, "A utilitarian approach to evolutionary constraint", *Zoology* 98.

Scott, H. 2007, "Stephen Jay Gould and the Rhetoric of Evolutionary Theory", *Rhetoric Reiew* 26(2): 120–141.

Scriven, M. 1959, "Explanation and prediction in evolutionary theory", *Science* 130: 477–482.

Sheehan, J. and Sosna, M.(eds.) 1991, *The Boundaries of Humanity*. Berkeley: UC Press.

Silverstein, A. M. 1989, *A History of Immunology*. Kluwer Academic.

Simon, H. A. 1990, "A Mechanism for Social Selection and Succesful Altruism", *Science* 250.

Simpson, G. 1953, *The Major Features of Evolution*. Columbia University Press.

—————— 1961, *Principles of Animal Taxanomy*. Columbia University Press.

Skidesky, E. 2000, Where Darwin meets Malthus, Times literary Supplement(18. Aug.

756

2000).

Skyrms, B. 1996, *Evolution of the Social Contract*. Cambridge University Press.

Sloan, P. R. 1986, "Darwin, vital matter, and the transformation of species", *Journal of Hist. Biol* 19: 369-445.

_____ 2002, "Preforming the Categories: Eighteenth-Century Generation Theory and the Biological Roots of Kant's A Priori", *Journal of the History of Philosophy* 40(2): 229-282.

Sloan-Wilson, D., Van Vugt, M., and O'Gorman, R. 2008, "Multilevel Selection Theory and Major Evolutionary Transitions", *Current Directions in Psychological Science* 17(1): 6-9.

Smith, C. M. and Sullivan, C. 2006, *The Top 10 Myths about Evolution*. Prometheus Books.

Sober, E. 1984, *The Nature of Selection*. Bradford Books/MIT Press.

_____ 1988, *Reconstructing the Past: Parsimony, Evolution and Inference*. MIT Press.

_____ 1993a, *Philosophy of Biology*. Oxford University Press.

_____ 1998, "Six saying about adaptationism" in (Hull and Ruse 1998).

Sober, E. and Wilson, D. 1998, Unto Others: The Evolution and Psychology of Unselfish Behavior(Harvard Univ Press, Cambridge, MA).

Sober, E.(ed.) 1994, *Conceptual Issues in Evolutionary Biology*. The MIT Press.

Spalding, K. L. et al. 2013, Dynamics of hippocampal neurogenesis in adult humans. *Cell* 153(6): 1219-1227.

Spencer, H. 1864/1910, *The Principles of Biology*. 구글디지털 판.

Stamos, D. N. 2005, "Predarwinian Taxanomy and Essentialism - Reply to Mary Winsor", *Biology and Philosophy* 20: 79-96.

Stebbins, G. L. and Ayala, A. 1981, "Is a new evolutionary sythesis necessary", *Science* 213: 967-971.

Steinhart, E. 2001, "Persons Versus Brains: Biological Intelligence in Human Oranisms", *Biology and Philsophy* 16: 3-27.

Sterelny, K. 1989, *The Semantic Conception of Theories and Scientific Realism*. University of Illinois Press.

_____ 1995. "Understanding Life: Recent Work in the Philosophy of Biology", *British Journal for the Philosophy of Science* 46: 155-183.

_____ 1999, "Species as Ecological Mosaics" in Robert A. Wilson (ed.), Species:

New Interdisciplinary Essays. Bradford. pp. 120-139.

_____ 2000. "Development, Evolution, and Adaptation", *Philosophy of Science* 67(S3): S369 - S387.

_____ 2002. "Last Will and Testament: Stephen Jay Gould's The Structure of Evolutionary Theory", *Philosophy of Science* 70(2): 255-263.

Sterelny, K. and Griffiths, P. E. 1999, *Sex and Death: An Introduction to Philosophy of Biology*. The University of Chicago Press.

Sterelny, K. and Kitcher, P. 1998. "The return of the gene" in (Hull and Ruse 1998).

Stove, D. 1995, *Darwinian Fairytales*. Avebury Press.

Strawson, G. 2006, "Realistic Monism", *Journal of Consciousness Studies* 13(10-11): 3-31.

Strawson, P. 1959, *Individuals: An Essay in Descriptive Metaphysics*. London: Methuen, Stuttgart: Hirzel.

Stump, D. 1992, "Naturalized philosophy of science with a plurality of methods", *Philosophy of Science* 59(3): 456-460.

Sulloway, F. J. 1982, "Darwin and His Finches: The Evolution of a Legend", *Journal of the History of Biology* 15(1): 1-53.

Suppe, F.(ed.) 1977, *The Structure of Scientific Theories*. University of Illinois Press.

Sweet, W. 2004, "Herbert Spencer", *Internet Encyclopedia of Philosophy* (http://www.iep.utm. edu/spencer/).

Symons, D. 1992, "On the use and misuse of Darwinism in the study of human behavior" in (Barkow and Tooby 1992).

Tattersall, I. 1999, "The Abuse of Adaptation", *Evolutionary Anthropology* 7(4): 115-116.

Tauber, A. I. 1997, *The Immune Self: Theory or Metaphor?*. Cambridge University Press.

Tauber, A. I. and Chernyak, L. 1991, *Metchnikoff and the origins of Immunoloogy*. Oxford University Press.

Tauber, A. I. and Podolsky, S. 1997, *The Generation of Diversity*. Harvard Univ. Press.

Tauber, A. I.(ed.) 1991, *Organism and the origins of Self*. Kluwer Academic.

Teilhard de Chardin, P. 1955, *The Phenomenon of Man*. New York NY: Harper.

Thompson, E. A., Cox, A. L., Powell, J. D. et al. 2020, "Metabolic programs define dysfunctional immune responses in severe COVID-19 patients", MedRxiv(5.Oct. 2020).

Thomson, A. 1996, *Machine Man and Other Writings*. Cambridge University Press.

Thrasher, J. and Handfield, T. 2018, "Honor and Violence: An Account of Feuds, Duels, and Honor Killings", *Hum Nat.* 29(4): 371-389.

Tinbergen, N. 1951, *The Study of Instinct.* Oxford University Press.

Todd, R. B. and Bowman, W. 1998, *The Physiological Anatomy.* Marchant Singer.

Tooby, J. and Cosmides, L. 1990a, "On the universality of human nature and the uniqueness of the individual: The role of genetics and adaptation", *Journal of Personality* 58: 17-68.

Tooby, J. and Cosmides, L. 1990b, "The past explains the present: Emotional adaptations and the structure of ancestral environments", *Ethology and Sociobiology* 11: 375-424.

_____ 1992, "Psychological foundations of culture" in (Barkow and Tooby 1992).

Trifonov, E.d 2011, "Vocabulary of Definitions of Life Suggests a Definition", *Journal of Biomolecular Structure and Dynamics,* 29(2): 259-266.

Trivers, R. L. 1983, "The evolution of a sense of fairness" in Absolute Values and the Creation of the New World. (The international Cultural Foundation Press. Vol. 2.).

_____ 1985, *Social Evolution.* Menli Park, California: Benjamin Cummings

_____ 1991, "Deceit and self-deception: the relationship between communication and consciousness" in (Robinson and Tiger 1991).

_____ 2002, *Natural Selection and Social Theory.* Oxford University Press.

_____ 2011, *The Folly of Fools: The Logic of Deceit and Self-Deception in Human Life.* Basic Books.

Turner, D. D. 2011. "Gould's Replay Revisited", *Biology and Philosophy* 26: 65-79.

Vaux, F., Trewick, S. A., and Morgan-Richards, M. 2016, "Lineages, splits and divergence challenge whether the terms anagenesis and cladogenesis are necessary", *Biological Journal of the Linnean Society* 117: 165-176.

Veit, W. 2019, "Evolution of multicellularity: cheating done right". *Biology and Philosophy* 34(3).

Verbeek, T. 1988, Le traité de l'âme de La Mettrie: Julien Offray de La Mettrie : le traité de l'âme; l'abrégé des systèmes / éd. crit. avec une introduction et un comm. historiques par Théo Verbeek, Volume 1.

Vidyasagar, A. 2016, "What Are Biofilms?", Live Science(December 22, 2016).

Virchow, R. 1858, *Celluartheologie in ihrer Begrundung auf physiologische und pathologische Gewebelehre.* Berlin.

Vogel, F. 1964, "A Preliminary Estimate of the Number of Human Genes". *Nature,* 201:

847.

Vollmer, G. 1985. *Was können wir wissen? Bd 1/2: Die Erkenntnis der Natur.* Hirzel.

Vrba, E. S. 1984, "Why species selection?", *Systematic Zoology* 33: 318-328.

Vrba, E. S. and Eldredge, N.(ed.) 2005, *Macroevolution.* The Paleontological society.

Waddington, C. H. 1942, "Canalization of Development and the Inheritance of Acquired Character", *Nature* 150(3811): 563-565.

_____ 1957, *The Strategy of the Genes.* London UK: George Allen Unwin.

_____ 1958, "Theory of Evolution". In A century of Darwin. S.A. Barnett(ed), Heinemann

_____ 1959, "Evolutionary Adaptation", *Perspectives in Biology and Medicine* 22: 285-300.

_____ 1962, *The Nature of Life.* Atheneum.

Wade, M. J. 1977, "An Experimental Study of Group Selection", *Evolution* 31: 134-153.

Wagensberg, J. 2000, "Complexity versus Uncertainty: The Question of Staying Alive", *Biology and Philosopy* 15: 493-508.

Wagner, G. P. 1995, "The Biological Role of Homologues: A Building Block Hypothesis", *Neues Jahrbuch Geologie und Palaeontologie* 195: 279-288.

Wagner, G. P. and Altenberg, L. 1996. "Complex Adaptations and the Evolution of Evolvability", *Evolution* 50: 967-976.

Wagner, S. J. and Warner, R.(ed.) 1993, *Naturalism, A Critical Appraisal.* University of Notre Dame.

Wallin, I. E. 1927, *Symbionticism and the Origin of Species.* Williams & Wilkins Co.

Weber, B. H. and Depew, D. J. 1996, "Natural Selection and Self-Organization", *Biology and Philosophy* 1: 33-65.

Weber, B. H. et al.(eds.) 1988, *Entropy, Information, and Evolution.* MIT Press.

Weeden, J. and Kurzban, R. 2013, "What predicts religiosity? A multinational analysis of reproductive and cooperative morals", *Evolution and Human Behavior* 34(6): 440-445.

Wei-Haas, M. 2020, "Why new coronavirus variants 'suddenly arous' in the U.K and south Africa", National Geographic(Dec.23. 2020).

Weizsäecker, C. F. von 1970, *Die Geschichte der Natur.* Vandenhoeck.

Wellman, K. 1992, *La Mettrie: Medicine, Philosophy, and Enlightenment.* Duke University Press.

생물철학

West-Eberhard, M. J. 1992. "Adaptation: Current Usages" in (Keller and Lloyd 1992).

Whewell, W. 1840, Philosophy of the Inductive Sciences. (Online publication: 2014, Cambridge University Press)

White, E.(ed.) 1981, *Sociobiology and Human Politics*. Lexington.

White, L. 1967, "The Historical Roots of Our Ecologic Crisis", *Science* 155(3767): 1203-1207.

Whitehead, A. N. 1925, *Science and the Modern World*. Free Press.

_____ 1929, *Process and Reality*. The Humanities Press.

Wicken, J. 1987, "Entropy and Information: Suggestions for Common Language", *Philosophy of Science* 54(2): 176-193

Wickler, W. 1968, *Mimikry. Nachahmung und Täuschung in der Natur*. Kindler.

Wilkins, A. S. 2002, *The Evolution of Developmental Pathway*. Sinauer Associates.

Wilkins, J. S. 2009, *Species-A history of the ideas*. University of California Press

Wilkinson, G. S. 1990, "Food Sharing in Vampire Bats", *Scientific American* 262(2): 64-70.

Williams, G. C. 1966, *Adaptation and Natural Selection*. Princeton University Press.

_____ 1985, "In Defence of Reductionism" in (Dawkins and Ridley 1985).

_____ 1992, *Natural Selection: Domains, Levels, and Challenges*. Oxford University Press.

_____ 1997, *The Pony Fish's Glow*. Brockman Inc.

Wilson, D. S. 1991, "On the Relationship between Evolutionary and Psychological Definitions of Altruism and Egoism", *Biology and Philosophy* 7: 61-68.

_____ 1997, "Human Groups as Units of Selection", *Science* 276(5320): 1816-1817.

Wilson, D. S. and Dugatkin, L. 1992, "Altruism: Contemporary Debates" in (Keller and Lloyd 1992).

Wilson, D. S., Van Vugt, M., O'Gorman, R. 2008, "Multilevel Selection Theory and Major Evolutionary Transitions", *Current Directions in Psychological Science* 17(1): 6-9. doi:10.1111/j.1467-8721.2008.00538.x

Wilson, E. 1975, *Sociobiology: the New Synthesis*. Harvard University Press.

_____ 1998, *Consilience: The Unity of Knowledge*. Vintage Books.

_____ 2012, "Wilson's reply on Dawkins review", *Prospect* 195(May).

Wilson, M. 2002, "Six views of embodied cognition", *Psychonomic Bulletin and Review* 9(4): 625-636.

Wilson, R. A.(ed.) 1999, *Species, New Interdisciplinary Essays*. MIT Press.

Winsor, M. 2003, "Non-Essentialist Methods in Pre-Darwinian Taxanomy", *Biology and Philosophy* 18: 387–400.

Wittgenstein, L. 1953, *Philosophische Untersuchungen*. Oxford: Macmillan.

Wolf, M. 2007, *Proust and the Squid: The Story and Science of the Reading Brain*. Harper.

Wolfe, C. T. 2009, "A happiness fit for organic bodies: La Mettrie's medical Epicureanism", in Leddy, N. and Lifschitz, A. S.(eds.) *Epicurus in the Enlightenment*. Oxford 2009. pp. 69–84

Worster, D. 1985, *Nature's Economy: A History of Ecological Ideas*. Cambridge University Press.

Wrangham, R. 1999, "Is Military incompetence adaptive?", *Evolutionary Human Behavior* 20(1): 3–18.

Wright, L. 1973, "Functions", *The Philosophical Review* 82(2): 139–168.

Wright, S. 1921, "Correlation and Causation", *Journal of Agricultural Research* 20: 557–585.

_____ 1964, "Biology and the philosophy of science", *Monist* 48: 265–290.

_____ 1969, *Evolution and the Genetics of Populations, Volume 2: Theory of Gene Frequencies*. The University of Chicago Press

Wu, H. 2001, "Controlling Growth of Neural Stem Cells", *Science Express*(Nov.).

Wuketits, F. M. 2001, "The Philosophy of Donald T. Campbell: A Short Review and Critical Appraisal", *Biology and Philosophy* 16: 171–188.

Wynne-Edwards, V. C. 1962, *Animal Dispersion in Relation to Social Behavior*. Edinburgh: Oliver and Boyd, 1962.

_____ 1978, "Intrinsic Population Control: An Introduction." In *Population Control by Social Behaviour*, edited by F. J. Ebling and D. M. Stoddart. London: Institute of Biology, 1978.

_____ 1986, *Evolution through Group Selection*. Blackwell Scientific.

_____ 1991, "Ecology Denies Neo-Darwinism", *Ecologist* 21(1991): 136–141.

Yates, F. E. 1988, *Self-Organizing Systems: The Emergence of Order* (1987th Edition). Springer.

Yip, K. Y. et al. 2008, "An integrated system for studying residue coevolution in proteins", *Bioinformatics* 24(2): 290–292.

Youmans, E. L. 1973, *Herbert Spencer on the Americans and the Americans on Herbert Spencer*. New York: Arno Press.

762

Young, K. V. and Brodie Jr., E. D. and Brodie III, E. D. 2004, "How the Horned Lizard Got Its Horns", *Science* 304(5667): 65.

Young, R. M. 1969, "Malthus and the evolutionists: the common context of biological and social theory", *Past and Present* 43: 109-141.

_____ 1971, "Darwin's metaphor: does nature select?", *Monist* 55: 442-503.

Zammito, J. 2008, "Médecin-philosoph: Persona for Radical Enlightenment", Intellectual History Review 18(3): 427-440.

Zirkle, C. 1959, *Evolution, Marxian Biology and the Social Scene.* University of Pennsylvania.

찾아보기

| 주제별 |

ㄱ

가설연역hypothetico-deductive 355

가설적 실재론hypothetischer Realismus
95, 585

가소성plasticity 9, 13, 17, 64, 281,
285, 301, 310, 316-7, 322-5, 328, 330-1,
333-4, 386, 504, 527, 546-7, 554-60,
564, 567, 586, 588-9

가역성reversibility 5, 9, 13, 46, 355-6,
358, 367

가족 유사성family resemblances 270-1

가치중립성value neutrality 695, 697,
699-701

감정emotion 12, 16, 164, 497-8, 504,
506, 512, 516, 523, 527, 531, 536, 550,
555-6, 558, 566-7, 572-3, 575-7, 579,
581-3, 585-7, 591-3, 622, 628-32,
636-7, 640, 645, 703

개연성probability 43, 86, 92, 315, 334

개연적 후성주의probabilistic epigenesis
333-4

개체individual 6, 10-5, 19, 30, 33, 35,
44-5, 49-51, 55, 57, 60-1, 65, 71, 75,
95, 97, 101, 110, 117, 119-21, 124,
126-7, 130-1, 134, 137, 140, 144-8,
150-1, 153-60, 163, 165, 175-6, 178,
180-4, 186-205, 207-9, 225-9, 232-3,
236-5, 248, 250-60, 262-5, 267, 269,
276-7, 279-82, 284, 287, 290, 297-8,
305, 309, 312, 314-6, 318-9, 321-4,
329-46, 360-3, 365-6, 372-4, 378,
381-3, 387-91, 399, 406-7, 409, 419,
423, 428, 432, 436, 444, 460, 463,
466-73, 478, 480, 488-90, 492, 510,
524-5, 531, 536, 538-9, 541, 554, 584,
586, 589, 595, 597, 601-9, 619-20,
622-6, 633, 635-6, 645, 650-1, 663, 667,
670-5, 679, 681, 708, 716-8

개체군 조절 메커니즘 188
population regulating mechanism

개체-환경-구조 모델 331
CES; composition-environment-structure

객관주의objectivism 4, 6, 9, 10, 67,
276, 697

거시진화macroevolution 12, 171, 175,
181-3, 190, 285, 361-2, 364-5, 368-9,
370, 372-4, 376, 378-9, 383-5, 387, 719

거울뉴런mirror neuron 637-8

게임이론game theory 480, 603, 612,
615-7, 619, 621, 668

결정론determinism 4-6, 9, 10, 13,
43-4, 47, 60, 64, 70, 77, 79, 81, 96, 112,
114, 135, 197, 305, 316, 322-3, 334,
355-7, 359-60, 379, 404, 500, 547, 557,

586-7, 589, 615, 676, 689, 691, 699, 711

계산주의computationalism 13, 64, 428-9, 527, 560

계통phylogeny 11, 44, 64, 66-9, 71, 78-9, 85, 116, 118-9, 123, 126, 128, 135, 139, 148, 162-3, 167-8, 171, 175, 181, 205, 433, 465, 502, 540, 584, 664, 670-1, 681-2, 691, 703, 705-6, 716

계통분류학phylogenetic systematics 252, 259, 281

계통적 제약phylogenetic constraints 288

계통학phylogenetic species concept 247, 250, 252-5, 258, 260, 276, 278-9, 285, 292, 298-9, 303, 312, 378

공동선common good 186, 591, 630, 649, 650, 655

공리주의hedonistic utilitarianism 572-4, 576, 580, 596, 598, 600-1, 615

공생symbiosis 9, 12, 16, 167, 205, 296, 320, 331, 354, 374, 408-9, 433, 437, 439, 447, 457, 459-77, 479, 486, 488-90, 492-3

공생 연관symbiotic association 470, 472, 475

공생의 접합이론
contact interpretation of symbiosis 476

공유의 비극Tragedy of the Commons 459

공존coalescent 9, 12-3, 16, 137, 167, 204, 248-9, 321, 337, 402, 408-9, 419, 433, 437, 439-41, 443, 447-61, 463, 465-7, 475, 478-80, 482-4, 486-7, 489, 491-3, 567, 581, 588, 669

공진화co-evolution 12, 16, 269, 296, 318-22, 437, 457, 459, 461, 467, 488-91,

534, 587, 594, 639

공통 조상common ancestor 6, 123, 140, 252, 255, 257-9, 303, 305, 336-7, 369, 377

과정철학philosophy of Process 334, 405, 449

과학과 비과학non-science 138, 143, 208, 683

과학적 불가지론scientific agnosticism 86

과학주의scientism 4, 60, 86, 96

관계적 구성relative construction 322-4, 330, 332, 338

관점과 방법scope and method 13, 360, 698

관성, 계통학적phylogenetic inertia 171, 285, 378

관찰의 이론 의존성theory ladenness 696

교습이론instruction theory 410, 413, 415-6

구성주의constructivism 213, 316, 322, 324-5, 327, 330-1, 333-4, 474

구조 계획structural plans 221

구조유전자structural gene 299, 300, 310, 312-3

구획demarcation 17, 22, 37, 96, 138, 143, 208, 236, 241, 249, 253, 260, 317, 417, 430, 434, 454, 481, 487, 499, 525, 530, 559, 683-4

굴절적응exaptation 163-4, 166, 289

궁극원인ultimate cause 11, 73-83, 85-6, 256, 349, 501-3

귀납의 동화consilience of inductions 65

그럴듯한 이야기just so stories 173-4

그물망 이론network theory 411

근접원인proximate cause 11, 12, 73-81,

85-87, 256, 347, 479, 483, 501-2, 525
근접진리verisimilitude   684
글쓰기writing   20, 700-3, 705
금지된 클론forbidden clones   416
기계론mechanism   3-5, 9-11,
   15, 21, 23-7, 34-5, 39, 59, 60, 63-4, 110,
     114, 128, 402-4, 451, 712
기능function   209, 226, 349
기능적 형질functional traits   506
기습과 전쟁raids and battles   645

ㄴ

내부공생ectosymbiosis   462, 470, 472,
     477, 486
내쉬균형Nash equilibrium   612, 614-5
논리실증주의logical positivism   27, 87,
     271, 576-8
느낌feeling   14, 87, 498, 506, 510, 523,
   526-8, 530-1, 537-8, 542, 545, 556,
     582-3, 586, 632, 702-3, 706
니치niche   260, 266, 316-8, 332,
     448, 467, 481, 492-3
니치-구성niche-construction   318

ㄷ

다수기원론polygenism   232, 239
다수준 선택multilevel selection   202, 208,
     623
다유전자성 유전질환polygenic heredity   70
다층수준 선택multi-level selection   184,
     201-4
다형성polymorphism   271, 374
단속평형론punctuated equilibrium   175, 268
단순질점의 자아punctual self   451

대립유전자allele   155, 246, 388-9,
     390-1
대상을 향함aboutness   516
도덕감moral sense   581, 587, 590, 593,
     650
도덕의식moral consciousness   574
돌연변이mutation   79, 81-2, 125,
   132-3, 149, 198, 248-9, 285, 288, 302,
   311-3, 360, 362-3, 365, 369, 373, 384,
   386-7, 391, 440, 442-4, 466, 469,
     479-80, 484-5, 492
동등성, 존재론적existential equivalence
     335
동소 종분화sympatric speciation   243
동화assimilation   65, 173, 306-8

ㅁ

마음이론Theory of Mind   13, 519-21,
     636-9
만능용매universal acid   143
맞대응 전략tit for tat   603
메신저RNAmessenger RNA   55
메타포metaphor   87, 91-6, 159, 206,
   309, 369, 417, 428, 437-8, 440, 460,
   462-3, 475, 479, 482-4, 492, 530, 586,
     588, 603, 607-8, 669, 703-6
메틸기, 메틸화methylation   53, 309,
     586
면역 능동성immunologic activeness
     420, 432-3
면역계immune system   78, 412, 414-5,
     423, 431, 443, 466
면역관용immune tolerance   405, 415-7,
   420, 429-32, 434, 437, 443, 488

면역기억immunological memory　　407, 415, 417, 420, 425-6, 428-9, 434

면역학적 자기, 자아immunological self
　　12, 411-2, 431, 436, 455, 488

모자이크 진화mosaic evolution　124, 263, 537, 538-9

목적론teleology　　　10, 13-5, 18-21, 60, 63, 120, 122-3, 126, 135, 137, 158, 162, 208-19, 221, 285, 342, 349, 402-3, 454, 662, 673-4, 676, 680-2

목적률teleonomy　　　　　　　216-8

무작위성randomness　150, 218-9, 357-8, 367, 377-8

문화유전자culturgens　　　　　587-8

물리주의physicalism　10, 13, 21, 26-9, 31-5, 37, 39, 63-4, 69, 71, 90, 92-3, 96, 359, 428, 499, 501, 503, 519, 525, 542, 547, 560

미시 거시진화micro, macroevolution　12, 168, 171, 174-5, 180-1, 183, 190, 218, 220, 246, 268, 285-6, 361-7, 372-3, 376, 378-9, 382-5, 387, 719

미엘린myelin(수초)　　　　　549, 551

ㅂ

바이러스virus　　　12, 54, 81-2, 363, 408-9, 424, 437-8, 441-4, 447-8, 480, 483-6, 492

박멸과 길들이기knock down, domesticate
　　　　　　　　　　　　　437

박테리오파지bacteriophage　　408-9

반복설theory of recapitulation　119, 277, 399

반영에 대한 반영a reflection of the reflection
　　　　　　　　　　411, 417

반적응maladaptive　　　　170, 283

반증주의falsificationism　　179, 683

발견법heuristic　　　65, 93, 179

발견의 맥락context of discovery　66, 91

발생계developmental system　7, 11, 124, 275, 278, 282-3, 287, 314-8, 322, 324-5, 332-4, 337-8, 385, 387, 535, 560

발생생물학developmental biology　11, 20, 124, 138, 559, 276, 279, 281-6, 293, 295-6, 314, 316, 385, 387

발생적 가소성developmental plasticity　322

발생적 구성developmental construction
　　　　　322-3, 325, 327, 330, 334

발생적 제한devleomental constraints　281

발생학적 증폭developmental noise　557

방향성 표상teleosemantic representations
　　　　　　　　　　　　504-6

백신vaccine　　　440-1, 445-7, 484

벌거벗은 생명Agamben's bare life　36-8

범생설pangenesis　　　　　　152

변이variations　　6, 10, 13, 44, 54, 62-4, 70-3, 76-9, 81-2, 95, 122, 124-5, 127-8, 130, 132-3, 140, 144-6, 149-51, 153-6, 158, 172, 180, 190, 198, 219, 232, 240, 243, 246, 254, 260, 267, 271, 284-8, 292, 312, 323, 342, 361-7, 369, 373, 377, 384, 386-7, 414, 428, 436, 441-5, 447, 452, 461, 465-6, 469, 479, 484-5, 488, 492, 503, 512, 588-660, 716-8

변체 합생fasciation　　　　　480-1

보조가설auxiliary hypotheses　179, 339-40

복잡계complexity　　48, 51, 219, 552, 681-2

본성과 양육nature and nurture　　11, 17, 184, 559

본질주의essentialism　　11, 43, 115, 129, 139, 221, 225-9, 231-4, 236, 240, 242-3, 249, 255, 261-2, 269-70, 281-2, 338, 360, 674, 718

부분 목적률hemiteleonomy　　216

부유하는 합리적 근거들free floating rationale　　516-7

분기론cladistics　　258, 299

분기진화cladogenesis　　244, 246-50, 258

분자 패러다임molecular paradigm　　29, 33, 69, 299

분자계통학molecular phylogenetics　　298-9

불가지론, 과학적scientific agnosticism　　86, 543

비가역성irreversibility　　12, 45, 47, 54-5, 283, 333, 358, 367, 369, 371, 377, 379-81

비글호the Beagle　　111, 129

비평형상태non-equilibrium　　45-6, 48-9, 51-2, 380

ㅅ

사기꾼 탐지기능cheater detection　　644

사이버네틱스cybernetics　　406

사이토카인 폭풍cytokine storm　　438

사회-미생물학sociomicrobiology　　206

사회교환이론social exchange theory　　622

사회생물학social biology　　135, 201, 559, 580, 603, 659, 666-9, 705

사회적 교환social exchange　　643-4

상관 관점interaction view　　92

상관변이correlated variation　　151

상동相同, homology　　66, 72, 161-3, 256, 275, 277-8, 282-3, 304-5, 509

상리공생Mutualism　　489

상보(적)complementary　　8, 17, 55, 86, 175, 294, 296-8, 303, 315-6, 378-9, 384, 412, 477, 536, 548

상사相似, Homoplasy　　71-2, 161, 163, 243, 259, 275, 277, 278, 304

생-물리적 제약bio-physical constrains　　382, 385-7

생기론vitalism　　3-4, 9-11, 13, 15-21, 26-7, 31-2, 36-9, 58-9, 61, 63, 68-89, 92, 95, 109-10, 114, 128, 217, 276, 341-2, 400-3, 499

생명 테이프 재생하기replaying life's tape　　376, 381

생명개체 진화organic evolution　　180, 190

생명정보life informations　　53, 57, 112, 717

생명정치Biopolitics　　37

생명환경 진화biotic evolution　　180-1, 190

생물막biofilms　　205-7

생물철학philosophy of biology　　5-10, 12-8, 29, 43-4, 57-8, 69, 80, 94-5, 100-5, 143, 159, 166-7, 184, 202, 218, 233-4, 269, 318, 330, 348, 367, 369-70, 372, 378-9, 396, 418, 435, 499, 503, 540, 592, 613, 657, 659, 662, 671, 674

생물학의 고유성The Autonomy of Biology　　341, 360

생물학적 윤리학biologicizing ethics　　591, 593-4

생물학적 종biological species　　235, 245, 251-2, 254-5, 258

생성 철학philosophy of becoming　406
생식 격리reproductive isolating　242, 246
생존경쟁struggle for existence　135, 151,
　　　　158, 580, 704
생태계ecological community　16, 98, 196,
　321, 370, 374, 467-8, 470-5, 489, 492-3,
　　　　534
생태적 모자이크ecological mosaics　260-2
생태적 유전기제ecological inheritance
　　　　533, 535
생태적 종ecological species　255, 258
생태진화ecological evolution　171, 296,
　318, 320-2, 330, 335-6, 338, 345, 511
서술과학descriptive science　64, 87-90,
　　　　92-3
선택 수준, 단위unit of selection　165,
　175, 182-5, 197-200, 204, 207, 261,
　　　　473-4, 597, 608
선택 제약selective constraints　170
선택결과selection effect　204, 342-50,
　　　　352-5, 358, 526
선택압selection pressure　166, 173, 178,
　183, 203, 251, 262, 267, 283, 285-6,
　320-1, 335, 342, 344, 348, 364-5, 367,
　　　　372, 469, 490, 515, 539, 589
설계논증design argument　214-5
성계 할구실험arthrography　400
성비sex ratio　199, 200, 204, 624
성선택sexual selection　151-3, 523, 537,
　　　　668
성적 변증법sexual dialectics　153
성향도 이론propensity theory of function　347
소산구조dissipative structures　45, 47-8,
　　　　51, 381

소통communication　8, 14, 143, 208,
　271, 406-7, 418, 471, 567, 642, 666-8,
　　　　694, 697, 700, 711, 713-6
수렴계astringent system　49, 51
수반론supervinience　500-1, 503,
　　　　512, 519
스팬드럴spandrel　172, 174
시계와 시계공watchmaker argument　214
시냅스synapse　550-62, 564-7
신경 상관자neural correlate of consciousness
　　　　512
신경세포neuron　28-9, 328, 503, 512,
　526, 532, 540, 546-58, 560-1, 563-4
신경전달물질neurontransmitter　553,
　　　　555-6, 560-1, 565-6
신체표지가설somatic marker hypothesis　513
신체화된 마음body mindedness　532, 541
실용주의pragmatism　238, 450, 542,
　　　　680-2
실재, 실재론reality, realism　86, 95,
　101, 211-3, 226, 237, 253-5, 261, 435,
　517-9, 525, 533-4, 536, 542-3, 558, 585,
　　　　682, 688-9, 713
실증주의positivism　13, 26-7, 29, 67, 87,
　143, 271, 402, 558, 576-8, 685, 690,
　697-9
실체substance　10, 21-5, 43, 56, 87,
　101, 130, 215, 226-30, 673, 675, 717-8
심신론mind-body theory　110, 497-500,
　　　　540, 543-5, 547, 555, 560, 713

◎

아리아드네의 실타래Aariadne's thread
　　　　431

아타락시아ataraxia   600

아포토시스apoptosis   207, 427, 430-1   548

안장점saddle point   158, 620

암Cancer   12, 87, 473, 478-83, 530, 537

애니미즘animism   16, 19-20, 59-60, 68, 216, 428

에이즈AIDS   424

에피토프epitope   422

엔돌핀   553, 565

엔텔레키entelechy   17-8, 216-7, 230, 400

엔트로피entropie   33, 45-48, 51, 379, 381, 407, 470-2

역사성historicity   6-7, 13, 181-2, 360, 378, 695, 699-700

역사적 우연historical contingency   171, 181, 369, 375-9, 382-383, 386

역사적 제약historical constraints   288, 381-2

역사적 표류historical drift   219

역사주의historicity   10, 64, 69, 71, 112, 299, 696-8, 700-1

연결주의connectionism   428-9

연구프로그램research program   176, 179, 390-1

연동 진화concerted evolution   537-8, 540

외래공생exosymbiosis   462, 470, 472, 477

용불용설theory of use and disuse   54, 121-2, 135, 662-3

우생학eugenics   135, 138, 580, 665-6, 668, 698

우연, 우연성chance   86, 114, 150, 171, 174, 190, 220, 229, 335, 355-8, 361, 368-71, 373, 378-9, 383, 385, 387, 390, 444, 689

우연의 주기성contingent regularities   376

운하화canalizaton   285, 306-7, 309, 333

원인추적 이론etiological theory of function   347

원자론atomism   4-6, 9, 81, 96, 197, 281-2, 331, 451, 503, 545

위장camouflage   510, 635, 639, 692

유기체주의theory of organism   4, 59-61, 63-4, 68-70, 73, 719

유명론nominalism   115, 236, 237-9, 254-5

유전자 빈도gene frequency   30, 149, 323, 362, 366, 374

유전자 표류genetic drift   6, 178, 248, 298, 311, 374, 387-91, 512

유전자풀gene poool   54, 246-7, 249

유전적 공분산genetic covariances   321

유전적 근친도genetic relatedness   193-5, 609, 649

유전적 동화genetic assimilation   306-8

유전체genome   79, 81, 254, 310-3, 350, 374, 444, 469

유전형과 표현형genotype, phenotype   157, 193, 197, 281, 297

윤리학ehtics   529, 569, 571-84, 589-95, 627, 647-8, 652, 701

의인화anthropomorphism   16, 701-2, 704-6

의태mimicry   489, 635

의향과 경향intentionality, intensionality   519-22

이명법binominal nomenclature   235

이모티비즘emotivism   572, 576-7, 580, 592

이보디보Evo-Devo 283
이상화idealization 7-9, 32, 104
이소 종분화allopatric speciation 242-3, 251
이원론dualism 21-2, 499-500, 529, 559
이익편향성beneffectance 645-6
이차 적응secondary adaptation 165
이타주의altruism 13, 183, 185-7, 192, 196, 202, 583, 595, 597-8, 600-2, 604-6, 609, 611, 613, 618, 620, 623, 627, 629, 631, 633, 651
인공 박테리아synthetic bacteria 79-80
인과역할CR, causal role 342-3, 345-8, 350-4, 358-9, 526
인과적 제일성causal uniformity 159, 174
인위선택artificial selection 131, 362, 703
인지 보수성cognitive conservatism 645-7
일원론monism 13, 15, 18, 20-1, 25-6, 60, 255, 498-501, 504, 519, 529, 532, 542, 560
입자유전particulate inheritance 131-2, 134, 389

ㅈ

자가면역질환autoimmune diseases 406, 415, 429, 431, 438, 487
자기-본위 모델self-interested model 631
자기거울self-mirror 411, 417
자기기만self deception 523, 620, 635, 637, 639, 640-3, 645-50
자기와 비자기self/nonself 12, 397, 406, 408-9, 411-2, 419, 424-5, 428, 430, 432-4, 437, 440, 443, 447, 451-2, 486-8,

493
자기조직성self-organization 45, 47-9, 51, 221, 409, 412, 417
자기중심성egocentricity 645
자선기구협회Charity Organization Society 687
자연면역natural immunity 397, 410, 416, 420-1, 429, 432-4
자연법칙natural law 114, 213, 341, 515, 529, 533, 593, 683, 689
자연선택natural selection 10, 12, 30, 47, 56, 86, 116, 122-4, 126-8, 131, 133-5, 137-40, 143-52, 154-6, 159-61, 166, 169-71, 174, 176-7, 180, 182-3, 186, 188, 190-1, 195-6, 199, 201-3, 205, 219, 242, 249, 268, 288, 306-8, 323, 342, 344, 348-9, 353-4, 361-2, 364-5, 368, 371-3, 376, 387-8, 390-1, 414-5, 418, 441, 461, 467-9, 473, 476, 488, 505-6, 516, 536, 581-2, 584, 589, 594, 601, 604, 619, 662, 664, 679-80, 718
자연종natural kinds 129, 226-30, 232, 240-4, 259, 261, 269-70
자연주의naturalism 14-9, 94-7, 101, 376, 435, 572, 574-5, 579-81, 583-5, 590, 597, 669, 705, 713
자연주의 오류naturalistic fallacy 575, 580
자연주의 인식론natural epistemology 94-5, 97-8, 435, 572, 585, 669, 713
적응 만능주의panadaptavism 174, 177-8
적응, 적응주의 adaptation 156-7, 159-60, 168-9, 172-6, 178-9, 182-4, 281, 283, 353-4, 371, 378, 386, 522, 587, 668

적자생존survival of the fittest　　130, 136,
　　158, 402, 662-7

적합도fitness　　98, 125, 127-8, 130,
　　140, 150, 154, 156, 165, 167-8, 170,
　　172, 176, 178, 181, 185, 193, 196, 201,
　　204, 353, 371, 388, 589, 601, 603, 606-8,
　　610-1, 620, 623, 625, 644, 679, 682

전성설preformation theory　　17, 20, 275-6,
　　316

전전적응preadaptation　　164

정당화의 맥락　　92

정당화의 맥락context of justification　　90

정크DNA junk　　300, 312, 350-1, 353-4

정향진화론orthogenesis　　123-4, 679

제거주의eliminative materialism　　96, 482,
　　500-1, 512-3

제약constrains　　124, 169-71, 282-3,
　　286-91, 294-8, 322, 335, 365, 369, 372,
　　381-7, 391, 534, 561

조절유전자regulary gene　　299-301,
　　305, 310, 312

존재의 대사슬Great chain of Being　　118

종, 생물종species　　9-12, 15-6, 19, 64,
　　76, 86, 116, 118-9, 126, 128-30, 133,
　　139-40, 147, 150, 154, 158, 161, 163,
　　174-5, 183, 205, 220-1, 225-6, 229,
　　231-3, 235-40, 242-5, 256, 260, 266,
　　276-7, 302-5, 312, 314, 320, 335-7, 354,
　　361-2, 364, 368, 371, 383, 386, 419, 436,
　　442, 459, 461-3, 466, 470, 472, 488-91,
　　493, 509, 532-3, 536, 590, 674, 679,
　　681-2, 705, 716, 718

종 공유 개체conspecific organism　　240

종 다양성biodiversity　　125-6, 128, 249,

　　257-8

종 특이적 공진화species-specific coevolution
　　320

종분화speciation　　6-7, 71-2, 117, 126,
　　139, 182, 242-4, 246-7, 249, 251, 255,
　　257, 264, 268-9, 363, 365, 384, 670

종의 기원the origin of species　　10-11, 14,
　　63, 71, 109, 110-1, 118, 123, 125, 128,
　　130-1, 137-9, 144, 150-2, 164, 186-7,
　　239, 277-8, 305, 319, 362, 365, 371, 378,
　　418, 475, 580-1, 659-64, 703

죄수의 딜레마prisoner's dilemma　　612-3,
　　616, 618

주머니 유전학　　81

주조직 적합성 복합체
major histocompability complex　　424, 433

주형이론template theory　　398

중성적 일원론neutral monism　　501, 525-6,
　　530, 542-3, 545

지구공동체 면역earth community　　447-8

지식사회학sociology of knowledge　　697, 699,
　　700-1, 712

지적설계론intelligent design theory　　135, 138

지향적 자세intentional stance　　513-6,
　　528, 536

진리 대응설correspondence theory of truth
　　691

진보와 보수progress and conservation
　　14, 670

진정사회성eusocial　　604

진화발생생물학Evolutionary Developmental Biology
　　11, 138, 279, 282-5, 292, 295, 387

진화벽돌building block　　263

진화실재론evolutionary realism　　536

진화압력evolutionary pressure　　589

진화윤리학evolutionary ethics　13, 185, 196,

　580-4, 571, 586, 590-2, 594, 600, 652

진화인식론evolutionary epistemology　　97,

　　　　　436, 504, 583-6

진화적응환경　　178
EEA; Environment of Evolutionary Adaptation

진화존재론evolutionary ontology

　10, 14, 16, 103-4, 688, 716-9

진화종합설the Modern Synthesis　133-4,

　175, 194, 240, 249, 268, 361, 468, 668

집단선택group selection　180-1, 183-4,

　187-91, 199, 200-4, 208, 473-4, 602,

　605-8, 611, 617, 621, 623-5, 667, 678

ㅊ

창시자 효과founder effect　248, 374, 389

천년규칙thousand-year rule　　588

체표지가설somatic marker hypothesis　528

체형계획body plan　　288

체화된 인지embodied cognition　　542

층위적 조직화hierarchical organization　244

친족선택kin selection　184, 203, 208,

　　　　　473, 603, 609, GC643

ㅋ

코나투스Conatus　　529-30

코로나19COVID-19　　82

콘텍스트context　　694-5, 699

콩주머니 유전학Beanbag genetics　81

쿵족Kung　　649

크론병Crohn's disease　　439, 486-7

클론선택설clonal selection theory　405,

　　　413-8, 423, 426, 452, 486

텍스트와 콘텍스트text-context　694-5,

　　　　　699

ㅌ

통일과학운동unity of science movement　26,

　　　　　577

툴킷 단백질toolkit　　280

트레이드오프trade-off　　297, 442

특이성specificity　233, 251, 320, 410-1,

　　414-5, 417, 420, 422-6, 434, 488

ㅍ

팡글로스Pangloss　　173

평균법 오류the averaging fallacy　623-5,

　　　　　627

포괄적 자아elusive self　　451

포괄적합도inclusive fitness　178, 180-1,

　192-4, 196, 603, 606-7, 609-11, 620,

　　　　　644

프쉬케Psyche; Anima　　14

핀치 새Galapagos finch　　242, 247

ㅎ

하디-바인베르크 법칙Hardy-Weinberg Law

　　　　　148-50

합성생물학synthetic biology　　35

합의 기구Consensus Conference　　711

항상성homeostasis　6, 14, 33, 48, 52, 168,

　182, 232, 257, 264, 267-71, 281, 283-6,

　288, 303, 306, 308, 310, 316, 324, 333,

　364, 372, 377-8, 385-6, 407, 412, 417,

　　434, 442, 478, 530, 556-7, 620

항상성 클러스터homeostatic property cluster

　　　　　269-71

행동경제학behavioral economics　　668

행동성향behavioral tendencies　13, 44, 461,
468, 475-6, 489, 504-12, 513, 517-9,
521-6, 530, 532-8, 541-2, 566, 589, 594,
629-32, 652, 655

향상진화anagenesis　　244-6, 248-9,
252, 258

헌신성 모델commitment model　　631, 632

현존적 자아existential self　　451

혈연선택론kin selection theory　　192

협동과 배반cooperation, betray　　618, 622

형성복원력Bildungstrieb　　276

형질traits　　10, 16, 53-4, 71, 76, 80-1,
86, 121-4, 126, 128, 130-2, 137, 145-7,
150-2, 154-9, 161, 163-4, 166-7, 169,
171-4, 177-9, 183, 190, 192-3, 195,
197-200, 205, 238, 243-6, 248, 249-50,
253, 255, 262-3, 266-7, 277-8, 281, 283,
285-6, 289, 296, 298, 300, 306, 308-9,
315, 318-9, 321-3, 331, 341, 343-6, 348,
358, 362, 364, 366, 374, 382-3, 388, 433,
437, 439-41, 461, 467-70, 472, 474,
503-13, 517-9, 522, 524-6, 530, 534-6,
538-9, 545, 557, 566, 579, 586, 590-1,
594, 621, 623, 625, 629, 635, 646, 652,

662, 674, 681, 682, 698, 711, 718

호메오박스, 혹스homeobox　　301-6

호문클루스homunculus　　546, 547, 558

호혜성 이타주의reciprocal altruism
184, 196, 603, 620, 644, 649

혼합유전, 입자유전blending, particulate
131-4

화해 감정mediating emotions　　632

확산 공진화diffuse coevolution　321, 490-1

환산질량reduced mass　　9

환원주의reductionism　4-6, 9, 13, 15, 18,
26, 28-9, 588-9, 667, 690, 697, 711, 713

환지통Phantom limb pain　　562-3

획득면역acquired immunity　　407, 415-6,
420-2, 424, 427, 429, 432-3

후성규칙epigenetic rules　　586-9, 667-8

후성유전학epigenetics　9, 11, 155, 253,
258, 285, 307, 309-10, 322, 556-7,
586-7, 699

휴리스틱heuristics　　91-4, 218

흔적기관vestigial organs　　278

히스톤 변형histone modification　　53,
309-10, 586

힐로조이즘Hylozoism　　19

| 인명 |

ㄱ

가용Jean Gayon 57-8, 357, 370, 373, 375

가자니가Michel S. Gazzaniga 519-22, 544-5, 638

갈릴레이Galileo Galilei 88

갓프리-스미스Peter Godfrey-Smith 169, 173, 176, 347

게겐바우어Karl Gegenbaur 119

고어티Patricia Adair Gowaty 152-3

굴드Stephen Jay Gould 69, 80, 164, 168, 170-8, 183, 197, 218-20, 267, 368-73, 376, 378, 382, 606, 611, 681-2

그레이Russel David Gray 315, 317, 322, 334

그리피스Paul Griffiths 101, 315

그린왈드Anthony G. Greenwald 645-7

기무라木村資生, Kimura Moto 390-1, 678-9

기셀린Michael T. Ghiselin 240, 243-4, 259, 598, 631

ㄴ

내쉬John Forbes Nash 614-6

네이글Ernest Nagel 11, 29

뉴튼Isaac Newton 4-5, 8, 11, 15, 25, 34, 63-4, 89, 92, 110, 114, 128, 236, 341, 404, 558, 703, 717

니체Friedrich Nietzsche 449, 452-4, 577

ㄷ

다마지오Antonio Damasio 513, 526-32, 541-2, 544

다윈Charles Darwin 30, 54, 61, 63, 109-11, 113, 115-29, 131-40, 144, 150-2, 154-5, 164, 185-6, 192, 217, 234, 236, 239, 242-3, 245, 277-8, 305, 307, 319-20, 338, 341-2, 344, 358, 362-3, 365-6, 370-1, 375, 390-1, 402, 404, 418, 475, 489, 490-1, 580-2, 599, 600, 604, 610, 619, 631, 659-66, 669, 680, 688, 703-4

더글라스Angela Douglas 465-6

데닛Daniel Dennett 44, 143, 367, 503, 513-7, 527-8

데렐Félix d'Hérelle 408

데모크리토스Democlitus 6, 20, 26

데이븐포트Charles Davenport 666

데카르트René Descartes 11, 21-7, 34, 58-9, 63, 110, 128, 449, 499, 529, 559, 668, 712-3

델브루익Max Ludwig Henning Delbrück 12

도브잔스키Theodosius Dobzhansky 54, 127, 187, 217, 265

도킨스Clinton Richard Dawkins 160, 165, 176, 184, 196-8, 603-4, 607-8, 680-2

뒤엠Pierre Duhem 696-7

듀프레John Dupre 254, 256, 261

드리슈Hans Driesch 17-8, 276, 399-402

드발Frans de Waal 599, 627-30

ㄹ

라마르크Jean Baptiste Lamarck 54-5, 118-26, 128, 135, 137, 308, 315, 348, 662-3

라마찬드란 527, 562-4
Vilayanur Subramanian Ramachandran

라메트리Julien de La Mettrie　　　24-6,
　　　500, 545
라이트Sewall Green Wright　　　134, 199,
　　　350, 373-4, 388-90, 599
라이프니츠Gottfried Wilhelm leibniz　211-2,
　　　217, 236, 500
라카토스Lakatos Imre　　　176, 179, 318,
　　　390-1, 418, 696
래퍼포트Anatol Rapoport　　　618
러셀Bertland Russell　　500, 517-8, 542-5
러셀Jacoby Russell　　　506
럼스덴C. J. Lumsden　　　586-9
레빈스Richard Levins　　　174
레이첼즈James Rachels　　147, 151, 701
로스버그Axel G. Rossberg　　　241
로젠버그Alexander Rosenberg　　　95
로크John Locke　　　449
록펠러J. Rockerfeller　　　665
루스Michael Ruse　218, 518, 583, 589-94,
　　　662
르원틴Richard Lewontin　154, 172-6, 179,
　　　197, 344-5, 348-9, 361, 557
리들리Matt Ridley　　　622, 632
리빙스턴 스미스David livingstone-Smith　641
리처드슨Robert C. Richardson　　169, 378
리처즈Robert Rchards　　　661
린네Carl von Linné　14, 115-6, 118, 129,
　　　231-6, 239, 338, 674

Ⓜ

마굴리스Lynn Margulis　461-5, 470, 475,
　　　486
마르크스Karl Marx　　　136-7
마이어Ernst Walter Mayr　29, 39, 43, 74,

81, 90, 122, 124-8, 140, 144-5, 150, 159,
217, 232, 242-4, 247, 249, 251-2, 254-6,
267-8, 282, 305-7, 341, 350, 360, 373-4,
384, 501, 518, 680-1
마투라나Humberto Matutana　　　219
마흐너Martin Mahner　　170, 211, 330-1
말리노프스키Bronisław Kasper Malinowski
　　　498
메다와Peter B. Medawar　　　416
메이나드 스미스John Maynard-Smith　53-7,
　　　184, 279, 287-9, 603, 668
메치니코프Ilya Mechnikov　396-406, 449,
　　　452
멘델Gregor Mendel　　　81, 131-4, 195,
　　　358, 374, 536
모노Jacques Lucien Monod　70, 216-8, 275,
　　　279-80, 300-2, 309
무어George Edward Moore　574-5, 578, 580,
　　　597
뮐러-윌레Staffan Müller-Wille　　　234
미슐러Brent D. Mishler　　　253, 257-9
밀John Stuart Mill　　65, 90, 574, 580

Ⓗ

바그너Gunter Wagner　　　197, 263-4
바이스만Friedrich Leopold August Weismann
　　　122-4, 128
반베네덴Pierre-Joseph van Beneden　　460,
　　　477
밸포어Francis Maitland Balfour　　119-20
버넷Frank Macfarlane Burnet　397, 405-9,
　　　413-8, 422, 426, 429, 431, 454
버스David Michael Buss　　　159
베르나르Claude Bernard　　　401

베코프Marc Bekoff 527, 579

벤담Jeremy Bentham 573, 576

벤터Craig Venter 79

보어Niels Bohr 11-2, 32

보울러Peter J. Bowler 120

보이드Richard Newell Boyd 269, 271, 704

볼테르Voltaire; François-Marie Arouet 173

붕에Mario Bunge 170, 211, 216, 330-1, 334, 500

뷔퐁Georges-Louis de Buffon 26, 115-6, 236-9

브래들리Francis Herbert Bradley 518, 574

브랜든Robert N. Brandon 146, 257, 371, 378

브룩스Daniel R. Brooks 171, 382, 384

브뤼Carl-Bernhard Brüh 119

브흐바Elisabeth S. Vrba 146, 164, 168, 264-6, 269

블루멘바흐Johann Friedrich Blumenbach 276

비르키Charles Birch 203

비이너Norbert Wiener 406

비트겐슈타인Ludwig Josef Johann Wittgenstein 270, 225, 271

비티Jean Beatty 369-70, 375-8, 382, 384

ㅅ

사르트르Jean-Paul C. A. Sartre 450, 573, 577, 578, 580, 647, 648

샌섬Roger Sansom 171-2

생틸레르Étienne Geoffroy Saint-Hilaire 8, 118-9

소버Elliott Sober 80, 146-7, 158-60, 166-7, 184, 197-8, 200, 202-4, 219, 256, 350, 385, 583

슈뢰딩거Erwin Schrödinger 32, 46

슈벤드너Simon Schwendener 460

슈페만Hans Spemann 328-9

스니드Peter H. A. Sneath 250

스테이머스David N. Stamos 234

스트로슨Peter Frederick Strawson 542-5

스티렐니Kim Sterelny 162, 167-8, 177, 179, 182, 198, 260-3, 280, 378, 535

스펜서Herbert Spencer 136-7, 659-67, 669

스피노자Baruch Spinoza 13, 25, 500, 529-30, 542-3, 545

슬론 윌슨David Sloan Wilson 184, 202

심슨George Gaylord Simpson 468-9

ㅇ

아감벤Giorgio Agamben 37-8

아리스토텔레스Aristotle 7, 13-4, 18, 21, 24, 38, 59-60, 88, 110, 118, 208-9, 212, 216, 221, 225-7, 229-31, 237, 275, 400, 500, 559, 574, 580, 672-5, 713, 715

아얄라Francisco J. Ayala 211, 372

아이슬리Loren Eisley 404

애먼슨Ronald Amundson 221, 384, 385

액슬로드Robert Axelrod 616, 619

액티피스Athena Aktipis 480-1

앤타노빅스Janis Antonovics 170, 382

앨먼W. D. Allmon 249

얀츠Eric Jantsch 48

에이블런디Fred Ablondi 23

에이어Alfred Jules Ayer 576-7, 580

엘드리지Niles Eldredge 267-8, 474

엥겔스Friedrich Engels 136

예르네Niels K. Jerne 411-5, 417, 454

오야마Susan Oyama　　314, 317

오카사Samir Okasha　　318

와딩턴Conrad Hal Waddington　　306-9

왓슨James Dewey Watson　　31, 197, 500

월린Ivan Wallin　　461

웨이드Michael Wade　　184

윈에드워즈Vero C. Wynne-Edwards　　184, 188-9, 191, 201, 602-3

윈저Mary P. Winsor　　233-4

윌슨Edward O. Wilson　　583, 587-9, 591-2, 594, 603, 666-8

이레세프스키Marc Ereshefsky　　205, 233, 253, 255-6, 259

이월드Paul W. Ewald　　440-1, 445, 467, 484-5

ㅈ

자코브Francois Jacob　　301-2

저클Conway Zirkle　　136

제너Edward Jenner　　395, 398

제임스William James　　450

조이스Richard Joyce　　581

ㅊ

체살피노Andrea Cesalpino　　233

ㅋ

카네기Andrew Carnegie　　136, 665-6

칸트Immanuel Kant　　59, 60, 450, 453, 574-6, 579-81, 685, 715, 719

캉길렘Georges Canguilhem　　36-7, 57, 59-61

캠벨Norman Robert Campbell　　94

커민스Robert C. Cummins　　346-7, 350

코스미디스Leda Cosmides　　643-4

코이레Alexandre Koyre　　696

콩트Auguste Comte　　27, 685, 697

콰인Willard Van Orman Quine　　513

쿤Thomas S. Kuhn　　390, 417-8, 695-7

크로포트킨Pyotr A. Kropotkin　　137

크론펠트너Kronfeldner　　122

크리펜도르프Klaus Krippendorff　　406

크릭Francis Crick　　28-9, 31, 197

크립키Saul A. Kripke　　227-8

키처Philip Kitcher　　255-6, 343, 347-8, 591-4, 613, 622

ㅌ

터너Derek Turner　　370-1

토버Alfred I. Tauber　　396, 404, 407, 409, 418, 435, 451-2,

투비John Tooby　　178, 643-4

트리버스Robert Trivers　　153, 196, 203, 208, 603, 620-2, 637, 639, 641, 643-4, 649

틴베르헌Nikolaas Tinbergen　　75

ㅍ

파르메니데스Parmenides　　7, 20, 717

파피노David Papineau　　505-6

퍼스Charles Sanders Peirce　　450

페일리William Paley　　214

펜필드Wilder Penfield　　546

포퍼Karl R. Popper　　94, 138, 143, 179, 208, 500, 683-4

폴리아G. Polya　　91

폴머Gerhard Vollmer　　94-5, 435, 583-5

생물철학

푸코Michel Foucault   37, 452-3

프란크Albert Bernhard Frank   460

프랭크Robert H. Frank   631-3

프리고진Ilya Prigogine   47, 49, 381

프리마Hans Primas   33, 51-2

플라톤Platon   7, 15, 20, 63, 103, 110,
114, 211-2, 214, 217, 226, 237, 334, 406,
449, 451, 557-8, 671-5, 677, 685, 689,
                                    715

피셔Ronald Aylmer Fisher   131, 133-4, 199,
                               200, 373

피콕Kent A. Peacock   468, 470-4, 476-7

ㅎ

하만Gilbert Harman   571, 597-8, 601

해밀턴William Donald Hamilton   178, 180,

184, 192-6, 199, 204, 603, 606-7,
                609-10, 620, 644

허셜John Herschel   65

헐David Lee Hull   117, 162, 165, 197, 221,
227, 231, 240, 244, 250, 253, 259, 285,
                       309, 361, 502

헤니히Willi Hennig   252, 298

헤라클레이토스Heraclitus 451, 500, 671-2

헤켈Ernst Haeckel   119-20, 277, 399

홀데인John Burdon Sanderson Haldane   134,
                                    199

화이트헤드Alfred North Whitehead   103,
                       334, 405, 449

휴월William Whewell   65, 90, 129

흄David Hume   513, 559, 575, 590

PHILOSOPHY OF BIOLOGY

생물철학

초판 발행 | 2023년 9월 20일

지은이 | 최종덕
펴낸이 | 김성배

책임편집 | 신은미
디자인 | 윤지환, 엄해정
제작 | 김문갑

펴낸곳 | 도서출판 씨아이알
출판등록 | 제2-3285호(2001년 3월 19일)
주소 | (04626) 서울특별시 중구 필동로8길 43(예장동 1-151)
전화 | (02) 2275-8603(대표)   팩스 | (02) 2265-9394
홈페이지 | www.circom.co.kr

ISBN   979-11-6856-169-4 (93100)